한계비용 제로 사회

THE ZERO MARGINAL COST SOCIETY:

The Internet of Things, the Collaborative Commons,
and the Eclipse of Capitalism
by Jeremy Rifkin

THE ZERO
MARGINAL
COST
SOCIETY

제러미 리프킨 안진환 옮김

한계비용 제로 사회

사물인터넷과
공유경제의 부상

민음사

차례

일러두기

1. 이 책의 원제는 "THE ZERO MARGINAL COST SOCIETY: The Internet of Things, the Collaborative Commons, and the Eclipse of Capitalism"이며, 한국어 판에서는 저자와 협의 하에 부제를 "The Internet of Things and the Rise of the Sharing Economy"로 수정했다.
2. 저자의 주는 미주로, 옮긴이의 주는 각주로 표시했다.
3. 인명과 지명은 외래어 표기법을 따랐으며 일부 관례로 굳어진 것 등은 예외로 두었다.

1

패러다임 대전환,
시장 자본주의에서 협력적 공유사회로

    자본주의가 나름의 자손을 세상에 내놓고 있다. "협력적 공유사회 (Collaborative Commons)"를 토대로 한 공유경제가 바로 그것이다. 이것은 19세기 초 자본주의와 사회주의의 출현 이후 처음으로 세계 무대에 등장하는 새로운 경제 시스템이다. 주목할 만한 역사적 사건이 아닐 수 없다는 얘기다. 협력적 공유사회는 이미 우리가 경제생활을 조직하는 방식에 변혁을 가하며 소득 격차의 극적 축소 가능성을 제시하고 글로벌 경제의 민주화를 촉진하는 한편 환경적으로 보다 지속 가능한 사회를 창출하고 있다.

    여타의 모든 부모 자식 관계와 마찬가지로 자본주의와 공유경제라는 두 경제 시스템은 전반적으로 협력하는 상황에 놓이지만 때로 불화를 일으키기도 한다. 또한 부모인 자본주의는 자식을 양육하고 성숙해지도록 돕겠지만 자식인 공유경제 역시 새롭게 전개되는 관계 속에서 부모가 완전히 바뀌도록 조장할 것이다. 그렇다면 자본주의는 앞으로도 계속 살아남아 자식과 함께 살게 될 것인가? 그것은 자본주의가 공유경제의 발전을 지원하는 새로운 비즈니스 모델 및 관행을 창출할 수 있느냐 여부에 달릴 것이다. 그럴 수 있는 한 생존할 수 있다는 뜻이다. 우리는 이미 자본주의와 협력적 공유사회 기반의 공유경제가 뒤섞인 하이브리드 경제의 출현을 목도하고 있다.

하지만 작금의 초기 단계에서조차 갈수록 분명해지는 것은 지난 삼백여 년 동안 인간 본성에 대한 설득력 높은 설명과 함께 일상적인 상거래와 사회생활 및 정치 활동에 대단히 중요한 구조적 체계를 제공했던 자본주의 시스템이 이미 정점을 지나 서서히 쇠퇴하기 시작했다는 사실이다. 비록 새로운 경제 시스템으로의 대전환을 알리는 지표가 여전히 약하고 대체로 일화적이긴 하지만 협력적 공유사회를 토대로 한 공유경제가 부상하는 추세는 점점 뚜렷해지고 있으며, 따라서 2050년 무렵이면 세계 대부분의 경제생활에서 주된 결정권을 행사하게 될 것이다. 자본주의 시스템은 갈수록 노련미를 넓히고 능률을 높여 가며 주로 네트워크 서비스와 솔루션의 통합 관리자로서 틈새시장을 공략하는 등 새로운 경제 시대의 강력한 파트너로서 계속 그 나름대로 번성하겠지만, 더 이상 지배적 지위는 결코 누리지 못할 것이다. 우리는 시장을 초월하는 세상으로 조금씩 진입하면서, 갈수록 상호 의존성이 높아지는 글로벌 협력적 공유사회에서 함께 살아가는 법을 배우게 될 것이다.

이러한 전망은 사실 대부분의 사람들에게 믿기 힘든 이야기일 것이다. 마치 숨 쉬는 데 필요한 공기와 같이 자본주의가 우리의 안녕에 필수적인 요소라고 믿도록 길들여졌기 때문이다. 그러나 자신들이 채택한 운용 논리적 가정(operational assumptions)을 자연법칙과 동일 선상에 놓으려는 철학자와 경제학자의 수백 년에 걸친 숱한 노력에도 불구하고 경제 패러다임은 그저 인간이 구상한 무엇일 뿐, 결코 자연현상이 될 수 없다.

여러 경제 패러다임이 그러하듯 자본주의 역시 제 역할을 해 왔다. 비록 역사상의 여타 경제 패러다임에 비해 그 연대기는 상대적으로 짧지만 긍정적으로든 부정적으로든 자본주의가 인류의 여정에 미친 영향은 그 어떤 경제 시대보다 더 극적이며 지대하다고 봐야 옳다. 역사상 인류에게 자본주의보다 더 큰 영향을 미친 것은 수렵 및 채집 시대에서 농경 사회로 옮겨 간 사건 정도다.

역설적이게도 자본주의의 쇠퇴는 어떤 적대적 세력에 의해 유발된 게 아니다. 모종의 집단이나 세력이 정문으로 몰려와 자본주의라는 구조물의 장벽을 무너뜨린 것이 아니라는 의미다. 오히려 그 반대이다. 자본주의 시스템의 기반을 흔들고 있는 것은 다름 아닌 자본주의를 지배하는 그 운용 논리적 가정의 극적인 성공이다. 자본주의의 핵심에는 작동 원리상의 모순이 존재한다. 그 모순이 자본주의를 주도적 세력의 자리에 올려놓았고, 이제 그것의 종언을 재촉하고 있다.

자본주의의 쇠퇴

자본주의의 존재 이유는 인간 생활의 모든 측면을 경제 영역에 들여놓고 시장에서 교환 가능한 상품, 즉 소유물로 전환하는 데에 있다. 자본주의 시스템에서는 인간이 노력을 쏟는 거의 모든 것이 이러한 전환 과정을 거치지 않을 수 없다. 우리가 먹는 음식, 마시는 물, 만들어 사용하는 공예품, 참여하는 사회적 관계, 내놓는 아이디어, 투자하는 시간, 심지어 우리 존재의 상당 부분을 결정하는 DNA까지, 인간 활동의 거의 모든 것이 자본주의의 가마솥 안에서 재구성되고 가격이 매겨져 시장에 전달된다. 역사에서 대부분의 기간 동안 시장은 상품을 교환하기 위해 가끔씩 사람들이 모이는 장소였다. 하지만 오늘날에는 우리 일상생활의 사실상 모든 측면이 어떤 식으로든 상업적 거래에 연결된다. 시장이 우리를 정의하고 있는 셈이다.

그러나 문제는 여기에 모순이 존재한다는 사실이다. 자본주의의 운용 논리는 성공에 의해 실패하도록 설계되어 있다. 근대 자본주의의 아버지 애덤 스미스는 대표작인 『국부론』에서 시장의 작용 원리가 아이작 뉴턴이 발견한 중력의 작용 법칙과 상당 부분 유사하다고 상정했다. 모든 작용에 그에 상응하는 반작용이 존재하는 자연에서처럼 공급과 수요 역시 자기조정 시장(self-regulating market)에서 서로의 균형을 잡게 된다는 논리였다. 재화나 서비스에 대한 소비자의 수요가 늘어나면 판매자는 그에 따라 가격을 올리기 마련이며, 가격이 너무 올라가면 수요가 떨어지고 그에 따라 판매자는 가격을 내릴 수밖에 없다는 이야기다.

프랑스의 계몽 철학자이자 고전 경제학 이론가인 장바티스트 세는 여기에 또 다른 가정을 추가했다. 그 역시 뉴턴 물리학의 은유를 차용해서 말이다. 세는 경제활동이 저절로 계속된다고, 즉 뉴턴의 제1법칙(관성의 법칙)에서처럼 일단 경제적 힘이 운동에 들어가면 외부의 힘이 가해지기 전까지는 계속 운동 상태를 유지한다고 추론했다. 그는 "일단 어떤 상품이 창출되는 순간 곧바로 그 상품의 전체 가치에 상응하는 만큼의 여타 상품들이 나올 수 있는 시장을 열어 준다.", 다시 말해서 "한 상품의 창출이 즉시 다른 상품들의 판로를 열어 준다."라고 주장했다.[1] 훗날 신고전파 경제학자들은 새로운 기술이 생산성을 높이면 판매자는 단위당 더 저렴한 비용으로 더 많은 재화를 생산할 수 있다고 단언함으로써 세의 법칙을 발전시켰다. "그럼으로써 보다 저렴한 재화의 공급이 증가하면 곧이어 그 자체의 수요를 창출하고, 그 과정에서 경쟁자들이 보다 싼 재화로 고객을 되찾거나 새로운 고객을 끌어들이기 위해(혹은 둘 다를 이루기 위해) 제 나름의 기술을 창안해 생산성을 높이게 만든다. 이 전 과정은 마치 영구기관처럼 작동한다. 새로운 기술과 생산성 증가로 말미암아 하락한 가격은 소비자에게 다른 곳에 쓸 여윳돈을 만들어 주며, 그에 따라 판매자들 사이에는 (그 돈을 얻기 위한) 또 한판의 새로운 경쟁의 장이 촉발된다."

그렇지만 여기에는 한 가지 맹점이 있다. 이러한 운용 원칙이 경쟁 시장을 전제로 한다는 점이다. 만약 하나나 소수의 판매자가 경쟁 업체들을 멀찌감치 따돌리거나 제거하고 독과점을 형성한다면 어떻게 될까? 특히 그들의 재화나 서비스가 생활에 필수적인 경우, 그들은 구매자에게 대안이 별로 없다는 사실을 이용해 인위적으로 가격을 계속 높게 유지할 수 있다. 이런 상황에서 과연 독과점업자들이 새로운 노동 절감 기술을 도입하여 생산성을 증진하고 가격을 낮추며 경쟁력을 유지할 필요를 느끼거나 의지를 보이겠는가. 우리는 역사를 통틀어 이와 같은 사례를 반복적으로 목도해 왔다. 대부분이 비교적 단기간 지속된 독과점이었긴 하지만 말이다.

장기적으로 보면 독과점은 무너지기 마련이다. 새로운 경쟁자가 기술적 약진을 통해 생산성을 높이고 보다 저렴한 가격으로 유사한(혹은 대안적) 재화나 서비스를 제공하며 독점적인 시장 지배를 무너뜨리기 마련이라는 의미다.

그런데 만약 자본주의경제 이론의 이러한 표준적 가정이 그 논리적 귀결에 이른다면 어떻게 될까? 자본주의 시스템의 운용 논리가 그 어떤 희한한 예상도 뛰어넘는 수준으로 성공해서 경쟁 과정이 '극단적 생산성'으로 이어지고 경제학자들이 말하는 이른바 "전반적인 최적의 복지"가 이루어지는 시나리오를 상상해 보자는 이야기다. 이러한 종반전에 이르면 치열한 경쟁으로 기술은 계속 발전하고 그에 따라 생산성이 최고점에 달해 판매를 위해 생산하는 각각의 추가 단위가 '제로에 가까운' 한계비용으로 생산되는 상황이 발생한다. 다시 말하면 재화나 서비스를 한 단위 더 생산하는 데 들어가는 추가 비용을 뜻하는 한계비용(marginal cost, 고정비용은 제외하고 총비용 증가분을 생산량 증가분으로 나누어 산출한다.)이 기본적으로 제로 수준이 되어 상품의 가격을 거의 공짜로 만드는 상황이 발생한다. 만약 이런 일이 발생한다면 자본주의의 생명소라 할 수 있는 '이윤(profit)'이 고갈되는 결과가 나타날 것이다. 시장경제, 교환경제에서 이윤은 마진(margin)에서 형성된다. 예를 들면 저자인 나는 나의 지적 저작 상품인 원고를 선인세 및 미래의 인세를 대가로 출판사에 판다. 그러면 그 원고는 외주 교열 담당자와 조판 담당자, 인쇄업자, 도매업자, 유통업자, 소매업자 등의 관계자를 거치며 책이라는 상품의 형태를 갖춘 후 최종 구매자의 손에 들어간다. 이 과정에서 각각의 관계자들은 자신의 참여를 정당화하기에 충분할 정도로 원가에 이윤 및 제 비용을 더해 거래 가격을 정한다.

그런데 만약 책을 생산해서 유통하는 한계비용이 제로에 가깝게 떨어진다면 어떻게 될까? 사실 그런 일은 이미 발생하고 있다. 책을 써서 인터넷을 통해 아주 적은 돈을 받거나 심지어 한 푼도 받지 않고 독자들에게 제공하는 작가들이 점점 늘고 있다. 출판사와 편집자, 인쇄업자, 도매업자, 유통업자, 소매업자 등을 모두 제쳐 놓고 말이다. 이 경우 각각의 책을 마케팅하거나 유통하는 데 들어가는 비용이 제로 수준에 가까워진다. 따져 보면 해당 제품을 창출하는 데 들어간 시간과 컴퓨팅 및 온라인 연결 비용만이 유의미할 뿐이다. 전자책은 이렇게 제로 수준의 한계비용으로 생산하고 유통할 수 있다.

제로 수준 한계비용 현상은 이미 출판계와 통신업계, 엔터테인먼트 산업을 사정없이 파괴하고 있다. 점점 더 많은 정보가 수십 억 인구에게 거의 공짜로 제공되기 때문이다. 오늘날 전 세계 인구의 3분의 1 이상이 상대적으로 저렴한 휴대전화와 컴퓨터를 이용해 제로에 가까운 한계비용으로 각자 정보를 생산하는 동시에 협력적으로 네트워크화된 세상에서 비디오나 오디오, 텍스트를 통해 이것을 공유하고 있다. 그리고 이제 이 한계비용 제로 혁명은 재생에너지와 3D 프린팅 제조, 온라인 고등교육 등을 포함하는 여타의 산업에도 영향을 미치기 시작했다. 이미 전 세계적으로 수백만에 달하는 '프로슈머(prosumer)', 즉 생산에 참여하는 소비자들이 직접 자신이 쓸 녹색 전기를 제로에 가까운 한계비용으로 생산하고 있다. 또한 약 10만 명에 달하는 취미생활자들이 3D 프린팅을 이용해 자신들의 재화를 제로에 가까운 한계비용으로 만들어 사용하고 있다.[2] 한편 현재 개방형 온라인 강좌(Massive Open Online Courses)에 등록한 학생은 600만 명에 달한다. 대학 학점으로 인정되는 이 온라인 강좌는 세계적으로 유명한 교수들도 참여하는 가운데 제로에 가까운 한계비용으로 운영되고 있다. 이 세 가지 사례 모두 물론 초기 투자 비용은 여전히 상대적으로 높다. 하지만 이들 영역이 지난 수십 년 사이에 컴퓨팅의 한계비용을 제로에 가깝게 떨어뜨렸던 것과 다르지 않은 기하급수적인 성장곡선을 타고 있다는 점에 주목해야 한다. 앞으로 이삼십 년 내에 방대한 대륙 네트워크와 글로벌 네트워크에 참여하는 프로슈머들이 제로에 가까운 한계비용으로 물리적 재화와 서비스는 물론이고 녹색 에너지까지 생산하고 공유할 것이고 온라인으로 가상의 교실에서 역시 제로에 가까운 한계비용으로 학습할 것이며 재화와 서비스를 거의 무료로 나누는 경제의 시대로 인도할 것이다.

한계비용 제로 혁명을 주도하는 참여자 다수는 앞으로 무료에 가까운 재화와 서비스가 훨씬 더 우세해지겠지만 한편으로는 성장을 유지하고 심지어 자본주의 시스템을 번성케 하기 위해 여타의 재화와 서비스에 대해 충분한 마진을 창출할 수 있는 새로운 가능성도 열릴 것이라고 주장한다.《와이어드》편집자 출신인 크리스 앤더슨은 이미 오래전부터 잠재 고객의 추가적인 구매를 유도하기 위해 증정품이나 경품, 무료 견본이 이용되어 왔음을 우리에게 상기시킨다. 그는 일회용 면도날을 최초로 대량 생산한 질레트를 예로 들었다. 질레트는 소비자들이 계속 자사의 면도날만 구매하도록 만들기 위해 면도날을 끼워 쓰는 면도기를 무료로 배포했다.[3]

마찬가지로 오늘날의 공연 예술가들은 종종 자신의 음악을 수백만이 공유하도록 온라인상에 무료로 올린다. 열혈 팬이 되어 기꺼이 돈을 내고 라이브 공연장을 찾아 주길 바라면서 말이다.《뉴욕 타임스》와《이코노미스트》역시 수백만 명의 독자에게 무료 온라인 기사를 제공한다. 그들 중 일부라도 보다 상세한 기사와 수준 높은 분석을 접하기 위해 구독료를 내는 쪽으로 결정하길 기대하면서 말이다. 여기서 '무료'는 유료로 구매하는 고객층을 확보하기 위한 마케팅 도구일 뿐이다.

이러한 염원은 근시안적일 뿐 아니라 심지어 순진하기까지 하다. 사회의 경제생활을 구성하는 많은 재화와 서비스가 갈수록 제로 수준의 한계비용을 향해 나아가고 거의 무료가 됨에 따라 자본주의 시장은 계속 줄어들어 점점 더 협소한 틈새를 찾게 될 것이며, 그곳에서 수익을 추구하는 사업체는 아주 전문화한 재화나 서비스를 찾는 (갈수록 줄어드는) 고객 기반에 의존하며 경제의 가장자리에서만 생존할 것이다.

제로 수준 한계비용에 대한 이해도를 높이길 꺼리는 태도는 사실 이해할 만하다. 상거래 무대의 기득권층 가운데 (전부는 아니라 해도) 다수는 대부분의 재화와 서비스가 거의 공짜가 되고 이윤이 없어지며 소유가 무의미해지고 시장이 더 이상 필요치 않은 세상에서, 과연 경제생활이 어떻게 전개될 것인지 도무지 상상할 수조차 없기 때문이다. 그래서 어떻게 된다는 건가?

일부에서 이제 막 이 질문을 던지기 시작하고 있다. 현대 경제학 이론의 위대한 설계자 몇몇도 이미 오래전에 이 문제를 인식했다는 사실이 어쩌면 다른 이들에게 위안이 될지도 모르겠다. 대표적인 인물이 존 메이너드 케인스와 로버트 하일브로너, 바실리 레온티예프 등이다. 이들은 자본주의를 앞으로 나아가게 하는 중대한 모순에 대해 숙고했다. 먼 미래에 새로운 기술이 계속 생산성을 높이고 가격을 낮추다 보면 완전히 새로운 상황이 창출될지도 모른다고 생각했던 것이다.

20세기 초 시카고 대학교 교수였던 오스카르 랑게는 성숙한 자본주의 뒤에 숨어 있는 난문제를 포착했다. 생산성을 높이고 가격을 낮추기 위해 새로운 기술 혁신을 계속 추구하다 보면 결국 자본주의 시스템이 그 자신과 싸우게 된다는 문제였다. 대공황의 극심한 고통에 시달리던 1936년 랑게는 저작을 통해 생산수단을 사적으로 소유하는 제도가 계속 무한히 경제적 진보를 촉진할 것인지 아니면 기술 발전의 어느 단계에서 그 시스템의 성공 자체가 더 이상의 진보를 막는 족쇄로 작용할 것인지 의문을 제기했다.[4]

랑게는 기술 혁신을 도입해 재화나 서비스의 가격을 낮춘 특정 기업가가 낡은 생산수단에 묶여 있는 경쟁자들을 능가하는 일시적 우위를 점하고 결과적으로 경쟁자들의 기존 투자는 평가 절하된다는 점에 주목했다. 이는 경쟁자들로 하여금 다시 그들 나름의 기술 혁신을 도입해 더욱 생산성을 높이고 가격을 낮추게 만들며, 이런 과정이 계속된다는 논리였다.

하지만 소수의 사업체가 시장 대부분을 차지하고 독과점을 행사하는 성숙기 시장에서는 기득권층이 추가적인 경제적 진보를 막는 데 모든 관심을 기울이지 않을 수 없다. 그래야 그들이 구시대적 기술에 투자해 놓은 자본의 가치를 보호할 수 있기 때문이다. 랑게는 "이미 투자해 놓은 자본의 가치를 유지하는 일이 기업가의 주된 관심사가 될 때 추가적인 경제적 진보는 멈추거나 적어도 상당히 지체된다. … 이러한 결과는 업계의 소수가 독점적 지위를 누릴 때 훨씬 더 두드러지기 마련이다."라고 썼다.[5]

강력한 업계 리더는 종종 새로운 사업체와 혁신의 진입을 제한하기 위해 애쓴다. 하지만 기존의 자본 투자를 보호하기 위해 보다 생산성이 높은 기술의 개발을 막거나 늦추는 것은 수익성 있는 새로운 기회에 자본이 투자되는 것을 막음으로써 포지티브 피드백(positive feedback)* 루프를 형성한다. 이렇게 자본이 수익성 있는 새로운 투자처로 이동할 수 없어지면 경제는 장기정체에 빠져든다.

랑게는 자본주의가 자본주의를 상대로 치르는 투쟁을 다음과 같이 냉혹하게 묘사했다.

> 자본주의 시스템의 안정성은 기존의 투자를 보호하기 위해 경제적 진보를 막으려는 시도가 번갈아 나타남으로써 흔들린다. 그리고 이러한 시도가 실패할 때 엄청난 붕괴가 발생한다.[6]

경제적 진보를 막으려는 시도는 언제나 실패로 돌아간다. 새로운 기업가가 지속적으로 시스템의 가장자리를 훑으며 혁신을 모색하기 때문이다. 생산성을 높이고 가격을 낮춰 경쟁자들보다 싼 가격으로 고객을 확보할 수 있는 혁신 말이다. 랑게가 개요를 보여 준 이 경주는 장기간에 걸쳐 끈질기게 지속되며 그에 따른 생산성의 증대는 계속 비용과 가격

---

* 어떤 제품이나 기업이 일단 시장에서 우위를 차지하는 경우 수확체증의 법칙에 따라 그 우위성이 더욱 확대되고 해당 제품이나 기업이 계속 시장을 지배하게 되는 현상으로 시장을 더욱 불안하게 만듦.

을 떨어뜨리고 마진을 줄어들게 만든다.

오늘날 경제학자 대부분이 재화와 서비스가 거의 무료가 되는 세상을 불길한 심정으로 지켜보게 되었지만 지난 세기의 경제학자 몇몇은 향후 전망에 대해 다소 조심스러우면서도 열정적인 기대감을 피력했다. 20세기의 존경할 만한 경제학자 케인스는 1930년 「손자 세대를 위한 경제적 가능성」이라는 제목의 소론을 발표했다.(케인스의 경제학 이론은 지금 시대에도 여전히 상당한 영향력을 행사하고 있다.) 때는 수백만의 미국인이 1929년의 갑작스러운 경기 침체가 사실은 바닥을 향한 장기적 급락의 시작임을 감지하던 시점이었다.

케인스는 새로운 기술이 전례 없는 속도로 생산성을 높이면서 재화와 서비스의 가격을 낮추고 있으며, 이는 또한 재화와 서비스를 생산하는 데 필요한 인간의 노동량을 극적으로 감소시킨다고 썼다. 이를 위해 케인스는 새로운 용어까지 고안했다. "우리는 앞으로 '기술 혁신으로 인한 실업(technological unemployment)'이라는 표현을 자주 듣게 될 것이다. 이는 노동력을 절감하는 수단을 발견하는 것이 노동의 새로운 용처를 발견하는 것보다 빠른 속도로 이루어지는 탓에 발생하는 실업을 의미한다." 케인스는 기술 혁신으로 인한 실업이 단기적으로는 고통을 유발하겠지만 장기적으로는 혜택으로 돌아올 것이라고 서둘러 덧붙였다. "인류가 자신의 경제적 문제를 해결하고 있음"을 의미하기 때문이라는 것이 그 이유였다.[7]

케인스는 이렇게 믿었다. "조만간, 어쩌면 우리 모두가 눈치채고 있는 것보다 훨씬 더 빠른 시기에 이러한 경제적 니즈가 충족되는 시점이, 우리가 추가적인 에너지를 비경제적 목적에 활용하고자 할 정도로 기본적 니즈가 충족되는 시점이 올 것이다."[8] 그는 기계가 거의 공짜에 가까운 재화와 서비스를 양산하고 인류를 노역과 곤궁에서 자유롭게 하는 한편 인간 정신을 오로지 금전적 관심사에 얽매는 집착에서 해방해 '삶을 위한 예술'과 초월성 탐구에 보다 집중하도록 만드는 미래를 기대에 찬 시선으로 조망했다.

결국 랑게와 케인스는 1930년대에 자본주의 시스템의 핵심에 놓인 분열적 성격을 예견한 셈이다. 생산성을 높이고 한계비용을 떨어뜨리는, 경쟁 시장 고유의 기업가적 역동성 말이다. 경제학자들은 오래전부터 가장 효율적인 경제체제는 소비자가 단지 구매 상품의 한계비용에 대해서만 값을 지불하는 양식임을 이해했다. 하지만 만약 소비자가 유일하게 지불하는 한계비용이 계속 제로를 향해 나아간다면, 기업은 투자에 대한 수익이나 주주를 만족시킬 만한 이윤을 확보할 수 없다. 상황이 그렇기 때문에 시장의 리더들은 지배권을 확보하기 위해 애쓸 수밖에 없다. 그래야 독점적 지위를 유지할 수 있고, 한계비용보다 더 높은 가격을 판매 상품에 부과할 수 있기 때문이다. 그렇게 그들은 보이지 않는 손이 시장을 제로 수준 한계비용과 무료에 가까운 재화 및 서비스라는 가장 효율적인 경제로 유도하는 것을 막는다. 이 딜레마가 바로 자본주의 이론과 실제의 기저를 이루는 본질적 모순인 것이다.

랑게와 케인스가 고견을 피력하고 팔십 년이 흐른 21세기 초, 우리와 동시대의 경제학자들은 다시 한 번 자본주의 시스템의 모순 작용을 자세히 들여다보고 있다. 최신 기술이 경제를 한계비용 제로 시대로 빠르게 바꿔 놓는 상황에서 시장경제가 자멸을 피하고 제대로 기능하게 하려면 어떻게 해야 하는가. 이것이 그들의 숙제가 된 것이다.

클린턴 행정부 재무부 장관과 하버드 대학교 총장을 역임한 로런스 서머스와 현재 버클리 소재 캘리포니아 주립 대학교 교수인 J. 브래드퍼드 들롱은 2001년 8월 캔자스시티 연방준비은행(FRB) 심포지엄에서 발표한 「정보 경제 시대의 경제 정책」이라는 공동 논문에서 자본주의 시스템의 딜레마를 다시금 조명했다. 이 논문은 새로운 정보기술과 당시 막 시작된 인터넷 커뮤니케이션 혁명이 자본주의 시스템을 수십 년 내에 제로 수준 한계비용의 현실로 내몰 위협적 조짐을 반영하듯 예전보다 강화된 위기의식을 담아냈다.

서머스와 들롱의 우려는 당시 떠오르고 있던 데이터 처리 및 커뮤니케이션 기술에 초점이 모아졌다. 그들은 이러한 "엄청난 혁신들"이 전기의 출현에 버금가는 잠재적 영향력으로 상업 생활의 전면적 재구성을 강요하고 있다고 썼다. 서머스와 들롱에 따르면 당시 진행 중이던 기술적 변화들이 한계비용을 극적으로 떨어뜨릴 가능성이 높고, 그래서 그것을 논의의 출발점으로 삼았다는 것이다. 그들은 "경제적 효율성의 가장 기본적인 조건은 … 가격이 한계비용과 동일해지는 것"이라는 점을 인정했다.[9] 나아가 그들은 "정보 상품의 경우 유통의 사회적 비용과 한계비용이 제로에 가깝다."라는 데에 동의했다.[10] 그래서 역설이 발생한다는 것이다.

> 만약 정보 상품이 생산의 한계비용, 즉 제로 판매가로 유통된다면 소비자 판매에서 발생하는 수익으로 고정비용을 충당하는 기업들은 상품을 창출하거나 생산할 수 없다. … 정보 상품을 창출하거나 생산하려면 기업은 자사의 상품에 이윤을 붙여 누군가에게 판매하는 것이 가능하다고 기대할 수 있어야 한다.[11]

서머스와 들롱은 초기 비용을 대기 위한 정부 보조금에 대해서는 반대 의견을 피력했다. "행정적 관료주의"와 "집단 순응 사고", "불필요한 요식" 등의 결점이 시장의 기업가적 활력을 파괴할 것이라는 이유에서였다.[12]

저명한 이 두 경제학자는 정부 개입의 대안으로 마지못해 다음을 제안했다. "일정한 비율로 수익이 증가하는 조건하에 상품이 생산되는" 경제체제에서 혁신을 보호하기 위한 가장 좋은 방법은 아마도 짧은 기간 동안 자연 발생적인 독점을 장려하는 것이리라.[13] 서머스와 들롱은 "일시적인 독점 권한과 이윤이 민간 사업체에 이러한 혁신에 참여하도록 이끄는 보상이 될 것"이라고 강조했다.[14] 둘은 민간 사업체에 대한 이 방법의 한계를 인지하며, "자연 발생적 독점은 가격과 한계비용이 동일해진다는 경제적 효율성의 가장 기본적인 조건을 충족하지 못한다."라고도 인정했다.[15] 실로 독점이 작용하는 방식은 모든 경제학자들이 알다시피 잠재적 경쟁자가 생산성을 향상하고 한계비용을 낮추며 판매가를 떨어뜨리는 새로운 혁신을 도입하지 못하게 막는 것이다. 그럼에도 서머스와 들롱은 '새로운 경제'하에서는 이것이 진보의 유일한 방법일지도 모른다고 결론지었다. 그리고 흔치 않은 놀라운 고백을 통해 둘은 이렇게 인정했다. "이 복잡한 일련의 현안에 관해 어떻게 사고해야 옳은지는 불분명하다. 분명한 한 가지는 경쟁 패러다임이 완전히 적절한 것은 아니라는 점이다. … 그러나 우리는 이를 대체할 적절한 패러다임이 무엇인지 아직 잘 모르는 상태다."[16]

서머스와 들롱은 자신들이 절망적인 덫에 걸렸음을 깨달았다. 자본주의 시스템이 자멸의 길을 걷는 게 경제학자나 기업가 들의 의도는 결코 아니었지만(그들은 자본주의가 영원히 군림하길 기대했다.) 그것의 운용 논리를 주의 깊게 살펴보면 제로 수준 한계비용이라는 필연적 미래가 드러난다. 한계비용 제로 사회는 전반적 복지를 증진하는 최적의 효율 상태로서 자본주의의 궁극적 승리를 상징한다. 그렇지만 그 승리의 순간은 또한 자본주의가 세계 무대의 중앙에서 불가피하게 물러날 수밖에 없음을 의미한다. 물론 자본주의가 아예 사라지지는 않겠지만, 그것이 우리를 한계비용 제로 사회에 가까이 데려다 놓을수록 한때 도전을 불허하던 스스로의 권능은 감소할 수밖에 없을 것이며 희소성보다는 풍요가 특징인 시대에서 경제생활을 구성하는 완전히 새로운 방식에 자리를 내줄 것이다.

경제 패러다임의 변화

정보화 시대에 자본주의 이론과 실제가 직면한 도전과 모순을 다룬 서머스와 들롱의 논문에서 가장 흥미로운 구절은 "이를 대체할 적절한 패러다임이 무엇인지는 아직 잘 모르는 상태"라는 고백이다. 그들이 새로운 대체 패러다임의 가능성을 언급했다는 사실은 곧 기존 경제체제의 장기적 생존에 어두운 그림자를 거듭 드리우는 비정상성을 암시한다.

우리는 현재 경제 패러다임이 전면적으로 바뀌는 변혁의 초기 단계에 있는 것으로 보인다. 점점 더 많은 재화와 서비스가 무료에 가까워지는 사회를 준비하는 데 보다 적합한 새로운 경제 모델이 자본주의 시대의 황혼기에 부상하고 있다는 이야기다.

최근 '패러다임 전환'이라는 용어가 사실상 그 어떤 종류의 변화에 갖다 붙여도 통하는 양 남용되고 있다. 그렇기 때문에 토머스 쿤이 내린 패러다임의 정의를 다시금 살펴볼 필요가 있다. 쿤은 저서 『과학혁명의 구조』에서 처음으로 '패러다임'이라는 용어를 일반적 담론의 일부로 만든 인물이다. 쿤은 패러다임을 "함께 작용하며 통일되고 통합적인 세계관을 확립하는 신념 및 가정 체계로서 설득력이 높고 저항할 수 없는 까닭에 실제 상황 그 자체나 마찬가지로 여겨지는 것"이라고 묘사했다. 그는 뉴턴의 물리학이나 다윈의 진화론과 같은 과학계의 표준 모델, 거의 보

편적으로 수용되는 모델을 언급하는 데에 이 용어를 사용했다.[17]

  패러다임의 설득력은 실제 상황에 대한, 모든 것을 아우르며 함축하는 묘사에서 나온다. 패러다임은 일단 받아들여지고 나면 그 중심 가정에 이의를 제기하기가 불가능하진 않더라도 몹시 어렵다. 실제 상황의 자연적 질서를 반영하는 것으로 보이기 때문이다. 세상에 대한 대안적 설명은 명백한 진리로 받아들여지는 기존 패러다임에 위배되는 탓에 좀처럼 호응을 얻지 못한다. 그러나 이러한 의구심 없는 수용과 대안적 설명에 대한 거부는 갈수록 심해지는 모순으로 이어진다. 이러한 모순들이 쌓이고 쌓이다 보면 모종의 티핑 포인트(tipping point: 갑자기 뒤집히는 점)에 도달해 기존의 패러다임이 무너지며 예외 상황과 통찰, 포괄적인 새로운 전개를 보다 잘 통제할 수 있는 대안적 패러다임으로 대체되는 것이다.

  오랜 세월 경제활동의 효율적 구성을 담보하는 최고의 메커니즘으로 받아들여진 자본주의 패러다임은 이제 두 개의 전선에서 수세에 몰리는 처지가 되었다.

  첫 번째 전선은 새로운 세대의 학제적 학문이다. 학제적 학문이란 환경공학, 화학, 생물학, 기계공학, 건축학, 도시계획, 정보기술 등과 같이 명확히 구분되던 분야를 둘 이상 합쳐 놓은 다학문 협업을 말한다. 이 새로운 학문은 열역학법칙에 기반을 둔 새로운 경제 이론으로 (뉴턴 물리학의 은유와 결합된) 표준 경제 이론에 도전하고 있다. 표준 자본주의 이론은 에너지 법칙이 부과하는 생태학적 제약과 경제활동 사이의 불가분의 관계에 대해 사실상 침묵하고 있다. 고전파 및 신고전파 경제 이론에서는 지구의 생물권을 지배하는 역학을 그저 경제활동의 외부 요인 정도로, 자본주의 시스템의 작용 전반에 미치는 실질적 영향이 미미한 사소하고 조정 가능한 요인으로 치부한다.

전통적인 경제학자들은 열역학법칙이 모든 경제활동을 지배한다는 사실을 깨닫지 못하고 있다. 열역학 제1법칙과 제2법칙은 "우주의 에너지 총량이 고정되어 있으며, 총 엔트로피가 계속 증가한다."라고 선언한다.[18] 제1법칙, 즉 에너지보존법칙은 에너지는 형태가 변할 수 있을 뿐 새로 만들어지거나 사라질 수 없다고, 우주의 에너지 총량은 시간이 시작된 때부터 종말에 이를 때까지 일정하게 고정된다고 상정한다. 에너지 총량은 변함이 없지만 그것의 형태는 지속적으로 변하는데, 이용 가능한 형태에서 이용 불가능한 형태로의 한 방향으로만 변한다는 사실이 중요하다. 여기가 바로 열역학 제2법칙, 즉 엔트로피 법칙이 작용하는 부분이다. 제2법칙에 따르면 에너지는 항상 뜨거운 곳에서 차가운 곳으로, 집중된 형태에서 분산된 형태로, 질서 있는 상태에서 무질서한 상태로 흐른다. 예를 들어 석탄 한 덩어리를 태우는 경우 에너지 총량은 그대로 유지되지만 이산화탄소와 이산화황 등 기체 형태로 대기 중에 분산된다. 상실된 에너지는 없지만 분산된 에너지는 더 이상 유용한 작업을 수행할 수 없다. 물리학자들은 이렇게 더 이상 이용할 수 없어진 에너지를 엔트로피라고 부른다.

모든 경제활동은 자연에서 구할 수 있는 고체나 액체, 기체 형태의 에너지를 활용해 재화와 서비스를 창출하는 데서 비롯된다. 생산과 저장, 유통 과정의 모든 단계에서 에너지는 자연의 자원을 완성된 제품으로 전환하는 데 이용된다. 재화나 서비스에 내포된 에너지는 그 무엇이든 가치 사슬을 따라 경제활동을 전개하면서 이용되거나 상실된 에너지의 대가이다. 그리고 매번 그에 상응하는 '엔트로피 청구서(entropic bill)'가 발생한다. 결국 우리가 생산하는 재화는 소비되고 버려져 다시 자연으로 돌아가고 엔트로피 증가에 기여한다는 말이다. 엔지니어들과 화학자들은 경제활동과 관련해 언제나 이용 가능한 에너지의 손실만 있을 뿐

에너지의 순증가는 결코 있을 수 없음을 지적한다. 자연 자원을 경제적 가치로 전환하는 과정에서 늘 그렇게 된다는 이야기다. 이제 한 가지 질문만 남는다. 과연 엔트로피 청구서의 만기는 언제가 될 것인가?

산업화 시대의 엔트로피 청구서는 이미 우리에게 날아온 상태다. 방대한 탄소 에너지를 연소하면서 대기 중으로 배출한 이산화탄소가 쌓이고 쌓여 기후변화와 지구 생물권의 대규모 파괴를 야기하고 있으며 더불어 기존의 경제 모델에 의문을 품게 만들었다. 경제학계는 대체로 여전히 경제활동이 열역학법칙에 좌우된다는 사실을 외면하고 있다. 이러한 경제학자들의 확연한 오해가 결국 자연과학과 사회과학 등 여타 분야의 학자들이 기존의 패러다임에 대해 다시 생각해 보게끔 만든 셈이다. 나는 전작 『3차 산업혁명』의 7장 「애덤 스미스에게서 벗어나라」에서 이 문제를 보다 상세히 다룬 바 있다.

자본주의 패러다임의 두 번째 전선에서는 강력한 신기술 플랫폼이 2차 산업혁명의 중심부 바깥에서 발전하며 자본주의 이념의 중요한 모순을 위에서 언급한 종반전으로 몰아가고 있다. 이음새 없는 21세기 지능형 인프라에서 커뮤니케이션 인터넷과 에너지 인터넷, 자동화된 운송 및 물류 인터넷이 결합해서, 즉 사물인터넷(The Internet of Things, IoT)을 형성해서 3차 산업혁명을 일으키고 있는 것이다. 사물인터넷은 이미 여러 다양한 재화와 서비스의 생산성을 증대해 한계비용을 제로에 가깝게, 해당 재화와 서비스를 사실상 무료로 만들고 있다. 결과적으로 기업의 이윤은 고갈되기 시작했으며 재산권은 약화되어 가고 희소성에 기초한 경제는 서서히 풍요의 경제에 자리를 내주고 있다.

사물인터넷

사물인터넷은 통합 글로벌 네트워크를 통해 모든 사물을 모든 사람과 연결할 것이다. 사람과 기계, 천연자원, 물류 네트워크, 소비 습관, 재활용 흐름 등 경제생활과 사회생활의 사실상 거의 모든 측면이 센서와 소프트웨어를 통해 사물인터넷에 연결돼, 기업체와 가정, 운송 수단 등 모든 노드(node)*에 시시각각 실시간으로 빅데이터를 공급할 것이다. 이후 고급 분석을 거쳐 예측 알고리즘으로 전환된 빅데이터는 다시 프로그램을 통해 자동화 시스템에 입력되어 열역학 효율성을 증진하고 극적으로 생산성을 향상하는 동시에 경제 전반에 걸친 재화와 서비스의 생산 및 유통 모든 영역에서 한계비용을 제로에 가깝게 떨어뜨릴 것이다.

유럽연합(EU)의 행정부 역할을 수행하는 EU 집행위원회에서 '유비쿼터스 컴퓨팅' 시대로의 이전을 촉진하기 위해 설립한 사물인터넷유럽연구집단(IERC)은 이미 분산된 글로벌 네트워크에서 세상을 연결하기 위해 사물인터넷이 배치될 무수한 방법 중 일부를 면밀히 계획해 놓은 상태이다.

현재 사물인터넷은 산업 및 상업 영역 전반에 걸쳐 도입되고 있다. 기업들이 재화와 서비스의 흐름을 모니터링하고 추적하기 위해 상거래 경로 곳곳에 센서를 설치하고 있다는 이야기다. 예를 들면 물류업계의 거인인 UPS는 빅데이터를 이용해 미국 내 6만 대 차량과 실시간 연락 체계를 유지한다. UPS는 모든 회사 차량에 센서를 설치해 각각의 부품을 모니터링하며 잠재적 기능 저하나 금속피로의 조짐을 찾는다. 부품을

---

* 데이터를 전송하는 통로에 접속되는 기능 단위로 주로 통신망의 분기점이나 단말기의 접속점을 가리킴.

적시에 교체해 도로 위에서 발생할 수 있는 고비용의 고장을 미연에 방지하기 위해서다.[19]

　센서는 원자재의 이용 가능성을 기록하고 알리거나 창고의 재고 현황을 대고객 부서에 전달하거나 생산 라인의 기능 장애를 검사하는 데에 활용된다. 또한 기업체나 가정의 전기 사용량 변화와 그에 따른 전기료를 시시각각으로 알려 주는 센서도 있다. 이로써 전기 소비자들은 피크 타임에는 전력 소비를 줄이거나 아예 가동을 중단하도록 하는 프로그램을 전기기구에 설정해 놓을 수 있다. 전기료 급등이나 배전망상의 전압 저하를 예방하고 다음 달에 전기료 공제 혜택을 받기 위해서 말이다.

　소매점에 설치된 센서는 소비자들이 어떤 상품을 들여다보거나 만져 보는지, 또 어떤 상품을 도로 내려놓거나 구매하는지 판매 및 마케팅 부서에 알려 준다. 그들은 이것을 통해 소비자 행동 방식을 파악할 수 있다. 또 어떤 센서들은 소매업자나 소비자에게 발송된 제품의 행방을 추적하기도 하고 재사용을 위해 처리되거나 재활용되는 쓰레기의 양을 모니터링하기도 한다. 빅데이터는 시시각각으로 분석되어 공급망의 재고와 생산 및 유통 프로세스를 재측정하거나 가치 사슬 전반의 열역학 효율성과 생산성을 증진하는 새로운 거래 관행을 도입하는 데 활용된다.

　사물인터넷은 또한 스마트 도시를 설계하는 데에도 이용된다. 스마트 도시에서는 센서들이 빌딩과 교량, 도로 등 도시 인프라의 진동이나 물리적 상태를 측정해서 구조적 안전성을 진단하고 수리 시점을 알려 준다. 또한 각 거주지의 소음 공해를 추적하는 센서, 도로의 교통량이나 인도의 보행 밀도를 모니터링해 운전 및 보행 경로를 최적화하는 센서도 설치된다. 인도와 차도 사이의 연석에 설치되는 센서는 운전자에게 주차 공간이 얼마나 남았는지 알려 주며 스마트 도로와 지능형 고속도로는 운전자에게 사고나 교통 체증과 관련된 최신 정보를 제공한다. 보험

회사들은 차량에 센서를 부착하는 실험을 개시하고 있다. 해당 차량이 이용되는 시간과 머무는 위치, 일정 기간에 운행되는 거리 등에 관한 데이터를 이용해 리스크를 예측하고 보험료를 산정하기 위해서 말이다.[20] 가로등에 부착되는 센서는 주변의 빛을 감지해 스스로 가로등 밝기를 조절하고, 쓰레기통에 설치되는 센서는 쓰레기의 양을 파악해 쓰레기 수거의 능률화를 돕는다.

사물인터넷은 지구의 생태계를 보다 잘 관리하기 위한 목적으로 자연환경에도 빠르게 적용되고 있다. 산림에 설치되는 센서는 화재를 촉발할 수 있는 위험한 상황을 소방관에게 알린다. 과학자들은 도시와 교외, 시골 마을 전반에 센서를 설치해 오염 및 공해 수준을 측정하고 위험 상황이 발생하면 주민들에게 경고를 발령해 적절히 대처하도록 돕고 있다. 2013년 중국의 수도 베이징에서는 미 대사관 건물 꼭대기에 설치된 센서가 이 도시의 탄소 배출량 변화를 시간별로 측정해 알렸다. 해당 데이터는 즉각적으로 인터넷에 게재되며 시민들에게 공해가 위험한 수준에 이르렀음을 경고했다. 이 사건으로 중국 정부는 베이징 인근 (석탄 동력) 화력발전소의 탄소 배출을 극단적으로 줄이는 조치와 함께 심지어 자동차 통행과 에너지 집약적인 공장의 생산을 제한하는 조치까지 취하게 되었다. 센서로 수집되어 공개된 정보가 공중 보건 개선을 이끌어 낸 사례다.

센서는 토양 내부에도 설치되어 지표면 밀도 및 진동의 미묘한 변화를 감지하고 있다. 산사태와 지표면 함몰, 화산 분출, 지진 등에 대한 조기 경보 시스템을 갖추기 위해서다. IBM은 브라질 리우데자네이루의 대기권과 지면에 설치한 센서로 폭우와 산사태 등을 이틀 먼저 예측하여 시 당국이 주민들을 대피시키도록 돕고 있다.[21]

연구원들은 야생동물의 피부 속과 이동 경로 곳곳에 센서를 설치해 동물들의 안녕에 영향을 미칠 수도 있는 환경 변화 및 행동 변화를 파악하고 있다. 예방 조치를 취해 생태계 역학을 회복하기 위해서다. 센서는 또한 강과 호수, 바다에도 설치되고 있다. 수질 변화를 감지하고 그것이 수중 생태계의 동식물상에 미치는 영향을 측정하여 잠재적 복원 방안을 찾기 위해서다. 미국 아이오와 주 더뷰크 자치주에서는 각 가정에 설치한 디지털 수도 계량기와 소프트웨어로 수돗물 이용 패턴을 모니터링하여 거주자에게 누수 가능성과 물 절약 방안 등을 알려 주는 파일럿 프로그램을 진행 중이다.[22]

사물인터넷은 또한 우리가 식량을 생산하고 배송하는 방식까지 바꾸고 있다. 농부들은 센서를 이용해 기상 조건과 토양의 습도 변화, 꽃가루의 확산 정도 등 생산에 영향을 미치는 갖가지 요소를 모니터링하고 자동 대응 기계장치를 설치해 적절한 성장 조건이 갖춰지도록 만들고 있다. 수확물을 배송할 때에는 채소와 과일 상자에 센서를 부착해 그 행방을 추적하는 한편 냄새를 분석해 곧 상할 조짐이 감지되면 보다 가까운 판매자에게 전달하도록 조치하고 있다.[23]

의사들은 심지어 인체에 센서를 부착하거나 심고 있다. 심박동 수와 맥박, 체온, 피부 착색 등 생체 기능을 모니터링해 예방적 주의가 필요한 치명적 변화를 파악하기 위해서다. 제너럴일렉트릭(GE)은 "얼굴 표정을 분석해 극심한 고통이나 혼미의 조짐, 여타 고통의 징조를 파악할 수 있는" 컴퓨터 시각 소프트웨어를 개발 중이다. 물론 그렇게 파악된 정보는 간호사에게 전달된다.[24] 인체 센서는 가까운 미래에 환자의 전자 건강 기록에 링크될 것이고, 그러면 사물인터넷이 환자의 신체 상태를 신속하게 진단해 응급 의료 인력이 적절한 응급조치를 취하도록 보조하는 일도 가능해질 것이다.

단언컨대 지금까지 사물인터넷이 가장 극적인 영향을 미친 영역은 보안 시스템이다. 주택과 사무실, 공장, 상점, 심지어 공공장소 등에서 우리는 범죄 행위를 감지하기 위한 센서와 카메라를 빈번히 목격할 수 있다. 이렇게 사물인터넷은 보안 서비스 업체와 경찰을 신속한 대응 조직으로 변모시키는 한편 범인을 체포하는 데 필요한 데이터 단서까지 제공하고 있다.

사물인터넷은 건조 환경(built environment)과 자연환경을 하나의 화합적 운용 네트워크에 위치시키며 모든 사람과 모든 사물이 의사소통하게 만든다. 그러면서 사회의 열역학적 효율성을 최적화하는 동시에 지구의 전반적 안녕을 보장하는 방식으로 시너지를 모색하고 상호 연결성을 촉진하게 하는 것이다. 1차 및 2차 산업혁명의 기술 플랫폼이 시장 교환과 개인적 이득을 위해 지구 생태계의 무수한 상호 의존성을 단절하고 봉쇄하는 데 기여했다면, 3차 산업혁명의 사물인터넷 플랫폼은 그 과정을 역전시킨다. 우리가 경제생활을 조직하는 방법에서 사물인터넷이 파괴적 기술이 되는 이유는 인류가 지구 생물권의 그 복잡한 연출을 되살려 다시 그 안에 통합되도록 돕는 한편, 그럼으로써 지구를 지배하는 생태계 관계를 위태롭게 하는 일 없이 생산성을 극적으로 높이도록 돕기 때문이다. 순환 경제(circular economy)*를 기반으로 지구의 자원을 전보다 적게, 보다 효율적이며 생산적으로 사용하게 만들고 탄소 기반 에너지에서 재생에너지로 이전하도록 돕는 것이 현재 떠오르고 있는 경제 패러다임의 정의적 특징이다. 새로운 시대에는 우리 모두가 지구 생물권의 신경계에서 각각 하나의 노드가 될 것이다.

사물인터넷은 인간이 지구에서 살아가는 방식의 전면적 변혁을 예고하며 보다 지속 가능하고 풍요로운 미래로 우리를 인도하고 있지만, 동

---

* 자원의 순환을 통해 낭비나 환경 파괴를 줄이는 경제구조를 뜻함.

시에 데이터 보안 및 개인의 사생활 보호 측면에서는 우려할 만한 쟁점을 제기하기도 한다. 이에 대해서는 5장과 여타 장에서 좀 더 상세히 다루기로 하겠다.

세계적인 정보기술 기업 몇몇은 이미 사물인터넷의 확장에 박차를 가하고 있다. GE의 '산업 인터넷(Industrial Internet)', 시스코의 '만물인터넷(Internet of Everything)', IBM의 '스마트 지구(Smarter Planet)', 지멘스의 '지속 가능 도시(Sustainable Cities)' 등이 지능형 3차 산업혁명 인프라를 온라인화하려는 여러 구상 가운데 대표적 사례이다. 업계 관찰자들이 말하는 이른바 글로벌 신경 네트워크상에서 마을과 도시, 지역, 대륙을 연결하는 그 지능형 인프라를 말이다. 글로벌 신경 네트워크는 개방형, 분산형, 협력형으로 고안되어 누구든 장소나 시간에 구애받지 않고 접속할 수 있으며 빅데이터를 활용해 자신의 일상을 관리하는 새로운 앱을 제로 수준의 한계비용으로 창출할 수 있다. 사물인터넷을 옹호하는 글로벌 기업들은 사실 초기에는 정확히 무엇이 그 플랫폼의 핵심 운용 메커니즘을 이루게 될지 확신하지 못했다. 2012년 시스코는 나를 독일 베를린으로 초대해 고객사 최고정보책임자(CIO)들을 모아 놓고 함께 3차 산업혁명에 관한 콘퍼런스를 열었으며, 또 그 이듬해에는 지멘스에서 나를 초대해 최고경영자(CEO) 페터 뢰셔를 위시하여 지멘스 글로벌 이사회 임원들과 주요 글로벌 사업부 리더 스무 명이 참석한 가운데 토론회를 열었다. 이 두 기업의 임원들은 모두 사물인터넷에 지대한 관심을 표명했다.

시스코 콘퍼런스에서 나는 "역사상 모든 인프라 시스템의 공통 요소는 무엇인가?"라는 질문으로 화두를 던졌다. 인프라는 각각이 상호작용하며 시스템 전체를 돌아가게 하는 세 요소를 필요로 하는데, 그 세 가지는 바로 커뮤니케이션 매개체, 동력자원, 운송 메커니즘이다. 그런 의미에서 인프라는 사회 유기체를 확대하는 하나의 방식, 즉 인공적 확장으로 간주될 수 있다. 커뮤니케이션 매개와 에너지자원, 그리고 특정한 형태의 기동성이 없다면 사회는 기능을 멈출 것이다.

앞서 밝힌 바와 같이 사물인터넷은 커뮤니케이션 인터넷과 에너지 인터넷, 그리고 운송 인터넷으로 구성된다. 이 세 가지가 단일 운영체제 내에서 함께 작용하며 자원 통제, 재화 및 서비스의 생산과 유통, 쓰레기 재활용 등 열역학 효율성 및 생산성 증진 방안을 지속적으로 모색하는 것이다. 이 세 가지 인터넷은 또한 서로의 기능을 가능케 한다. 커뮤니케이션이 없으면 경제활동을 관리할 수 없고, 에너지가 없으면 정보를 생성하거나 동력을 이동시킬 수 없으며, 운송과 물류가 없으면 경제활동을 가치 사슬 전반에 걸쳐 움직이게 할 수 없다. 결국 이들 세 가지 운용 시스템이 새로운 경제 유기체의 생리 기능을 이루는 셈이다.

이렇게 사물인터넷을 구성하는 세 인터넷은 보완 및 공조 관계에서 운용되는 한편, 모든 사업체의 기능 면에서도 변혁을 요구하고 있다. 특히 시스코와 관련해서 말하자면, 나는 콘퍼런스에 참석한 시스코 고객사 CIO들에게 진화하는 사물인터넷 환경에서 그들의 입지가 흔들리고 생존이 위협받을 것이라고 경고했다. 미래에는 정보기술과 에너지 서비스, 운송 및 물류가 단일 기능으로 통합되어 최고생산성책임자(CPO)의 관리, 감독하에 놓일 것이기 때문이다. CPO가 사물인터넷을 이용해 회사 운영의 열역학적 효율성과 생산성을 최적화할 목적으로 정보기술과 에너지, 운송 및 물류 관련 전문 지식을 결합할 것이라는 이야기다.

시스코가 정보기술에 치중하는 기업인 반면, 지멘스는 정보기술 부서와 에너지 부서, 물류 부서, 인프라 부서 등을 운영하며 다양성을 추구하는 기업이다. 지멘스 경영진과 만났을 때, 나는 각각의 사업부가 여전히 자체의 재화와 서비스를 판매하는 데 주력하며 다소 독립적으로 운영되고 있음을 느낄 수 있었다. 하지만 현재 그 회사는 지속 가능한 스마트 도시의 구축을 돕는 솔루션 공급업체로 브랜드 이미지를 새롭게 다지는 중이다. 사일로* 유형의 전통적인 사업 단위들이 사물인터넷 세상의 새로운 비전을 촉진하려면 가치를 부가하기 위해 서로 어떤 식으로 노력해야 하는지 대화를 개진해야만 하는 상황이 전개되는 것이다. 난제는 세부 사항에 존재한다. 모든 것을 아우르는 솔루션 공급업체라는 하나의 우산 아래 지멘스의 막강한 사업부들을 통합하려면 어떻게 해야 하는가? 또 그러한 통합을 가능케 하는 새로운 비즈니스 모델은 어떻게 창출해 낼 수 있는가? 지멘스는 이런 문제부터 해결해야 사물인터넷 기술 플랫폼을 확장하려는 관계 당국들을 도와 '지속 가능한 스마트 사회'로의 이행을 성공시킬 수 있다.

사물인터넷 플랫폼의 갑작스러운 진화와 더불어 거래 관행을 재고해야 할 필요성이 불가피하게 대두하고 있다. 내가 운영하는 사회적 기업인 TIR(The Third Industrial Revolution) 컨설팅 그룹은 세계 일류의 건축 회사, 에너지 회사, 건설 회사, 전력 및 공익사업 회사, 정보기술 및 전자 회사, 물류 및 운송 회사 다수로 구성되어 있다. 2009년 이래로 우리는 사물인터넷 인프라를 도입하기 위한 3차 산업혁명 마스터플랜을 세우기 위해 세계의 여러 나라와 지역, 도시 들과 공조 작업을 펼쳐 오고 있다. 사실 우리는 현재 미지의 영역을 탐구하고 있으며 새로운 스마트 도시를 구축하는 최선의 방법을 찾기 위해 가파른 학습곡선을 타는 단계이다. 이러한 점을 인정하지 않는다면 너무 무책임할 것이다. 하지만 우리가 확실히 아는 부분도 적지 않다. 사물인터넷 운영 체계의 핵심은 커뮤니케이션 인터넷과 에너지 인터넷, 운송 인터넷을 하나의 화합적 운영

---

* 회사 안에서 담을 쌓고 타 부서와 소통하지 않는 부서를 가리키는 용어.

플랫폼에 통합하는 것이다. 만약 각각이 사일로 유형으로 남는다면 사물인터넷을 확립하는 일과, 나아가 스마트 도시와 지속 가능한 세상의 비전을 추구하는 일은 불가능할 것이다. (사물인터넷의 구동 메커니즘을 구성하는 세 가지 인터넷에 대해서는 본문 전반에 걸쳐 다시 수차례 살펴볼 것이다.)

협력적 공유사회의 부상

사물인터넷의 전망에 흥분한 나머지 잠시 잊은 게 있다. 극도의 생산성이 주도하는 글로벌 네트워크가 모든 사람과 모든 사물을 연결함으로써 우리는 더욱 빠르게 재화와 서비스가 거의 무료 수준인 시대로 이동하고 그와 더불어 자본주의는 다음 반세기에 걸쳐 쇠퇴하며 협력적 공유사회가 경제생활을 조직하는 지배적인 모델로 자리 잡는다는 사실 말이다.

우리는 오로지 자본주의 시장과 정부만을 사회를 조직하는 수단으로 간주하는 데 익숙한 나머지 이 세상에 시장이나 정부가 제공하지 않는 일련의 재화와 서비스를 공급하는, 우리가 일상적으로 의존하고 있는 다른 조직 모델이 존재한다는 사실을 간과한다. 공유사회는 자본주의 시장이나 대의정치보다 더 오래된 제도이다. 또한 천 년이 넘는 역사를 자랑하며 세계에서 가장 오래된 형태의 제도화된 민주적 관리 방식이라 할 수 있다.

오늘날에도 수십억에 달하는 인구가 삶의 깊숙한 사회적 측면에서 공유사회에 참여하고 있다. 공유사회는 문자 그대로 수백만 개에 이르는, 대부분 민주적으로 운영되는 자주적 관리 조직으로 구성된다. 자선단체, 종교단체, 예술 및 문화 집단, 학교법인, 아마추어 스포츠 클럽, 생산자 및 소비자 협동조합, 신용협동조합, 보건 기구, 시민단체, 아파트 입주자 회의 등 사회적 자본을 창출하는 공식, 비공식 조직이 모두 여기에 포함된다.

민주적으로 관리되는 전통적 공유사회를 우리는 여전히 여섯 대륙 곳곳에 산재한 시골 공동체에서 찾아볼 수 있다. 이런 시골 공동체에서는 토지와 물, 산림, 물고기와 사냥감, 목초지 등과 같은 그들의 공유 자원을 공동으로 관리하고 이용한다. 또한 토지의 수용과 경작, 분배, 그리고 자원의 재활용 등과 관련된 결정을 공유사회 구성원들이 민주적으로 내린다. 공동체 규범이나 규약을 위반하는 행위에 대한 제재와 처벌도 관리 관례에 따라 정립되어 있어 자치적 경제조직으로도 볼 수 있다. 공유사회는 이미 교환보다는 주로 생존을 목적으로 생산과 소비가 이루어졌던 자급자족 기반의 농경 공동체에서 비교적 성공적인 관리 모델이었음을 입증한 바 있다. 오늘날 순환 경제의 전형을 일찍이 보여 준 셈이다.

공유사회의 성공은 그 태생적 배경이었던 정치 환경을 감안하면 훨씬 더 인상적이다. 공유 자원의 관리 방식은 대부분 봉건사회에서 출현했다. 봉건사회에서는 강력한 영주가 농민을 수탈하여 궁핍하게 만드는 한편, 장원 경작지에서 노동을 하거나 자체 생산물의 일부를 세금 형태로 바치는 방식으로 경의를 표하게 만들었다. 이런 환경에서 농민이 그들에게 남겨지는 불충분한 자원을 최적화하기 위해 할 수 있는 유일한 방법은 공유경제를 구성해 뭉치는 것뿐이었다. 여기서 주목할 점은 자원을 공동으로 관리하고 이용하기 위해 고안한 민주적 형태의 자주 관리가, 농민들을 독재적인 봉건 체제 속에서 견뎌 내도록 돕는 탄력성 있는 경제 모델임을 입증했다는 사실이다.

봉건사회의 몰락을 이끈 것은 유럽 전역에 걸쳐 벌어진 인클로저 운동(Enclosure Movement)*이었다. 이 운동은 더불어 근대 시장경제, 나아가 자본주의 시스템을 태동시켰으며, 시골의 공유체를 사라지게 만들었다. 하지만 당시 그 근저에 놓여 있었던 공유 정신까지 사라진 것은 아니었다. 소작농들은 시골에서 배운 교훈을 새로 정착한 도시 생활에 적용하기 시작했다. 도시에서도 마찬가지로 산업혁명으로 생겨난 공장주라는 형태의 강압적인 적을 만났기 때문이다. 도시 근로자와 당시 막 출현한 중산층은 소작농 선조들처럼 자신들의 공유 자원(이번에는 임금과 노동 기술의 형태)을 공동으로 관리하고 이용하며 새로운 유형의 자치적 공유사회를 창출했다. 자선단체와 학교, 병원, 노동조합, 협동조합, 그리고 다양한 종류의 대중문화 단체들이 뿌리를 내리고 번성하며 19세기에 시민사회(civil society)라고 알려지는 것의 토대를 형성했다. 이들 새로운 공유사회 단체들은 민주적 정신을 기반으로 운영되며 사회적 자본을 생성했다. 그러면서 수백만에 달하는 도시 거주자들의 복지를 증진하는 주요한 역할을 수행하게 되었다.

20세기에 접어들어 시민사회는 비과세 조직 형태로 제도화되며 부분적으로 비영리 부문(nonprofit sector)이라는 새로운 브랜드를 얻게 되었다. 오늘날 우리는 '시민사회'와 '비영리 부문'을 서로 자유롭게 바꿔 쓸 수 있는 용어로 간주한다. 그것의 순수한 사회적 기능을 언급하느냐 아니면 그 제도적 유형을 가리키느냐에 따라 다르게 말할 뿐이다. 하지만 이제 새로운 세대는 이러한 기존의 구분을 뛰어넘어 '소셜 공유사회(social Commons)'라는 용어를 보다 즐겨 사용하기 시작했다.

봉건시대 공유체에서 소셜 공유사회에 이르는 오랜 역사에서 각 세대

---

* 중세 유럽에서 개방 경작지와 공유지, 황무지 등에 울타리나 담을 둘러치고 사유지임을 명시한, 일종의 토지 개척 운동임.

는 민주적 자치의 원칙들을 효과적으로 다듬는 데 주력했고, 결과적으로 이제 그것은 거의 완벽한 수준에 올라 있다. 현재 전 세계 많은 나라에서 소셜 공유사회는 시장경제보다 더 빠른 속도로 성장하고 있다. 그럼에도 여전히 경제학자들은 소셜 공유사회를 도외시하고 있다. 주로 금전적 가치가 아닌 사회적 가치를 창출하는 부문이기 때문이다. 하지만 사회적 경제는 이제 더 이상 무시할 수 없는 힘을 갖췄다. 존스 홉킨스 대학교 시민사회연구소가 40여 나라를 대상으로 실시한 연구조사에 따르면 비영리 공유사회의 운영 비용이 2조 2000억 달러에 이른다. 미국, 캐나다, 프랑스, 일본, 오스트레일리아, 체코, 벨기에, 뉴질랜드 등 여덟 개국만 놓고 보면 비영리 부문이 평균적으로 국내총생산(GDP)의 5퍼센트를 차지한다.[25] 이들 국가에서 비영리 부문의 GDP 공헌도는 전기와 가스, 수도 등 공익사업 분야의 GDP를 능가하며, 건설 부문의 GDP에 맞먹고, 은행, 보험, 금융 서비스 분야의 GDP에 근접한다.[26]

소셜 공유사회는 사회를 문화 공동체로 결집하게 만드는 선의를 생성하는 부문이다. 시장과 정부는 사람들이 지닌 사회적 정체성의 연장이라 할 수 있다. 사회적 자본이 지속적으로 보충되지 않으면 시장과 정부를 기능하게 하는 신뢰가 부족해진다. 그럼에도 우리는 소셜 공유사회를 마치 시장이나 정부보다 덜 중요한 것인 양 경멸을 담아 '제3 부문'으로 분류한다.

만약 어느 날 아침에 깨어 보니 우리의 시민사회 조직들이 밤사이에 모두 사라져 버렸다면 어떻게 되겠는가? 두말할 것도 없이 사회는 급속히 쇠퇴하여 사라져 버릴 것이다. 종교 시설과 학교, 병원, 지역사회 지원 단체, 시민단체, 스포츠 및 레크리에이션 시설, 예술 및 여타 문화 단체가 없다면 우리는 목적의식과 정체성은 물론이고 우리를 확대가족으로 묶어 주는 사회적 유대감도 상실할 것이다.

자본주의 시장이 이기심에 기초하고 물질적 이득에 의해 주도된다면, 소셜 공유사회는 공동의 이익에서 동기를 부여받고 서로 연결하여 공유하고자 하는 깊은 열망에 의해 주도된다. 전자가 소유권과 매수자 위험 부담 원칙, 독립체 추구를 촉진한다면, 후자는 오픈소스 혁신과 투명성, 공동체 추구를 증진한다.

공유사회가 역사상 그 어느 시기보다 오늘날과 더욱 밀접한 관련성을 맺는 이유는 우리가 현재 하이테크 글로벌 기술 플랫폼을 구축하고 있고, 이 플랫폼의 정의적 특징이 그 오래된 제도를 활성화하는 운용 원칙과 그 가치를 최적화하는 데 있기 때문이다.

사물인터넷은 떠오르는 협력적 공유사회의 기술적 '소울메이트'이다. 이 새로운 인프라는 전적으로 분산형으로 구성된다. 협력과 시너지 모색을 촉진하고, 나아가 사회적 경제를 증진하기 위한 이상적인 기술 체계가 되기 위해서다. 사물인터넷의 운용 논리는 수평적 대중 협업과 보편적 접속, 비배제성을 최적화하는 것이다. 시민사회에서 사회적 자본을 창출하고 육성하는 데 긴요한 것과 동일한 감성을 필요로 하는 셈이다. 새로운 기술 플랫폼의 목적 자체가 공유 문화를 독려하는 것인데, 이것이야말로 공유사회의 전부 아닌가. 사물인터넷의 이러한 설계 특징이 소셜 공유사회를 그늘에서 끌어내 하이테크 플랫폼을 안겨 주고 21세기의 지배적인 경제 패러다임이 되도록 만드는 셈이다.

사물인터넷은 수십억 사람들이 피어투피어(peer-to-peer, P2P) 소셜 네트워크에 참여하여 협력적 공유사회의 삶을 구성하는 새로운 관행과 다수의 새로운 경제적 기회를 공동 창출케 할 것이다. 이 플랫폼은 모두를 프로슈머로, 모든 활동을 협업으로 만들 것이다. 사물인터넷은 글로벌 공동체의 모든 사람을 연결하고 사회적 자본을 전례 없는 규모로 번성하게 만들 것이며, 그럼으로써 공유경제를 실현할 것이다.

'협력적'이라는 의미의 형용사 'collaborative'는 20세기에 들어서고 나서 한참 지난 시점까지도 존재하지 않았던 영어 단어이다. 구글의 엔그램뷰어(Ngram Viewer)를 통해 확인해 보면 현재 진행 중인 변화의 강력한 신호를 감지할 수 있다. 엔그램뷰어는 1500년부터 2008년 사이에 출간된 데이터화한 책 500만 권을 검색해 특정 단어가 처음 사용된 시점은 물론이고 이후 그 사용 빈도의 증가세 또는 감소세까지 추적할 수 있는 서비스이다. 'collaborative'라는 단어는 1940년대에 이르러서야 처음 사용되기 시작했는데, 1950년대까지는 매우 드문드문 등장했다. 그러다 컴퓨터가 등장하고 그와 더불어 피어투피어 인터랙티브 커뮤니케이션 미디어와 같은 인터넷 기술이 출현하면서 1960년대 후반부터 오늘날까지 그 사용 빈도가 급속히 증가했다.[27]

협력적 공유사회는 이미 경제생활에 심오한 영향을 행사하고 있다. 시장은 네트워크에 자리를 내주고 있고 소유권은 접근권보다 그 중요성이 약해지며 자기 이익의 추구는 공동 이익의 매력적인 가치에 의해 억제되고 부를 축적하고자 하는 전통적인 꿈은 지속 가능한 양질의 삶이라는 새로운 꿈으로 대체되고 있다.

다가오는 시대에는 새로운 세대가 협력주의(collaboratism)에 점점 더 동질감을 느낌으로써 자본주의와 사회주의 둘 다 우리 사회에서 한때 차지했던 지배적 지위를 잃게 될 것이다. 젊은 협력주의자(collaboratist)들은 자본주의와 사회주의 양자의 원리적 장점은 차용하는 한편, 자유 시장과 관료적 국가 양자의 중앙집권적 속성은 제거해 나갈 것이다.

사물인터넷의 분산성과 상호 연결성은 개별 기업가의 참여를 심화할 것이며, 사회적 경제에서 개인이 맺는 협력 관계는 그에 정비례해 다양하고 강력해질 것이다. 이는 커뮤니케이션과 에너지, 운송의 민주화가 수십억 사람들로 하여금 개별적으로 '권한을 보유하게' 해 주기 때문이다. 그러나 이러한 '권한 보유'는 사회적 자본이 비용을 부담하는 피어투피어 네트워크에 참여할 때 비로소 이루어진다.

성장기에 책임 의식을 습득한 새로운 세대가 성인이 되면 보다 자발적으로 사회적 책임을 다하는 기업가 정신을 갖추게 될 것이다. 밀레니엄 세대의 엘리트들은 자연스럽게 스스로를 '사회적 기업가'로 인식할 것이다. 그들에게 '사회적 책임'과 '기업가 정신'은 더 이상 모순되지 않는 것으로, 오히려 동어반복으로 여겨질 것이기 때문이다.

수억에 달하는 사람들이 이미 그들 경제생활의 이런저런 부분을 자본주의 시장에서 글로벌 협력적 공유사회로 옮겨 놓고 있다. 협력적 공유사회의 프로슈머들은 더 이상 제로 수준의 한계비용으로 각자의 정보와 오락, 녹색 에너지, 3D 프린팅 제품, 방대한 개방형 온라인 강좌만 생산하고 공유하는 게 아니다. 그들은 또한 낮거나 제로 수준의 한계비용으로 소셜 미디어 사이트나 대여 및 재배포 동호회, 협동조합을 통해 서로 자동차와 집, 심지어 옷까지 공유하고 있다. 또한 점점 많은 사람들이 질병에 대한 진단 방법을 개선하고 새로운 치료법과 약품을 찾기 위해 '환자 중심'의 건강관리 네트워크에서 역시 제로 수준의 한계비용으로 협력하고 있다. 아울러 젊은 사회적 기업가들은 친환경 기업을 설립하고 새로운 사업에 크라우드펀딩(crowdfunding)*을 도입하며 심지어 새로운 경제에서 화폐를 대체할 수 있는 대안 화폐까지 창출하고 있다. 결과적으로 시장의 '교환가치'는 갈수록 협력적 공유사회의 '공유가치'로 대체되고 있다. 프로슈머들이 협력적 공유사회에서 그들의 재화와 서비스를 공유할 때 시장경제와 교환경제를 지배하는 규칙은 사회생활과 점점 더 관련성이 떨어질 수밖에 없다.

---

* 웹사이트나 온라인 도구를 통해 다수의 개인으로부터 자금을 모으는 방식임.

현재 전 세계적으로 진행 중인 새로운 유형의 장기적 경제 침체를 놓고 경제학자와 재계 리더, 관료 들이 벌이는 작금의 논쟁은 그 자체로 경제가 시장의 교환가치에서 협력적 공유사회의 공유가치로 옮겨 감에 따라 발생하는 대변혁의 지표가 될 뿐이다.

글로벌 GDP는 대침체(Great Recession)*의 여파로 그 성장 속도가 점차 둔화하고 있다. 경제학자들은 높아진 에너지 비용과 인구통계학적 변화, 노동력 증가분의 감소, 소비자 및 정부의 부채, 글로벌 소득에서 최상층이 차지하는 비중의 증가, 소비자의 소비 기피 현상 등을 주요 요인으로 꼽고 있다. 하지만 나는 보다 광범위한 영향력을 지닌 근원적인 요인이 있을 가능성이 높으며, 발생 단계이기는 하지만 그것이 GDP 성장 둔화 현상에 대해 적어도 일부는 설명할 수 있다고 판단한다. 재화 및 서비스 생산의 한계비용이 제로 수준을 향해 나아가는 부문이 하나둘 늘어남에 따라 이익이 축소되고 더불어 GDP가 줄어들기 시작했다는 이야기다. 그리고 더욱 많은 재화와 서비스가 거의 무료가 되면서 시장에서 구매 행위가 줄어들고 그것이 다시 GDP 감소에 기여하는 것이다. 또한 갈수록 많은 사람들이 이전에는 구매해 쓰던 재화를 공유경제에서 재분배하고 재활용하며 재화를 사용하는 주기를 늘림에 따라, 교환경제에서 여전히 구매되는 물품의 수도 줄어들어 GDP 손실이 발생하는 것이다. 아울러 재화에 대한 소유권보다는 접근권을 선택하는 소비자들, 즉 자동차나 자전거, 장난감, 공구 등에 대해 자신이 사용하는 제한된 시간만큼만 지불하기를 선호하는 소비자들이 늘고 있는 것도 GDP가 감소하는 원인이라 할 수 있다. 한편 자동화와 로봇공학, 인공지능이 수천

---

* 2009년 9월 서브프라임 모기지 사태 이후 미국과 전 세계가 겪고 있는 경제 침체 상황을 1930년대 대공황(Great Depression)에 빗대어 일컫는 표현임.

만 노동자를 대체하면서 시장에서 소비자의 구매력이 지속적으로 축소되고 그로 인해 GDP가 더욱 줄어들고 있다. 그와 동시에 프로슈머의 수가 급증함에 따라, 더욱 많은 경제활동이 시장의 교환경제에서 협력적 공유사회의 공유경제로 옮겨 가며 다시 GDP 성장세를 축소하고 있다.

요점은 작금의 경기 침체가 다른 많은 이유로 발생했을 수도 있지만, 그러한 부진의 일부를 설명할 수 있는 보다 중대한 변화는 이제 막 시작되었다는 사실이다. 자본주의 시스템은 서서히 막을 내려 가고 그 대신 협력적 공유사회가 부상하는 변화 말이다. 협력적 공유사회에서는 경제적 복지가 시장 자본의 축적이 아닌 사회적 자본의 집적으로 측정될 것이다. 다가오는 몇 년 혹은 몇 십 년 사이에 GDP는 꾸준히 감소할 것이고, 그것은 완전히 다른 방식으로 경제적 가치를 측정하는 역동적이며 새로운 경제 패러다임으로 전환되는 데에서 더욱더 기인할 것이다.

경제적 성공을 판단하는 최선의 방법에 대해 전 세계적으로 논쟁이 증가하고 있는 현상만 봐도 위에서 언급한 변화가 뚜렷해짐을 여실히 알 수 있다. 자본주의 시장의 경제적 성과를 측정하는 기존의 GDP 통계 방식은 경제성장의 긍정적인 면과 부정적인 면을 구분하려는 시도 없이 오로지 해당 연도에 생산된 재화와 서비스의 총계를 항목별로 취합하는 데 초점을 맞춘다. 독성 폐기물 하치장을 정화하거나 경찰력을 강화하는 데 들어간 지출의 증가, 범죄자 수용 시설의 확대와 군사력을 증강하는 데 발생한 비용의 증가, 그리고 이와 유사한 모든 것이 다 GDP에 포함된다.

오늘날 금융자본과 재화 및 서비스 교환 중심의 경제생활에서 사회적 자본과 재화 및 서비스의 공유 중심으로 이행하는 변혁은 경제적 성과를 평가하는 방법에 대해서도 다시 생각해 볼 것을 요구하고 있다. EU와 국제연합(UN), 경제협력개발기구(OECD), 그리고 다수의 선진국과 개발도상국은 최근 경제적 진보를 결정하는 새로운 기준을 도입하고 있다. 단순한 경제적 산물의 양보다는 '삶의 질'을 나타내는 지표에 중점을 두기 시작한 것이다. 국민의 교육 수준, 의료 서비스의 편의성, 유아 사망률과 기대 수명, 환경 관리 및 지속 가능한 개발의 정도, 인권 보호 수준, 사회의 민주주의 참여도, 자원봉사 수준, 여가 시간의 양, 빈곤선 이하 인구의 비율, 부의 공평한 분배 수준 등과 같은 사회적 우선 사항들이 각국 정부가 사회의 전반적 경제 복지를 평가하기 위해 도입한 새로운 범주들이다. 기존의 GDP 통계는 향후 수십 년 내에 시장교환경제가 축소됨에 따라 경제적 성과 지표로서의 중요성이 퇴색될 것이다. 금세기 중반에 접어들면 협력적 공유사회를 토대로 한 삶의 질 지표가 모든 국가의 경제적 웰빙을 측정하는 시금석이 될 가능성이 높다.

교환경제와 공유경제가 벌이는 전투에서, 경제학자들이 마지막으로 취할 수 있는 입장은 모든 것이 무료에 가까워지는 경우 새로운 재화나 서비스를 내세울 동기가, 새로운 혁신을 추구할 동기가 송두리째 사라진다고 주장하는 것이다. 초기 비용을 회수할 방도가 없어지는데 어느 발명가나 기업가가 나서겠느냐면서 말이다. 그러나 수백만에 달하는 프로슈머들이 소셜 공유사회에서 자유롭게 협력하고 있다는 사실을 잊어서는 안 된다. 그들은 지적재산권의 구속으로부터 자유로운 오픈소스의 법적 계약을 이용하며 새로운 정보기술과 소프트웨어, 새로운 형태의 오락, 새로운 학습 도구, 새로운 미디어 수단, 새로운 녹색 에너지, 새로운 3D 프린팅 제조 제품, 새로운 피어투피어 건강 연구 계획, 새로운 비영리 사회적 벤처 사업 등을 창출하고 있다. 결과적으로 20세기에 자본주의 시장경제가 경험했던 거대한 혁신 추력에 뒤지지 않는 창의성이 급증하는 것이다.

부상하는 협력적 공유사회를 토대로 한 혁신과 창의성의 민주화는 금전적 보상에 대한 기대보다는 인류의 사회적 행복을 증진하려는 욕망에 기초한 새로운 종류의 자극으로 작용하고 있다. 그리고 이것은 계속 성공적인 양상을 보인다.

자본주의 시장이 완전히 사라질 것 같지는 않지만, 더 이상 문명을 위한 경제적 어젠다를 독점적으로 정의하지는 못할 것이다. 물론 한계비용이 충분히 높아서 시장 교환을 정당화하는 한편 투자 수익을 충분히 발생시키는 재화와 서비스도 여전히 존재할 것이다. 하지만 보다 많은 것들이 잠재적으로 무료에 가까워지는 세상에서 사회적 자본은 금융자본보다 훨씬 더 중요한 역할을 수행할 것이고, 더불어 점점 더 많은 경제 생활이 협력적 공유사회를 토대로 이루어질 것이다.

이 책의 목적은 단순히 협력적 모델의 긴 청사진을 나열하는 데 있지 않다.(싹트기 시작한 협력적 세상을 그런 식으로 조망한 책과 기사는 수십, 수백에 달한다.) 그보다는 인간 행동 방식의 이러한 변화가 자본주의 시대가 창출한 제도와 지금도 우리가 의존하고 있는 핵심 가치들을 어떤 식으로 쓸모없게 만드는지 조명하며, 다가오는 협력 시대를 추진할 새로운 가치와 제도를 탐구하는 것이 이 책의 진정한 목적이다.

협력적 문화의 성장세를 다룬 기존의 많은 책과 기사는 상거래를 조직하는 새로운 방법들이 파괴적이긴 하지만, 궁극적으로 시장 자본주의(그리고 그것의 적이라 할 수 있는 국가사회주의)의 기반이 되는 중요한 전제까지 위협하지는 못할 것이라고 가정했다. 심지어 새로운 모델의 가장 열렬한 주창자들 사이에서도 협력적 미래가 사회 전반에 걸쳐 사람들의 참여와 창의성을 크게 확대하고 거의 모든 분야에서 제도적 생활을 평탄하게 구성하겠지만, 궁극적으로는 보다 인간 본성에 부합하고 효율적인 자본주의 시장에 흡수된다고 보는 관점이 일반적이다.

언뜻 보기에 현재 글로벌 자본주의는 여전히 건재하다.《포천》선정 글로벌 500대 기업은 2011년 세계 GDP의 3분의 1을 상회하는 매출액을 올리며 지구의 상거래 전반에 대한 통제권을 계속 강화하고 있다.[28] 자본주의 시스템의 엄청난 힘과 그것이 미치는 범위를 감안할 때, 자본주의의 역할이 지금보다 훨씬 줄어든 세상을 상상하는 것은 사실 그리 쉽지 않다.

자본주의 이후의 삶을 상상하는 게 이렇듯 어려운 이유 중 하나는 새로운 커뮤니케이션 기술과 에너지 자원, 운송 양식이 어떤 중추적 역할을 수행하며 시간적, 공간적 역동성에 새로운 방향을 제시하고 또 어떻게 대다수 사람들이 더욱 복잡하고 보다 상호 의존적인 사회조직 내에서 단합하고 응집할 수 있도록 이끄는지 제대로 이해하지 못하는 데서 비롯한다. 그러한 역할에 수반하는 기술 플랫폼은 인프라를 구성할 뿐만 아니라 경제를 조직하고 관리하는 방법에까지 영향을 미친다. 보다 구체적으로 살펴보자. 19세기에는 증기를 동력으로 한 인쇄 기술과 전신이 복잡한 석탄 동력 기반의 철로 및 공장 시스템을 연결하고 관리하는 커뮤니케이션 매개체가 되어 곳곳의 시장을 중심으로 인구밀도가 높은 도시 지역들을 연결했다. 20세기에는 전화와 (이후에 나온) 라디오 및 텔레비전이 커뮤니케이션 매개체가 되어 지리적으로 더욱 분산된 석유와 자동차 산업, 나아가 교외 시대와 대중 소비사회를 관리하고 마케팅했다. 그리고 21세기, 이제는 인터넷이 커뮤니케이션 매개체가 되어 상호 연결성을 갈수록 높여 가는 글로벌 공유사회에서 분산된 재생에너지와 자동화된 물류 및 운송을 관리하고 있다.

1차 및 2차 산업혁명의 기술 플랫폼은 상의하달식 명령과 통제 방식을 갖춘 중앙집권형으로 설계되었다. 화석연료들이 단지 특정 장소에서만 발견되었고, 그것을 지하에서 채굴해 최종 사용자에게 전달하려면 중앙집권화된 관리가 필요했기 때문이다. 중앙집권화된 에너지는 또한 새로운 동력자원 덕에 촉진된 상거래의 능률을 유지하기 위해, 역시 중앙집권화되고 수직적으로 통합된 형태의 커뮤니케이션을 필요로 했다.

중앙집권형 커뮤니케이션·에너지·운송 모체를 수립하는 데에는 막대한 자본비용이 들어가기 때문에 그러한 기술 플랫폼에 깊숙이 관여하거나 의존하는 산업 및 상업 기업들은 가치 사슬 전반에 걸쳐 수직적으로 통합된 그들 자신의 거대 운영체제를 갖춰야 했다. 그래야만 투자 수익을 보장하기에 충분한 규모의 경제를 확보할 수 있었기 때문이다. 1차 및 2차 산업혁명에서 수직적으로 통합된 기업을 설립하는 데 들어가는 높은 초기 비용은 거대한 투자 자본을 필요로 했다.

그럼에도 막대한 양의 자본 투자는 매번 원하는 결과를 안겨 주었다. 가치 사슬 전체를 한지붕 아래에 둔 덕분에 기업들은 많은 돈을 잡아먹는 중개인 일부를 제거할 수 있었고, 그럼으로써 한계비용과 시장에서 판매되는 재화나 서비스의 가격을 크게 낮출 수 있었다. 그러나 역설적이게도 그 동일한 수직적 통합이 각 산업 부문에서 몇몇 선도자들을 키워 내며 그들의 시장독점을 실현시켜 주었다. 그렇게 독점권을 확보한 시장 선도자들은 종종 신생 기업들의 시도를 차단하거나 방해했다. 신생 기업들이 한계비용과 재화 및 서비스 가격을 더욱 낮출 수 있는 새로운 기술을 도입해 발판을 마련하는 동시에 효과적으로 경쟁할 수 있는 시장 지분을 확보하려고 할 때마다 독점 기업들의 벽에 부딪혀 좌절하곤 했다는 이야기다.

하지만 3차 산업혁명에 접어들어 모든 것이 달라졌다. 개방형 아키텍처와 분산을 특징으로 하는 3차 산업혁명의 사물인터넷 인프라는 사회적 기업체들이 협력적 공유사회를 토대로, 수직적으로 통합된 거대 기업이 자본주의 시장에서 행사하는 독점을 무너뜨리도록 돕는다. 수평적으로 규모를 확대한 대륙 및 글로벌 네트워크에서 대중들이 제로 수준의 한계비용으로 협업에 나서면 어떤 독점 체제든 무너질 수밖에 없다.

무엇보다도 사물인터넷 기술 플랫폼은 일정한 빈도와 비율로 세상 모든 곳에서 발견되는 재생에너지에 의존한다. 게다가 에너지 수확 기술의 비용이 더욱 낮아져서 그 설비가 향후 십 년 사이에 휴대전화나 컴퓨터와 비슷한 수준으로 저렴해지면 지붕 위의 태양열과 건물 측면의 풍력, 음식물 쓰레기로 생산하는 바이오매스 에너지 등도 거의 공짜 수준에 이를 것이다. 수확 기술에 투자한 고정비용만 회수되고 나면, 현재 우리가 인터넷상에서 생성해 공유하는 정보처럼 에너지도 거의 공짜가 된다는 이야기다. 하지만 이들 분산된 재생에너지를 사회의 모든 구성원이 제로 수준 한계비용으로 충분히 이용할 만한 규모의 경제를 갖추려면, 그것이 공동체와 지역 전반에 걸쳐 협력적으로 조직되어야 하고 피어투피어 방식으로 공유되어야 한다. 결국 분산형이자 협력형이며 피어투피어 기술 플랫폼인 사물인터넷이 (유사하게 구성되고 조직되는) 재생에너지를 충분히 민첩하게 관리할 수 있는 유일한 메커니즘인 셈이다.

분산된 사물인터넷 인프라를 온라인으로 연결하는 데 들어가는 고정비용 역시 만만치 않을 것이다. 하지만 1차 및 2차 산업혁명의 중앙집권형 기술 플랫폼을 구축하고 유지하는 데 필요했던 비용보다는 훨씬 적을 것이다. 이렇게 사물인터넷은 고정비용이 상대적으로 훨씬 덜 들어가는 것은 물론이고, 거듭 밝혔듯이 재화와 서비스의 생산 및 유통 과정에서 커뮤니케이션과 에너지, 운송의 한계비용을 현격히 낮춘다. 가치 사슬의 모든 단계에서 거래 비용을 올리는 기존 중개인들을 사실상 완전히 제거함으로써 중소 규모의 기업(특히 협동조합과 여타 비영리 기업)들과 수십억에 달하는 프로슈머들은 제로 수준의 한계비용으로 직접 재화와 서비스를 나눠 쓸 수 있다. 고정비용과 한계비용 두 가지가 감소하면 또한 분산된 피어투피어 네트워크에서 새로운 기업을 창출하는 데 들어가는 진입 비용이 낮아진다. 낮은 진입 비용은 다시 더욱 많은 사람들이 협력적 공유사회를 토대로 정보와 에너지, 재화와 서비스를 생성하고 공유하는 협력자와 잠재적 기업가가 되도록 고무하는 유인이 될 것이다.

사물인터넷 인프라와 협력적 공유사회의 확립이 야기하는 변화는 상거래라는 한정된 영역에만 머물지 않을 것이다. 모든 커뮤니케이션·에너지·운송 모체는 사회생활과 경제생활을 조직하는 방법에 관한 일련의 처방을 수반할 것이고, 이들 처방에는 새로운 기술이 제시하는 가능성과 잠재성이 반영될 것이다. 나아가 그 일련의 처방은 사회의 새로운 경제 패러다임이 자연 질서를 반영하며, 따라서 사회생활을 정당하게 영위하는 유일한 방안으로 설계되었다는 신념체계 속에서 경전으로 추앙될 것이다. 나는 한 사회의 자연 질서에 대한 관점이 그 사회가 환경과 맺는 특정한 방식과 상충하는 경우를 역사에서 단 한 번도 본 적이 없다. 어떤 사회든 세상에 영향을 미치는 그 사회 나름의 방식을 그대로 본떠 자연관을 고안해 내고, 그렇게 사회의 조직 방식이 자연 질서와 합치한다고 인식하는 데서 위안을 찾기 마련이라는 이야기다. 이러한 대규모 자기정당화의 무의식적 과정이 일단 대중의 머릿속에 확고히 자리를 잡으면, 경제와 사회의 조직 방식에 대한 어떤 비판도 자연과 우주를 지배하는 규칙과 불화하는 것으로 비치기 때문에 이설(異說) 내지는 어리석음의 소치로 간주된다. 결국 역사적으로 각 경제 패러다임을 지배했던 우주론은 현상(現狀)을 방어하는 데 있어서 궁극적으로 그 어떤 군사력보다도 믿음직한 사회 안정성의 보루였던 셈이다.

이것이 바로 패러다임 전환이 그토록 파괴적이고 고통스러운 이유이다. 기존의 경제 모델과 사회 모델의 기저를 이루는 운용 논리적 가정은 물론이고 거기에 수반하는 신념체계와 그것을 정당화하는 세계관에까지 의문을 제기하는 것이 패러다임 전환이다.

앞으로 우리는 자본주의 시장에서 협력적 공유사회로 이행하는 과정에서 발생하는 엄청난 경제적, 사회적, 정치적, 심리적 변화를 제대로, 완전히 인식하는 단계를 거칠 것이다. 그러려면 먼저 이 중대한 터닝 포인트를 인류가 역사적으로 경험한 바 있는, 이와 동등했던 수준의 파괴적 변화들의 맥락 안에 놓고 고찰하는 일이 유익할 것이다. 중세 말 봉건경제에서 시장경제로, 그리고 다시 시장경제에서 근대 자본주의경제로 전환할 때 수반되었던 파괴적 변화들의 맥락 안에서 오늘을 조명해 보자는 이야기다. 각각의 경우에 어떻게 새로운 커뮤니케이션·에너지·운송 모체로의 전환이 새로운 경제 패러다임으로의 변혁을 촉발하며 인간 사회 대부분의 세계관을 근본적으로 바꿔 놓았는지를 파악하면 우리를 현재로 인도한 경제적 여정의 진화 메커니즘을 보다 잘 이해할 수 있을 것이다. 그리고 그러한 이해는 오늘날 다시 자본주의 시장에서 협력적 공유사회로 패러다임이 전환함에 따라 글로벌 경제 전반에 걸쳐 발생하는 격동적인 변화를 적절히 다루는 데 요긴한 역사적 관점을 우리에게 제공해 줄 것이다.

1부

자본주의의
실로 대단한 역사

2

유럽의 인클로저 운동과
시장경제의 탄생

봉건경제는 생계형 커뮤니케이션·에너지 복합체라고 특징짓는 게 가장 적절하다는 판단이다. 농노와 황소, 말의 노동력이 에너지 모체의 대부분을 형성했다. 유럽의 삼림지대는 난방과 소규모 야금(冶金)에 필요한 풍부한 열에너지를 제공했다. 영지를 지배하던 소수의 영주들과 성직자들을 제외하면 대부분의 사람들은 문맹이었고, 경제생활은 구전 문화권의 시간적, 공간적 제약이라는 멍에에서 벗어나질 못했다. 7세기에서 12세기 사이, 그 옛날 로마인들이 가설한 도로가 버려지고 황폐해진 탓에 상거래와 무역은 사실상 자취를 감췄고 경제생활은 생계형 농경에 거의 전적으로 존립 기반을 두는 가운데 수천의 고립된 산지 중심으로 돌아갔다.[1] 거의 모든 경제적 산물이 생산 즉시 소비되었고 얼마 안 되는 잉여 산물만이 지역 장터에서 거래되며 시골 지역의 작은 마을이나 영지의 일상을 보족해 주었다.

봉건적 공유사회

영국에서는 유럽의 여타 지역과 마찬가지로 농경 생활이 평민계급 중심으로 조직되었다. 봉건 영주들은 다양한 임대차계약하에 자신들의 토지를 소작농에게 임대했다. 자유 보유권자들은 토지와 주택에 대한 보유권을 후손에게 대대로 물려줄 수 있었지만, 임차인들은 상대적으로 불운해서 삼대 이상 유지되는 일이 좀처럼 없는 제한된 임차권만 보장받았다.(그리고 그 기간이 만료되면 지주들은 새로운 임대차계약을 부과하거나 임대를 철회하곤 했다.) 통상적인 소작인들은 결국 권리라 할 수 있는 게 사실상 전무했고 오로지 지주의 재량에 따라 토지를 경작할 수 있었다.

당시의 임대차계약은 소작농에게 수확물의 일정 비율을 지주에게 바치거나 연중 내내 자신의 경작지는 물론이고 지주의 땅에서도 일할 것을 요구했다. 중세 말기에는 화폐경제가 제한적으로나마 도입됨에 따라 소작인들이 토지를 빌려 쓰는 조건으로 임대료나 세금을 내기도 했다.

봉건시대 농경은 공동 작업으로 조직되었다. 소작농들은 자신의 소규모 개별 부지들을 결합해 조성한 노지와 공유 목초지를 집단적으로 경작했다. 그러한 공유지는 유럽 최초로 민주적 의사 결정이 이루어지는 원시적인 실습 무대가 되었다. 소작농 협의회가 결성되어 파종과 수확, 돌려짓기, 삼림 및 수자원 이용, 공유 목초지에 방목하는 동물의 수 등 경제활동 전반에 대한 관리, 감독 책임을 맡았다.

봉건시대의 재산 관계 개념은 오늘날의 그것과 완전히 달랐다. 오늘날 우리는 재산을 시장에서 교환하거나 보유할 수 있는 개인의 독점 소유물로 본다. 이와 대조적으로 봉건경제에서는 세속의 모든 것들이 신의 피조물이고 따라서 신의 독점적 처분 권한 아래에 놓인다고 보았다.

그리고 신의 피조물은 다시 '존재의 거대한 사슬(Great Chain of Being)'*, 즉 가장 낮은 피조물부터 하늘의 천사까지 거슬러 올라가는, 엄격하게 구성된 책무 계층으로 이해되었다. 영적 사다리의 각 가로대에 위치한 각각의 피조물은 엄격히 규정된 일련의 책무에 따라 위아래의 피조물에게 봉사해야 마땅했다. 그래야 만물이 전체적으로 적절하게 기능한다는 논리였다. 이러한 신학적인 체계 내에서 재산은 천상의 옥좌에서부터 공유 경작지에서 일하는 소작농에게까지 피라미드 모양으로 부여되는 일련의 신탁으로 개념화되었다. 이 도식에 따르면 재산은 결코 독점적으로 소유하는 것이 아니라 보유 약정의 고정된 규범에 따라 책무 계층으로 분배되는 것이었다. 예를 들어 왕이 영주나 봉신에게 토지를 하사하면 "영주는 그 땅에 대한 권리 중 특정한 이해관계를 타인에게 양도할 수 있었고, 이 경우 그것을 제외한 부분에 대해서만 권리를 행사할 수 있었다." 하버드 대학교 역사학자 리처드 슐라터의 설명을 들어 보자. "어느 누구도 땅을 소유한다고 말할 수 없었다. 위로는 왕부터 밑으로는 임차 소작인과 전차인에 이르기까지 모두가 땅에 대해 일정한 사용권은 누릴 수 있었지만 누구도 그에 대해 절대적 지배권을 행사할 수는 없었다."[2]

봉건경제는 비교적 큰 변화 없이 칠백 년 이상 존속되었다. 그러다 1500년대에 들어서면서 새로운 경제 세력이 부상해 처음에는 튜더 영국에서, 나중에는 유럽 전역에서 봉건 질서를 조금씩 무너뜨리기 시작했다. 공동으로 소유하던 땅에 울타리가 쳐지고 그것이 사유재산으로 전환된 뒤 시장에서 거래되기 시작한 것이다. 어떤 경우에는 왕의 허가를

---

* 신이 만들어 놓은 모든 피조물은 각기 필요한 위치에 적절하게 배치된 존재이며 완벽한 통합체를 이룬다는 개념임.

통해, 어떤 경우에는 의회의 결의에 따라, 또 어떤 경우에는 마을 공동체의 합의에 의해 이런 일이 벌어졌다.[3]

이것이 바로 1장에서 언급한 인클로저 운동이다. 많은 역사가들은 이를 "가난한 자들을 상대로 한 부자들의 혁명"으로 해석한다. 영국의 인클로저 운동은 16세기에서 19세기 초에 걸쳐 진행됐으며 경제적, 정치적 풍광을 근본적으로 바꿔 놓았다. 수백만 소작농들이 조상 대대로 물려받은 삶의 터전에서 떠나야 했으며, 그러면서 이제 막 싹트기 시작한 중세 시장터에서 필요로 하는 노동력을 자유계약자 신분으로 제공하도록 강요받았다.[4]

영국 인클로저 운동의 첫 번째 물결은 서로 연관된 두 가지 현상으로 촉발되었다. 그 두 현상이 서로 시너지 효과를 내며 봉건 질서의 기반을 흔든 것이다. 초기 단계의 주요 현상은 바로 도시인구의 급증에 따른 식량 수요의 증가였다. 그것이 물가 상승의 소용돌이를 야기하며 그 이전 수준으로 임대료를 받던 봉건지주들에게 갈수록 가중되는 고충을 안겨 주었다. 그와 동시에 섬유 산업의 태동으로 양모 가격이 올라가는 현상이 발생했다. 지주로서는 공동 경작지에 울타리를 두르고 양을 키우는 방목장으로 전환하는 것이 훨씬 더 수지맞는 환경이 조성된 것이다.[5]

그렇게 해서 삶의 터전을 잃은 수십만 농가들은 몇 년 전만 해도 아이들 먹일 귀리와 호밀을 생산했던 땅에서 양들이 풀을 뜯는 모습을 속수무책으로 지켜볼 수밖에 없었다. 곳곳에서 사람들이 기아에 허덕였고 반면에 양들은 계속 살찌며 영국과 유럽 전역에서 생겨나는 새로운 섬유 공장들에 양털을 제공했다.

토머스 모어는 당시의 참담한 심경을 아래와 같이 『유토피아』에 담으며 지주계급의 탐욕을 준열히 비판했다.

한때는 온순하고 유순하며 먹는 양도 그리 많지 않던 당신의 양들이 이제는 이렇게나 거칠어져서 엄청나게 먹어 치운다고 하오. 놈들이 얼마나 먹어 치우는지 사람들까지 집어삼킬 기세란 말이오. 이 기세라면 놈들이 들판뿐만 아니라 집과 도시까지 먹어 치우고 소비하고 파괴할 것이오.[6]

인클로저 운동의 두 번째 물결은 대략 1760년에서 1840년 사이에 발생했다.[7] 1차 산업혁명이 영국을 넘어 유럽 전역으로 확산되던 시기였다. 새로운 경제는 도시인구의 계속된 팽창을 야기했고, 이는 다시 식량 수요의 급증과 물가의 급등으로 이어졌다. 물가가 치솟자 지주들은 남아 있던 모든 땅에 울타리를 치기 시작했고, 그럼으로써 생계형 시골 경제에서 근대의 시장 주도형 농업경제로 옮겨 가는 그 긴 세월의 이행이 완성되었다.

인클로저 운동과 그에 뒤따른 시장경제는 재산 관계의 본질을 조건부 권리에서 독점적 소유권으로 바꿔 놓았다. 사람들이 땅에 소속되던 수백 년이 끝나고 이제 땅이 공개시장에서 양도 및 교환할 수 있는 부동산 형태로 사람들에게 소속되는 시대가 시작된 것이다. 조상 대대로 물려받은 삶의 터전이 상업적 이득을 위해 자본과 신용의 원천으로 사용할 수 있는 상거래 자원으로 탈바꿈한 것이다. 그와 마찬가지로 사람의 노동력도 이제는 공동의 의무와 사회적 지위보다는, 계약관계가 지배하는 새로운 세상의 시장에서 자유롭게 사고팔 수 있는 독점재산의 한 형태가 되었다.

영국의 인클로저 운동은 시장에서 통용되는 사유재산 관계의 근대적 개념을 발생시켰을 뿐 아니라 그것을 관리, 감독하기 위한 법적 체계의 확립에도 기여했다. 봉건경제에서는 그나마 제한적인 경제 교류마저도 가까운 가족 관계나 친족 공동체를 벗어나서는 거의 이루어지지 않았다. 보통법과 그에 수반하는 법령이 부족했던 탓에 사람들은 아주 가까운 사회적 영역을 벗어나서는 재산을 사고팔길 꺼렸다. 긴밀하게 얽힌 혈연 공동체 내에서 사람들은 구두 약속으로 이웃 간 거래의 신뢰성을 보장하곤 했다.

사유재산 체제 덕분에 근대 시장이 발전했다고 보는 것은 일반적인 관점이다. 그러나 집행 가능한 법규가 없었다면 낯선 사람들이 재화와 서비스를 교환하는 익명의 시장은 결코 형성되지 않았으리라는 사실 역시 인식해야 한다. 사유재산 체제가 시장에서 완전하게 기능하려면 경찰과 법원 등 사법기관으로 뒷받침되며 판매자와 구매자가 계약 의무를 유지하도록 강제하는 법적 체계가 필요하다. 영국의 법규는 봉건적 공유사회의 보유 약정이 근대 시장의 소유권으로 변천하는 과정을 따라 발전하며 구질서에서 새로운 시대로 이르는 경로를 보장하는 중요한 역할을 수행했다.

대부분의 역사가들은 봉건적 생활에서 근대 시장경제로 옮겨 가는 경로에서 양모 시장의 성장과 집행 가능한 사유재산 체제의 발전이 중요한 역할을 했다는 부분에만 주목한다. 그렇지만 그에 못지않게 기여한 여타의 경제적 힘들도 있었다는 사실을 간과해서는 안 된다. 인류학자들은 당시 다량의 새로운 농경 기술이 도입되었음을 강조한다. 북유럽의 육중한 바퀴를 단 쟁기, 동력원을 황소에서 말로 교체한 혁신, 이포식 돌려짓기에서 삼포식 돌려짓기로의 전환 등이 13세기와 14세기에 농업 생산성을 크게 향상하며 인구의 극적인 증가(전염병으로 잠깐씩 주춤하기는 했다.)와 도시 생활의 출현을 이끌어 냈다는 설명이다. 당시에 대한 일각의 역사적 해석은 또한 야금술의 새로운 혁신과 캠(cam)*, 스프링, 페달,

---

* 바퀴의 회전운동을 왕복운동으로 바꾸는 장치임.

정교한 크랭크, 커넥팅 로드, 조속기 등 일련의 운동 전환 기계장치의 발명에 초점을 맞춘다.[8]

이러한 발전이 모두 중요했지만, 보다 근본적인 변화에 비하면 부차적인 요인에 불과하다. 소수의 역사가들이 중세 시대의 연성 원시 산업혁명(soft proto-industrial revolution)이라고 칭하는 그 근본적인 변화에 비하면 말이다.

시장경제의 발흥

봉건경제에서 시장경제로의 변혁을 인도하고 유럽의 경제 패러다임과 사회구조를 완전히 바꿔 놓은 것은 바로 중세 후기에 발생한, 인쇄 혁명과 수력 및 풍력의 결합이었다. 근대와 현대의 많은 역사가들과 경제 이론가들이 종종 놓치는 부분이 자본주의경제가 유럽의 많은 지역(그리고 훗날 미국)에 존재했던 연성 원시 산업적 시장경제를 모태로 생겨났다는 사실이다. 초기 봉건경제를 모태로 해서 출현한 게 아니라는 이야기다. 공정을 기해 말하자면 애덤 스미스와 카를 마르크스는 그래도 저서에서 수력과 풍력을 간단히 언급하기는 했다. 스미스는 그 새로운 동력원을 노동 분업의 한 예로 다뤘고, 마르크스는 증기 동력의 신뢰할 만한 지속성을 수력과 풍력의 간헐성에 대비했다. 그러한 지속성이 믿을 수 있고 영구적인 생산 주기를 확보해 주었다면서 말이다. 마르크스는 또한 당대의 여타 지식인들처럼 봉건경제와 거기서 나온 중세 경제를 구별하지 못하고 "손 방아(hand mill)가 봉건영주의 사회를 불러왔고, 증기 방아(steam mill)가 산업자본주의자의 사회를 안겨 줬다."라고 논평하는 그 유명한 실수를 저질렀다.[9] 중세 시대에 권력관계를 봉건영주에서 소도시

민과 당시 떠오르던 시민계급의 손으로 옮겨 놓은 것은 사실 풍력 에너
지였다.

마르크스는 또한 인쇄기의 중요성을 암시하기도 했지만, 단지 과학적
관심과 추구를 되살리는 수단이라는 점에 한해서만이었다.

화약과 나침반, 인쇄기는 부르주아사회의 도래를 알린 3대 발명품이다.
화약은 기사 계급을 날려 버렸고 나침반은 세계시장을 발견하고 식민지를
건립했으며 인쇄기는 프로테스탄티즘의 도구이자 과학의 전반적 부흥의
수단으로서 지성의 필수 전제 조건을 창출하는 강력한 지렛대 역할을 수행
했다.[10]

그렇지만 스미스와 마르크스는 인쇄 혁명과 수력 및 풍력이 서로에게
필수 불가결했고, 그것들이 결합해서 경제 패러다임 전환의 토대가 되
는 다목적 기술 플랫폼을 창출했으며, 나아가 유럽의 사회적, 정치적 풍
광을 바꿔 놓았다는 사실은 이해하지 못한 것으로 보인다.

수력 방아는 그 개념이 고대부터 알려졌으며 로마에서는 실험적으로
이용되기도 했다. 그러나 그 기술은 동력원으로서 인간 노예제도의 유
효성에 의문을 품게 할 정도로 충분히 개발되지는 못했다. 그러다 10세
기와 11세기에 유럽에서 새로운 기술적 혁신이 전개됨에 따라 수력이
경제생활의 중심부에 자리 잡은 것이다. 당시의 인구조사 자료에 따르
면 영국에는 서른네 개 자치주에 도합 5600개가 넘는 수력 방아가 있었
고, 프랑스는 인구 250명당 한 개꼴인 2만 개의 수력 방아를 자랑했다.[11]
수력 방아가 끼친 경제적 영향은 실로 인상적이었다. 전형적인 수력 방
아는 가동되는 시간의 절반 동안 2마력 내지 3마력의 동력을 발생시켰
다. 수력 방아 한 개로 열 명에서 스무 명의 노동력을 대체할 수 있었다

는 의미다. 프랑스의 경우 수력 방아가 생성하는 수력 에너지가 당시 그 왕국의 성인 인구 4분의 1이 발생시키는 동력과 맞먹었다. 동력 용량의 획기적 증가에 기여했던 셈이다.[12]

초기 수력 방아의 대부분은 장원 영주들이 재원을 댔으며 그들의 영지를 가로지르는 강이나 내에 설치되었다. 유럽의 신흥 마을들과 도시들은 자체적으로 수력 방아를 건립했고, 그럼으로써 영주와 경쟁할 만한 동력원을 보유할 수 있었다.

물이 부족하거나 너무 간헐적인 지역, 또는 영주의 소유물로 통하던 지역에서는 마을과 도시 들이 풍력을 이용하는 쪽으로 선회했다. 유럽 최초의 풍차는 1185년 영국 요크셔 지방에 건립되었다.[13] 이후 풍차는 북유럽의 평원 지대로 급속히 퍼져 나갔다. 바람은 도처에서 불고 왕족의 땅에 묶이지도 않으며 공짜이기 때문에, 풍차는 어디에든 세울 수 있었다. 마을과 도시 들은 지역 영주들과 동등한 입장에서 사용할 수 있는 동력원을 손에 넣기 위해 앞다투어 새로운 에너지 체제에 돌입했다. 도시의 시민들은 이 새로운 발명품을 "평민의 방아"라고 불렀다. 바람이 그들에게 새로운 민주적 동력원을 안겨 주었음을 시사하는 표현이다.[14]

수력 방아와 풍차는 곡물을 빻고 가죽을 무두질하고 빨래를 하고 용광로의 풀무를 돌리고 페인트용 안료를 만들어 내고 올리브를 으깨는 등 다양한 경제활동에 이용되었다. 하지만 당시 수력 방아의 가장 중요한 용도는 직물업계에서 축융(縮絨)에 이용하는 것이었다. 축융은 양모를 천으로 가공하는 공정의 첫 번째 단계이다. 베틀을 거친 양모는 문질러서 불순물을 제거하고 세척한 다음 물속에 넣고 두들겨 조밀하게 하는 과정을 거쳐야 한다. 이것은 전통적으로 물통에 양모를 담그고 사람이 발로 짓밟는 방식으로 진행되었다. 수력 방아 덕분에 이 공정이 획기적으로 바뀌었다. 수력 방아를 동력으로 한 기계장치를 써서 인간의 발을 나무망치로 대체한 것이다. 일련의 나무망치들은 한 무리의 축융공들을 대체할 수 있었고, 한 명의 기계공이 가동할 수 있었다.

축융 방아가 생산성의 극적인 향상을 안겨 주자 토지 이용의 경제성이 재고되었다. 생계를 위한 식량을 재배하는 것보다 시장에서 교환하고 수출하기 위해 양을 키우는 쪽으로 전환하는 것이 훨씬 더 수익성이 높았다. 일각에서 축융 방아를 '13세기의 산업혁명'이라 일컫는데, 따지고 보면 당연한 일이다.[15] 역사학자 카루스윌슨은 축융 방아에 대해 "나라 전체에 기회와 번영을 안겨 준 혁명으로 … 중세 영국의 면모를 바꿔놓기 마련이었다."라고 말했다.[16] 카루스윌슨은 이러한 점에서 축융의 기계화는 "18세기에 일어난 방직(방적과 직조)의 기계화만큼이나 결정적인 사건이었다."라고 강조했다.[17]

1790년대, 그러니까 증기 동력의 도입과 1차 산업혁명을 목전에 둔 시점에 유럽에서는 50만 개 이상의 수력 방아가 가동되며 225만 마력에 상응하는 동력을 생산하고 있었다. 또한 수는 상대적으로 적었지만 수천 대에 달하는 풍차도 가동되며 수력 방아보다 더 많은 동력을 생산했다. 풍차는 평균적으로 개당 30마력 이상의 동력을 생산할 수 있었다.[18]

새로운 에너지원은 봉건 귀족계급과 발달 초기의 마을 및 도시 시민계급 사이에 첨예한 쟁취의 대상이 되었지만, 널리 분산되고 풍부하게 이용할 수 있는 이 동력원은 궁극적으로 후자에게 이롭게 작용했다. 역사상 처음으로 도시의 장인과 상인의 힘이 봉건영주의 힘에 필적하거나 심지어 초월하기 시작했다. 이러한 상황은 보유 약정을 중심으로 조직된 봉건경제에서 벗어나 소유권을 중심으로 구성된 시장경제로 경제 패러다임을 전환하는 데 필요한 우위를 소도시 시민들에게 안겨 주었다. 중세사 전문가 린 화이트는 수력 및 풍력의 도입과 그 새로운 동력원에 수반해 출현한 다량의 신기술이 어떠한 경제적 의의를 지니는지 다음과 같이 요약했다.

> 15세기 후반 무렵, 유럽은 이전의 그 어떤 문화권에 알려진 것보다 훨씬 더 다양한 동력원뿐만 아니라 그 에너지를 포착하고 전달하고 이용하는 데 필요한 일단의 기술 수단까지 갖추었다. 그 일단의 기술 수단은 과거의 어떤 민족이 소유했던 것보다, 혹은 구세계나 신세계의 그 어느 동시대 사회에 알려진 것보다 더 다양하고 능숙했다. 1492년 이후 전개된 유럽의 확장은 상당 부분 에너지 소비의 증가와 그에 따른 생산성 향상, 경제력 및 군사력 증강에 기초한다.[19]

생계형 경제에서 시장경제로의 전환, 그리고 소비를 위한 생산에서 교환을 위한 생산으로의 전환은 인류의 여정에서 하나의 분수령을 이룬 사건이었다. 그러나 새로운 동력원에 의해 급격하게 증가한 경제활동을 관리할 수 있는 커뮤니케이션 혁명이 동반하지 않았더라면 그런 전환점은 결코 마련되지 않았을 것이다. 그 커뮤니케이션 혁명은 1436년 독일의 구텐베르크가 발명한 인쇄기의 형태로 인류를 찾아왔다.

당시 그 새로운 인쇄기가 일상생활에 미친 영향은 인터넷의 도입이 오늘날 세상에 미친 영향에 비견할 수 있을 정도로 즉각적이며 심대했다. 구텐베르크의 활판인쇄를 통해 제작된 인쇄물의 수량 자체가 그 영향력을 역설한다.

> 콘스탄티노플이 최후의 날을 맞이한 1453년에 태어난 사람은 쉰 살이 되어 삶을 회고해 볼 때 그동안 약 800만 권의 책이 인쇄되었다는 사실을 확인할 수 있었다. 이는 콘스탄티누스대제가 자신의 도시를 건립한 330년 이후 유럽에서 생산된 필경본을 모두 합친 것보다 많은 양일 것이다.[20]

우리는 오늘날 인쇄를 당연시한다. 일상에서 인쇄물을 아주 흔하게 접하는 탓에 우리는 인쇄된 글을 기반으로 성장하는 것이 우리의 정신이 구성되는 방식에 어떤 영향을 미치는지 구태여 시간을 들여 생각해 보지 않는다. 중세의 필경본들은 필경사의 주관적인 개입에 따라 특징이 생기거나 각기 달라지는 경우가 많았다. 인쇄는 그러한 주관적 요소를 제거하며 지식에 대한 보다 합리적이고 계산적이며 분석적인 접근 방식을 정착시켰다. 그리고 기억에 따라 달라지고 결과적으로 상투적인 반응에 의존할 수밖에 없던 구전 커뮤니케이션과 달리 인쇄는 기억을 저장하고 목차와 색인, 각주, 참고 문헌 등의 형태로 정보의 검색을 체계화했다. 나아가 인쇄는 정신을 심화하고 어휘를 확장해 주는 한편 특정한 순간이나 경험에 맞춰 쓸 수 있는 보다 미묘한 의미 차이가 담긴 표현을 개발하는 데에 기여했다.

인쇄는 우리가 사업을 하는 방식에도 지대한 영향을 미쳤다. 인쇄로 인해 차트와 리스트, 그래프 등의 도입이 촉진되었고, 덕분에 우리는 관련 사항에 대해 누군가의 사적인 진단보다 더 객관적이고 정확한 해석을 확보할 수 있었다. 또한 인쇄는 지도를 표준화했을 뿐 아니라 그 가격을 낮추고 대량으로 사본을 제작할 수 있게 도움으로써 상거래를 위한 내륙 여행과 대양 항해를 한결 용이하고 예측 가능하게 만들었다.

그뿐만 아니라 인쇄는 장거리 교역을 증진하고 좀 더 먼 지역까지 시장 교환을 확대하기 위한 핵심 요소인 상업적 계약을 가능하게 해 주었다. 경제적 상호작용이 구두 약속에 의존하던 봉건경제에서는 경제활동이 대개 걸어갈 수 있는 거리나 소리를 질러 소통할 수 있는 거리 내에서 이루어졌다. 구술 문화에서는, '구두 약속'이면 경제적 합의를 마련하기에 충분했다. 오늘날 영미 문화권에서 회계감사에 본래 '청취'를 뜻하던 'audit'라는 단어를 쓰는 것도 인쇄기가 나오기 이전의 봉건 경제생활에서 비롯된 유산이다. 계약 양측의 '청취자(auditor)'들이 거래의 진정성을 입증하기 위해 큰 소리로 재무 정보를 주고받은 데서 유래한다. 인쇄는 현대적 부기가 확립되는 토대도 마련해 주었다. 인쇄로 인해 표준화된 선하증권과 일람표, 송장, 수표, 약속어음 등은 먼 곳에 전달되고 장기간 보관되며 다용도의 포괄적인 관리 도구를 제공했고, 이들 도구는 수력 및 풍력이라는 새로운 동력원이 해방한 상업 생활의 속도와 범위, 영역에 보조를 맞추는 데 도움을 제공했다. 인쇄 덕분에 상업적 '신뢰'는 개인의 서명이 수반된 서면 약정으로 봉인되었다.

인쇄와 재생에너지의 융합은 글을 읽고 쓰는 능력과 동력 이용에 민주화를 안겨 주며 봉건사회의 계급적 구조에 만만찮은 도전을 제기했다. 인쇄 혁명과 수력 및 풍력이 창출한 시너지 효과는 도로 및 하천 운송의 꾸준한 개선과 더불어 교환을 가속화하고 거래 비용을 감소하며 보다 큰 지역 시장에서 교역이 이루어지게 했다.

새로운 커뮤니케이션·에너지·운송 모체는 거리를 단축해 주고 시간을 줄여 주며 수세기의 고립 이후 처음으로 다양한 사람들이 함께 공동의 경제적 목적을 추구하도록 이끌었을 뿐 아니라 그 과정에서 타인에 대한 새로운 개방성과 범세계주의자적인 사고방식을 키우도록 고무했다. 몇 세기에 걸쳐 사람들의 삶을 우롱했던 배타적 지역주의와 외국인 혐오증이 서서히 사라지기 시작했으며 새로운 가능성에 대한 인식이 사람들의 상상력을 사로잡기 시작했다. 결국 역사가들이 말하는 이른바 북유럽 르네상스가 이 시기에 꽃을 피우며 예술과 문학, 과학 실험, 신세계 탐험의 부흥기를 열었다.

중세 말기에 이를 무렵 유럽 전역에는 천여 곳의 도시가 생겨났는데, 모두 활발한 경제활동으로 북적거렸다. 곡물 창고와 숙박 시설, 상점을 갖춘 것과는 별도로 도시 중심부는 각양각색의 장인들이 모이는 장소가 되었다. 이들 새로운 도시 관할구역은 종종 자유도시라고 불렸는데 지역 영주의 손길이 미치지 않는 독립적인 영역으로 간주되었기 때문이다. 예를 들어 농노가 봉건 공동체를 탈출해 인근 도시에서 일 년하고도 하루 이상만 은거하는 데 성공하면 자유인으로 여기는 게 관례였다. 이 경우 그는 안전하게 해당 관할구역을 떠나 다른 관할구역에 거주지를 정할 수도 있었다.[21]

새로운 도시의 장인들은 직업별로 길드를 조직했다. 금속 세공인, 직조공 및 염색공, 병기공, 석공, 자수공 및 유리공, 대서인, 모자 제조공, 의자 천갈이공 등이 자신의 제품에 대한 품질 기준을 정립하고 정가를 설정하며 생산량을 조절하기 위해 상호 부조적 동업자 조합인 길드를 조직한 것이다. 길드는 완전한 기능의 시장으로 이행하는 경로에서 중간 기착지 정도에 해당했다. 길드는 자신들의 재화에 대해 시장가격이 아닌 이른바 공정가격을 부과했고, 많은 이익을 올리기보다는 통상적인 수준의 생활 방식을 유지하는 것을 선호했다. 길드는 비조합원 노동시장과 경쟁가격(시장경제의 결정적 특성)을 멀리했으며, 현상 유지를 중시했다.[22]

봉건적 공유사회의 와해와 저임금 노동력의 갑작스러운 가용성은 인쇄기와 수력 및 풍력의 융합이 풀어 놓은 생산성의 새로운 잠재력과 결합하면서 17세기의 개막과 더불어 길드 시스템을 밀어내기 시작했다. 상인들은 길드를 우회해 시골 지역의 보다 싼 노동력에 작업을 할당하기 시작했다. 이른바 선대제(하도급의 초기 양식)라는 것으로 길드가 상업 생활에 행사하던 한때 견고했던 통제력을 서서히 부식시키는 요인으로 작용했다. 이 선대제가 온전한 시장경제로 가는 길을 닦은 셈이다.[23]

상인들이 직업별 길드와 싸우는 동안 다른 한쪽에서는 (대개 새로운 수력 및 풍력 에너지를 수확해 자신의 미니 공장에 동력을 대는) 소규모 제조업자라는 새로운 세력이 부상해 자신들의 상대적으로 저렴한 재화를 판매할 내수 시장을 열기 위해 역시 길드와 전투를 벌였다.

그 새로운 제조업자들과 상인들은 국내시장의 자유화를 추진한다는 대의명분을 공유했기 때문에 서로 힘을 합쳐 내수 시장에서의 자유 거래 보장과 노동이동에 대한 규제 철폐, 상업적 계약에 대한 법규 집행, 시장 확대를 위한 운송 개선 등을 위해 싸웠다. 하지만 그들은 대외 교역을 위한 수출 정책과 관련해서는 의견을 달리했다. 상인들은 왕실과 동일한 입장을 취하며 국내 거래보다는 대외 교역을 장려하는 식민지 정책을 추구했다. 상인들이 그런 입장을 취한 이유는 식민지 정책에 따라 국내 생산을 엄격히 규제해서 고품질의 재화를 싼 가격에 확보하면 그것을 부풀린 가격으로 해외에 판매하고 그 대가로 귀금속을 받아 낼 수 있었기 때문이다. 그리고 해외 식민지에 대해서는 완제품 생산을 금지하고 값싼 원자재만 생산하도록 제한하면 그 원자재를 수입해서 완제품을 제조해 다시 식민지에 고가로 팔 수 있었으니 그야말로 일석이조가 따로 없었다.

이러한 중상주의 정책은 수출업 상인에겐 이롭게 작용했지만 식민지는 물론이고 본국의 국내 제조업자에게는 해를 끼쳤다. 더욱이 수출가를 인위적으로 높게 유지하기 위해 (국내시장을 위해 생산될 수도 있는) 국내 생산품의 수량을 제한한 것은 국내 제조업자에게 불이익을 안겨 줬을 뿐 아니라 도시의 가난한 노동자와 중산층에게도 국내 제품을 고가로 구입해야 하는 고충을 안겨 주었다.

결국 중상주의 정책에 대한 적개심이 유럽과 식민지에서 꾸준히 쌓여 갔고, 마침내 1776년 북미의 식민지 열세 곳은 영국과 단절하겠다고 선언하기에 이르렀으며, 이는 다시 1789년 왕정 종식의 기폭제가 된 프랑스혁명으로 이어졌다. 세계 정치사에서 결정적이었던 이 두 차례 대사

건은 공개시장에서 자유 거래를 통해 사유재산을 확보하려는 투쟁이었
던 동시에 정치적 자유와 민주적 대표권을 확보하려는 노력이었다. 이
점에 관한 모든 의구심은 최초의 근대 국민국가들이 투표권을 어느 선
까지 확대해야 하는가를 숙고하기 시작하면서 빠르게 가라앉았다. 미국
과 영국(Britain), 프랑스 등 18세기와 19세기의 국민국가 대부분은 정부
의 가장 중요한 임무가 사유재산과 시장경제를 보호하는 일이라고 믿었
다. 이러한 근거를 염두에 두고 그들은 투표권을 재산가에게만 확대했
다. 결국 새로운 국민국가는 사유재산의 자유 교환에 기초한 시장경제
와 동일 선상에 위치하게 된 것이다.

3

자본주의와 수직적 통합

흔히들 자유 시장에서의 재산 교환과 자본주의가 같은 것이라고 가정한다. 하지만 사실은 그렇지 않다. 자본주의가 자유 시장을 통해 운용되는 것은 맞지만 자유 시장이 반드시 자본주의를 필요로 하는 것은 아니기 때문이다.

자본주의의 탄생

중세 후기의 연성 원시 산업혁명은 자유 시장의 문을 열었다. 하지만 우리가 현재 떠올리는 형태의 자본주의는 18세기 말에 들어 증기 동력의 도입과 더불어 출현했다. 초기 제조업자들은 일반적으로 친인척을 고용하는 가족 소유의 소규모 사업체를 운영했는데, 필요에 따라 떠돌이 노동자들을 영입해 모자라는 노동력을 보충했다. 이들 기업가들은 시장을 중심으로 활동하긴 했지만, 아직 자본주의에 의거해 사업을 하는 단계는 아니었다. 자본주의로의 전환은 섬유업계에서 처음 시작되었다. 2장에서 상인들이 길드를 우회하고 싶어 하는 열망에서 선대제를 도입해 시골의 저렴한 노동력을 이용했다는 이야기를 했다. 도시 중심부의 길드 장인들은 제 나름대로 쌓은 풍족한 부를 토대로 자신의 직기를 보유할 수 있었지만 농촌 노동자들은 궁핍한 탓에 자신의 직기를 장만할 수 없었다. 상인들은 대개 임대료를 받는 조건으로 시골 노동자들에게 직기를 공급했다. 임대료는 종종 매우 높게 책정되었고, 따라서 농촌 인력들은 기껏 일해도 임대료를 내고 나면 남는 게 거의 없는 상황에 처하곤 했다.[1] 이렇게 작업 도구에 대한 소유권이 노동자에서 상인에게 넘어감으로써 하나의 유형이 정립되었는데, 이 유형은 이후 경제사의 과정을 현격히 바꿔 놓는다.

16세기 말, 새로운 세대의 소규모 제조업자들은 생산과정에 필요한 기계류를 두루 갖추고 관련 노동자들을 고용해 내부에서 일을 시키기 시작했다. 수력 방아 및 풍차를 생산공정에 이용하는 한편 규모의 경제의 이점을 누리기 위해서였다. 결과적으로 전에는 자신의 장비를 갖추고 일하던 장인들도 점차 작업 도구에 대한 소유권을 상실하며 새로운 유형의 주인, 즉 자본가를 위해 일하는 임금노동자로 변모해 갔다.

섬유업계가 이런 식으로 자본가의 손에 넘어가고 나자, 곧이어 다른 업종들도 이러한 전철을 밟기 시작했다. 역사학자 모리스 돕은 이러한 변화의 중요성을 다음과 같이 정리한다.

자본에 대한 생산의 종속, 그리고 자본가와 생산자라는 계급 관계의 출현은, 그러므로 새로운 방식의 생산 체계로 넘어가는 중대한 분수령이 되었

다고 간주할 수 있다.[2]

생산수단에 대한 자본가의 소유권 집중과 자본에 대한 노동의 예속은 18세기 말에 발생한 계급투쟁을 정의하기에 이른다. 애덤 스미스는 끝끝내 자본주의를 괴롭히게 될 모순의 핵심을 꿰뚫어 보았다. 스미스는 토지에 대한 인클로저와 장인의 도구에 대한 인클로저 사이의 상관관계를 이해했다. 두 경우 모두, 수백만 명이 경제적 생존 수단에 대한 통제권에서 분리된다는 의미였다. 첫째 사례에서는 농노들과 농민들이 조상 대대로 물려받은 삶의 터전에서 추방되었고, 둘째 사례에서는 장인들이 생업의 도구에서 분리되었다. 그들의 새로운 지위는 완곡하게 표현하자면 자유노동자였지만, 사실 그 자유는 모종의 대가와 함께 주어진 것이었다. 스미스는 이를 이해하며 다음과 같이 썼다.

자본의 축적과 토지의 전용 이전의 미성숙한 초기 사회에서는 … 노동의 전체 산물이 노동자에게 속했다. … [그러나] 자본이 특정인의 손에 축적되면 그들 중 일부는 곧 자연스럽게 자본을 이용해 근면한 사람들에게 일을 시키는 수순으로 넘어가기 마련이다. 이들 자본가는 노동자의 생산품을 판매함으로써, 또는 노동자가 재료에 부가하는 가치로써 이익을 창출하기 위해 노동자에게 재료와 호구지책을 제공한다.[3]

이것이 공정해 보이지 않는다면, 스미스의 다음 주장을 들어 보자.

일의 기획자, 즉 기업인에게 이익이 되는 무언가가 반드시 주어져야 한다. 그들이 그러한 투기에 자본을 거는 당사자이기 때문이다. 그러므로 노동자가 재료에 부가하는 가치는 이 경우 두 부분으로 변형된다. 하나는 그

들의 임금이고, 다른 하나는 그들의 고용주가 재료를 준비하고 임금을 선지불한 데 대한 이윤이다.[4]

공유지에서 부동산으로의 토지 전환도 이와 유사한 논리를 따랐다. 스미스는 이렇게 가정했다. "어느 나라의 땅이든 사유재산이 되는 순간 지주들은 다른 모든 사람들처럼 그들이 결코 씨를 뿌린 적이 없는 땅에서 수확물을 거두고 싶어 할 테고 심지어 자연적인 생산물에 대해서도 세를 물리고 싶어 할 것이다."[5]

스미스는 그러고 나서 자본주의 시스템 전체를 돌아가게 만드는 운용 논리를 간단명료하게 요약했다.

모든 사회에서 노동력으로 연간 수집하거나 생산하는 것의 총합은, 혹은 결국 같은 의미이지만 그것의 전체 값은 사회 구성원의 일부 사이에서 처음부터 이런 식으로 분배된다. 임금과 이윤, 그리고 임차료는 모든 교환 가능한 가치는 물론이고 모든 수익의 세 가지 원천이다. 여타의 모든 수익은 궁극적으로 이들 원천 가운데서 파생된다.[6]

고전파 및 신고전파 경제학자 대부분은 이윤이 자본을 걸고 리스크를 감수하는 자본가들에 대한 정당한 보상이라고 믿는다. 그러나 사회주의 경제학자들은 젊은 시절의 카를 마르크스에게 동의할 것이다. 마르크스는 노동자의 기여에서 임금으로 제하는 부분과 이윤(잉여가치)으로 보유되는 부분이 부당하게 책정되기 마련이며 따라서 보다 공정한 방식은 생산의 사회주의화를 통해 노동자들이 기여한 부분에 대해 완전한 보상을 향유케 하는 것이라고 주장했다.

자본주의는 중세 시대의 연성 원시 산업혁명에서는 별다른 역할을 하지 않았다. 전술한 바와 같이 중세가 끝나 갈 무렵 소규모 제조업체들이 출현했고 그들 중 일부는 수력과 풍력에 대한 투자를 경제화하기 위해 전체 생산과정을 한지붕 아래 모아 놓기 시작했지만, 본격적인 자본주의 기업의 선구자 격인 이들 대부분은 여전히 규모가 미미했고 소유주들의 자금도 주로 가족 금고에서 나왔다.

오늘날 우리가 생각하는 형태의 자본주의는 18세기 마지막 십 년과 19세기 처음 이삼십 년 사이에 새로운 커뮤니케이션·에너지·운송 모체로의 전환이 이루어지면서 출현한 것이다.

석탄 동력 기반의 증기 인프라

1769년, 제임스 와트는 석탄 동력 기반의 근대적 증기 엔진을 발명해 특허를 출원했다.[7] 그 신기술을 작업 현장에 배치한 최초의 산업 분야는 면직물업계였다. 그로 인한 생산성 향상은 극적이었다. 1787년과 1840년 사이에 영국의 면직물 생산은 "2200만 파운드에서 3억 6600만 파운드로 급증했으며", 더불어 생산 비용은 급락했다. 1850년경, 석탄 동력 기반의 증기 엔진은 유럽과 미국 전역에서 발견할 수 있었다. 하지만 1848년(유럽 혁명이 발발한 바로 그해)에 이를 때까지도 프랑스에서는 수력이 "증기 엔진보다 2.5배 더 많은 동력을 생산했다." 석탄 동력의 증기 기술보다 수력 에너지를 이용하는 공장이 더 많았다는 이야기다. 예를 들면 프랑스의 철강 산업계에 속한 784개 기업 중 672개가 여전히 수력 방아를 에너지원으로 이용하고 있었다.[8]

하지만 그러한 에너지 혼합비(比)는 19세기 후반에 접어들면서 급격히 바뀌었다. 증기력의 비중이 늘어나면서 그 생산량은 1850년 약 400만

마력에서 1870년 약 1850만 마력으로 대폭 상승했다.[9]

증기력은 특히 석탄 매장량이 많은 나라들에서 빠르게 자리를 잡았다. 영국이 수력과 풍력에서 석탄 동력으로 이행한 첫 번째 유럽 국가였고, 그 뒤를 독일이 따랐다. 다음으로 미국이 풍부한 석탄 매장량을 바탕으로 신속하게 유럽 이웃들을 따라잡았다. 1차 세계대전이 발발할 무렵, 이들 세 국가가 1차 산업혁명을 지배했다.

석탄 동력의 증기 기술은 증기 인쇄와 증기기관차라는 새로운 커뮤니케이션·에너지·운송 모체의 도래를 알렸고, 그 새로운 모체는 1차 산업혁명을 위한 다목적의 대기술(megatechnology) 플랫폼을 제공했다.

석탄 동력의 증기기관차는 공간을 축소하고 거래 시간을 단축하며 상거래의 성격을 바꾸었다. 1830년대에 이미 기관차는 시속 95킬로미터가 넘는 속도로 달리고 있었다. 21세기를 사는 우리는 그와 같은 속도로 승객과 화물을 운반할 수 있는 기계가 당시 사회에 어떤 영향을 미쳤는지 상상하기 쉽지 않을 것이다.

1845년경 영국에서는 철도 이용객이 연간 4800만 명에 달했다.[10] 1850년대 십 년 동안에만 3만 3600킬로미터가 넘는 철로가 미국에 깔렸으며, 그럼으로써 미시시피 강 동쪽의 국토 대부분이 철도로 연결되었다.[11] 열차가 당시 시간과 공간에 대한 사람들의 감각을 어떻게 압축했는지 느껴 보려면 다음을 참고하면 된다. 1847년에는 역마차로 시카고에서 뉴욕까지 여행하는 데 보통 세 주 이상이 걸렸다. 1857년 철도로 같은 곳을 여행하는 데 걸린 시간은 일흔두 시간, 즉 사흘이었다.[12]

속도 외에도 증기기관차는 도로나 수로와 달리 날씨 변화에 크게 영향을 받지 않는다는 장점이 있었다. 신뢰성 측면에서 차원이 다른 운송 수단을 인류에게 안겨 준 셈이다. 기관차는 바지선이 한 차례 운항하는 시간에 대여섯 차례 왕복할 뿐 아니라 동일한 운임으로 세 배나 더 많은 화물을 싣고 달릴 수 있었다. 이러한 속도와 신뢰성이 더해져 상거래와 교역은 대륙 전체에 걸쳐 대폭 감소된 비용으로 크게 확대될 수 있었다.

미 대륙의 경우 19세기 전반만 해도 철도 건설이 산발적으로 진행됐다. 그러다가 1840년대 말에 이르러 철도 건설 붐이 본격적으로 전개되었다. 1859년경, 미국의 민간 철도 회사의 자본 투자 총액은 10억 달러에 달했다. 당시로서는 믿기 어려운 수준의 어마어마한 액수였다. 이 자본으로 그들은 장거리 철로 서른 개 노선을 완성했다.[13] 이러한 자본 투자는 1870년대 불경기에 이를 때까지 빠르게 진행됐다. 그 무렵 이미 미 대륙에는 도합 11만 킬로미터가 넘는 철로가 깔렸으며, 1900년경에는 미 대륙에 폭넓게 산재한 대도시와 소도시, 소읍과 시골 마을을 잇는 총연장 36만 킬로미터 이상의 철로 위를 기관차들이 달렸다.[14]

이러한 규모의 운송 인프라를 위한 자금을 조달하는 데에는 완전히 새로운 유형의 비즈니스 모델이 필요했다. 주식 보유 기업(stock-holding corporation), 즉 근대판 주식회사를 필요로 했다는 의미다. 그렇게 주식회사가 역사상 처음 등장한 것인가? 그건 아니다. 이전에도 그런 기업은 존재했지만, 수가 극히 적었을 뿐 아니라 일반적으로 단기적 교역 탐험 프로젝트에 한정되곤 했다. 영국 동인도회사와 네덜란드 동인도회사가 바로 정부의 인가를 받은 주식회사였다.[15] 철도 증권의 판매는 지방의 소규모 거래소에 불과했던 뉴욕증권거래소를 금융계 유력 기관으로 변모시켰다. 당시 이 사실을 아는 미국인은 거의 없었지만, 미국 철도 회사들의 주식 대부분은 영국인 투자자들이 매입했고, 그다음으로 프랑스인, 독일인 순서였다.

철도 회사는 사실상 최초의 근대식 자본주의 비즈니스 기업이 되었다. 관리 및 통제(즉 경영)와 소유권을 분리하는 새로운 비즈니스 모델을 처음으로 창출했기에 하는 말이다. 이후 거대 비즈니스 기업들은 대부분 봉급을 받는 전문 경영인이 전적으로 운영하는 형태를 띠는데, 이들 전문 경영인의 주요 책무는 주주들에게 투자 수익을 보장해 주는 것이다. 자본주의는 노동자들이 제품을 만드는 데 사용하는 도구에 대한 소유권을 박탈당하고, 투자자들이 자신이 소유한 사업체에 대해 통제 및 관리의 권한을 박탈당하는 독특한 형태의 사업 개념이다.

철도 인프라를 구축하는 데 드는 높은 자본비용은 수직적 통합을 통해 위로는 공급업체에서 아래로는 고객까지 모두 한지붕 아래에 모아 놓는 방식의 비즈니스 모델을 필요로 했다. 주요 철도 회사들은 기관차에 원활하게 석탄을 공급하기 위해 광산을 매입했다. 펜실베이니아 철도 회사는 심지어 철로를 까는 데 필요한 철강의 안정된 공급원을 확보하기 위해 펜실베이니아 제철소에 자본을 출자하기도 했다. 캐나다 퍼시픽 철도 회사는 승객들을 수용하기 위해 기차역 근처에 호텔을 세워 운영했다.[16]

수직적으로 통합된 대규모 사업체를 경영하려면 다시 중앙집권형 상의하달식 명령 및 통제 메커니즘이 필요했다. 그래야 가장 효율적으로 관리할 수 있기 때문이었다. 철도 회사는 새로운 커뮤니케이션·에너지·운송 모체로 인해 생겨난 운영상의 필수 요건을 최초로 이해한 사업체였다. 철도 회사의 임무가 얼마나 방대하고 막중한지 잠시 짚어 보자. 수천 킬로미터에 달하는 철로를 깔고 관리해야 하며 광대한 지역에 걸쳐 운행 상황을 모니터링해야 한다. 수천에 달하는 부품을 수리하고 제조해야 하며 화물의 선적 및 배송을 적절히 편성해야 한다. 운행 시간표를 관리해야 하고 정시 운행을 보장해야 하며 수천에 달하는 직원들의 업무를 감독해야 한다. 더욱이 이렇게 돌아가는 시스템에서 일부가 고장 나거나 과실이라도 생겨나면(종종 그랬다.) 곧 연쇄적인 영향이 발생하며 그것은 운영 체계 전체가 위험에 빠진다는 것을 의미한다.

이러한 매머드 사업체를 경영하려면 회사의 사업 운영 측면 각각에 대한 성공적인 합리화가 필요했다. 19세기의 위대한 사회학자 막스 베버는 이러한 사업의 합리화에 필요한 내용을 다음과 같이 훌륭하게 묘사했다. 먼저 근대 비즈니스 기업은 모든 의사 결정이 자동적으로 위에서 아래로 흐르는 피라미드 구조로 조직돼야 한다. 그리고 작업의 흐름과 정의, 수행 방식, 운영 단계별 성과 평가, 단계별 개입의 수준 등을 지시하는 공식적인 규칙과 절차를 세세하게 마련하여 즉흥적 조치의 여지를 최소화해야 한다. 작업은 분업으로 진행해야 하고 근로자에게는 각자의 작업 수행 방법에 대한 정확한 지침을 제공해야 하며 승진 평가는 공로와 산정 가능한 객관적 기준에 기초해야 한다.

비즈니스 역사가 앨프리드 챈들러는 철도 회사들이 위와 같은 합리화를 관리 구조에 도입한 과정과 관련해 이렇게 말했다.

철도 회사는 다수의 봉급쟁이 관리자를 필요로 한 최초의 사업체였다. 이사회에 보고하는 상급 관리자들과 중간 관리자들이 운영하는 본사를 둔 최초의 사업체였고, 내부적으로 대규모 조직 구조를 갖추고 책무와 권한의 경계를 신중하게 구분하는 한편 본사와 부서별 본부, 현장 단위 간의 의사소통 방식을 세세히 정의한 최초의 미국 사업체였다. 또한 그들은 관리자의 작업을 통제하고 평가하기 위해 최초로 금융 흐름 및 통계자료 분석 방법을 개발했다.[17]

베버와 여타의 사상가들은 성숙한 자본주의가 규모의 경제를 창출하기 위한 수직적 통합 기업과, 경제생활을 조직화하기 위한 (중앙집권형 상의하달식 명령 및 통제 메커니즘을 갖춘) 고도로 합리화된 관료 체제를 필요로 한다는 점을 당연시했다.[18] 베버에 따르면 이상적인 자본주의 기업은 경제생활의 모든 측면을 한지붕 아래에서 합리화하는 관료 조직이었다. 계급적인 명령 구조 안에서 의사 결정권을 중앙집권화하기 위해 고안된 합리적인 관료적 경영진이 형식적인 법규에 의거해 치밀한 산정과 예측을 통해 모든 사안을 관장하는 조직 말이다. 주식 매매를 통해 투자 자본을 모으는 일, 자유노동력을 동원하는 일, 대량생산 공정을 수립하는 일, 시장에서 경쟁력 있는 교환을 행하는 일 등이 그 모든 사안에 해당한다. 베버는 옳았다. 그러나 그가 놓친 부분이 있었으니, 바로 중앙집권화한 계급 구조적 명령 및 통제 메커니즘은 사회주의경제 시스템에서도 마찬가지로 필요로 한다는 사실이었다.

국내시장 전반에 걸친 상거래 및 교역의 팽창과 가속화를 관리하는 일은 커뮤니케이션 혁명이 수반되지 않았더라면 불가능했을 것이다. 1814년, 프리드리히 쾨니히가 고안한 증기 동력 인쇄기가 런던 소재《더 타임스》본사에서 빛의 속도로 신문을 찍어 내기 시작했다. 이 새로운 인쇄기는 시간당 1000부의 신문을 생산하며 시간당 250부를 찍어 내던 기존의 수동 기계를 밀어냈다.[19] 1832년 무렵, 신문사의 증기력 인쇄기는 두 배 이상으로 늘어난 시간당 생산량을 자랑했다.[20]

빠르고 저렴한 증기력 인쇄는 유럽과 미국에서 대중의 식자율을 높이는, 다시 말해서 문맹률을 낮추는 추진제가 되었다. 새로 산업화한 도시들은 서둘러 공립학교 시스템을 갖추고 의무교육을 시행하기 시작했다. 1차 산업혁명에 동반된 보다 복잡한 비즈니스 활동을 수행하는 데 필요한 커뮤니케이션 기술을 미래의 근로자들에게 가르치기 위해서였다.

증기력 인쇄는 이후 수십 년에 걸쳐 제지 기계와 연판법, 윤전기를 도입하는 등 일련의 진보를 거듭했고, 그로 인해 생산량은 증가한 반면 인건비는 크게 떨어졌다. 증기력 인쇄 혁명은 이렇게 석탄 동력의 철도운송이 이룩한 생산성 증진에 보조를 맞춰 나갔다.

국가의 우편 서비스가 역마차에서 기차로 갈아타자마자 싸고 빠른 인쇄물이 싸고 빠른 운송 수단과 결합해 상거래의 속도를 높이기 시작했다. 시간에 민감한 계약서와 청구서, 선적 지시서, 신문, 광고물, 취급 설명서, 서적, 카탈로그 등이 철로를 따라 신속히 전달되며 판매자와 소비자는 물론이고 공급 사슬 전반에 걸친 사업체들을 서로 연결해 주었다. 기존에는 몇 주에서 몇 개월 걸리던 그 연결이 몇 시간 내지 며칠로 줄어들며 상거래 속도를 대폭 높였다.

새로운 인쇄 커뮤니케이션 혁명은 값싸게 찾아오지 않았다. 철도의 경우와 마찬가지로 시장에 증기력 인쇄를 도입하는 데 드는 자본 투자비는 결코 만만치 않았다. 최초의 증기력 인쇄기는 복잡했으며 가격이 대당 500파운드에 달했다.(오늘날의 2만 6500달러에 해당한다.)[21] 또한 증기력 인쇄 비용은 새롭게 비싼 기계가 출현함에 따라 계속 상승했다. 1846년에 나온 호(Hoe) 쌍기통 윤전기는 시간당 1만 2000장을 찍어 냈고, 1865년에 나온 회전식 송급 윤전기는 시간당 신문 1만 2000부를 생산했다. 신문사의 평균 설립 자금 역시 극적으로 증가해 10만 달러(2005년 기준 238만 달러) 정도에 이르렀다.[22]

미국의 경우 대형 인쇄 회사는 1871년 대화재로 도시 전체가 불탄 시카고에서 재건의 바람을 타고 출현했다. R.R.도넬리앤드선즈(Donnelley & Sons)와 랜드맥널리(Rand McNally), M.A.도너휴앤드컴퍼니(Donohue and Company) 등이 당시 업계 리더였다. 이들 인쇄 회사는 국토의 중심부라는 지리적 입지를 토대로 전국의 인쇄 물량 대부분을 취급하며 규모의 경제의 이점을 누릴 수 있었다. 곧 활자 주조소와 인쇄기 제조사 등이 주변에 모습을 드러내며 시카고 조차장을 중심으로 통합 산업 단지를 형성했다. 이렇게 미국의 인쇄 산업은 전국적인 철로 운송의 요지인 시카고에 뿌리내리며 교과서와 잡지, 카탈로그 등의 신속한 우편배달 시대

를 열었다.[23]

이토록 거대한 시설을 구축하고 운영하는 데 들어가는 비용은 가족 소유 사업체 대부분의 능력 범위를 벗어났다. R.R.도넬리는 업계를 지배하려면 대규모 금융자본을 조성할 필요가 있다는 사실을 일찍이 깨닫고 1890년 기업공개를 통해 주식회사로 전환하기로 결정했다.[24]

1900년경, 고도로 중앙집권화된 이들 인쇄 회사는 몽고메리와드 (Montgomery Ward)와 시어스로벅앤드컴퍼니(Sears, Roebuck and Company) 등과 같은 우편 주문 유통업체를 위해 카탈로그 수백만 부를 찍어 내고 있었다. 당시 몽고메리와드의 540쪽짜리 카탈로그에는 식료품과 약품, 보석, 핸드백, 신발, 남성 의류, 난로, 가구, 유모차, 스포츠 용품, 악기 등을 포함해 2만 4000개의 품목이 실렸다. 시어스는 심지어 조립식 주택까지 우편 주문으로 판매했다. 상자에 부품을 담아 화물열차로 보낸 후 현장에서 조립해 주는 방식이었다.[25] 시어스의 조립식 방갈로는 아내와 내가 살고 있는 워싱턴 D. C. 지역에서 요즘도 간간이 볼 수 있다.

소도시와 시골 지역에 사는 수백만의 미국인들은 사실상 거의 모든 사무 장비와 가정용 가구, 의복 등을 시카고의 대규모 인쇄 회사들이 찍은 카탈로그를 보고 구입했다. 그들이 우편으로 주문한 품목들은 모두 미 정부 우편 서비스를 통한 철도운송으로 각 가정과 사업체에 배달되었다. 1905년 시어스의 우편 주문 매출은 무려 286만 8000달러였는데, 2013년 기준으로 환산하면 7547만 3680달러에 해당했다.[26]

석탄 동력 증기 인쇄와 석탄 동력 증기기관차의 융합으로 1차 산업혁명의 인프라가 창출되었다. 그 인프라의 커뮤니케이션 부문은 1860년대에 이루어진 전국적인 전신 네트워크의 구축으로 증강되었으며, 이를 통해 사업체들은 공급 사슬 및 유통 경로 전반에 걸쳐 즉각적으로 소통할 수 있게 되었다.

증기력 인쇄와 전신, 그리고 증기기관차의 결합은 경제적 자원을 수
집하고 운반하고 처리하고 제품화하고 유통하는 과정의 속도와 신뢰성
을 극적으로 증가시켰다. 챈들러는 이렇게 말한다. "1840년대와 1850년
대에 이루어진 중앙집권형 공장의 급속한 확산은 주로 저렴한 동력 및
화력, 신속하고 믿을 만한 운송 및 커뮤니케이션에서 기인한다."[27]

새로운 커뮤니케이션·에너지·운송 모체 덕에 경제활동의 규모가 커
지고 속도가 빨라지자 각 산업 분야는 하나둘 각자의 비즈니스 모델을
전격적으로 재고하기 시작했다. 이전에는 생산과 유통이 서로 분리되어
전개됐다. 제조업체들은 전국에 흩어져 있는 독립된 도매업자와 유통업
자, 소매업자를 통해 제품을 시장에 내보냈다. 이제 그러한 구식의 유통
채널은 최초의 연속 공정 자동화 기계를 통해 공장에서 물밀듯 쏟아져
나오는 대량생산 제품을 다루기에는 너무 느리고 신뢰할 수 없을뿐더러
지역별로 국한되는 한계를 드러냈다. 게다가 싱거(Singer) 재봉틀이나 맥
코믹(McCormick) 곡물 수확기 등과 같은 새로운 기계제품들은 고객에게
사용법을 시연할 수 있는 숙련된 인력을 필요로 했다. 대량생산 제품의
증가는 또한 고객과 지속적인 관계를 유지하는 데 필수적인 애프터서비
스의 전문화를 요구했다. 한마디로 전통적인 유통 시스템으로는 새로운
상거래 관행에 부응할 수 없는 상황이 펼쳐진 것이다.

이에 대한 해결책은 생산과 유통을 내부에 모아 놓고 중앙집권형 관
리 아래에 두는 것이었다. 그리하여 수직적으로 통합된 비즈니스 기업
이 19세기의 마지막 이십오 년 동안 홍수처럼 쏟아져 나와 20세기 전체
에 걸쳐 지배적인 비즈니스 모델로 군림했다.

수직적으로 통합된 회사의 가장 큰 가치는 가치 사슬 곳곳의 중개인
을 제거한다는 데에 있었다. 이 새로운 거대 기업들은 그럼으로써 거래
비용을 크게 줄이는 동시에 생산성을 극적으로 높일 수 있었다. 간단명

료하게 말하면 회사들은 수직적 통합으로 효율성을 높이고 규모의 경제로 한계비용을 낮추며 보다 많은 대량생산 제품을 대중에게 더욱 저렴하게 판매할 수 있었다. 저렴한 제품은 다시 대량 소비 수요를 자극하며 새로운 비즈니스 기회 창출과 고용 확대를 유발했고, 나아가 산업화 경제권에 거주하는 수백만 인구의 생활수준을 향상하는 데 기여했다.

이 새로운 비즈니스 모델은 급속히 확산되었다. 생산과 유통을 한지붕 아래에 모아 놓고 사업 운영을 대륙 전체로 확대하면 커다란 이점이 따르는데 그것을 마다할 기업이 어디 있겠는가. 다이아몬드매치컴퍼니(Diamond Match Company), W.듀크앤드선즈(Duke and Sons) 담배 회사, 필즈베리(Pillsbury), H.J.하인즈(Heinz), 프록터앤드갬블(Procter & Gamble), 이스트먼코닥(Eastman Kodak), I.M.싱거앤드컴퍼니(Singer and Company) 등이 당시 효율적인 규모의 경제를 달성하기 위해 수직 통합형 비즈니스 모델을 채택한 대표 기업이다.

19세기 후반 1차 산업혁명이 도약하던 시기에 번성한 기업들의 주된 공통점은 공개시장에서 주식이 거래되는 법인, 즉 주식회사의 형태를 갖춤으로써 충분한 금융자본을 조달할 수 있었기에 성공했다는 것이다. 그렇게 확보한 자본을 바탕으로 그들은 확대 잠재력을 지닌 시장을 포착해 각자의 산업 분야에서 표준을 정립하는 리더가 될 수 있었다.

2차 산업혁명

2차 산업혁명은 1차 산업혁명이 정점을 달리던 1880년대와 1890년대에 미국과 유럽에서 태동하기 시작했다. 석유의 발견과 내연기관의 발명, 그리고 전화의 도입으로 새로운 커뮤니케이션·에너지·운송 모체가 생성되며 20세기를 지배하게 된 것이다.

석유에 대해 이해해야 할 가장 중요한 점은 그것을 얻는 데 글로벌 경제의 그 어떤 단일 자원보다 더 많은 금융자본이 들어간다는 사실이다. 또한 석유를 채굴해 제품화한 후 최종 사용자에게 전달하는 각각의 단계 전반에 걸쳐 투자된 비용을 성공적으로 회수하려면 고도로 중앙집권화된 관리 체제를 갖춘 수직 통합형 기업이 탐사와 시추, 운송, 정제, 마케팅의 전 과정을 총괄해야 한다는 사실이다.

오늘날 새로운 유전을 찾아 개발하는 일은 시간이 오래 걸리고 비용이 많이 들 뿐 아니라 종종 실패로 돌아가기도 한다. 새로운 유전을 발견하는 데 필요한 총 투자비를 측정하는 활성화 지수는 심약한 참여자들은 얼씬도 못 할 정도로 매우 높다. 주요 에너지 기업들이 새로운 석유 프로젝트에 수십억 달러를 투자하는 것은 드문 일이 아니다. 이라크는 21세기의 첫 십 년 동안 석유 생산을 세 배로 늘리기로 결정하면서 거기에 들어갈 투자비를 거의 300억 달러로 추산했다.[28] 2000년에서 2011년 사이에 전 세계적으로 석유와 천연가스를 탐사하고 생산하는 투자비 총액은 2조 4000억 달러에 달했다.[29]

석유 탐사는 지질학과 지구물리학, 지구화학에 대한 지식은 물론이고 정교한 위성 데이터 분석을 필요로 한다. 3차원 반사 탄성파 데이터를 수집 및 해석하고 지구 내부의 3차원 이미지를 생성하려면 가장 진보된 컴퓨터와 소프트웨어가 필요하다. 6000미터 이상의 깊이로 유정을 시추하는 데에는 복잡하고 값비싼 최첨단 장비가 필요하다. 대양저에 대규모 석유 시추 플랫폼을 세우는 것은 현대 공학의 자랑스러운 위업이라 해도 과언이 아니다. 접근조차 쉽지 않은 지형에 종종 수백에서 수천 킬로미터에 달하는 송유관을 까는 일 역시 동등한 난제에 속한다.

정제 공정도 만만치 않다. 지질학자 로버트 앤더슨은 일련의 복잡한 작업을 이렇게 묘사한다. 유기화학자들이 탄화수소 혼합물인 원유를 분해해서, 휘발유에서 폴리우레탄에 이르는 다수의 제품으로 재구성해야 한다. 원유의 특정한 속성은 유전 지역에 따라 상당히 다르기 때문에 원유마다 적절히 맞춤화한 정제 시설을 갖춰야 할 필요가 있다.

석유의 마케팅 역시 만만치 않게 복잡하다. 석유 제품의 판매는 계절의 영향을 많이 받는다. 휘발유 가격은 여름철에 더 높은 반면 난방용 기름은 겨울에 더 비싸다. 에너지 기업들은 따라서 미래의 석유 수요를 결정할 때(적어도 반년은 앞서서 이를 결정해야 한다.) 기상학적 예측과 경제성장 전망 및 시나리오에 의존하며, 심지어 정치적 사건의 발발 가능성(파괴적 결과를 초래할 수도, 기회를 안겨 줄 수도 있다.)까지 따져 본다. 그래야 적정량의 원유를 합당한 정제 시설에 연결해 놓고 다음 시즌을 준비할 수 있다.

앤더슨의 설명을 더 들어 보자. 그 과정을 더욱 복잡하게 만드는 것은 에너지 기업들의 마케팅 부서가 산업별로, 도매 및 소매 단위별로 나뉠 뿐 아니라, 아스팔트, 항공유, 천연가스, 화학약품용 액상유(液狀油), 농업용 비료 및 농약, 금속 및 고무 산업용 코크스 등 전문 제품별로도 세분화된다는 사실이다. 미국에서 판매되는 석유의 절반은 차량용 휘발유로 정제된다.[30]

몇몇 기업가들은 이미 석유 시대가 막 열리던 무렵부터 원유 채굴에서 최종 소비에 이르는 그 복잡하고 다층적인 과정을 밟으며 재정적으로 수익을 올리려면 전체 운영을 통합해서 제어해야 한다는 사실을 이해했다. 그래야만 회사가 중앙집권형 관리에 대한 합리화 관행을 채택하여 최적의 이익을 거둘 수 있었다.

존 D. 록펠러는 1868년 바로 이러한 목적을 염두에 두고 스탠더드 오일을 설립했다. 록펠러는 전국 각지의 유정과 정제 시설을 사들이고 자사 제품의 선적 특권을 확보하기 위해 철도 회사들과 특별한 계약

을 맺었다. 20세기가 열리고 자동차 시대의 동이 틀 무렵 스탠더드오일
은 최초로 미국 전역에 휘발유 주유소를 설치했고, 그럼으로써 유정에
서 최종 소비자에 이르는 생산 및 유통 전 과정을 결합한 수직 통합형
사업 운영 체계를 창출했다. 1910년이 되자 록펠러는 미국 내 석유 사
업 대부분을 장악했다. 경쟁 업체들과 대중은 그 부당성을 성토하기 시
작했고, 결국 연방 정부는 셔먼 독점금지법(Sherman Antitrust Act)에 준거
해 록펠러의 회사에 소송을 제기했다. 1911년, 연방 대법원은 스탠더
드오일을 해체해 지역별 독립 회사로 분리하라고 명령했다. 하지만 대
형 정유 회사의 전횡을 막으려는 정부의 노력은 단명에 그치고 말았다.
1930년대에 이르자 뉴저지 스탠더드오일, 인디애나 스탠더드오일, 텍
사코(Texaco), 걸프오일(Gulf Oil), 싱클레어(Sinclair), 필립스식스티식스
(Phillips 66), 유니언세븐티식스(Union 76), 수노코(Sunoco) 등을 포함하는
스물여섯 개 정유 회사가 업계 자본의 3분의 2를 소유하며 원유 시추의
60퍼센트, 송유관의 90퍼센트, 정제 시설의 70퍼센트, 마케팅의 80퍼센
트를 지배했다.[31]

오늘날 석유 산업계의 편중 상황은 전보다 완화되긴 했지만 여전히
무시 못 할 수준이다. 미국에서는 셰브런(Chevron)과 BP, 로열더치셸
(Royal Dutch Shell), 엑슨모빌(ExxonMobil), 코노코필립스(Conoco Phillips)의
다섯 기업이 국내 석유 탐사 및 생산의 34퍼센트를 지배하고 있다.[32]

록펠러가 2차 산업혁명의 새로운 에너지원에 대한 제어를 통합하느
라 한창 바쁘던 무렵, 알렉산더 그레이엄 벨은 전기 실험에 열중하고 있
었다. 1876년 벨은 전화를 발명했다. 팽창 일로의 석유 산업과 자동차 산
업, 그리고 교외 경제와 20세기 대량 소비 문화를 관리하는 중요한 요소
가 될 기기가 세상에 출현한 것이다.

벨의 야망은 모든 전화기를 단일 시스템으로 연결하는 전국적인 장

거리 네트워크를 구축하는 것이었다. 그는 텔레커뮤니케이션이 효과적이려면 궁극의 수직 통합형 회사, 즉 모든 것을 한지붕 아래에 모아 놓고 중앙집권식으로 통제하는 단일 시스템이 필요하다는 논리를 내세웠다. 1885년, 벨은 전미전신전화회사(AT&T)라는 자회사를 설립해 각 지역의 벨 전화 회사를 모두 연결했다. 그리고 1899년에는 벨 전화 회사의 모든 자산을 그 자회사로 이전했다.(이후 AT&T는 미국 전화 서비스의 대명사가 된다.)[33] 그런 식으로 국내의 각 공동체를 연결하는 전화 서비스를 확립해 나가면 통합된 국가 경제를 관리하고 이롭게 하는 전 대륙 커뮤니케이션 네트워크 구축이 촉진될 터였다.

AT&T는 벨이 소유한 전화 특허권 덕분에 그 어떤 잠재적 경쟁자보다 유리한 위치에서 앞서 나갔다. 1890년대 초반 그 특허가 만료되자마자 경쟁 업체들이 벌 떼처럼 시장에 몰려들기 시작했다. 1900년경 미국에서 영업하는 전화 회사가 약 3000개에 달할 정도였다.[34] 소란스러운 경쟁에도 불구하고, 워싱턴 D. C. 및 주 정부의 선출직 공무원을 포함한 다수의 관찰자들은 경쟁자를 제거하려는 AT&T의 공격적인 정책에 우려를 표했다. 당시 AT&T 회장 시어도어 뉴턴 베일은 (이런 분위기를 무시하고) 오히려 전국 전화 서비스를 지배하려는 의도를 명확히 밝혔다. 그는 심지어 "하나의 정책, 단일 시스템, 보편적 서비스"라는 새로운 광고 슬로건을 공표하는 한편, "효과적이고 공격적인 경쟁과 규제 및 통제는 서로 양립할 수 없으므로 둘 다 얻으려 애쓰지 말라."라고 선언함으로써 정부 관료들을 공개적으로 조롱했다.[35]

AT&T는 20세기 첫 십 년 동안 빠르게 경쟁자들을 집어삼켜 나갔고, 심지어 대표적 경쟁사인 웨스턴유니언의 지배 지분까지 확보했다. 그러자 우려의 시선으로 지켜보던 연방 정부는 그 거대 기업을 해체하는 조치를 고려하기 시작했다.[36]

연방 정부 공직자들은 AT&T가 독점기업이 될까 봐 걱정하는 가운데 보편적인 전화 서비스가 모든 미국인의 삶에 가치를 더하고 미국 사회의 안녕에 기여하는 매우 중요한 요소임을 깨닫기 시작했다. 그것을 특권이 아닌 일반적 권리로 보기 시작한 것이다. 정부 규제 기관들은 이제 전화업계가 보다 효과적으로 기능하려면 하나로 통합된 조직체가 되어야 한다고, 그리하여 "중복적이고 파괴적이며 낭비적인" 업무를 피해야 한다고 믿게 되었다. 1921년 상원 상업 위원회는 "전화 사업은 자연 독점 분야"라고 선언하고 그 기록을 남겼다.³⁷ 위원회는 전국적인 통신 인프라를 구축하고 규모의 경제를 달성하는 데에 엄청난 양의 자본이 요구되는 까닭에 경쟁 체제하에서 전국에 인프라를 설치하도록 만드는 것은 상상하기가 불가능하지는 않지만 어렵다고 주장했다. 경제학자들은 이제 공공재로서의 전화 서비스를 언급하기 시작했다.

베일은 전화 산업에 대한 연방 정부의 접근 방식에 모순이 발생하고 있음을 감지하고 워싱턴과 모종의 거래를 하는 쪽으로 선회했다. 어쨌든 연방 정부는 AT&T에 타격을 가하는 조치를 취할 수도 있는 주체였다. 베일은 규제 완화를 통한 경쟁 시장이 바람직하다는 기존 입장을 뒤집고 정부 규제를 요청하기 시작했다. 그로 인해 자신의 회사가 정부가 찾던 '자연독점' 기업으로 부상하기를 기대하면서 말이다. 하버드 대학교 경영학 교수 리처드 H. K. 비토는 당시 베일이 취한 새롭고도 대담한 반(反)직관적 전략에 대해 이렇게 기술한다.

베일은 이번에는 AT&T를 정부 규제 아래에 당당히 들여놓는 선택을 했다. 경쟁을 포기하는 대가가 따른다는 것을 알면서도 말이다. 이는 AT&T가 전화 사업을 독점할 수 있는, 정치적으로 수용 가능한 유일한 방법이었다. … 그것은 보편적 서비스를 달성하기 위해 필요한 트레이드오프

(trade-off)[*]로 보였다.[38]

베일의 책략은 궁극적으로 성공했다. 하지만 그의 꿈이 실현된 것은 세계대전이라는 대형 사건이 발발한 이후였다. 1918년, 미국 정부는 국가 안보를 목적으로 텔레커뮤니케이션 산업을 국유화했다. 그리고 그것을 당시 우정 장관이자 전신전화 산업 국유화의 오랜 옹호자였던 앨버트 S. 벌레슨의 관리하에 두었다. 벌레슨은 전쟁 물자를 원활하게 보급하려는 노력의 일환으로 베일을 전화업계 관리자로 임명했다. 베일은 마음을 바꿔 자신의 회사 AT&T가 정부 소유권의 조건을 제시하면서 작성한 계약서를 잽싸게 받아들였다. 그 계약은 이후 연방 정부와 민간 기업 사이에 체결된 그 어떤 계약보다도 호의적인 조건이었다. 특히 다음과 같은 조항이 눈에 띈다.

연방 정부는 … 전화 회사들이 서비스 요금으로 발생시키는 총 영업수익의 4.5퍼센트를 AT&T에 지불하기로 한다. 이는 설비당 5.72퍼센트에 달하는 높은 수준의 감가상각률 및 노후화율에 대비하기 위해, 무형자본의 상각에 대비하기 위해, 모든 이자 및 배당금을 지불하기 위해, 그리고 관련 자산을 전과 다름없이 훌륭한 상태로 유지하기 위해 필요한 수준이다.[39]

계약서의 잉크가 마르자마자 AT&T는 서비스 연결 요금을 대폭적으로 인상하는 안을 제출했고, 그에 대해 승인을 얻어 냈다. 그리고 정부 소유 사업체라는 새로운 지위를 이용해 주 정부를 상대로 유사한 요구를 하기 시작했다. 연방 정부에 '점령'당하고 다섯 달 반도 채 안 되어 회

---

* 하나를 선택하면 다른 하나가 희생되는 관계 또는 그런 관계에 따른 교환을 뜻함.

사는 장거리 전화 부문에서 20퍼센트 매출 신장을 기록했다. 자유기업 경쟁 시장에서 씨름하던 시절에는 경험하지 못했던 큰 폭의 수익 증가였다. AT&T는 전후에 다시 민영기업으로 전환되었다. 하지만 정부의 신탁에 맡겨졌던 그 짧은 기간에 연방 정부가 확립한 요금 체계는 사실상 그대로 유지되었다.

조지 워싱턴 대학교에서 텔레커뮤니케이션과 공공 정책 및 공공 행정을 가르치는 제럴드 브록 교수는 AT&T가 국가의 통신 인프라 구축에 관한 연방 정부 및 주 정부의 규제를 수용하는 과정에서 얻은 바를 다음과 같이 요약한다.

> 규제의 수용은 결국 리스크를 줄이는 결정이었다. 그것은 경영의 자유를 빼앗는 대신 시장의 불확실성을 제한적이지만 보장된 자본이익률로 대체해 주었다. 그로 인해 AT&T는 경쟁 업체를 배제할 수 있는 강력한 무기와 독점 추구의 정당성을 손에 넣었을 뿐 아니라, 전면적인 국유화나 엄격한 독점금지법 적용의 가능성까지 줄일 수 있었다.[40]

AT&T는 스탠더드오일과 마찬가지로 사실상 독점을 유지하다가 1980년대에 들어 연방 정부의 개입으로 해체 수순을 밟았다. 그렇지만 2011년, AT&T는 미국 텔레커뮤니케이션 시장의 39.5퍼센트를 점유하며 다시 지배적 위치에 올랐다. 주요 경쟁 업체인 버라이즌은 24.7퍼센트의 시장점유율을 차지했다. 두 기업이 합쳐서 미국 텔레커뮤니케이션 시장의 64.2퍼센트를 차지했으니 거의 과점 상태에 이른 셈이었다.[41]

전화는 도시 및 교외 지역 전반에 걸쳐 전보다 훨씬 더 분산된 경제활동을 관리하기 위한 신속한 커뮤니케이션 도구를 제공했다. 고정된 지점 사이를 오가는 석탄 동력의 기관차에서 사방팔방으로 움직이는 석유

동력의 승용차, 버스, 트럭으로 주요 운송수단이 바뀜에 따라 경제활동의 지리적 범위가 크게 확대됐다. 전화는 인쇄나 전신과 달리 시간과 장소에 구애받는 일 없이, 자동차의 도입으로 규모가 확대된 경제활동을 조정할 수 있었다. 전화 덕분에 기업들은 전보다 규모가 커진 수직 통합형 운영 조직을 보다 엄격한 중앙집권식 통제 방식을 통해 '실시간으로' 관리하고 감독할 수 있었다. 새로운 커뮤니케이션 매개체가 안겨 준 효율성 및 생산성 증진은 실로 대단했다.

전화에는 당연히 전기가 필요했다. 1896년 미국에는 약 2500개의 전기 조명 회사, 거의 200개에 달하는 도시 발전소, 그리고 추가적으로 7500개의 자가용 발전소가 있었으며, 거기에 투자된 자본금은 도합 5억 달러였다. 실로 방대한 규모의 재정지출이었다.[42] 물론 발전소들은 전화 커뮤니케이션에 필요한 전기뿐 아니라 조명용, 공장 기계용, 가전제품용 전기까지 생산했다.

새로 등장한 전기 조명 덕분에 식당 및 상점, 공장은 운영 시간을 저녁 무렵까지 연장할 수 있었고, 이는 추가적인 경제성장으로 이어졌다. 1910년 미국에서는 열 가구당 한 가구꼴로 전기가 들어갔고, 1929년에는 도시의 가정 대부분이 전력 그리드에 연결되었다.[43]

공장은 전기를 채택하는 속도가 상대적으로 느린 편이었다. 1900년, 공장의 단 5퍼센트만이 전기를 사용했다.[44] 이런 상황은 자동차의 출현 및 대량생산 조립라인의 도입과 더불어 빠르게 바뀌기 시작했다. 헨리 포드는 자동차 생산을 늘리는 데 있어 전기가 지닌 잠재력을 가장 먼저 간파한 사람 중 하나였다. 그는 훗날 경제활동 가구라면 저마다 한 대씩은 장만할 수 있는 저렴한 '모델 T'*를 대량 생산하겠다는 자신의 야심

---

* 포드가 생산한 초기 자동차로, 자동차의 대중화를 이끈 역사적인 모델임.

찬 목표가 공장 동력의 전기화와 전기모터의 도입이 없었다면 실현 불
가능했다고 술회했다.

전기 동력이라는 완전히 새로운 시스템의 도입으로 산업은 가죽 벨트와
라인샤프트에서 해방되었다. 궁극적으로 각각의 도구에 자체적인 전기모
터를 붙일 수 있게 되었기 때문이다. … 자체 모터 덕분에 기계류는 작업 순
서에 따라 배열될 수 있었고, 그것만으로도 산업의 효율성은 두 배 정도 높
아졌다. … 고속의 도구가 없었다면 … 우리가 말하는 현대 산업은 태동조
차 못 했을 것이다.[45]

공장의 동력이 증기에서 전기로 전환됨에 따라 20세기 전반기에 생
산성이 300퍼센트 증가하는 놀라운 성과가 나왔다.[46]

자동차 공장의 전기화는 대량생산을 가능케 하며 수백만 명을 자동차
운전석에 앉혀 놓았다. 1916년 등록 차량 340만 대가 미국의 도로를 달
렸으며, 십사 년 후에는 그 수가 2300만 대로 늘어났다.[47] 자동차는 2차
산업혁명이 진행되는 내내 경제성장의 핵심 '엔진'이 되었다.

여타의 주요 공업들이 자동차 산업을 중심으로 운집하며 거대한 비즈
니스 복합체를 형성했고, 그럼으로써 훗날 '자동차 시대(Auto Age)'라 일
컬어지는 시대의 문이 열렸다. 1933년, 자동차 산업은 미국 전체에서 사
용하는 강철의 20퍼센트, 알루미늄의 12퍼센트, 구리의 10퍼센트, 납의
51퍼센트, 니켈의 95퍼센트, 아연의 35퍼센트, 고무의 60퍼센트를 소비
했다.[48] 1932년 한 열성적인 연구자는 자동차가 경제에 미치는 영향에
놀라움을 금치 못하며 이렇게 썼다. "원자재의 소비 주체로서 세계 역사
상 자동차에 견줄 만한 것은 없다."[49]

자동차가 대량 생산됨에 따라 석유 산업도 기어의 속도를 올리지 않

을 수 없었다. 미국에서는 새로운 유전이 거의 매주 개발되었고, 주유소는 미국 풍광에서 빼놓을 수 없는 요소로 부상했다. 1930년대 말경 석유는 석탄을 제치고 미국의 주 에너지원으로 등극했다. 미국은 세계의 석유 생산을 선도하는 국가가 되었고, 그에 따라 텍사스의 유정은 미국의 힘과 동의어가 되었다. 이런 상황을 놓고 영국의 정치가 어니스트 베빈은 "천상의 왕국이 정의를 기반으로 돌아간다면 지상의 왕국은 기름을 토대로 굴러간다."라고 빈정대기도 했다.[50]

철도 수송을 위해 철로를 까는 것과 마찬가지로 도로를 구축하고 자동차를 대량 생산하는 것은 돈이 어마어마하게 드는 프로젝트였다. 도로 체계는 미국에서든 다른 나라에서든 대개 정부가 재원을 댔지만, 자동차 산업은 적어도 미국의 경우에는 민간 자본이 전적으로 자금을 마련했다. 처음에는 수십여 개에 달하는 소규모 자동차 회사들이 경쟁에 뛰어들었다. 하지만 대량생산 및 유통에 필요한 수직 통합적 대형 사업체를 창출하는 데는 엄청난 자금이 소요되었고 얼마 지나지 않아 경쟁의 장에는 대여섯 개 대기업만 남았다. 포드와 제너럴모터스(GM), 크라이슬러가 당시 시장을 선도하는 3대 기업이었는데, 이들은 오늘날까지도 시장의 리더로 군림하고 있다.

또한 철도업계와 마찬가지로 자동차업계 역시 생산 및 판매에 따르는 다양한 활동을 효과적으로 감독하려면 합리화된 중앙집권식 관리와 상의하달식 관료적 통제가 필요하다는 사실을 일찍부터 깨달았다. 이러한 규모의 운영은 한 개인이나 가족이 돈을 대서 감당할 수 있는 게 아니었다. 결국 미국의 주요 자동차 회사는 모두 상장 기업이 되었다.

경제에 바퀴가 달리면서 사회의 공간적 방향감각도 급변했다. 증기력 인쇄와 석탄 동력 철도운송은 도시화를 촉진했다. 인쇄 커뮤니케이션과 종착지 중심의 철도 화물 운송은 상업 및 주거 단지의 생성에 결정적 영향을 미쳤다. 철도 연결 지점을 따라 마을이 생겨났으며, 주요 역을 둔 소도시들은 대도시로 성장했다. 인쇄 커뮤니케이션과 철도운송에 의존하는 기업들은 당연히 그러한 커뮤니케이션·에너지·운송 허브와 가까운 곳에 입지를 마련했다.

자동차의 출현과 국가 도로 체계의 구축은 철도의 연결 범위를 넘어서는 시골 지역에까지 승객과 화물을 운반하며 20세기 전반기 내내 교외 지역 개발 붐을 일으켰다. 1950년대부터 1980년대까지 미국에서 진행된 주간(州間) 고속도로 체계 건설은 역사상 가장 규모가 크고 비용이 많이 든 공공사업으로, 이는 고속도로 나들목을 따라 교외 상업 및 거주 단지 개발 열풍으로 이어졌다. 공장들도 (부동산 가격과 인건비가 높은 데다가) 복잡한 도심부를 떠나 시골 지역에 자리 잡으며 철도 배송을 트럭 배송으로 전환하기 시작했다. 노동력이 그 뒤를 따른 것은 물론이다. 1945년 이후 미국에 세워진 주택은 6500만 호에 달하는데 대부분이 새로 개발된 교외 지역에 들어섰다. 이렇게 수천여 곳에 달하는 교외 거주지로 사람들이 흩어짐에 따라 미국에는 도합 4만 8000개의 스트립 몰과 쇼핑센터가 건립되었다.[51] 상업 및 주거 단지의 분산은 전기 인프라와 전화선의 확장, 나중에는 라디오와 텔레비전 전송의 확대를 수반했다.

교외 지역이 극적으로 성장하면서 공동체의 수는 수만에 달하게 되었다. 이들 공동체가 전반에 걸쳐 경제활동을 조직하고 통합하는 가운데 물류는 갈수록 복잡해졌고, 결국 전보다 훨씬 더 중앙집권화된 명령 및 통제 체제를 이끌어 냈다. 그러한 명령 및 통제 체제는 전보다 더 대형화한 수직 통합형 규모의 경제를 이루려는 활발한 움직임에 따라 각 부문별로 전보다 훨씬 수가 줄어든 소수의 업계 리더들 손아귀에 들어갔다. 2차 산업혁명이 정점을 달리다가 추락한 2008년 7월 무렵, 원유 가격이 세계시장에서 배럴당 147달러라는 기록적인 수준까지 치솟던 바로 그 무렵, 각 산업 부문에서 경제 권력이 소수의 리더 기업들 손에 들어가는 편중 현상 역시 그 정점을 찍고 있었다. 미국의 4대 기업 중 셋이 에너지 기업(엑슨모빌, 셰브런, 코노코필립스)이며, 이들이 미국 내 석유 시장의 상당 부분을 지배한다. AT&T와 버라이즌이 텔레커뮤니케이션 산업의 64퍼센트를 점유한다는 사실은 이미 앞에서 언급했을 것이다. 2010년 연방 정부에서 발표한 한 연구 결과에 따르면, 미국 대부분의 주에서 하나의 전기 회사가 시장의 25퍼센트 내지 50퍼센트를 점유했고, 전국적으로 보면 조사 대상에 포함된 699개 기업 중 5퍼센트에 해당하는 서른여덟 개 기업이 국내 전력 생산의 40퍼센트를 통제했다.[52] 자동차 시장에서는 네 개의 자동차 회사, 즉 GM과 포드, 크라이슬러, 토요타가 60퍼센트를 차지하고,[53] 미디어 시장에서는 뉴스코퍼레이션, 구글, 가넷(Garnett), 야후, 비아콤(Viacom), 이렇게 다섯 개 기업이 54퍼센트를 점유한다.[54] 아케이드와 음식 및 엔터테인먼트 산업에서는 CEC엔터테인먼트(Chuck E. Cheese's Entertainment), 데이브앤드버스터스(Dave & Busters), 세가엔터테인먼트(Sega Entertainment), 반다이남코홀딩스(Namco Bandai Holdings)* 등 네 개 기업이 시장 지분의 90퍼센트를 제어한다. 또한 가전제품 제조 산업에서는 월풀(Whirlpool), AB일렉트로룩스(Eletrolux), GE, LG전자 등 상위네 개 기업이 시장의 90퍼센트를 점유한다.[55] 이와 비슷한 편중 현상은 미국 경제의 주요 부문 대부분에 걸쳐 찾아볼 수 있다.

화석연료 시대가 황혼기에 접어든 오늘날, 석유 산업은 여전히 세계에서 가장 권력 편중이 심한 부문이며, 그 뒤를 텔레커뮤니케이션 산업과 전력 산업, 유통 산업이 바짝 쫓고 있다. 텔레커뮤니케이션·화석연료 모체에 의존하는 여타의 산업부문 거의 모두는 투자비를 회수하려면 충

---

* 일본 기업으로 일본식 읽기와 영문 표기의 순서가 다름.

분한 수직적 통합과 그에 수반하는 규모의 경제를 확립하기 위한 대규모 자본 지출을 필요로 한다. 따라서 그들은 고도로 합리화한 명령 및 통제 프로세스를 이용해 자체적인 광대한 활동을 관리하지 않을 수 없다.

오늘날 세계 4대 지주회사 가운데 셋이 석유 회사이다. 로열더치셸, 엑슨모빌, BP 말이다. 이들 거대 석유 회사 밑에 열 개의 은행이 있다. JP모건체이스(JPMorgan Chase), 골드만삭스(Goldman Sachs), BOA메릴린치(Merrill Lynch), 모건스탠리(Morgan Stanley), 씨티그룹(Citi Group), 도이체방크(Deutsche Bank), 크레디트스위스(Credit Suisse), 바클레이즈캐피탈(Barclays Capital), UBS, 웰스파고시큐리티즈(Wells Fargo Securities) 등 열 개 은행이 세계 투자은행 시장의 거의 60퍼센트를 지배한다.[56] 그리고 1장에서 언급한 바와 같이 금융 투자 기관들 밑에 전 세계 주식시장에서 거래되는 500대 기업이 있다. 이 기업들이 자체 생존을 위해 화석연료 에너지와 글로벌 텔레커뮤니케이션, 세계의 전력 그리드와 불가분의 관계를 맺고 그에 의존하며 전 세계 GDP 총액 62조 달러의 3분의 1에 해당하는 22조 5000억 달러의 수익을 올린다.[57] 역사의 다른 시기에 이렇게 소수의 기관이 그토록 많은 사람들의 삶에 막강한 경제 권력을 휘두른 적이 있었던가.

이러한 전례 없는, 그리고 상상할 수 없는 경제 권력의 편중 현상은 단지 우연이거나 혹은 만족을 모르는 인간의 탐욕이 낳은 부산물이 아니었다. 또한 이것은 단순히 규제 완화를 탓하거나 정치적 부조리 혹은 (더 나쁜 경우로) 정치적 결탁 및 방조를 비난함으로써 합리화하고 넘어갈 사안도 아니다. 물론 이것들 모두가 편중이 심화하는 데 일정 부분 기여했을 수도 있다. 하지만 보다 근본적으로 중요한 것은 이러한 편중 현상이 1차 및 2차 산업혁명의 토대였던 커뮤니케이션·에너지·운송 모체에서 필연적으로 비롯되었다는 사실이다.

좋든 싫든, 법인 기업의 수직 통합은 대량생산 재화와 서비스의 생산 및 유통을 조직하는 가장 효율적인 수단이었다. 공급 사슬과 생산과정, 유통 경로 전체를 수직 통합형 기업의 중앙집권식 관리하에 둠으로써 그들은 거래 비용을 극적으로 낮췄고, 효율성 및 생산성을 증진했으며, 생산 및 유통의 한계비용을 줄였고, 대개의 경우 재화와 서비스의 소비자가격도 낮추면서 경제를 번영으로 이끌었다. 기업 피라미드의 꼭대기에 앉은 자들이 투자 수익이 증대하면서 필요 이상의 혜택을 누린 것도 사실이다. 그러나 선진국은 물론이고 개발도상국에서도 무수히 많은 소비자의 삶이 눈에 띄게 개선되었다는 사실 역시 인정해야 마땅하다는 판단이다.

4

자본주의의 렌즈로 들여다본
인간 본성

각 산업 분야에서 소수의 기업에 경제 권력이 집중된 것과 관련해 가장 주목할 점은 19세기와 20세기 전반에 걸쳐 (적어도 미국에서는) 대중들이 그에 대해 별로 불안해하지 않았다는 사실이다. 여러 산업 분야에서 노동조합이 기업 권력에 맞서 격렬한 투쟁을 벌였지만 대다수의 노동인구를 조직에 끌어들이지는 못했다. 때때로 포퓰리즘에 기반을 둔 폭동이 (사회의 경제생활에 행사되는) 기업의 견제받지 않는 통제력에 도전하기도 했지만(가장 최근 사례가 "99퍼센트 대 1퍼센트"라는 슬로건을 들고 나온 월 가 점령 운동이다.) 그러한 대중적 폭발은 매우 드문 데다가 너무 간헐적이었고 고작 가벼운 규제 개혁이라는 결과만 낳곤 했을 뿐이다. 결국 권력 집중을 억제하는 효과를 발휘하지는 못했다는 의미다.

이렇게 대중적 비판을 잠재울 수 있었던 이유는, 그러한 수직 통합형 기업 조직들이 갈수록 저렴한 재화와 서비스를 출시하고 수백만 개의 일자리를 창출하며 산업화 세계 전반에 걸쳐 생활수준을 향상하는 데 일정 부분 기여했기 때문이다.

하지만 좀 더 미묘한 요소가 있다. 위의 이유에 못지않게 대중의 잠재적 반대를 약화하는 데 효과적인 것으로 입증된 요소다. 1차 및 2차 산업혁명은 모든 것을 아우르며 당대의 경제체제를 정당화하는 세계관, 즉 경제체제가 자연 자체의 조직화 방식을 반영한 형태로 작용하므로 의심할 여지가 없다고 암시하는 세계관을 들고 나왔다.

구원에 대한 재고

장엄한 우주론적 담론을 창조함으로써 당대의 경제 패러다임을 정당화하는 관행은 전통이 오래되었다. 현대의 역사가들은 중세 시대에 "존재의 거대한 사슬(Great Chain of Being)"로 신의 창조를 묘사한 성 토마스 아퀴나스를 기존의 사회질서를 정당화하기 위해 우주론을 고안한 좋은 예로 꼽는다. 자연의 적절한 작용은 신의 피조물들이 져야 하는 미로 같은 책무에 의존한다고 아퀴나스는 주장했다. 각각의 피조물, 즉 사람들은 지능과 능력이 다르며 그러한 다양성과 불평등성이 전체 시스템의 질서 정연한 기능에 필수적이라는 주장이다. 아퀴나스는 만약 모든 피조물이 동등하다면 다른 사람들을 이롭게 할 수 없다고 추론했다. 모든 피조물을 각기 다르게 창조함으로써 신은 자연에 책무의 계층구조를 확립한 것이고 따라서 모두가 자신의 직분을 충실히 이행하면 모든 피조물이 번영을 누릴 수 있다는 논리였다.

성 토마스 아퀴나스가 묘사한 신의 창조 모습은 당시 봉건사회가 구성된 방식과 놀라울 정도로 닮았다. 모두의 개별적 생존이 엄격하게 정의된 사회의 계급 구조 안에서 자신의 의무를 충실히 수행하는 모든 사람들에게 달려 있었으니 말이다. 농노와 기사, 영주, 교황 등 모두가 신분과 지위는 달랐지만 충성 서약이라는 봉건적 합의에 따라 각자 다른 사람들을 위해 일할 책무를 지고 있었다. 계급적 위치에 따라 자신의 의무를 수행하는 것이 곧 신의 창조의 완성에 경의를 표하는 길이었다.

미네소타 대학교의 역사학자 고(故) 로버트 호이트는 봉건사회의 조직과 존재의 거대한 사슬 사이의 거울 관계를 다음과 같이 요약했다.

> 창조된 우주가 계급적이며 모든 피조물은 그 안에서 적절한 지위와 신분을 할당받는다는 근본 개념은 모든 구성원이 적절한 지위와 함께 그에 수반하는 권리와 의무를 갖는다는 봉건 계급사회 내의 신분 관념과 맥락이 동일했다.[1]

중세 후기에 연성 원시 산업혁명과 함께 출현한 종교개혁의 우주론 역시 위와 유사한 정당화 역할을 수행했다. 개신교 신학자 마르틴 루터는 교회에서 강조하는 존재의 거대한 사슬 개념에 정면공격을 가하며 그것이 로마 교황의 부패한 계급적 규칙과 신도들의 삶에 대한 교황의 통치만 정당화한다고 주장했다. 그는 교회의 봉건적 우주론을 각각의 신도와 그리스도 간의 개인적 관계에 초점을 맞추는 세계관으로 대체했다. 이러한 예배의 민주화는 당시 새로운 시민 계층에 힘을 부여한 새로운 커뮤니케이션·에너지·운송 모체와 잘 들어맞았다.

루터는 교황을 적그리스도라고 비난하며 가톨릭교회는 하나님이 선택한 지상의 사자(使者)도 아니고 신도들이 주님과 소통할 수 있도록 돕는 (기름부음을 받은) 중개자도 아니라고 경고했다. 또한 교회 지도자들은 교구민을 대신하여 하나님께 간구하고 내세의 구원을 보증하는 권한을 보유할 자격이 없다고 강조했다.

그 대신에 루터는 모든 신도의 사제화를 요구했다. 그는 각각의 남자와 여자가 하나님 앞에 홀로 선다고 주장했다. 모든 그리스도인들이 성경으로 무장하여 하나님의 말씀을 해석할 개인적 책무를 지고, 따라서 더 이상 성경 문구의 의미를 해독해 주며 천국의 문지기 역할을 자임하는 교회의 권위에 의존해서는 안 된다는 이야기였다. 루터의 훈계는 세계 역사상 최초의 대규모 문맹 퇴치 운동을 촉발하는 결과를 낳았다. 개신교 개종자들이 성경에 나온 하나님의 말씀을 해석하기 위하여 앞다퉈 글을 배우기 시작한 것이다.

루터는 또한 구원의 규칙도 변경했다. 교회는 오랫동안 선행을 행하며 성례를 받으면 천국의 자리를 확보하는 데 도움이 된다고 가르쳤다. 루터는 교회와 대조적으로 인간은 지상에서 선행을 축적하는 것으로 천국의 자리를 획득할 수 없다고 주장했다. 루터에 따르면, 인간의 궁극적인 운명은 애초부터 확정되어 있었다. 다시 말해서 태어나면서부터 이미 개개인이 구원을 받을지 멸망에 이를지 하나님에 의해 정해져 있다는 이야기였다. 그렇다면 의문이 생기지 않을 수 없다. 무엇이 기다리고 있는지 모르는 데서 오는 끔찍한 불안감을 안은 채로 어떻게 인간은 평생을 살아갈 수 있단 말인가? 이에 대해 루터는 인생의 소명을 받아들이고 한 치의 소홀함이나 탈선 없이 본인의 역할을 충실히 수행하는 태도가 이미 구원의 선택을 받았음을 뜻하는 표시가 될 수 있다고 답했다.

칼뱅은 여기서 한 걸음 더 나아가 선택되었을 가능성의 표시로(즉 스스로를 선택받은 자로 인식하며), 삶에 주어진 자신의 몫을 향상하기 위해 지속적으로 노력하라고 추종자들에게 요구했다. 이렇게 각 개인에게 자신의 소명을 향상할 의무가 있다고 주장함으로써 개신교 신학자들은 무의식적으로 기업가 정신이라는 새로운 정신에 신학적 지원을 제공한 셈이었다. 내포된 암시가 결국 자신의 경제적 몫을 더 늘리는 것이 하나님 및 자연 질서와 맺은 적절한 관계를 반영하는 것을 뜻한다는 추정이었다.

루터든 칼뱅이든 신도들에게서 정신적인 무엇을 빼앗아 그들을 호모 이코노미쿠스로 변모시킬 의도는 없었겠지만, 결국 자신의 소명을 개선한다는 개념은 자신의 경제적 운명을 개선하는 것과 다르지 않았다. 근면과 노력, 검약에 대한 새로운 차원의 강조는 16세기와 17세기를 거치며 "더욱 생산적이 되라."라는 보다 경제적 측면이 강화된 표현으로 탈바꿈했다. 그리하여 이제 "하나님이 보시기에 좋은 품성을 갖추는 것"으로부터 새로운 시장교환경제에서 더욱 생산적이 되는 것으로 자아 존중감의 중심이 옮겨 가기 시작했다.

이윽고 각 개인이 주님과 함께 홀로 선다는 개념은 각 개인이 시장에서 홀로 선다는 사고방식에 자리를 내주고 물러났다. 자아 존중감은 이제 사리사욕에 따라 담보되었으며, 사리사욕은 다시 새로운 시장경제에서 교활한 거래로 축적한 재산과 부에 의해 담보되었다. 막스 베버는 시장 중심의 새로운 인간을 창출한 이 과정을 "개신교도 [근로] 가치 체계의 확립 과정"이라고 일컬었다.[2]

상거래에 대한 이 새로운 열정은 급속히 확산되어 점점 많은 가톨릭교도들과 여타의 사람들을 시장의 영역으로 끌어들였다. 봉건시대에는 존재의 거대한 사슬 내 위치에 따라 개인의 인생 여정이 정의되었지만, 연성 시장경제와 더불어 출현한 새로운 자율적 개인들은 시장에서 사유재산을 축적함으로써 자신의 인생 여정을 정의하기에 이르렀다.

인간 본성에 대한 계몽주의적 시각

18세기 후반 연성 시장 시대가 끝나 갈 무렵 부상한 새로운 우주론은, 기독교 우주론을 역사의 뒤안길로 밀어내기에 충분할 정도로 강력하고 포괄적인 담론을 시장 중심의 새로운 인간에게 제공하기 시작했다.

위대한 계몽주의 철학자 존 로크가 그 공격을 지휘하며 사유재산 옹호론을 보다 적극적이고 패기 넘치게 펼쳤다. 그는 사유재산의 추구가 봉건적 공유사회의 공동관리 방식보다 인간의 '타고난 본성'을 더욱 정확하게 반영한다고 주장했다. 또한 각 개인은 자연의 원재료에 노동력을 추가해 가치 있는 그 무엇으로 바꿈으로써 자신의 재산을 생성한다고 논증했다. 물론 로크는 자연의 원시 상태에서는 인류와 우리의 동료 피조물이 모든 땅과 자원을 공동으로 보유했다는 것을 인정했다. 하지만 그는 『통치론』에서 각 개인이 또한 "개인 자격으로 재산을 소유하며 이에 대해서는 본인 외에는 그 누구라도 어떤 권리든 가질 수 없다."라고 설명했다.[3] 로크는 사유재산은 자연권에 속하며 따라서 그에 대한 부인은 어떤 것이든 사물의 자연 질서를 거부하고 자연법칙을 부정하는 것과 마찬가지라고 강조했다.

따라서 그가 자연이 제공하고 그 안에 놓아둔 것을 분리해 그 자신의 '노동'을 섞고 그가 가진 무언가를 보탠 것은 그의 '재산'이 된다. 자연이 정한 공유 상태에서 분리된 그것이 그의 '노동'으로 첨가된 무언가를 얻은 후에는 다른 사람의 공유 권리가 배제된다. 그 '노동'이 그의 의심할 바 없는 재산인 관계로 그를 제외한 어떤 사람도 한때 공유되었던 것에 대해 권리를 가질 수 없다. 적어도 다른 사람들도 마찬가지로 이용하기에 충분한 양이 남아 있는 한 그렇다는 의미다.[4]

로크는 이어서 사유재산에 대한 자신의 자연권 이론을 이용해 공유지 (혹은 공유물)에 대한 보유 약정에 기초한 봉건적 재산제도를 산산이 부쉬 버렸다.

본인의 노동을 이용해 토지를 자신의 것으로 전용하는 사람은 인류 공동 의 비축물을 감소시키는 것이 아니라 증가시키는 것이다. 인간 생명을 지원 하는 식량을 놓고 볼 때, 울타리를 두르고 경작한 땅 1에이커에서 생산되는 식량이 공유 상태에서 놀고 있는 동일한 토질의 땅 1에이커에서 나오는 식 량의 열 배는 되기 때문이다. 따라서 토지에 대한 인클로저를 통해 (자연 상태 로 둔 100에이커의 땅에서 거두는 것보다) 훨씬 더 많은 식량을 10에이커의 경작지 에서 생산하는 사람은 인류에 90에이커의 토지를 제공하는 셈이라고 말할 수 있다.[5]

이 소론에서 로크는 근대 시장경제와 동반하여 떠오르고 있던 새로운 우주론을 명확하게 설명했다. 사물의 자연 질서는 이제 더 이상 존재의 거대한 사슬에서 찾을 수 없고, 그 대신에 이마의 땀으로 창출되는 사유 재산에 대한 자연권에서 찾을 수 있다는 담론 말이다.

로크의 발자취를 바짝 따른 인물이 애덤 스미스였다. 그는 시장 행동 방식이 인간의 진정한 본성을 대변한다고 선언함으로써 봉건적 공유지 에서 이루어진 공동생활에 최종 퇴짜를 놓았다.

모든 개인은 본인이 통제할 수 있는 모든 종류의 자본을 가장 유익하게 이용하기 위해 노력한다. 그가 실로 염두에 두는 것은 사회의 이익이 아니 라 자기 자신의 이익이다. 그러나 자기 자신의 이익을 고려하는 과정은 자 연스럽게 혹은 필연적으로 사회에 가장 유익한 방안을 이용하는 방향으로

이어진다.[6]

사회 평론가 R. H. 토니는 훗날 유럽 사회를 봉건경제에서 시장경제로, 그리고 신학적 세계관에서 경제적 세계관으로 이동시킨 중대한 변화에 관해 글을 남겼다. 그는 기독교 중심의 우주가 붕괴된 이후 남은 것은 "사권(私權)과 사익(私益), 그리고 사회 자체가 아닌 사회의 물질이었다."라고 썼다. 시장경제에서 교환되는 사적 재산권은 그리하여 "사회조직의 기반이자 더 이상의 논쟁이 용인되지 않는 기본 원칙으로 당연시되었다."[7] 베버는 이보다 훨씬 더 냉혹한 태도를 취하며 기독교적 우주에서 유물론적 우주로 전환되는 과정에서 정신적 가치가 경제적 가치로 대체된 것은 '세상의 각성'을 상징한다고 주장했다.[8]

공평하게 말하자면, 공유지에 대한 인클로저 탓에 대대로 살아온 삶의 터전에서 쫓겨나 아직 자신들의 노동력을 흡수할 준비가 되어 있지 않은 새로운 도시 세계에서 먹고살 궁리를 찾아야 했던 수백만 농민이 끔찍한 희생을 치른 것은 사실이다. 하지만 마찬가지로 주목해야 할 것은 시장경제로의 전환이 결국은 계속 봉건 공유지를 토대로 살았다면 상상조차 할 수 없었을 방법으로 보통 사람들의 삶을 개선해 주었다는 사실이다.

중세 후기의 순수한 시장교환경제에서 19세기 중반의 자본주의경제로의 변천은 재산이라는 개념에 심각한 문제를 제기했다. 개인이 본인의 노동으로 자연에 추가한 것은 사유재산 형태로 그 당사자에게 속한다고 했던 로크의 자연권 이론을 다시 떠올려 보자. 로크의 이론은 사실상 시장에서 매매되는 모든 것이 개인이나 한 가족의 노동의 산물이었던 중세 후기의 단순한 시장교환경제에서는 잘 들어맞았다.

그러나 자본주의의 도래가 경제 모델을 근본적으로 바꿔 놓았다. 전술한 바와 같이, 자본가에게 생산도구를 박탈당하고 자유노동자 처지가 된 장인들은 자신이 쏟은 노동의 일부만을 임금 형태로 되돌려 받았다. 제품에 들어간 나머지 노동 가치는 이윤 형태로 회사가 가져갔다. 소유권 개념도 완전히 바뀌었다. 이제는 제품에 노동을 투여하지 않는 주주, 투자자가 새로운 소유자였다. 그들은 회사 경영에 대해 발언권이 거의 혹은 전혀 없었지만, 그럼에도 노동자의 잉여노동에서 착복한 이윤을 기준으로 배당금을 받았다. 딜레마가 뚜렷해지지 않을 수 없는 상황이다. 자신의 노동력으로 제품을 만든 노동자가 그것을 완전히 소유하거나 처분할 수 있는 자연권을 빼앗기고 있는 게 아니냐는 의문이 일었다. 그러자 노동자의 잉여노동 가치에 대한 착복을 정당화하려는 미약한 시도가 뒤따랐다. 자본이란 곧 축적된 노동과 같고, 따라서 투자자들은 보다 간접적인 의미에서 자신이 한 과거의 노동을 제조 과정에 "추가하고 있는 것"이라는 논리가 그것이다. 그러한 정당화는 얄팍한 눈가림으로 비쳤을 뿐, 먹혀들질 않았다. 리처드 슐라터의 예리한 평을 들어 보자.

고전파 경제학자들은 노동이 재산을 창출한다는 가정에서 출발한 탓에, 그 일관성을 유지하기 위해 일하지 않고 이익을 취하는 사람은 노동자를 갈취하는 것이라는 결론에 이르지 않을 수 없었다.[9]

1840년대 유럽 전역에서 세력을 넓혀 가던 사회주의 과격파들은 이 모순을 알아차렸다. 고전 경제 이론과 자본주의를 결별시킬 조짐을 보이던 그 논리적 모순 말이다. 사회주의자들은 모든 개인이 자신의 노동으로 얻은 과실을 전부 소유할 자연권을 지닌다는 고전 경제 이론의 주장을 찬미하는 한편, 자본주의를 어떤 변종으로 혹평하기 시작했다.

고전 경제 이론과 신흥 자본주의 사이의 단절을 방지하고자 한 경제학자들은 로크의 자연권 이론을 사회주의자들에게 양도해 버리고 그 공백을 메울 새로운 이론을 서둘러 찾기로 했다. 그들은 데이비드 흄과 제러미 벤담의 공리적 가치 이론에서 원하던 답을 발견했다. 흄은 재산 소유가 공통 관심사에서 나온 인간의 관습이라고 주장했다. 여기서 공통 관심사는 흄에 따르면 "타인과 협력하여 공공의 효용에 기여하는 전반적 행동 계획이나 행동 체계로" 각각의 사람을 이끄는 역할을 한다.[10] 다시 말하면 재산권법은 재산 소유가 공통 관심사에 속하기 때문에 인간들이 준수하기로 동의한 사회적 규칙이라는 이야기였다.

흄은 개인이 자연에서 만들어 낸 것에 대해 소유권을 갖는다는 관념을 분명히 지지했다. 하지만 그는 사유재산권이 장려되어야 하는 이유는 그것이 자연권에 기초하기 때문이 아니라 '유익한 습관'이기 때문이고, 재산이 시장에서 자유롭게 거래되어야 하는 이유는 그것이 '인간 사회에 이롭기' 때문이라고 강조했다.[11]

(고통의 배척과 쾌락의 추구로 정의되는) 사회의 전반적 복지가 모든 재산 담론의 전제라고 주장함으로써 공리주의자들은 노동자의 사유재산과 자본에 내포된 재산권, 이 두 가지 모두에 대한 옹호를 정당화할 수 있었다. 그들은 이 두 형태의 재산이 전반적 복지를 증진하며, 따라서 유익하다고 주장했다. 두 경우에서 그 관행을 정당화하는 것은 오직 공리뿐이었다.

벤담은 좀 더 기꺼이 자연권 이론에 정면으로 맞서며 자연적 재산 같은 것은 존재하지도 않는다고 주장했다.

따라서 권리는 법률의 결과물이고, 법률만의 결과물이어야 한다. 법이 없는 권리는 없으며 법에 반하는 권리도 없고 법에 앞서는 권리도 없다. … 재산권과 법률은 함께 태어나고, 그리고 함께 사라져야 한다.[12]

공리주의는 자본가들에게 새로운 산업 경제에서 지배 세력으로 커져 가는 그들의 역할을 정당화하는 생명선을 제공해 주었다. 그럼에도 재산의 자연권 이론은 특히 산업 경제의 공장과 현장 사무소로 몰려드는 노동자 집단 사이에서 계속 위세를 떨쳤다. 또한 거대 자본의 시대에 역할이 줄기는커녕 오히려 제 나름대로 중요한 역할을 이어 가던 소규모 수공업자들과 자영업자들 사이에서도 마찬가지였다.

공리주의는 표면적으로는 자연법이 아닌 사회적 관습에 근거를 두었지만 의도치 않게도 찰스 다윈 덕분에 힘을 얻었다. 다윈은 두 번째 책 『인간의 유래』에서 인간의 진화된 정신 능력이 양심의 발달을 낳았고, 그로 인해 인간은 최대 다수의 최대 행복을 옹호하는 공리의 원칙을 갈수록 더욱 고수하게 되었다고 주장했다. 다윈의 이러한 사고는 공리주의에 대한 불안감을 없애 주는 모종의 "자연의 지지"를 경제학자들에게 안겨 주었다.

그렇지만 다윈은 자신의 진화론을 다른 분야에서 훔쳐다 쓰는 것을 못마땅해했다. 그는 우리 종의 공리적 본성이 고차원적인 무엇, 그러니까 사람들 사이에 감정이입과 협동을 증진하는 무엇이라고 주장한 터였다. 그런데 자신의 통찰이 집단적 물욕을 정당화하는, 보다 협소한 경제적 어젠다로 축소되었으니 속상할 만도 했다. 말년의 저작들에서 다윈은 존 스튜어트 밀 등 유명한 공리주의 경제학자들에게 이의를 제기하며 "충동이란 것이 언제나 … 쾌락을 기대할 수 있기 때문에 생겨나는 것은 결코 아니다."라고 주장했다.[13] 자신의 주장을 입증하기 위해 그는 모르는 이를 구하러 화염 속으로 뛰어드는 사람을 예로 들었다. 어떤 보상을 기대하기는커녕 본인이 죽을지도 모르는 위험성만 빤히 보이는 상황에서도 그런 충동을 일으키는 사람이 있지 않느냐는 논지였다. 다윈은 다른 사람을 구하러 나서는 동기는 쾌락보다 더 심오한 욕구에서 비

롯한다고 주장했다. 그리고 그 심오한 욕구를 사회적 본능이라 칭했다.[14]

　경제학자들이 다윈 이론을 남용하여 재산의 공리 이론을 강화하려 한 시도는 어느 정도 주목할 만한 성과로 이어졌다. 그러나 그보다 훨씬 더 터무니없으면서도 영향력이 컸던 것은 다윈의 자연선택설을 전면적으로 도용한 사회학자 겸 철학자 허버트 스펜서의 이론이었다. 스펜서는 훗날 "사회진화론(Social Darwinism)"이라 불리는 주장을 설파하기 위해 다윈을 도용했다. 사회진화론이란 19세기 후반 걷잡을 수 없는 자본주의의 폭력을 정당화하기 위해 나온, 이념적으로 경도된 이론을 말한다.(제국주의 정당화에 기여한 이론이다.) 스펜서는 경제적 진화에 관한 자신의 이론을 정당화하기 위해 다윈의 자연선택설에 적극적으로 매달렸다. 그는 "이 '적자생존'은, 내가 여기서 유물론적인 용어로 해석한 것인데, 다윈이 '자연선택 혹은 생존경쟁에서 유리한 종의 보존'이라 칭한 것과 같다."라고 썼다.[15] 흔히들 다윈이 '적자생존'이라는 용어를 고안했다고 알고 있지만, 사실은 스펜서가 다윈의 작품을 읽고 나서 만들어 낸 용어이다. 그러나 안타깝게도 다윈은 스펜서의 서술을 『종의 기원』 5판에 삽입하는 실수를 저지르고 말았다.(그 5판은 1869년 출간되었다.) 다윈은 이렇게 썼다. "구조나 체질 혹은 본능 면에서 어떤 식으로든 유리한 종들이 생존 투쟁에서 살아남는 것을 나는 '자연선택'이라 칭했다. 그런데 허버트 스펜서는 이와 동일한 생각을 '적자생존'이라는 말로 잘 표현했다."[16] 문제는 의도의 차이에 있었다. 다윈은 그 용어를 "당장의 현지 환경에 보다 잘 적응하는 것"에 대한 은유로 썼지만[17] 스펜서는 "최상의 물리적 형체를 갖춘 것"의 의미로 사용했다.

　결국 스펜서의 손아귀에서 '적자생존'은 오직 최적의 유기체만 살아남기 마련이라는 의미가 되었다. 스펜서는 그 용어를 억지로 공적 토론의 장으로 밀어 넣었고, 그럼으로써 뻔뻔스럽게도 자신을 다윈과 나란히 서게 만들었다. 진화에 대한 그의 견해가 다윈보다는 라마르크 학설에 훨씬 더 가까웠는데도 말이다.

다윈은 훗날 '적자생존'이라는 용어와 거리를 두려고 부단히 노력하며 그 표현을 사용한 데 대해 사과까지 했지만, 아무런 효과가 없었다.[18] 그 용어는 대중의 의식 속에 그대로 뿌리내려 현재까지도 다윈의 이론을 정의하는 데 사용되고 있다.

스펜서는 우주의 모든 구조체가 단순하고 구분되지 않는 상태에서 (서로 다른 부분들의 보다 큰 통합이 특징인) 점점 더 복잡하고 구분되는 상태로 발달한다고 주장했다. 그 과정이 은하계의 행성과 지구 생물체는 물론이고 인간의 사회조직의 진화에도 동일하게 적용된다는 논리였다.

스펜서는 시장에서 벌어지는 회사들 간의 경쟁도 사회가 자연스럽게 진화적으로 발달하는 한 양상으로 보았으며, 정부가 간섭하지 않는 상태에서 그러한 경쟁이 자유롭게 허용되어야 한다고 믿었다. 그래야 가장 복잡한 수직 통합형 회사들만이 살아남아 번성할 수 있는 환경이 조성된다는 이야기였다.

스펜서의 견해는 당대에 기업의 이익을 정당화하는 데 도움이 되었다. 더욱 규모가 큰 수직 통합형 조직체를 추구하고 경영 합리성과 중앙집권식 관리를 지향하는 기업들의 행태와 관련해 자연에서 그 근거를 찾아 줌으로써 스펜서와 그를 지지하는 자유 시장 경제학자들은 기존의 경제적 합의에 대한 거의 모든 종류의 대중적 저항을 완화할 수 있었다.

스펜서와 그의 동료들이 실수한 부분은 사회의 복잡성이 증가하는 경향이 예외 없이 수직 통합형 조직체를 요구하고, 소수의 기관이나 개인의 손에 집중된 중앙집권식 명령 및 통제를 필요로 한다고 믿은 것이었다. 복잡성이 언제나 수직 통합이나 중앙집권화와 동의어가 되는 것은 아니다. 1차 및 2차 산업혁명의 경우, 관련된 커뮤니케이션·에너지·운송 모체의 특성 자체가 경제활동의 수직적 통합을 편애했다. 그래야 한계비용을 줄이고 투자를 회수하며 이익을 내기에 충분한 규모의 경제를 창출할 수 있었기 때문이다. 거듭 강조하건대 이는 자본주의 체제에서든 사회주의 체제에서든 똑같이 적용되는 사실로 드러났다. 소련과 중국을 통해서 확인했고 유럽의 혼합형 사회주의 시장경제에서도 보지 않았던가. 우리는 생산수단의 소유권과 생산방식의 구조를 혼동하지 말아야 한다. 자본주의 체제와 사회주의 체제는 소유권과 소득 분배 면에서는 서로 다른 양상을 보이지만, 생산 면에서는 둘 다 똑같이 수직적으로 통합된 대규모 사업체에서 이루어지도록 조직된다.

그렇다면 커뮤니케이션·에너지·운송 모체를 설립하는 데 드는 진입비용이 현저히 낮은 데다가 그 상당 부분을 피어투피어 네트워크에 참여하는 수억 명의 개인이 지불하는 환경에서는 경제를 어떻게 조직해야 하는가? 또 커뮤니케이션과 에너지, 갈수록 많은 양의 재화와 서비스를 생성하고 저장하고 공유하는 데 드는 한계비용이 거의 제로에 가까워지고 있는 상황에서는 어떻게 해야 하는가?

새로운 커뮤니케이션·에너지·운송 모체가 부상하고, 그와 더불어 새로운 '스마트' 공공 인프라가 출현하고 있다. 사물인터넷이 1차 및 2차 산업혁명보다 훨씬 더 복잡한 새로운 경제 패러다임 속에서 모든 사람과 모든 사물을 연결할 것이다. 이 새로운 경제 패러다임의 구조는 중앙집중형이 아니라 분산형이다. 보다 중요한 것은 그 새로운 경제가 (자본주의 시장의 수직 통합형 기업체가 아닌) 협력적 공유사회에서 수평적으로 통합된 네트워크를 통해 전반적 복지를 최적화할 것이라는 사실이다.

이 모든 것의 영향으로 20세기의 독점기업들은 현재, 최근에 구축되고 있는 사물인터넷 인프라가 야기할 엄청난 규모의 파괴적 위협에 직면해 있다. 새로운 유형의 사회적 기업들은 사물인터넷에 플러그 앤드 플레이(plug and play) 방식으로 접속해 개방적이고 분산적이며 협력적인 아키텍처를 활용하여 피어투피어의 수평적인 규모의 경제를 창출할 것이다. 그로 인해 남아 있는 중개인이 거의 모두 사라질 것이다. 중개인의 소멸에 따른 프로세스의 압축은 효율성과 생산성을 극적으로 높이는 한편 한계비용을 제로 수준으로 떨어뜨리고 거의 공짜에 가까운 재화와 서비스의 생산 및 유통을 가능하게 할 것이다.

20세기의 2차 산업혁명을 지배했던 수직 통합형 독점기업들은 이미 시작된 공격을 물리치기 위해 분투하고 있지만, 그러한 노력이 소용없다는 사실이 입증되고 있다. 음악 산업과 출판업계, 인쇄 및 전자 매체, 엔터테인먼트 산업의 대부분을 좌지우지하던 거대 독점기업들이 이미 (한계비용을 제로 수준으로 밀어붙이는) 수평 통합형 규모의 경제 네트워크 내에서 이루어지는 또래 생산(peer production)의 '충격과 공포'를 직접적으로 경험하고 있다. 사물인터넷이 성장해 나가면서 우리는 에너지와 발전, 통신, 제조, 서비스 등의 분야에서 군림하던 거대 기업들의 궤멸을 차례차례 목도할 것이다.

이러한 광범위한 경제적 변화는 인간의 의식 자체에 훨씬 더 심오한 변화를 초래한다. 벌써 새로운 경제 패러다임으로 인해 인간 본성을 전면적으로 다시 생각해 보도록 요구받기 시작했으며, 그에 따라 인간과 지구의 관계를 인식하는 방식에 근본적인 변화가 일고 있다. 위대한 미국의 혁명가 토머스 페인은 일찍이 "모든 시대와 모든 세대는 독자적으로 움직일 자유가 있다."라고 말했다.[19] 우리의 새로운 세대는 현재 배아 상태의 한계비용 제로 사회를 양육하고 세계관을 바꾸면서 인류의 여정에 새로운 의미를 던지고 있다.

2부

제로 수준
한계비용 사회

5

극단적 생산성과 사물인터넷, 그리고 무료 에너지

내가 만약 이십오 년 전에 사반세기 후 인류의 3분의 1이 수억 명으로 이루어진 거대한 글로벌 네트워크 속에서 오디오와 비디오, 텍스트를 교환하며 서로 소통하고, 휴대전화로 세상의 모든 통합된 지식을 이용하며, 누구든 수억 명에게 동시에 새로운 아이디어를 알리거나 제품을 소개하거나 자신의 생각을 전할 수 있을 뿐만 아니라 그렇게 하는 데 비용이 거의 들지 않을 거라고 말했다면, 당신은 믿을 수 없다는 듯 고개를 가로저었을 것이다. 이 모든 게 작금의 현실이다.

그렇다면 내가 만약 지금으로부터 이십오 년 후에는 난방을 하거나 가전제품을 돌리거나 사업체를 운영하거나 자동차를 운행하는 등 각종 글로벌 경제활동을 운용하는 데 사용하는 에너지도 대부분 무료에 가까워진다고 말한다면 어떨 것 같은가? 집과 사업장을 미니 발전소로 개조해 현장에서 재생에너지를 거두어들이는 얼리어답터 수백만 명에게는 이미 일어나고 있는 일이다. 태양열과 풍력 발전설비에 들어간 고정비를 회수하기도 전에(보통 짧게는 일 년, 길어 봤자 팔 년 정도 걸린다.) 에너지 생산에 드는 한계비용은 제로에 가까워진다.[1] 원료 자체에 비용이 드는 화석연료나 원자력발전에 쓰이는 우라늄과는 달리, 지붕 위에 모이는 태양열, 건물 외벽을 타고 오르는 바람, 사무실 지반 아래에서 올라오는 지열, 혐기분해로 바이오매스 에너지가 되는 음식물 쓰레기는 모두 공짜나 다름없다.

또 세계 어떤 사업체든 서로 연결되어 대륙별 에너지 인터넷으로 에너지를 공유하고, 오늘날 거대 글로벌 제조 기업들이 부과하는 가격보다 훨씬 낮은 비용으로 제품을 생산하고 판매하게 하는 지능형 커뮤니케이션·에너지 모체 및 인프라를 창출해 거의 무료에 가까운 정보로 거의 무료에 가까운 녹색 에너지를 관리한다면 어떨까? 이 역시 현재 소규모로 진화하기 시작했다. 수백 개의 스타트업이 3D 프린팅 운용 체제를 확립하고 제로에 가까운 한계비용으로 제품을 정보화제조(infofacturing)* 하며 자체 생산한 녹색 에너지로 자신의 팹랩(Fab Lab)**에 전기를 공급하거나 전기 자동차나 연료전지 차량을 굴려 제품을 배달하고 수백 개의 글로벌 웹사이트에서 거의 무료로 제품을 마케팅하고 있기에 하는 말이다. (협력적 인프라를 구축하는 데 드는 초기 고정자본비용에 관해서는 잠시 후에 다룰 것이다.)

또 만약 전에는 대학 교육을 받을 수 없었던 전 세계 수백만 학생들이 지구상 가장 저명한 학자들의 강의를 수강하며 학점을 취득할 수 있다면, 그것도 모두 무료로 할 수 있다면 어떻겠는가? 이 또한 지금 벌어지

---

* manufacture에서 '손'을 의미하는 manu를 '정보'를 의미하는 info로 대체한 신조어. 기존의 방식과는 다른, 소프트웨어 등 정보화 기술을 기반으로 한 제조를 뜻함.
** Fabrication Laboratory의 약어로 '제작 실험실'을 의미함.

고 있는 일이다.

마지막으로 재화와 서비스를 생산하고 유통하는 데 드는 인간 노동의 한계비용이 거의 제로에 가깝게 급락한다면 어떻겠는가? 모든 산업에 걸쳐, 그리고 모든 전문 직종과 기술 분야에 걸쳐 지능형 과학기술이 노동자를 대체하여 기업들이 전통적인 노동력을 쓸 때보다 더 지능적이고 효율적이며 저렴하게 문명화된 상업 활동을 영위하게 된다면 말이다. 이 또한 전 세계에 걸쳐 몇몇 산업과 직종에서 이미 수천만 노동자가 지능형 과학기술로 대체됨에 따라 발생하는 변화이다. 다음 두 세대가 살아가는 동안, 경제생활에서 대중 노동과 전문 노동이 사라진다면 인류는 무엇을 하게 될까? 더 중요하게는, 지구상에서 살아가는 인류의 미래는 어떻게 정의될 것인가? 이런 질문이 이제 지식인들 사이에서, 그리고 공공 정책을 논하는 자리에서 처음으로 진지하게 대두되기 시작했다.

극단적 생산성

제로에 가까운 한계비용과 무료에 가까운 재화와 서비스는 생산성 증진의 결과이다. 생산성은 "생산에 요구되는 것을 생산물의 비율로 산출하는 생산 효율성의 척도"이다.[2] 한 단위의 재화나 서비스를 추가로 생산하는 비용이 제로에 가까우면 최적 수준의 생산성에 도달한 것이다.

여기에서 다시 우리는 자본주의를 관통하는 궁극적인 모순에 직면한다. 자본주의 시스템의 추진력은 열역학 효율성을 높여 생산성을 더욱 향상하는 데 있다. 생산 비용을 줄이고 제품이나 서비스의 가격을 낮춰 소비자를 유혹하기 위해, 더욱 생산성이 높은 새로운 기술을 도입해 가차 없이 경쟁해야 하는 것이다. 이 경쟁은 가속도를 붙여 가며 최적의 효율성을 달성해 생산성이 최고조에 달하는 결승선에 이를 때까지 계속된다. 각각의 추가 단위를 생산하는 한계비용이 제로에 가까워지는 지점이 이 결승선이다. 결승선을 통과하면 재화와 서비스는 무료에 가까워지고 이윤은 고갈되며 소유물을 교환하는 시장은 문을 닫고 자본주의 시스템은 생을 마감한다.

최근까지도 경제학자들은 생산성을 평가하는 요소로 기계 자본과 노동 성과, 이 두 가지만을 꼽는 데 만족했다. 그러나 1987년에 성장 이론으로 노벨 경제학상을 수상한 로버트 솔로는 산업화 시대의 전개 과정을 추적해 기계 자본과 노동 성과가 전체 경제성장의 원인 가운데 겨우 14퍼센트 정도만 차지한다는 사실을 발견하고는, 그렇다면 나머지 86퍼센트의 원인이 무엇인지 의문을 제기했다. 전미경제학회(AEA)의 전임 회장이자 경제학자인 모지스 아브라모비츠는 이 수수께끼의 86퍼센트가 "우리의 무지한 정도"를 나타낸다며, 다른 경제학자들이 인정하길 꺼리는 내용을 언급했다.[3]

독일 뷔르츠부르크 대학교의 물리학자 라이너 퀴멜과 프랑스 퐁텐블로에 위치한 인시아드의 경제학자 로버트 에어스를 포함한 다수의 분석가들은 지난 이십오 년 동안 기계 자본과 노동 성과, 그리고 에너지 사용의 열역학 효율성, 이 세 가지 요인을 분석해 산업화 시기의 경제성장을 되짚었다. 그들은 산업화 경제의 생산성 증가와 성장의 나머지 대부분을 설명하는 원인이 바로 "에너지와 원료가 유용한 결과물로 전환되는 데 필요한 열역학 효율성의 증가"라는 점을 발견했다. 다시 말해 '에너지'가 숨은 요인이었던 셈이다.[4]

1차 및 2차 산업혁명을 깊이 들여다보면 생산성과 경제성장의 약진은 커뮤니케이션·에너지·운송 모체뿐 아니라 거기에 동반된 (기업들이 연결할 수 있는 다목적 기술 플랫폼을 구성하는) 인프라가 있었기에 가능했음을 알 수 있다. 예를 들어 작업 현장에 전기력 도구를 도입해 효율성과 생산성을 극적으로 향상한 헨리 포드도 전력 그리드라는 인프라가 없었다면 어떻게 그런 성과를 누릴 수 있었겠는가. 기업들 역시 전보로, 나중에는 전화로 조직 안팎의 지휘 계통에 바로바로 접근할 수 없었다면, 또 위로는 공급업체, 아래로는 유통업체와 즉각적인 의사소통을 할 수 없었다면 대규모 수직 통합형 운영의 효율성 및 생산성 이득을 거두지 못했을 것이다. 또한 국내시장에 전면적으로 확장된 도로망이 없었다면, 기업들은 물류비용을 현저히 줄이지 못했을 것이다. 마찬가지로 전력 그리드와 원격 통신 네트워크, 국내 도로망을 달리는 차량 등에는 모두 화석연료 에너지가 동력을 제공했고, 이 화석연료 또한 자원을 유정에서 정유공장으로, 또 주유소로 이동시키기 위한 수직 통합형 에너지 인프라를 필요로 했다.

버락 오바마 미국 대통령이 2012년 대선 선거운동 중에 내뱉어 이제는 유명해진 발언, "당신들이 이룬 게 아닙니다."는 바로 이런 상황을 강조하고 있다. 공화당이 전후 관계를 무시하고 이 말을 기회주의적으로 인용했지만, 오바마 대통령이 말하고자 한 내용은 기업이 생산성을 높이고 성공하기 위해서는 송전선과 송유관 및 가스관, 커뮤니케이션 네트워크, 도로, 학교 등과 같은 인프라가 필수적이라는 것이었다.[5] 통합된 시장경제에서 인프라 없이는 어떤 비즈니스도 성공할 수 없다. 인프라는 공공재이며, 따라서 시장의 간이화뿐 아니라 정부의 지원도 필요로 한다. 물론 상식적인 이야기다. 하지만 모든 경제적 성공은 기업가의 뛰어난 사업 감각으로 이룬 결과이며 정부 개입은 언제나 성장을 저해한다는 근거 없는 믿음이 만연한 나라에서, 오바마 대통령의 발언은 격분을 낳았고 더불어 그 진의를 상실하고 말았다.

공공 인프라에 대해서는 전국적인 것이든 지역적인 것이든 대부분 세금으로 전액 지원하거나 보조하며 정부에서 감독하고 규제한다. 20세기의 극적인 경제성장률의 토대를 마련해 준 것이 2차 산업혁명의 다목적 기술 인프라였다. 1900년에서 1929년 사이에 미국은 전력 그리드와 원격 통신 네트워크, 도로망, 송유관 및 가스관, 상하수도 시설, 공립학교 제도 등 막 시작된 2차 산업혁명의 인프라를 구축했다. 대공황과 2차 세계대전으로 진척에 차질을 빚긴 했지만, 정부는 전쟁이 끝나자마자 주간 고속도로망을 구축하는 한편 전국적인 전력 그리드와 원격 통신 네트워크를 완성함으로써 완전히 통합된 성숙한 인프라를 제공했다. 이렇게 마련된 2차 산업혁명 인프라는 자동차 생산부터 주간 고속도로 출입구 주변의 교외 상업 단지 및 주택 단지 개발에 이르기까지 모든 산업의 생산성 증진에 기여했다.

1900년에서 1980년 사이에 미국 내 총 에너지 효율은 국가 인프라의 발전과 더불어 꾸준히 증가해 2.48퍼센트에서 12.3퍼센트로 올랐다. (에너지 효율이란 재료에서 추출할 수 있는 잠재적인 물리적 양 대비 유용한 양의 비율, 즉 생산해서 이용할 수 있는 에너지 대비 실질적인 유효에너지의 비율을 말한다.) 그리고 1990년대 후반 2차 산업혁명 인프라 구축이 완성되는 시점에 이르러서는 13퍼센트 정도에서 답보 상태가 되었다.[6] 에너지 효율이 크게 증가해 생산성과 경제성장에서 미국에 비범한 성과를 안겨 주긴 했지만, 2차 산업혁명에서 우리가 사용한 에너지의 거의 87퍼센트는 전송 중에 낭비됐다는 이야기다.[7]

2차 산업혁명 인프라를 개선한다 해도, 효율성이나 생산성, 성장률 면에서 그 어떤 눈에 띄는 영향이 생길 가능성은 거의 없다. 이미 성숙 단계에 이른 화석연료 에너지는 개발해서 출시하는 데 갈수록 많은 비용이 들어가고 있다. 내연기관이나 중앙집권형 전력 그리드처럼 화석연료 에너지로 구동하도록 디자인되고 설계된 기술은 이제 생산성이 모두 고갈되어 더 이상 이용할 잠재력이 거의 남지 않은 상태이다.

새삼 언급할 필요도 없이 열역학 효율성을 100퍼센트 달성하는 것은 불가능하다. 하지만 내가 속한 글로벌 컨설팅 그룹이 진행한 연구를 포함해 몇몇 새로운 연구를 살펴보면, 3차 산업혁명 인프라로 전환함으로써 향후 사십 년 안에 총 에너지 효율을 40퍼센트까지 증가시켜 20세기 경제에서는 경험할 수 없었던 극적인 생산성 증대를 이루는 것이 가능하다는 결론을 발견할 수 있다.[8]

사물인터넷

생산성의 유례없는 거대한 도약이 가능해지는 이유는 현재 떠오르고 있는 사물인터넷이 역사상 최초의 스마트 인프라 혁명이기 때문이다. 사물인터넷은 모든 기계, 사업체, 주택, 차량을 지능형 네트워크에 연결할 것이다. 지능형 네트워크는 커뮤니케이션 인터넷, 에너지 인터넷, 그리고 운송 인터넷으로 구성되는데, 이 모두를 하나의 운영 체계에 포괄한다. 미국 한 나라에서만 현재 3700만 개의 디지털 스마트 계량기가 실시간으로 전기 사용과 관련된 정보를 제공하고 있다.[9] 십 년 안에 나머지 다른 나라는 물론이고 미국과 유럽의 모든 빌딩에 스마트 계량기가 설치될 것이다. 그리고 모든 기기(온도 조절 장치, 조립라인, 창고 설비, 텔레비전, 세탁기, 컴퓨터 등)마다 센서가 부착되어 스마트 계량기와 사물인터넷 플랫폼에 연결될 것이다. 2007년 1000만 개의 센서가 인간이 사용하는 모든 종류의 장치와 사물인터넷을 연결했다. 2013년에는 그 수가 35억 개를 넘어섰고, 더욱 인상적인 것은 2030년이면 100조 개의 센서가 사물인터넷에 연결될 것으로 추정된다는 사실이다.[10] 대기 감지 기술과 소프트웨어 로그, RFID 리더기('무선주파수 식별'의 의미로 '전자태그'라고도 한다.), 무선 센서 네트워크를 포함하는 다른 종류의 감지 장치들도 광범위한 빅데이터를 수집하는 데 활용될 것이다. 매 순간의 소비자 행동은 물론이고, 전력 그리드상 전기 요금의 변화, 공급 사슬 전반의 물류 상황, 조립라인의 제품 흐름, 대고객 부서 및 관리 부서의 서비스에 이르기까지 여러 다양한 주제에 관한 빅데이터 말이다.[11] 1장에서 언급했듯이, 지능형 인프라는 네트워크에 연결된 모든 사업체에 지속적으로 빅데이터를 공급해 그에 대한 고급 분석을 통해 예측 알고리즘과 자동화 시스템을 창출케 하고, 결과적으로 열역학 효율성과 생산성을 증진시켜 가치 사슬 전반에 걸쳐 한계비용을 제로에 가깝게 줄이도록 도울 것이다.

시스코는 사물인터넷이 2022년까지 비용 절감과 수익 면에서 14조 4000억 달러에 달하는 경제 효과를 창출할 거라고 예상한다.[12] GE가 2012년 11월에 발표한 연구 결과에 따르면, 스마트 산업 인터넷이 2025년경이면 사실상 거의 모든 경제 영역에서 효율성 향상 및 생산성 증가에 이바지하며 "글로벌 경제의 절반 정도"에 영향력을 행사할 것이라고 한다. 하지만 역사상 최초의 지능형 인프라를 구축함으로써 증대할 수 있는 생산성에 대해 좀 더 잘 이해하려면 개별 산업 분야를 살펴보아야 한다. 예컨대 항공업 분야만 보더라도, 항로 설정과 장비 모니터링 및 수리 등을 보다 성공적으로 수행하기 위해 빅데이터를 분석하여 결과적으로 연료 효율을 단 1퍼센트만 증가시켜도 십오 년 동안 300억 달러를 절약할 수 있다.[13]

의료계 역시 사물인터넷으로 생산성을 증진할 수 있는 잠재성이 매우 높은 또 다른 분야이다. 2011년 기준 7조 1000억 달러 규모로 전 세계 GDP의 10퍼센트를 차지하는 분야이면서도 "시스템의 비효율 탓에" 총 지출의 10퍼센트에 해당하는 금액, 즉 7310억 달러가 해마다 낭비되고 있다. 게다가 GE의 연구에 따르면, 비효율적 지출의 59퍼센트에 해당하는 4290억 달러가 산업 인터넷을 설비하는 것만으로 곧바로 개선될 수 있다. 빅데이터 피드백과 고급 분석, 예측 알고리즘, 자동화 시스템 등으로 그런 지출을 최대 25퍼센트 줄여 해마다 1000억 달러를 절약할 수 있다는 것이다. 단지 1퍼센트의 비용 절감만으로도 해마다 42억 달러, 십오 년 동안에는 630억 달러를 절약할 수 있다는 계산이 나온다.[14] 항공과 의료 부문, 나아가 여타 모든 부문에서, 이러한 1퍼센트의 효율성 증가를 2퍼센트, 5퍼센트, 10퍼센트까지 끌어올린다면, 경제 변화의 규모가 실로 막대할 것이다.

'사물인터넷'은 MIT 자동ID센터(Auto ID Center) 설립자 중 한 명인 케빈 애슈턴이 1995년에 만든 용어다. 그 후 수년 사이에 사물인터넷은 시들해졌는데, '사물'에 내장하는 센서와 작동기의 가격이 여전히 상대적으로 비싼 게 하나의 이유였다. 하지만 2012년에서 2013년에 이르는 열여덟 달 동안, 사물을 모니터링하고 추적하는 RFID 칩의 가격이 40퍼센트나 급락했다. 이 칩이 들어간 전자태그는 이제 개당 10센트도 안 된다.[15] 더욱이 이 태그는 그것을 탐색하는 무선 신호에서 오는 에너지를 사용하여 데이터를 전송하므로 전원도 필요 없다. 자이로스코프와 가속도계, 압력 감지기를 포함하는 미세 전자 기계 시스템(MEMS)의 가격도 지난 오 년 사이에 80퍼센트 내지 90퍼센트 하락했다.[16]

사물인터넷의 전개를 더디게 만든 또 다른 장애물은 IPv4, 즉 인터넷 프로토콜 네 번째 버전이었다. IPv4는 고유한 인터넷 주소(인터넷상의 모든 장치는 인터넷 프로토콜 주소를 할당받아야만 한다.) 43억 개만을 부여할 수 있다. IP 주소 대부분을 현재 인터넷에 접속하는 20억이 넘는 사람들이 차지한 관계로 수백만, 궁극적으로는 수조에 달하는 사물을 인터넷에 연결하는 데 사용할 수 있는 주소는 거의 남지 않은 상태다. 그런데 최근 국제인터넷표준화기구(IETF)가 개발한 새로운 버전의 인터넷 프로토콜 IPv6 덕에, 사용할 수 있는 주소가 340조 개라는 어마어마한 양으로 확대되었다. 이는 앞으로 십 년간 인터넷에 접속하리라 추정되는 2조 개의 장치에 충분히 부여하고도 남을 숫자다.[17]

《이코노미스트》칼럼니스트 닉 발레리는 일반인이 이해할 수 있도록 이 불가해한 큰 수를 분해했다. 십 년 내에 인터넷에 접속하는 사물이 2조 개에 다다르려면, 개인당 "인터넷에 말을 걸 소유물을 1000개"씩만 가지고 있으면 된다.[18] 경제가 발전한 곳에 사는 사람들은 대부분 1000개에서 5000개에 가까운 소유물을 보유한다.[19] 과도하게 많은 것처럼 보이지만 집과 차고, 자동차, 사무실을 둘러보면 전동 칫솔부터 책, 차고 개폐기, 빌딩 출입용 전자 패스 카드까지 얼마나 많은 장치를 개개인이 지니고 있는지 새삼 놀랄 정도다. 이 장치 중 많은 수가 향후 십 년 내외에 태그를 달고 인터넷을 통해 다른 사물과 연결될 것이다.

발레리는 해결하지 못한 중요한 문제 몇 가지를 재빨리 지적한다. 사물인터넷이 광범위하게 퍼지는 것을 막아 신속한 보급과 대중의 수용을 방해할 가능성이 있는 사안과 관련해 발레리는 다음과 같이 말한다.

이제 문제는 이것이다. 식별자를 누가 부여할 것인가? 데이터베이스의 정보는 어디서 어떻게 접근하게 할 것인가? 칩과 데이터베이스의 세부 사항은 어떻게 보호할 것인가? 책임 소재를 물을 법률 체계는 어떻게 확립할 것인가?

이어서 발레리는 이렇게 경고한다.

이런 문제를 정확히 짚지 않으면 인터넷에 연결된 장치에 담긴 개인이나 기업의 정보가 노출될 위험에 놓일 수 있다. 무지와 부주의로 이런 사고가 발생하면, 사물인터넷은 문밖으로 나서기도 전에 발이 묶일 것이다.[20]

글로벌 신경 네트워크상에서 모든 사람과 사물이 연결되면 인류는 현대성을 정의하는 특징인 사생활(privacy)의 시대에서 벗어나 투명성의 시대로 들어선다. 사생활은 오랫동안 기본권으로 여겨졌지만, 생득권이었던 적은 없다. 실로 인류 역사를 통틀어 근대에 이르기까지, 인간은 지구에서 가장 사회적인 종이라는 설명에 걸맞게 정도의 차이는 있을지언정 거의 공개적으로 살았다. 16세기 말만 해도 낮에는 장시간 혼자서 정처 없이 떠돌다 밤이 되면 몸을 숨기는 사람이 있었다면, 그는 아마 악령에 홀린 사람으로 간주됐을 것이다. 근대 이전 우리가 알고 있는 사실상 모든 사회에서 사람들은 공개적으로 함께 목욕하고 대소변도 흔히 대놓고 봤으며 공동 식탁에서 함께 식사하고 공공장소에서 성적인 행위도 빈번하게 했을 뿐만 아니라 집단으로 모여 잠을 잤다.

사람들이 잠긴 문 뒤로 숨기 시작한 것은 초기 자본주의 시대에 이르러서였다. 부르주아적 삶은 지극히 사적인 것이었다. 사람들은 공개적인 장소에서는 자기 나름의 페르소나를 취했지만 일상생활의 상당 부분은 격리된 공간에서 영위했다. 더불어 집 안에서의 생활도 점차 고유한 기능에 따라 분리된 방(응접실, 음악실, 서재 등)에 고립된 채 이루어지기 시작했다. 각 개인이 분리된 침실이나 침대에서 혼자 잠을 자기 시작한 것도 이때부터였다.

인간 생활의 인클로저 및 사유화는 공유지의 인클로저 및 사유화와 밀접한 관련이 있었다. 모든 것이 '내 것' 대 '네 것'으로 귀결되는 사유재산 관계의 신세계에서, 소유물에 둘러싸이고 세상과 울타리로 구분된 독립적 행위자의 개념은 스스로 생명력을 키워 갔다. 그러면서 개인의 사생활 권리는 곧 배제의 권리와 같은 말이 되었다. "모든 사람의 집은 자신의 성(城)이다."라는 개념은 삶의 사유화를 동반했다. 연이은 세대는 사생활을 단지 인류의 긴 여정 중 특정 시대에 적합한 사회적 관습이 아니라, 자연이 인간에게 부여한 선천적인 특성으로 받아들였다.

오늘날 진화하는 사물인터넷은 사생활의 울타리를 허물고 있다. 사생활을 신성불가침으로, 또 삶과 자유를 누리고 행복을 추구할 권리로 중요하게 만들어 온 울타리를 한 꺼풀씩 벗겨 내고 있다는 이야기다. 삶의 매 순간을 페이스북이나 트위터, 유튜브, 인스타그램 등 수없이 많은 소셜 미디어 사이트에 게시하고 공유하길 갈망하며 전 세계와 연결된 환경에서 성장하는 젊은 세대에게 사생활은 이미 상당 부분 매력을 잃어 가고 있다. 이들에게 자유란 자족적인 자치권이나 배타성에 묶이는 것이 아니라 가상의 글로벌 공공 광장에 속해 타인과의 접속을 즐기는 것이다. 이 젊은 세대의 다른 이름은 투명성이고, 작업 방식은 협력이며, 자기표현 방식은 확대된 수평적 네트워크에서 행하는 피어투피어 생산이다.

모든 사람과 사물이 사물인터넷에 속하는, 점점 더 상호 연결성을 높여 가는 세상에서 살아갈 후세대가 과연 사생활에 어느 정도 흥미를 느낄지 미지수다.

그럼에도 자본주의 시대에서 협력적 공유사회로 가는 긴 여정에서, 사생활 문제는 계속 우려의 중심에 자리하며 협력적 공유사회로의 이행 속도와 역사의 다음 시기로 나아가는 경로를 결정하는 데 크게 영향을 미칠 것이다.

가장 중요한 문제는 이것이다. 모든 인간과 모든 사물이 연결될 때, 개인의 사생활을 보호하기 위한 한계를 어느 선까지 확립해야 하는가? 사물인터넷 전반에 흐르는 데이터에 대한 접근권을 지니고 정교한 소프트웨어 기술로 무장한 제삼자가 자신의 목적을 위해 매개체를 이용하는 새로운 수단을 찾아 글로벌 신경 시스템의 모든 단계에 침투할 수 있다. 사이버 도둑은 돈을 위해 개인의 신상 정보를 훔칠 수 있고, 소셜 미디어 사이트는 수익을 올리기 위해 광고 회사나 마케팅 담당자에게 데이터를 팔 수 있으며, 정치 정보원은 보안 정보를 외국 정부에 넘길 수 있다. 그렇다면 누군가의 삶의 모든 측면과 관련된 정보가 본인의 허락 없이, 본인의 의지에 반해 그의 안녕을 위협하거나 해치는 쪽으로 사용되지 않게 하면서도 모두에게 유익한 개방되고 투명한 데이터 흐름을 보장하려면 어떻게 해야 하는가?

EU 집행위원회가 이 문제에 대해 고심하기 시작했다. "EU 시민에게 적절한 보호와 신뢰를 보장하는 한편 디지털 단일 시장에서 사물인터넷의 역동적인 발전을 조성할" 정책적 접근 방법을 찾기 위해, 집행위원회는 2012년 상공인 협회와 시민사회단체, 학계 등에서 600명이 넘는 리더를 초빙해 세 달에 걸쳐 집중적인 컨설팅을 받았다.[21]

집행위원회는 그리하여 미래 사물인터넷의 모든 발전을 이끌 대원칙을 세웠다.

전반적으로, 사생활과 데이터 보호, 정보 보안은 사물인터넷 서비스의 필수 사항이다. 특히 정보 보안은 정보의 비밀성, 진실성, 유효성을 보호하는 것으로 간주한다. 또한 업계에 사물인터넷 서비스를 보급하는 데 있어, 조직 자체의 정보 보안을 보장하기 위해서뿐만 아니라 시민의 이익을 위해서도 정보 보안이 기본 요건으로 인식되어야 한다고 본다.[22]

이러한 보호책과 안전장치를 안착시키기 위해 집행위원회는 다음과 같이 제안했다.

원치 않을 경우 어떤 개인 정보도 임의로 처리되지 않게 보장하고, 개인이 정보 처리 사항과 그 목적, 정보 처리자의 신원, 그리고 자신의 권리를 행사하는 방법에 대해 통지받을 수 있게 보장하는 메커니즘을 마련해야 한다. 동시에 정보 처리자는 데이터 보호 원칙을 준수해야 한다.[23]

집행위원회는 더 나아가 사용자의 사생활을 보호하기 위해, 데이터 보호 기술이 포함된 구체적 기술 수단을 제안했다. 또한 "개인은 자신의 데이터를 계속 통제할 수 있어야 하며, 사물인터넷 시스템은 충분한 투명성을 확보해 개인이 스스로의 데이터 주체 권리를 효과적으로 행사할 수 있게 보장해야 한다."라고 선언하며 끝을 맺었다.[24]

투명성과 협업, 포용성으로 번성하는 시대에 자신의 데이터를 제어하고 파기할 개인적 권리를 보장하는 것과 관련한 이론을 실행에 옮기기가 얼마나 어려운지 모를 만큼 순진한 사람은 없다. 어쨌든 중요한 것은 투명성과 개인의 사생활 권리 사이에 적절한 균형이 유지되지 않으면 사물인터넷의 진화는 더뎌지거나 심한 경우 돌이킬 수 없을 정도로 손상되고 길을 잃어 협력 시대의 전망이 좌절된다는 점을 명확히 이해해야 한다는 사실이다. (사생활과 보안, 접근, 관리에 관한 문제는 책 전반에 걸쳐 상세히 다룰 것이다.)

모든 사람과 사물을 글로벌 신경 네트워크에 연결한다는 도깨비짓은 다소 두렵지만 지구상에서 함께 살아가는 방식의 새로운 가능성을 열어 주므로 동시에 흥분과 해방감을 안겨 주기도 한다. 인류 역사상 이 새롭고 장대한 모험담의 출발점에서 우린 다만 그것을 흐릿하게 그려 볼 수 있을 따름이다.

재계는 결연한 태도로 재빨리 자원을 결집하고 있다. 2차 산업혁명 태동기에 출현한 전기의 효과와 영향력에 버금가거나 그것을 능가할 기술

혁명에서 경제적 가치를 도출해 내기 위해서다. 《이코노미스트》 정보연구소(EIU)는 2013년 사회를 변화시키기 시작한 "조용한 혁명"의 글로벌 경기지수를 최초로 발표했다. 그들은 금융 서비스, 제조, 의료, 제약, 생명공학, 정보통신기술, 에너지와 천연자원, 건설과 부동산 등 기간산업에 종사하는 전 세계 비즈니스 리더를 대상으로 설문조사를 실시했다.

보고서는 기술 비용의 급격한 하락, 이동통신과 클라우드 컴퓨팅을 포함하는 상호 보완적인 분야의 새로운 진전, 그리고 정부 지원의 증가로 사물인터넷이 세계 경제 무대의 중심에 진입하고 있다는 평가로 시작한다. 설문에 응한 기업 리더 중 38퍼센트는 사물인터넷이 향후 삼 년 내에 "시장과 산업 대부분에 중요한 영향"을 미칠 것이라고 예측했고, 다른 40퍼센트는 "시장과 산업 일부에 어느 정도 영향"을 미칠 것이라고 답했다. 단지 15퍼센트에 해당하는 응답자만이 사물인터넷이 "소수의 글로벌 기업에만 큰 영향"을 미칠 것이라고 생각했다.[25] 글로벌 기업 중 75퍼센트 이상이 이미 사업상 어느 정도 사물인터넷을 활용하거나 탐구 중인 것으로 드러났으며, 조사에 응한 CEO나 최고재무책임자(CFO) 또는 여타의 고위 임원 다섯 명 중 두 명이 "사물인터넷과 관련하여 공식적인 회의나 토의를 적어도 한 달에 한 차례는 여는" 것으로 답했다.[26]

인터뷰에 응한 기업 리더 중 30퍼센트가 사물인터넷이 "기존의 재화와 서비스에 새로운 사업 기회를 열어 줄 것"이라고 답한 점도 마찬가지로 흥미롭다. 29퍼센트는 사물인터넷이 "업무 관행이나 비즈니스 프로세스를 새롭게 하는 데 영감을 줄 것"이라고 말했고 23퍼센트는 사물인터넷이 "기존의 사업 모델이나 비즈니스 전략을 변화시킬 것"이라고 답했다. 마지막으로 응답자의 23퍼센트가 사물인터넷은 "혁신의 새바람을 불러일으킬 것"이라고 답했으며, 가장 인상적인 것은 60퍼센트 이상의 리더가 "사물인터넷을 통합하는 데 더딘 기업은 경쟁에서 낙오할 것"

이라는 점에 동의했다는 사실이다.[27]

EIU 설문조사의 핵심 메시지는 가치 사슬 전반에 걸쳐 사물인터넷을 이용함으로써 얻을 수 있는 생산성 증진의 잠재력이 매우 강력하고 기존의 사업 방식에 매우 파괴적인 영향을 미치는 까닭에 경쟁에서 앞서려면 사물인터넷 플랫폼을 기반으로 사업을 운영할 수밖에 없음을 기업 리더 대부분이 확신한다는 사실이다.

하지만 사물인터넷은 양날의 검이다. 열역학 효율성과 생산성을 높이고 한계비용을 줄여야 하는 압박을 거스를 수 없으므로, 그것의 잠재적 생산력을 기회로 활용하여 앞서 나가지 못하는 기업은 뒤처질 수밖에 없을 것이다. 3차 산업혁명 인프라 전체에 걸친 모든 링크와 노드에서 작용하는 지능형 힘은 생산성에서 앞서 가려는 끊임없는 추진력을 뒷받침할 것이고, 결과적으로 녹색 전기를 생산하는 데 드는 한계비용과 다수의 재화와 서비스를 생산하고 배송하는 데 드는 한계비용을 이십오 년 내에 제로에 가깝게 만들 것이다. 사물인터넷의 진화는 월드와이드웹(World Wide Web)과 유사한 역사를 따를 것이다. 도약 단계이던 1990년부터 정보의 생성 및 전송 비용이 급락하는 지수 곡선을 보인 지금까지의 그 역사를 말이다.

지수 곡선

이런 주장이 과장처럼 들릴 수도 있겠지만, 지수의 의미를 자세히 살펴보면 결코 과장이 아니라는 점에 동의할 수 있을 것이다. 어릴 적(열세 살 정도였던 것 같다.) 한 친구가 가상으로 흥미로운 선택을 하라고 제안했다. 친구는 나에게 당장 한꺼번에 100만 달러를 받을 것인지 아니면 첫

날 1달러에서 시작해 다음 날 그 두 배를 받는 식으로 한 달 삼십일 일 동안 매일 전날의 두 배에 해당하는 돈을 받을 것인지 선택하라고 했다. 처음에 나는 이렇게 대답했다. "농담이겠지? 제정신이라면 누구든 당연히 100만 달러를 한꺼번에 받는 걸 택하지." 친구는 말했다. "잠깐만. 계산해 봐." 나는 종이와 연필을 꺼내 두 배씩 더해 나가기 시작했다. 그렇게 31일째가 되자 10억 달러를 넘어섰다. 10억이면 100만 달러의 1000배다. 나는 벌어진 입을 다물지 못했다.

지수 증가는 기만적이다. 슬금슬금 다가와 기겁하게 만들기 때문이다. 두 배 계산상 보름째 되는 날까지도 겨우 1만 6384달러였고, 100만 달러를 한 번에 받기로 한 내 결정이 옳았다는 확신을 주었다. 그렇지만 그 후 엿새 동안의 숫자는 충격 그 자체였다. 단지 여섯 차례 더 갑절로 늘렸을 뿐인데, 숫자는 이미 100만을 넘어섰다. 그다음 열흘은 실로 나를 기겁하게 했다. 31일째 되는 날, 1달러에서 시작한 금액은 10억 달러를 넘어섰다. 지수 성장의 세계에 입문한 날이었다.

우리는 대부분 일차항으로 생각하는 것에 너무 익숙해 지수 성장을 이해하는 데 어려움을 겪는다. 개념 자체가 거의 대중의 관심을 끌지 못했는데, 세계 최대의 반도체 칩 생산 기업 인텔의 공동 창업자 고든 무어가 특이한 현상에 주목하면서 상황이 달라졌다. 1965년 그는 지금은 유명해진 한 논문에서 그 현상을 묘사했다. 집적회로에 들어가는 부품의 수가 1958년 발명된 이래 해마다 두 배로 증가했다고 밝힌 것이다.

최소 부품 비용 대비 복잡도(complexity)*는 해마다 대략 두 배로 증가했

---

* 하나의 시스템이나 시스템 구성 요소의 복잡한 정도를 나타내는 용어로 장치에 사용되는 부품 수를 측도로 함.

다. 분명 단기간 동안 이 비율은, 설사 증가하지는 않더라도, 지속되리라 예상한다.[28]

무어는 1975년, 이전의 예상을 약간 수정해 배증이 이 년마다 일어나고 있다고 말했다. 그 배증 과정은 이후 삼십칠 년 동안 계속되었다. 하지만 최근 들어 과학자들은 컴퓨터 칩에 들어갈 수 있는 트랜지스터 수의 증가가 둔화될 것이라고 예상하기 시작했다. 물리학자 미치오 카쿠는 이미 그 둔화를 목도하고는, 적어도 칩에 관한 한 전통적인 실리콘 기술을 사용한다면 십 년 후에는 무어의 법칙이 의미를 잃을 것이라고 말한다. 그러한 둔화를 예상한 인텔은 3D 프로세서를 도입하고 있으며, 이를 통해 배증을 좀 더 길게 연장할 수 있으리라 확신한다.

카쿠는 실리콘에서 뽑아낼 수 있는 컴퓨팅 능력에는 한계가 있다고 지적한다. 그러나 3D 칩과 광학 칩, 병렬처리부터 궁극적으로 분자 컴퓨팅과 심지어 양자 컴퓨팅에 이르는 최신 기술이 미래에도 컴퓨팅 능력의 지수 성장 곡선을 보장할 것으로 예상한다고 덧붙인다.[29]

무어의 법칙은 이후 지금까지 정보기술 분야에서 다양하게 목격되고 있다. 먼저 하드디스크 저장 용량이 흡사한 지수 성장 곡선을 그리고 있다. 네트워크 용량, 즉 광학섬유를 통과하는 데이터의 양은 그보다 더 가파른 지수 곡선을 이루고 있다. 광학 네트워크에서 전송되는 데이터의 양은 약 아홉 달마다 두 배가 되고 있다.[30]

오십 년 넘게 지속적으로 컴퓨팅 비용이 급락할 수 있었던 것은 바로 이러한 지수 요소 때문이다. 최초로 거대한 메인프레임컴퓨터가 개발되던 당시 컴퓨팅 비용은 어마어마해서 상용화될 수 없었다. 군대나 일부 연구 기관 정도에서나 그 비용을 감당할 수 있다는 게 통념이었다. 전문가들이 간과한 것은 용량의 지수 성장과 생산 비용의 하락이었다. 집적회로(마이크로 칩)의 발명이 상황을 바꿔 놓았다. 오십 년 전에는 컴퓨터 한 대가 수백만 달러였지만, 오늘날에는 수억 명이 1960년대의 가장 성능 좋은 메인프레임컴퓨터보다 컴퓨팅 용량이 수천 배나 더 크면서도 값은 비교적 저렴한 스마트폰을 보유하고 있다.[31] 1기가바이트 용량의 하드 드라이브는 2000년에 44달러 정도였다. 이 가격은 2012년에 이르는 동안 7센트로 곤두박질쳤다. 2000년에는 비디오를 스트리밍 하는 데 기가바이트당 193달러의 비용이 들었지만, 십 년 뒤 그 비용은 3센트로 떨어졌다.[32]

컴퓨팅 능력과 비용 감소에서 지수 곡선이 차지하는 중요성을 제대로 인식하려면, 다음을 생각해 보면 된다. 흔히 "컴퓨터업계의 모델 T"라고 불리는, 최초로 상업적인 성공을 거둔 대량생산 업무용 컴퓨터였던 IBM 1401은 1959년에 첫선을 보였다. 높이 150센티미터, 폭 90센티미터의 몸체에 4096개 문자를 기억할 수 있는 메모리 용량을 갖췄다. 그것은 육십 초 안에 여덟 자리 숫자 덧셈을 19만 3000회 수행할 수 있었다. 대여료는 일 년에 3만 달러였다.[33] 2012년 세상에서 가장 싼 컴퓨터 라즈베리파이(Raspberry Pi)*가 25달러에 팔리기 시작했다.[34] 라즈베리파이 재단에는 제1세계 시장은 물론이고 개발도상국에서도 바이어들의 주문이 쇄도하고 있다.

200그램이 안 되는 무게에 호주머니에도 들어가는 오늘날의 휴대전화는 몇 백 달러면 살 수 있다. 통신사의 특정 요금제에 동의하면 공짜로 주기도 한다. 그런데도 1970년대 말에 나온 900만 달러에 가까운 가격에 무게가 5400킬로그램이 넘었던 오리지널 크레이(Cray)-1A 컴퓨터보다

---

* 영국의 라즈베리파이 재단이 기초 컴퓨터 과학 교육을 증진하기 위해 만들어 낸 싱글 보드 컴퓨터임.

메모리가 수천 배나 크다.[35] 컴퓨팅 능력의 한계비용이 제로에 가까워지고 있다는 이야기다.

정보 생산의 지수 곡선은 우리의 생활 방식을 완전히 바꾸어 놓았다. 앞서 언급했듯이, 인류의 상당수가 인터넷으로 서로 연결되어 정보와 오락, 뉴스와 지식을 거의 공짜로 공유한다. 이미 한계비용 제로 사회에 들어선 셈이다.

지수 곡선은 이제 컴퓨팅 세상 밖으로 자리를 옮겨 다양한 기술 영역 전반에 걸쳐 경제적인 성공을 측정하는 표준은 물론이고 상업적 성과와 투자수익률의 새로운 기준까지 되고 있다.

무료 에너지

오늘날 재생에너지 산업만큼 지수성에 대한 논의가 활발한 분야도 없을 것이다. 많은 주요 회사들이 IT와 인터넷 부문에서 옮겨 온 기업들로 그 분야에서 쌓은 경험을 새로운 에너지 패러다임에 적용하고 있다. 그들은 (이 두 분야 사이의) 두 가지 묘한 유사점을 정확히 감지한다.

첫째, 재생에너지 기술의 수확 능력은 태양열과 풍력 부문에서 이미 그 나름대로 지수 곡선을 그리고 있으며, 지열과 바이오매스, 수소 부문도 곧 뒤따를 것으로 예상된다. 컴퓨터 산업과 마찬가지로 재생에너지 산업도 각각의 새로운 기술 세대별로 연구와 개발, 시장 배치에 드는 높은 초기 자본비용을 감안해야 한다. 또 기업은 새로운 혁신을 도입하는 시점을 예상하여 경쟁사보다 두 세대 혹은 세 세대 정도 앞서 나가도록 강요당한다. 그러지 않으면 지수 곡선의 힘에 짓밟힐 위험이 있기 때문이다. 시장을 주도하던 많은 기업이 최근 낡은 기술에 묶여 있다가 혁신의 속도에 휩쓸려 도산했다. 업계 분석가들은 태양열 및 소형 풍력 발전 수확 기술이 십오 년 안에 휴대전화나 노트북컴퓨터만큼 값이 싸질 거라고 예상한다.

둘째, 인프라를 구축하는 초기 비용은 엄청나지만 정보를 생산하고 유통하는 데 드는 한계비용은 무시할 정도가 된 커뮤니케이션 인터넷처럼, 에너지 인터넷도 초기 비용은 많이 들어가지만 태양열과 풍력 에너지의 각 단위를 생산하는 데 드는 한계비용은 거의 제로에 가깝다. 정보처럼 재생에너지도 연구, 개발, 배치에 드는 고정비용을 해결하고 나면 거의 무료에 가까워진다.

인터넷 기술과 재생에너지가 융합해서 에너지 인터넷을 창출하기 시작했다. 에너지 인터넷은 사회에서 동력을 생산하고 유통하는 방식에 엄청난 변화를 안겨 줄 것이다. 우리가 지금 정보를 생성하고 온라인으로 공유하는 것처럼, 다가올 시대에는 수억 명이 집이나 사무실, 공장에서 자체적으로 재생에너지를 생산하고 에너지 인터넷을 통해 녹색 전기를 서로 공유할 것이다. 인터넷 커뮤니케이션이 녹색 에너지를 관리하게 되면, 지구상 모든 인류는 말 그대로 혹은 비유적으로 자체 동력원이 된다. 동력을 건물 자체에서 생산하고 부분적으로 수소 형태로 저장하며 녹색 전기 인터넷을 통해 유통하고 무공해 플러그인 차량에 연결하는 재생에너지 체제를 창조하면 수십억 명이 사물인터넷 세상에서 거의 제로에 가까운 한계비용으로 에너지를 공유할 수 있는 (3차 산업혁명의) 다섯 가지 핵심 요소 메커니즘이 확립된다.

과학계는 재생에너지를 생성하는 지수 곡선으로 떠들썩하다. 미국의 과학 월간지 《사이언티픽 아메리칸》은 2011년 무어의 법칙이 태양열 에너지에도 적용될 수 있는지, 만약 그렇다면 컴퓨팅에서 그랬던 것처럼 우리가 이미 에너지 패러다임 전환 단계에 들어선 것은 아닌지 묻는 기사를 실었다. 이 질문에 대한 대답은 절대적으로 "그렇다."이다.

미래 에너지원으로서 태양열의 방대한 잠재력을 고려해 보면 사회에 어떤 영향을 미칠지 더욱 확연해진다. 태양은 팔십팔 분마다 470엑사줄 (10^{18}줄)의 에너지를 지구에 비춘다. (이는 인류가 일 년 동안 쓰는 에너지양과 같다.) 지구에 도달하는 태양에너지 중 1퍼센트의 10분의 1만 지속적으로 확보한다 해도, 지금 세계 경제 전반에 걸쳐 사용하는 에너지의 여섯 배를 얻을 수 있다.[36]

태양이 모든 화석연료와 여타 에너지가 생겨난, 명백히 보편적인 에너지원이라는 사실에도 불구하고, 현재 총에너지 중에서 태양열이 차지하는 비중이 0.2퍼센트도 안 되는 주된 이유는 최근까지 태양열을 포집하고 배분하는 데 비용이 많이 들었기 때문이다. 하지만 이제는 더 이상 그렇지 않다. 선파워코퍼레이션(SunPower Corporation) 설립자 리처드 스완슨은 무어가 컴퓨터 칩에서 목격했던 것과 동일한 배증 현상을 태양열(산업)에서도 발견했다. 산업 규모가 두 배가 될 때마다 태양광전지 가격이 20퍼센트씩 떨어지는 경향이 있다는 것이다. 바로 스완슨의 법칙이다. 결정질 실리콘 광전지 가격은 1976년 와트당 60달러에서 2013년 기준 66센트로 대폭 떨어졌다.[37]

태양전지는 에너지 수확에 드는 비용은 줄이면서 거기에 내리쬐는 것보다 더 많은 태양열 에너지를 포집한다. 실험 중인 삼중합점 태양전지의 태양열 효율은 41퍼센트에 이르렀으며, 박막(thin film)은 20퍼센트에 달하는 효율을 보였다.[38]

이 추세가 현재 속도로 계속된다면(대부분의 연구 결과가 실제로 지수적인 가속을 보인다.) 태양열 에너지 가격은 2020년까지 오늘날 평균적인 전기 소매가격 정도로 내려갈 것이고, 2030년 무렵이면 오늘날 석탄 기반 전기 가격의 절반으로 떨어질 것이다.[39]

독일의 전력 시장은 이제 막 한계비용 제로 수준 재생에너지의 영향력을 경험하기 시작했다. 2013년 전기의 23퍼센트를 이미 재생에너지로 생산하고 있으며 2020년까지 35퍼센트를 생산할 것으로 기대한다.[40] 문제는 하루 중 특정한 시간대에 태양열과 풍력이 급증해 그리드로 쇄도하며 전기 수요를 초과하고 결과적으로 음의 가격(negative price)을 창출한다는 점이다. 독일만의 문제가 아니다. 전기가 음의 가격이 되는 현상은 이탈리아 시칠리아와 미국 텍사스 등 다양한 곳에서 일어나고 있다.[41]

이 현상은 재생에너지가 전력 생산에서 차지하는 비중을 높여 나감에 따라 나타난 전기 시장의 완전히 새로운 현실이자 미래의 전령이다. 음의 가격은 에너지 산업 전체를 혼란에 빠뜨리고 있다. 공익사업체들은 '예비용' 가스 및 석탄 연료 화력발전소에 투자하는 것을 미뤄야만 하는 상황이다. 투자에 따르는 믿을 만한 수익을 더 이상 보장할 수 없기 때문이다. 독일의 경우 가스나 석탄 연료 화력발전소를 짓는 데 10억 달러 정도가 들지만 그리드로 들어오는 재생에너지의 맹습 탓에 이제 더 이상 완전 가동은 불가능할 것이다. 바람이 불지 않거나 구름이 잔뜩 낀 날에나 겨우 제 몫을 할 것이다. 이런 상황 때문에 화력발전소를 짓는 데 들어간 비용을 회수하는 기간이 늘어나고, 결국 투자 가능성은 희박해진다. 결과적으로 재생에너지는 3차 산업혁명의 이 초기 단계에서조차 이미 화석연료 발전소를 그리드에서 밀어내기 시작한 것이다.[42]

글로벌 에너지 기업들은 재생에너지의 지수성에 난타당하고 있다. BP가 발표한 2011년 글로벌 에너지 연구 결과는 태양열발전 용량이 2011년 73.3퍼센트 성장해 오 년 전 수준의 열 배인 63.4기가와트를 생산하고 있다고 보고했다.[43] 지난 이십 년 동안 태양열 에너지 설비 용량은 이 년마다 두 배씩 증가했는데, 그 끝이 보이지 않는다.[44]

유럽에 비해 새로운 녹색 에너지로 이행하는 데 열의가 없는 미국에서조차 전력 부문이 동요하고 있다. NGR에너지의 회장이자 CEO인 데이비드 크레인은 2011년 11월 다음과 같이 언급했다. "지난 이 년 사이에 태양광전지가 생성하는 에너지의 인도가격이 절반으로 하락했다. 이 가격은 향후 이 년간 다시 절반으로 떨어질 것이라고 NGR은 예상한다. 그렇게 되면 거의 스무 개 주에서 태양열 에너지 가격이 소매 전기보다 더 낮아질 것이다." 이 모든 게 에너지 산업에 대변혁을 일으킬 것이라는 주장이다.[45]

태양 복사열처럼, 바람도 어디에나 존재하고 세상 모든 곳에서 분다. 그 강도와 빈도는 다르지만 말이다. 스탠퍼드 대학교의 전 세계 바람 용량 연구에 따르면, 세계에서 이용 가능한 바람 중 20퍼센트만 수확해도 우리가 현재 전 세계 경제를 운영하는 데 사용하는 전기의 일곱 배를 생산할 수 있다고 한다.[46] 풍력발전 용량은 1990년대 초반부터 지수적으로 성장해, 이미 세계 많은 지역에서 화석연료와 원자력으로 생산하는 전통적인 방식의 전기와 동등한 수준에 이르렀다. 지난 이십오 년 동안 풍력발전용 터빈의 생산성은 100배 증가했고, 터빈당 평균 용량은 1000퍼센트 이상 증가했다. 성능과 생산성 향상으로 생산과 설비, 유지에 드는 비용이 현저히 줄었으며, 1998년과 2007년 사이에 해마다 30퍼센트가 넘는 성장률로 이어졌다. 이 년 반마다 용량이 두 배로 증가한 것이다.[47]

반대론자들은 발전 차액 지원 제도 형태의 녹색 에너지 보조금이 인위적으로 성장곡선을 받쳐 준다고 주장한다. 현실은 이렇다. 보조금은 단지 재생에너지를 채택하고 규모를 확대하는 속도를 높이고 그 경쟁을 장려하고 혁신에 박차를 가하는 데 도움이 된다. 물론 여기서 생긴 혁신은 나아가 재생에너지 수확 기술의 효율성을 높이고 생산과 설비에 드는 비용을 낮춘다. 현재 태양열 에너지가 전통적인 화석연료 에너지나 원자력과 거의 동등한 수준에 가까이 다가가고 있는 나라들에서는 정부

지원을 단계적으로 중단하고 있다. 하지만 화석연료 에너지와 원자력은 성숙기를 넘어 오래전에 전성기가 지났는데도, 재생에너지 보조금을 훨씬 초과하는 수준의 보조금을 계속 받고 있다.

에너지워치그룹(Energy Watch Group)이 준비한 보고서는, 새로운 풍력과 태양열 발전설비의 미래 시장점유율에 대한 시나리오를 네 가지로 예상했다. 2033년까지 시장점유율 50퍼센트를 추산하기도 했고, 2017년처럼 이른 시기에 같은 목표를 달성할 거라는 보다 낙관적인 추산도 내놓았다.[48] 태양열과 풍력이 되돌릴 수 없어 보이는 지수의 길을 따라 제로에 가까운 한계비용으로 향해 가는 동안, 지열 에너지와 바이오매스, 조력 에너지도 향후 십 년 안에 그 나름대로 지수적인 도약 단계에 다다를 것으로 보인다. 그럼으로써 21세기 첫 반세기 안에 재생에너지 전부가 지수 곡선을 타게 되는 것이다.

하지만 실세들은 미래 글로벌 에너지 시장에서 재생에너지가 차지하는 비중을 계속해서 낮게 추정하고 있다. 1970년대에 IT와 텔레커뮤니케이션 산업에서 그랬던 것처럼, 지수 곡선의 변형적인 성질을 예견하지 못하는 게 하나의 이유이다. 수십 년간 누적된 배증의 증거를 눈앞에 두고도 말이다.

MIT 출신의 발명가이자 기업가이며 현재 구글 엔지니어링 이사인 레이 커즈와일은 지수 성장이 IT 산업에 미친 강력하고 파괴적인 영향력을 평생 목도해 온 인물이다. 그가 태양열 한 가지에 대해서만 계산해 본 결론을 들어 보자. 지난 이십 년간의 배증에 근거해 "여덟 번만 더 배증하면, 전 세계적인 에너지 수요를 모두 태양열로 충족할 수 있을 것이다. 그래도 지구에 닿는 햇볕 중 만 분의 1만 사용하는 것이다."[49] 여덟 번의 배증이라면 단지 십육 년이 걸릴 뿐이고, 그렇다면 2028년에 태양열 시대로 들어선다는 의미다.

어쩌면 커즈와일이 다소 낙관적으로 보았을 수도 있다. 내 판단으로는, 예기치 못한 상황만 발생하지 않는다면 2040년이 되기 한참 전에 재생에너지의 비중이 거의 80퍼센트에 달할 것으로 보인다.

제로 수준에 더욱 가까이 다가서다

회의론자들은 우리가 주고받는 것 중에 진짜로 무료인 것은 없다고 주장한다. 타당한 주장이다. 비용을 다 들여 사물인터넷을 완성하고 연결한 후에도 정보와 에너지를 생산하고 배분하는 데에는 언제나 약간의 비용이 들 것이다. 그런 이유로, 정보와 녹색 에너지, 재화와 서비스를 전달하는 데 들어가는 한계비용을 언급할 때, 주로 "제로 수준"이나 "제로에 가까운"이라는 표현을 쓰는 것이다.

정보 전달에 드는 한계비용은 이미 아주 적지만, 그것을 더 줄여 가능한 한 제로에 가깝게 하려는 상당한 노력이 진행 중이다. 사용자를 인터넷에 연결하는 인터넷 서비스 회사들(ISPs)은 2011년 1960억 달러의 매출을 올린 것으로 추정된다.[50] 인류의 거의 40퍼센트와 전 세계 경제를 연결하는 비용치고는 놀랄 만큼 적은 액수이다.[51] 인터넷 서비스 회사에 지불하는 비용 외에도, 인터넷을 이용하는 사람이라면 누구나 정보를 보내거나 정보에 접속하는 데 사용하는 전기에 대해 요금을 낸다. 1메가바이트 파일을 온라인으로 전달하는 전기 요금은 0.001달러밖에 안 드는 것으로 추산된다.[52] 하지만 메가바이트는 계속 쌓이기 마련이다. 인터넷은 세계 전기의 1.5퍼센트를 사용하며 85억 달러의 비용을 발생시킨다. 다시 말하지만, 인류의 40퍼센트가 글로벌 커뮤니케이션을 즐기는 비용치고는 상당히 적은 편이다.[53] 이 금액은 라스베이거스에 새로운 카

지노 네다섯 곳을 짓는 비용과 비슷한 수준이다. 하지만 상호 연결성의 증가와 컴퓨팅 장치의 성능 개선 덕에 전기 사용은 계속 늘어나고 있다. 구글을 예로 들면, 20만 가구에 공급하고도 남을 에너지를 소비한다.[54]

생산되는 전기의 대부분은 전 세계의 서버와 데이터 센터에서 소비된다. 2011년 미국에서만 서버와 데이터 센터를 운영하는 데 든 전기료가 약 75억 달러였다.[55] 연방 데이터 센터의 수가 1998년 432개에서 2010년 2094개로 늘었다.[56] 2011년까지 지구상의 50만 9000개가 넘는 데이터 센터가 약 2600만 제곱미터, 즉 축구장 5955개에 달하는 공간을 차지했다.[57] 데이터 센터에 있는 IT 장비에 들어가는 전력은 열에너지로 전환되므로 설비를 식히기 위한 더 많은 전기가 필요하다. 보통 25퍼센트 내지 50퍼센트의 전기가 장비를 식히는 데 사용된다.[58]

서지(surge)*가 발생해 시스템을 둔화시키거나 갑자기 고장 나게 할 경우를 대비해, 서버를 공회전하며 켜 두는 데에도 많은 전기가 사용된다. 컨설팅 회사 맥킨지(McKinsey)는 데이터 센터에서 서버가 작업을 처리하며 사용하는 전기는 평균적으로 전체의 6퍼센트 내지 12퍼센트밖에 되지 않는다는 사실을 발견했다.(나머지는 모두 서버를 켜 두고 대기시키는 데 사용하는 것이다.)[59] 공회전 시 파워 모드를 낮추거나 더 낮은 주파와 전압으로 가동시키기 위해, 새로운 전력 관리 응용프로그램이 설치되고 있다. 컴퓨터의 실구동 속도를 늦추는 것도 전기 절약에 보탬이 된다. 업계에서 말하는 이른바 에너지 순응형 컴퓨팅(energy-adaptive computing)을 위한 또 다른 접근법은 과도한 설계를 피하는 한편 IT 장비 자체를 운용 중에 가급적 낭비가 발생하지 않도록 만들어서 에너지 수요를 감소시키는 것이다.[60]

---

* 전류나 전압이 순간적으로 급격히 높아지는 것을 뜻함.

결국 데이터 센터의 에너지 비용을 궁극적으로 절감하려면 재생에너지로 동력을 공급해야 할 것이다. 재생에너지로 데이터 센터에 동력을 공급하는 초기 고정비용이 만만치 않겠지만, 녹색 발전설비의 건설 비용이 계속 하락하면서 자금 회수 기간도 점차 줄어들 것이다. 일단 설비와 수확 기술이 운용되면, 태양열과 풍력, 여타 재생에너지를 생산하는 한계비용이 제로에 가까워지며 전기료가 거의 무료가 될 것이다. 데이터 저장 분야의 거대 기업들도 이러한 현실을 주목한다.

애플은 2012년 노스캐롤라이나에 새로 짓는 거대한 데이터 센터가 20메가와트 용량의 방대한 태양열발전 설비로 동력을 공급받을 것이라고 발표했다. 또한 바이오가스로 가동하는 5메가와트짜리 연료 저장 시스템까지 갖추고 간헐적으로 태양열 에너지를 저장함으로써 안정적인 이십사 시간 전기 수급 체계를 확립할 거라고 덧붙였다.[61] 뉴저지 주 이스트윈저에 있는 맥그로힐의 데이터 센터는 14메가와트 용량의 태양광 전지판으로 동력을 공급받을 것이다. 다른 대기업들도 재생에너지로 구동될 유사한 데이터 센터 시설을 건설할 계획이다.[62]

애플의 데이터 센터에서는 또 외부의 차가운 밤공기를 열교환에 활용해 냉각수를 공급하는 무료 냉각 시스템을 설치하고 있다.[63] 데이터 센터 현장에서 한계비용이 거의 제로인 재생에너지를 사용하면, 글로벌 사물 인터넷을 구동하는 데 드는 전기 요금이 극적으로 줄어들 것이고, 그에 따라 경제활동을 조직하는 데 드는 전기료 역시 무료에 더욱 가까워질 것이다.

데이터 센터를 관리하는 데 드는 전기 비용의 절감은, 데이터 관리 프로세스에서 훨씬 더 비중이 큰 데이터 저장 비용의 절감과 밀접한 관련이 있다. 데이터를 저장하는 하드 드라이브의 용량보다 데이터 자체의 양이 더 빠르게 증가하고 있다.

궁극적으로 한계비용을 제로 수준으로 떨어뜨려 줄, 완전히 새로운 데이터 저장 방법에 관한 실험은 이제 막 시작 단계이다. 2013년 1월, 영국 케임브리지 대학교의 유럽생물정보학연구소(EBI)에서는 엄청나게 많은 전자 데이터를 합성 DNA에 내장할 수 있는 획기적인 방법을 발표했다. 두 연구원 닉 골드먼과 이완 버니는 마틴 루서 킹의 「나에겐 꿈이 있습니다」 연설이 녹음된 MP3 파일, 제임스 왓슨과 프랜시스 크릭이 DNA 구조를 서술한 논문, 그리고 셰익스피어의 모든 소네트와 희곡 등을 포함하는 컴퓨터 파일 다섯 개에서 텍스트를 변환한 후, 디지털 정보의 1과 0 들을 DNA 코드의 알파벳을 구성하는 문자로 변환했다. 그리고 나서 그 코드를 이용해 합성 DNA 가닥을 창조했다. (그렇게 저장된 정보를 불러올 때는) 기계가 DNA 분자를 읽고 암호화된 정보를 되돌려 놓는 방식이었다.[64]

이 혁신적인 방법은 사실상 정보를 무한대로 저장하는 가능성을 열어주었다. 하버드 연구원 조지 처치는 현재 세계의 모든 디스크드라이브에 저장된 정보가 손바닥 하나 정도 크기의 DNA에 다 들어갈 수 있다고 말했다. DNA 정보는 어둡고 서늘한 환경에서 보관하기만 하면 몇 세기 동안 보존이 가능하다고 연구원들은 덧붙였다.[65]

현재의 개발 초기 단계에서는 코드를 읽는 비용도 높고 정보를 해독하는 시간도 상당히 오래 걸린다. 하지만 연구원들은 생물정보학 분야에 부는 지수적 속도의 변화 덕에 앞으로 수십 년에 걸쳐 그 한계비용이 제로에 가까워질 거라고 합리적으로 확신한다.

협력적 시대를 위한 한계비용 제로 수준의 커뮤니케이션·에너지·운송 인프라가 이제 우리 곁에 가까이 다가왔다. 이를 구현하는 데 필요한 기술도 이미 도입되고 있다. 지금은 확대와 확장이 가장 중요하다. 중앙집권형 텔레커뮤니케이션과 화석연료 발전, 내연기관 운송으로 유지비가 나날이 늘어 가는 낡은 2차 산업혁명 모체와, 비용이 극적으로 줄어가는 3차 산업혁명 커뮤니케이션·에너지·운송 그리드를 비교하면, 미래는 분명히 후자에 존재한다. 인터넷 커뮤니케이션은 이미 제로에 가까운 한계비용으로 생산, 공유되고 있으며, 수백만의 얼리어답터에게는 태양열과 풍력도 마찬가지이다. 가까운 미래에는 자동화된 운송 및 물류가 또한 한계비용 제로에 가까워질 것이다.

충직하게 화석연료를 지지하는 사람들은 오일샌드와 셰일가스를 손쉽게 구할 수 있으므로 적어도 당분간은 재생에너지의 규모를 늘리는 것이 불필요하다고 주장한다. 하지만 이렇듯 다른 종류의 화석연료가 더 많은 비용이 드는데도 도입되는 상황 자체가, 원유 매장량이 점점 줄어들며 세계 시장에서 석유 가격을 상승시키고 있기 때문이다. 모래와 바위에서 석유를 뽑아내는 비용은 땅에 구멍을 뚫어 원유가 솟구치게 하는 비용과 비교하면 더 비싸다. 원유 가격이 배럴당 80달러 아래면 오일샌드는 상업적 고려 대상도 못 된다. 불과 몇 년 전만 해도 배럴당 80달러는 엄두도 못 낼 만큼 비싼 가격이었다는 점을 참고하라. 셰일가스의 경우 지금은 저렴하지만, 우려 섞인 이야기가 현장에서 새롭게 들려온다. 셰일가스 자립의 장래성이 금융시장과 에너지업계에 의해 과장됐다는 소문이다. 업계 분석가들은 19세기 골드러시가 그랬던 것처럼 셰일가스 러시도 벌써 위험한 거품을 창출하고 있다며 불안의 목소리를 높이고 있다. 지나치게 많은 투자가 너무 빨리 셰일가스 분야로 옮겨 간 탓에 미국 경제에 해를 입히는 결과가 발생할 수도 있다는 설명이다.[66]

석유 선물 동향을 놀라울 정도로 정확하게 예측해, 해당 분야에서 '신'으로 통하는 오일 트레이더 앤디 홀은 2013년 5월 셰일가스가 단지 "일시적으로" 에너지 생산을 증가시킬 뿐이라고 선언해 업계를 뒤흔들었다. 홀은 자신의 45억 달러 규모의 애스튼벡(Astenbeck) 헤지 펀드 투자자들에게 셰일가스가 처음에는 쏟아져 나올지 몰라도 각 유정의 대형 저류암으로부터 겨우 한 웅덩이 정도의 기름밖에 뽑아낼 수 없으므로 생산량이 급격히 줄어들 거라고 알렸다. 기존 셰일가스 저류암이 빠르게 고갈되면 생산자는 계속 새로운 셰일가스 매장층을 찾아 새 유정을 파야만 하고 생산 비용은 대폭 인상될 수밖에 없다. 결과적으로 "끊임없이 새로운 유정을 뚫지 않으면 생산량을 유지하는 것이 불가능하다. … 생산물 가격이 오를 수밖에 없는 상황이 전개될 것이다."라고 홀은 말한다. 그는 셰일가스에 대한 과도한 열광이 오래가지 못할 현상이라고 믿는다.[67] 국제에너지기구(IEA)도 동의한다. 2013년 세계 에너지 전망(World Energy Outlook) 연례 보고서에서 IEA는 그 "가벼운 타이트 오일"(셰일가스를 칭하는 대중적 용어)의 생산량이 2020년경 절정에 달한 후 한동안 정체되다가 2020년대 중반 무렵부터 하락할 것으로 예상했다. 미국의 셰일가스 전망은 더 어둡다. 미국 에너지부의 에너지정보국(EIA)은 높은 수준의 셰일가스 생산은 2010년대 후반까지만(앞으로 오 년 정도만 더) 계속되다 둔화할 거라고 예상한다.[68]

아직도 많은 사람들이 화석연료 에너지는 절대로 한계비용을 제로에 가깝게 하지도, 가까이 가게 할 수도 없음을 충분히 인식하지 못하고 있다. 반면 재생에너지는 이미 한계비용 제로 수준에 이르렀음을 수백만의 얼리어답터들이 보여 준다. 그들의 규모를 확대해 지구상 모든 사람들이, 다시 한 번 말하지만 제로에 가까운 한계비용으로 녹색 에너지를 생산하고 사물인터넷을 통해 공유할 수 있게 해야 한다. 그것이 자본주의 시장에서 협력적 공유사회로 이행해 가는 문명의 중대한 임무이다.

6

3D 프린팅 — 대량생산에서 대중 생산으로

분산적이고 협력적이며 수평적으로 규모를 확대하는 사물인터넷은 앞으로 상품을 제조하고 마케팅하고 유통하는 방식에 근본적인 변화를 안겨 줄 것이다. 1차 및 2차 산업혁명의 커뮤니케이션·에너지·운송 모체를 상기해 보라. 이윤 폭과 투자에 대한 수익을 충분히 보장받기 위해 규모의 경제를 이루고 중앙집권식 관리를 해야 하기 때문에 극도로 자본 집약적이며 수직 통합된 형태일 수밖에 없었다. 2차 산업혁명 성숙기에 해당하는 지난 반세기 이상의 기간 동안 생산 설비는 초대형화되었다. 중국과 개발도상국 도처에 들어선 거대 공장에서는 반세기 전에는 들어 본 적도 없을 정도의 규모와 속도로 제품을 찍어 내고 있다.

소규모 정보화제조

오랜 기간 지배적인 지위를 누렸던 2차 산업혁명 제조 방식은 앞으로 삼십 년 안에 적어도 부분적이나마 뒷전으로 물러앉을 것이다. 3차 산업혁명의 새로운 제조 모델이 대중을 사로잡으며 사물인터넷 인프라의 여타 구성 요소들과 함께 기하급수적으로 성장하고 있기 때문이다. 소프트웨어로 비디오와 오디오, 텍스트 형태의 정보를 생산하는 것처럼, 수백 개에 이르는 기업이 현재 그와 동일한 방식으로 물리적 재화를 생산하고 있다. 3D 프린팅이라 불리는 이 방식은 사물인터넷 경제에 동반되는 '제조' 모델이다.

소프트웨어(대개 오픈소스 소프트웨어)가 지시를 내리면, 프린터 안에 있는 용해된 플라스틱이나 금속 또는 여타 공급원료(feedstock)가 층층이 쌓이며 물리적 제품이 만들어지고, 형태를 완전히 갖춘, 움직일 수 있는 부분까지 만들어진 완성품이 프린터에서 튀어나온다. 텔레비전 시리즈「스타트렉」에 나오는 리플리케이터(replicator)처럼 3D 프린터는 프로그램을 통해 무한히 다양한 제품을 생산할 수 있다.

3D 프린터는 이미 장신구부터 항공기 부품, 인공기관(人工器官) 등에 이르는 제품을 생산하고 있다. 또 필요한 제품이나 부품을 스스로 출력하는 데 관심이 있는 취미생활자들은 저렴한 프린터를 구입하고 있다. 자신이 소비할 제품을 스스로 생산하는 사람들이 증가하면서 소비자는 프로슈머에게 자리를 내주기 시작했다.

3D 프린터를 이용한 생산은 몇 가지 중요한 점에서 전통적인 중앙집권식 제조와 차이가 있다.

첫째, 소프트웨어를 만드는 것 외에 인간이 관여하는 부분이 거의 없다. 소프트웨어가 작업을 모두 다 수행하기 때문에 '제조(manufacture)'라기보다는 '정보화제조(infacture)'라고 부르는 게 더 적절하다.

둘째, 3D 프린팅 선구자들이 물리적 제품을 프로그래밍 하고 출력하는 데 사용한 소프트웨어를 오픈소스로 남기는 훌륭한 관행을 정착시켜 놓았다. 그 덕분에 프로슈머들은 DIY 취미생활자 네트워크를 통해 서로 새로운 아이디어를 공유할 수 있다. 개방형 디자인 개념은 생산을 수천 명의 (심지어 수백만 명에 이르는) 사용자들이 함께 제품을 만들며 서로에게서 배우는 역동적인 과정으로 간주한다. 지적재산권 보호 문제가 없으므로 제품을 프린트하는 비용이 현저하게 줄어들고, 결과적으로 무수히 많은 특허 비용을 감수해야 하는 전통적인 제조 기업보다 3D 프린팅을 이용하는 사업체가 경쟁 우위를 확보하게 된다.

3D 프린팅이 가파른 성장곡선을 그릴 수 있게 된 데에는 3D 프린터의 가격 급락이 한 몫을 했다. 2002년 스트라타시스(Stratasys)는 '저가형' 3D 프린터를 최초로 시장에 내놓았다. 가격은 3만 달러였다.[1] 오늘날에는 '고품질' 3D 프린터를 1500달러라는 저렴한 금액으로 구입할 수 있다.[2] 컴퓨터나 휴대전화, 풍력 및 태양열 에너지 이용 기술에서 볼 수 있었던 것과 유사한 가격 급락 곡선을 그리고 있는 것이다. 업계 분석가들은 3D 프린터가 앞으로 삼십 년 동안 보다 정교하고 복잡한 제품을 생산하는 능력을 갖추면서 가격이 점점 더 내려갈 거라고 기대한다. 정보화제조 과정의 한계비용이 제로 수준이 되는 것이다.

셋째, 생산과정이 1차 및 2차 산업혁명의 제조 과정과는 전혀 다른 구조이다. 전통적인 공장 제조는 삭감하는 과정이다. 원료를 자르고 자투리를 제거하고 남은 것을 조립해 최종 생산물을 완성한다. 제조 과정에서 재료가 상당 부분 낭비되고 그렇게 버려지는 것들은 결코 최종 생산물에 이르지 못한다. 이와 대조적으로 3D 프린팅은 첨가해서 완성하는 정보화제조이다. 소프트웨어의 지시에 따라 용해된 재료를 겹겹이 쌓아 올려 온전한 하나의 제품을 창조한다. 첨가하는 정보화제조는 삭감하는 제조의 10분의 1에 해당하는 재료를 사용한다. 3D 프린터가 효율성과 생산성 면에서 비교할 수 없을 정도의 우위를 누린다는 이야기다. 3D 프린터를 이용한 제조는 2011년 한 해에만 29.4퍼센트라는 놀라운 성장률을 기록했다. 그 이전까지 해당 산업의 역사 전체를 통틀어 이루었던 26.4퍼센트 성장을 단 일 년 만에 급속도로 능가한 것이다.[3]

넷째, 3D 프린터는 자체적으로 예비 부품을 출력할 수 있어 설비 교체에 많은 돈을 투자하지 않아도 되고 더불어 시간도 절약할 수 있다. 3D 프린팅 제조는 맞춤형 제작이 가능해 주문한 디자인대로 단 한 개의 제품 혹은 소량의 한 회분 제품을 최소 비용으로 만들어 낼 수 있다. 중앙집권식 공장은 규모의 경제를 위한 자본 집약형 구조이다. 대량생산용으로 설계된 값비싼 고정 생산 라인은 3D 프린터의 기동성을 따를 수가 없다. 3D 프린팅 생산과정은 똑같은 제품 10만 개를 제작하는 데 드는 생산 단가와 하나의 주문 생산품을 만드는 데 드는 단가가 사실상 같은 구조이다. (하나의 주문생산품도 그렇게 낮은 단가로 만들 수 있다는 의미다.)

다섯 번째, 3D 프린팅 확산 운동 집단이 지속 가능한 생산 체제를 갖추기 위해 대단히 헌신적인 노력을 기울이고 있다. 그들은 내구성과 재활용성을 중시하며 무공해 재료를 사용하는 데 주안점을 둔다. 윌리엄 맥도너와 미하엘 브라운가르트가 주창한 (제품의 라이프사이클 단계마다 가치를 더하는) "업사이클링(upcycling)" 비전이 생산 생태계에 확고히 뿌리내린 상태이다.[4]

여섯 번째, 분산적이고 협력적이며 수평적으로 규모를 확대한 사물인터넷 덕분에 3차 산업혁명 인프라가 갖춰진 곳이면 어디서든 접속해 3D 프린터로 사업할 수 있다. 중앙집권식 공장 방식을 훨씬 넘어서는 열역학적 효율성과 1차 및 2차 산업혁명에서 달성한 것 이상의 생산성을 누리면서 말이다.

예를 들면 지역의 3D 프린팅 사업자는 현장에서 생산한 재생에너지나 지역의 생산협동조합이 수확한 녹색 전기로 3D 프린터에 동력을 공급해 정보화제조를 할 수 있다. 유럽 및 여타 지역의 중소기업들은 이미 수평적으로 확대된 규모의 이점을 누리기 위해 지역별 녹색 전기 협동조합과 협력하기 시작했다. 중앙집권식 화석연료 및 원자력발전 비용이 끊임없이 증가하기 때문에, 한계비용 제로 수준의 재생에너지로 공장을 돌리는 중소 규모의 사업체들이 더 유리할 수밖에 없다.

사물인터넷 경제에서는 마케팅 비용도 격감한다. 1차 및 2차 산업혁명 모두에서 볼 수 있었던 (신문, 잡지, 라디오, 텔레비전 등) 고가의 중앙집권식 커뮤니케이션 방식에서는 대형 제조 기업들만 광고를 집행할 수 있었다. 통합된 전국적 운영체제를 갖춘 대형 제조 기업들만이 국내 및 글로벌 시장 전반에 걸쳐 광고를 할 수 있었기에 중소 규모의 제조사들은 판로 개척에 큰 제한을 받았다.

3차 산업혁명에서는 소규모 3D 프린팅 사업체가 세계 어디에서 사업을 운영하든 점점 많아지는 글로벌 인터넷 마케팅 사이트를 통해 제로 수준의 한계비용으로 정보화제조 제품을 광고할 수 있다. 새로운 분산형 마케팅 웹사이트 중 하나인 엣시(Etsy)는 공급자와 사용자를 낮은 한계비용으로 글로벌 경기장에 불러 모은다. 엣시는 미국의 젊은 사회적 기업가 롭 칼린이 창업한 팔 년 된 회사이다. 현재 90만 명에 달하는 소규모 생산자가 엣시 웹사이트에서 무료로 제품을 광고하고 있다. 매달 전 세계 6000만 명에 가까운 소비자가 사이트를 방문하고 종종 공급자와 직접 소통한다.[5] 구매가 성사되면 엣시는 공급자에게서 아주 적은 수수료만 받는다. 수평적으로 규모를 확대한 이런 형태의 마케팅 덕에 소규모 사업체는 대기업과 동등하게 겨루며 극히 적은 비용으로 전 세계 사용자와 만날 수 있다.

일곱 번째, 소규모 정보화제조 사업체는 지역 수준에서 사물인터넷 인프라에 연결함으로써 결정적인 이점을 누릴 수 있다. 수직적으로 통합된 중앙집권식의 19세기 및 20세기형 기업보다 유리한 마지막 한 가지 장점이다. 바로 제로 수준의 한계비용으로 생산한 재생에너지로 차량을 구동하여 공급 사슬 전반에 걸쳐서, 그리고 사용자에게 완제품을 배송하는 데 있어서, 물류비용을 상당히 줄일 수 있다는 점이다.

3D 프린팅 프로세스가 사물인터넷 인프라에 내재된다는 것은 사실상 전 세계 사람 누구나 오픈소스 소프트웨어를 이용해 자기 나름대로 제품을 생산하고 공유하는 프로슈머가 될 수 있다는 의미이다. 생산과정 자체가 전통적인 제조 방식에서 사용하는 재료의 10분의 1밖에 사용하지 않으며 인간의 노동도 거의 필요로 하지 않는다. 생산에 사용되는 에너지도 제로 수준의 한계비용으로 현장이나 지역에서 수확한 재생에너지이다. 마케팅 역시 제로 수준의 한계비용으로 글로벌 마케팅 웹사이트에서 실행한다. 마지막으로 다시 제로 수준의 한계비용으로 지역에서 생산한 재생에너지로 전자 이동성(e-mobility) 차량을 구동해 제품을 사용자에게 배송한다.

사물인터넷 인프라에 연결된 어디에서든 물리적 재화를 생산하고 마케팅하고 유통할 수 있다는 특징은 사회의 공간 구성에도 커다란 영향을 미칠 것이다. 1차 산업혁명은 도심의 밀집을 촉진했다. 공장과 물류 네트워크가 간선철도와 연결된 도시 중심부나 그 주변에 모여 있어야 했기 때문이다. 그래야 위로는 공급업자로부터 에너지와 재료를 들여오고 아래로는 완성된 제품을 포장해 도매업자와 소매업자에게 배송할 수 있었다. 노동자는 공장이나 사무실에서 걸어 다닐 수 있거나 통근 기차나 전차를 탈 수 있는 곳에 살아야 했다. 2차 산업혁명에 접어들면서 제조업은 도심 밀집 지역을 벗어나 전국적인 고속도로 시스템 출입구에 근접한 교외 공업 단지로 옮겨 갔다. 자동차 운송이 기차 운송을 추월했고, 노동자들은 자동차를 이용해 보다 먼 거리에서 출퇴근했다.

3D 프린팅은 지역적인 동시에 세계적이다. 또한 기동성이 높아 어디서든 정보화제조를 할 수 있고 사물인터넷 인프라가 연결된 곳이면 어디로든 신속하게 옮겨 갈 수 있다. 점점 더 많은 프로슈머들이 간단한 제품은 집에서 만들어 사용하게 될 것이다. 보다 정교한 제품을 정보화제조하는 중소 규모의 3D 사업체들은 지역별 기술 단지에 무리 지어 최적의 수평적 규모를 형성할 것이다. 집과 직장이 더 이상 너무 멀리 떨어져 있지 않을 것이다. 노동자가 소유주가 되고 소비자가 생산자가 되면 오늘날 초만원인 도로망이 한가해져서 도로를 새로 건설하는 비용 역시 감소하는 상황까지 발생할 수 있다. 더욱 분산되고 협력적인 경제의 시대가 오면, 녹지로 둘러싸인 인구 15만 명 내지 25만 명 정도의 작은 도시들이 과밀한 도심과 교외의 산업 및 주택 단지를 서서히 대체해 자연의 모습을 되찾을 가능성이 높다.

리플리케이터의 민주화

새로운 3D 혁명은 '극단적 생산성'을 보여 주는 한 사례이다. 아직 확실히 자리 잡은 것은 아니지만, 그 효과가 서서히 나타나기 시작하여 결국에는 필연적으로 한계비용을 제로 수준으로 낮추고 이윤을 없애 (전부는 아니더라도) 많은 제품의 시장 교환을 불필요하게 만들 것이다.

제조의 민주화는 누구나, 궁극적으로는 모두가 생산수단에 접근할 수 있다는 의미이다. "생산수단을 누가 소유하고 통제해야 하는가?"라는 질문이 무의미해지는 것이다. 이 질문을 수반하는 자본주의도 마찬가지로 무의미해진다.

여타의 많은 발명이 그러했듯 3D 프린팅은 공상과학소설가들이 먼저 영감을 제시했다. 컴퓨터광 세대는 텔레비전 앞에 앉아 「스타트렉」에피소드들을 보며 넋을 빼앗겼다. 우주에서의 긴 여정 내내 승무원들은 우주선을 수리하고 부품을 교체해야 했으며 기계 부품부터 의약품에 이르는 모든 물품을 구비해야 했다. 그것을 모두 어떻게 싣고 가는가? 그들에게는 리플리케이터가 있었다. 우주 어디에나 있는 아원자입자를 재배열해 물건을 만들어 내도록 프로그래밍 된 리플리케이터는 음식과 물을 포함해 어떤 사물이라도 만들어 냈다. 여기에 담긴 심오한 의미는 리플리케이터가 희소성 그 자체를 없애 버렸다는 사실이다. (이에 대해서는 5부에서 다시 다룰 것이다.)

3D 프린팅 혁명은 1980년대에 시작되었다. 초창기 3D 프린터는 매우 고가였으며 주로 시제품 제작에 이용되었다. 건축가와 자동차 및 항공기 제조사 등이 이 새로운 복제 기술을 처음 사용했다.[6]

이 혁신적인 기술은 컴퓨터 해커와 취미생활자 들이 3D 프린팅 분야에 관심을 보이기 시작하면서 시제품 제작에서 벗어나 맞춤형 제품 생산으로 옮겨 갔다. ('해커'라는 용어에는 긍정적인 의미와 부정적인 의미가 모두 함축되어 있다. 독점 정보나 기밀 정보에 불법적으로 접근하여 범죄자로 간주되는 해커가 있는 반면, 일반 대중의 이익에 기여하는 기발한 프로그래머로 여겨지는 해커가 있다. 이 책 전반에 나오는 해커는 대부분 후자를 의미한다.)[7] 해커들은 "원자를 새로운 비트"로 이해하는 것의 잠재력을 즉시 깨달았다. 이 개척자들은 IT와 컴퓨팅 분야의 오픈소스 포맷을 '사물'을 생산하는 데 적용하면 어떨까 상상했다. "오픈소스 하드웨어"는 발명가와 컴퓨터광 들로 이루어진 이질적인 집단의 슬로건이 되었다. 이들은 어렴풋하게 자신들을 제조자 운동 (Makers Movement)의 참여자로 정체화하며 인터넷을 통해 서로 협력했다. 그렇게 혁신적인 아이디어를 교환하고 서로에게 배우며 3D 프린팅 프로세스를 발전시켜 나간 것이다.[8]

오픈소스 3D 프린팅은 에이드리언 보이어와 영국 배스 대학교 팀이 최초로 오픈소스 3D 프린터 렙랩(RepRap)을 발명하면서 새로운 국면에 접어들었다. 렙랩은 손쉽게 구할 수 있는 도구를 사용해 만들 수 있는 데다가 자체적으로 복제가 가능하다. 즉 자신의 부품을 만들 수 있는 기계인 것이다. 이미 자체 부품의 48퍼센트를 제작하는 단계이며 계속 완전한 자기복제를 향해 나아가고 있다.[9]

보이어가 자본을 투자한 메이커봇인더스트리스(MakerBot Industries)는 제조자 운동으로 생겨난 초기 기업 중 하나로 2009년 컵케이크라는 3D 프린터를 시장에 선보였다. 그 후 좀 더 용도를 넓히고 사용하기도 쉬우며 값도 덜 나가는 후속 제품을, 2010년에는 싱오매틱(Thing-O-Matic)이라는 이름으로, 2012년에는 리플리케이터라는 이름으로 잇따라 출시했다. 메이커봇은 자신이 직접 3D 프린터를 만들고자 하는 사람에게는 기계 조립 설명서를 자유롭게 볼 수 있도록 개방하는 한편, 구매의 편리함을 선호하는 고객에게는 완제품을 판매한다.

다른 두 개척자 잭 '호큰' 스미스와 브리 페티스는 2008년 (메이커봇 소유의) 싱기버스(Thingiverse)라는 웹사이트를 개설했다. 이 사이트는 3D 프린팅 공동체가 교류하는 곳으로 오픈소스 형태의 사용자 제작 디지털 디자인 파일을 보유한다. 이곳의 사용자 제작 디지털 디자인 파일은 일반 공중 라이선스(GPL)와 크리에이티브 커먼즈 라이선스(CCL) 둘 다로부터 허가받은 것이다. (이 두 허가 제도에 관해서는 3부에서 더 자세하게 다룰 것이다.) DIY 공동체는 일종의 도서관과 같은 이 웹사이트에 많은 부분을 의

지한다. 이곳에서 오픈소스 디자인을 업로드 해 공유하거나 3D 프린터를 이용한 새로운 공동 프로젝트에 동참할 수도 있기 때문이다.

제조자 운동은 2005년 팹랩의 도입과 더불어 디지털 제조 방식의 민주화를 향해 진일보했다. '제작 실험실'의 준말인 팹랩은 MIT의 물리학자 겸 교수인 닐 거센펠트의 창작물로, MIT의 인기 강좌 「(거의) 모든 것을 만드는 방법」에서 아이디어를 얻었다.

MIT 미디어랩의 비트및원자센터(CBA)에서 탄생한 팹랩은 3D 프린터로 자기 나름의 프로젝트를 창출하고자 하는 모든 개인에게 관련 도구가 구비된 실험실을 제공한다는 사명을 띠고 생겨났다. 거센펠트의 팹 재단(Fab Foundation) 헌장은 팹랩이 오픈액세스(open-access)*와 피어투피어 학습에 헌신하는 기구임을 강조한다. 팹랩은 레이저 커터, 라우터(router),** 3D 프린터, 미니밀(mini mill)*** 등 다양한 종류의 유연 생산 장비와 이와 함께 사용하는 오픈소스 소프트웨어를 갖추고 있다. 장비를 모두 갖춘 이런 실험실 하나를 마련하는 데 5만 달러 정도의 비용이 든다.[10] 현재 일흔 개가 넘는 팹랩이 대부분 고도로 산업화된 국가의 도시 지역에 있지만, 놀랍게도 개발도상국에도 적잖은 수가 위치한다. 이곳에서 제작 도구와 장비에 접근할 수 있는 기회는 3D 프린팅 공동체를 이루는 교두보로 작용할 것이다.[11] 글로벌 공급 사슬에 연결되어 있지 않은 외딴 지역에서 아주 간단한 도구나 물건이라도 자체 제작해서 사용할 수 있다면 경제적 복지는 크게 향상될 것이다. 대다수 팹랩이 대학이나 비영리단체에서 운영하는 공동체 주도형 프로젝트이지만, 몇몇 영리적 소매업자들은 매장 한편에 팹랩을 구비하는 아이디어를 시범적으로 실행에

---

* 누구나 장벽 없이 인터넷에 접속해 학술 정보를 읽고 쓸 수 있는 방식을 뜻함.
** 회전하는 비트를 사용해 몰딩을 갈거나 홈과 목재 연결 부위를 가는 휴대용 전동 공구임.
*** 소규모 제철 설비를 말함.

옮기기 시작했다. 취미생활자가 매장에서 필요한 재료를 사서 팹랩을 이용해 제품을 만드는 방식이다.[12] 상상하는 어떤 것이든 만들 수 있도록 필요한 도구와 재료를 공급하는 것이 그 목적이라고 거센펠트는 말한다. 그의 궁극적인 목표는 "이십 년 후쯤 「스타트렉」에 나오는 것과 같은 방식의 리플리케이터를 창조하는 것"이다.[13]

팹랩은 3차 산업혁명 시대의 '일반인용 연구개발 실험실'이다. 팹랩은 세계 최고 대학들과 글로벌 기업들의 엘리트 실험실로부터 연구개발과 새로운 혁신을 빼내어 이웃과 공동체에 분배하고 있다. 이곳에서의 연구는 협력적 탐구 활동이자, 피어투피어의 수평적 권력을 통해 공동 작업을 달성하려는 강력한 의지의 표출이다.

생산의 민주화는 수직적으로 통합된 2차 산업혁명의 중앙집권식 제조 관행을 근본적으로 파괴한다. 누구나 프로슈머가 될 수 있도록 돕는 팹랩이 세계 도처에 설립된다면 그 급진적 영향은 눈에 띌 수밖에 없을 것이다. 다시 한 번 공상과학소설가들이 먼저 그 영향력을 상상했다.

2006년 출간된 소설 『프린트크라임(Printcrime)』에서 저자 코리 닥터로는 3D 프린터로 물리적 재화를 복제하는 미래 사회를 묘사한다. 닥터로가 묘사한 디스토피아 사회의 강력한 권위주의 정부는 3D 프린팅을 이용한 물리적 복제를 불법으로 규정한다. 초창기 프로슈머인 소설의 주인공은 3D 프린팅을 했다는 이유로 십 년 형을 산다. 형기를 마친 주인공은 현 체제를 전복할 수 있는 가장 확실한 방법은 단지 제품 몇 개를 복제하는 게 아니라 3D 프린터 자체를 복제하는 것임을 깨닫는다. 그는 선언한다. "나는 더 많은 프린터를 복제할 것이다. 아주 많은 프린터를. 모두에게 하나씩 돌아갈 수 있게. 그 정도면 감옥에 갈 만한 가치가 있지. 그보다 가치 있는 일은 없을 거야."[14] 팹랩은 현 경제 질서를 무색하게 만들기 위해 DIY 해커들이 각종 도구로 무장하는 새로운 최첨단 무기고이다.

해커들은 사물인터넷 인프라를 구성하는 여러 요소들 중 3D 프린팅으로 구할 수 있는 게 없을까에 이제 막 관심을 두기 시작했다. 재생에너지 수확 기술이 관심 목록의 맨 위에 위치한다. 제록스는 현재 태양광전지의 반도체로 사용되어 온 실리콘을 대체할 특별한 은 잉크(silver ink)를 개발 중이다. 은 잉크는 플라스틱보다 낮은 온도에서 녹으므로 사용자들은 플라스틱과 섬유, 필름에 삽입할 집적회로를 은 잉크로 프린트할 수 있다. 종이처럼 얇은 태양광발전용 조각을 DIY 프린트하면 점점 더 낮은 비용으로 누구나 제 나름의 태양열 수확 기술을 확보할 수 있고, 그러면 태양열 에너지의 한계비용은 한 걸음 더 제로 수준에 가까워진다. 제록스의 은 잉크는 아직 실험 단계이지만 3D 프린팅에 의해 펼쳐질 새로운 정보화제조의 가능성을 시사한다.[15]

3D 프린팅이 진정으로 지역적인 과정이자 자급자족의 과정이 되려면 필라멘트*를 만드는 데 사용되는 공급원료가 현지에서 풍부하게 조달되어야 한다. 사무용품 회사인 스테이플스(Staples)는 맥코테크놀로지(Mcor Technologies)가 제조한 3D 프린터를 네덜란드 알메러에 있는 매장에 도입했다. 이 프린터는 값싼 종이를 공급원료로 사용한다. 선택적 적층 증착(selective deposition lamination, SDL)이라 불리는 과정을 통해 나무와 같은 밀도의 단단한 풀 컬러 3D 물체를 프린트한다. 이 프린터는 공예품과 건축 설계 모형, 심지어 안면 교정을 위한 외과적 모형까지 정보화제조하는 데 사용된다. 종이 공급원료 가격은 기존 공급원료의 5퍼센트밖에 되지 않는다.[16]

요즘 도입되고 있는 여타 공급원료는 값이 훨씬 더 저렴해서 재료 가

---

* 공급원료를 녹여서 가는 실과 같은 상태로 만든 것으로 층층이 쌓아 올리는 과정에 사용됨.

격을 제로에 가깝게 낮추고 있다. 영국 런던 소재 왕립예술학교의 대학원생인 마커스 카이저는 솔라신터(Solar Sinter)라는 3D 프린터를 발명했다. 이 프린터는 태양열과 모래를 이용해 유리로 된 물체를 출력한다. 2011년 사하라사막에서 성공적으로 테스트를 마친 솔라신터는 두 개의 태양광발전 패널이 동력을 공급한다. 또한 대형 렌즈가 설치되어 있어 태양 광선을 모아 모래가 용해점에 이를 때까지 열을 가한다. 그러면 소프트웨어의 지시로 녹은 모래가 각 층을 형성해 완성된 유리 제품을 만드는 방식이다.[17]

필라봇(Filabot)은 구두 상자 크기의 기발한 새로운 장치로 버킷이나 DVD, 물병, 파이프, 선글라스, 우유 통 등 플라스틱으로 된 재활용 가정용품을 갈고 녹인다. 갈린 플라스틱은 V 자형 용기를 통해 가열·코일이 있는 통으로 들어가 그곳에서 녹는다. 녹은 플라스틱은 노즐과 롤러를 통과해 플라스틱 필라멘트가 되고, 감겨서 저장된 뒤 프린팅에 사용된다. 조립된 필라봇은 가격이 649달러이다.[18]

네덜란드 학생 디르크 반데르 코에이는 산업용 로봇을 재프로그래밍해서 주문생산 가구를 프린트하도록 만들었다. 폐기된 냉장고에서 뽑아낸 플라스틱 재료를 녹여 플라스틱 실로 계속 이어져 나오게 하고, 그것을 쌓아 올려 가구를 만든다. 이 3D 프린터로 연간 4000개의 주문생산 의자를 제작할 수 있다.[19] 가구를 출력하는 여타의 프린터들은 재생 유리나 목재, 섬유, 세라믹, 심지어 스테인리스스틸까지 공급원료로 사용하고 있다. 새로운 정보화제조 과정에 이용할 수 있는 재생 공급원료가 얼마나 다양한지 실증하는 셈이다.

정보화제조로 가구를 출력할 수 있다면, 그 가구가 들어갈 건물도 프린트할 수 있지 않을까? 엔지니어와 건축가, 디자이너 들이 3D 프린터로 출력한 건물을 출시하기 위해 앞다투어 경쟁하고 있다. 아직 이 기술은 연구개발 단계이지만, 건물의 3D 프린팅이 앞으로 수십 년 후 건축을 지금과 다른 모습으로 바꿔 놓을 게 분명하다.

베로크 코쉬네비스 박사는 서던 캘리포니아 대학교 산업 및 시스템 공학 교수이자 고속자동화제작기술센터(CRAFT) 소장이다. 이 센터는 미 국방부와 국립과학재단(NSF), 그리고 미국 항공우주국(NASA)이 자금을 지원한다. 코쉬네비스는 건물을 출력하기 위해 '적층 조형(contour crafting)'이라는 3D 프린팅 프로세스를 실험 중이다. 그는 압출성형이 가능하고, 출력된 벽이 건축 중에 충분히 스스로 지탱할 수 있을 정도로 강한 비정형 복합섬유 콘크리트를 창조했다. 그의 연구 팀은 이미 3D 프린터를 이용해 길이 150센티미터에 높이 90센티미터, 두께 18센티미터인 벽을 성공적으로 만들어 냈다. 마찬가지로 중요한 것은 그 콘크리트가 점성이 있는 물질이어서 주입 과정에서 모래나 입자와 섞여도 기계의 노즐이 막히지 않는다는 점이다.

코쉬네비스는 연구가 아직 초기 단계임을 인정하면서도, 출력된 벽이 "중국의 만리장성 이래 가장 역사적인 벽"이라며 흥분했다. 그러고는 인류의 2만 년 건설 역사 이후 "건물의 건축 과정이 혁명적으로 변화하려 하고 있다."라고 덧붙였다.[20]

건설용 대형 프린터는 대당 가격이 수십만 달러 정도가 될 것인데 건설 장비치고는 적은 금액이라고 코쉬네비스는 말한다. 이 기기로 새로운 집 하나를 출력하는 데 조만간 표준 건축비에 훨씬 못 미치는 비용이 들 전망이다. 값싼 복합재료를 사용하여 첨가하는 방식의 정보화제조 과정이기에 훨씬 적은 재료 및 노동력이 들어가기 때문이다. 코쉬네비스는 3D 프린터를 이용하는 건설이 2025년 무렵이면 전 세계적으로 지배적인 산업 표준이 될 것이라고 믿는다.

이렇게 믿는 사람은 그 혼자가 아니다. MIT 연구소는 3D 프린팅을 이용해 사실상 인간 노동을 전혀 들이지 않고 하루 만에 집의 골격을 만드는 방법을 연구하고 있다. 똑같은 골격을 세우려면 건설 현장 노동자 전체가 한 달 동안 일해야 하는데 말이다.[21]

네덜란드 건축가 얀야프 라위세나르스는 영국에 본사를 둔 3D 프린팅 회사 모노라이트(Monolite) 회장 엔리코 디니와 공동 작업을 진행하고 있다. 이 두 유럽인은 모래와 무기질 점결제로 18×27센티미터 크기의 골격을 출력해 섬유 보강 콘크리트로 채울 것이라고 말한다. 그들은 2014년이 지나기 전에 2층 건물을 세울 수 있길 희망한다.[22]

디니와 세계 최대 건축 회사 중 하나인 포스터플러스파트너스(Foster + Partners)는 유럽우주기구(ESA)와 팀을 이루어, 3D 프린팅을 이용해 달에 영구 기지를 건설할 수 있는지 탐구하고 있다. 달의 토양을 공급원료로 사용해 건물을 출력할 계획이다. 지구에서 재료를 운송하는 물류비용을 쓰지 않기 위해 달에서 조달할 수 있는 지속 가능한 재료로 달 기지를 건설하는 것이 목표다. 포스터플러스파트너스의 그자비에 드 케스텔리에는 말한다. "업무상 우리는 지구의 극한 기후에서 버틸 수 있는 건물을 디자인하고 현지의 지속 가능한 재료를 사용하는 식의 환경 편익을 활용하는 데 익숙합니다. 달 기지도 같은 논리를 따르는 겁니다."[23]

그들은 디니의 D셰이프(D-Shape) 프린터를 사용해 달 건축물을 만들어 낼 계획이다. 각 건물을 출력하는 데 대략 일주일이 걸릴 것이다. 기지 건물은 속이 빈 닫힌 세포 구조로, 새의 골격과 약간 비슷하다. 사슬 모양의 돔과 세포 구조의 벽은 미소 유성체와 우주 방사선을 막아 낼 수 있도록 의도된 것이다. 건물의 토대와 공기 주입식 돔은 지구에서 우주선으로 운송할 것이다. 포스터는 레갈리스(regolith)라 불리는 달 토양의 표층토를 D셰이프 프린터에 넣어 출력한 후 건물 골격 주변에 쌓아 올릴 것이라고 설명한다. 포스터플러스파트너스의 건축가들은 이미 모의 재료를 써서 1.5톤 무게의 시제품 블록을 만들었다. 첫 번째 달 건축물은 햇빛에 풍부하게 노출되는 달의 남극에 출력될 것이다.[24]

건물의 3D 프린팅은 현재 지극히 초기 발달 단계에 있지만, 향후 이십 년 동안 생산과정의 효율성이 증가하고 비용이 감소함에 따라 기하급수적으로 성장할 것으로 예상된다. 설계비가 높은 데다가 재료가 비싸고 인건비가 많이 들며 시간이 오래 걸리는 전통적인 건설 기법과는 달리 3D 프린팅은 이러한 요소에서 자유롭다.

3D 프린팅은 지구상에서 가장 싼 건축 재료를 사용할 수 있다. 모래와 돌은 물론이고 사실상 모든 종류의 폐기물도 사용할 수 있다. 모두 현지에서 구할 수 있으므로 기존의 값비싼 건축 재료에 드는 비용과 그것을 건설 현장으로 운송하는 데 드는 마찬가지로 값비싼 물류비용을 아낄 수 있다. 층층이 쌓아 올려 건설하는 첨가 방식은 건설에 드는 재료를 더욱 절약해 준다. 또한 오픈소스 프로그램은 건축가가 설계도를 그리는 데 상당한 시간 및 비용이 드는 것과 비교하면 무료나 다름없다. 건물 골격을 세우는 일도 전통적인 건축과 비교하면 인간 노동력이 거의 필요치 않고 아주 짧은 시간에 완성할 수 있다. 마지막으로 지역에서 수확한 재생에너지에 의존하면 3D 프린터에 동력을 공급하기 위한 전기 생성의 한계비용이 제로에 가까워질 수 있다. 결국 그리 멀지 않은 미래에 단지 모래와 돌, 재활용 재료, 주변의 여타 공급원료 등을 찾아 모으는 데 필요한 만큼의 비용만으로 작은 건물 하나를 지을 수 있다고 상상해 볼 만하다.

달에 가서 살든 그냥 여기 지구에 눌러 살든, 인류는 돌아다니기 위한 운송 수단이 필요하다. 3D 프린터로 생산한 최초의 자동차 어비(Urbee)는 이미 현장 테스트를 마친 상태다. 어비는 캐나다 위니펙에 본사를 둔 코어에코로직(KOR EcoLogic)이 개발했다. 2인승 하이브리드 전기 자동차로(어비라는 이름은 '도시형 전기 차'를 뜻하는 'urban electric'의 줄임말이다.) 차 한 대용 차고에서 일상적으로 수확하는 태양열과 풍력을 토대로 달릴 수 있게 설계되었다. 시속 64킬로미터까지 속도를 낼 수 있으며[25] 장거리를 주행하는 경우 에탄올 동력의 예비 엔진으로 전환할 수 있다.[26] 어비는 3차 산업혁명 시대에 새롭게 선보이는 자동차의 첫 번째 성공적인 시제 품에 불과하다. 하지만 헨리 포드가 처음 소개했던 대량생산 방식의 내연기관 휘발유 차량이 그랬던 것과 마찬가지로 어비의 생산방식과 동력원은 미래에 우리를 기다리고 있을 경제와 사회의 모습에 대해 시사하는 바가 매우 크다.

포드의 자동차는 자동차 조립라인을 설비하고 재료를 축적해 놓을 수 있는 거대한 중앙집권식 공장들을 필요로 했다. 조립라인 설비를 갖추는 것은 고도로 자본 집약적이었으며 똑같은 자동차를 장기간 대량 생산해야만 적절한 투자 수익이 보장되었다. 한 고객이 자동차 색상을 고를 수 있는지 묻자 포드가 했던 무례한 대답을 사람들은 기억한다. "원하는 색은 다 됩니다. 원하는 색이 검정이기만 하다면 말입니다."[27]

포드 조립라인은 삭감하는 제조 과정이었던 탓에 대단히 낭비적이었다. 마지막 조립 단계에 이를 때까지 육중한 재료를 깎아 내고 다듬어야 했기 때문이다. 자동차 자체가 100여 개의 부품으로 이루어졌기 때문에 조립하는 데에도 시간과 노동력이 많이 들어갔다. 완성한 후에는 전국 도처의 중개인에게 배송해야 했으므로 물류비용이 추가되었다. 물론 포드는 2차 산업혁명이 안겨 준 새로운 효율성을 이용해 수직 통합형 운영체제를 창출했고 수백만 명을 운전석에 앉힐 만큼 비교적 저렴한 차량을 공급하기에 충분한 규모의 경제를 달성할 수 있었다. 하지만 각각의 자동차를 생산하고 사용하는 한계비용은 결코 제로에 가까워질 수 없었다. 휘발유 가격까지 감안하면 특히 그랬다.

3D 프린터로 제작되는 자동차에는 전혀 다른 논리가 적용된다. 지역에서 구할 수 있는 거의 무료나 다름없는 공급원료를 사용해 자동차를 만들 수 있다. 따라서 재료에 드는 높은 비용과, 그 재료를 적재하여 공장에 운송하는 데 드는 비용을 없앨 수 있다. 차대와 엔진을 제외한 대부분의 부품은 3D 프린터로 출력한 플라스틱 재질이다.[28] 차의 나머지 부분은 층층이 쌓여 제작된다. 즉 개별적인 부분을 조립하는 게 아니라 한 층 위에 다른 한 층을 '첨가하는' 연속 흐름으로 재료와 시간, 노동력을 더 적게 사용한다는 뜻이다. 180센티미터 높이의 3D 프린터는 어비의 몸체를 단지 열 조각으로, 재료를 전혀 낭비하지 않고 출력한다.[29]

3D 프린팅은 작업 현장 설비를 갖추기 위한 대규모 자본 투자나 생산 모델을 바꾸기 위한 긴 리드 타임(lead time)*이 필요 없다. 간단히 오픈소스 소프트웨어를 바꾸기만 하면, 한 명 또는 소수 고객의 주문생산 사양에 맞는 자동차를 약간의 추가 비용으로 출력할 수 있다.

3D 프린팅 공장은 사물인터넷 인프라와 연결할 수 있는 곳이면 어디든 위치할 수 있다. 이는 곧 생산된 자동차를 국지적으로 배송할 수 있어 중앙집권식 공장에서 전국 각지로 차량을 배송하는 것보다 운송비가 훨씬 적게 든다는 의미다.

마지막으로 3D 프린터로 생산한 자동차의 운행 비용은 지역에서 수확한 재생에너지를 사용하면 거의 무료이다. 어비의 연료비는 1마일에 겨우 2센트이다. 토요타 프리우스를 굴리는 비용의 3분의 1이다.[30]

---

* 생산을 위한 사전 준비 시간을 뜻함.

제조자 인프라

지금까지 제조자 운동은 주로 해커와 취미생활자, 사회적 기업가 들이 주도해 왔다. 개인적인 용도로 필요한 물건이나 일반적으로 널리 쓰이는 물품을 출력하는 새로운 방법을 이리저리 궁리하면서 말이다. 제조자 운동은 네 가지 원칙에 따라 움직인다. 새로운 발명에 대한 오픈소스 공유, 협력적 학습 문화 촉진, 자급자족 공동체에 대한 신념, 지속 가능한 생산의 지향이 그 네 가지이다. 하지만 이러한 표면적 양상 아래에서 훨씬 더 급진적인 어젠다가 전개되고 있다. 비록 아직은 미숙하고 많은 사람들이 여전히 의식하지 못하는 어젠다이지만 말이다. 3D 프린팅 문화의 서로 다른 조각들을 모두 한데 모아 보면, 21세기 문명의 구성 방식을 바꿀 수 있는 새롭고 강력한 내러티브가 시작되고 있음을 알 수 있다.

생각해 보라. 비트를 이용해 원자를 배열한다는 아이디어에 힘을 얻은 DIY 문화가 전 세계적으로 성장하고 있다. 새로운 정보를 공유하기 위해 직접 소프트웨어를 창조하려는 의욕에 불탔던 이전 세대 초창기 소프트웨어 해커들처럼, DIY 활동가들은 물건을 출력하고 공유하기 위해 직접 소프트웨어를 창조하는 데 열정을 보이고 있다. 3D 취미생활자들이 창조하고 있는 사물 대부분이 모여서 결국 3차 산업혁명 DIY 인프라의 필수적 노드를 형성하는 것이다.

3D 프린팅에서 진정으로 획기적인 측면은 곧 구축될 '제조자 인프라' 이다. 이것이 3D 프린팅을 취미생활자의 하위문화에서 새로운 경제 패러다임으로 승격시킬 것이다. 이러한 발전이 낳는 새로운 사업 관행의 효율성과 생산성은 재화와 서비스를 생산하고 유통하는 한계비용을 제로 수준으로 낮춰 우리를 자본주의 시대에서 협력의 시대로 옮겨 가게 할 것이다.

제조자 인프라의 역사적 중요성을 처음 깨달은 대표적인 사람들은 적정기술 운동(Appropriate Technology Movement)을 조직한 지역 풀뿌리 운동가들이었다. 적정기술 운동은 마하트마 간디의 글에서 영감을 받아 1970년대에 시작되었다. 그리고 E. F. 슈마허, 이반 일리치의 글과 (주제넘은 소리인지 몰라도) 내가 저술한 『엔트로피』가 그 영감을 이어 주었다. 새로운 세대인 DIY 취미생활자들은 대부분 평화 운동 및 인권 운동 전문가들로 적정기술의 기치 아래 느슨한 연대를 맺었다. 어떤 이들은 "흙으로 돌아가라."라는 정신을 설파하며 시골 지역으로 이주했다. 어떤 이들은 대도시의 가난한 이웃 곁에 남아, 버려진 인근 빌딩을 종종 불법 점유했다. 그들이 말하는 사명은 "적정기술을 창출"하는 것이다. 적정기술은 지역에서 구할 수 있는 자원으로 만든 도구와 기계를 뜻하며, 주변 생태 환경을 착취하는 게 아니라 돌보기 위해 규모를 확대하고 협력적인 문화에서 공유하는 것을 목표로 한다. 그들의 슬로건은 "생각은 세계적으로, 행동은 지역적으로"였다. 의미인즉슨 지역공동체에서 지속 가능한 방법으로 살면서 지구를 보살피자는 것이었다.

이 운동은 글로벌 노스(global North)*의 선진 산업국에서 시작됐지만, 곧 글로벌 사우스(global South)**의 개발도상국에서 더욱 강한 힘을 발휘했다. 글로벌 자본주의경제의 변두리에서 살아가는 가난한 사람들이 스스로 자급자족할 수 있는 공동체를 만들려고 더욱 절실한 노력을 기울였기 때문이다.

돌이켜 볼 때 특히 주목할 점은 적정기술 운동이 부상하고 십 년 후, 젊은 기술 취미생활자들 사이에서 확실히 새로운 운동이 등장했다는

---

* 유럽, 북미 등 주로 북반구에 위치한 경제적으로 발달한 나라들을 일컫는 말임.
** 아프리카, 남미 등 주로 남반구에 위치한 경제적으로 발달이 뒤처진 나라들을 일컫는 말임.

사실이다. 이들은 협력적 학습 공동체에서 컴퓨터 프로그래밍에 대한 애정과 소프트웨어 공유의 열정을 나누고자 했던 IT 문화의 컴퓨터광들과 괴짜들이었다. 이들이 결성한 자유 소프트웨어 운동(Free Software Movement)은 글로벌 협력적 공유사회를 창출하는 것이 목적이었다. (이 운동에 관해서는 3부에서 자세히 다룰 것이다.) 이들의 슬로건은 "정보는 자유를 원한다."였는데, 적정기술 운동과 해커 문화 사이의 가교 역할을 한 소수의 인물 중 한 명인 스튜어트 브랜드가 창안했다. (브랜드가 간행한《더 홀 어스 카탈로그(The Whole Earth Catalog)》는 적정기술 운동을 틈새 하위문화에서 보다 폭넓은 문화적 현상으로 격상했다.) 소프트웨어 혁명에 관한 브랜드의 발언에서 종종 간과되는 부분이 있는데, 1984년 최초의 해커 콘퍼런스에서 연설한 내용의 나머지 부분이다.

한편으로 정보는 비싼 값이 나가길 원합니다. 실제로 가치가 높기 때문입니다. 적절한 상황의 적절한 정보는 여러분의 인생을 완전히 바꿔 놓을 수도 있습니다. 다른 한편으로 정보는 자유롭길, 즉 공짜이길 원합니다. 정보를 뽑아내는 가격이 계속해서 낮아지고 있기에 하는 말입니다. 그러니까 이 둘이 서로 싸우는 광경을 목도할 수밖에 없는 겁니다.[31]

브랜드는 지적재산권과 오픈소스 접근권 사이에 나타날 모순을 이렇게 초기에 간파했다. 정보를 공유하는 한계비용이 제로에 가까워지면서 이 모순은 결국 자본주의자와 협력주의자 간의 전쟁을 조장하기에 이른다. 적정기술 운동가들은 확실히 저차원적 기술을 지향했다. 산업화 시대로 돌진하는 가운데 버려지고 잊힌 효과적인 전통 기술을 재발견하고 개선하는 동시에 보다 새로운 기술(특히 재생에너지 기술)을 개발하는 데에 관심을 두었다. 또한 복잡성보다는 단순성을 추구하고, 지역 자원과 노하우를 이용해 아예 처음부터 복제할 수 있는 기술을 선호했다. 지역 자립의 원칙에 충실하기 위해서였다.

하지만 해커는 적정기술 운동가와는 다른 유형의 사람들이었다. 주로 첨단 기술 문화의 완벽한 전형이라 할 수 있는 IT 혁명의 맨 앞에 선, 젊고 뛰어난 엔지니어나 과학자였다. 그들은 지역보다는 세계로 눈을 돌렸고, 그들의 공동체는 인터넷상의 사회적 공간으로 구체화되었다.

두 유형의 공통점은 공유 공동체 의식과, 소유보다는 협력에, 그리고 소유권보다는 접근권에 가치를 두는 윤리관이었다.

오늘날 3D 프린팅이 이 두 중요한 운동을 결합하고 있다. 3D 프린팅은 극도의 첨단 기술인 동시에 적정기술이기 때문이다. 대부분 오픈소스 기술을 활용하고, 물체를 출력할 수 있는 소프트웨어 설명서는 개인이 소유하기보다는 전 세계적으로 공유하며, 공급원료는 지역에서 조달한다. 한마디로 보편적으로 적용할 수 있는 기술이다. 3D 프린팅은 지역 공동체의 자급자족을 고취하는 한편 (생산된 제품을 제로 수준의 한계비용으로 웹사이트를 통해 마케팅할 수 있으므로) 전 세계적인 사용자 기반을 창출한다.

3D 프린팅은 또한 이념의 경계를 잇는 가교 역할까지 수행한다. 자유지상주의자와 DIY 활동가, 사회적 기업가, 그리고 공산사회주의자 모두의 관심을 끌 수 있기에 하는 소리다. 이들은 모두 경제생활과 사회생활에서 중앙집권식의 소유주의적 접근보다는, 분산되고 투명하고 협력적인 접근을 선호한다. 3D 프린팅은 이들의 다양한 감성을 한데 모은다. 계층적 권력에 대한 깊은 혐오감과 피어투피어 방식의 수평적 힘에 대한 전적인 헌신이 이들의 사회적인 유대 의식이다.

3D 프린팅이 선진 산업 경제에서 유행하는 것은 놀랄 일이 아니다. 미국 기업들이 이 새로운 기술에서 빠르게 앞서고 있지만, 독일이 향후 몇 년 안에 따라잡을 기세다. 독일의 3D 기술이 분산되고 협력적이며 수

평적으로 규모를 확대한 3차 산업혁명 인프라에 맞춰진 정보화제조 모델에 가깝기 때문이다.

독일은 3D 프린팅을 수행하기 위해 간편하게 연결할 수 있는 사물인터넷 기술 플랫폼에서 다른 주요 선진국보다 훨씬 앞서 나가고 있다. 앞서 언급했듯이 독일은 전력의 20퍼센트를 분산형 재생에너지로 생산하겠다는 목표를 이미 달성했고, 2020년까지 재생에너지로 전기의 35퍼센트를 생산할 것으로 예상한다.[32] 또한 지난 십 년 동안 100만 개의 건물을 부분적인 녹색 미니 발전소로 전환했다. 이온(E.ON)과 여타의 전력 및 공익사업 회사들은 현재 송전 그리드 전반에 수소 저장 기술이나 여타의 에너지 저장 기술을 도입하고 있다. 도이치텔레콤은 자국 내 여섯 지역에서 에너지 인터넷을 테스트하고 있으며, 다임러는 2017년 출시할 연료전지 자동차의 상용화에 대비해 독일 전역에 수소 연료 충전소 네트워크를 구축하고 있다.[33]

독일 전역의 사물인터넷 인프라에 연결될 수 있기 때문에 그들의 3D 프린터는 새로운 사물인터넷이 안겨 주는 효율성 및 생산성의 잠재력을 활용할 수 있다. 그럼으로써 독일의 정보화제조는 미국을 뛰어넘을 것이다. 미국의 3D 프린팅 사업체들은 생산성 역량이 정점을 찍은 지 오래인 2차 산업혁명의 비효율적이며 구시대적인 인프라 안에서 표류하고 있기 때문이다.

독일의 중소 규모 엔지니어링 회사는 정밀기계 분야에서 오랫동안 세계 최고로 인정받고 있다. 3D 프린팅의 발전을 이끌 이상적인 조건을 갖춘 셈이다. 열 개 회사는 이미 앞서 나가고 있다. 바이에른에 위치한 에오스(EOS)와 콘셉트레이저(Concept Laser)는 3D 프린팅 분야에서 세계 최고 기업에 속한다.[34] 3차 산업혁명 인프라로 전환하는 독일의 접근 방식은 수직적이면서 동시에 수평적이다. 사물인터넷의 구현은 상의하달식 체제에 의존하면서도 건물의 미니 발전소 전환과 마이크로그리드 설치, 전자 이동성 차량의 도입은 지역공동체가 추진하게 하고 있다는 이야기다.

하지만 제조자 인프라가 가장 순수한 형태로 진화하는 곳은 개발도상국이다. 인프라가 부족하고 자금 조달이 불규칙하며 기술적인 전문 지식이나 도구, 기계 등이 사실상 전무한 가난한 도시 변두리, 외딴 마을, 시골 현장은 3차 산업혁명의 제조자 인프라 구축이 절실한 환경이다. 그들에게 3D 프린팅이 기회를 제공하는 것이다.

미국 위스콘신 대학교 출신으로 프린스턴 대학교에서 핵융합 에너지 박사 학위를 취득한 마르친 야쿠보우스키는 사회적 책임 의식에서 동기를 부여받는, 그 수가 늘고 있는 젊은 발명가 중 하나이다. 야쿠보우스키를 위시한 젊은 과학자들은 세계 어느 곳에서나 3차 산업혁명 제조자 인프라를 구축하기 위해 3D 청사진을 모으기 시작했다. 야쿠보우스키는 다소 간단한 질문에서 출발했다. 지속 가능한 양질의 삶을 영위하기 위해 모든 공동체에서 필요로 하는 재료나 기계는 무엇일까? 오픈소스 적정기술을 열정적으로 지지하는 야쿠보우스키와 그의 팀은 농사를 짓고 거주지를 조성하며 사물을 제조하는 데 쓰이는, "트랙터에서 빵 굽는 오븐, 전기회로 제조기 등까지 현대적 삶을 유지하기 위해 꼭 필요한 50가지 일상 도구"를 선정했다.[35]

야쿠보우스키 팀은 생산도구에 초점을 맞춘다. 지역에서 구할 수 있는 (주로 고철인) 공급원료를 사용해 50가지 기계를 모두 출력할 수 있는 오픈소스 소프트웨어를 창조하는 것이 이 팀의 목표이다. 그렇게 모든 공동체에 "지구촌 건설 세트"를 제공해 공동체 나름대로 3차 산업혁명 사회를 구축하도록 돕는다는 것이다.

농부와 엔지니어가 함께하는 야쿠보우스키의 오픈소스 생태계 네트워크는 지금까지 3D 프린팅을 이용하여 그 50가지 기계 중 여덟 개 시제품을 제작했다. "불도저와 회전식 경운기, 미니 트랙터, 굴착기, 범용 로터, 드릴 프레스, 다목적 철제품 제작기, 그리고 정확한 판금 작업을 위한 CNC 토치 테이블, 이렇게 여덟 개이다."[36] 3D 프린터로 기계를 출력하기 위한 모든 디자인과 관련 설명은 누구나 복제할 수 있게 그룹 웹사이트에 오픈소스로 공개된다. 팀은 현재 추가로 선보일 여덟 가지 원형 기술을 연구하고 있다.

고철 따위로 현대 문명을 처음부터 다시 건설하는 것은 이전 세대가 상상할 수도 없었던 일이다. 오픈소스 생태계가 현대 경제를 위한 모든 기계들의 생태계를 창조할 수 있도록 통합적이고 체계적으로 접근하는 동안, 다른 3D 프린팅 그룹은 오픈소스 3D 프린팅 디자인의 보고가 되기 위해 움직이고 있다. 어프로피디아(Appropedia), 하우투피디아(Howtopedia), 프랙티컬액션(Practical Action) 등이 여기에 포함된다. 이들이 보관하는 오픈소스 디자인을 이용하면 DIY 활동가들은 3차 산업혁명 경제 구축에 필수적인 전 기종의 기계를 출력할 수 있을 것이다.[37]

농사와 건축, 제조 등에 필수적인 도구와 기계를 3D 프린팅 하는 것 자체는 그리 유용하다고 할 수 없다. 그것이 진정으로 유용해지려면 전력 인프라에 연결되어야 한다. 3D 제조자 운동이 3D 제조자 경제의 모든 '사물'을 에너지 인터넷에 연결할 때 비로소 진정한 혁명이 일어나며, 그럼으로써 경제 패러다임이 변모하는 것이다. 3D 프린터로 출력된 사물이 에너지 인터넷에 연결되면 각 공동체에 미니 사물인터넷 인프라가 구축된다. 이 인프라는 노드별로 뻗어 나가 지역 전반의 인근 공동체와 연결된다.

지역 에너지 인터넷인 마이크로그리드는 세계에서 가장 외진 지역의 공동체들에 이미 설치되고 있으며, 해당 지역의 경제 발전 양상을 하룻밤 사이에 바꿔 놓고 있다. 2012년 7월, 주로 시골 지역에 사는 4억 명이 여전히 전기 없이 생활하고 있던 인도에서는 마이크로그리드에 큰 관심이 쏠렸다. 인도 역사상 최악의 정전 사태가 발생한 시기로 7억 명이 한동안 암흑 속에서 살아야 했다. 국가의 상당 부분이 공황 상태에 빠져 있을 때, 라자스탄의 한 작은 시골 마을에서는 꺼지는 전깃불 하나 없이 여느 때와 마찬가지로 생활하고 있었다. 새로 장만한 텔레비전과 DVD 플레이어, 버터밀크 기계, 선풍기 등이 그대로 켜지고 작동했다. 모두 녹색 마이크로그리드 덕분이었다.

캘리포니아 대학교 졸업생인 스물두 살의 사회적 기업가 야쉬라즈 카이탄과 동료 제이컵 디킨슨이 운영하는 작은 스타트업 그램파워(Gram Power)가 불과 몇 달 전 인도의 첫 스마트 마이크로그리드를 작은 마을 카레다 라크슈미푸라에 설치했다. 이 지역의 전력 마이크로그리드는 벽돌로 지은 변전소에 연결된 일단의 태양열 패널로부터 동력을 공급받는다. 변전소 안에는 밤 동안, 혹은 구름 낀 날을 대비해 전기를 저장할 수 있는 배터리가 있다. 작은 컴퓨터가 데이터를 자이푸르에 있는 그램파워 사무실로 전송한다. 나무 기둥에 걸린 전선을 통해 변전소에서 마을의 수십 개 가정으로 보내진 녹색 전기가 200명이 넘는 주민에게 제공된다. 각 가구에는 스마트 계량기가 설치되어 있어 얼마나 많은 전기를 사용하는지, 또 시간대별로 전기료가 어떻게 다른지 사용자에게 알려 준다.[38] 녹색 전기는 인도의 전국 송전망이 제공하는 전기보다 가격이 훨씬 싸다. 따라서 대기를 심하게 오염시키는 등유를 태우지 않아도 된다. 인도 전역에 흔한 호흡기 및 심장 질환의 원인이 바로 이 등유 연소로 인한 대기오염이다.

《가디언》이 인터뷰한 이 마을의 한 주부는 전기가 마을 사람들의 생활에 미친 변화에 대해 이렇게 이야기한다. "이제 아이들이 밤에도 공부할 수 있다. 전에는 마치 정글에서 사는 것 같았지만 이제는 우리가 정말

사회의 일원이 된 것처럼 느껴진다."[39]

2011년 NASA가 선정한 세계 10대 친환경 기술 혁신자(Clean Tech Innovator) 중 하나이기도 한 그램파워는 지금까지 열 곳의 마을에 마이크로그리드를 설치했고, 2014년 말까지 4만 명의 주민들에게 추가로 녹색 전기를 공급할 수 있으리라 기대한다.[40] 또한 지열과 바이오매스 등 현지에서 구할 수 있는 다른 종류의 재생에너지도 고려하고 있다. 120곳 마을에 추가로 마이크로그리드를 설치하기 위해 현재 인도 정부와 협상 중이며, 이 일이 성사되면 10만이 넘는 가구에 전기를 공급하게 된다.[41]

그램파워는 인도 시골 전역에 전기를 보급하기 위해 마을마다 녹색 마이크로그리드를 설치하도록 돕는 여러 스타트업 중 하나이다. 허스크파워시스템(Husk Power System)은 인구의 85퍼센트가 전기 없이 살아가는 인도 비하르 주에 위치한 스타트업이다. 왕겨를 이용해 생성한 바이오매스를 태워 아흔 곳의 지역 발전소를 가동한다. 발전소는 마이크로그리드를 사용해 4만 5000가구에 전기를 전송한다. 100가구 정도의 마을에 마이크로그리드를 설치하는 데 일반적으로 약 2500달러의 적은 비용이 든다. 단 몇 년 이내에 공동체는 투자금을 회수할 수 있으며, 이후 매 킬로와트를 추가로 발전하고 전송하는 한계비용은 거의 제로가 된다.[42]

지역 마이크로그리드는 온라인으로 구현되므로 서로 연결될 뿐 아니라 지역 네트워크를 창출하고 결국에는 전국 전력 그리드에까지 연결된다. 그렇게 되면 중앙집권식 전력 구조가 분산되고, 협력적이며 수평적으로 규모를 확대한 전력 네트워크로 변모하는 것이다. 마이크로그리드는 2018년까지 전 세계 재생에너지 발전의 75퍼센트가 넘는 수익을 차지할 것으로 예상된다.[43]

지역에서 발전하는 재생에너지가 마이크로그리드를 통해 공급되는 과정이 개발도상국의 가장 빈곤한 지역들로 계속 확산되면, 3D 프린터

를 작동하는 데 필수적인 전기가 세계 도처에 공급된다. 결국 지속 가능
한 21세기형 자급자족 공동체를 설립하는 데 필요한 도구와 기계를 세
계 전역에서 생산할 수 있게 된다는 의미다.

신간디주의 세상

인도와 전 세계에 이는 변혁의 바람을 보면서 나는 마하트마 간디가
칠십여 년 전에 보여 준 통찰력을 반추하지 않을 수 없다. 경제 비전을
묻는 질문에 간디는 이렇게 답했다. "물론 대량생산이다. 하지만 집단에
기초하는 게 아니라, … 사람들 각자의 집에서 이루어지는 대량생산을
말하는 것이다."[44] E. F. 슈마허는 간디의 개념이 "대량생산이 아니라 대
중 생산"이라고 요약했다.[45] 간디는 계속해서 자신이 그리는 경제 모델
의 개요를 설명했는데, 이는 그가 처음 피력했을 당시보다 오늘날 인도
를 포함한 모든 세계에 훨씬 더 적절해 보인다.

간디의 관점은 당대의 통념을 거슬렀다. 정치인과 재계 리더, 경제학
자, 교수, 그리고 일반 대중이 산업화 생산의 미덕을 극찬하던 시대에 간
디는 "헨리 포드의 논리 뒤에는 엄청난 오류가 있다."라며 이의를 제기
했다. 간디는 경제력을 중앙집권화하고 시장을 독점하려는 관성의 수직
통합형 사업체가 행하는 대량생산은 인류에 비참한 결과를 안겨 줄 것
이라 믿었다.[46] 그는 다음과 같이 경고했다.

불행한 상황이 전개될 것이다. … 수없이 많은 지역에서 물건이 생산되
겠지만 권력은 선택받은 하나의 중심에서 나올 것이다. … 하나의 특정 기
관에 그런 무한한 권력이 주어진다는 것은 생각하기조차 두려운 일이다. 그

런 식의 권력 집중은 결과적으로, 예컨대 빛과 물, 심지어 공기에 대해서까지도 우리가 그 권력에 의존하게 만들 것이다. 정말 끔찍한 일이다.[47]

간디는 대량생산이 보다 적은 비용과 노동력으로 보다 많은 재화를 생산하기 위해 갈수록 정교한 기계를 사용하게끔 설계되어 있다는 사실을 간파했다. 동시에 그는 대량생산의 구조적 논리로부터 스스로 성공 가능성을 제한하는 본질적 모순을 간파했다. 간디는 추론했다. "만약 모든 나라가 대량생산 체제를 채택하면 생산물을 판매할 시장이 부족해질 것이다. 그러면 대량생산은 종막을 맞이할 수밖에 없다."[48]

카를 마르크스와 존 메이너드 케인스, 바실리 레온티예프, 로버트 하일브로너, 그리고 여타 저명한 경제학자들처럼, 간디 역시 효율성과 생산성에 대한 자본주의자들의 욕망이 고집스럽게 인간 노동력을 자동화 시스템으로 대체하려 할 것이고, 결과적으로 점점 더 많은 사람들을 실업으로 내몰아 생산된 상품을 살 만한 구매력이 없는 상태로 만들 것이라고 주장했다.

간디가 대안으로 제안한 것은 대중이 자신의 집과 이웃에서 행하는 지역 생산이었다. 간디는 그것을 "스와데시"라고 칭했다. 스와데시를 뒷받침하는 개념은 "사람을 일이 있는 곳으로 보내는 게 아니라 일을 사람에게 가져오는 것"이었다.[49] 간디는 수사적으로 물었다. "개인 생산을 수백만 배 증식하면, 그 역시 엄청난 규모의 대량생산이 아닌가?"[50] 간디는 "생산과 소비가 재결합해야 한다."라고 열렬하게 믿었다.(오늘날 "프로슈머"라고 부르는 바로 그것이 아니던가.) 또한 이를 실현하는 유일한 방법이 대부분의 생산을 지역에서 행하고 생산품의 전부는 아니어도 상당 부분을 지역에서 소비하는 것뿐이라고 믿었다.[51]

간디는 1차 및 2차 산업혁명을 지배하는 권력관계를 예리하게 주시했다. 영국의 산업 기계가 인도 아대륙을 가득 채우며 부유한 엘리트 계층과 성장세를 타던 중산층의 소비 욕구를 충족하기 위해 인도의 풍부한 천연자원을 집어삼키고 주민들을 궁핍에 몰아넣는 것을 목격했다. 권력이 정상에 집중된 글로벌 산업 피라미드의 맨 밑바닥에서 수백만의 동포가 고통스러워하는 것을 지켜봤다. 간디가 중앙집권적 자본주의 시스템을 비난한 것은 매우 당연했다.

간디는 소련이 실험하던 공산주의에도 똑같이 환멸을 느꼈다. 입으로는 공동 연대 원칙을 강조하면서도 산업화 과정에서는 자신의 적인 자본주의자들보다 훨씬 더 엄격한 중앙집권적 통제를 행사했기 때문이다.

커뮤니케이션·에너지·운송 모체가 모든 문명에서 경제력이 조직되고 분산되는 방식을 결정한다는 개념을 간디가 의식적으로 분명히 밝힌 적은 결코 없다. 하지만 그는 (자본주의 체제의 보호 아래서든 사회주의 체제의 보호 아래서든) 사회의 산업 조직이 일련의 표준적 가정을 동반한다는 것을 직감했다. 이 표준적 가정은 생산과 유통 과정의 중앙집권적 통제, 인간 본성의 공리주의적 개념 옹호, 소비 자체를 목적으로 한 보다 많은 물질 소비의 추구 등을 포함한다. 반면 그의 철학은 자급자족하는 지역공동체의 분권적인 경제적 생산, 산업 기계 노동 배제 및 수공예 노동 추구, 물질주의적 추구가 아닌 도덕적이고 정신적인 탐구로서의 경제생활 구상 등을 강조했다. 만연하는 경제적 착취와 탐욕에 대한 간디의 해결책은 공동체에 대한 이타적 헌신이었다.

간디가 생각한 이상적인 경제는 지역 마을에서 시작해 세상 밖으로 뻗어 나갔다. 그는 다음과 같이 썼다.

내가 생각하는 '스와라지' 마을 개념은 완전한 공화제를 유지하며 필수적인 것에 대해서는 이웃으로부터 독립하지만 의존이 불가피한 다른 많은

것에 대해서는 상호 의존하는 공동체를 뜻한다.[52]

간디는 피라미드형으로 조직된 사회 개념을 지양하고 스스로 "대양의 원(oceanic circles)"이라 칭한 개념을 지향했다. 개인이 모인 공동체들이 더 넓은 공동체 안에서 원처럼 구성되면 이것이 동심원을 그리는 물결처럼 점점 퍼져 나가 전 인류를 감싼다는 개념이었다.

독립은 맨 아래부터 시작되어야 한다. … 모든 마을은 자급자족해야 하고 자체의 사안을 관리할 수 있어야 한다. 전 세계로부터 스스로를 방어할 수 있을 정도까지 말이다. … 이는 이웃 또는 세계에 대한 의존이나 그들의 호의적인 도움을 배제한다는 뜻이 아니다. 자유롭고 자발적인 상호작용을 지향한다는 의미다. … 무수히 많은 마을로 구성되는 이러한 구조는 계속 확대되어 나가는 동심원은 될지언정 결코 상승하지는 않는다. 이 구조 속의 삶은 바닥이 꼭대기를 지탱하는 피라미드 형태가 아니라 개인이 중심인 대양의 원 형태가 될 것이다. … 그러므로 가장 바깥쪽 둘레는 내부의 원을 무너뜨리기 위해 권력을 휘두르지 않을 것이다. 내부의 원 모두에 힘을 나눠 줄 것이고 그렇게 함으로써 스스로의 힘도 얻을 것이다.[53]

이런 비전을 옹호하며 간디는 고전파 경제 이론과도 거리를 두었다. 시장에서 사리사욕을 추구하는 것이 각 개인의 본성이고 "개인이 염두에 두는 것은 사실 자신의 이익이지 사회의 이익이 아니다."라고 한 애덤 스미스의 주장을 간디는 결코 받아들일 수 없었다.[54] 간디는 공동체의 이익이 개인의 사리사욕을 대체하는 도덕적인 경제를 믿었고 이보다 못한 것은 무엇이든 인류의 행복을 저해한다고 주장했다.

간디에게 행복은 개인이 축적한 부에서 찾을 수 있는 게 아니라 동정과 공감의 삶에서 찾을 수 있는 무엇이었다. 그는 다음과 같이 제안하기까지 했다. "참된 행복과 만족감은 … 증식에 있는 게 아니라 의도적이고 자발적으로 욕심(원하는 것 혹은 필요로 하는 것)을 줄이는 데 있다." 그렇게 함으로써 타인과의 유대에 좀 더 헌신하는 자유로운 삶을 누릴 수 있다는 것이었다.[55] 간디는 또한 자신의 행복 이론을 지구에 대한 책임감에 결부했다. 지속가능성이 유행하기 거의 반세기 전에 간디는 선언했다. "지구는 모든 사람의 필요를 충족할 만큼 충분히 주지만, 모든 사람의 탐욕을 충족할 만큼 충분히 주진 않는다."[56]

간디가 이상적으로 생각한 경제는 3차 산업혁명 및 거기에 동반하는 협력의 시대와 철학적인 면에서 상당히 흡사하다. 자급자족하는 마을 공동체들이 점점 늘어나고 물결처럼 퍼져 나가면 보다 넓은 대양의 원이 형성되어 결국 모든 인류를 감싸게 된다는 간디의 견해는, 공동체 마이크로그리드가 3차 산업혁명 경제 패러다임 안에서 점점 더 분산적이고 협력적이고 수평적이 되는 네트워크에 연결되는 양상을 연상시킨다. 시장에서 개인의 이익을 자율적으로 추구하기보다는 공유 공동체 안에서 최적화하는 관계를 행복으로 보는 간디의 생각은 협력의 시대를 특징짓는 양질의 삶에 대한 새로운 꿈을 반영한다. 마지막으로 고유한 가치를 지닌 한정된 자원인 자연이 약탈이 아닌 관리의 대상이라는 간디의 신념은, 모든 개개인의 삶은 궁극적으로 그 자신이 (우리 모두가 살고 있는 생물권에) 남기는 생태발자국의 영향으로 평가할 수 있다는 새로운 깨달음과 일맥상통한다.

수평적 경제의 힘을 옹호하는 한편 지구환경 자체가 지구상 모든 생명체의 존립을 지원하는 포괄적 공동체라는 사실을 이해하면서도, 간디는 자신의 '지역 경제력' 철학을 방어하지 않을 수 없었다. 커뮤니케이션·에너지·운송 모체가 상업 활동의 중앙집권적 상의하달식 관리와 경제활동의 수직적 통합을 선호하는 산업화 시대였기에 더욱 그랬다. 결국 그런 면에서 간디는 최저 생활을 하는 지역공동체의 전통적인 수공예, 즉 영겁의 시간 동안 많은 인도인을 빈곤과 고립의 수렁 속에 머물게 했던 수공예를 옹호하는, 이치가 닿지 않는 입장을 고수한 셈이 되었다.

간디가 인지하지 못했던 것은 자본주의 시스템의 핵심에 훨씬 더 깊은 모순이 자리 잡고 있으며 결국 그 모순이 그가 옹호한 분산적이고 협력적이며 수평적으로 규모를 확대하는 경제를 실현시켜 줄 것이라는 점이었다. 다시 말해서 변함없이 새로운 기술을 추구함으로써 효율성과 생산성이 증가해 한계비용이 제로 수준으로 낮아지면 많은 재화와 서비스가 잠재적으로 무료가 되고 풍요의 경제가 실제로 가능해진다는 점을 간파하지 못한 것이다.

자본주의의 이상적 생산성의 최적점인 제로 수준 한계비용이 새로운 커뮤니케이션 기술과 새로운 에너지 체제, 그에 수반하는 생산 및 유통 모델의 도입으로 실현될 수 있다는 사실을 알았더라면 간디 역시 엄청나게 놀랐을 것이다. 이 생산 및 유통 모델은 분산적이고 협력적인 방식으로 조직되고 피어투피어를 통해 수평적으로 규모가 확대됨으로써 수백만 명을 프로슈머로 만든다. 이는 간디가 구상했던 '대중 생산' 개념과 다르지 않다.

오늘날 사물인터넷 인프라는 간디주의 경제 비전을 발전시킬 수 있는 수단을 제공해 수억 명의 인도인이 극빈에서 벗어나 지속 가능한 양질의 삶을 누릴 수 있도록 돕는다. 선한 경제를 향한 간디의 탐구는 사물인터넷이 도입되고 내재화되면 인도뿐 아니라 공정하고 지속 가능한 미래를 찾는 전 세계 모든 개발도상국에서 설득력 높은 새로운 내러티브로 제 역할을 할 것이다.

7

개방형 온라인 강좌와
한계비용 제로 교육

풍요가 희소성을 대신하는 한계비용 제로 사회는 우리에게 익숙한 세상과 전혀 다르다. 자본주의 시장이 부수적인 역할만 하는 협력적 공유사회 시대에 학생들을 준비시키려면 교육과정 자체를 재고할 필요가 있다. 이미 교수법이 근본적인 점검을 받기 시작했다. 교육 재원 조달과 교육 수행 방식도 마찬가지다. 개방형 온라인 강좌와 함께 시작된 한계비용 감소 현상은 불과 이 년 사이에 고등교육 구조에 깊숙이 침투해 수백만 학생이 대학 학점을 취득하는 한계비용을 제로 수준에 가깝게 만들고 있다.

자본주의 시대는 학생들을 전문적인 산업 노동자로 키우도록 설계된 수업 모형을 신성시했다. 교실은 공장의 축소판으로 변모했다. 학생들은 마치 기계처럼, 명령에 따르고 반복에 의해 습득하고 효율적으로 과제를 수행하도록 길들여졌다. 교사들은 공장 감독과 유사한 역할을 수행하며 주어진 시간 안에 정해진 정답을 요구하는 표준화된 과제를 학생들에게 할당했다. 학습은 각각 고립된 부문으로 구분되었다. 교육은 유용하고 실용적이어야 마땅하다고 여겨졌으며, 그럼으로써 '원리'보다는 '방법'을 논하는 데 중점을 두었다. 목표가 생산적인 종업원을 만들어 내는 것이었기 때문이다.

20억 학생이 수업받는 하나의 교실

자본주의 시대에서 협력의 시대로의 이행은 교실에서 이루어지는 교수법을 변화시키고 있다. 권위주의적인 상의하달식 수업 모형이 보다 협력적인 학습 경험에 자리를 내주기 시작했다. 더불어 교사는 강사에서 조력자로 변모하고 있다. 지식 전달보다는 학생들의 비판적인 학습 역량을 키우는 것이 더 중요해졌다. 이제는 학생들에게 전인적으로 생각할 것을 장려하며, 암기보다 탐구의 가치를 더욱 강조한다.

전통적인 산업화 교실에서는 교사의 권위에 의문을 제기하는 것이 엄격히 금지되었으며 학생들이 서로 정보나 아이디어를 공유하는 것은 부정행위로 낙인찍혔다. 아이들은 지식이 권력이자, (졸업과 동시에) 치열하게 경쟁하는 시장에서 남보다 우위에 서기 위해 반드시 갖추어야 하는 소중한 자원이라는 것을 재빨리 알아차렸다.

하지만 협력의 시대에는 학생들이 또래 공동체에서 공유하는 경험을 지식으로 받아들일 것이다. 지식 공유 공동체에서 집단으로 함께 배우는 것이다. 교사는 탐구 사항을 설정하고 학생들이 소그룹을 이루어 협업할 수 있도록 환경을 조성하는 안내자 역할을 한다. 젊은이들이 인터넷상의 다양한 사회적 공간에 참여하며 경험하는 종류의 협력적 창의성을 자극하는 것이 교육 목표이다. 교사의 손에 맡겨졌던 계층적 권력이 학습 공동체 전반에 확립된 수평적 권력으로 변화하는 것은 가히 교수법의 혁명이라 할 수 있다.

전통적인 교실에서는 지식을 객관적이고 분리된 '사실'로 취급하는 반면, 협력적인 교실에서는 지식을 경험에 부여하는 집합적인 '의미'로 여긴다. 협력적인 교실에서는 학생들이 학과목의 분리된 벽을 허물고 보다 통합적인 방식으로 사고하도록 고무한다. 학제 간 연구와 다문화적인 학습 덕분에 학생들은 서로 다른 관점을 편안하게 향유하고 현상들 사이에서 시너지 효과를 찾는 데 더 능숙해진다.

학습을 개인의 독자적 경험으로, 지식을 배타적인 전유물로 보는 발상은 자본주의 환경에서 타당하다고 할 수 있다. 자본주의 환경에서는 인간의 행동 방식도 이와 유사한 조건으로 정의하기 때문이다. 반면 협력의 시대에는, 학습은 크라우드소싱 과정으로 여겨지고, 지식은 대중의 공유재로서 누구나 이용할 수 있는 것으로 취급되며, 인간의 행동 방식은 본질적으로 대단히 사회적이고 상호적이라는 새로운 정의가 반영된다. 결국 권위적인 학습 환경을 보다 수평적인 학습 환경으로 전환하는 것, 그것이 바로 오늘날의 학생들을 미래의 협력적인 경제에서 보다 잘 살고 일하고 자라도록 준비시키는 길이다.

현재 세계 전역의 학교와 공동체 다수에서 새로운 협력적 교수법을 적용하고 실행에 옮기고 있다. 학생들을 사적 공간인 전통적인 갇힌 교실에서 해방하고 가상공간과 공공 광장, 그리고 생물권의 개방된 공유 사회에서 배우게 하는 교육 모델이 설계되고 있다.

전 세계의 교실들이 스카이프나 여타 프로그램을 통해 실시간으로 연결되고 있으며 공동 과제를 놓고 협력하고 있다. 수천 킬로미터나 떨어진 학생들이 가상공간에서 팀을 이루어 함께 공부하고 발표하고 토론하고 성적까지 받는다. 글로벌 협력적 교실이 빠르게 현실화되고 있는 셈이다. 무료 온라인 공동체인 스카이프인더클래스룸(Skype in the Classroom)은 이미 글로벌 교실 프로젝트에 6만 447명의 교사를 등록했고, 전 세계 100만 교실을 연결한다는 목표를 향해 나아가고 있다.[1]

또 다른 인터넷 학습 환경인 콜레버러티브클래스룸(Collaborative Classrooms)은 수천 명의 교사가 온라인으로 교과과정을 함께 만들고 가장 좋은 교안을 (무료로) 나누는 글로벌 교육 공유사회이다. 현재 11만 7000명이 넘는 교사가 오픈소스 교과과정을 공유하며 학습 공동체를 국경 없는 글로벌 교실로 불러 모으고 있다.[2]

학습 경험은 이제 밀폐된 교실에서 인터넷 가상공간으로 순간이동하고 있을 뿐 아니라 공공 광장을 형성하는 주변 이웃에도 스며들고 있다. 오늘날 미국의 경우 초등학생부터 대학생까지 수백만 학생이 공동체에서 이루어지는 '봉사 학습(service learning)'에 참여하고 있다. 봉사 학습은 공식 교육을 시민사회 참여 의식과 결합한 것이다.

봉사 학습은 학습이 결코 혼자 하는 게 아니라 궁극적으로 경험을 공유하고 협력하는 모험이며 이는 사람들이 실제로 살아가고 일하는 공동체에서 가장 잘 체험할 수 있다는 가정에 입각한다. 학생들은 대개 그들이 속한 공동체의 이익을 위해 봉사하며 배울 수 있는 비영리단체에서 자원봉사를 한다. 경험을 바탕으로 한 학습은 학생들의 시야를 넓혀 준다. 단지 사익을 증진하기 위해 사유 지식을 축적하는 것이라기보다는 공동체를 지향하는 것으로 학습을 인식하게 된다.

특정 외국어를 사용하는 이민자가 많이 거주하는 이웃 [공동체]에서 봉사하면 학생들은 그 언어를 배울 수도 있다. 사회 수업에서 빈곤의 역학에 대해 배우고 있다면 푸드뱅크(food bank)*나 노숙인 쉼터에서 자원

---

* 개인이나 식품 제조업체에서 식품을 기부받아 소외 계층에 지원하는 복지 서비스 단체임.

봉사를 할 수도 있다. 미국 워싱턴 주 쇼어라인 소재 아인슈타인 중학교에서 필수과목인 사회, 영어, 수학, 과학을 담당하는 네 명의 교사가 8학년(중등 2학년) 학생 120명을 학제 간 협력 봉사 학습 프로젝트에 참여시켜 빈곤과 노숙 문제를 함께 연구했다. 사회과 교사는 학생들에게 옥스팜 헝거 뱅큇(Oxfam hunger banquet)*을 재연시키는 한편 빈곤선 이하 공동체 거주민을 지원하는 지역단체에서 연사를 초청해 학생들이 빈곤을 둘러싼 복잡한 문제를 숙지할 수 있게 했다. 학생들은 이어서 사회적, 경제적 혜택에서 소외된 공동체를 지원하는 시애틀 시내의 현장 여덟 곳에서 일주일에 한 차례씩 다섯 주 동안 봉사 활동을 했다. 그들은 식사 준비를 돕고 음식 및 여타 필요한 물품을 모아 노숙인들에게 전달했으며, 그 과정에서 그들과 대화를 나누며 개인적 친분을 쌓기도 했다. 영어 시간에는 『슬레이크의 림보(Slake's Limbo)』를 읽었다. 집에서 도망쳐 나와 뉴욕 시 지하철 터널에서 살면서 노숙과 배고픔을 체험한 소년의 이야기이다. 수학 시간에는 빈곤의 경제학에 대해 조사했다. 학생들은 거기서 그치지 않고 빈곤의 지역적 측면과 세계적 측면에 관한 보고서를 쓰고, 잡지를 발행했으며, 빈곤과 관련된 주제로 방과 후 전시회를 열어 다른 학생들과 공동체에 선보이기까지 했다.[3]

학습 환경을 공공 공유사회로 확장함으로써 협력적 경험이 더 큰 공동체의 일부가 되고자 하는 갈망과 공감 능력을 타고난 지극히 사회적인 동물이 뜻하는 바의 핵심임을 학생들은 가슴 깊이 이해하게 된다.

공동체 학습 개념은 가상공간의 경계나 주변 이웃뿐만 아니라 생물권의 가장 먼 곳으로도 확대되고 있다. 학생들은 생물권이 인간 공동체는

---

* 국제 구호단체인 옥스팜이 세계 식량 자원 분배의 불균형과 기아에 대한 의식을 높이고자 자원 봉사로 주관하는 행사임.

물론이고 우리와 함께 살아가는 여타의 모든 공동체까지 포함하는 불가분의 공유사회임을 배우고 있다. 산업화 시대의 교과과정은 거의 두 세기 동안 지구는 개발하고 이용하고 가공할 대상이자, 개인의 이익을 위한 사적 소유물이나 생산적 자본이 될 유용한 자원이 비축된 일종의 수동적 저장고라고 묘사해 왔다. 하지만 새로운 협력 시대의 교과과정은 생물권을 지구상 모든 생명이 함께 번성하기 위해 공생 방식으로 작용되는, 무수히 많은 관계로 이루어진 하나의 공유사회로 다시 그리기 시작했다.

그린 만에 위치한 위스콘신 주립 대학교 학생들은 학기 중 두 주 동안 코스타리카 카라라 국립공원(Carara National Park)의 열대 보호 구역에서 체험 학습을 한다. 학생들은 생물학자들과 공원 관리직원들이 참여하는 가운데 그 지역의 동식물상 목록을 만들고 공원의 생태학적 조건을 관찰한다. 학생들은 또한 이런 전문적인 탐구와 더불어 산길 보수와 교량 가설, 생물학적 현장 기지 구축, 공원 인접 마을에 나무 심기 등과 같은 비숙련 작업에도 참여한다.

이 봉사 학습은 학생들이 열대 생태계의 복잡한 생물학적 역학을 그 중심에서 경험하게 하고, 또 그것을 관리하고 보존하는 데 협조할 수 있는 방안을 강구하도록 설계되었다.[4]

미국의 상당수 고등학교들이 봉사 학습 프로그램을 통해 환경보호에 참여하고 있다. 뉴햄프셔 소재 엑서터 고등학교 학생들은 교내와 인근 지역의 공기 청정도를 추적 조사해 승용차와 버스의 공회전이 공기의 질에 상당한 영향을 미친다는 사실을 알아냈다. 학생들은 조사 결과를 토대로 공동체를 움직여 공회전을 금지하는 정책을 시행케 함으로써 교내와 주변 지역 공기의 질을 향상했다.[5]

이런 사례와 수없이 많은 여타의 환경 관련 봉사 프로그램을 통해 학생들은 인간 활동이 환경에 영향을 미치는 무수한 방식과 피해를 최소화하고 지역 생태계를 건강하게 복원하는 데 필요한 개선 조치에 대해 배우고 있다. 이러한 노력으로 학생들은 생물권 공동체 관리에 대한 개인적 책임감을 느끼게 된다. 코스타리카에 다녀온 한 학생은 봉사 학습 프로그램이 자신의 세계관과 태도에 얼마나 큰 영향을 미쳤는지 다음과 같이 이야기한다.

코스타리카의 열대우림을 보호하고 생물 다양성을 보존하는 것은 지구의 자원을 풍부하고 깨끗하게 유지하는 것과 마찬가지로 지극히 중요한 일이다. 내 행동이 환경에 해가 되지는 않는지 항상 되돌아보고 좋지 않은 영향을 최소화하려고 노력한다.[6]

학습에 대한 환원주의적 접근 방식*은 현상을 분리해 개별화하는 데 토대를 두었던 산업화 시대의 특징 중 하나이다. 그러한 접근 방식이 이제 모든 관련 현상을 더 큰 전체로 묶는 섬세한 관계를 이해하도록 설계된, 보다 체계적인 학습 경험에 자리를 내주고 있다. 세계 전역의 학습 환경에서 학생들을 개방된 생물권 공유사회에서 살아갈 수 있도록 대비시키고 있다. 점점 더 많은 교과과정이 자연과 연결되고자 하는 인간 종의 깊은 생명애(biophilia)를 강조하며 대양과 광활한 대지에 서식하는 다양한 생물체를 학생들이 직접 접하게 하고 있다. 또한 생태계 역학을 가르치고 학생들이 인간 경험을 재구성해 생물권의 필요조건 안에서 지속가능하게 살아갈 수 있도록 돕는다.

이렇듯 새롭고 다양한 교육적 발상 덕분에 학습 경험은 사유재산 관

---

* 복잡하고 추상적인 전체를 기본적인 요소로 설명하려는 사고의 형태임.

계의 폐쇄된 삶을 강조하는 것에서 가상공간과 공공 광장, 그리고 생물권의 개방된 공유사회에서의 삶을 준비시키는 것으로 변하고 있다.

봉사 학습은 지난 이십오 년 사이에 소수의 교육기관이 시행하던 주변부 활동에서 미국 교육과정의 중심 항목으로 성장했다. 칼리지콤팩트 (College Compact)에서 최근 실시한 미국 대학 봉사 학습에 관한 설문조사를 보면 고등교육 기관이 봉사 학습 교과과정에 어느 정도 비중을 두는지, 또 개방된 공유사회 학습이 (학생들이 봉사하는) 공동체에 어떤 영향을 미치는지 어느 정도 알 수 있다. 1100개 대학을 대상으로 한 이 조사에 따르면 전체 학생의 35퍼센트가 봉사 학습 프로그램에 참가하고 있다. 조사 대상 대학의 93퍼센트가 봉사 학습 과정을 제공하고, 50퍼센트는 적어도 하나 이상의 전공에서 봉사 학습을 필수 교과과정의 일부로 정해 놓았다. 2009년 미국 대학생들이 공동체에 봉사한 시간만 따져 봐도 79억 6000만 달러 가치에 해당한다.[7] 미국 내 다양한 지역의 초등학교부터 고등학교까지를 대상으로 한 조사에서는 봉사 학습에 참여한 학생들이 그렇지 않은 학생들에 비해 수업 및 표준 시험 수행 능력은 물론이고 문제 해결 능력과 인지적 복잡성 이해력까지 향상되었다는 인상적인 결과를 볼 수 있다.[8]

전통적인 교실의 쇠퇴

선진국에서 교육은 도로와 대중교통, 우편제도, 의료 서비스처럼 상당 부분이 공공 영역에 속하며, 정부가 관리하는 공공재로 취급된다.

미국의 교육은 약간 예외적이다. 공립 초중등학교가 지배적이지만 비영리 사립학교도 오랫동안 일부를 담당해 왔다. 최근에는 영리 목적의

학교와 특히 차터스쿨(charter school)*도 시장에 진입했다. 고등교육 부문에서는 공립 및 사립 비영리 대학이 우세하며 영리 목적 기관은 적고 그 역할도 미미하다.

하지만 현재 증가하는 고등교육 비용 탓에 수백만 학생들이 학위 취득을 위해 사 년 동안 등록금을 지불하는 일이 갈수록 어려워지고 있다. 엘리트 비영리 대학의 경우 일 년에 5만 달러나 들어가고, 정부가 지원하는 고등교육 기관도 연간 1만 달러가 든다.[9] 학자금 대출을 받을 수 있는 학생도 (정부 보조를 받기는 하지만) 중년기까지 부담을 안고 가야 하는 엄청난 빚 문제에 직면하는 셈이다.

갈수록 늘어나는 비용에 시달리는 대학은 기부금을 유치하고 운영 수익을 확보하기 위해 기업 후원에 점점 의지하는 양상을 보인다. 그 결과 영리 부문이 급식과 거주 및 숙박 시설부터 일반 유지 보수에 이르기까지 보다 많은 부분의 민영화를 요구하면서 고등교육 기관의 독립성을 조금씩 앗아 가고 있다. 캠퍼스에는 《포천》 선정 500대 기업의 로고가 체육관과 강당을 장식하는 등 기업 광고가 넘쳐 난다. 대학 연구 시설을 (특히 자연과학 분야에서) 실험실을 임대하는 기업과 공동관리 하는 경우가 늘고 있다. 기업이 학과와 계약을 맺고 갖가지 기밀 유지 협약 아래 독점 연구를 하는 실태다.

그동안 등록금이 비싸서 부유층 외에는 입학이 배제된 상황에서 지식은 높은 벽에 둘러싸여 있었다. 이러한 상황이 변화의 국면을 맞고 있다. 분산적이고 협력적이며 피어투피어의 힘을 발휘하는 인터넷 혁명이 학계에 거센 분노를 터뜨리며 한때 누구도 함락할 수 없을 것 같았던 (사회

---

* 당국의 규제를 받지 않는 특수학교로 부모와 교사, 지역단체 등이 공동으로 위원회를 구성해 운영함.

영역 전반에 위치한) 그 높은 담을 무너뜨리기 시작했다. 이러한 공세의 추진력은 학계 내부에서도 나오고 있으며, 파고들 틈이 있는 곳이면 어디서든 한계비용을 제로 수준으로 끌어내리는 다면적 기술 혁명의 확고한 논리를 토대로 기세를 높이고 있다.

스탠퍼드 대학교 제바스티안 스런 교수가 2011년 온라인으로 인공지능에 관한 '무료' 강좌를 제공하면서 혁명은 시작되었다. 그가 대학에서 가르치는 과정과 유사한 강좌였다. 그는 대학에서 통상 200명가량의 학생이 자신의 강좌에 등록하므로 온라인 과정은 많아 봤자 2000명 내지 3000명 정도가 등록할 것이라고 기대했다. 하지만 과정이 개설되자 (북한을 제외한) 전 세계 16만 명의 학생이 컴퓨터 앞에 앉았다. 단일 강좌로는 유사 이래 가장 큰 강의실이 형성된 셈이었다. "정말 흥분돼서 어쩔 줄 몰랐다." 스런은 말한다. 온라인 강좌에 등록한 학생들 가운데 2만 3000명이 과정을 마치고 졸업했다.[10]

몇 생애에 걸쳐 가르칠 수 있는 것보다 더 많은 학생을 온라인 환경에서 만난다는 사실에 스런은 몹시 흥분했지만 곧 역설적 상황과 마주쳤다. 스탠퍼드 학생들은 스런이 가르치는 것과 같은 세계 최고 수준의 강좌를 듣기 위해 매년 5만 달러가 넘는 돈을 지불하는 반면, 세계의 모든 잠재적 학생이 들을 수 있는 강좌를 만드는 데는 비용이 거의 들지 않는다는 사실이었다. 스런은 세계 모든 젊은이들에게 최고 수준의 교육을 제공한다는 목표를 세우고 유다시티(Udacity)라는 온라인 대학을 출범시켰다. 특히 온라인이 아니고서는 이런 수준의 교육을 결코 접할 기회가 없는 개발도상국의 가난한 젊은이들을 염두에 두었다. 그렇게 온라인 학습의 물결이 쇄도하기 시작했다.

스런의 온라인 강좌 실험에 동참했던 컴퓨터 공학 분야의 동료 앤드루 응과 대프니 콜러는 얼마 후 코세라(Coursera)라는 영리 목적의 온라인 대학 웹사이트를 개설했다. 유다시티와 대립되는 방식으로 경쟁에 뛰어든 것이다. 자체 과정 개발에 주력하는 유다시티와 달리, 코세라는 몇몇 선두적인 교육기관을 모아 협력적 컨소시엄을 구성해서 세계 최고 수준의 교수들이 강의하는 전체 교육과정을 제공한다.

코세라 설립자들은 우선 펜실베이니아 대학교와 스탠퍼드 대학교, 프린스턴 대학교, 미시간 대학교를 끌어들여 코세라의 비전을 확장하기 위한 학문적 무게를 갖추었다. 얼마 후 코세라의 뒤를 이어 하버드와 MIT가 주축을 이룬 비영리 컨소시엄 에드엑스(EdX)가 등장했다. 이 글을 쓰고 있는 지금 코세라에는 아흔일곱 개 대학이 함께하고 있으며, 에드엑스도 서른 개가 넘는 대학이 참가할 만큼 성장했다. 이 새로운 교육 현상이 바로 1장에서 언급한 바 있는 개방형 온라인 강좌이다.

코세라 모델은 다른 온라인 강좌와 마찬가지로 세 가지 토대를 기반으로 한다. 첫째, 강좌는 해당 교수가 직접 등장하는 오 분 내지 십 분 정도의 동영상으로 구성하며 학습 경험을 더욱 흥미롭고 생생하며 활력 넘치게 만드는 다양한 시각 및 그래픽 효과, 또는 짧은 인터뷰와 뉴스를 포함하기도 한다. 강의를 일시 정지하거나 재생할 수 있어 학생들은 수업 자료를 검토하는 등 자신의 속도에 맞춰 학습할 수 있다. 또한 매 온라인 강의 시간 전에 예습 자료를 제공하고 강의 후에는 해당 주제를 더욱 깊이 공부하고 싶은 학생들이 볼 수 있는 부가 자료도 제공한다.

두 번째 토대는 연습과 숙달이다. 각 동영상이 끝나면 학생들은 뒤에 나오는 질문에 답해야 한다. 시스템은 자동으로 학생들의 점수를 매기고 그들의 학습 상황에 대한 피드백을 즉시 제공한다. 연구에 따르면 이런 식의 쪽지시험은 과정을 힘들여 인내하기보다는 지적인 게임으로 즐기도록 바꾸며 학생들의 참여를 지속시키는 강력한 동기로 작용한다. 매 강의가 끝나면 과제가 주어지고 매주 성적이 나온다. 자동 채점만으로 평가할 수 없는 과정의 경우, 즉 성적을 매기는 데 사람의 관점이 필요한 경우에는 같은 과정에 참여한 동료 학생들이 피어투피어 방식으로 평가해 준다. 학생들 각자에게 서로의 수행에 대한 책임감을 부여하는 것이다.

동료 학생을 평가하면서 배운다는 아이디어는 온라인 학계의 주목을 끌고 있다. 코세라 온라인 대학에서 사회학 입문을 강의하는 프린스턴 대학교 미첼 더나이어 교수는 피어투피어 평가의 정확도를 가늠하기 위해 교수의 평가와 비교하는 실험을 했다. 그와 조교들이 학생 수천 명의 중간고사와 기말고사를 평가한 후 그 성적을 피어투피어 점수와 비교해 보니 0.88의 상관관계가 나왔다. 24점 만점에 동료들이 평가한 점수의 평균은 16.94였고 교수들이 평가한 점수의 평균은 15.64였다. 상당히 근접했다고 할 수 있다.[11]

세 번째이자 마지막 토대는 정치적 경계와 지리적 한계를 뛰어넘어 형성되는 가상공간 및 현실 세계의 스터디 그룹이다. 스터디 그룹은 교수에게서 배우는 것 못지않게 많은 것을 학생들이 서로 가르치며 배우는 글로벌 교실로 이끈다. 에드엑스에 참여한 대학들은 졸업한 동문에게 온라인 멘토나 토론 그룹 리더로 자원해 주길 요청해 스터디 그룹을 늘렸다. 하버드 대학교 그레고리 나지 교수는 전에 자신을 도와 일했던 조교 열 명에게 도움을 청했다. 「고대 그리스 영웅의 개념」이라는 자신의 인기 강좌에 기초한 개방형 온라인 강좌에서 온라인 스터디 그룹의 조력자 역할을 해 달라고 설득한 것이다.[12] 코세라와 에드엑스 과정을 마치면 학생들은 수료증을 받는다.

온라인 학습의 크라우드소싱 접근 방식은 공유사회를 토대로 분산되고 협력적인 피어투피어 학습 경험을 발전시키도록 설계되어 있다. 학생들을 다가오는 시대에 대비시키는 종류의 학습을 말한다. 2013년 2월

현재 196개국 270만에 가까운 학생들이 코세라의 100여 개 강좌에 등록해 있다.[13]

2012년 에드엑스의 첫 강좌에 15만 5000명이 등록했다. 에드엑스 대표이자 전 MIT 인공지능연구소(CSAIL) 소장인 애낸트 아가르왈은 첫 가상 강좌에 등록한 학생의 수가 백오십 년 역사의 MIT 전체 졸업생 수와 거의 같다고 말한다. 그는 십 년 후에는 10억 명을 끌어들일 수 있길 기대한다.[14]

개방형 온라인 강좌의 출범에 참여한 다른 학자들과 마찬가지로 아르가왈은 우리가 전 세계를 휩쓸 교육 혁명의 출발점에 서 있다고 확신한다.

> 이백 년 근현대 교육 역사상 가장 큰 혁신이다. … 교육을 재창조할 것이다. … 전 세계적으로 대학에 변혁을 가하고 교육을 민주화할 것이다.[15]

어떻게 이런 가상 학습 경험을 전통적인 강의실에서 나오는 지적 열정과 비교할 수 있을까? 《가디언》 기자 캐럴 캐드월러더는 개방형 온라인 강좌에 관한 기사를 준비하며 겪은 자신의 경험을 들려준다. 캐드월러더는 세계 도처에 있는 3만 6000명 가상공간 학우들과 함께 코세라 강좌의 하나인 「유전학과 진화 입문」에 등록했다. 비디오 강의 자체는 그리 흥미롭지 않았다고 그녀는 말한다. "정말 놀라웠던 순간"은 온라인 클래스 포럼에 들어갔을 때였다. 그녀는 다음과 같이 썼다.

> 굉장한 교류였다. 수천 명이 우성 돌연변이와 재조합에 대해 묻고 답하고 있었다. 또 스터디 그룹이 즉석에서 만들어졌다. 콜롬비아에서, 브라질에서, 러시아에서. 스카이프를 이용하는 스터디 그룹이 있는가 하면 실제로

만나는 스터디 그룹도 있었다. 또 학생들은 얼마나 성실한지 모른다!

캐드월러더는 말한다. "만약 당신이 가르치는 일에 약간은 환멸을 느끼고 있는 교사라면, 혹은 그런 사람을 안다면, 코세라에 가 보거나 가 보게 하라. 그곳에서는 정말 배움에 목마른 사람들을 만날 수 있다."[16]

개방형 온라인 강좌를 향한 학생들의 열정이 높아지고는 있지만, 사실상 과정을 끝마치고 시험에서 합격점을 받는 참가자는 전통적인 강의실에서 수업받는 학생들보다 상당히 적다는 사실을 교육 전문가들은 발견했다. 최근 한 연구에 따르면 온라인 과정을 듣는 학생 중 32퍼센트가 낙제점을 맞거나 중도에 그만둔다고 한다. 전통적인 교실에서는 그런 경우가 19퍼센트밖에 발생하지 않는다. 교육 전문가들은 저조한 완수율의 이유 몇 가지를 찾았다. 가장 큰 이유로 고립감을 꼽는다. 실제 강의실에서는 다른 학생들과 함께함으로써 공동체 의식이 창출되고 집단에서 뒤처지지 않고 보조를 맞추도록 동기가 부여된다. 학생들은 학업에 대해서 도움을 주고받을 뿐 아니라 학업의 지속과 관련해서도 서로 돕고 격려한다. 연구 결과를 보면 개방형 온라인 강좌 학생들은 대개 자정에서 새벽 2시 사이에 수업을 듣는 것을 알 수 있다. 보통 피곤해서 강의에 집중하기 어려운 시간대이다. 또 집에서 온라인 강의를 듣는 학생은 쉽게 산만해져 간식을 찾아 부엌에 가거나 집 안 곳곳에 있는 오락거리를 찾아 컴퓨터 앞을 떠나기가 쉽다.

개방형 온라인 강좌에 참여하는 대학들은 이런 고립감 문제를 해소하기 위해 이른바 '혼합형 강좌'라는 것을 제안하고 있다. 온라인 강좌에 등록한 학생을 실제 강의실에서 이루어지는 프로젝트에 참여시켜서 다른 학생들 및 교수진과 교류할 기회를 만드는 것이다. 캠퍼스에서 이루어지는 한정된 수업 기간이 추가되는 특화된 개방형 온라인 강좌를 들는 학생이 온라인으로만 참여하는 학생에 비해 학업 성적이 크게 향상되었다는 새로운 연구 결과가 나왔다.

개방형 온라인 강좌의 동기부여도가 낮은 또 다른 이유는 초기에는 성적과 '수료증'만 제공했기 때문이다. 하지만 2013년부터 학점도 인정해 주기 시작했다. 코세라는 미국 내 10대 공립대학과 제휴해 무료 온라인 강좌에서 취득한 학점을 인정해 줌으로써 공공 교육기관에 다니는 125만 명이 넘는 학생이 온라인 학습을 이용할 수 있게 만들었다. 참고로 온라인 강좌에 참여하는 일부 대학은 캠퍼스 안에서 감독관 입회하에 실시하는 시험을 치러야만 학점을 인정해 주고 있다. 앞으로 참여 대학의 교수들에게는 수업 횟수를 추가하는 식으로 온라인 강좌를 특화할 수 있는 선택권이 주어질 것이다. 성공적으로 과정을 마쳤을 때 부여받는 학점은 성적 향상과 과정 완수에서 중요한 동기로 작용했다.

스탠퍼드 대학교의 강좌 하나를 온라인에 올리는 데 대략 1만 달러에서 1만 5000달러의 비용이 소요된다. 비디오 콘텐츠가 포함된 강좌는 그 두 배가 든다. 하지만 강좌를 학생들에게 전달하는 한계비용은 주파수 대역폭 이용료뿐이며 거의 제로 수준이다.(이 한계비용은 1인당 3달러에서 7달러 사이로 스타벅스에서 커피 한 잔과 쿠키 한 개를 사 먹는 비용과 같은 수준이다.)[17]

그렇다면 온라인 대학들은 개방형 온라인 강좌를 개설하는 데 드는 고정비용을 어떻게 지불할까? 코세라의 경우 참여 대학은 플랫폼 사용료로 학생 1인당 8달러 정도를 코세라에 지불하고, 강좌를 듣는 학생은 1인당 30달러 내지 60달러를 추가로 지불한다. 거의 무료나 다름없다.[18] 이와 대조적으로 전형적인 공립 고등교육 기관인 메릴랜드 대학교는 강좌마다 주(州) 내 학생에게는 870달러, 주 밖에서 온 학생에게는 약 3000달러를 부과한다.[19] 흥미롭게도 교육 전문가들은 개방형 온라인 강좌를 듣는 학생 가운데 과정 참여와 시험 통과를 증명하기 위해 아주 적은 명목상 수

업료라도 지불한 이들이 과정을 끝마칠 가능성이 훨씬 높다는 사실을 발견했다.[20] 개방형 온라인 강좌 대학 컨소시엄은 유료 '프리미엄 서비스'를 제공할 계획도 구상하고 있다. "기업의 인사 담당자에게 최우수 학생들을 접촉할 기회를 제공하고 비용을 청구하는 방식"도 논의 중이다.[21]

세계 최고의 대학들은 사실 지금 도박을 하고 있는 셈이다. 개방형 온라인 강좌를 통해 '스타' 교수진이 세계 도처에 소개되면 가장 뛰어나고 명석한 학생들이 지원서를 들고 입학처로 몰려들 것이라는 기대를 걸고 말이다. 동병상련의 영리 분야에서 그러하듯 대학들도 수백만 학생들에게 무료 온라인 강좌를 제공함으로써 그들의 극히 일부라도 자신들의 대학 캠퍼스로 끌어들여 이윤을 확보하길 바란다. 그들의 이론적 해석은 다음과 같다. "지적인 선물을 무료로 배포함으로써 평소에는 그런 교육을 꿈꿀 수 없었던 수백만 학생들에게 온라인으로 혜택을 주는 한편, 거기서 얻는 홍보 효과를 통해 캠퍼스 건물 안에 훌륭한 학생들을 충분히 확보하여 전통적인 교육 사업을 유지해 나간다."

문제는 바로 이것이다. 세계 최고 수준의 교육이 온라인상으로 거의 무료인 데다가 제로 수준의 한계비용으로 제공된다면, 공인된 대학들이 아주 적은 수수료만을 받으며, 개방형 온라인 강좌를 이수한 학생들의 학점을 대학 학위로 인정하는 일을 무슨 수로 막겠는가? 고용주도 처음에는 개방형 온라인 강좌에서 받은 학점을 회의적으로 보겠지만 점점 많은 대학들이 이 학점을 인정하면 그 의심은 사라질 수밖에 없다. 실상 고용주들은 개방형 온라인 강좌를 통해 세계적으로 유명한 교수에게 배우고 수료해 얻은 학점을 더 선호하게 될지도 모른다. 그리 특별하지 않은 대학의 강의실에 출석해 덜 유명한 교수에게 배우며 그럭저럭 과정을 통과해 취득한 전통적인 학점보다는 말이다.

워싱턴 D. C.에 본사를 둔 싱크탱크 에듀케이션섹터(Education Sector)

의 정책국장인 케빈 캐리는 「고등교육 연대기」라는 에세이에서 대학이 직면한 딜레마의 핵심을 짚었다.

이 모든 것이 고등교육의 경제가 무너지고 한계비용 주변에서 재구성되는 세상을 가리킨다. 개방형 온라인 강좌에 등록하는 10만 번째 학생에게 강좌를 제공하는 비용은 근본적으로 제로이고 그렇기 때문에 한계비용 역시 제로이다. 오픈소스 교과서와 여타의 무료 온라인 자원은 수업 보조 자료의 가격도 제로 수준으로 낮출 것이다.[22]

캐리가 말하는 것은 매우 명백하다. 엘리트 대학들이 수억 학생들에게 무료 교육을 제공함으로써 얻는 대체 자원에서 그 어떤 '한계가치'를 발생시키든, 온라인 교수의 한계비용이 제로 수준에 이르고 온라인 강좌가 거의 무료가 되면 전통적인 고등교육 시스템 전체에 수익상 손실이 발생할 것이고, 그러면 그 한계가치는 손실과 비교할 때 보잘 것 없는 수준이 될 수밖에 없다는 뜻이다. 돈으로 살 수 있는 최상의 교육이 온라인에서 무료가 되고 있다는 것을 우리 모두 아는 마당에 어떤 학원 사업가나 사회적 기업가가 전통적이고 중앙집권적인 교실 교육이 존속하리라 믿을까?

전통적인 대학이 사라질 것이라는 말은 아니다. 단지 개방형 온라인 강좌의 맹공으로 대학의 임무가 급진적으로 변화하고 그 역할이 줄어들 것이라는 이야기다. 현재 대학의 행정 관계자들과 교수들은 세계 최고 수준의 온라인 대학 강좌가 학생들을 보다 전통적인 수익 창출형 교육 현장으로 이끌어 줄 것이라는 희망에 여전히 매달리고 있다. 글로벌 가상 공유사회에서 그들 스스로가 창조하는 한계비용 제로 수준의 교육이 고등교육의 새로운 교수 패러다임으로 점점 더 자리 잡을 것이라는 사실을 아직도 충분히 깨닫지 못하고 있다.

그렇다면 왜 그렇게 많은 일류 대학이 개방형 온라인 강좌를 추진하는 일에 그토록 열성적일까? 먼저 그들을 두둔하자면, 여기엔 엄청난 이상주의가 연관되어 있다. 세상의 지식을 모든 인류에게 선사하는 것은 교육자들의 오랜 꿈이다. 그 수단이 갖추어졌는데도 그렇게 하지 않는 것은 많은 교수들에게 비윤리적으로 보일 것이다. 두 번째, 그런데도 그 꿈을 실현하지 않고 버틴다면 다른 이들이 난입할 것임을 (이미 그런 일이 벌어지고 있다.) 인식하고 있기 때문이다. 새로운 기술이 한계비용 제로 수준의 사회와 무료에 가까운 재화와 서비스를 가능하게 하는 수많은 다른 분야에서와 마찬가지로, 네트워크화한 공유사회에서 인류 복지를 최적화할 수 있다는 논리는 몹시도 설득력이 강해 배제하거나 외면할 수 없음을 그들도 깨달은 것이다. 전통적인 대학은 개방형 온라인 강좌를 이용한 접근 방식을 갈수록 더 수용해야 할 것이고 대세로 부상하는 협력적 공유사회에서 자신들이 설 자리를 찾아야 할 것이다.

8

사라져 가는 노동자

커뮤니케이션과 에너지, 제조, 고등교육의 한계비용을 제로 수준으로 낮추는 바로 그 IT와 인터넷 기술이 인간 노동의 한계비용도 제로 수준으로 낮추고 있다. 빅데이터와 고급 분석, 알고리즘, 인공지능, 로봇공학 등이 제조업과 서비스업, 지식 및 엔터테인먼트 부문 전반에 걸쳐 인간 노동을 대체하며, 21세기 전반부의 시장경제가 필요로 하는 노동에서 수억 명이 해방될 것이라는 전망이 실현되어 가고 있다.

노동의 종말

나는 1995년 출간한 저서 『노동의 종말』에서 다음과 같이 주장했다. "보다 정교한 소프트웨어 기술이 그 어느 때보다 더 노동자 없는 문명의 세상으로 가까이 다가가게 할 것이다."[1]《이코노미스트》는 내 저서와 관련된 표지 기사를 실었고 기자들은 내가 선견지명이 있는 예측을 했는지 지켜봐야 할 것이라고 말했다. IT가 야기한 자동화가 사실상 모든 경제 분야에서 기술 대체를 이끌 것이라고 했던 1995년의 내 예측은 그 후 점차 괴로운 현실이 되었고, 전 세계 모든 나라에서 수백만 명이 실직하거나 능력 이하의 일을 하게 되었다. 오히려 내가 그 영향을 다소 약하게 예상했던 것으로 드러났다.

2013년 기준으로 미국에서 실업자이거나 능력 이하의 일을 하거나 취업 의욕을 상실한 성인과 공식 통계에 더 이상 포함되지 않는 성인을 합친 수가 2190만 명이었다.[2] 전 세계적으로도 2011년 25퍼센트의 노동인구가 실업자이거나 능력 이하의 일을 하거나 의욕을 상실해 더 이상 구직활동을 하지 않았으며,[3] 국제노동기구(ILO)의 발표에 따르면 2013년 실업자 수는 2억 200만 명이 넘는 것으로 추정되었다.[4]

실업이 나타나는 이유는 다양하지만 이제야 경제학자들은 기술 대체가 주요 원인임을 제대로 인식하기 시작했다. 특히《이코노미스트》는 내가 책을 출간한 지 십육 년이 흐른 뒤 노동의 종말에 관한 문제를 다시 꺼내 들고 "기계가 노동자만큼 똑똑해지면 어떻게 될까? 즉 자본이 노동이 되면 어떤 일이 벌어질까?"라고 물었다.[5]《이코노미스트》는 사설에 다음과 같이 썼다.

이것이 바로 사회 평론가 제러미 리프킨이 1995년 출간한 저서 『노동의 종말』에서 말하고자 했던 바이다. … 리프킨은 우리 사회가 모든 소비재와 서비스를 생산하는 데 점점 더 적은 노동자를 필요로 하는 새로운 국면으로 접어들고 있다고 예언적으로 주장했다. … 분명 이 과정은 시작되었다.[6]

나에게 신통력이 있었던 것이 아니다. 변화의 증거가 도처에 있었지만, 한창 성장세를 타던 경기에 도취된 대부분의 경제학자들은 전통적인 경제 이론에 집착한 나머지 내 말에 귀를 닫았다. 전통적인 경제 이론에서는 공급이 수요를 창출하며, 새로운 기술은 파괴적이긴 해도 비용을 줄여 주고 소비를 자극해 생산량을 늘리고 혁신을 증진해 새로운 종류의 일자리 기회를 열어 준다고 말한다. 하지만 이제 경제학자들도 깨닫기 시작했다.

대침체를 겪으며 경제학자들은 수백만 개의 일자리가 회복 불가능할 정도로 사라졌지만 적은 노동자만으로도 생산성이 새로운 절정에 도달하고 전 세계적으로 산출량이 늘어나는 속도가 점점 빨라지고 있음을 발견했다. 미국의 제조 부문이 대표적인 예이다. 이미 대침체 이전부터 쌓여 온 통계자료가 경제학자들을 당혹스럽게 했다. 1997년과 2005년 사이 미국 제조업 산출량은 60퍼센트 증가했다. 하지만 거의 비슷한 시기인 2000년과 2008년 사이에 제조업 일자리 390만 개가 사라졌다. 이렇게 양분되는 현상을 경제학자들은 1993년과 2005년 사이에 생산성이 30퍼센트나 증가한 탓으로 돌린다. 생산성의 극적인 증가로 제조사들은 더 적은 노동자로 더 많은 산출량을 기록할 수 있었다는 것이다. 그러한 생산성 향상은 "공장 작업 현장에 로봇공학 같은 신기술을 적용하고 컴퓨팅과 소프트웨어를 적용함으로써 일어났으며, 그것이 생산품의 품질은 높이고 가격은 낮추었지만 동시에 해고도 계속 유발한" 것이다.[7] 2007년 무렵 제조사들은 이십 년 전보다 여섯 배나 더 많은 (컴퓨터 및 소프트웨어) 장비를 사용하고 있었고 노동자의 근로시간당 자본 사용 금액으로 종전의 두 배를 지불하고 있었다.[8]

대침체로 노동자들이 실업의 늪에 빠져들던 2008년과 2012년 사이 업계에서는 급여 명부는 줄이면서 생산성은 끌어올려 수익성을 유지시켜 주는 새로운 소프트웨어와 혁신이 급격히 불어났다. 이런 기술 발전 노력의 효과는 두드러지게 나타났다. 미시간 대학교 경제학 교수이자 워싱턴 D. C.에 위치한 보수주의 싱크탱크인 미국기업연구소(AEI)의 객원 연구원 마크 J. 페리가 수치를 조사해 봤다. 페리에 따르면 2012년 말 미국 경제는 (2005년 달러 가치 기준으로) 13조 6000억 달러의 국내총산출량(gross domestic output)을 기록하며 2007년부터 2009년까지의 불황에서 완전히 회복했다. 이 수치는 대침체 바로 직전인 2007년의 GDP 13조 3200억 달러와 비교할 때 2.2퍼센트 높거나 2900억 달러가 더 많은 양이다. 페리는 2012년 실질 산출량이 2007년보다 2.2퍼센트 더 높은데도, 업계에서는 (2007년보다 384만 명이 줄어든) 1억 4240만 명의 노동자만으로 재화와 서비스를 증가시켰다고 말한다. 페리의 결론은 이렇다. "대침체로 인해 기업이 생산성 낮은 노동자를 해고하고 더 적은 노동자로 더 많이 생산하는 법을 알게 되면서 생산성과 효율성이 엄청나게 증가했다."[9]

페리와 여타 학자들이 생산성 증가와 노동자 감소 사이의 불온한 관계를 이제야 겨우 발견하고 있지만(다시 한 번 말하지만 과거 경제학자들은 생산성 증가가 언제나 일자리를 창출한다고 믿었다.) 생산성 증가와 일자리 창출의 상관관계가 없다는 증거는 오십 년 전부터 쌓여 왔다.

역설적인 상황의 첫 조짐은 1960년대 초 IT 혁명이 막 시작되던 때 공장 작업 현장에 컴퓨터가 도입되면서 표면화되었다. 이른바 컴퓨터 수치 제어(CNC) 기술이 도입된 것이다. 컴퓨터 수치 제어 기술은 금속 조각을 어떻게 말고 펴고 용접하고 접합하고 칠해야 하는지 지시하는 명령을 컴퓨터 프로그램에 저장하는 기술이다. 컴퓨터 프로그램은 부품을 만드는 방법을 기계에 지시하는 한편 공장 작업 현장의 로봇에게 그 부품들을 일정 형태로 조립해 제품을 만들도록 명령한다. 수치 제어는 곧 "헨리 포드가 움직이는 조립라인 개념을 도입한 이래 제조 기술에 있어

가장 의미 있는 신기술"로 여겨졌다.[10]

컴퓨터 수치 제어는 생산성을 극적으로 신장시켰고, 그럼으로써 소수의 전문적 기술 노동자가 프로그래밍 하고 관리하는 전산화 기술이 꾸준히 인간 노동을 대체하는 긴 과정의 첫걸음을 뗐다. 시카고의 경영 컨설팅 회사 콕스앤드콕스(Cox and Cox)는 당시 컴퓨터와 IT가 노동자를 대체하는 현상의 의미를 이렇게 평가했다. "수치적으로 제어되는 기계 공구와 함께 경영 혁명이 도래한다. 인간을 관리하는 대신 기계를 관리하는 경영 혁명이."[11] 아서디리틀(Arthur D. Little)의 앨런 스미스는 좀 더 직설적이고 솔직하게, 컴퓨터로 구동되는 수치 제어 도구는 "인간 노동자들로부터 경영을 해방하는 신호탄"이라고 선언했다.[12]

다시 오십 년 후로 돌아와 오늘날 고도로 산업화된 나라와 개발도상국 모두에서 컴퓨터 프로그램으로 가동되는, 노동자가 거의 없는 공장이 점점 표준이 되고 있다. 철강 산업이 전형적인 예이다. 블루칼라를 주로 고용하는 자동차 산업 및 여타 2차 산업혁명의 핵심 제조업들처럼 철강 산업도 공장 작업 현장에서 노동자들을 신속히 제거하는 혁명의 와중에 있다. 전산화된 프로그램과 로봇공학으로 철강 산업은 최근 이십 년 내지 삼십 년간 노동력을 대폭 줄일 수 있었다. 미국의 경우 1982년과 2002년 사이에 철강 생산량은 7500만 톤에서 1억 2000만 톤으로 증가했지만 철강 노동자 수는 28만 9000명에서 7만 4000명으로 감소했다.[13]

미국과 유럽의 정치인들, 그리고 일반 대중은 블루칼라 실업을 중국 같은 값싼 노동시장으로 제조업을 재배치한 탓이라고 말한다. 사실은 이보다 더 필연적인 이유가 있다. 1995년에서 2002년 사이 제조업 일자리 2200만 개가 전 세계 경제에서 사라진 반면 전 세계 생산량은 30퍼센트 이상 증가했다. 미국은 자동화로 제조업 일자리의 11퍼센트를 잃었다. 중국조차 공장 노동자 1600만 명을 해고했지만 IT와 로봇공학으로

생산성은 증가해 더 적은 노동자로 더 값싼 제품을 더 많이 생산할 수 있었다.[14]

중국에 자체 생산 설비를 갖추고 오랫동안 값싼 노동력에 의존해 왔던 제조사들은 이제 중국 노동력보다 비용이 더 적게 들고 더 효율적인 첨단 로봇 기술을 갖추고 생산 시스템을 다시 본국으로 복귀시키고 있다. 네덜란드에 마련된 필립스의 새로운 전자 공장에서는 128개의 로봇 팔이 너무 빠른 속도로 작업하는 까닭에 몇 안 되는 관리자가 부상당하지 않도록 유리 칸막이를 설치해야 했다. 필립스의 네덜란드 공장에서는 로봇화로 자체 중국 생산 설비에서 생산하는 것과 같은 양의 전자 제품을 10분의 1의 노동력으로 생산한다.[15]

중국의 많은 대형 제조사들도 뒤처질까 두려워 재빨리 값싼 노동력을 더 값싼 로봇으로 교체하고 있다. 아이폰을 생산하는 중국 대형 제조사 폭스콘(Foxconn)은 앞으로 수년 이내에 100만 대의 로봇을 설치하고 노동력의 상당 부분을 없앨 계획이다.

100만 명이 넘는 노동자가 일하는 폭스콘의 CEO 궈타이밍은 자신은 100만 대의 로봇이 더 좋다고 농담한다. "인간도 동물이라서 100만 마리의 동물을 관리하려니 머리가 아프다."[16]

로봇 노동력은 세계적으로 증가하고 있다. 로봇 판매량이 2011년 미국과 EU 모두에서 43퍼센트 증가했고, 그와 더불어 제조 부문이 노동자가 거의 없는 제조, 또는 업계에서 "소등(lights-out) 생산"이라고 부르는 것에 그 어느 때보다도 가까워졌다.[17] 중국과 인도, 멕시코, 여타 신흥국들은 세계에서 가장 싸다고 생각했던 자국의 노동자들이 그들을 대신하는 IT나 로봇공학, 인공지능만큼 값이 싸거나 효율적이거나 생산적이지 않다는 사실을 빠르게 배우고 있다.

한때 지나치게 복잡해 자동화할 수 없다고 여겨졌던 제조업도 전산화에 사로잡히고 있다. 섬유 산업이 처음으로 산업화되었다. 증기력을 이용한 기술, 그리고 나중에는 전기화와 전력 도구가 생산성을 증진했지만 의류를 제작하는 과정의 많은 부분은 수작업으로 이루어졌다. 하지만 새로운 정보기술과 전산화, 로봇공학이 이전에는 인간 노동을 필요로 했던 과정을 점점 대체하기 시작했다. 컴퓨터 지원 설계(CAD)는 의상 디자인에 소요되는 시간을 몇 주에서 몇 분으로 축소했다. 전산화된 건조와 마감 시스템도 전통적인 수작업을 대신했다. 의류를 저장, 처리, 포장, 배송하는 과정의 전산화 또한 효율성과 생산성을 상당히 증진하고 있다.

옷감을 제작하는 과정 자체도 전산화된 프로그램의 도움을 받아 몇 명 안 되는 노동자가 관리하는 추세다. 오십 년 전에는 직기에 실이 분당 100번 통과하는 기계 다섯 대를 섬유 노동자 한 명이 작동했다. 오늘날의 기계는 속도가 여섯 배나 빠르고 작업자 한 명이 직기 100대를 관리한다. 노동자 1인당 산출량이 120배 증가한 셈이다.[18]

이제 인터넷을 발명한 바로 그 미 국방부 산하 방위고등연구계획국(DARPA)이 (오랫동안 섬유 혁신의 성배라고 여겨진) 재봉 과정 자체의 자동화에 관심을 쏟고 있다. 군용 의류에 드는 예산이 연간 40억 달러에 달하는 미 국방부는 군복 제작에 드는 직접노동비를 제로 수준으로 낮추려 애쓰고 있고, 그 일환으로 소프트웨어오토메이션(SoftWear Automation, Inc.)에 보조금을 지원해 의류 제작에서 마지막으로 남아 있는 세밀한 수작업을 전산화된 로봇이 대체하는 완전 자동화를 추구하고 있다. 이것이 만약 성공한다면, 새로운 자동화 시스템으로 인해 군용 의류를 생산하는 도급업체에서 일하는 노동자 5만 명 가까이가 일자리를 잃을 것이고, 노동 한계비용 제로 수준으로 군복을 제작하게 될 것이다.[19]

지난 수십 년 동안은 자동화에 초기 투자 비용이 많이 들어 대형 제조사만이 설비를 갖출 수 있었다. 그러나 최근에는 자동화 비용이 급격히 하락해 중소 규모의 제조사들도 인건비는 줄이면서 생산성을 상당히 높일 수 있게 되었다. 웹휠프로덕츠(Webb Wheel Products)는 트럭 브레이크 부품을 만드는 미국 회사이다. 이 회사가 삼 년 전에 고용한 두산(Doosan) V550M 로봇은 그사이에 드럼을 연간 30만 개나 더 생산했다. 공장 작업 현장에 노동자를 단 한 명도 늘리지 않았는데 생산량이 25퍼센트 늘어난 것이다.[20]

만약 제조 부문에서 현재 속도로 기술 대체가 계속된다면(업계 분석가들은 더욱 가속화할 것으로 예측한다.) 2003년 1억 6300만 개의 일자리를 제공하던 공장이 2040년이면 단지 몇 백만 개의 일자리만 제공할 공산이 크다. 공장의 대량생산 노동이 세계적으로 종언을 고하는 셈이다.[21] 로봇을 생산하고 생산 흐름을 관리할 새로운 소프트웨어 응용프로그램을 창출하거나 프로그램과 시스템을 유지하고 업그레이드하는 데 약간의 인간 노동이 요구되긴 하지만, 지능형 과학기술이 갈수록 스스로 재프로그래밍 하는 능력을 갖추면서 이런 전문적이고 기술적인 노동까지도 점점 감소하는 추세다. 초기 투자 비용은 별도로 치고, 한 단위 더 많은 재화를 자동 생산하는 노동의 한계비용이 나날이 제로에 가까워지고 있다.

섬유 산업처럼 물류 산업도 과정의 상당 부분을 자동화할 수는 있었지만 물품을 거두고 배송하는 부분에서 여전히 인간 노동에 크게 의지하던 부문이다. 전 세계로 메일을 보내는 데 몇 초밖에 걸리지 않으며 노동 한계비용이 제로 수준인 이메일은 각국의 우편 사업을 초토화했다. 십 년 전만 해도 직원 70만 명 규모로 미국에서 가장 큰 사업체였던 미 우편국이 2013년에는 50만 명도 안 되는 규모로 몸집이 줄었다. 한때 세계 최고의 선진 기술로 찬사받은 분류 및 처리 자동화 시스템을 자랑하던 미 우편국이었건만, 대부분의 우편 업무가 이메일에 자리를 내준 지

금은 거의 멸종될 위기에 직면해 있다.[22]

이렇듯 자동화 시스템이 물류 산업 전반에 걸쳐 노동자를 대체하고 있다. 온라인 소매업체이자 물류 회사이기도 한 아마존은 창고에 지능형 무인 운반 차량과 자동화 로봇, 자동 저장 시스템 등을 추가로 설비하고 있다. 노동의 한계비용을 가능한 한 제로 수준에 가까이 가져가려는 목표 아래 물류 가치 사슬의 단계마다 덜 효율적인 육체노동을 제거하고 있는 것이다.

무인 차량이 도입되면서 그 목표의 실현이 이제 눈앞에 와 있다. 한때 공상과학소설의 영역으로 치부되던 무인 차량이 스마트 도로 위를 운행하며 인간이 운전하는 차량을 대체한다는 전망은 곧 현실이 될 것이다. 미국에만 현재 270만 명이 넘는 트럭 운전자가 있다.[23] 2040년이면 제로 수준의 노동 한계비용으로 운행되는 무인 차량이 미국 내 트럭 운전자 상당수를 실업자로 만들 것이다. (무인 차량에 대해서는 13장에서 더 자세하게 다룬다.)

자동화, 로봇공학, 인공지능은 제조업과 물류 부문뿐 아니라 사무직 종사자와 서비스업의 인간 노동력도 빠르게 제거하고 있다. 비서, 문서 정리원, 전화 교환원, 여행사 직원, 은행 직원, 출납원, 그리고 수없이 많은 여타 사무직 및 서비스 직종이 지난 이십오 년간 노동 한계비용을 제로 수준으로 낮춘 자동화에 의해 사라지는 추세가 이어져 왔다.

관리 부서 고용 전문 컨설팅 회사 해켓그룹(Hackett Group)은 대침체가 시작된 이래 미국과 EU에서 인사, 재무, 정보기술, 조달 부문 일자리 200만 개가 사라졌고, 그중 절반 이상이 자동화로 인한 기술 대체의 결과라고 추정했다.[24]

자동화는 또한 미국인 열 명 중 한 명이 종사하고 있는 소매 영역에도 깊이 파고들고 있다. 관리 부서 업무, 창고 업무, 운송 등은 확실히 자동화가 가능한 후보들이었지만, 소매업을 오랫동안 지켜본 사람들은 최소한 판매원만큼은 고객과의 관계가 가지는 대단히 사회적인 특성 때문에 자동화로 인한 해고의 칼날을 피해 갈 거라고 가정했다. 희망 사항일 뿐이었다.

자동판매기와 키오스크가 지금 수영복부터 아이팟에 이르는 모든 것을, 심지어 금화도 팔고 있다. 2010년 무인 판매기에서 거래된 소매 매출액이 7400억 달러였다. 업계 연구자들은 이 숫자가 2014년까지 1조 1000억 달러로 뛸 거라고 기대한다.[25]

월마트는 이미 매장에 셀프 계산대 단말기를 도입했으며 2013년 말까지 1200곳이 넘는 매장에 1만 대를 추가로 설치할 계획이다. 이 대형 소매 체인은 또한 스캔앤드고(Scan and Go)라는 자체 셀프 계산 시스템을 콜로라도 덴버 지역 마흔 개 매장에 확대하고 있다. 이 시스템의 작동 방식은 이렇다. 고객들이 선반에서 꺼낸 제품을 쇼핑 카트에 담기 전에 아이폰 앱으로 바코드를 스캔 한다. 쇼핑을 모두 끝냈을 때 '마침' 버튼을 누르면 앱이 주문 QR 코드를 제공한다. 셀프 계산대 단말기가 스마트폰의 QR 코드를 스캔 하고 품목별 가격을 더해 고객에게 결제 방법을 묻는다.[26]

오프라인 소매업자들은 이렇게 인건비를 줄이고자 사업의 더 많은 부분을 자동화하려고 노력하고 있다. 하지만 노동 한계비용이 제로를 향해 가는 온라인 소매업자에게 계속 입지를 빼앗기고 있는 실정이다. 표면적으로는 오프라인 매출이 강건하진 않더라도 양호해 보인다. 2011년 소매 매출액의 92퍼센트를 오프라인이 차지했고 이에 비해 온라인은 겨우 8퍼센트에 그쳤다.[27] 하지만 조금만 더 깊이 조사하고 성장률을 들여다보면 재앙의 조짐을 알아차릴 수 있다.

미국소매협회(NRF)에 따르면 오프라인 매출은 해마다 2.8퍼센트 증가하는 반면 온라인은 매년 15퍼센트씩 성장하고 있다. 물리적인 소매업이 상당한 고정비와 인건비를 감당하면서 노동 한계비용이 훨씬 낮은 온라인과 얼마나 오랫동안 경쟁할 수 있을지 의문이 생기지 않을 수 없다.[28] 사상자 명단은 이미 늘어나고 있다. 한때 거대 오프라인 소매점이었던 보더스와 서킷시티는 이미 온라인 소매업의 낮은 노동 한계비용의 희생자가 되었다. 온라인 소매점이 2020년 무렵에는 두 배가 될 것으로 예상되는 가운데 이미 추락하는 이윤으로 부담을 받고 있는 더욱더 많은 오프라인 소매업자들이 가상 세계의 소매업에 굴복할 것으로 보인다.[29]

오프라인 소매업자들은 부지불식간에 무료 전시실을 제공하는 지경에까지 처했다. 고객들이 온라인으로 제품을 구매하기 전에 오프라인 매장을 먼저 둘러보고 물건을 만져 보는 경우가 많기 때문이다. 프라이스체크(Price-check)라는 아이폰 앱은 고객이 매장에서 제품을 스캔 하면 그 자리에서 온라인으로 가격을 비교해 확실히 더 싼 가격에 살 수 있는 (종종 무료 배송까지 되는) 아마존이나 다른 온라인 소매업자를 찾아 준다.

몇몇 오프라인 소매업자들은 옷이나 신발 가게에서 마음껏 물건을 골라 착용해 본 뒤 정작 구매는 온라인 매장에서 하는 '착용 도둑(fit-lifter)'을 향해 반격에 나서고 있다. 버지니아 소재 색슨슈즈(Saxon Shoes)의 주인이자 미국신발소매협회(NSRA) 이사인 게리 와이너는 쇼루밍(showrooming)*에 분노하는 소매업자들이 늘고 있다고 걱정한다. 와이너는 청소년들이 매장에 와 "엄마가 사이즈가 맞는지 신어 보고 오라고 했어요. 그래야 인터넷으로 살 수 있으니까요."라고 말하는 경우가 흔하다고 전한다.[30] 몇몇 매장은 착용 도둑을 막으려고 가게를 둘러보는 데 요금을 부과하기 시작했다. 다른 소매업자들은 가게를 둘러보고 상품을

---

* 오프라인 매장이 온라인 쇼핑몰의 전시장(showroom)으로 변하는 현상을 일컫는 말임.

착용해 보는 데 요금을 부과하면 소비자가 그들의 매장을 완전히 저버리는 결과로 이어질 뿐이라고 걱정한다. 아마 당연한 우려일 것이다.[31]

다수의 소매업자들은 구매는 자신들의 온라인 매장에서 하고 제품은 오프라인 매장에서 받아 가도록 고객에게 권장함으로써 온라인 쇼핑과의 타협을 시도하고 있다. 그러면 매장은 사실상 작은 유통센터가 되는 셈이다. 하지만 오프라인 사업을 유지하려면 비싼 간접비가 들기 때문에 이러한 노력은 미봉책에 그칠 가능성이 크다.

베스트바이와 타깃, 월마트를 포함하는 많은 대형 소매 체인들이 사업의 더 많은 부분을 온라인으로 옮겨 놓으며 흐름에 앞서 가려는 시도를 할 것으로 예상된다. 다른 소매점들은, 특히 메이시스, 노드스트롬, 니만마커스 등과 같은 전통적인 백화점들은 갈수록 많은 소매업이 가상 공간으로 넘어가면서 그 규모가 줄거나 그저 사라져 버릴 것이다. 온라인 의류상들은 이미 가상 피팅을 제공하고 있다. 온라인 고객들이 자신의 키와 나이, 성별, 가슴둘레, 허리둘레, 엉덩이둘레 등의 정보를 입력하면 자신과 동일한 가상의 모델을 만들 수 있다. 마우스를 사용해 옷이 잘 맞는지 각기 다른 각도에서 확인해 볼 수도 있다.

점점 더 많은 소매업 분석가들이 오프라인 소매업의 상당 부분이 곧 사라질 거라고 예상하고 있다. 《지디넷》의 기술 전문 기자 제이슨 펄로는 세븐일레븐과 같은 편의점, 월그린과 같은 약국, 크로거와 같은 슈퍼마켓 체인은 크랩트리앤드에벌린(Crabtree & Evelyn)과 같은 고급 특제품 및 명품 매장, 그리고 월마트 같은 몇몇 대형 소매 체인과 함께 계속해서 영업할 수 있을 테지만, 대부분의 오프라인 소매업은 줄어들 것이고, 어려서부터 온라인 쇼핑을 한 젊은 세대가 성인이 될 무렵이면 특히 그럴 것이라고 말한다.

펄로는 오프라인 소매업이 완전히 사라지지는 않겠지만 "십 년 후 소매업은 옛 모습을 찾아볼 수 없을 것이며 온라인과의 치열한 경쟁 때문에 가장 강한 오프라인 기업만이 살아남을 것"이라고 전망한다.[32]

자동화가 빠르게 인간 노동을 축소하는 다른 산업들처럼 소매업도 전례를 따르고 있다. 아무리 낙관한다 해도, 노동 한계비용이 제로에 더 가까워지고 노동자 없는 세상으로 더욱 다가가는 지금, 오프라인 소매업에 종사하는 430만 노동자들에게 미래는 그리 밝아 보이지 않는다고 말하는 편이 최선일 것이다.[33]

지식 노동자도 대체되는 세상

2005년 무렵 자동화가 제조업과 서비스업에서 노동자를 대체하고 있다는 일화적인 증거는 더 이상 호기심의 대상이 아니었다. 자동화는 이미 구석구석 스며들어 있었다. 어느 곳을 돌아보든 노동자는 간 데 없고 지능화된 기계들이 우리를 둘러싸고서 우리에게 말을 걸고 우리의 말을 듣고 우리에게 지시하고 우리에게 조언하고 우리와 거래하고 우리를 즐겁게 하고 우리를 감시하는 듯했다. 주변에 노동자가 없는 상황에 대한 초기 경험은 종종 즐거움을 자아내거나 때론 귀찮거나 섬뜩하기까지 했다. 이제 그런 광경은 아주 흔해졌다. 그런데도 2010년경이 되어서야 비로소 자동화가 일자리에 미치는 영향을 경고하는 『기계와의 경쟁』, 『터널 끝의 빛(Light at the End of the Tunnel)』, 『이것을 자동화하라(Automate This)』 등과 같은 걱정스러운 제목의 새 책들이 쏟아져 나오기 시작했다. 이 책의 저자들은 토크쇼에 나와 노동자 없는 세상의 도래를 이야기했고, 그들의 메시지가 소셜 미디어의 주목을 받기 시작하면서 몇몇 정책 입안자나 싱크탱크 연구원, 경제학자, 그리고 오바마 대통령까지도 그에 대해 언급하게 되었다.

자동화와 미래 일자리에 관한 글로벌 정책 토론으로 발전할 법한 이런저런 논의들이 이제 막 일기 시작했다. 이러한 논의는 어느 정도 대침체 뒤에 찾아온, 고용 없는 경기회복 때문에 일어나고 있다. GDP 증가와 줄어드는 일자리 사이의 단절이 너무도 확연해 이를 계속 무시하기가 어려워진 것이다. 이런 상황에서도 나는 대부분의 경제학자들이 (생산성 혁신이 그로 인해 대체되는 일자리보다 더 많은 일자리를 창출한다는) 고전 경제학 이론의 근본 전제를 더 이상 신뢰할 수 없음을 끝내 인정하지 않는 것에 여전히 놀라지 않을 수 없다.

자동화에 관한 대규모 논의가 곧 활발해지리라고 보는 또 다른 이유는 빅데이터 활용의 새로운 혁신, 알고리즘의 지속적인 정교화, 그리고 인공지능의 진보가 처음으로 기술 사다리를 기어올라 전문직 자체를 위협하고 있기 때문이다. 자동화의 위력과 기술 대체의 증가에 영향을 받지 않으리라 오랫동안 여겨졌던 전문직을 말이다. 오늘날 컴퓨터는 패턴을 인식하고, 가설을 제기하며, 반응을 스스로 프로그래밍 하고, 해결책을 실행하며, 심지어는 세상에서 가장 뛰어난 통역사가 보여 줄 만한 정확도로 언어 간 의사소통을 실시간으로 판독하고 복잡한 은유까지 해석하도록 프로그래밍 되고 있다.

진보한 인공지능은 이제 전문 지식 분야 전반에서 효율성과 생산성을 증진하고 인간 노동을 축소하기 위해 사용되고 있다. 이디스커버리(eDiscovery)는 수백만 건의 법률 문서를 샅샅이 조사해 법무 및 소송 관련 행동 유형과 사고방식, 개념 등을 찾아 주는 소프트웨어 프로그램이다. 작업 속도는 하버드 출신 변호사를 능가하며, 가장 경험이 많은 법률학자도 감탄할 만한 예리한 분석을 제공한다. 이 소프트웨어를 사용함으로써 절약할 수 있는 노동 비용 역시 마찬가지로 인상적이다.

《뉴욕 타임스》기자 존 마코프는 1987년에 있었던 다섯 개 텔레비전 스튜디오와 미 법무부, 그리고 CBS가 관련된 초대형 소송을 예로 들었다. 스튜디오 측 변호사와 법률 보조원 들은 220만 달러에 해당하는 노동시간을 들여 몇 달 동안 600만 쪽이 넘는 분량의 서류를 통독해야 하는 골치 아픈 일을 맡았다. 2011년 1월 캘리포니아 팰로앨토에 있는 기업 블랙스톤디스커버리(BlackStone Discovery)는 이디스커버리 소프트웨어를 이용해 10만 달러도 안 되는 비용으로 150만 쪽 분량의 서류를 분석했다. 한 무리의 변호사 전체를 강당에 모아 놓고 한 번 시작하면 몇 주에 걸쳐 서류를 검토하게 하곤 했던 미국 모 화학 회사의 변호사 빌 허는 다음과 같이 말한다. "법무 직원을 동원하는 관점에서 보면, 한때 서류 검토에 할당하던 많은 인원에 대해 이제 더 이상 비용을 청구할 수 없어진 것이다."[34] 이디스커버리를 이용하는 또 다른 회사 오토노미(Autonomy)의 설립자 마이크 린치는 이 새로운 검색 소프트웨어로 한 명의 변호사가 500명분의 일을 보다 정확하게 수행할 수 있게 되었다고 추산했다. 빌 허는 이디스커버리 소프트웨어를 사용하면서 변호사들이 조사한 결과가 단지 60퍼센트의 정확도밖에는 나오지 않는다는 사실을 발견했다며 한탄했다. "50 대 50 확률의 동전 던지기보다 약간 더 나은 결과를 얻으려고 그동안 얼마나 많은 돈을 허비했는지 한번 생각해 보라."[35]

알고리즘을 활용한 빅데이터 처리와 IT의 광범위한 영향력에서 벗어날 수 있는 전문 기술은 거의 없다. (방사선 전문의, 회계사, 중간 관리자, 그래픽 디자이너, 마케팅 담당자 등을 포함하는) 각양각색의 지식 노동자들은 패턴 인식 소프트웨어가 모든 전문 영역을 관통하기 시작한 불편한 상황을 이미 감지하고 있다. 마이크 맥크레디는 빅데이터와 알고리즘을 이용해 히트할 가능성이 있는 음악을 식별해 내는 스타트업 뮤직엑스레이(Music Xray) 대표이다. 삼 년도 지나지 않아 5000명이 넘는 아티스트와 음원 계약을 맺은 이 회사는 곡의 구조를 이전에 녹음된 곡들과 비교하는 정교한 소프트웨어를 사용해 신곡이 음악 차트에서 상위권을 차지할 잠재력이 있는지 추정한다. 그들은 이미 무명 아티스트의 곡을 찾아내 그 성공을 정확하게 예상한 인상적인 실적을 자랑하고 있다. 에파고긱스(Epagogix)가 개발한 이와 유사한 소프트웨어 프로그램은 영화 대본을 분석해 흥행작을 예상한다.[36] 이 프로그램이 흥행작을 식별하는 데 성공을 거둔 덕분에 업계에서는 알고리즘 평가 표준 요금 체계까지 구축되었다. 미래에는 이런 종류의 예측 도구 덕에 값비싼 포커스 그룹 조사를 수행하거나 시장조사 계획을 실행할 마케팅 에이전트를 비싸게 고용할 필요가 없어질 것이다. 어차피 정확도 면에서도 알고리즘이 걸러 낸 빅데이터에 대한 크라우드소싱의 성과에 비하면 무색할 테니까 말이다.

빅데이터와 알고리즘은 갖가지 정보로 관심을 끄는 친근한 어조의 스포츠 뉴스 광고 문안을 창작해 내는 데에도 사용되고 있다. 빅텐네트워크(Big Ten Network)는 경기가 끝나고 나서 바로 몇 초 뒤에 게시할 문안 원본을 알고리즘을 사용해 작성한다. 카피라이터의 일자리를 빼앗고 있는 셈이다.[37]

인공지능은 2011년에 미래를 향해 크게 도약했다. (IBM 전 회장의 이름을 딴) IBM 컴퓨터 왓슨이 인기 TV쇼 「제퍼디(Jeopardy)」에서 일흔네 번이나 우승한 기록이 있는 켄 제닝스와 겨뤄서 이긴 2011년 말이다. IBM이 100만 달러 상금을 획득한 마지막 결전에서 제퍼디 영웅이 '전지(全知)'의 왓슨 앞에서 무너지는 것을 보며 시청자들은 경악했다. 왓슨은 "자연어처리, 기계 학습, 가설 생성과 평가"를 통합할 수 있는 인지 시스템으로, 질문과 문제를 생각하고 답하는 게 가능하다고 부모인 IBM은 자랑스럽게 밝힌다.[38]

왓슨은 이미 업무에 이용되는 수순을 밟고 있다. IBM의 건강관리 솔루션 헬스케어애널리틱스(Healthcare Analytics)는 왓슨을 활용해 의사가 신속하고 정확한 진단을 내릴 수 있도록 지원한다. 왓슨이 수백만 환자의 전자 건강 기록과 의학 학술지에 저장되어 있는 빅데이터를 분석해서 돕는 것이다.[39]

왓슨에 대한 IBM의 향후 계획은 연구 산업의 전문적 니즈에 부응하는 수준이나 빅데이터를 관리하는 부서의 업무를 훨씬 넘어선다. 관련 시장에서는 회사 조직이나 혹은 소비자 개인이 텍스트 입력이나 실시간 구어로 대화하며 도움을 받을 수 있는 개인 비서 역할을 왓슨이 담당해 줄 거라고 기대한다. 단순한 질문-대답 모드에서 벗어나 대화 모드에 들어간 인공지능은 왓슨이 처음이며 이로써 보다 개인적인 상호작용과 개별 질문에 대한 맞춤형 대답이 가능해졌다고 IBM은 말한다.[40]

인공지능 과학자들은 해당 산업에서 가장 넘기 힘든 장애물이 언어 장벽을 뚫는 일이라고 말할 것이다. 한 언어의 복잡한 은유와 어구에서 오는 풍부한 의미를 이해하고 동시에 다른 언어로 바꾸어 말하는 것은 아마 모든 인지 작업 중에서 가장 어렵고 인간의 모든 능력 중에서 가장 독특하다고 할 수 있다. 나는 수년 동안 강연회에서, 회의에서, 그리고 필요한 경우에는 사교 모임에서도 꽤 많은 시간을 통역사와 함께했다. 내가 말하는 것을 (그저 텍스트만이 아닌 어조와 억양, 심지어 표정과 몸짓에 담긴 미묘한 추론까지) 받아들여 내가 표현한 것과 동일한 의도를 반영하는 말로 그 단계별 의미까지 다른 사람에게 주저 없이 전달하는 그들의 능력에 경탄하지 않을 수 없다. 보통 수준의 통역사는 서로 다른 두 언어의 단어와 어구를 단지 이으려고 애쓰는 직역자이다. 그들의 통역은 기계적으로 들리고 의미가 왜곡되며 혼란스럽다. 최고의 통역사는 두 개의 서로 다른 인지 페르소나가 동시에 존재하는 예술가이다.

나는 오랫동안 세계 최고의 통역사보다 더 나은 인공지능이 나올 가능성에 회의적이었다. 하지만 근래에 이루어지는 인공지능의 진보는 그 가능성을 가시화할 뿐 아니라 실현 시기까지 더욱 앞당기고 있다. 라이온브리지(Lionbridge)는 온라인으로 고객들에게 실시간 통역을 지원하는 회사이다. 사용자가 생성한 콘텐츠를 즉각적으로 통역하여 고객들이 언어가 달라도 서로 이야기할 수 있게 돕는다. 이 회사의 플러그인 방식의 소프트웨어 솔루션 지오플루언트(GeoFluent)는 마이크로소프트 통역 기술을 사용하며 서른아홉 개 언어의 통역을 제공한다. 지오플루언트가 최고 수준의 통역사를 따라잡으려면 아직 갈 길이 멀긴 하지만, 언어 장벽을 허물고 이미 온라인으로 하나가 된 인류의 3분의 1이 역사상 최초로 글로벌 대화에 참여할 수 있도록 도울 정도는 된다. 이런 종류의 발전에 힘입어서 전 세계적인 공유사회와 협력 시대로의 이행이 가속화되는 것이다.[41]

앞으로 십 년 정도 후에는 사업가와 노동자, 여행자 들이 다른 언어를 사용하는 사람과 온라인으로 또는 대면으로 큰 힘을 들이지 않고 대화할 수 있는 모바일 앱을 구비할 것이다. 인공지능이 제로 수준의 노동 한계비용으로 통역 서비스를 제공하면 15만 명에서 30만 명에 이르는, 고등교육을 받은 고액 몸값의 통역사들 대부분이 출납원과 문서 정리원, 비서 등이 걸었던 길에 오를 것이며, 더불어 또 하나의 전문직이 막다른 상황에 이를 것이다.[42]

우리는 지금 노동의 본질이 장대한 변화를 겪는 중심에 서 있다. 1차 산업혁명으로 노예와 농노의 노동이 사라졌다. 2차 산업혁명으로 농업과 수공업 노동이 극적으로 줄었다. 3차 산업혁명으로 제조업과 서비스업의 대량생산 임금노동과 지식 분야 대부분의 전문 봉급 노동이 사라지고 있다.

IT와 전산화, 자동화, 빅데이터, 알고리즘, 그리고 인공지능은 점점 사물인터넷에 내포되며 여러 다양한 재화와 서비스의 생산 및 유통에 드는 노동 한계비용을 제로 수준으로 빠르게 낮추고 있다. 21세기의 여정이 진전됨에 따라, 뜻밖의 역풍만 불지 않는다면 인간 사회의 생산적 경제활동 대부분은 갈수록 고도로 숙련된 소수의 전문직 노동자와 기술직 노동자의 지휘 아래 놓이며 지능형 과학기술의 '손'에 좌우될 것이다.

대량생산 임금노동과 전문 봉급 노동을 지능형 과학기술이 대규모로 대체하면서 자본주의 시스템의 작용이 파괴되기 시작했다. 경제학자들이 품기조차 두려워하는 질문이 있다. 지능형 과학기술이 안겨 주는 생산성 증진으로 인간 노동의 수요가 계속 줄어든다면 시장 자본주의에는 과연 어떤 일이 발생할까? 우리가 현재 목도하고 있는 것은 고용으로부터 생산성이 분리되는 현상이다. 생산성이 고용을 촉진하는 게 아니라 제거하고 있다. 하지만 자본주의 시장에서 자본과 노동은 서로가 서로의 식량이 되는 관계이다. 그렇다면 유급으로 고용되는 사람이 거의 없어져 판매자로부터 재화와 서비스를 구입할 구매자가 충분치 않게 된다면 어떤 일이 발생할까?

첫째로, 부상하고 있는 한계비용 제로 경제는 경제 과정에 대한 우리의 개념 자체를 급진적으로 변화시킬 것이다. 소유주와 노동자, 그리고 판매자와 소비자로 분리되는 낡은 패러다임이 무너지기 시작하고 있다. 소비자가 스스로 생산자가 되면서 둘의 구분이 사라지고 있다. 프로슈머들은 협력적 공유사회에서 제로를 향해 접근하는 한계비용으로 생산하고 소비하며 서로의 재화와 서비스를 공유할 것이다. 전통적인 자본주의 시장 모델을 넘어서는, 경제생활을 조직하는 새로운 방법이 표면화되는 것이다.

둘째, 시장경제 모든 부문에 걸친 작업의 자동화가 이미 인간 노동을 해방하고 있으며, 그에 따라 인간 노동은 진화하는 사회적 경제로 이동할 것이다. 다가오는 시대의 협력적 공유사회에서는 자신의 놀이에 심취하는 것이 시장경제에서 열심히 일했던 것만큼이나 중요해지고, 사회적 자본을 모으는 것이 시장 자본을 축적했던 것만큼이나 높이 평가받을 것이다.

이런 상황이 공상 같거나 불가능한 일로 들리는가? 그렇다면 세계 각국의 젊은이들 대다수가 이제 막 구체제에서 신체제로 나아가기 시작했음을 기억하라. 인터넷 세대의 구성원들은 스스로를 일꾼이라기보다는 놀이꾼으로 생각한다. 기술보다는 재능을 개인적인 자질로 간주하며 자신의 창의성을 소셜 네트워크를 통해 표현하고 싶어 한다. 그들은 사무실 칸막이 안에서 업무에 매달리거나 시장에서 독자적으로 임무를 수행하면서 자신의 창의성을 소모하길 원치 않는다. 공유사회를 토대로 부상하는 사회적 경제는 더욱더 많은 젊은이들에게 자기계발을 위한 보다 큰 가능성의 기회를 제공하고 자본주의 시장의 전통적인 고용에서 볼 수 없었던 강렬한 정신적 보상을 약속한다. (자본주의 시장경제에서 협력적 공유사회의 사회적 경제로 이동하는 고용에 대해서는 14장에서 더 충분히 다룰 것이다.)

증기기관이 인간을 봉건적 속박에서 벗어나 자본주의 시장에서 물질적 사익을 추구하게 했다면, 사물인터넷은 인간을 시장경제에서 벗어나 협력적 공유사회를 토대로 비물질적인 공유 이익을 추구하게 한다. 한계비용 제로 사회에서는 우리에게 기본적으로 필요한 물질적인 것들이 (전부는 아니더라도) 상당 부분 무료에 가까울 것이다. 희소성보다는 풍요가 중심인 경제에서는 지능형 과학기술이 힘든 일의 대부분을 감당할 것이다. 지금으로부터 반세기 후 우리의 손자, 손녀 들은 시장에서 대량고용이 이루어졌던 시대를 전혀 믿을 수 없다는 듯이 되돌아볼 것이다.

마치 우리가 옛날의 노예제도와 농노제도를 믿을 수 없어 하는 것처럼 말이다. 인간의 가치가 거의 전적으로 그 사람이 생산하는 물질적인 재화와 서비스의 산출량에 의해, 또 그가 소유한 물질적인 부에 의해 측정된다는 바로 그 발상은 삶의 상당 부분이 협력적 공유사회를 토대로 이루어지는 고도로 자동화된 세계를 살아갈 우리의 자손들에게는 원시적으로, 심지어 야만적으로까지 보일 것이고 인간 가치의 끔찍한 상실로 여겨질 것이다.

9

프로슈머의 부상과
스마트 경제의 확대

협력적 공유사회에서는 판매자와 소비자가 프로슈머에게 자리를 내주고, 오픈소스 공유로 재산권은 줄어들며, 소유권은 접근권에 비해 덜 중요해지고, 시장은 네트워크가 대신한다. 또한 정보를 생산하거나 에너지를 발생시키거나 제품을 제조하거나 학생들을 가르치는 데 드는 한계비용이 제로 수준이 된다. 그렇다면 중요한 의문이 떠오르지 않을 수 없다. 이 모든 것을 가능하게 하는 새로운 사물인터넷 인프라의 조성 자금은 어떻게 조달할 것인가? (한계비용 제로 사회를 통치하고 관리하는 법에 관해서는 12장에서 별도로 다룰 것이다.)

한계비용 논란

인프라에 자금을 대는 문제는 미국의 경우 1930년대와 1940년대에도 부각되었다. 당시 "한계비용 논란"이라 불리던 이 논쟁은 경제학자들과 재계 리더들, 정부 정책 입안자들 사이에서 촉발되었다. 그때만 해도 이 문제는 다소 추상적으로 다루어졌다. 하지만 오늘날에는 우리 사회가 직면한 가장 중요한 정치적 사안 중 하나가 되었다. 한계비용 제로 사회에 어떻게 자금을 조달할 것인가에 따라 21세기의 나머지 기간 동안 우리의 경제적, 사회적, 정치적 생활을 조직하는 방식이 결정될 가능성이 높다.

1937년 12월 경제학자이자 계량경제학회(Econometric Society)의 회장을 역임한 해럴드 호텔링은 「세금, 철도 및 공공요금 문제와 관련된 일반 복지」라는 난해한 논문을 학회 연례 회의에서 발표했다. 호텔링은 "일반 복지의 최적화는 모든 것을 한계비용으로 판매하는 일과 일맥상통한다."라는 견해를 밝히며 시작했다.[1] 물론 기업이 제품을 한계비용으로 판매하면 투자 자본을 회수할 수 없어 곧 폐업하고 말 것이다. 그렇기 때문에 모든 사업가는 각 제품의 가격에 초기 투자 비용을 포함시킨다.

그러나 호텔링은 모든 사람이 접근할 수 있어야 하는 (예를 들어 도로나 다리, 상하수도 체계, 철도, 전력 그리드 등과 같은) 특정한 종류의 비경쟁 재화, 즉 공공재가 있다고 강조했다. 이러한 공공재는 일반적으로 여타의 모든 경제활동을 수행하는 데 필요한 인프라를 구성하며 상당한 자본 지출을 요한다. 그리고 비경쟁 재화이기 때문에 자연독점이 적절하다 할 수 있다. 도로망과 다리, 상하수도 체계, 송전 등을 놓고 경쟁하는 것은 엄청난 자원 낭비가 아닐 수 없다.

이 모든 것이 의문을 자아낸다. 인프라와 공공재에 대한 비용을 어떻게 감당해야 하나? 호텔링은 공공재에 대해 한계비용만을 지불하고 사용할 수 있어야 일반 대중에게 큰 혜택이 된다고 볼 수 있기 때문에, 공공재를 창출하는 고정비를 조달하는 최선의 방법이 일반 과세라고 주장했다. 호텔링은 공공재를 위해 소득세, 상속세, 토지세를 징수하는 방법을 제안했다. 그는 정부가 세금을 이용해 비경쟁 인프라를 개발하기 위한 간접비를 선불로 조달하면 "모든 이의 형편이 나아질 것"이라고 추론했다.[2]

호텔링은 다리를 예로 들어 주장의 정당성을 입증했다.

무료로 사용할 수 있는 다리는 유료 통행료를 징수하는 다리와 마찬가지의 건설비가 들어가고 운영비는 덜 든다. 하지만 어떤 방식으로든 비용을 지불해야 하는 사회에서는 다리가 무료일 때 더 많은 이득을 본다. 무료라야 사람들이 더 자주 이용할 테니까 말이다. 아무리 적은 액수라 할지라도 요금을 징수하면 더 값싼 방법을 찾아 멀리 돌아가며 시간과 돈을 낭비하는 사람들이 생길 것이고 통행 정체 현상이 심화되는 결과를 낳을 수도 있다.[3]

호텔링은 공공재의 간접비를 조달하기 위해 세금을 징수하면 (세금 종류에 따라) 불이익을 받는 납세자가 생길 수 있다는 점을 인정했다. 특히 상속세와 토지세의 경우 부유층이 거기에 해당했다. 하지만 이로써 일반 복지가 증진되는 규모와 비교할 때 나라에서 가장 재산이 많은 구성원들이 치르는 비용은 작은 부담일 뿐이라는 것이 그의 판단이었다.

호텔링은 일반 정부 세입으로 "고정비가 많이 들어가는 발전소와 급수 시설, 철도, 여타의 주요 인프라 구축 비용을 충당해야 하고, 그렇게 해야 이들 산업의 재화와 서비스에 청구되는 가격의 한계비용 수준이 줄어들 수 있다."라고 결론지었다.[4] 그 당시 많은 주요 경제학자들이 호텔링의 주장에 동의했고, 공익을 위한 가장 합리적인 접근 방법이라고 확신했다.

하지만 모든 경제학자들이 호텔링의 설득에 넘어갔던 것은 아니다. 자유기업 체제의 보다 전통적인 옹호자들은 공공재는 (특히 인프라를 구성하는 것은) 비경쟁 재화이므로 시장에 추가 단위를 내놓는 평균비용이 장기적인 수요에 기인해 계속 내려간다고 인식했다. 그들은 회사가 투자비용을 회수하는 동시에 국내 경제생활에 대한 정부의 관여를 막으려면 "감소하는 평균비용"을 부과하는 편이 좀 더 합리적이라고 주장했다.

1946년 경제학자 로널드 코스가 호텔링의 논지에 이의를 제기하며 이 싸움에 뛰어들었다. 그는 호텔링이 주창한 사회적 보조금은 "생산요소의 불평등한 배치와 수입의 부적절한 배분, 그리고 필경 그 제도로 회피하려 한 것과 유사한 정도의 손실을 초래할 것"이라고 주장했다.[5]

가격이 한계비용과 같아져야 한다는 점에서 코스가 호텔링과 의견을 달리했던 것은 아니지만, 그는 총비용도 충당되어야 한다고 믿었다. 그러면서 공공재를 사용하는 사람들이 한계비용 가격에 더해 이용료에 해당하는 추가 요금을 내는 다편적(多編的) 가격 책정 제도를 제안했다. 그렇게 해서 서비스를 사용하는 사람들이 서비스를 사용하지 않는 경우까지 포함된 납세자들보다 이용료에 해당하는 약간의 추가 비용만 더 지불하게 하자는 것이었다. 코스는 다편적 가격 책정으로 한계비용과 총비용 모두가 충당될 것이라고 믿었다.[6]

여기서 한계비용 논란의 미묘한 차이까지 상세하게 들여다볼 필요는 없다. 그저 코스가 자유 시장 쪽으로 형세를 바꿔 놓았다고 말하면 족할 것이다. 1946년까지 갈팡질팡하던 사회적 통념은 그렇게 방해받지 않는 시장을 옹호하는 사람들 쪽으로 기울었다. 그들은 자연독점은 민간 부문의 수중에 맡겨야 하고 공공 보조금 대신 기업이 한계비용 이상으로 가격을 책정해 투자 비용을 회수할 수 있어야 한다고 주장했다. 이런 식의 사고는 오늘날에도 여전히 지배적이다. 조지 워싱턴 대학교 로스쿨 존 더피 교수는 말한다. "요컨대 현대 공익사업 이론가들은 만연한 공공보조금을 사용해 전 세계적으로 한계비용 수준의 가격을 책정한다는 성배를 좇는 우를 범하지 말 것을 일반적으로 권고한다."[7]

그러나 사실 정부는 공공재와 공공서비스를 창출하는 인프라에 자금을 대지 말아야 하며 자연독점 사업체는 고정비를 회수하기 위해 가격을 한계비용보다 더 높게 책정할 수 있어야 한다는 주장은 상당히 솔직하지 못하다. 정부 보조금을 반대하는 똑같은 시장경제학자들 대부분은 공익사업체라고 묘사되며 독점적 지위를 향유하는 민간 기업들이 정부 세금으로 가장 많은 보조금을 받고 있다는 사실을 애써 외면한다.

미국의 경우 전체 연방세 보조금의 절반 이상이 금융, (수도, 전기, 가스 등) 공익사업, (전기 및 전자) 통신, 석유와 휘발유 및 송유관 등 네 개 산업 분야로 흘러 들어간다. 금융만 제외하고는 모두 공익사업의 전형적인 특징을 갖추고 있다. 2008년과 2010년 사이에 가스와 전기 공익사업은 310억 달러가 넘는 정부 보조금을 받았고, 통신 분야도 300억 달러 이상을 받았으며, 석유와 휘발유 및 송유관 분야는 240억 달러를 받았다.[8]

1980년대에 접어들어 규제 완화와 민영화 물결이 일기 전까지는 사실상 대부분의 선진국에서 이 세 개 산업 분야만큼은 정부가 소유하고 자금을 조달해 소비자들이 비교적 싼 가격을 누리게 해 주었다. 하지만 미국은 예외에 속해 대부분이 민간 부문에 남아 있었다. 미국의 전기와 가스 공익사업은 정부의 규제를 받았지만 한계비용 이상의 가격 책정이 허용되었던 까닭에 풍족한 정부 보조금을 받으면서 수익을 올릴 수 있었다.

지금까지 말한 보조금에는 특허의 형태로 정부가 제공하는 지적재산권 보호는 포함되어 있지 않다. 지적재산권은 원래 발명을 장려하고 기업의 투자 회수를 보장하기 위해 구상되었지만 사뭇 오래전부터 다른 기능을 수행하기 시작했다. 자연독점 사업체에 그들이 제공하는 재화와 서비스에 대한 2차 독점권까지 부여함으로써 한계비용을 훨씬 초과하는 가격을 책정할 수 있게 조장했다는 이야기다.

혜성처럼 나타난 인터넷이 없었다면 우리는 이런 모든 사실을 모르고 지나쳤을지도 모른다. 인터넷의 급부상으로 정보 확보에 드는 한계비용이 제로에 가까워졌고, 그 뒤를 이어 태양열과 풍력, 그 밖의 풍부한 재생에너지를 수확하고 '사물'을 3D 프린트하고 온라인으로 고등교육을 받는 한계비용이 급락했다.

사물인터넷은 잠재적으로 경제의 상당 부분을 한계비용 제로 수준으로 옮겨 놓을 역사상 최초의 범용 기술 플랫폼이다. 그래서 오늘날의 한계비용 논란이 그토록 인류의 미래에 중요하다고 하는 것이다. 사물인터넷 인프라에 내재된 새로운 가능성이 실현될 수 있을지 여부는 누가 플랫폼에 자금을 대느냐에 따라 결정될 것이다. 패권 다툼은 이미 시작되어 세계 각국의 규제 위원회에서, 법정에서, 입법기관에서, 기업 중역 회의실에서, 시민사회단체에서, 그리고 학계에서 대부분 은밀히 진행되고 있다. 아직은 논의의 극히 일부분만이 대중에게 알려진 상태다. 하지만 이 상황은 향후 몇 년 사이에 젊은 세대가 자신들이 원하는 종류의 미래 경제를 위해 싸울 준비를 갖추면 크게 바뀔 것으로 보인다.

대중의 손에 전력과 권력을

문제는 오픈소스 액세스와 피어투피어 협력에 익숙한 프로슈머들이 한계비용 제로 사회를 이룰 새로운 인프라의 잠재력을 최적화할 수 있는 자금 조달 모델을 찾을 것인가, 아니면 기존의 자본주의 모델을 고집하는 기업 이익집단들이 지적재산권 보호와 규제 정책 및 여타의 법안을 이용해 인프라를 장악하고 한계비용 제로 수준보다 훨씬 높은 가격을 유지하며 이윤이 넘쳐 나게 할 것인가이다.

이 두 세력 가운데 어느 쪽이 승리할 가능성이 높은지 파악하려면 돈의 흐름을 쫓아가 보면 된다. 1차 및 2차 산업혁명에서는 성장하는 기업가 계층이 민간 자본의 축적을 통해 필수 인프라를 인수하여 통제할수 있었고, 더불어 인프라를 규제하는 입법권과 사법권, 집행권도 제어할 수 있었다. 정부가 인프라 개발의 많은 부분은 물론이고 인프라를 중심으로 성장하는 산업에까지 보조금을 지급했음에도, 적어도 미국에서는 민간 자본이 게임을 주도했다. 앞서 언급했듯이 유럽과 다른 곳에서는 주요 인프라 산업의 대부분을, 특히 비경쟁 공공재 공급과 관련된 산업은 정부가 소유했다. 1980년대에 레이건과 대처가 주창한 대규모 규제 완화 정책의 소용돌이 속에서 공기업을 민간 부문에 팔아 치우는 붐이 일기 전까지는 말이다. 공기업 매각은 자유 시장을 장려한다는 미명하에 이후 거의 삼십 년 동안 계속되었다.

하지만 현재 사물인터넷 인프라의 구축 자금은 대부분 부유한 자본가들이나 기업의 주주들보다는 수억 명에 달하는 소비자들과 납세자들이 대고 있다. 먼저 사물인터넷 인프라의 통신 매체인 인터넷부터 살펴보자. 인터넷은 누가 소유하고 있는가? 모두가 소유한다고 할 수도 있고 아무도 소유하지 않는다고 할 수도 있다. 인터넷은 컴퓨터 네트워크들이 서로 소통할 수 있도록 합의된 일련의 통신규약에 의해 조직된 체계이다. 케이블을 설치하고 유선 및 무선 접속을 제공하고 통신을 전송하고 정보를 저장하는 대기업들로 구성된 물리적 네트워크(인터넷 백본)

가 있긴 하지만, 이 기업들은 단지 제공자이자 조력자일 뿐이다. 또한 인터넷에서 서식하며 콘텐츠를 조직하는 웹 회사들과 비영리 웹 기관들도 있다. 하지만 인터넷 자체는 접속료를 지불한 사람이라면 누구나 입장해 대화를 나눌 수 있는 가상의 공공 광장이다. 인터넷은 다양한 형태의 커뮤니케이션에 접근하고 데이터를 전송하는 한계비용이 제로 수준인 매력적인 공간으로 이미 27억 인구를 불러 모았다.[9]

이제 인터넷은 분산형 재생에너지와 만나 새로운 경제 패러다임의 신경계를 창출하고 있다. 의문은 다시 누가 사물인터넷의 자금을 대고 있는가로 이동한다. 진화하는 스마트 인프라에는(특히 에너지 인터넷에는) 대체로 소비자가 자금을 대고 있다. 이에 비해 주로 새로운 실행 기술의 연구개발을 자극할 목적으로 정부가 지불하는 금액은 갈수록 줄어드는 양상이다.

분산형 재생에너지의 진보를 촉진하는 주된 도구는 발전 차액 지원 제도이다. 중앙정부와 지방정부는 얼리어답터들이 풍력이나 태양열, 지열, 바이오매스, 소형 수력 등의 재생에너지 발전설비에 투자하고 거기서 수확한 녹색 전기를 다시 송전 그리드에 공급하도록 권장하기 위해 통상 십오 년 내지 이십 년으로 정해진 기간 동안 (해당 재생에너지에 대해) 다른 에너지의 시장가치보다 높은 가격을 보장해 준다. 보다 많은 개인들이 재생에너지를 온라인으로 가져올수록 산업 규모는 확대되고, 이는 다시 제조업체들이 수확 기술을 혁신하고 효율성과 생산성을 증진하며 비용을 떨어뜨리기 위해 새로운 투자를 하도록 이끌며, 이 모든 게 시장의 성장을 자극하기 때문이다.

효율성과 생산성의 증진은 재생 가능 전기의 생산 비용을 줄이고 새로운 녹색 원천 전기의 가격을 전통적인 화석연료 및 원자력 전기의 시장가격과 점점 더 동등해지도록 만든다. 새로운 재생 가능 전기의 가격이 전통적인 전기의 가격과 가까워짐에 따라 정부는 발전 차액 지원 제도의 할증 폭을 줄이기 시작할 수 있고, 마침내 동등해지면 제도를 단계적으로 폐지할 수 있다.

현재 65개국에서 발전 차액 지원 제도를 도입한 상태인데, 그중 절반 이상이 개발도상국이다.[10] 발전 차액 지원 제도가 재생에너지를 온라인으로 옮겨 놓는 강력한 정책 도구라는 것이 입증됐다. 전 세계 풍력 에너지의 거의 3분의 2와 전 세계 태양광발전 용량의 87퍼센트가 발전 차액 지원 제도에 힘입어 생산되고 있다.[11]

발전 차액 지원 제도의 자금은 일반적으로 모든 사람들이 매달 내는 전기료에 조금씩 추가로 부과되는 금액이나 세금으로 조달한다. 다시 말해서 전력 회사들이 소비자에게 추가 비용을 전가하는 방식(즉 소비자가 재생에너지로 전환하는 자금을 대는 방식) 또는 정부 보조금 형태로 납세자들이 지불하게 하는 방식을 이용한다는 이야기다. 발전 차액 지원 제도가 시행된 초기 몇 년 동안에는 대형 재생에너지 사업체들이 태양열 및 풍력 에너지 집중 단지를 대규모로 조성하고 할증 가격을 최대한 활용하며 이윤을 거두어들였다. 이러한 대규모 집중형 재생에너지 단지는 모두 소량의 전기를 사용하는 수백만 소비자들이 부담한 요금 인상분으로 자금을 조달한 결과이다. 때로는 전력 및 공익사업 회사가 자체적으로 풍력이나 태양열 에너지를 생산하는 자회사를 세우기도 했다. 이들 자회사는 할증 가격으로 모회사에 에너지를 되팔고 이 할증료는 모두 그 회사의 전기를 쓰는 소비자가 부담했다. 요금을 지불하는 수백만 소비자를 희생시키며 회사가 수익을 올리는 구조였던 셈이다.

그러나 이러한 기업의 '갈취'와 프로슈머(녹색 전기의 생산자이자 소비자)가 될 수 있는 기회, 둘 다에 대한 대중의 인식이 높아지면서 수백만의 소규모 자영업자들과 주택 보유자들을 중심으로 판세가 일변하기 시작했다. 그들이 분산형 재생에너지로의 전환을 이끄는 추진력으로 작용하기 시작했다는 의미다. 점점 수가 늘어나는 수백만 명의 전기 프로슈머들은 이제 발전 차액 지원 제도의 비용을 부담하는 동시에 이익도 거두어들이고 있다. 그들은 자신의 자본을 투자해 사업 및 생활 현장에 재생에너지를 수확할 수 있는 새로운 기술을 설비하고 있다. 초기에 들어가는 자본 투자액이 만만치 않지만 은행이나 신용조합에서 제공하는 저금리 녹색 대출을 이용해 부담을 줄인다. 녹색 전기를 전력 그리드에 되팔 때 받는 할증 가격이 대출금 상환 능력을 보장해 주기 때문에 대출 기관은 저금리 상품임에도 적극적으로 나선다.

에너지 소비자에서 에너지 프로슈머로의 전환은 전기를 발전하고 사용하는 방식의 티핑 포인트를 예고한다. 20세기의 거대한 석유, 석탄, 가스 회사들은 종종 은행이나 여타 금융기관과 결탁하는 한편 유리한 정부 보조금을 지원받으며 막대한 금융자본을 축적할 수 있었고, 그것을 이용해 국가의 동력 공급에 대한 지배권까지 획득할 수 있었다. 하지만 오늘날에는 수백만의 소규모 참가자들이 자신들이 매달 내는 전기료에 약간 덧붙은 금액으로 자금을 대는 발전 차액 지원 제도를 활용해 자기 나름대로 재생에너지 혁명을 주도하고 있다.

녹색 에너지로의 이행에서 선두를 달리는 독일의 경우 2001년 말 기준으로 이온, RWE, EnBW, 바텐폴유럽(Vattenfall Europe) 등 전통적인 거대 전력 및 공익사업 회사들이 재생에너지 생산 용량의 7퍼센트만을 소유했다. 반면 "개인들은 40퍼센트를 소유했고, 에너지 틈새시장 기업들이 14퍼센트, 농부들이 11퍼센트, 에너지 집약 산업에 종사하는 다양한 회사들이 9퍼센트, 그리고 금융 회사들이 11퍼센트를 소유했으며, 소규모 지방 공익사업 회사들과 국제 공익사업 회사들도 7퍼센트를 소유했다."[12] 또한 독일에서는 풍력발전용 터빈의 절반가량을 지역 주민들이 소유한 상태다.[13] 다른 EU 국가들도 비슷한 양상이다. 소비자가 프로슈머로 변모하며 스스로 녹색 전기를 생산하고 있다.

프랑스 가스 공익사업 회사 GDF수에즈의 회장 제라르 메스트랄레는 십 년 전만 해도 유럽 에너지 시장은 몇 안 되는 지역별 독점 회사들이 거의 배타적으로 지배하고 있었다고 말한다. "그런 시절은 이제 영원히 사라졌다. 소비자들이 생산자가 되고 있기 때문이다."[14] 독일에 기반을 둔 에너지 회사 RWE 회장 피터 테리움은 중앙집권형 전력에서 분산형 전력으로의 엄청난 변화가 유럽에서 일어나고 있음을 인정한다. 그리고 대규모 전력 및 공익사업 회사들은 "장기적으로 전통적인 전기 발전 용량이 근래 보아 온 수준보다 현저하게 적어질 것이라는 사실에 적응해야 한다."라고 말한다.[15]

만약 십 년 전에 누군가가, 소규모 분산형 재생에너지의 미니 발전에 동참하는 수백만 참가자들이 스스로 녹색 전기를 생산해 전력 그리드에 공급하면서 유럽의 거대 전력 및 공익사업 회사들이 무너지기 시작할 것이라고 주장했다면, 필경 엉뚱한 소리로 치부되며 실세들에게 묵살당했을 것이다. 이제는 아니다. "실제로 혁명이 일어나고 있다."라고 메스트랄레는 말한다.[16]

소비자들과 소규모 자영업자들은 전기료 인상분과 세금을 통해 녹색 전기를 온라인으로 옮겨 놓는 비용 대부분을 대고 있을 뿐 아니라 에너지 인터넷을 확대하는 데 드는 비용도 큰 몫을 부담하고 있다. 최근 미국 정부는 34억 달러를 연방 회복 법안 기금으로 할당했다. 이 돈은 그보다 조금 더 많은 민간 부문 출자와 합쳐져 78억 달러 규모의 전력 그리드 현대화 작업에 투자될 것이다.[17] 이 돈이 많아 보인다면, 제 기능을 하지 못하는 비효율적인 전력 그리드 때문에 매년 발생하는 전력 공급 중단과 전압 저하, 정전 등으로 사업체와 소비자가 겪는 피해를 잠깐 생각해 보길 바란다. "정전과 전력 공급 중단으로 … 미국인들은 매년 최소한 1500억 달러에 달하는 비용을 치르고 있다. 남녀노소 모두 합쳐 1인당 500달러 정도를 지불하고 있는 셈이다."[18]

미국에서 전력 공급이 중단되는 사고는 대부분 노후한 송전선이 땅 위에 세운 썩어 가는 나무 기둥에 여전히 걸쳐져 있기 때문에 발생한다. 문제는 기후변화 탓에 전과 달리 극단적으로 변해 버린 (겨울의 눈보라, 봄의 폭우와 홍수, 허리케인 등) 기상 조건이 송전선을 수시로 떨어뜨려 광범위한 지역에 걸쳐 전압 저하나 정전을 일으키고 있다는 점이다. 이미 오래전에 지하에 묻었어야 하는 낡고 늘어진 송전선이 극심한 기상 변화로 큰 타격을 입으면서 이따금 발생하던 전력 손실이 이제는 미국 전역에서 일상다반사로 일어나고 있다. 이런 설명이 충분치 않다면 이 말도 들어 보라. "사용되는 모든 전력의 10퍼센트 이상이 결국 변환 비효율로 손실된다."[19] 안정적이고 디지털화된 21세기 분산형 지하 스마트 그리드를 구축하면 전선을 따라 송전 효율이 증가하고 전력 손실과 정전은 극적으로 감소할 것이다.

미국 전력업계의 비영리 싱크탱크인 전력연구소(EPRI)가 시행한 연구에 따르면 전국에 에너지 인터넷을 단계적으로 도입하는 데 향후 이십 년간 매년 170억 달러 내지 240억 달러, 또는 총 4760억 달러가량이 들 것으로 추산된다.[20] 무시할 수 없는 액수지만, 다시 한 번 들여다보면 지나치게 비싼 비용도 아니다. 돌아올 수익을 고려해 보면 특히 그렇다. 미 국방부가 신형 항공모함 두 대를 구축하는 데 해마다 지불하는 금액과 대략 비슷하다. 에너지와 관련된 비유로 바꾸어 비교해 보면, 이십 년 동안 미국 전역에 에너지 인터넷을 구축하는 데 드는 비용이 다국적 석유 및 가스 회사 로열더치셸의 2011년 한 해 수입인 4700억 달러와 거의 같은 수준이다.[21]

사실 EPRI의 가격표가 너무 낮게 책정되었을 가능성이 높다. 스마트 계량기를 설치하고 추가 송전선을 까는 것만, 즉 에너지 그리드 스마트화의 필수 요소만을 값싸게 갖추는 비용만을 고려했기 때문이다. 다른 연구에 따르면 에너지 저장과 모든 기계의 배선, 각종 기기, 그리드의 온도 조절 장치 등에 드는 비용과, 에너지 인터넷 전반의 수십억 노드에서 오는 빅데이터 피드백의 IT 관리 비용까지 계산에 넣으면 가격이 2조 5000억 달러로 높아진다고 한다. 저명한 에너지 분석가 바츨라프 스밀은 이 수치도 최소 1조 5000억 달러에 이르는 기존의 화석연료 및 원자력 발전소 폐기 비용은 포함되지 않은 것이라는 점을 상기시킨다.[22]

나는 현실적으로 비용은 1조 2000억 달러가량이 들고 기간은 삼십 년 이상 걸릴 것으로 추정한다. 전력 회사는 에너지 인터넷 구축비의 일부를 요금 인상 형식으로 고객들에게 전가할 것이다. 그래도 아주 적은 정도의 인상이라서 쉽게 감당할 수 있을 것이다. 나머지 비용은 직접비와 보조금, 장려금, 그리고 세금 공제 형태로 연방 정부나 주 정부, 지방정부에서 흡수해 줄 것이다. 이런 식의 민관 투자를 통해 1차 및 2차 산업혁명의 커뮤니케이션·에너지·운송 인프라도 자금을 조달하지 않았던가.

EPRI 연구를 보면 대륙별 에너지 인터넷 설치로 고객에게 돌아가는 '에너지 절약' 증가분이 2조 달러 상당의 가치를 창출하며 인프라 초기 비용을 충분히 넘어설 것임을 알 수 있다.[23] 하지만 이 2조 달러는 지능형 네트워크인 사물인터넷 인프라에 모든 경제활동이 내장되었을 때 발생할 잠재적 생산성의 극적인 증가분은 계산에 넣지도 않은 수치이다. 사물인터넷 인프라가 빅데이터 피드백과 최첨단 분석, 알고리즘을 지속적으로 이용해 사회 도처에서 열역학 효율성과 생산성을 증진하며 얼마나 많은 가치를 창출하겠는가. 앞서 언급했듯이 2차 산업혁명에서는 14퍼센트가 최고 수준이었던 총 에너지 효율이 3차 산업혁명에서는 40퍼센트로 가파르게 상승할 것이고, 그에 수반하는 생산성 증진 덕에 한계비용 제로 사회로 그 어느 때보다 더 가까이 다가서게 될 것이다.

현재 열네 개 국가에서 스마트 그리드를 설치하고 있고, 대부분 소비자가 부담하는 전기료 상승분이나 시민과 기업이 내는 세금으로 에너지 인터넷 구축 자금을 조달하고 있다.[24] 에너지 인터넷 구축 자금의 상당 부분은 전선 변경과 변전소 설립, 그리고 물리적 운영 체계를 구성하는 여타 하드웨어 부품을 확보하는 데 쓰일 것이다. 나머지 자금의 대부분은 수백만 명의 개별 프로슈머에 의해 녹색 에너지가 발전되고 저장되고 공유되는 복잡한 흐름을 조정할 지능형 커뮤니케이션 기술에 할당될 것이다.

5장에서 언급했듯이 모든 건물의 모든 장치가 사물인터넷에 연결되는 센서와 소프트웨어를 갖추고 전기 사용에 관한 실시간 정보를 현장의 프로슈머와 네트워크의 다른 모두에게 제공할 것이다. 온도 조절기와 세탁기, 식기세척기, 텔레비전, 헤어드라이어, 토스터, 오븐, 냉장고 등 모든 기기가 매 순간 얼마나 많은 전기를 사용하는지 전체 네트워크가 알게 될 것이다. 정보의 지속적인 피드백으로 현장의 프로슈머는 자신의 전기 사용을 최적화하도록 프로그램을 설정할 수 있고, 분산적이고 협력적인 시스템으로 수백만 참가자들은 전체 네트워크의 효율성을 최적화하는 방식으로 전기를 공유할 수 있을 것이다. 예를 들면 수백만 명의 에너지 프로슈머들은 사전에 상황에 맞춰 자동 제어가 이루어지도록 자신들의 노드에 프로그램을 설정해 놓을 수 있다.(물론 이것은 자발적인 시스템이다.) 해당 지역이 폭염으로 에어컨 사용이 급증할 경우 (전기 사용량을 줄이기 위해) 온도 조절기가 자동으로 1~2도 정도 온도를 올리게 하거나 세탁기가 자동으로 짧은 헹굼 코스를 선택하게 해서 시스템이 전기 수요의 증가를 안정화하도록 도울 수 있다는 이야기다. 이런 식으로 그리드를 돕는 프로슈머는 다음번 전기료가 청구될 때 공제 혜택을 받는다.

스마트 그리드로 수익을 내려는 공익사업 회사들은 네트워크 전반의 커뮤니케이션을 지배하고자 할 것이다. 수백만 개의 건물에 설치되는 스마트 계량기는 공익사업 회사가 소유한다. 월간 전기료에 추가하는 식으로 그 설치 비용을 고객에게 전가해 조달하더라도(그리하여 결국 고객이 비용을 대는 셈이 되더라도) 소유권은 어쨌든 회사의 몫이다. 에너지 인터넷 관리에 필수적인 커뮤니케이션을 통제함으로써 공익사업 회사들은 수백만 사업체들과 주택 보유자들이 (자신들이 자금을 대고 있는) 스마트 전기 시스템으로부터 충분한 혜택을 받지 못하게 할 수도 있다.

하지만 그들의 노력은 수포로 돌아갈 가능성이 높다. 수십여 회사가 새로운 웹 접속 스마트 에너지 장치를 시장에 내놓고 있기 때문이다. 프로슈머가 자신들의 건물에 있는 모든 기기와 접속하고 무선 네트워크를 통해 전력 그리드와 커뮤니케이션하도록 돕는 장치 말이다.[25] 데이브 마틴은 무선 스마트 그리드 접속을 촉진하는 미국 스타트업 인트와인에너지(Intwine Energy)의 대표다. 에너지 인터넷에는 무선 인터페이스가 최적이라고 신봉하는 다른 사람들과 마찬가지로 마틴 역시 구식의 중앙집권적이고 독점적인 커뮤니케이션 방식을 우회해 분산적이고 개방적이며 협력적이고 수평적인 모델에서 기회를 엿보고 있다.

독점적이며 '닫힌' 시스템에 지나치게 의존하는 것보다 광대역 장비가 갖춰진 가구의 기존 인터넷 연결성을 활용해 월드와이드웹을 사용하는 것이 주택 보유자들과 공익사업 회사들에 상당한 혜택이 된다고 믿는다.[26]

마틴은 에너지 인터넷 전반에 걸쳐 에너지를 프로그래밍 하고 관리하고 분산하는 일에 무선 네트워크와 원격 장치를 사용함으로써 얻을 수 있는 민첩성과 기동성, 단순성, 비용 절감을 강조한다. 그는 무선 스마트 그리드 접속의 논리적 근거를 이렇게 설명한다.

우리 시스템은 주택 보유자와 공익사업 회사 사이의 협력을 증진한다. 결과적으로 에너지 사용자들은 자신들의 생활 방식에 따라 에너지 관리 관행을 맞춤화할 수 있고 에너지 생산자들은 자신들만의 독점적인 시스템을 설계하거나 배치할 필요 없이 수요 관리에 대한 약속을 이행할 수 있다.[27]

무선 네트워크 장치는 수백만 명에게 자신들의 에너지 생산과 사용을 직접 제어할 수 있는 권한을 줄 것이며, 대륙별 에너지 인터넷을 이용해 에너지를 관리하는 한계비용을 제로 수준으로 줄이도록 이끌 것이다.

사회의 전체 인프라를 3차 산업혁명으로 전환하는 일은 벅차게 느껴진다. 하지만 1차 및 2차 산업혁명 때에도 초기에는 그렇게 보였다. 두 산업혁명 모두 사십 년이 채 못 돼서 결실을 맺었다. 이번에는 그 과정이 더 빠르게 진화할 것으로 보인다. 크게는 전 세계적으로 연결된 인터넷이 수십억 명을 새로운 커뮤니케이션·에너지·운송 모체의 확대에 적극적으로 참여시킬 수 있기 때문이다. 이러한 참여 수준은 커뮤니케이션 인터넷이 지난 이십 년 사이에 기하급수적으로 성장하며 보여 준 것과 유사한 속도로 에너지 인터넷과 운송 인터넷의 수평적 규모를 확대해 줄 것이다.

클린웹

젊은 세대의 사회적 기업가들은 이제 소셜 미디어를 이용해, 커뮤니케이션 인터넷 자체와 관련해 그랬듯이 에너지 인터넷에 참여하도록 동료들을 결집하기 시작했다. 그 과정에서 그들은 사물인터넷 인프라에 내재된 열역학 효율성 및 잠재적 생산력을 펼쳐 보일 새로운 기술을 창조하고 있다.

그것은 클린웹(Cleanweb)이라고 불리는 풀뿌리 운동으로 2011년 미국을 위시하여 세계 여러 나라에서 시작되었다.《MIT 테크놀로지 리뷰》웹사이트에 올린 글에서 두 명의 젊은 벤처 투자가 서닐 폴과 닉 앨런은 클린웹의 비전을 다음과 같이 묘사했다.

> 우리는 새로운 기회가 이른바 '클린웹'에 있다고 본다. 인터넷, 소셜 미디어, 이동통신을 이용해 우리가 자원을 소비하고 세상과 관련을 맺고 상호작용하고 경제적 성장을 추구하는 방식을 변화시키는 친환경 기술의 한 형태이다.[28]

에너지 IT 또는 클린 IT라고도 불리는 클린웹은 전광석화처럼 패러다임 변화를 주도하며 전통적인 사업 관행을 제칠 것으로 보인다. 기업 리더들은 어쩌다가 변화의 신호를 놓쳤는지 그저 의아해하는 처지에 놓일 것이다. 인터넷 세대가 앱을 창조하며 소셜 미디어를 이용해 음악과 비디오, 뉴스, 정보 등을 공유하기 시작했을 때에도 엔터테인먼트 산업과 미디어 산업의 상당수는 저만큼 뒤처져 뽀얀 먼지를 뒤집어쓴 채 머리를 긁적이지 않았던가.

이 변화가 어떤 속도로 일어날지 이해하려면 페이스북 창업자 마크 저커버그의 이름을 딴 '저커버그의 법칙'을 잠시 살펴볼 필요가 있다. 저커버그는 무어가 컴퓨팅 능력에서, 또 스완슨이 태양열 기술에서 발견한 것과 다르지 않은 지수 곡선을 소셜 미디어에서 발견했다. 페이스북 내부에서 취합한 데이터를 이용해 저커버그는 웹에서 공유되는 정보의 양이 매년 두 배로 늘어났다는 것을 보여 주며, 이 배증 과정이 가까운 미래까지 계속될 것이라고 예상했다. 값싼 컴퓨터와 모바일 기기의 확산으로 우리 일상의 매 순간을 소셜 미디어로 공유하는 일이 갈수록 쉬워지고 있다. 예를 들어 음악 스트리밍 서비스인 스포티파이는 당신이 듣는 모든 노래를 자동으로 페이스북에 포스팅 해 준다. 이 서비스가 소개되고 처음 두세 달 사이에 15억 개의 재생 목록 포스팅이 스포티파이와 여타의 앱들을 통해 공유되었다. 애플은 파인드마이프렌즈(Find My Friends)라는 아이폰용 앱을 출시했다. 특정인의 위치를 추적해 네트워크에 연결된 다른 사람들에게 알려 주는 앱이다.[29] 사람들이 에너지 인터넷 전반에 걸쳐 녹색 전기를 공동생산 하고 공유하도록 돕는 앱들도 현재 개발되고 있다.

클린웹 운동 조직은 현재 세계 도처에서 주말 해커톤(Hackathon)* 행사를 주최하고 있다. 소프트웨어 개발자와 사회적 기업가, 환경 운동가들이 이곳에 모여 수억 명을 에너지 인터넷에 참여시킬 앱을 개발하기 위해 긴밀하게 협업하며, 가장 훌륭한 앱을 개발한 팀에 상이 주어진다.

뉴욕 클린웹 해커톤 행사에서는 개발자 수백 명이 열다섯 개 팀으로 나뉘어 스물여덟 시간의 집중 작업 끝에 인터넷 기술을 이용해 녹색 에너지를 관리하는 창의적인 새로운 앱들을 내놓았다. 뉴욕 해커톤의 우승자는 에코노플라이(Econofly)라는 팀이었다. 그들이 개발한 웹사이트에서 소비자는 가전제품을 에너지 효율 등급에 따라 비교할 수 있다. 상을 받은 또 다른 팀은 파키파이(Parkifi) 앱을 개발했는데, 이 앱은 사용자가 와이파이 핫스팟이 있는 뉴욕 시내 공원을 찾을 수 있게 도와준다.

---

* '해킹 마라톤'의 준말로 대개 밤을 새워 어울리며 작업을 하는 프로그래밍 '파티'를 뜻함.

세 번째 우승 팀이 개발한 뉴욕빌딩닷컴(nycbldgs.com)은, 뉴욕 시가 창출한 에너지 데이터를 이용해 뉴욕의 모든 건물이 표시된 지도를 웹에 구축하고 에너지 사용량과 이산화탄소 배출량에 따라 그 순위를 매긴 웹사이트이다. 이 지도를 만든 목적은 미니 발전소로 보강 및 개조 가능한 건물을 확인하고 최첨단 녹색 설계와 에너지 효율성을 두드러지게 보여줄 수 있는 최적의 건물을 부각하기 위해서다.[30]

클린웹 운동을 뒷받침하는 아이디어는 IT와 인터넷, 소셜 미디어를 통해 비슷한 문제의식을 지닌 사람들이 모여, 에너지 효율성을 높이고 재생에너지 수확 기술을 도입하는 측면에서 수평적 규모의 경제를 창출하자는 것이다. 이는 곧 에너지 효율에 대한 정보를 모으는 과정을 단순화해 재생에너지 기술에 대한 투자를 보다 쉽고 저렴하게 만든다는 의미이다.

모자이크(Mosaic)는 클린웹 관련 회사로 웹 기반 크라우드펀딩을 이용해 지붕에 태양열 패널을 설치한다. 흥미롭게도 이 재생에너지 자금 대부분은 (점점 더 가격이 하락하고 있는) 태양열 패널 자체에 쓰이지 않는다. 고객 탐색과 부지 평가, 자금 조달 등에 들어가는 '연성 비용'이 더 큰 비중을 차지한다. 미국의 경우 태양열 회사는 현재 각각의 새로운 고객을 유치하는 데 통상 2500달러 정도를 사용하고 있다. 앞으로 (소셜 미디어를 사용하는) IT 솔루션이 태양열 사업에 드는 비용을 75퍼센트까지 끌어내려 석탄을 이용하는 경우보다 더 저렴하게 만들 것으로 기대되고 있다.[31]

미국의 클린웹 운동은 그린버튼(Green Button)이라는 새로운 연방 정부 프로그램으로부터 빅데이터와 관련한 지원을 받고 있다. 2011년에 시작된 이 프로그램은 (주택과 사업체에 수백만 대의 스마트 계량기가 설치되어 이제야 처음으로 이용하게 된) 실시간 에너지 사용 데이터에 고객이 쉽게 접근할 수 있는 방안을 전력 및 공익사업 회사에서 자발적으로 제공하도록 장려하고 있다. 스마트 계량기는 에너지 인터넷 인프라에서 데이터를 수집하는 데 필수적인 요소이다. 회사 고객들은 그렇게 확보된 데이터를 다운로드 해서 자신들의 에너지 사용을 보다 효율적으로 관리하는 데 필요한 정보를 얻을 수 있다. 시행 일 년도 지나지 않아 자신의 에너지 사용 데이터에 즉각적으로 접속할 수 있는 고객 수가 3100만 명으로 급속히 불어났다.[32]

오파워(Opower), 아이트론(Itron), 퍼스트퓨얼(First Fuel), 이피션시 2.0(Efficiency 2.0), 에코도그(EcoDog), 벨킨(Belkin), 아니스트빌딩(Honest Buildings) 등의 회사들은 현재 그린버튼 데이터를 이용해 사용자들이 스스로 자신의 에너지 미래를 제어할 수 있도록 돕는 새로운 앱과 웹서비스를 앞다퉈 개발하고 있다.[33]

개인의 에너지 사용에 관한 이러한 풍부한 데이터는 이제 소셜 미디어를 통해 그 활용도를 높이고 있다. 사람들의 에너지 소비 스타일을 바꾸는 결정적인 요인은 돈이 아닌 경우가 많다는 사실을 여러 연구 결과에서 볼 수 있다. 연구자들은 돈 대신 지속 가능한 삶을 위해 집단적 권한을 행사하며, 함께 헌신하고 협력하려는 욕구에 자극받아 에너지 프로파일을 바꾸는 경우가 흔하다는 것을 발견했다.

소셜 미디어를 통해 자신의 에너지 데이터를 공유하는 것은 에너지 관리의 새로운 방법에 대한 피어투피어 대화를 시작할 수 있는 매우 효과적인 방법이다. 에너지와 관련된 조언을 나누거나, 에너지 효율을 증진하는 새로운 앱으로 바꾸거나, 재생에너지 설비를 더 싸게 설치하기 위해 에너지 협동조합에 모이거나, 아니면 그저 재미로 우호적인 작은 경쟁을 벌이는 등의 활동은 지속가능성 운동가들의 글로벌 공동체를 더욱 강력하게 만든다.

페이스북은 2012년 천연자원보호협의회(NRDC)와 오파워, 그리고 열여섯 개 공익사업 회사들과 협력하여 '소셜 에너지 앱'을 출범시켰다. 참여를 원하는 사람들은 그린온페이스북(Green On Facebook) 에너지 앱이나 오파워 웹사이트를 통해 가입할 수 있다. 이 앱은 에너지 청구서에 제시된 데이터를 이용해 페이스북 친구들의 가정은 물론이고 미국 전역의 다른 유사한 가정들과 당신의 가정을 비교, 평가하여 순위를 매긴다. 참가자들은 에너지 효율을 증진하고 에너지 사용을 줄이기 위해 다른 참가자들과 경쟁하거나 갖가지 녹색 에너지 프로젝트를 탐구하려는 사람들과 모임을 구성할 수도 있다. 소셜 에너지 앱은 또한 유용한 정보와 함께 모든 참가자끼리 에너지에 관한 조언을 공유할 수 있는 플랫폼도 제공한다. 페이스북에서 지속가능성 프로그램을 지휘하고 있는 메리 스콧 린은 이렇게 밝힌다. "이 앱은 에너지 절약 동호회를 만들고 아직은 발생하지 않은 에너지 효율의 장점에 대한 대화를 이끌어 낼 의도로 만든 것이다." 린은 "친환경 운동에 이렇게 친목의 성격을 가미하는 것이 기존의 에너지 관련 온라인 공동체들이 놓친 부분일 수 있다."라고 믿는다.[34]

IT와 인터넷, 이동통신, 소셜 미디어를 재생에너지와 함께 묶음으로써 클린웹 운동은 강력한 혼합체를 창출했다. 이 새로운 운동의 개척자 중 한 명인 도미니크 바술토는 인터넷 커뮤니케이션과 재생에너지의 수렴이 암시하는 바에 대해 이렇게 간단히 말했다. "클린웹을 녹색 에너지와 무어의 법칙이 만나서 발생한 것으로 간주해 보라." 그는 블로그 '싱크 빅(Think Big)'에 다음과 같이 썼다.

한때 '친환경 기술'과 '웹' 중 어디에 투자해야 할까 고민했던 사회적 기업가들은 이제 이 두 세계 모두에서 가장 득을 보게 됐다. 태양열 회사에 투자하면서 동시에 미래의 웹이나 이동통신에도 투자하는 것이다. 만약 실리콘밸리가 지난 이십 년 동안 원초적 컴퓨팅 용량의 규모를 키운 것과 똑같은 방식으로 클린웹의 규모를 확대한다면 어떤 가능성이 펼쳐질지 한번 생

각해 보길 바란다.[35]

모두를 위한 무료 와이파이

프로슈머가 자체적으로 녹색 에너지를 생산하고 그 자금을 대며, 자신의 무선 장치를 활용해 제로 수준의 한계비용으로 에너지 사용과 분배를 관리한다는 전망은 최근 모두를 위한 무료 와이파이가 권고되면서 한 걸음 더 현실로 다가왔다. 2013년 2월 미국 통신 산업을 규제하는 감독 기관인 연방통신위원회(FCC)가 폭탄선언을 했다. 미국 전역에 '슈퍼 와이파이 네트워크'를 창출해 모든 사람이 무료로 무선 접속을 할 수 있게 한다는 계획을 발표한 것이다.

FCC의 계획에는 텔레비전 방송국들과 여타 방송 사업자들에 사용하지 않는 전파를 정부에 되팔도록 요구한다는 내용이 담겨 있다. 그 전파를 대중 와이파이 네트워크용으로 재활용하기 위해서다. 방송용 주파수를 재활용하면 1.5킬로미터나 그 이상의 범위 내에서 효력을 발휘하며 벽과 담장을 뚫고 휴대전화로 무료 인터넷 통화까지 가능해진다. 집과 사업체에서 무료로 와이파이에 접속함으로써 인터넷 이용료가 대폭 줄어드는 것은 물론이다.[36]

한계비용이 제로 수준인 재생에너지를 관리하는 일에 한계비용이 제로 수준인 커뮤니케이션을 활용하면 사회는 사물인터넷 인프라를 확대하고 사회적 패러다임을 바꾸는 데 대단히 유용한 운용 플랫폼을 얻는 셈이다. 많은 논란을 유발한 FCC의 권고로 AT&T와 티모바일(T-Mobile), 인텔, 버라이즌 등 무선통신 사업자들(즉 미국 내 거대 이동통신 회사들)과 구글, 마이크로소프트 등 똑같이 막강한 인터넷 및 IT 회사들이 서로 싸우게 되었다. FCC의 스펙트럼 라이선스를 확보하기 위해 수십억 달러를 지불한 이동통신 회사들은 1780억 달러 규모의 무선 산업에서 막대한 손실을 감수해야 하는 상황에 빠졌다.[37] 인터넷과 IT 회사들은 무료 와이파이 접속이 "도래할 사물인터넷을 구성하는 수백만 대의 장치"를 도입하는 데 박차를 가할 것이라고 주장했다.[38] 구글은 이미 미국 뉴욕 맨해튼의 첼시 지역과 캘리포니아 실리콘밸리 내 몇몇 동네에 무료 와이파이를 제공하고 있다.[39]

업계 분석가들은 무료 와이파이가 "통신사 서비스를 대체할 수도 있을 것"으로 예상하고 있다.[40] FCC도 같은 생각이다. 한 FCC 관계자는 말한다. "우리의 정책이 통신사 중심이 아니라 보다 사용자 중심이 되길 바란다."[41]

FCC의 제안은 전자기 스펙트럼을 희소 자원에서 (태양열과 바람, 지열처럼) 잠재적으로 무한히 사용할 수 있는 자원으로 변환한 지난 십 년간의 극적인 기술 발전을 바탕으로 나온 것이다. 라디오방송이 부상하던 1920년대, 근접한 거리에 있는 둘이나 그 이상의 방송사가 같거나 아주 가까운 스펙트럼 주파수를 사용하는 바람에 서로의 방송 신호를 계속 방해하고 간섭해 그 내용을 알아들을 수 없는 상황이 간간이 벌어졌다. 1927년 무렵 라디오방송사의 급증으로 라디오 수신에 혼란이 초래됐고, 의회는 연방라디오위원회(FRC)를 설립하는 전파법을 통과시켰다. FRC의 임무는 어떤 주파수를 누가 사용할지 결정하는 것이었다.[42] 이어서 1934년의 통신법은 새로 설립된 FCC에 스펙트럼 분배 권한을 주었다.[43] FCC가 스펙트럼 관리 책임을 맡았다는 것은 일정 지역에서 특정 주파수를 방송사나 모종의 단체가 배타적으로 사용하도록 허가하는 것을 의미했다. 스펙트럼 자체가 희소 자원이었고 따라서 귀중한 상업적 자산으로 여겨졌다.

오늘날 무선주파수상의 커뮤니케이션을 관리하는 새로운 기술로 인해 스펙트럼을 희소 자원으로 보는 개념은 효력을 잃었다. 새로운 현실은 방송 커뮤니케이션의 성격 자체를 바꾸고 있다. 스마트 안테나, 동적 스펙트럼 접근, 인지 라디오 기술, 그물형 네트워크(mesh network)* 등은 스펙트럼을 보다 효율적이고 기민하게 사용해 희소 자원이 아닌 풍요의 자원으로 확대하고 있는 새로운 기술 중 일부이다. 새로운 기술은 전송 신호를 집중시켜 지정된 사용자의 안테나로만 갈 수 있게 한다. 다른 안테나를 방해하지 않는 것이다. 또한 다른 전송을 감지해 사용하지 않는 스펙트럼을 공유하기도 한다. 스펙트럼을 스캔 해 일시적으로 사용되지 않는 구멍을 찾아 활용하는 식이다. 오늘날의 무선 네트워크에서는 무선통신 장치들이 서로 정보를 조정해 병렬 전송을 가능하게 하고 특정 시간 주파수 자리를 최적화할 수도 있다.

미국통신정보관리청(NTIA)이 2010년에 발표한 미래의 무허가 스펙트럼 사용에 관한 보고서는 이렇게 말한다. "그런 기술을 이용할 수 있다면 무선주파수 스펙트럼 용량이 기하급수적으로 증가해 엄청난 규모가 될 것이다."[44] NTIA 보고서는 다음과 같이 결론을 내린다. "이 가능성 중 극히 일부분만이라도 현실화되면 오늘날의 스펙트럼 부족이라는 개념은 소멸할 것이고 허가에 근거한 전통적인 주파수 규제의 필요성도 극적으로 바뀔 것이다."[45]

많은 업계 전문가들이 새로운 기술이 전파를 "매우 풍부하게 만들어 정부가 스펙트럼 접근에 제한을 가하거나 특정 서비스에 우선권을 줄 명분이 없어질 것"이라고 말한다.[46] 가까운 미래에는 누구나 지구의 풍부한 무료 전파를 공유해 거의 무료로 타인과 소통할 수 있을 것이다. 태

---

* 인터넷망을 이용하지 않고 컴퓨터와 컴퓨터를 직접 연결해 정보를 주고받는 네트워크 형태임.

양열과 풍력, 지열 등 풍부한 무료 에너지를 공유하듯이 말이다.

와이파이 네트워크로 전개되는 개방형 무선통신은 전통적인 허가제 유선통신을 빠르게 뛰어넘고 있다. 컴스코어의 연구에 따르면 "2011년 12월 현재 미국에서 와이파이 접속이 모바일 인터넷 접속에서는 40.3퍼센트, 태블릿 인터넷 접속에서는 92.3퍼센트를 차지했다."[47] 훨씬 더 흥미로운 것은 시스코의 보고서인데, 모바일 데이터의 단지 35퍼센트만이 "옮겨 다니면서" 사용되었고, 40퍼센트가 집에서, 25퍼센트는 직장에서 사용되었다는 내용이다.[48] 또한 2012년 모든 모바일 데이터의 33퍼센트가 와이파이 네트워크로 오프로딩(offloading)* 되었다. 시스코의 보고서는 이 비율이 2017년에는 46퍼센트를 초과할 것으로 예상하고 있다.[49]

와이파이 네트워크를 통한 개방형 무선통신의 영향력은 스마트 그리드 관리에서 가장 확연하게 드러날 것이다. 개방형 무선 전략은 이미 스마트 그리드 커뮤니케이션의 70퍼센트 이상을 차지하고 있다.[50]

무료 와이파이 네트워크를 통한 개방형 무선 접속은 수년 안에 미국뿐 아니라 사실상 어디에서든 표준이 될 것이다. 이 흐름을 지연하려는 전통적인 유선통신업체의 노력과 상관없이, 인류에게는 거부할 수 없을 만큼 유용한 기술이기 때문이다. 소유권 중심의, 중앙집권적인 유선통신 네트워크를 통한 커뮤니케이션 개념은 21세기 중반을 살아가는 젊은이들에게는 역사적 호기심의 대상에 지나지 않게 될 것이다.

---

* 급증하는 데이터 트래픽을 다른 네트워크로 분산하는 것을 의미함.

정부와 시장을 뛰어넘어

우리는 그 깊이를 헤아리기 어려운 새로운 현실에 눈뜨고 있다. 그동안은 희소성의 경제를 너무도 확신해 온 나머지 풍요의 경제가 가능하다는 것을 거의 믿지 못했다. 하지만 풍요의 경제는 가능하다. 정보와 재생에너지, 3D 프린팅, 온라인 대학 과정이 그러하듯이 새로운 커뮤니케이션 기술은 방송 스펙트럼을 희소 자원에서 풍요의 자원으로 바꾸고 있다. 하지만 풍요의 경제를 향한 여정에는 협력의 시대로 가는 속도를 지연하고 심지어 그 궤도를 벗어나게 할 수도 있는 장애물들이 어수선하게 놓여 있다. 사회를 새로운 패러다임으로 옮겨 놓을 수 있는 거버넌스(공공 경영 및 관리 또는 협치) 모델을 찾는 일이 우리의 도전 과제이다. 그 탐색 과정이 우리를 거의 칠십 년 전 두 위대한 경제학자 사이에 심한 불화를 일으킨 한계비용 논란으로 다시 데려간다. 호텔링과 코스는 사회를 경영 및 관리하는 뚜렷이 다른 두 개의 모델을 놓고 공세를 펼쳤다. 호텔링은 인프라 공공재에 대한 정부의 관리를 열정적으로 주장한 반면 코스는 시장에 의한 거버넌스를 옹호했다.

운명이란 게 늘 그러하듯 훗날 코스에게 노벨 경제학상까지 안겨 준 두드러진 업적이 한계비용 논란에 뒤이어 등장했다. 그가 쓴 스펙트럼 민영화에 관한 논문이 바로 그것이었다. 그는 전체 스펙트럼을 한 번에 매각해 영리기업들이 시장에서 전용하고 교환할 수 있게 해야 한다고 주장했다.

코스는 자원의 할당 방법을 결정하는 데 있어 시장이 정부의 규제 기관이나 관료 조직보다 훨씬 더 효율적인 메커니즘을 갖추었다고 믿었다. 오늘날 식으로 표현하자면 "정부는 승자와 패자를 가리는 일에 종사해서는 안 된다." 정도가 될 것이다. 여기에는 늘 정부는 판매자와 소비자가 시장에 내놓는 가치 제안에 관한 필수적인 최신 정보가 부족할 뿐 아니라 정부의 정책 입안자들이 특정 이익집단의 영향력 아래 있기 때문이라는 설명이 따라붙는다.

대부분의 경제학자들이 코스의 가설을 그대로 받아들였고 결국에는 FCC도 코스의 주장에 따라 공매를 통해 최고 입찰자에게 스펙트럼을 임대하기 시작했다.[51] 당시 FCC의 공매 임대 결정은 사리 추구와 완전히 무관한 게 아니었다. 정부는 그 귀중한 스펙트럼을 임대해 수십억 달러를 연방 금고에 채워 넣는 편이 그냥 무료로 나눠 주는 것보다 순수하게 재정적인 관점에서 훨씬 타당하다는 논리를 펼쳤다. 즉 스펙트럼 임대로 정부와 민간 기업이 모두 혜택을 본다는 이야기였다.

하지만 이 윈윈 협력은 스펙트럼이 희소 자원이므로 매우 가치가 높은 상업 자산이라는 가정에 입각한 것이었다. 이 가정은 1990년대 말 스펙트럼을 희소 자원에서 풍요의 자원으로 바꾸는 새로운 기술이 도입되면서 무너지기 시작했다. 엔지니어들은 스펙트럼이 무한 자원은 아니더라도 그 이용의 한계비용을 제로 수준으로 낮춰 줄 수 있는, 아직 개발되지 않은 생산력을 갖춘 재생 가능 자원이 분명하다고 주장했다.

수는 적지만 영향력 있는 일단의 경제학자들과 사회 비평가들이 풍요로운 스펙트럼의 기회를 포착하고는 사회적인 관점에서 이 문제를 표출하기 시작했다. 그들은 대중이 제로 수준의 한계비용으로 의사소통할 수 있도록 허용치 않는 것은 언론의 자유를 부정하는 행위라고 주장했다. 어쨌든 오늘날 미국 및 전 세계에서 오가는 의사소통의 대부분은 이메일과 스마트폰, 태블릿을 통해서 이루어지고 있지 않은가. 페이스북이나 트위터 같은 소셜 미디어는 갈수록 의사소통을 늘려 가고자 하는 협력의 시대에 필수 불가결한 수단이다.

컬럼비아 대학교의 엘리 놈, 하버드 대학교의 요차이 벵클러, 펜실베이니아 대학교 와튼 스쿨의 케빈 워바크 같은 신세대 학자들은 전통적인 시장경제학자들이 중시하는 공통 명분을 발견했다. 전통 경제학자 모두는 FCC의 무선주파수대에 대한 장악과 지배는 아무리 잘해 봤자 비효율과 낭비로 흐를 것이라고 주장했다. 하지만 신세대 운동가들은 정부 지배에 대한 유일하고 실행 가능한 대안이 시장 지배라고 주장하는 코스의 신봉자들과 의견을 달리했다. 그들은 만약 남아 있는 전파가 민간 부문에 임대되거나 팔리면 거대 전기통신 기업들이 스펙트럼 대부분을 몰래 사들여 독과점을 형성하고 국가 통신 채널에 대한 장악을 공고히 할 거라고 주장했다. 그렇게 되면 수백만 명의 프로슈머와 수십만 곳의 사업체가 거의 무료로 커뮤니케이션할 기회와 그에 수반해서 얻을 경제적, 사회적, 정치적 혜택을 박탈당한다는 이야기였다. 그들은 국가 통신을 정부와 시장 모두의 지배에서 벗어나게 하는 제3의 대안을 지지한다. 이 새로운 지배 모델은 네트워크화 공유사회라고 불린다. 웹 운동가들은 옛 조상들의 진기한 봉건적 공유사회를 말하는 것이 아니다. (사물인터넷으로 가능해지는) 피어투피어 방식의 분산적이고 수평적으로 규모를 확대한 경제활동을 관리할 수 있는 첨단 기술의 21세기형 공유사회를 말하는 것이다. 네트워크화 공유사회는 새로운 협력적 경제 패러다임을 위한 경영 및 관리 조직이 된다.

　웹 운동가들이 옹호하는 공유사회 개념은 전파의 경영 및 관리에만 국한되는 게 아니다. 그것을 넘어 훨씬 멀리까지 포괄한다. IT 컴퓨팅과 무선통신, 인터넷 기술이 점점 더 정보와 녹색 에너지 및 전력, 정보화제조를 위한 3D 프린팅, 온라인 고등교육, 소셜 미디어 마케팅, 친환경 동력으로 움직이는 운송 및 물류 등을 조직하고 관리하게 되기 때문에, 네트워크화 공유사회는 사물인터넷 전체를 아우르는 관리 모델이 된다. 새로운 디지털 시민 누구도 정부나 시장이 갑자기 위축되길 바라지는 않지만 정부와 시장이 제3의 대안에 점차 자리를 내주고 있는 현상을 못 본 체할 수는 없다. 이러한 대안적 움직임은 한계비용 제로 수준의 세상의 모든 지역과 무대에서 경제적, 사회적, 정치적 사안의 많은 부분을 관리하는 데 주류로 자리 잡아 갈 것이다. 협력적 공유사회는 벌써 이렇게 세계 무대에 입성해 있다.

3부

협력적
공유사회의 부상

10

공유의 희극

대부분의 사람들이 공유사회 거버넌스에 대해 거의 아는 바가 없지만, (1장과 2장에서 소개한 것처럼) 그것은 자본주의 시스템보다 먼저 나왔으며 중세 봉건시대의 경제생활을 조직하는 효과적인 관리 모델이었다. 하지만 불행히도 근현대에 이르러 공유사회는 처음에는 계몽주의 철학자들에 의해, 보다 최근에는 그것을 보편적인 사유재산 체제와 시장교환경제 모델로 바꾸고자 전념한 전통적인 경제학자들에 의해 그 명성이 훼손됐다.

1968년 학술지 《사이언스》에 실린 개릿 하딘의 논문 「공유지의 비극」은 공유에 관한 당대의 묘사로는 (비록 대단히 부정적이긴 했지만) 가장 유명하다. 샌타바버라 소재 캘리포니아 주립 대학교 생태학 교수였던 하딘은 "모두에게 개방된" 목초지라는 가상의 상황을 설정하여 문제를 제기했다. 그런 공유지에서는 어떤 목자든 원하는 만큼 많은 소를 데려와 풀을 먹이는 혜택을 누릴 수 있다. 하지만 모든 목자가 각자 자신이 누리는 혜택을 최적화하기 위해 목초지에 가능한 한 많은 소를 방목하면 목초지가 악화되는 부정적인 결과가 따른다. 지력이 계속해서 떨어지면 목자들 사이에는 갈등이 고조될 수밖에 없고 목초지가 황폐해지기 전에 소 한 마리라도 더 방목하려 할 것이다. 이익을 얻기 위한 이런 식의 단기 경쟁은 필연적으로 자원을 축소하는 결과를 낳는다. 하딘은 다음과 같이 썼다.

바로 거기에서 비극이 생긴다. 모두 제한 없이 가축을 늘리도록 유도하는 시스템 안에 갇히는 것이다. 제한된 세상에서 말이다. 공유지의 자유로운 이용이 정당하다고 믿는 사회에서 모두가 자신만의 이익을 최대한 추구하며 돌진할 경우 결국에는 파멸할 뿐이다. 공유물에 대한 자유로운 이용은 결국 모두에게 파멸을 안겨 준다.[1]

그 개방된 목초지를 일부 목자들이 돌본다고 해도 '무임승차의 딜레마'로 말미암은 공유지의 비극은 피할 수 없다. 즉 목초지가 모든 사람에게 개방된 경우 무임승차자들은 목초지를 돌보려는 전반적인 노력에는 기여하지 않으면서 자신의 가축은 늘리는 식으로 타인의 선의를 악용한다. 무임승차자들이 관리하는 사람들보다 많아지면 결과는 역시 공유지의 파멸이다.

하딘은 "공유사회라는 대안은 생각만 해도 소름 끼친다."라는 사위스러운 선언으로 결론을 맺었다.[2] 열정적인 생태학자였던 하딘은 악화하는 지구 생태계를 되살릴 유일하고 효과적인 방법은 중앙집권적인 정부의 명령 및 통제로 엄격한 조치를 부과하는 것뿐이라고 확신했다.

혼잡한 세상에서 파멸을 피하려면 사람들은 각자의 마음 밖에 있는 강압적인 힘에, 홉스의 표현을 빌리자면 '리바이어던'*에 호응해야 한다.[3]

공유지에 대한 하딘의 묘사는 어느 정도 진실을 담고 있다. 하지만 그는 영겁의 역사 동안 공유사회 모델을 지속시킨 가장 핵심적인 요인을 누락했다. 바로 참여의 조건으로 구성원들이 동의하는 자기규제 및 자기강제의 규약과 이에 수반하는 처벌이다. 자체의 규약과 처벌이 없는 경우 공유지의 비극은 (필연적이지는 않을지언정) 발생할 가능성이 높다. 다시 말해 하딘은 거버넌스를 빠뜨린 것이다.

내가 이상하게 생각하는 점은 하딘이 공유에 악역을 맡기고 근현대기의 고의적인 탐욕과 파괴를 촉발한 책임까지 뒤집어씌운 부분이다. 사실 그 책임은 끈질긴 이윤 추구에서 동기를 부여받는 자본주의 시스템에 있었는데 말이다. 18세기부터 20세기까지 개발도상국에서 자원을 약탈하고 대규모로 인간을 착취한 정부 주도의 엄격한 식민지 정책 및 신식민지 정책에 사주된 시장 주도 자본주의 시스템의 도를 넘는 행태에 그 책임이 있었다는 이야기다.

공유의 재발견

아주 최근까지도 경제학자들과 사학자들은 공유사회를 그저 봉건사회와 불가분의 관계인 독특한 경제 모델로 간주했다. 하지만 지난 이십오 년간 신세대 학자들과 참여자들은 공유사회를 일종의 통치 모델로

---

* 『구약성서』「욥기」에 나오는 바다 괴물로, 거대한 국가에 대한 비유적 표현임.

재검토해 왔다. 그들은 공유사회의 지침 원리와 가정을 갱신하고 재정비하면, 중앙집권적 명령 및 통제 방식의 상거래가 수평적으로 규모를 확대한 분산형 피어투피어 생산에 굴복하는 경제의 과도기에 좀 더 실용적인 조직 모델을 제공할 수 있다고 판단했다. 시장에서의 소유물 교환이 네트워크상에서 공유할 수 있는 재화와 서비스에 대한 접근보다 점점 더 의미가 약해지고, 경제생활을 조직하는 데 사회적 자본이 시장 자본보다 더욱 가치를 높여 가는 이 시기에 말이다.

1986년 하딘이 그 유명한 논문으로 공유사회 이론에 결정타를 날리고 십팔 년이 흐른 후, 노스웨스턴 대학교 법학 교수 캐럴 로즈는 많은 사람들이 이미 죽었다고 결론지은 그 이론에 새 생명을 불어넣었다. 로즈는 「공유지의 희극」이라는 논문으로 하딘의 논문에 준열히 응수했다. 공유사회 거버넌스에 대한 그녀의 힘차고 정확한 옹호론은 학계를 동요시키며 공유사회에 관한 연구와 실행의 부활에 박차를 가하게 했다.

로즈는 모든 것이 사유화의 대상이 될 수는 없다고 환기하며 논문을 시작했다. 대양, 간조에 드러나는 땅, 호수, 강, 숲, 협곡, 산길, 평야, 시골 길, 도로, 다리, 그리고 우리가 숨 쉬는 공기는 모두 공공재의 성격을 띤다. 시장에서 교환되는 소유물 형태로 사유화할 수는 있지만 (늘 그런 것은 아니어도) 대개는 정부에서 관리 및 감독한다.

순수한 사유재산과 정부가 통제하는 '공공재산' 외에 정부든 개인이든 전혀 통제할 수 없는, 뚜렷이 다른 부류의 '본질적 공공재산'도 있다. 이것은 사회 전체가 공동으로 '소유'하고 '관리'하는 재산으로 지배적 관리자로 알려진 그 누구로부터도 독립적이며 그 누구에게도 우선적 권리를 부여하지 않는다.[4]

이러한 가정은 법조계에서 관습권으로 통하며, 세계 각국의 법률 정책뿐 아니라 영미의 법체계에서도 발견된다. 일반적으로 유사 이래 존재해 온 권리이다. 예를 들면 가축을 방목하는 데 공동으로 초지를 사용하거나 지역 산림에서 땔감을 모으거나 늪이나 들에서 토탄*을 채집하거나 도로를 사용하거나 지역 하천에서 낚시를 하거나 '공공의 공유지'에서 축제를 위해 모일 수 있는 공동체의 권리를 말한다. 관습권의 흥미로운 면은 대개 공유물의 적절한 관리를 보장하기 위한 공식적이거나 비공식적인 관리 규약을 동반한다는 점이다.

소유권의 역사에 관한 20세기 권위자 중 한 명인 고(故) 크로퍼드 맥퍼슨 캐나다 토론토 대학교 교수는 우리가 소유권을 어떤 것에 대한 사용 및 혜택에 있어 타인을 배제하는 권리로 생각하는 데 너무 익숙해진 나머지 공공이 보유한 재산에 접근할 수 있는 관습권, 즉 수로를 자유롭게 항해하거나 시골길을 따라 걷거나 공공 광장에 들어갈 수 있는 권리와 같은 더 오래된 소유권 개념을 잊었다고 지적했다.[5]

로즈는 공공 광장에 참여할 수 있는 관습권을 거론했다. 그것은 오랜 세월 사회생활에서 필수 불가결하다고 여겨져 오지 않았던가. 공공 광장은 (적어도 인터넷이 생기기 전에는) 우리가 소통하고 교제하고 함께 흥청거리고 유대를 돈독히 하는 곳이자 공동체를 키워 나가는 데 필수 요소인 사회적 자본과 신뢰를 창출하는 곳이다. 이러한 이유로 축제나 스포츠 행사에 참석하거나 바닷가나 공원 등 산책로에 모일 권리는 전통적으로 모든 권리 가운데 가장 기본적인 권리에 속해 왔다. 서로에게 접근하고 포함될 권리는 '공동으로' 참가할 권리로서 근본적인 재산권인 반면, 에워싸고 소유하고 배제할 권리인 사유재산권은 단지 표준에서 벗

---

* 습윤지에 퇴적한, 분해가 불완전한 식물 유체의 퇴적물을 뜻함.

어난 조건부 일탈일 뿐이다. 비록 현대에는 그 조건부 일탈이 거의 표준을 포괄하게 되었지만 말이다.

로즈는 공유지에서 공공의 축제를 여는 관습권을 예로 들며 통렬한 논증을 펼쳤다. 이 통찰은 인터넷상의 네트워크화된 사회적 공간에 보편적으로 접근할 권리와 관련해 현재 진행 중인 논쟁과도 깊은 연관성이 있다. 로즈는 공공 광장의 축제나 댄스파티, 스포츠 행사, 혹은 여타 사회 활동에서는 보다 많은 개인이 참여할수록 "각 참가자에게 부여되는 가치가 더 커진다."라고 말했다.[6] "이것이 '공유지의 비극'과 정반대인 점이다. "많을수록 더 즐거운"이라는 문구로 아주 멋들어지게 표현할 수 있는 '공유지의 희극'인 것이다."[7]

로즈의 통찰이 묘한 이유는 월드와이드웹이 등장하기 전인 1986년에 그것이 발표되었기 때문이다. 로즈는 간단한 산문체로 가장 중요한 질문을 던진다. 소유물에 대한 권리가 개인의 손에 맡겨져야 할 때는 언제이고 대중의 손에 달려 있어야 할 때는 언제인가? 문제의 소유물은 개인이 물리적으로 독점할 수 있어야 한다고 로즈는 전제했다. "하지만 공공의 요구가 개인소유자의 요구보다 앞서야 한다. 왜냐하면 소유물 자체가 무기한으로 무제한의 사람들에 의해(즉 일반 대중에 의해) 사용될 때 가장 가치가 높기 때문이다."[8] 로즈는 재화와 서비스의 '공공성'이 "소유물의 '임차'를 만들어 냈고 공공재산 원칙이 (경찰권 원칙처럼) 공공으로 창출된 임차를 사적인 저항(협조 거부)으로부터 보호한다."라고 보았다.[9]

하딘의 「공유지의 비극」 논지에 대한 로즈의 맹렬한 공격과 「공유지의 희극」을 통한 패기 넘치는 공유 옹호론은 사 년 후 엘리너 오스트롬이 『공유의 비극을 넘어』를 발표하면서 명맥이 이어졌다. 인디애나 대학교와 애리조나 주립 대학교에서 교수로 재직하던 경제학자 오스트롬은 천 년에 걸친 공유사회의 역사를 최초로 그리고 포괄적으로, 경제학적인 측면과 인류학적인 측면에서 분석했다. 그녀의 눈부신 저술은 학문 공동체는 물론이고 경제학계까지 놀라게 했다. 공유사회 거버넌스가 과거에 왜 성공하고 실패했는지에 대한 통찰력 있는 분석과 미래 공유사회의 성공적인 관리를 보장하는 실용적인 해법으로, 오스트롬은 2009년 노벨 경제학상을 받았으며 최초의 여성 수상자라는 영예까지 얻었다.

오스트롬은 어느 모로 보나 경제학자였지만 인류학자의 역할을 수행하는 데에도 부족함이 없었다. 그녀는 공유사회가 효과적인 통치 모델이 될 수 있었던 근본적인 원리를 찾기 위해 스위스 알프스부터 일본의 여러 마을에 이르는 다양한 집단의 공유사회 관리 제도를 연구했다. 책의 서두에서 오스트롬은 자신이 파악한 공유사회 집단 상당수가 "가뭄과 홍수, 전쟁, 역병, 주요 경제 및 정치적 변화 등을 견뎌 내며 긴 역사에 걸쳐 존속하고 있다."라고 설명했다. 곧 공유사회가 막강한 통치 제도임을 스스로 증명할 뿐 아니라 점점 더 연결되는 글로벌 세상에서 인류가 직면할 환경적, 경제적, 사회적 도전들과 기회들에 비추어 재고할 가치가 있는 제도임을 명명백백하게 보여 준다.[10]

그녀의 연구는 무임승차로 "모든" 공유물은 파멸에 이를 수밖에 없다는 하딘의 주장을 정면으로 반박하며 경제학자들이 오랫동안 품어 온(애덤 스미스까지 거슬러 올라가는), 시장에서 개인은 목전의 사리사욕만을 추구한다는 케케묵은 생각에 의문을 제기했다.[11]

오히려 오스트롬은 (목초지, 어장, 관개시설, 삼림 등) 공유 자원을 관리하는 데 있어 개인은 종종 사리사욕보다 공동체의 이익을 더 앞세우며 각자의 당면 상황보다 공유 자원의 장기 보존을 더 중시한다는 사실을 발견했다. 심지어 커다란 역경을 겪고 있을 때조차도 말이다. 각 사례에서 공유사회의 성공을 이끌었던 주된 요인은 모든 구성원이 민주적으로 참여해 자발적으로 발의하고 합의한 자체적인 관리 규약이었다. 그런 식의 지속적인 협력과 피드백으로 대대로 사회적 신뢰의 유대를 창출한 것이다. 사회적 유대는 공유사회가 냉혹해지거나 무너지는 것을 막아 주었다. 최악의 상황에서는 '사회적 자본'이 공유사회를 지탱하는 중심 자산이 된다는 사실도 드러났다.

오스트롬은 그 역사적인 공유사회 관리 연구서에 이렇게 적었다.

규약을 어김으로써 큰 이득을 거둘 수 있는 수많은 기회가 있었지만 그에 따라 예상되는 제재는 비교적 낮은 수준이었다. 스페인의 우에르타스 (huertas)*에서는 건기에 물을 훔치면 경우에 따라 한철 내내 자신의 농작물을 살릴 수도 있다. 필리핀 농부가 관개시설을 관리하느라 매일 시간을 보내지 않아도 된다면 다른 일을 해서 필요한 수입을 벌어들일 수도 있다. 스위스나 일본의 산간 공유사회는 불법 벌목으로 값비싼 목재를 산출할 수도 있다. 이러한 유혹을 고려하건대 이 모든 경우에서 높은 수준으로 규칙이 준수되어 온 것을 보면 놀라지 않을 수 없다.[12]

모든 공유사회에서는 합의된 관리 규약을 강요하는 제재와 처벌을 정립해 놓는다. 하지만 거의 모든 사례 연구에서 규약 위반에 부과되는 벌금이 "놀랍도록 낮고 규칙을 어김으로써 벌어들일 수 있는 금전적 가치의 일부에 지나지 않는" 점이 눈에 띈다고 오스트롬은 강조한다.[13]

서로의 행동에 대한 감시는 거의 대부분 구성원 스스로 한다. 이런 관계에서는 "숨을 곳도 없을" 뿐 아니라, 이웃과 친구의 신뢰를 저버린다는 죄책감과 수치심 때문에 규칙을 위반할 가능성이 줄어든다.

인구 600명의 스위스 퇴르벨 마을은 팔백 년 넘게 지속된 성공적인

---

* 관개 농민 공동체를 이르는 말임.

공유사회로 오스트롬이 인용한 많은 사례 중 하나이다. 퇴르벨 농가는 각자 개인이 소유한 터에서 채소와 곡물, 과일, 그리고 겨울에 가축한테 먹일 건초를 생산한다. 마을의 목자들은 여름철 동안 공동소유의 고산 초원에서 젖소를 방목한다. 젖소는 그 지역 경제에 필수적인 비중을 차지하는 치즈의 원료를 생산한다.[14]

1483개 항목으로 이루어진 퇴르벨의 공유사회 합의안은 수백 년에 걸쳐 반복적으로 갱신되고 개정되었으며 고산 목초지와 삼림, 황야, 관개시설, 그리고 개인소유지와 공동소유지를 연결하는 길과 도로를 관리하는 통치 규약을 서술한다.[15]

이 스위스 공유사회는 확실히 설정된 경계선을 따라 지역 주민에게만 공유 자원을 사용할 권리를 부여한다. 특정 규칙을 두고 과도한 방목을 방지하기도 한다. 1517년에 처음 정해진 제한 규약 중 한 항목은 "어떤 시민도 겨울에 먹일 수 있는 것보다 더 많은 소를 고산 목초지에 보내서는 안 된다."라고 말한다.[16] 여름에 풀을 먹이기 위해 산으로 보내 놓은 젖소의 수를 계절이 지나 철수할 무렵 파악한다. 각 가정에 얼마나 많은 치즈를 연례 배급으로 할당할지 확인하기 위해서다.[17]

공유사회 협의회는 관리에 대해 논의하고 규칙을 재검토하며 통치 임원을 선출하기 위해 연례 회의를 연다. 협의회는 벌금을 부과하고 길과 도로를 체계적으로 유지, 보수하며 인프라를 수리하고 구성원에게 공유 자원 이용에 따른 수수료를 수금하는 책임을 진다. 수수료는 일반적으로 각 가정이 소유한 소의 수에 비례한다. 협의회는 또한 건축과 난방에 쓸 목재를 마련키 위해 베어 낼 나무를 표시하고 목재를 수확할 가정들을 추첨으로 배정한다. (뜰과 포도밭, 곡식밭 등의) 농토는 각 가정이 자체적으로 소유하지만 헛간과 곡창, 다층 구조의 분양주택 등을 포함하는 공유 인프라는 공유 방식의 협의를 토대로 공동으로 사용한다.[18]

퇴르벨은 이렇게 자체 공유사회를 수백 년 넘게 세심하게 관리하며 높은 수준의 생산성을 지속해 왔다. 로버트 맥 네팅은 《휴먼이칼러지》에 발표한 연구에서 토지에 대한 개인소유를 누리는 가구도 매우 실용적인 이유로 여타 자원의 공동 사용권은 계속 선호해 왔다고 말한다. "그럼으로써 특정 자원에 보편적으로 접근하고 생산을 최적화하며 동시에 전체 공동체의 자원 보호에 필요한 보존 조치에 관여하게 된다."[19] 퇴르벨의 방식은 이례적인 사례가 아니다. 스위스 알프스 지방의 80퍼센트 이상이 농사를 위한 사유재산과 목초지, 삼림, 황야 등의 공공재산이 결합된 체제로 이용, 관리한다.[20]

아내 캐럴과 나는 이런 알프스 공동체를 수년 동안 무수히 방문하는 즐거움을 누리고 있다. 언제나 인상 깊은 것은 이들 마을에서 느낄 수 있는 수준 높은 삶의 질이다. 시민들은 최신의 공유사회 관리 능력과 시장에 대한 지식, 그리고 개화된 지방 거버넌스를 혼합하는 방식으로 전통과 현대 사이에서 적절한 균형을 맞춰 놓은 듯 보인다. 스위스 알프스 마을들은 지역 생활에서 공유사회가 필수적인 중심 역할을 수행할 때 무엇을 성취할 수 있는지 보여 주는 명확한 실례이자 지속 가능한 관행의 선전장이라 할 수 있다.

스위스 알프스의 공유사회는 귀한 특이 사례가 아니다. 이와 유사한 예가 개발도상국의 전통적인 농경 공동체 관리 방식부터, 미국 전역의 교외 공동체에서 공동의 이해가 얽힌 콘도를 관리하는 가장 세련된 방식에 이르기까지 말 그대로 수천 개가 존재한다.

정부, 민간 부문, 공유사회, 이 세 가지 지배적인 관리 모델의 강점과 약점을 살펴볼 때 이 중 어느 하나가 다른 두 가지보다 언제나 필연적으로 더 낫다거나 더 나쁘다고 분명하게 말할 수 없다. 어떤 관리 모델이 최선인지는 주로 특정한 맥락에 따라 좌우된다.

사유재산 방식은 몇 가지 목적을 수행하는 데 아주 효과적이다. 하지만 (대부분의 자유 시장 경제학자들이 지지하는 것처럼) 지구상 거의 모든 것을 개인의 손에 맡기는 게 최선이라는 믿음은 사소한 검증조차 통과하지 못한다. 특히 모든 사람이 잘살기 위해 접근해야 하는 공공재를 다룰 때 더욱 그렇다. 진정 우리는 모든 해변과 호수, 강, 삼림, 교외 공동체, 도로, 다리 등에 울타리를 치고 지구 전체의 다양한 생태계를 개인소유로 만들고 싶은가? 그렇게 해서 소유주가 배타적인 권리를 차지하고 입장료나 자원 사용료를 부과하게 하거나 아니면 더 심각하게는 완전히 접근을 거부하게 하고 싶은가? 상업 단지나 주택 단지 개발업자의 탐욕스러운 손에 파괴되는 생태계와 자원을 목도한 경험이 있는 사람이라면 민간 시장이 언제나 공공복지를 최적화하기 위한 가장 효율적인 수단이라고 주장하고 싶은 생각이 들지 않을 것이다.

마찬가지로 정부 역시 도로와 상수도부터 우편배달과 공립학교에 이르는 많은 공공재는 칭찬받을 만하게 관리, 감독해 온 반면, 각 지역별 특수성이 반영된 매우 복잡한 역학 관계를 이해하는 데에는 종종 서투른 면모를 드러낸다. "한 가지만을 두루 적용하는" 처방과 규약은 종종 끔찍한 부실 관리로 이어질 수 있다.(관리 감독 책임자들이 익명의 정부 관료인 데다가 그들이 관리하는 공동체와 유대가 없을 때는 더더욱 그렇다.)

만약 공유사회의 필수적인 주제가 있다면, 자신들의 생활을 통치하는 방법을 가장 잘 아는 사람은 바로 공동체 구성원 자신들이라는 것이다. 사실상 공공재 성격의 자원과 재화 및 서비스가 존재하고 공공이 접근하고 사용할 때 최적화될 수 있다면, 흔히 그것은 공동체 전체가 권한을 누릴 때 가장 잘 관리된다.

무엇이 공유사회를 원활하게 기능하게 하는가? 이를 알기 위해 몇 년 동안 현장 조사와 연구를 수행한 오스트롬과 동료들은 조사를 실시했던 효과적인 공유사회 모두에서 필수 불가결해 보이는 일곱 가지 '설계 원칙'을 찾아냈다.

첫째, 공유사회를 효과적으로 관리하려면 누가 공유물을 전용할 수 있고 없는지 '분명하게 정의한 한계'가 필요하다.

둘째, 전용을 위해 할당할 수 있는 노동과 재료, 금전의 양을 정하는 규칙뿐 아니라 사용할 수 있는 자원의 양과 사용 시간, 장소, 기술 등을 제한하는 전용 규칙을 확립해야 한다.

셋째, 공유사회 협의회는 전용 규칙에 영향을 받는 사람들이 공동으로, 또 민주적으로 그 규칙을 결정하고 시간이 지나면서 수정할 수 있도록 보장해야 한다.

넷째, 공유사회 협의회는 공유물 관련 활동의 감시를 전용 당사자들이나 그들에 대해 책임질 수 있는 사람들이 맡도록 보장해야 한다.

다섯째, 규칙을 위반한 전용자에게는 원칙적으로 다른 전용자나 그들에 대해 책임지는 관리자가 사전에 등급별로 체계화한 제재를 가해야 한다. 지나치게 가혹한 처벌로 앞으로의 참여가 틀어지거나 공동체 안에 악의가 발생하는 일을 방지하기 위해서다.

여섯째, 공유사회 협의회는 전용자 사이에, 또는 전용자와 관리자 사이에 갈등이 발생하는 경우 조속한 해결을 위해 저비용의 사적 중재를 신속히 이용할 수 있는 절차를 마련해 놓아야 한다.

일곱째, 공유사회 협의회가 확립한 규칙은 정부 관할권에 의해 그 합법성이 승인되고 용인되어야 한다. 만약 정부 당국이 공유사회 협의회의 자주적 관리 권한을 인정하지 않고 사실상 불법으로 간주한다면 공유사회의 자치는 지속될 가능성이 시간이 갈수록 사라진다.[21]

이상의 일곱 가지 설계 원칙은 전 세계 공유사회 사례들에 반복적으로 나타난다. 외부와의 접촉이 거의 없는 고립된 공동체들도 글로벌 커뮤니케이션 시대가 도래하기 훨씬 이전에 유사한 관리 모델을 생각해냈다. 이는 혹시 보편상수가 작용하는 것은 아닌가 하는 흥미로운 의문을 유발했다.

오스트롬과 동료들은 이 의문을 풀기 위해 모종의 실험실 실험을 고안해 실시했다. 그들은 피험자가 공유 자원과 관련된 문제에 직면한 상황에서 다른 사람과 의사소통하지 못하고 개별적으로, 또 익명으로 해결 방안을 결정해야만 하는 경우 언제나 자원을 남용한다는 사실을 발견했다.

하지만 다른 사람과 공개적으로 소통할 수 있게 허락한 경우 과잉 수확이 극적으로 감소하는 결과가 나왔다. 이 실험실 연구로 또한 피험자들이 다른 위반자에게 벌금을 부과하기 위해 기꺼이 수수료를 지불하려 한다는 것이 밝혀졌다. "스스로 비용을 지불하더라도 다른 사람을 제재하는" 일에 적극적임을 입증한 것이다.[22]

오스트롬은 또한 피험자들이 탈퇴에 관한 규칙을 스스로 정하도록 했을 때, 그리고 위반자를 처벌할지 말지, 또 어떻게 처벌할지 결정하도록 했을 때 실험실에서 그들이 최선에 가까운 제도를 제정한다는 것을 발견했다. 다른 구성원을 벌해야 하는 경우는 드물지만, 필요한 경우 그들은 기꺼이 제재를 가했다.

이 실험 결과가 시사하는 바는 사람들이 공유 자원을 관리하는 규칙을 자체적으로 설계할 수 있을 때 직관적으로 위의 일곱 가지 설계 원칙, 즉 전 세계 공유사회 관리의 형태와 방향을 제시해 온 설계 원칙과 유사한 것들을 창출한다는 사실이다.[23]

경제학자들 대부분은 이 결과에 아연실색할지도 모른다. 그들의 지식 분야에서 인간 본성은 전적으로 사리사욕에 얽매이고 개인은 최적화된 자율성을 추구한다는 신념을 너무도 고집하기에 하는 말이다. 많은 시장 지향 경제학자들은 사람들이 자유롭게 집단 이익을 추구하는 쪽을 택한다는 바로 그 관념에 한사코 반대한다. 그들에게 진화생물학이나 신경인지과학의 연구 결과를 좀 공부해 보라고 권하고 싶을 지경이다. 지난 이십여 년 동안 쏟아져 나온 수많은 연구와 발견은 인간이 동료를 착취하고 스스로 부유해질 기회를 찾아 시장을 배회하며 뼛속 깊이 유용성을 추구하는 독불장군이라는, 오랜 세월 지속되어 온 신념을 산산이 부숴 놓고 있다.

우리는 인류가 아주 크고 극도로 복잡한 신피질을 자랑하는, 모든 동물 종 가운데 가장 사회적인 존재임을 배우고 있다. 인간에게 부과될 수 있는 최악의 처벌은 배척이다. 인지과학자들은 우리의 신경회로가 고통에 공감할 수 있도록 느슨하게 짜여 있고(soft-wired) 진화적 생존 역시 자기지향적인 성향보다는 집단적인 사교성에 훨씬 더 많이 의존해 왔다고 말한다. 이 말이 진정 이례적으로 느껴지는가? 경제활동 관리에 대한 공유사회 접근법은 (제로섬게임에서) 보이지 않는 손이 이기적인 행동을 기계적으로 보상하는 삭막한 익명 시장의 풍경보다 우리의 생물학적 본능에 훨씬 더 부합해 보인다.

그렇지만 이 갑작스러운 관심은 무엇인가? 우리는 왜 사회의 거버넌스 모델로 공유사회를 되찾는 일에 갑작스럽게 관심을 보이게 되었을까? 쉽게 대답할 수는 없지만 최소한 관련된 요인의 일부는 살펴볼 수 있으리라 본다.

1980년대에 레이건과 대처가 이끌었던 경제 운동은 사회의 전반적 복지를 관리 및 감독하는 공공적 책임을 최종 포기한 선언이나 다름없었다. 그들은 정부 기관이 운영하던 원격 통신망과 무선주파수, 발전 사업과 송전 그리드, 대중교통, 정부 지원 과학 연구, 우편제도, 철도, 공유지, 시굴권, 상하수도 서비스 등은 물론이고 오랫동안 공익신탁(public trusts)으로 여겨지던 여타의 수십 가지 사업까지 매각함으로써 공공의 재화와 서비스를 민영화했다.

이런 식의 규제 철폐와 민영화는 다른 나라들로 급속히 퍼졌다. 그 규모와 범위가 숨이 막힐 정도로 엄청났다. 사회적 사업에 대한 방대한 권력이 민간 부문으로 넘어가며 정부는 하루아침에 속 빈 강정이 되었다. 일반 대중은 시민으로서 보유하던 '집단적' 권력을 빼앗기며 수백 개 글로벌 기업이 갈수록 통제권을 확대해 가는 시장에서 자립을 강요당하는 독자적인 행위자로 전락했다. 전광석화로 권력을 빼앗긴 나머지 대중들은 힘을 모아 반응할 시간이나 그 과정에 참여할 기회가 거의 없었다. 당시 사실상 폭넓은 토론이 이루어지지도 않았으며 (정부에서 민간으로의) 권력 이양이 광범위하게 진행되는데도 (그 상황을) 대부분이 알지 못하거나 관여하지 못한 상태로 남겨졌다. 민영화의 결과로 치명적인 영향을 받는 당사자가 대중인데도 말이다.

그리하여 대체적으로, 자유시장주의 경제학자, 기업 경영자, 신자유주의 지식인, (미국의 빌 클린턴 대통령과 영국의 토니 블레어 총리 같은) 진보 정치인 들은 시장을 경제적 진보의 유일한 열쇠로 묘사하는 한편 비평가들을 구식에 얽매여 현실을 모르는 존재로, 심지어는 소련식 큰 정부의 옹호자로 매도하면서 승승장구할 수 있었다. 만연한 부패와 비효율성, 부진한 경제적 성과로 몰락한 소련 왕국은, 모든 경제의 구슬을 시장의 손에 쥐어 주고 정부는 몸집을 줄여 가장 기초적인 공적 기능만을 수행해야 사회의 복리가 더욱 증진된다는 논리를 확증하는 희생양으로 틈만 나면 거론됐다.

많은 대중이 민영화를 묵인했다. 부분적인 이유는 정부의 재화와 서비스 관리에 대한 실망감과 좌절감을 공유했기 때문이다. 하지만 이런 반감의 상당 부분은 오랫동안 시장의 손을 벗어나 정부의 보호 아래 남아 있었던 고수익의 노다지를 확보하여 캐내려고 혈안이 된 재계가 획책한 것이었다. 어쨌든 대부분의 선진국에서 정부가 운영하는 재화와 서비스는 선망의 대상이 될 만한 실적을 올렸다. 기차는 제시간에 운행했고, 우편제도는 신뢰할 수 있었고, 국영방송은 품질이 높았고, 전력망은 언제나 불을 밝힐 수 있게 했고, 전화 통신망은 믿을 만했고, 공립학교도 부족함이 없었다.

결국 시장경제 이념이 승리했다. 하지만 얼마 지나지 않아 선진국과 개발도상국에서 다양한 단위의 대중이, 즉 노동조합과 소기업, 비영리단체와 풀뿌리 운동가 등이 숨을 가다듬고 잘 살펴본 후, 부를 낳는 보고의 대부분을 민간 부문이 눈 깜짝할 사이에 한입에 꿀꺽 집어삼키고는 기업 수익의 자양분으로 변모시켰음을 깨닫기 시작했다. 더욱이 기업들은 자신의 패권에 도전하는 어떤 것이라도 떨쳐 낼 수 있을 만큼 충분한 영향력까지 갖추고 있었다.

송두리째 털린 정부가 더 이상 민간 시장에서 뚜렷한 평형력을 행사하지 못하자 시민들은 자신의 이익과 감성을 보다 잘 반영하는 다른 통치 모델을 찾기 시작했다. 한편으로는 중앙집권적이고 때론 인간미마저 없는 관료 정부의 통치에, 또 한편으로는 삶의 모든 측면을 자신의 소득 흐름과 이윤 추구의 범위 안에서 포착하려고 애쓰는 교활하고 인색한 비대 상업 조직에 환멸을 느낀 시민들은 경제생활을 보다 민주적이고 협력적인 방식으로 조직할 수 있게 돕는 통치 모델을 원했다. 그러면서 공유사회를 재발견한 것이다.

공동체들은 또한 지역 생태계의 점진적인 질적 저하를 경험하기 시작했다. 전에는 정부가 휘두르는 지정학적 권력의 손에 놀아나던 생태계가, 이제는 규제 완화와 더불어 세계 각지에서 값싼 노동력과 느슨한 환경 규제에 대한 갈증을 해소하기 위해 횡포를 부리는 글로벌 기업들로 말미암아 피폐해지기 시작한 것이다.

이곳저곳의 공동체들은 하나둘 환경 자원의 쇠퇴로 가공할 만한 피해를 입고, 시시각각 변하는 기후로 농업 생산력과 인프라에 초래된 파괴적인 영향의 희생자가 되기 시작했으며, 공동체의 생존 자체까지 위협받고 있다. 제대로 대응하지 못하는 정부와 지역공동체에 책임 의식을 느끼지 않는 다국적기업에 휘둘리면서 시민사회단체들과 지역 기업들은 경제적 균형을 되찾기 위해 의지할 수 있는 제3의 거버넌스 모델로 공유사회를 주목하게 되었다.

마지막 요인은 20세기 마지막 이십오 년 동안에 부상해 새롭고 방대한 경제적 광맥과 권리의 문을 열어 준 신기술이었다. 그렇게 등장한 정보기술은 지구상에 남아 있는 자산을 어디까지 에워싸서 민영화해야 하고 또 어떤 부분을 공익신탁에 맡겨야 하는지에 대한 전 세계적인 논쟁에 불을 지폈다. 사유화를 요구하는 공격이 마침 이번에는 지구의 핵심 구성 요소에 침투하기 시작한 터였다.

생명공학 산업은 모든 생명체의 청사진을 보여 주는 유전자에 대한 특허를 따내려 애썼다. 통신업계는 전자기 스펙트럼을 민간 부문에 매각하고 사회의 통신과 정보 대부분이 오가는 무선주파수의 독점적 지배권을 넘겨 달라고 졸라 댔다. 그리고 지금은 나노기술 산업이 물리적인 세계를 원자 수준에서 조작하는 프로세스에 대한 특허를 받으려 하고 있다.

나는 어떻게 공유사회를 발견했는가

첨단 기술 업계에서 시도한 새로운 유형의 사유화 의지를 내가 처음 접한 것은 1979년이었다. GE에 고용된 미생물학자 아난다 차크라바티는 바다에 유출된 기름을 먹도록 설계된 유전자조작 미생물에 대한 특허를 미국 특허청(PTO)에 신청했다.[24] PTO는 미국 법률상 생물은 특허의 대상이 될 수 없다고 주장하며 그 신청을 거부했다.(당시 특별 특허권 보호는 의회의 법안에 따라 승인받은 무성생식 번식 식물에 대해서만 예외였다.)

차크라바티의 소송은 미국 대법원까지 올라갔다. 바로 이때 내가 비영리 기구인 국민기업위원회(PCB, 그 후 얼마 지나지 않아 경제동향연구재단(FOET)으로 개명한다.)를 통해 그 사건에 개입했다. 우리 조직은 PTO를 대변해 주요 법정 조언자 변론 취지서를 제출했다. 우리는 (PTO와 함께) 유전자가 설령 용도와 기능에 따라 격리되고, 정제되고, 분리되고, 식별된다 해도 그것은 발명이 아니라 단지 자연에서 발견되는 것일 뿐이라고 주장했다. 화학자들 역시 과거에 원소의 기능적인 특성을 분리, 정제, 식별하는 순전한 행위가 더해졌으므로 발견보다는 발명에 가깝다고 주장한 적이 있지만, 주기율표에 있는 화학원소에 대해 특허를 출원하는 것은 결코 허용되지 않았다. 화학자들의 주장에도 불구하고 PTO는 기본 화학원소에 대해 어떤 특허도 승인한 적이 없었다.[25]

우리의 동료 테드 하워드가 준비한 변론 취지서에서 우리는 만약 이 특허가 허가된다면 생물 종의 진화 개요를 이루는 모든 유전자 구성 요소에 특허의 물꼬를 터 주는 셈이라고 경고했다. 유전자 코드의 소유권을 민간 기업에 부여하면 그들은 모든 자원 중에서도 가장 귀중한 생명 그 자체를 사유화해 시장에서 개발하고 판매하여 이윤을 내기 위한 상품에 불과한 것으로 전락시킬 터였다.[26] 나는 대법원 법정에서 기업 로비스트 몇 명과 나란히 앉아 구두변론을 들으면서 지구 유전자 풀(gene pool)의 잠재적 사유화는 인류와 여타 생명체의 운명에 먼 미래까지도 영향을 미칠 중대한 전환점이 될 거라고 생각했다.

5 대 4의 근소한 차이로 대법원은 유전자조작으로 생성된 최초의 유기체에 특허권을 부여했다. 수석 재판관 워런 버거는 변론 취지서에 담긴 우리의 주장을 "끔찍한 일들의 섬뜩한 과시"라고 특별히 언급하며 이런 결정으로 지구의 유전자적 유산이 민간 기업에 넘어가고 사회에 무수히 많은 영향이 미칠 것이라는 우리의 믿음이 잘못됐다고 주장했다.[27]

1980년, 그러니까 대법원 판결이 나오고 몇 달이 지난 시점에 최초의 생명공학 기업인 지넨테크(Genentech)가 주당 35달러에 100만 주를 내놓으며 기업을 공개했다. 주식시장이 문을 열고 나서 한 시간도 지나지 않아 주가는 88달러로 급속히 뛰어올랐다. 장을 마감할 무렵 지넨테크는 3500만 달러를 벌어들이며 "역사상 가장 많이 상승한 주식" 대열에 합류했다. 그때까지 단 하나의 제품도 시장에 내놓지 않은 회사치고는 실로 놀라운 성과였다.[28] 이후 기업농과 제약업체, 화학 회사, 생명공학 분야 신생 기업 들이 유전자 코드에 대한 권리를 소유하겠다는 일념으로 경주에 뛰어들었다.

그리고 나서 칠 년 후, 우리가 경고한 "끔찍한 과시"가 구체화되었다. 1987년 PTO는 생물에 대해서는 특허를 출원할 수 없다는 오랜 기간 고수해 온 입장을 뒤엎고 (동물을 포함해) 유전자조작으로 생성된 모든 다세포생물이 특허의 대상이 될 수 있다고 결정했다. PTO 청장 도널드 J. 퀴그는 대중의 격렬한 반발을 잠재우려는 노력의 일환으로 인간은 제외된다는 점을 분명히 했다. 고작 수정헌법 13조가 인간 노예를 금지하기 때문이라는 이유를 들면서 말이다.[29] 하지만 인간 유전자, 세포계, 조직, 기관 등은 물론이고 유전자 변형 인간 배아까지도 잠재적으로 특허를 받을 수 있기에 인체의 모든 부분에 대해 특허를 출원할 수 있는 길을 열어 준 셈이다.

그 이래로 생명과학 회사들은 전 세계로 지평을 넓혀 지구 구석구석에서 '생물자원탐사(bioprospecting)'*를 수행하며, 농업부터 제약 및 의학에 이르는 분야에서 잠재적 경제가치를 창출할 만한 (토착 원주민에게서 얻는 유전자를 포함해) 희귀하고 값비싼 유전자와 세포계를 찾아 모든 '발견'에 대한 특허 보호를 신속히 확보하고 있다. FOET는 지난 삼십이 년 내내 특허청에서, 법정에서, 입법기관에서 사유화와 싸우는 데 절반 이상의 시간을 바쳐 왔다.

1995년 FOET는 사실상 모든 주요 개신교 교파의 명의상 지도자들과 가톨릭 주교들, 그리고 유대교, 이슬람교, 불교, 힌두교의 지도자들을 포함하는 미국 내 200여 명의 종교 지도자들이 연합할 수 있는 자리를 마련했다. 인간 및 동물의 유전자, 기관, 조직, 그리고 유기체에 대한 특허에 반대하는 목소리를 높이기 위해서였다. 20세기 미국에서 모든 이슈를 통틀어 가장 규모가 컸던 종교 지도자들의 연합이었지만 효과는 별로 없었다.[30]

나는 이미 1980년대 중반 즈음부터 정부의 규제 감독과 법률 모두가 지구 공유물의 상업적인 소유를 조장하도록 길들여진 자본주의 시스템에서 생물에 관한 특허를 반대하는 일은 헛된 노력으로 끝날 뿐이라는 사실을 깨닫기 시작했다. 정부와 민간 부문이 한통속이 된 상황에서는 답이 나오질 않았다. 그렇다면 다른 어떤 제도적 방안을 강구해야 지구의 생명 활동과 더 나아가 나머지 지구 자원까지 관리해 낼 수 있을까?

---

* 상업적으로 이용할 수 있는 제품의 원료로 쓰기 위해 동식물 종을 탐사하는 작업을 뜻함.

그 답을 찾는 과정에서 나는 공유사회를 재발견했다.

공유체에 대한 정보는 주로 소수만 이해하는 인류학 연구물에서 조금 발견할 수 있었을 뿐, 공식적인 역사에서는 그 정도도 찾기 힘들었다. 공유체의 역사는 대부분 교과서에서 영국의 봉건경제를 다룬 몇 단락으로 밀려나 있었다. 하지만 탐구를 계속하면서 나는 세계의 다양한 곳에서 공유체에 관한 보다 많은 이야기를 발견하기 시작했다. 거의 모두 봉건적 경제 방식과 관련 있는 내용이었다.

그때 나는 '공유사회'가 훨씬 다양한 현상에 적용되는 잠재적으로 더 폭넓은 의미의 은유라는 사실을 깨달았다. 그래서 봉건 유럽에서 있었던 농지에 대한 인클로저 운동을 시작으로 공유와 사유화의 역사에 대해서 책을 쓰기 시작했다. 그러고 나서 16세기 탐험과 발견의 시대에 있었던 공유 대양에 대한 사유화로 나아갔고, 18세기 말 특허권과 저작권, 상표 형태의 지적재산권 개념과 함께 시작된 공유 지식에 대한 사유화, 20세기 초 민간 기업에 무선주파수대를 허가하면서 나타난 공유 전자기 스펙트럼에 대한 사유화, 그리고 마지막으로 20세기가 끝나 갈 무렵 유전자 특허에 대한 논의와 더불어 개시된 공유 유전자에 대한 사유화로 이어 갔다.

공유와 사유화의 관점에서 역사적 내러티브의 틀을 잡아 나가며 나는 지난 오백여 년의 인간 여정에 관한 보다 설득력 있는 이야기를 발견했고, 이것을 모아 1991년 『생명권 정치학』이라는 책을 출간했다. 이 책에서 나는 전 세계적으로 공유사회의 재개에 나설 것을 촉구하는 한편 21세기를 위한 공유사회 모델의 재고가 이질적인 분야의 다양한 이해관계자들을 공통 명분으로 결집하는 계기로 작용할 수 있다고 제안했다.

2002년 FOET는 이론을 실천에 옮겼다. 브라질 포르투알레그리에서 열린 세계사회포럼(WSF)*에 50개국 250개 조직을 불러 모아 유전자 공유를 위한 조약(Treaty to Share the Genetic Commons)을 선포하는 행사를 진행한 것이다. 영농조합, 여성단체, 공정무역 지지자들, 생명공학 운동가들, 유기농 식품 협회, 종교단체, 환경단체, 그리고 기아 및 긴급 지원 기구 등의 조직들이 참석했다.

제안된 조약의 전문(前文)은 지구의 유전자적 유산은 공유되어야 하고 인간과 동료 생명체를 위해 인류에게 신탁되어야 한다고 선언했다.

우리는 다음의 진리가 보편적이고 불가분하다고 선언한다.

지구 유전자 풀의 본질적 가치는, 그 모든 생물학적 형태와 발현에 있어, 그 효용과 상업적 가치에 우선하고, 그러므로 모든 정치적, 상업적, 사회적 제도에 따라 존중되고 보호받아야 한다.

지구 유전자 풀은, 그 모든 생물학적 형태와 발현에 있어, 자연에 존재하고, 그러므로 실험실에서 정제되고 합성되었다 할지라도 지적재산으로 요구되어서는 아니 된다.

전 세계 유전자 풀은, 그 모든 생물학적 형태와 발현에 있어, 공유되는 유산이고, 그러므로 우리 모두가 연대책임을 져야 한다.

그리고,

그런 까닭에, 생명 활동에 대한 갈수록 증가하는 우리의 지식은 우리에게 인간의 모든 동료 생물체는 물론이고 인간 종의 보존과 복지를 위해 관리자로서 봉사해야 할 특별한 의무를 부여한다.

그러므로,

---

* 매년 스위스 다보스에서 개최되는 세계경제포럼(WEF)에 맞서 반세계화를 기치로 내걸고 출범한 전 세계 사회운동가들의 회의임.

세계 각국은 지구 유전자 풀이, 그 모든 생물학적 형태와 발현에 있어, 세계적 공유물인 동시에, 모든 민족들이 보호하고 보살펴야 할 대상임을 선언하고 더 나아가 염색체와 세포, 조직, 기관, 그리고 복제되고, 형질전환 되고, 비현실적인 유기체를 포함하는 모든 유기체는 물론이고, 자연 그대로의 형태든, 정제되거나 합성된 형태든 모든 유전자와 그 암호로 만든 산물까지, 정부나 영리기업, 여타 기관이나 개인에 의해 영리적으로 타협할 수 있는 유전자적 정보나 지적재산으로 요구될 수 없음을 선언한다.[31]

그 후 지금까지 더 이상의 사유화를 막고 전 세계의 유전학적 공유물을 관리하기 위해 많은 협회와 조직이 출범해 왔다.

케리 파울러가 설립한 독립 비영리 협회 세계작물다양성재단(GCDT)은 세계적으로 점차 줄어 가는 식물 유전자 자원을 보존하기 위해 연구 기관, 생식질 보존 단체, 영농조합, 독립 식물육종가, 그리고 여타의 농업 이익집단 들과 함께 공동의 노력을 펼치고 있다. 이 협회는 이러한 노력의 일환으로 세계에서 가장 외딴 지역 중 하나인 북극에 있는, 노르웨이의 작은 섬 스발바르의 빙하 밑 깊숙한 곳에 지하 저장고를 건립했다. 공기조절 장치가 설비된 밀폐형 저장고 내부의 미로 같은 터널에는 미래 세대가 사용할 수 있는 전 세계 수천 종의 희귀 종자가 보관되어 있다. 인간이 초래한 재앙과 전쟁이 증가하는 세상에서 종자를 안전하게 보존하기 위해 저장고는 농업에 사용되는 종자를 300만 품종까지 보관할 수 있는 페일세이프(fail-safe)* 보관소로 설계되었다. 협회는 자율 관리 공유체로서 글로벌 규모로 운영된다. 수천 명의 과학자와 식물육종가로 구성된 네트워크는 계속해서 전통 종자와 야생 씨앗을 찾으며, 찾은 종

---

* 자동 안전 확보 체계를 갖춘 기구를 뜻함.

자를 길러 원종을 증가시키고, 거기서 나온 표본 종자를 장기간 보관하기 위해 저장고로 수송한다.[32] 2010년 협회는 인류 생존을 위한 주요 식용작물 스물두 종에 대해, 야생 근연종의 위치를 파악하고 목록을 작성하여 보존하기 위한 글로벌 프로그램을 출범시켰다.

새로운 IT와 컴퓨팅 기술이 유전자 연구를 가속화함에 따라 유전자 공유사회에 대한 옹호를 강화해야 할 필요성이 더욱 높아지고 있다. IT와 컴퓨팅, 인터넷 기술이 재생에너지 생성과 3D 프린팅 분야에서 그랬던 것처럼, 생물정보학이라는 새로운 분야가 생물학 연구의 성격을 근본적으로 바꿔 놓고 있다. 미국의 국립인간게놈연구소(NHGRI)가 편찬한 연구조사 보고서에 따르면 유전자 염기서열 분석 비용이 컴퓨팅 파워에서 무어의 법칙이 그렸던 지수 곡선을 넘어서는 비율로 낮아지고 있다.[33] 브로드연구소(Broad Institute of MIT and Harvard)* 부소장 데이비드 알트슐러 박사는 고작 지난 몇 년 사이에 유전자 염기서열 분석 비용이 100만분의 1로 하락했다고 말했다.[34] 100만 개의 DNA 염기쌍을 읽는 비용이 (인간 게놈은 30억 개 정도의 염기쌍을 담고 있다.) 10만 달러에서 단 6센트로 폭락한 것이다.[35] 이는 유전자 연구 중 일부가 그리 머지않은 미래에 한계비용 제로 수준에 근접하여, 인터넷에서 정보를 무료로 사용하는 것처럼 귀중한 생물학적 데이터 역시 무료로 사용할 수 있게 될 것임을 시사한다.

유전자 염기서열 분석과 여타 새로운 생명공학 기술은 우리를 연구의 민주화로 가는 길에 올려놓고 있다. 《워싱턴 포스트》 과학 담당 기자 아리아나 은정 차는 다음과 같이 논평한다.

---

* 미국 케임브리지에 위치한 생의학 및 게놈 연구 센터임.

한 세대 전만 해도 유기체의 유전자조작 과정을 수행하려면 정교한 장비에 수백만 달러가 들었고 수년 동안의 시행착오가 필요했다. 이제는 차고에서 인터넷으로 주문한 중고 부품을 이용해 이삼일이면 완수할 수 있다.[36]

이십 년 전만 해도 정부나 업계에서 일하는 일단의 엘리트 과학자들만이 수행할 수 있었던 생물학적 연구와 그에 수반하는 전문 지식을 이제는 수천 명의 대학생이나 로비스트도 수행하거나 손에 넣을 수 있다. 글로벌 생명과학 회사들이 지구의 생물학적 정보를 지적재산으로 전환하기 위해 빠르고 교묘하게 움직이는 것을 우려한 환경 운동가들은 이 궁극적인 인클로저 운동을 제지하기 위해 온 힘을 다 쏟고 있다. 그들의 노력은 인터넷과 함께 성장하고 있으며, 유전자 정보를 공개적으로 공유하는 것이 다른 정보에 자유롭게 접근할 권리와 마찬가지로 중요한 권리라고 여기는 젊은 세대 연구원들에 힘입어 추진력을 더해 가고 있다.

거의 무료에 가까운 게놈 연구와, 마찬가지로 저렴한 비용의 적용 잠재성이 과학적인 시도에 대한 공유사회식 관리의 전망을 아주 밝게 하고 있다. 유전자 연구 및 적용에 대한 공유사회식 관리를 주제로 한 과학 논문과 제안 들이 소셜 미디어 공간에서 홍수를 이루고 있으며 유전자 혁신을 관리하기 위한 새로운 공유사회 협회가 급증하고 있다.

젊은 세대 과학자들은 유전학적 공유물에 대한 개방을 요구하며 관련 현안을 공공 의제로 만들고 있다. 유전자 정보 공유에 대한 대중의 지지가 높아지자 미국 대법원은 생물에 특허권을 부여한 이전 판결을 부분적으로 뒤집었다. 2013년 6월 대법원은 유방암과 연계된 유전자는 자연의 발견물이지 인간의 발명품이 아니라는 이유를 들어 미리어드지네틱스(Myriad Genetics)에 발부했던 유전자 특허가 무효라고 만장일치로 판결했다. 유전자 공유를 재개하는 중요한 첫걸음인데도 불구하고 이 판결은 그리 의미 있어 보이지 않았다. 자연 발생한 유전자를 약간 변형하는 새로운 복제 기술이 여전히 인간의 발명품으로 간주되어 특허를 받을 수 있고, 그러므로 생명공학 회사와 제약 회사, 생명과학 회사 들이 계속해서 지구 유전자 풀을 부분적으로 사유화할 수 있기 때문이다.

축적되는 지구의 생물학 정보를 자유롭게 공유하고자 하는 세찬 움직임은 1992년부터 2008년 무렵의 정보 생산 분야의 격정을 그대로 따라가고 있다. 정보 생산의 한계비용이 폭락해 리눅스, 위키피디아, 냅스터, 유튜브 등과 같은 개방형 공유사회가 창출되는 가운데, 소프트웨어와 음악, 오락, 뉴스를 자유롭게 공유하고자 했던 그 격렬한 분출을 말이다.

환경 운동가와 소프트웨어 해커가 동지가 되다

'무료 유전학' 운동은 지난 삼십 년 동안 계속된 '자유 소프트웨어' 운동과 궤를 같이한다. 둘 다 전통적인 지적재산권 보호를 넘어 개방적인 정보 공유를 옹호하며 각기 가공할 만한 적에 대항하고 있다. 자유 소프트웨어 운동의 선구자들은, 반란의 빌미가 될 수 있는 지적재산권법상의 허점을 방어하기 위해서 거대 미디어와 통신업계, 그리고 엔터테인먼트 산업이 만반의 준비를 갖추고 무슨 일이라도 할 것임을 깨달았다. 환경 운동가들도 생명과학 산업, 제약 회사, 기업농 등과 대면하며 유사한 상황에 처해 있다.

이 두 운동은 공통의 철학적 바탕을 공유하는 한편, 생물정보학이라는 새로운 분야가 탄생하면서 기술적 바탕도 공유하기 시작했다. 연구원들은 컴퓨팅 기술을 사용해 유전적 정보를 해독하고 다운로드 하고 분류하고 저장하고 재구성하며 생명 산업 시대를 위한 새로운 종류의 유전자적 자본을 창출하기 시작했다. 컴퓨팅과 정교한 소프트웨어 프로그램은 생명공학 경제의 유전정보 흐름을 관리할 조직 매개체뿐 아니라 생물학을 개념화할 새로운 언어까지 제공했다. 내가 1998년 발표한 저서 『바이오테크 시대』에서 언급했듯이 "컴퓨터 기술과 유전적 기술이 서로 융합해 새롭고 강력한 기술적 실체를 창출하고 있다."[37]

오늘날 전 세계 분자생물학자들은 역사상 가장 광범위한 데이터 수집 프로젝트에 부지런히 참여하고 있다. 정부와 대학, 그리고 기업의 실험실에서 연구원들은 유전정보를 경제적인 목적에 이용하고 활용할 새로운 방법을 찾는다는 목표로 무장한 채 가장 단순한 박테리아부터 인간에 이르는 모든 생물의 게놈을 지도화하고 배열 순서를 밝히고 있다.

분자생물학자들은 금세기 중반 무렵이면 수만 가지 생물의 게놈을(지구에서 살아가는 수많은 식물, 동물, 미생물의 진화 청사진을 담은 방대한 도서관을) 이미 다운로드 해서 분류해 놓은 상태가 되어 있길 희망한다. 생산되는 생물학 정보의 양은 너무도 엄청나서 컴퓨터로만 관리할 수 있으며 전 세계 수천 개의 데이터베이스에 전자적으로 저장할 수밖에 없다. 예를 들어 완전한 인간 유전자 서열을 전화번호부와 비슷한 형태로 타이핑한다면 천 쪽짜리 맨해튼 지역 전화번호부 200부와 같은 양이 될 것이다.[38] 30억 개 이상의 항목이 담긴 데이터베이스라고 할 수 있다. 비유를 한 단계 더 높여, 모든 인간 다양성에 관한 데이터를 출력한다고 가정하면 데이터베이스는 최소한 거기서 네 자릿수만큼 더 커질 것이다.(즉 처음 데이터베이스의 1만 배 크기가 될 것이다.)

게놈을 지도화하고 배열 순서를 밝히는 일은 시작에 불과하다. 유전자와 조직, 기관, 유기체, 외부 환경 사이의 모든 관계를 밝히고 유전적 돌연변이와 표현형(表現型) 반응을 촉발하는 작은 변화까지 이해하고 기록하는 일은 지금까지 모형화한 어떤 종류의 복잡한 시스템도 감당할 수 없다. 따라서 정보과학자의 컴퓨터 기술에 크게 의존하는 식의 학제 간 접근법만이 과업 달성을 기대할 수 있는 길이라 하겠다.

빌 게이츠 같은 컴퓨터 분야 거물들이나 마이클 밀컨 같은 월 가 내부 자들은 정보와 생명과학의 협력적 파트너십이 진전하길 기대하며 생물 정보학이라는 새로운 분야에 거금을 쏟아부었다.

컴퓨터는 유전정보를 판독하고 저장하는 데에만 사용되는 것이 아니다. 복잡한 생물학적 유기체, 네트워크, 생태계를 모형화할 수 있는 가상의 생물학적 환경을 창출하는 데에도 사용되고 있다. 가상 환경은 연구원들이 나중에 실험실에서 새로운 농산물이나 약품을 테스트하는 데 이용할 새로운 가설과 시나리오를 개발하는 데 도움이 된다. 가상의 실험실 덕에 생물학자들은 실험실 작업대에서 실제 분자 합성을 시도하는, 몇 년은 걸릴 법한 힘든 과정을 건너뛰고 클릭 몇 번만으로 합성 분자를 만들어 낼 수 있다. 또한 3차원 영상 모델을 통해 연구원들은 화면상으로 서로 다른 분자들을 연결하고 다양하게 조합해 보며 어떻게 상호작용하는지 확인할 수도 있다.

과학자들은 새로운 정보화 시대의 컴퓨팅 기술을 이용해 앞으로 온갖 종류의 새로운 분자를 창출할 계획을 세우고 있다. 화학자들은 이미 자기복제, 전기전도, 오염 물질 감지, 종양 억제, 코카인 영향 상쇄 등의 역할을 수행하고 나아가 에이즈의 진행까지도 막을 수 있는 화합물을 개발할 가능성을 이야기하고 있다.

빌 게이츠는 정보기술과 생명과학의 결합에 열광한다. "지금은 정보화 시대이고 생물학적 정보는 아마 우리가 판독하여 변화시키려고 노력하는 가장 흥미로운 정보일 것이다. 방법의 문제일 뿐 실현 가능성의 문제는 아니다."[39]

현재 컴퓨터를 활용하는 기술은 다른 모든 분야로 퍼져 나가며 재생에너지와 3D 프린팅, 각종 작업, 마케팅, 물류, 운송, 의료, 온라인 고등 교육 등을 조직하는 커뮤니케이션 매개체가 되고 있다. 사회를 재편성 하기 위한 새로운 컴퓨팅 언어가 정보 해커와 생물공학 해커, 3D 해커, 클린웹 해커 등을 포함하는 다양한 이해관계자들을 한데 모으고 있다. 이 모든 그룹을 결속하는 끈은 협력적 오픈소스 경제와 공유사회식 관리 모델에 대한 깊은 헌신이다. 시장을 완전히 무시하는 것도 아니고 정부를 전적으로 배제하는 것도 아니지만, 이 새로운 운동은 한계비용 제로 사회의 혜택이 방해받지 않고 실현될 수 있도록 보장하는 최선의 통치 모델로서, 피어투피어 공유사회 관리 방식이 지닌 우월성에 대해 열정적인 신념을 공유한다.

11

협력주의자들, 투쟁을 준비하다

　새로운 공유사회인(人)은 단순히 정치 운동에 머물지 않는다. 그 이상의 많은 것을 수행한다. 그들은 자본주의 시대가 시작될 때 사회를 신학적인 세계관에서 이념적인 세계관으로 이동시켰던 것과 같은, 중대하고 오래 지속되는 영향력을 미치는 심오한 사회적 변혁을 대변한다.

　프로슈머 협력주의자와 투자 자본주의자 사이의 갈등은, 아직 초기이긴 하지만, 21세기 전반부의 중대한 경제적 전투 양상을 띠어 가고 있다. 1장에서 우리는 1차 산업혁명 커뮤니케이션·에너지·운송 모체로의 전환이 어떤 식으로 노동자에게서 도구를 빼앗고 주주 투자자들로 하여금 그들이 소유한 회사의 경영에서 손을 떼게 했는지 살펴본 바 있다. 오늘날 새로운 3차 산업혁명 커뮤니케이션·에너지·운송 모체는 소비자가 스스로 생산자가 될 수 있도록 돕는다. 새로운 프로슈머들은 다시 전 세계적으로 분산된 네트워크화 공유사회에서 제로에 가까운 한계비용으로 갈수록 협력을 늘리고 재화와 서비스를 공유하며 자본주의 시장의 작용을 파괴하고 있다. 협력주의자와 자본주의자 사이에 펼쳐지는 경제적 충돌은 향후 몇 년에 걸쳐 인간 여정의 본질을 재정립할 것으로 보이는 문화적 갈등의 시발점이다. 현재 부상 중인 문화적 내러티브의 근본적인 주제가 있다면 그것은 "모든 것의 민주화"이다.

자유 문화 운동과 환경 운동, 그리고 공공 공유사회를 되찾고자 하는 운동은, 말하자면 이렇게 펼쳐지는 문화 드라마의 공동 제작자들인 셈이다. 이들 각각은 자신만의 뚜렷한 일련의 은유를 대본에 녹여 내고 있다. 동시에 서로의 은유와 전략, 정책 방향을 점점 더 차용하여 하나의 틀 안에서 그 어느 때보다도 더 가까이 가져가고 있다.

자유 문화 운동을 촉발한 순간이 있었다면, 해커들의 희망과 상상력에 불을 붙인 순간이 있었다면, 필경 그들과 같은 부류의 한 사람이 컴퓨팅과 소프트웨어 혁명의 순전히 상업적 측면만을 강조하며 공격을 퍼부었을 때일 것이다. 1976년 크게 화가 난 젊은 빌 게이츠는 은근한 경고와 함께 고약한 비난을 퍼부으며 동료 해커들을 맹렬히 비난했다.

취미생활자들 대다수가 분명 잘 알겠지만, 당신들 대부분은 소프트웨어를 훔쳐서 쓰고 있다. 하드웨어는 사야 하지만 소프트웨어는 공유하면 된다면서 말이다. 하긴 뭐, 소프트웨어를 만드느라 애쓴 사람들이 보상을 받든 말든 무슨 상관이겠는가? 이게 과연 공정한 행태인가? … 누가 전문적인 작업을 아무런 대가도 받지 않고 수행할 만큼 여유롭단 말인가? … 사실 우리 말고는 아무도 취미용 소프트웨어에 그렇게 많은 돈을 투자하지 않는다. … 하지만 그런 소프트웨어를 취미생활자들이 이용할 수 있도록 만들고 싶은 의욕이 거의 생기지 않는다. 단도직입적으로 말하자면, 당신들은 절도 행위를 저지르고 있는 것이다.[1]

게이츠가 뜬금없이 분통을 터뜨린 건 아니었다. 컴퓨팅과 소프트웨어 산업이 성숙해 가던 시기였다. MIT와 카네기 멜론, 그리고 스탠퍼드 같은 과학기술 중심 대학교의 좀 더 느긋하고 장난스럽고 창의적인 학문적 환경에서 컴퓨팅과 소프트웨어의 협력적 공유를 즐기던 취미 위주의 해커 문화가 그들 가운데 존재하던 새로운 행위자들과 대면했다. 새로운 행위자들은 이 커뮤니케이션 혁명을 시장으로 가져가려고 단단히 결심한 상태였다. 게이츠는 모래밭에 (넘어서는 안 될 선이라고) 금을 그은 최초의 인물이었다. MIT CSAIL에서 일하던 또 다른 젊은 해커 리처드 스톨먼이 도전을 받아들이고 그 금을 넘어섰다.

자유 소프트웨어를 위한 단합

스톨먼은 소프트웨어 코드가 사람들 사이에서 또 사람과 사물 사이에서 빠르게 커뮤니케이션 언어가 되어 가고 있으므로 새로운 커뮤니케이션 매개체에 울타리를 두르고 사유화해 몇몇 기업이 사용료를 부과하며 그 접근 조건을 결정할 수 있게 하는 것은 비도덕적이고 비윤리적이라고 주장했다. 스톨먼은 모든 소프트웨어는 자유로워야(free) 한다고 선언했다. "공짜(free) 맥주의 'free'가 아닌 자유(free) 언론의 'free'"를 뜻하는 것이었다. 스톨먼과 게이츠는 그보다 더 상극일 수가 없었다. 게이츠는 자유 소프트웨어를 도둑질로 본 반면 스톨먼은 그것을 언론의 자유로 보았다.

소프트웨어를 계속 분산적이고 협력적이며 자유롭게 할 기술적인 수단을 창출하겠다고 결심한 스톨먼은 주변의 일급 프로그래머들을 모아 컨소시엄을 조직했다. 그들은 누구나 접근, 사용, 수정이 가능한 자유 소프트웨어로 구성된 GNU라는 운영체계를 구축했다. 이후 1985년, 스톨먼과 동료들은 자유소프트웨어재단(FSF)을 설립하고 조직 신조의 기저를 이루는 네 가지 자유를 정의했다.

> 어떤 목적으로든 프로그램을 실행할 자유. 프로그램의 작동 원리를 연구하고 당신이 원하는 대로 컴퓨팅을 수행하도록 변경할 자유 … 복제본을 재배포해 주위 사람들에게 도움을 줄 수 있는 자유. 당신이 수정한 버전의 복제본을 다른 사람에게 배포할 자유. 이렇게 함으로써 당신은 전체 공동체에 당신의 수정 및 변경으로부터 이익을 얻을 기회를 제공할 수 있다.[2]

스톨먼은 위의 네 가지 자유를 보장하는 자유 소프트웨어 허가 제도를 창출하여 성명서에 살을 붙였다. GNU 일반 공중 라이선스(GPL)는 그렇게 탄생했다. 스톨먼이 "카피레프트(copyleft)"*라는 별명을 붙인 이 허가 제도는 저작권법 이용의 대안으로 구상되었다.[3] 소유자에게 자신의 작품에 대한 타인의 복제, 차용, 또는 배포를 금할 권리가 있는 전통적인 저작권법과는 달리 카피레프트 라이선스는 저자가 "작품의 복제본을 받은 모든 이에게 복제나 개작, 또는 배포를 허가하는 동시에 그 결과로 얻는 어떤 복제본이나 개작물도 역시 같은 라이선스 계약에 귀속하도록 요구할 수 있게" 한다.[4]

GPL은 자유 소프트웨어를 위한 공유사회를 확립하는 수단이 되었다. 이 라이선스에는 엘리너 오스트롬이 어떤 공유사회든 그것을 효과적으로 관리하기 위해 가장 중요하다고 제안한 특징들이 상당수 담겨 있다.

---

* '저작권'을 뜻하는 'copyright'에 대비하여 지은 말로 지적 창작물에 대한 사용, 수정, 재생산의 권리를 모든 사람이 공유하게 하는 것을 뜻함.

특히 포함의 조건과 배제의 제한, 접근과 철회를 통제할 권리, 자주적 관리를 위한 제재와 규약의 감시, 자원(이 경우에는 코드 자체)의 증진과 관리 등이 들어가 있다. GPL과 뒤이어 나온 여타 자유 소프트웨어 라이선스는 소프트웨어 공유사회의 몇 백만 인구에게 공식적으로 합의된 일련의 운영 원칙에 따라 자유롭게 협력할 수 있는 합법적인 수단을 제공했다. GPL은 또한 훗날 자유 문화 운동으로 발전하게 될 무언가의 토대를 마련해 주었다. 더불어 자유 문화 운동의 한 전형을 보여 주게 될 하버드 대학교 로스쿨의 로런스 레식 교수는 "코드는 법이다."라는 아주 적절한 어구를 만들어 냈다.[5]

스톨먼이 GNU 운영체계와 GPL을 공개하고 나서 정확히 육 년 뒤 헬싱키 대학교의 젊은 대학생 리누스 토르발스가 스톨먼의 GNU 프로젝트와 호환되며 개인용 컴퓨터(PC)에서 사용할 수 있는, 유닉스 계열 운영체계의 무료 소프트웨어 커널(kernel)*을 설계해 FSF의 GPL에 따라 배포했다. 토르발스의 리눅스 커널 덕분에 전 세계 수천 명의 프로슈머들이 인터넷을 통해 자유 소프트웨어 코드의 개선에 협력할 수 있게 되었다.[6]

오늘날 GNU/리눅스는 《포천》 선정 500대 기업은 물론이고 가장 빠른 슈퍼컴퓨터 500대의 90퍼센트 이상에서 사용되고 있으며 태블릿 컴퓨터나 휴대전화 같은 내장형 시스템에서도 구동되고 있다.[7]

컬럼비아 대학교 법학 및 법사학 교수 이벤 모글렌은 1999년, 리눅스가 이룬 성취의 중대성에 대해 다음과 같이 썼다.

---

* 컴퓨터 운영체제에서 가장 핵심적인 역할을 하는 자원을 관리하며 시스템이 원활히 돌아갈 수 있도록 제어해 주는 모듈을 뜻함.

토르발스가 FSF의 GPL에 따라 리눅스 커널을 배포했기 때문에 … 그 커널을 더욱 발전시키는 데 노력을 기울이기로 한 전 세계 수백 명의, 결국에는 수천 명의 프로그래머들이 자신들의 노력의 결과가 누구도 전매 상품으로 전환할 수 없는 영구적인 자유 소프트웨어로 나타나리라는 것을 확신할 수 있었다. 누구나 그 성과물을 다른 모든 사람들이 테스트하고 개선하고 재분배할 수 있을 것임을 알았다.[8]

GNU/리눅스는 이보다 훨씬 더 중대한 다른 무엇도 보여 주었다. 즉 글로벌 공유사회에서의 자유 소프트웨어 협력이 자본주의 시장에서의 독점 소프트웨어 개발을 능가할 수 있는 방법임을 입증한 것이다. 모글렌의 이야기를 더 들어 보자.

리눅스 커널의 발전은 그 어떤 상업적 제조 기업이 모을 수 있는 것보다 훨씬 더 많은 수의 프로그래머들을 인터넷으로 동원하는 것이 가능하다는 점을 증명했다. 궁극적으로 100만 행이 넘는 컴퓨터 코드를 수반하는 개발 프로젝트에 거의 아무런 위계질서 없이 합류한, 지리적으로 분산된 무보수 자원봉사자들 간의 대규모 협력은 인간 역사상, 이전에는 상상조차 할 수 없는 일이었다.[9]

(하지만 너무 파격적이다 보니) IT 공동체 내부에서조차 자유 소프트웨어 운동을 비판하는 사람들이 나오지 않을 수 없었다. 1998년 주요 운동가 일부가 갈라져 나와 이른바 오픈소스이니셔티브(OSI)를 창출했다. 공동 창립자 에릭 레이먼드와 브루스 페런스는 자유 소프트웨어에 동반되는 철학적 응어리가 상업적 이익 단체들을 겁줘서 얼씬도 못 하게 만들고 있다고 경고했다. 그들은 특히 자유 소프트웨어가 자칫 비용이 제로라

는 생각과 연결되지나 않을까 우려했다. 민간 기업의 사고방식에서 제로 비용은 제로 이윤이나 이윤 제거, 무료 제품 같은 개념을 연상시켰다. 비즈니스 공동체로서는 감당할 수 없는 철학적 허들이라고 그들은 판단했다.[10]

그래서 들고 나온 대안이 오픈소스 소프트웨어였다. 자유 소프트웨어와 오픈소스 소프트웨어의 차이점은 본질보다는 인식에 있었다. 둘 다 상당 부분을 같은 유형의 라이선스 합의에 의존했다. 하지만 레이먼드와 페런스는 비즈니스 공동체를 끌어들이고 싶었고, 만약 라이선스가 독점적 정보 소유를 비도덕적이고 비윤리적으로 간주하는 철학과 결부되지만 않는다면 업계에 오픈소스 코드의 장점을 현실적인 사업 제안으로 확신시키기가 보다 쉬울 것으로 믿었다.[11]

스톨먼과 레이먼드 둘 다 자유 소프트웨어와 오픈소스 소프트웨어 사이에 실제로는 거의 차이가 없음을 인정했다. 하지만 스톨먼은 용어의 전환이 라이선스 계약의 미묘한 변화를 부추김으로써 개념을 약화하고 운동의 기반을 깎아내리는 한편, 비즈니스 공동체가 장기적으로 자유 소프트웨어 운동의 이득을 줄여 나갈 수 있는 문을 열어 줄 거라고 믿었다. 스톨먼은 접근법의 차이를 다음과 같은 주장으로 요약했다. "오픈소스는 개발 방법론이고 자유 소프트웨어는 사회운동이다."[12]

스톨먼은 오픈소스로 더 많은 업체가 자유 소프트웨어를 사용하게 될 것임을 인정했다. 비즈니스 공동체가 자유 소프트웨어의 전제에 동의해서가 아니라 단지 그것을 사용함으로써 더 많은 사용자를 끌어들여 궁극적으로 이득을 볼 수 있기 때문이었다. 그는 경고했다. "조만간 이 사용자들은 모종의 실용적 이점을 표방하는 유혹을 받고 등록상표가 있는 소프트웨어로 바꿔 탈지도 모른다."[13] 그런데도 오픈소스 소프트웨어는 지금까지 승승장구해 왔으며, 비즈니스 공동체의 많은 부분을 끌어들이는 한편 학계와 시민사회에서도 계속 지지를 받아 왔다.

어쨌든 자유 소프트웨어든 오픈소스 소프트웨어든 새로운 매체의 언어인 코드에 대해 보편적 접근을 보장하는 데에 보다 초점을 맞추었다. 컴퓨터광들의 의기투합으로 시작된 활동이 인터넷의 성숙과 더불어 사회운동으로 변모했다. 하룻밤 사이에 수백만 명이 서로 연결하며 사교를 위한 새로운 가상의 살롱을 창조하고 있었다. 소셜 미디어의 출현은 논의를 코드에서 대화로 바꾸었다. 인터넷은 가상의 글로벌 공공 광장이 되었고, 음악 파일, 동영상, 사진, 뉴스, 가십을 공유하는 만남의 장이 되었다. 그러면서 갑자기 자유 소프트웨어 운동이 훨씬 더 큰 자유 문화 운동의 일부가 되었다. 에릭 레이먼드는 '장터'라는 은유적 표현으로 이 활기가 넘치는 가상공간을 제대로 포착했다. 아이디어와 열망, 그리고 꿈이 서로 깊이 관련되기 위해 인간이 동원하는 수많은 형태 및 표현과 뒤섞이는 공간이었다.[14] 인터넷은 사람들이 시장 자본보다는 사회적 자본을 창출하는 장소라는 인식이 커져 갔다. 세계의 모든 젊은이들이 저마다 자신의 기여가 다른 사용자들에게 가치 있는 무언가를 안겨 주기를 기대했다. 서로가 볼 수 있게 비디오와 사진을 찍어 올리고, 음악 정보를 공유하고, 아이디어와 논평을 블로그에 게시하고, 학술적인 토막 정보를 위키피디아에 업로드 하는 등 각자 나름대로 한몫 거들고 싶어 했다.

이러한 인간 사회성의 변모는 혈연과 종교, 그리고 국가 정체성을 뛰어넘어 글로벌 의식을 심어 주었다. 이는 27억 명의 아마추어가 이끌고 있는, 전례 없는 규모의 문화 현상이다. 전 세계적인 문화 민주화가 분산적이고 협력적이며 수평 확대적인 운용 논리를 갖춘 인터넷 커뮤니케이션 매개체로 말미암아 이루어지는 것이다. 그리고 그 운용 논리는 자주적 관리 형태의 개방형 공유사회를 선호한다.

로런스 레식은 문화를 민주화하고 있던 매체의 심오한 사회적 의미를 처음으로 간파한 인물 중 한 명이다. '문화'라는 단어 자체가 적어도 지난 세기에는 고급과 저급으로 구분되었다. 그리고 암묵적으로 전자는 지속적인 가치를 지닌 사회적 자본을 창출하는 무엇인 반면 후자는 대중을 위한 싸구려 오락에 불과한 무엇으로 통했다.

인터넷은 문화의 계층구조를 뒤집어 놓았다. 27억 명에 달하는 아마추어들이 사회적 내러티브를 전문직 엘리트들의 손에서 대중의 손으로 옮겨 놓으며 상황을 주도하고 있다. 하지만 아직 문화의 민주화가 완전히 보장된 상태는 아니다. 레식과 여타의 학자들은 상업 및 전문직 분야의 이익집단들이 함께 뭉쳐 좀 더 엄격히 지적재산권을 보호하고 피어투피어 창의성을 위한 포럼으로서 인터넷이 갖는 고유의 협력적 잠재력을 차단하려 들 수도 있다고 경고한다.

매체가 영역이다

문화를 창출하는 집단이 엘리트인지 아니면 대중인지는 대체로 매체의 성격에 좌우된다. 석탄 동력의 증기 인쇄 혁명과 그 파생물인 책과 정기간행물, 그리고 그 뒤를 이은 전기 혁명과 그 자손인 영화와 라디오, 텔레비전은 모두 저작권 보호를 선호했다. 매체의 중앙집권적 성격과 기여도의 경계를 가르는 구분선이 문화 콘텐츠를 '개인화'했다.[15]

인쇄는 개인 저자권(authorship)이라는 발상을 가져왔다. 그전에도 (아리스토텔레스나 성 토마스 아퀴나스 같은) 개인 저자들이 존재하긴 했지만 매우 드물었다. 필사 문화에서 필사본들은 종종 오랜 시간에 걸쳐 익명의 필경사들 수백 명의 손에서 작성되었다. 필경사가 한두 문장을 부연하여 작은 부분의 의미를 약간 변형하기도 했지만 저작에 중요하게 기여했다고 할 수 있는 것은 아니었다. 필경사들은 자신의 역할을 모사하는 것으로 여겼다. 작품 전체에 기여하고 이름을 거는 소수의 저자들도 스스로를 자신만의 사고에 대한 창조자로 간주하는 경우가 드물었다. 오히려 그들은 아이디어가 비전이나 영감의 형태로 오는 게 아니라 그저 불현듯 떠오르는 것이라고 느꼈다. 아이디어가 독특한 창조적 통찰이자, 오로지 내부에서 비롯한다는 개념이 완전히 이해할 수 없는 정도는 아니어도 낯설게 느껴지던 시절이었다.

인쇄는 누구나 자신의 생각을 쓰고 찍어서 다른 사람이 읽도록 널리 유포할 수 있게 하면서 글쓰기를 민주화했다. 저작권법의 도입은 다시 자신의 생각과 말을 소유한다는 새로운 아이디어의 도입을 불러왔다. 자신의 말을 소유한다는 것은 필연적으로 생각이 노동의 산물이고 그러므로 시장에서 판매가 가능한 개인적 성취라는 개념으로 이어졌다. 인쇄와 그에 동반된 저작권법은 역사상 처음으로 커뮤니케이션 공유사회를 부분적으로 사유화했다. (필사 문화나 구술 문화에서는 자신의 말을 소유할 수 있고 그것을 듣고자 하는 다른 사람들에게 돈을 청구할 수 있다는 개념은 그야말로 믿을 수 없는 것으로 여겨졌을 것이다.)

인쇄된 책은 또한 커뮤니케이션을 또 다른 수준으로 봉쇄했다. 구술 문화에서는 사람들 사이의 의사소통이 실시간으로 이루어졌다. 생각이 사람들 사이에서 제한 없이 오갔고 종종 이 주제에서 저 주제로 정처 없이 흘러 다녔다. 이와 대조적으로 책은 대개 중심 주제나 일련의 아이디어를 토대로 고도로 구조화되며 인쇄된 페이지에 영원히 고정되고 앞뒤 표지에 싸여 제본되는, 일방적인 대화이다.

언어가 사람들 사이에서 공유되는 경험으로 여겨지는 반면, 인쇄는 홀로 경험된다는 유달리 특이한 면모를 지닌다. 인쇄는 커뮤니케이션을 사유화한다. 사람은 타인으로부터 고립된 상태에서 책이나 신문을 읽는다. 독자는 저자와 대화를 이어 나갈 수 없다. 저자와 독자 모두 분리된 자신의 세상에 단단히 묶여 있어 '실시간' 대화에 참여할 수 없다. 독서의 고립적 성격은 커뮤니케이션이 순전히 사람의 마음속에서 일어나는 독자적 행위라는 생각을 강화한다. 커뮤니케이션의 사회적인 특징이 제거되는 것이다. 독서를 할 때는 공유사회로부터 떨어져 나와 고립된 공간으로 물러난다. 커뮤니케이션의 인클로저는 사실상 수백만의 독자적 세계를 창출한다. 사학자 엘리자베스 아이젠슈타인은 독서 문화는 구술 문화보다 더 개인주의적이고 독자적이라고 말한다.

사회가 별개 단위의 묶음으로 간주될 수 있다거나 개인이 사회집단보다 앞선다는 개념은 '듣는' 대중보다는 '읽는' 대중과 더 잘 어울리는 것으로 보인다.[16]

이와 대조적으로 인터넷은 그 경계를 없애고 저자권을 오랫동안 계속 저작권으로 보호되는 독자적이고 닫힌 과정이라기보다는 시간이 흐르면서 협력이 쌓여 가는 열린 과정으로 만든다. 레식은 인터넷상의 문화 창조가 띠는 혼성 모방적 성격에 우리의 관심을 집중시킨다. 먼저 인터넷 세대는 단어로 글을 쓰는 데 치중하지 않는다. 이미지와 소리, 비디오로 의사소통하는 경우가 더 많다는 이야기다. 매체의 분산적 특성상 장르 안에서 혹은 장르를 넘나들며 짜 맞추고 잘라 붙이는 것이 용이하다. 인터넷에서는 무엇이든 복제하는 한계비용이 제로 수준이기 때문에 아이들은 정보 공유가 대화 공유와 별반 다르지 않다는 생각을 키우며 성장한다. 매체의 상호 연결성과 상호작용성이 협력을 절실히 필요로 하기에 레식이 말하는 "리믹스" 문화를 불러일으킨다. 리믹스 문화에서는 모두가 함께 어울리며 이런저런 수단을 사용해 특정 주제에 자신만의 변형을 덧붙이고 다른 사람에게 넘겨주는데, 이 과정이 끝없이 이어진다. 레식은 말한다. "이 리믹스가 대화이다. 이전 세대가 서로 대화할 때 요금을 부과하지 않은 것처럼 인터넷 세대도 그와 똑같은 방식으로 느낀다. 단지 그들의 대화는 성격이 다를 뿐이다."[17]

리믹스 형태의 새로운 커뮤니케이션은 이제 27억 인류 사이에 이루어지는 상황에서도 거의 구두 커뮤니케이션만큼이나 값이 저렴해졌다.[18] 글로벌 대화와 그것이 창출하는 협력 문화가 중단되지 않게 보장하려면 새로운 공유사회의 개방성을 유지하는 법적 수단을 강구해야 했다. 레식과 다수의 동료들은 2001년 비영리기구인 크리에이티브커먼즈(CC)를 설립했다. 이 기구는 스톨먼과 여타의 자유 소프트웨어 운동가의 발자취를 좇아 문화 콘텐츠 창작에 관여한 사람 누구에게나 무료로 CCL이라는 카피레프트 라이선스를 발부하기 시작했다. 이 라이선스는 저작자들이 자신의 콘텐츠를 표시하고 다른 사람에게 확대하고 싶은 자유를 결정할 수 있는 몇 가지 선택권을 제공한다. CCL은 저작권의 가장 중요한 특징인 "판권 소유(all rights reserved)" 표시를 "일부 권리만 소유(some rights reserved)" 표시로 대체한다.

여기서 부여하는 자유는 작품을 공유하거나 리믹스 할 자유, 혹은 둘 다가 될 수도 있다. 또 부과하는 제약은 작품을 비영리 목적으로만 사용해야 한다거나 사용자 역시 마찬가지로 공유해야 한다거나(즉 물려받은 자유를 다른 사람에게 넘겨줘야 한다거나) 아니면 둘 다가 될 수 있다. 창작자는 이 자유와 제약을 혼합해 세 단계씩 여섯 가지 라이선스를 창출할 수 있다.[19]

레식은 CCL이 실제로 어떻게 사용되는지 그가 좋아하는 사례로 설명한다.

작곡가 콜린 머츨러가 쓴 「내 인생(My Life)」이란 곡이 있다. 그는 곡의 기타 트랙을 다른 사람들이 CCL에 준거해 다운로드 할 수 있는 무료 사이트에 올렸다. 코라 베스라는 열일곱 살짜리 바이올리니스트가 그 곡을 다운로드 했다. 베스는 거기에 바이올린 트랙을 덧붙인 다음 「바뀐 내 인생(My Life Changed)」으로 이름을 고쳐, 다른 사람들도 하고 싶은 대로 하라고 다시 사이트에 올렸다. 나는 그 후 지금까지 이 곡의 다양한 리믹스를 숱하게 접하고 있다. 중요한 점은 이 창작자들이 아무런 분쟁 없이 자기 나름대로 저작권법을 준수하며 창작 활동을 할 수 있다는 사실이다.[20]

CCL은 빠르게 퍼져 나가고 있다. 2008년까지 음반업계에서 몇몇 유명인이 관련된 것을 포함해 1억 3000만 편의 작품이 CCL을 받았다.[21] 이미지와 비디오를 관리하는 웹사이트인 플리커 한 곳에서만 2억 장의 CCL 사진이 전시되었다.[22] 2012년, 유튜브가 CCL 비디오 라이브러리를 출범한 지 단 일 년 만에 400만 편의 CCL 비디오가 사이트에 올라왔다.[23] 2009년 위키피디아는 모든 콘텐츠를 CCL하에 다시 허가받았다.[24]

CC는 또한 사이언스커먼즈(Science Commons)도 개설했다. 연구원들은 저작권법과, 특히 특허권이 시의적절한 정보 공유를 금하고 연구를 둔화시키며 과학자들 간의 협력을 어렵게 하고 새로운 혁신을 저해한다고 주장한다. 최악의 경우 지적재산권 보호가 (생명과학 회사, 기업농, 제약 회사 등) 업계 큰손들에게 창의성을 꺾고 경쟁을 약화하는 수단을 제공할 수 있다. 전 세계에 걸쳐 대학과 재단이 후원하는 실험실에서 일하는 점점 더 많은 과학자들이 유전정보에 대해 특허를 출원하려는 생각을 포기하고 있다. 자신들의 연구를 오픈소스 네트워크에 올려 세심하게 관리되는 공유사회에서 동료들과 자유롭게 공유하기 위해서이다.

하버드 대학교 메디컬 스쿨도 개인 게놈 프로젝트에 CCL을 적용하기 시작했다.[25] 이 프로젝트는 장기적인 코호트 연구조사(cohort study)로서 맞춤형 개인 의료 분야에서 연구를 진전시키기 위해 지원자 10만 명의 게놈의 염기서열을 밝히고 공표하는 것이 목적이다.[26] CCL을 받는 모든 게놈 데이터는 과학자들이 실험실 연구를 위해 자유롭게 접근할 수 있도록 인터넷에 올라갈 것이다. 즉 개방형 공공 영역에 놓이는 것이다.[27]

CCL의 성공에도 불구하고 레식은 기회가 있을 때마다 스스로 "증가하는 저작권 폐지 운동"이라고 부르는 것과 거리를 두려고 한다.[28] 그는 도래하는 시대에도 저작권이 생존 가능한 부분으로 남겠지만, 부분적으로는 시장에서, 또 부분적으로는 공유사회에서 살아가는 상황에서는 오픈소스 방식의 라이선스에 상당 부분 자리를 양보하게 될 거라고 믿는다. 나는 그의 예측이 단기적으로는 옳지만 장기적으로는 그렇지 않다고 생각한다.

특허권과 저작권은 희소성을 중심으로 조직된 경제에서는 번성하지만 풍요를 중심으로 조직된 경제에서는 쓸모가 없다. 한계비용이 제로 수준이라서 점점 더 많은 재화와 서비스가 거의 무료에 가까워지는 세계에서 지적재산권 보호가 무슨 의미가 있겠는가?

오픈소스 라이선스의 극적인 증가는 이미 전통적인 저작권 및 특허권 보호에 심각한 도전이 되고 있다. 창작 활동이 단일 저작 방식에서 다수의 협력적 투입 방식으로 옮겨 가고 있기에 더욱 그러하다. 동시에 자신의 개인 정보를 제공한 수백만 명의 개인들에 의해 그 양이 점점 더 증가하는 빅데이터가 공유되고 있다. 정보가 자유로워지길 원하는 것처럼 "빅데이터는 분산되길 원한다." 빅데이터를 가치 있게 만드는 것은 첫째, 수백만 개인 기여자들이 입력하는 정보이고 둘째, 패턴을 찾고 추론을 하며 문제를 해결하기 위해 분석하고 활용할 수 있는 자료이다. 분산형 협력 사회에서 집단의 지혜에 자신의 데이터를 기여하는 수백만의 개인은 그것이 지적재산권 형태로 격리되고 에워싸여 소수에 의해 소유되고 지배되기보다는 개방형 공유사회에서 모두의 이익을 위해 공유되기를 시간이 갈수록 더욱 요구할 것이다.

새로운 공유사회 내러티브

문화의 민주화를 고무하기 위해 설계된 오픈소스 라이선스는 그런대로 괜찮은 방식이다. 공유사회 접근 방식에 그런 법률적 도구를 첨가하는 것은 훌륭하기까지 하다. 인간 사회생활의 상당 부분이 공유 영역에서 최적화된다는 아이디어는 '상식'처럼 다가온다. 결국 공공 영역은 우리가 사회적 자본과 신뢰를 창출하는 무대가 아니던가. 하지만 진정 우리는 단지 오픈소스 라이선스와 공유사회 관리, 그리고 공공 영역이라는 어렴풋한 개념에 의지해 새로운 사회를 확장할 수 있을까? 이것들은 법적인 도구와 관리 방안일 뿐, 하나의 세계관으로서는 본질적으로, 그리고 자체적으로 거의 자격이 없지 않은가. 전체를 아우르는 지배적인 내러티브, 즉 펼쳐지는 현실을 쉽게 설명할 수 있는, 인간 여정의 미래에 대한 새로운 이야기가 대본에서 빠져 있다는 뜻이다.

IT와 인터넷, 자유 문화 운동의 리더들은 자유 소프트웨어 라이선스와 크리에이티브 커먼즈 합의로 성공 가도를 달리던 와중에 누락된 내러티브적 요소를 깨달았다. 가속도를 붙여 가며 달리고 있었지만 그들의 행동은 비전에 따른 것이라기보다는 반응에 더 가까웠다. 그들은 새로운 토대를 다져 나간다기보다는 발등에 떨어진 불 끄기에 급급한 자신들의 모습을 발견했다. 중앙집권적인, 소유권 중심의 관계라는 자본주의 시장의 오래된 패러다임의 내부를 교묘히 헤쳐 나가야 한다는 제약

이 완전히 새로운 무언가를 준비하고 창출하는 것을 어렵게 만들었다.

자유 문화 이론가들은 직관적이지만 아직 시작 단계인 비전의 틀을 짜기 위해 내러티브를 갖추어야 하는, 보다 큰 문제와 씨름하기 시작했다. 2003년 듀크 대학교 법학 교수이며 CC의 설립자 중 한 명인 제임스 보일이 「2차 인클로저 운동과 공공 영역의 건설」이라는 소론을 발표했다. 이 소론은 앞서 말한 내러티브를 찾는 논의의 발단이 되었다.

보일을 개인적으로 알진 못하지만, 그는 소론에서 FOET와 여타의 환경 및 유전자 운동가들이 유전자 공유사회의 개방을 유지하기 위해 수행한 일을 언급했다. 인간 게놈과 모든 다른 생물체의 게놈은 진화의 "공동 유산"이므로 사유화할 수 없다는 우리의 주장을 소개하는 것이다.[29]

보일은 "생물정보학이라는 새로운 분야가 컴퓨터 모델링과 생물학 연구 사이의 경계를 모호하게 했지만" 오픈소스 유전체학이 생물학 연구를 기업의 협소한 이해관계에서 해방하며 지구의 유전적 자원에 대한 관리를 인류 "공동"의 책임으로 만들 가능성이 있음을 감지했다.[30]

이를 염두에 두고 보일은 자유 문화 운동가들과 전통 시장 옹호자들 사이에서 일상적으로 벌어지던 투쟁에서 한 걸음 벗어나 인류의 대안적 미래에 대한 전망을 심사숙고하고는 그 결과를 논평의 형태로 제시했다. 그의 생각은 서술적이라기보다는 사색적인 것에 가까웠다.

최소한 훨씬 더 많은 지적 산물과 창의적 생산품이 무료(free)인 세상을 만들 수 있다는 약간의 가능성이, 나아가 희망까지 존재한다. 스톨먼은 "'공짜 맥주'에서의 'free'가 아니라 '자유 언론'에서의 'free'"라고 강조했다. 하지만 우리는 많은 부분이 중앙집권적 통제로부터의 자유와 무료 (혹은 적은 비용) 둘 다를 의미하게 되는 세상을 희망할 수 있다. 생산의 한계비용이 제로이고 배송과 저장의 한계비용이 제로에 접근하며 창출 과정이 첨가적이고 대부분의 노동에 비용이 들어가지 않으면, 아마 세상은 조금 달라 보일 것이다. 이런 미래가 가능하거나 혹은 적어도 부분적으로나마 가능하지 않을까. 한 번 더 생각해 보지도 않고 그 가능성을 배제해서는 안 된다.[31]

우리는 어떻게 해야 이런 미래에 도달할 수 있을까? 분명 공공 영역의 모호한 법적 개념으로 사회에서 살아가는 새로운 방식을 정당화하는 식으로는 이룰 수 없는 일이다. 보일과 동료들은 느슨한 아이디어들을 단단히 묶어 놓는 동시에 그들이 건설하고자 하는 세상에 대해 이야기할 수 있는 틀을 제공하는 일반이론이 필요함을 깨달았다.

보일은 지난 이십 년 동안 자유 문화 운동과 병행되었던 환경 운동이 자신들의 운동에 유익할 수 있는 (어쩌면 두 운동을 더 큰 내러티브 안에 모을 수도 있는) 엄격한 일반이론을 성공적으로 발전시켰다는 데 생각이 미쳤다.

현대의 환경 운동은 언제나 이중적 양상을 보여 왔다. 생태과학은 계속해서 지구상 생명 체계의 복잡한 역학을 이루는 패턴과 관계에 관심을 쏟는 한편, 운동가들은 그렇게 얻은 지식을 인간과 자연의 관계를 재편성하는 새로운 방식을 추구하는 데 사용한다. 예를 들어 초기 운동가들은 멸종 위기에 처한 개별 종들을 보호하는 데 역량의 많은 부분을 집중시켰다. 생태학자들은 유기체와 환경 사이의 복잡한 관계를 더 많이 이해하면서 개별 종을 구하려면 그 서식지를 구하는 데 집중해야 한다는 사실을 깨달았다. 이 사실은 나아가 위협받는 종이 위기에 처한 이유가 흔히 생태계를 절단하고 복잡한 생태역학을 약화하는 정치적, 상업적, 그리고 주거 관련 경계선의 임의적 도입 때문이라는 깨달음으로 이어졌다. 이런 경계선은 결과적으로 자연 동식물상의 감소를 야기했다. 1990년대, 운동가들은 데이터에 매달렸고, 무경계(transborder) 평화 공원을 추진하기 시작했다. 이 새로운 개발 개념은 현재 전 세계적으로 적용되고 있다. 그 임무는 생태계의 이주 패턴뿐 아니라 다양한 생태계에 존재하는 여타의 많은 생물학적 관계를 회복하기 위해 국경으로 단절된 자연 생태계를 다시 연결하는 것이다.

무경계 평화 공원은 사유화와 민영화, 그리고 환경의 상업적 개발을 강조하는 기존의 내러티브에서 벗어나 지역 생태계 공유사회에서 생물 다양성을 회복하고 관리하여 다시 완전하게 만들려는 시도이다. 자연의 경계가 중요성에서 정치적, 상업적 경계를 대신한다는 바로 그 아이디어가 사회의 내러티브를 개인적 사리사욕과 상업적 추구, 지정학적 고려 사항에서 자연의 전반적 안녕 쪽으로 방향을 돌리게 만드는 효력을 발휘한 것이다.

무경계 공원은 대전환의 매우 불확실한 시작에 해당한다. 지구환경 공유사회의 사유화 증가가 특징이었던 오백 년의 세월이 지나고 나서야 비로소 무경계 공원이, 비록 단지 매우 제한된 방식으로이긴 하지만 공유사회를 재개하고 있다.

생태학이 급진적인 분야인 이유는 전체로서의 기능을 유지하기 위해 공생적으로, 또 상승작용에 따라 기능하는 복잡한 상호 연관성 체계로, 지구를 강조하기 때문이다. 다윈은 개별적인 유기체와 종에 보다 집중하고 환경을 자원의 배경으로 격하한 반면, 생태학은 환경을 그것을 이루는 모든 관계로 본다.

생태학은 지역 서식지와 생태계에 대한 연구에서 발전해 오늘에 이른 학문이다. 20세기 초 러시아 과학자 블라디미르 베르나츠키는 생태학 개념을 확대해 하나의 완전체로서 지구가 하는 모든 생태계 작용을 포함시켰다. 베르나츠키는 당대의 전통적인 과학적 사고와는 다른 길을 갔다. 당시에는 지구의 지질학적 과정이 생물학적 과정과 독립적으로 진화하며 생명이 진화하는 환경을 제공한다고 보았다. 그는 1926년 지질학적 과정과 생물학적 과정이 공생 관계에서 진화한다는 급진적인 이론을 사실로 상정하는 중대한 저서를 발간했다. 거기서 그는 지구에서 비활성 화학물질의 순환은 생물의 질과 양에 영향을 받는다고 제시했다. 그리고 다시 생물은 지구를 순환하는 비활성 화학물질의 질과 양에 영향을 받는다는 것이었다. 그는 이 새로운 이론을 생물권(biosphere)이라 칭했다.[32] 지구가 진화하는 방식에 대한 그의 발상은 과학자들이 지구의 작용을 이해하고 연구하는 데 기준으로 삼는 바로 그 틀에 변화를 안겨 주었다.

> 생물권은 가장 낮은 곳에서부터 가장 높은 곳까지 어떤 형태의 생명체든 자연적으로 존재하는, 지구 행성의 지권(토양)과 수권(해양), 기권(대기)을 구성하는 생명 및 생명 지원 체계의 통합을 의미한다.[33]

생물권의 외층은 가장 원시적인 생물 형태가 서식하는 해저부터 성층권까지 단지 64킬로미터 정도만 확장된다. 이 좁은 영역에서 지구의 생물학적 과정과 지구화학적 과정이 지구상 생물체의 진화 경로를 결정하는 복잡한 연출 안에서 지속적으로 상호작용하고 있는 것이다.

생물권 과학은 1970년대에 지구 오염과 생태계의 불안정에 대한 대중의 인식이 높아짐에 따라 큰 관심을 받기 시작했다. 영국의 과학자 제임스 러브록과 미국의 생물학자 린 마굴리스는 가이아(Gaia) 가설을 발표하면서 산업공해가 생물권에 미치는 영향에 대한 새로운 관심의 물결을 과학계 안에 일으켰다.

러브록과 마굴리스는 지구가 자기조절 생물과 아주 흡사하게 작용한다고 주장했다. 생물학적 과정과 지구화학적 과정이 서로를 점검하면서 지구 기온이 상대적으로 안정적인 균형을 유지하도록 보장해 생명 지속에 적합한 행성으로 만들어 줄 수 있다는 것이었다. 두 과학자는 산소와 메탄 조절을 예로 들었다. 지구의 산소 수준은 협소한 변동 범위 안에 머물러야 한다. 산소가 너무 많으면 전 세계적으로 대화재가 발생할 위험성이 있고 너무 적으면 생명을 질식시킬 위험성이 있다. 러브록과 마굴리스는 산소가 용인되는 수준 이상으로 올라가면 모종의 경고 신호가 미세한 박테리아를 자극해 더 많은 메탄을 대기 중에 방출하게 함으로써 안정적인 상태에 이를 때까지 산소 함유량을 줄인다는 이론을 제시했다.[34]

가이아 가설은 지구화학, 대기학, 생물학을 포함하는 다양한 학문 영역에 걸쳐 과학자들에게 받아들여졌다. 생명이 번성하도록 지구의 기후를 안정적인 상태로 유지해 주는 지구화학적 과정과 생물학적 과정 사이의 복잡한 관계 및 공생적 피드백 루프에 대한 연구는 모종의 합의를 이끌어 냈다. 생태학에 대한 새롭고 보다 전체론적인 접근 방식은 개별 종의 적응과 진화를 보다 더 큰 통합적 과정의 일부로, 완전체인 지구의 적응과 진화의 일부로 여긴다.

만약 지구가 자기조절 유기체에 가깝게 기능한다면 행성의 지구화학적인 균형을 약화하는 인간 행동은 전체 시스템에 재앙적인 불안정을 가져올 수 있다. 1차 및 2차 산업혁명 과정에서 인간은 대기 중에 엄청난 양의 이산화탄소와 메탄, 이산화질소를 분출하면서 이미 그렇게 하지 않았던가. 지구 온난화 가스의 산업적인 배출이 야기한 기온 상승은 이제 지구의 물순환을 극적으로 바꾸어 놓고 생태계를 급속한 쇠퇴로 내몰며 사억 오천만 년 역사의 여섯 번째 대량 멸종으로 안내하고 있다. 인간 문명과 지구의 미래 건강 모두에 미칠 끔찍한 영향을 예고하면서 말이다.

인류는 생물권이 우리 모두가 속해 있는 불가분의 매우 중요한 공동체이며 우리의 생존은 물론이고 안녕을 보장하려면 생물권의 안녕이 필수 불가결함을 빠르게 알아 가고 있다. 이런 인식의 생성은 새로운 책임감을 수반한다. 집에서, 직장에서, 그리고 공동체에서 우리의 개별적이고 집단적인 삶을 더 큰 생물권의 건강을 증진하는 방식으로 영위해야 한다는 책임감 말이다.

제임스 보일과 그의 동료들은 그들의 지적인 희망을 환경 운동의 관점을 비유로 활용해 교훈을 이끌어 내고, 그것을 토대로 이른바 '문화적 환경결정론'을 창출하는 데에 걸었다. 이는 포괄적인 일반이론 안에서 모든 이질적 이해관계와 실행 계획을 통합하는 공공 영역의 불가분성을 체계화한 이론이다. 그들은 여전히 이것을 모색하고 있다. 그들이 메타포로 간주한 것은 사실상 인간 종을 통합할 수 있는 공통의 틀이기 때문이다. 생물권을 지배하는 것과 똑같은 일반이론이 사회의 전반적인 복지를 좌우하는 것이다.

자본주의 시대에 벌어진 지구 생태계의 사유화와 민영화, 그리고 상업적 착취는 특별한 소수 인류의 생활수준을 극적으로 향상하는 결과를 안겨 주었다. 하지만 이것은 어디까지나 생물권 자체를 희생하면서 얻은 결과이다. 보일과 레식, 스톨먼, 벵클러 등은 다양한 공유물을 시장에서 교환되는 사유재산 형태로 사유화한 결과를 통탄한다. 그로 인한 피해가 소통과 창조의 자유에 관한 문제보다 더 깊은 곳을 관통하기 때문이다. 토지와 대양, 담수, 대기, 전자기 스펙트럼, 지식, 유전자 등의 공유물에 대한 사유화는 지구 생물권의 복합적인 내부 역학을 분리하며 모든 인간의 복지와 지구상에서 서식하는 다른 모든 유기체의 안녕을 위태롭게 했다. 만약 우리가 모두의 이해관계를 아우를 수 있는 일반이론을 찾고 있다면 생물권 공동체의 건강 회복이 명백한 답으로 보인다.

자유 문화 운동과 환경 운동의 진정한 역사적 의의는 둘 다 사유화 세력에 맞서고 있다는 데에 있다. 다양한 공유사회를 재개함으로써 인류는 스스로를 전체의 일부로 생각하고 행동하기 시작했다. 우리는 우리의 궁극적 창조력이 서로를 다시 연결하고 보다 큰 관계의 시스템에 우리 자신을 내포시키고 있다는 것을, 그리고 그 시스템이 파문처럼 퍼져 생물권 공유사회를 이루는 전체 관계를 포함하게 된다는 것을 깨닫고 있다.

문화의 진보가 의미의 탐색을 뜻한다면, 그것은 만물의 보다 큰 구조에 대한 우리의 관계를 탐구하는 과정에서 발견될 가능성이 높다. 되돌릴 수 없이 얽혀 있는 우리 공동의 생물권과 그 너머에 놓인 것에 대한 우리의 관계를 탐구하면서 말이다. '자유 언론'이 '공짜 맥주'는 아니지만, 함께 힘을 모아 인간 여정의 본질이 지구상의 삶을 축하하는 것이라고 새롭게 상상할 수 없다면 그 탐구의 목적이 무엇이란 말인가? 사유화의 반대는 단지 공유화가 아니라 초월인 것이다.

분산적이고 협력적이며 수평적으로 규모를 확대하는 인터넷 커뮤니케이션은 분명 매체와 영역의 성격을 둘 다 지닌다. 이 영역은 다시 소셜 공유사회를 뜻한다. 우리가 함께 모여 사회적 자본을 창출하는 만남의 장소라는 이야기다. 우리는 전체로서 긴밀히 협업하기 위해, 또 (우리가 종종 인식하지 못하지만) 함께 생물권 공유사회를 이루는 다른 많은 공동체를 포함하는 수준으로 공감대를 넓히기 위해 필요한 사회적 자본을 이곳에서 형성한다.

소셜 공유사회는 우리 인간 종의 서식지이고 생물권의 소구역이다. 성숙한 자연 생태계의 최적의 안녕을 결정해 주는 것과 동일한 에너지 법칙이 이 공공 영역에서도 작용하는 것으로 밝혀졌다. 아마존과 같은 절정의 생태계에서는 열역학 효율성이 최적에 이른다. 물질의 소비가 폐기물을 흡수하고 재생하며 비축물을 보충하는 생태계의 능력을 크게 넘어서지 않는 것이다. 절정의 생태계에서는 공생 및 시너지 관계가 에너지 손실을 최소화하고 자원 사용을 최적화하며 각 종의 수요에 충분한 양을 공급한다. 이와 마찬가지로 경제에서도 한계비용이 제로에 접근할 때 최적의 효율 상태에 다다른다. 이때가 각 추가 단위의 생산 및 분배, 그리고 폐기물 재생이 시간, 노동, 자원, 발전(發電) 형태의 에너지 소비를 최소한으로 요구하며 자원의 효용을 최적화하는 시점이다.

문화 공유사회와 환경 공유사회를 개방하는 데 사용된 법적 도구조차 묘하게 비슷하다. 예를 들어 보존 지역권은 문화권의 CCL과 닮은 일련의 법적 협약에 준거해 운용된다. 아내와 나는 미국 버지니아의 블루리지 산맥 근처에 땅을 소유하고 있다. 그 땅은 흑곰, 흰꼬리사슴, 붉은여우, 야생 칠면조, 미국너구리, 그리고 여타 토착종을 위한 야생동물 보호 지역으로 전환되고 있다. 보존 지역권에 속한다는 이야기다. 이는 우리의 소유권 사용 방식이 제한된다는 뜻이다. 아내와 나는 그 땅을 소유하고 있지만 나누어 팔거나 특정 건축물을 지을 수 없다.

보존 지역권에 대해서는 땅이 야생동물 서식지로서 자연 그대로의 상태로 유지되거나 아니면 경치와 미적인 이유에서 개방된 공간으로 보존될 것을 요구할 수 있다. CCL처럼 지역권의 목적은 토지 소유권을 독점적 사용권과 분리함으로써 공유사회를 촉진하는 데 있다.

보존 지역권은 사유물의 일부 사용을 공공 영역으로 전환함으로써 사유화에 수정을 가한다. 이 법적 도구는 CCL과 상당 부분 비슷한 기능을 수행한다. 둘 다 그 취지는 지구의 다양한 공유사회에 대한 사유화(자본주의 시대의 핵심 특징)를 역전시키고 생물권을 다시 치유하고 번성시키기 위해 공유사회를 재개방하고 회복하는 것이다.

요점은 공유사회가 공공 광장에서 그치는 것이 아니라 지구 생물권의 가장자리까지 계속해서 뻗어 나간다는 것이다. 우리 인간은 지구를 채우고 있는 진화론적 확대가족의 구성원이다. 생태학은 전체 생물체 가족의 안녕이 각 구성원의 안녕에 달려 있다고 가르친다. 공생적 관계와 시너지, 그리고 피드백이 그 확대가족을 활기차게 하고 생물권 가족을 생존 가능하게 하는 대규모 협력을 창출한다.

공유 개념과 관련해 개인적인 일화를 소개할까 한다. 거의 이십오 년 전 내가 처음 진화와 분권, 공유사회의 재건에 대해 글을 쓰기 시작했을 때, 내 집착이 좀 지나칠 정도로 치달았던 게 아닌가 싶다. 고개를 돌리면 어디서든 사유화의 증거를 볼 수 있었고, 사회운동가로서 나는 우리가 "참여 민주주의"라고 부르던 종류의 기회가 생길 때마다 새로운 공유사회의 가능성을 거론하지 않을 수 없었다.("피어투피어 참여"가 그 용어를 밀어내기 이전이었다.) 내 지적인 사색의 발언은 아내는 물론이고 친구와 동료들 사이에서 놀림감이 되었다. 내가 집필 중인 새 책이나 사무실에서 추진 중인 계획에 대해 언급하려 할 때마다 "또 공유사회 이야기예요? … 그거라면 이제 제발 그만하죠."라는 불평과 함께 인정사정없는 무시가 날아오곤 했다.

1990년대 중반 무렵 나는 다른 사람들이 그 희귀한 '공유사회 고통'을 겪는 것을 보기 시작했다. 그 고통은 확산하고 있었다. 고개를 돌리면 어디서든 "사유화"와 "공유"라는 말을 들을 수 있었다. 이 말은 사회적 공간을 떠돌았고 공공 광장을 통해 전염병처럼 퍼져 나갔으며 가상공간에서는 훨씬 더 급속히 퍼졌다. 그 온상은 바로 지독히도 이름이 잘못 붙은 은유라 할 수 있는 '세계화(globalization)'였다. 정부 규제 완화를 부정직하게 숨기고 새로운 글로벌 '상호 연결성'이라는 포장 아래 공공 재화와 서비스를 민영화하던 그 세계화 말이다.

민영화를 통해 인간 자원과 천연자원을 영리기업 몇 백 곳의 손에 넘겨주면서 '세계화'라는 꼬리표를 붙이는 모순이 세계화의 아이디어를 정반대 방향으로 생각하던 일단의 학자와 운동가의 눈에 띄지 않을 수 없었다. 그들은 무시당하고 권리를 박탈당한 인간의 무리가 지구의 관대함을 공유하는 데 더 크게 참여할 수 있는 방향으로 나아가는 것이 세계화라고 믿었다.

세계화 vs. 글로벌 공유사회의 재개방

노동조합, 여성주의자, 환경 운동가, 동물 보호 운동가, 영농 조직, 공정무역 운동가, 학자, 그리고 종교단체를 포함하는 다양한 비정부기구(NGO) 및 이익 단체를 대표하는 운동가 몇 만 명이 1999년 세계무역기구(WTO) 콘퍼런스가 열린 미국 시애틀에서 거리를 점령하고 대규모 시위를 벌였다. 그들의 목적은 공공 공유사회를 되찾는 것이었다. 시위자들은 워싱턴 스테이트 컨벤션과 무역 센터 주변의 거리를 메우고 교차로를 차단하며 WTO 대표단이 예정된 회의에 참석하는 것을 막았다. 시애틀 시의회도 시위에 합류했는데, 그들은 시애틀 시를 다자간투자협정(MAI) 자유 구역으로 선포하는 결의안을 만장일치로 통과시켰다. 세계 언론도 적잖은 수가 시위자들의 편에 섰다. 그 국제회의 날짜가 다가오자 영국 런던의 《인디펜던트》는 WTO를 공격하는 신랄한 사설을 실었다.

WTO가 권력을 사용하는 방식을 보면 그 이니셜이 의미하는 바가 사실은 '세계 장악(World Take Over)'일 것이라는 의심을 증폭시킨다. 최근에 내린 일련의 결정은 모두 민간 기업(대개는 미국 기업)의 이익만을 위해 세계의 빈민을 돕고 환경을 보호하고 건강을 증진하는 방안들을 폐지하는 조치들이다.[35]

600명이 넘게 연행된 이 시위는 세계화를 향한 무모한 돌진에 브레이크를 거는 전환점이 되었다. 이제 대중의 항의가 표면화하고 있었다.[36]

이 거리 시위에는 또 다른 주목할 만한 점이 있었다. 시위의 실행 계획을 조직하는 데 도움을 제공한 많은 운동가들이 컴퓨터 해커들이었다는 점이다. 이메일과 채팅, 인터넷 생방송, 가상 연좌 농성, 휴대전화를 통한 시위대 동원 등이 처음으로 적용된 시위 중 하나였다. 거리 시위 동안에 IT와 인터넷 미디어를 이용해 실행 계획을 동시에 펼치는 방식은 그로부터 십이 년 후 이집트 카이로의 거리와 여타의 중동 분쟁 지대에서 펼쳐진 아랍의 봄(Arab Spring) 동안에 그대로 재연되었다.

해커들에게는 환경 운동가와 노동조합, 공정무역 운동가 등과 행동을 함께할 합당한 이유가 있었다. 1988년에 미국 의회는 소니 보노 저작권 보호 기한 연장법(Sonny Bono Copyright Term Extension Act)을 통과시켰고, 그것은 곧 빌 클린턴 대통령의 서명을 거쳐 법률로 제정되었다.[37] 이 법률은 저자의 작품에 대한 저작권 보호를 사후 칠십 년으로 연장했다. 같은 해 미국 상원은 디지털 밀레니엄 저작권법(DMCA)을 비준했고, 이 역시 클린턴 대통령이 승인하면서 세계지적재산권기구(WIPO)의 두 개 조약이 실행되기 시작했다.[38] 이들 조약과 국법은 저작권 보호를 보장하는 규정을 피할 수 있는 기술이나 여타 수단의 사용을 불법으로 만들었다. 디지털 저작권 관리(DRM)라는 새로운 규정이 등장한 것이다.

자유 문화 운동은 인터넷을 통한 저작권 자료의 자유로운 배포를 막는 것이 유일한 목적인 이 두 가지 획기적인 법률이 제정되면서 발생했다. 1999년 레식은 소니 보노법에 이의를 제기하며 소송을 대법원까지 끌고 갔다.

시애틀에 모인 시위자들은 자신들이 무엇을 반대하는지 확실히 알고 있었다. 바로 인간의 지식과 지구 자원에 대한 사유화였다. 반세계화 현수막 슬로건은 기존 패러다임에 대한 거부를 나타냈다. 하지만 그것이 내부적으로, 또 일반 대중에게 제기한 질문은, 그래서 무엇을 원하느냐 는 것이었다. 만약 민영화를 통한 세계화가 안 된다면 그 대신 무엇을 원 한다는 말인가? 인간 삶의 모든 측면에 걸쳐 사유화를 되돌리고 공유사 회를 복귀시켜야 한다는 아이디어가 학계의 작은 속삭임에서 대중의 아 우성으로 상승한 시기가 바로 이 시점 전후였다. 공공 광장 공유사회, 토 지 공유사회, 지식 공유사회, 가상 공유사회, 에너지 공유사회, 전자기 스펙트럼 공유사회, 커뮤니케이션 공유사회, 대양 공유사회, 담수 공유 사회, 대기 공유사회, 비영리 공유사회, 생물권 공유사회를 개방하라는 요구가 거세게 일기 시작했다. 자본주의가 군림하던 이백 년 동안 사유 화되고 민영화되고 시장에서 상품화됐던 사실상 모든 공유사회가 갑자 기 면밀한 조사와 검토의 대상이 되었다. 생물권에 인류를 내포하는 많 은 공유사회에 대한 재개방을 옹호하기 위해 NGO가 조직되고 실행 계 획이 착수되었다. 세계화는 거대한 사유화를 되돌리고 글로벌 공유사회 를 재건하는 데 전념하는 다양한 운동으로 형상화된 강력한 적수를 만 났다.

영국의 부동산 재벌 해럴드 새뮤얼은 언젠가 이런 말을 했다. "부동산 에서 중요한 게 세 가지가 있다. 위치, 위치, 그리고 위치." 이제는 진부 하고 상투적인 표현으로 통하는 이 말이, 처음 시애틀 거리를 점령한 뒤 전 세계로 뻗어 나간 지난 십사 년 동안의 자연 발생적 대중 시위의 물결 을 이해하는 데 특히 적절하게 들어맞는다는 느낌이다. 모든 대륙에서 겉보기에는 난데없이 발생한 것 같은 대중 시위가 정부를 전복하고 사 회적 격변을 촉발하는 사건이 벌어졌다. 시위자들은 다양한 사회적 이 슈를 이야기하면서도 공통된 양상을 보인다. 이런 시위는 조직된 항거 라기보다는 대체로 지도자도 없고 격식도 없으며 자연스럽게 네트워크가 형성된 군중의 무리에 더 가깝다. 모든 경우에 참가자들은 대도시 중앙 광장으로 몰려들어 캠프를 설치하고 실세와 맞서며 소셜 공유사회를 기리도록 설계된 대안적 공동체를 창출한다.

공공 공유사회를 되찾고자 하는 글로벌 운동의 초기 지도자이자 저자인 제이 월재스퍼는 이렇게 말한다. "언론 매체들은 2011년 중동 전역에서 일어난 사건과 관련해 젊은이들이 가상 공유사회를 토대로 페이스북과 트위터, 여타의 소셜 미디어를 사용해 시위를 조직한 것에 상당한 관심을 기울였다. 하지만 거의 주목받지 못했지만 이들 저항에서는 훨씬 더 오래된 형태의 공유사회도 중요한 역할을 했다. 시민들이 불만의 목소리를 내고 그들의 힘을 보여 주며 궁극적으로 조국의 새로운 비전을 표방하기 위해 모이는 공공 공간 말이다."[39] 월재스퍼는 요점을 제대로 짚어 낸다. "민주주의 행사는 말 그대로 사람들이 시민으로서 모일 수 있는 공유사회(광장, 대로, 공원 또는 모두에게 열려 있는 공공 공간)가 있느냐 없느냐에 달려 있다."[40]

운동가들은 각기 다양한 안건을 지지하지만 공유된 하나의 상징성을 중심으로 뭉친다. 공공 광장을 되찾고, 그렇게 함으로써 도용되고 상품화되고 정치에 이용되고 특수 이익집단과 소수 특권층에 의해 사유화된 다른 많은 공유사회를 재개하려는 확고한 결심이 바로 그것이다. 아랍의 봄 당시 이집트 카이로의 타흐리르 광장에 모인 소외된 청년들, 미국 뉴욕 월 가를 점령하고 99퍼센트를 부르짖던 시위자들, 터키 이스탄불의 게지 공원에 모인 시위자들, 브라질 상파울루 거리를 뒤덮은 성난 빈민들은 현재 전개되고 있는 문화 현상의 최전선을 보여 준다. 모든 다양한 형태의 사유화에 대항한다는 근본적인 주제를 토대로, 투명하고 위계 없는 협력적인 문화를 확립하는 데 집중하는 문화 현상 말이다. 거기에 참여하는 모든 이들이 새로운 공유사회인이다.

새롭게 네트워크를 갖추어 가는 공유사회의 선지자 중 한 명이었던 고(故) 조너선 로는 공유사회가 무엇인지 그 아이디어를 가장 잘 설명했다.

"공유사회"라는 표현을 꺼내면 다들 잠시 어리둥절한 표정을 짓는다. … 하지만 공유사회는 정부나 시장보다 더 기본적인 것이다. 우리가 통상 요금이나 대가를 치르지 않고 이용하는, 우리 모두가 공동으로 물려받은 방대한 영역을 말하는 것이다. 대기와 대양, 언어와 문화, 인간 지식과 지혜의 보고, 비공식적인 공동체 지원 체계, 우리가 갈구하는 평화와 고요, 생명의 유전자 구성 요소, 이런 것들이 공유사회의 모든 측면이다.[41]

나는 동식물 연구가 마이크 버간이 공유사회의 성격에 대해 말한 재담을 특히 좋아한다. 이는 현재 자본주의자들과 협력주의자들 사이에 팽배한 갈등의 핵심을 꿰뚫는다. 그는 경고했다.

우리 모두가 공유하며 동등하게 이익을 얻는 무언가를 취해 다른 사람에게 주고는 독점적으로 이익을 누리게 하는 사람은 어느 누구도 믿지 말라.[42]

고(故) 엘리너 오스트롬의 제자이자 시러큐스 대학교 버드 도서관 관장 샬럿 헤스는 공유사회 계보의 많은 분파를 범주화했다. 그녀는 "새로운 공유사회"와 오래된 것을 구별하고 그 유사점에 주목하는 한편 차이점을 강조했다.

공유사회는, 오래된 것이든 새로운 것이든, 인간이 지구의 풍부함을 관리하는 방식을 정의한다. 어떤 것을 공유사회라고 말하면, 그것은 공유되며 집단적으로 관리된다는 뜻이다. '공유사회'라는 용어는 거버넌스의 형태를 묘사한다. 헤스는 어떤 것은 그것을 관리할 기술 수단을 구할 때까지 공유사회가 될 수 없다고 상기시킨다. 수렵 채집 시대의 사람들은 자연의 풍성함을 즐겼지만 관리하지는 않았다. 공유사회는 농업 및 유목과 함께 시작했다. 대양은 인간이 바다에 나갈 배를 발명하기 전까지 공유사회가 될 수 없었다.

근현대에는 전에는 관리 대상이 되지 않았던 지구 생물권의 새로운 부분을 관리할 수 있는 많은 신기술이 등장했다. 인쇄된 글, 전기의 발견(나중에는 전자기 스펙트럼의 발견), 대기권의 비행, 유전자 발견과 나노기술 등 모두가 전에는 알려지지 않았거나 탐사된 적이 없는 관리 영역을 열어 주었다. 이 새로운 영역은 정부가, 민간 시장이, 또는 특정한 공유사회 방식에 따라 관리할 수 있다.

3장에서 서술했듯이 1차 및 2차 산업혁명의 커뮤니케이션·에너지·운송 모체는 거대 금융자본의 유입을 필요로 했고, 규모의 경제를 이루기 위해 수직적으로 통합된 기업과 중앙집권적인 명령 및 통제 메커니즘에 의존했다. 이 모든 것으로 말미암아 경제는 정부의 지원을 받는 자본주의의 손에 넘어갔다. 3차 산업혁명의 커뮤니케이션·에너지·운송 모체는(즉 사물인터넷은) 시장 자본보다는 사회적 자본으로 더 촉진되며, 수평적으로 규모를 확대하고, 분산적이고 협력적인 방식으로 조직되며, 정부가 참여하는 공유사회 관리로 보다 나은 거버넌스 모델을 만들고 있다. 요차이 벵클러는 말한다.

자유 소프트웨어에 과도한 관심이 쏠리고 있지만, 그것은 사실 훨씬 더 넓은 사회적·경제적 현상의 한 가지 예에 불과하다. 디지털 네트워크화 환경에서 새로운 제3의 생산방식이 넓고 깊게 나타나는 것을 우리가 목도하고 있다고 말하고 싶다. 이 방식을 기업 및 시장의 소유권과 계약에 기반을 두는 방식과 구별하기 위해 "공유사회 기반 또래 생산"이라 부르겠다. 이것의 핵심 특징은 개인들이 집단을 이루어 성공적으로 협력하며 대규모 프로젝트를 추진한다는 점이다. 시장가격을 좇거나 경영진의 명령에 따라서가 아니라 다양한 동기나 공통의 대의 또는 사회적 신호에 따라서 말이다.[43]

기대는 품을 수 있지만, 공유사회 모델이 인간 여정의 다음 장을 예외 없이 지배하리라고 믿는 것은 실수일 가능성이 크다. 협력주의자들은 부상하고 있는 반면 자본주의자들은 분열하고 있다. 글로벌 에너지 기업들과 거대 통신 기업들, 그리고 엔터테인먼트 산업 등은 (몇몇 주목할 만한 예외가 있긴 하지만) 2차 산업혁명에 단단히 자리 잡은 채 기존의 패러다임과 정치적 내러티브의 지원을 받고 있다. 하지만 송전 회사들과 건설 산업, 그리고 정보기술, 전자, 인터넷, 운송 분야 등은 빠르게 새로운 재화와 서비스를 창출하는 한편 부상하는 3차 산업혁명의 하이브리드 방식(시장과 공유사회 방식이 혼합된 모델)에서 시장점유율을 확보하고자 자신들의 비즈니스 모델을 바꾸고 있다. 정부로부터 다양한 지원을 받으면서 말이다.

내가 운영하는 사회적 기업인 TIR 컨설팅 그룹은 각 나라와 도시, 지역을 위한 3차 산업혁명 마스터플랜을 개발하면서 이 새로운 하이브리드 관리 현실을 일상적으로 경험한다. 공동체들이 사물인터넷 인프라를 확장하도록 돕기 위해 우리가 관여하는 새로운 계획들은 시장과 공유사회를 병행하며 서로 필요한 것을 주고받게 하고 공동관리 구조에서 협력하게 하는 방식을 취한다. 일반적으로 정부도 참여하는데, 규제 표준과 법규, 금융 혜택 제도 등을 확립해야 하기 때문이다. 피터 반스는 그의 저서 『자본주의 3.0 — 공유사회를 되찾기 위한 가이드(*Capitalism 3.0: A Guide to Reclaiming the Commons*)』에서 전 세계 각 나라의 현장에서 우리가 일상적으로 추진하는 일을 반영한 미래를 상상한다.

2.0 버전과 3.0 버전 사이의 주요한 차이점은 후자에는 내가 "공유사회 부문"이라고 칭하는 일련의 제도가 포함된다는 것이다. 우리의 향상된 경제 시스템은 오직 한 가지 엔진(즉 기업이 지배하는 민간 부문)만이 아니라 두 가지 엔진으로 작동할 것이다. 하나는 민간 이윤을 관리하기 위해 가동하고 다른 하나는 공공의 부를 보존하고 향상하기 위해 가동하면서 말이다.[44]

또한 현실 세계에서 미래 경제를 규정하기 위한 투쟁은 다가오는 시대를 위해 어떤 종류의 인프라를 갖춰야 하느냐 하는 문제를 중심으로 전개될 것이라고 거의 확실하게 말할 수 있다. 자본주의 시장과 협력적 공유사회가 함께 공존하겠지만(때론 시너지 효과를 내고, 때론 경쟁하며, 때론 대립하기도 하면서) 두 관리 모델 중 어떤 것이 궁극적으로 지배적인 방식이 되고 어떤 것이 주변부 틈새의 방식이 될지는 사회가 구축하는 인프라에 따라 크게 좌우될 것이다.

12

지능형 인프라의 정의 및 통제를 둘러싼 전쟁

요차이 벵클러는 공유사회 접근법을 열렬하게 지지하는 대표적인 인물이다. 또한 그는 소유권 중심의 인프라에서 벗어나지 못하면 커뮤니케이션 공유사회를 이루기 힘들 거라고 생각한다. 벵클러는 저서 『네트워크의 부(The Wealth of Networks)』의 후반부에서, 앞으로 미래 세대가 네트워크화 정보 경제가 가져다주는 커다란 이로움을 누리고자 한다면 반드시 공유 인프라를 만들어야 한다고 주장한다.

사회적 생산 관행이 풍부한 네트워크화 정보 경제가 번영하기 위해서는 핵심적인 공유 인프라가, 즉 정보를 생산하고 교환하는 데 필요하며 누구나 자유롭게 사용할 수 있는 일단의 자원이 필요하다. 여기에는 새로운 스테이트먼트(statement)*를 만들고 커뮤니케이션에 적합하게 부호화하여 주고받는 것을 가능하게 해 줄 물리적이고 논리적인 소프트웨어 자원이

필요하다.[1]

백번 옳은 말이다. 하지만 벵클러의 분석에는 중요한 요소가 하나 빠져 있다. 벵클러가 제시한 분석 및 해법과 동일한 방향을 지향하는 유익한 저작 『인프라스트럭처 — 공유 자원의 사회적 가치(*Infrastructure: The Social Value of Shared Resources*)』의 저자 브렛 M. 프리슈먼은 바로 그 빠진 요소를 언급하며 이렇게 말한다. "벵클러는 핵심적인 공유 인프라를 구성하는 요소들, 또는 대중이 공유 인프라에 지속 가능하게 접근하기 위해 해결해야 할 난제들을 빠짐없이 다루지는 못했다."[2] 프리슈먼은 아래와 같이 설명한다.

핵심적인 공유 인프라란 차별 없이 모든 이들이 사용할 수 있는 기본 인프라 자원을 말한다. … 첫 번째 난제는 반드시 필요한 기본 자원이 무엇인가를 파악하는 것과 그 필수적인 인프라 자원들을 차별적이지 않은 방식으로 관리해야 하는 이유를 설명하는 것이다. … 이 장애물을 극복하고 나면 이런 질문이 남는다. 어떤 제도적 수단들을 통해 공유 인프라를 관리할 것인가?[3]

프리슈먼은 벵클러가 개방형 무선 네트워크와 커뮤니케이션 인프라를 대중적으로 제공하기 위한 모종의 방식을 지지했다고 언급하지만 과연 그것만으로 충분한가 하는 물음을 던진다. 전국적인 무료 와이파이 커뮤니케이션 네트워크를 위한 주파수 유휴 대역을 추가로 할당하자는 FCC의 최근 제안은 개방형 커뮤니케이션 공유사회를 지지하는 벵클러

---

* 컴퓨터 프로그램을 구성하는 개개의 일반화한 명령 혹은 의미가 있는 표현을 말함.

와 여러 전문가들의 확고하고 설득력 높은 의지를 보여 주는 분명한 증거이긴 하다. FCC가 그러한 제안을 내놓은 데에는 벵클러를 비롯해 엘리 놈, 데이비드 볼리어, 케빈 워바크 등 개방형 무선 네트워크를 지지해 온 여러 전문가의 공이 컸다.

이런 목소리들에 아쉬운 점이 한 가지 있다면, 기본 인프라에서 에너지가 차지하는 결정적인 역할을 제대로 이해하지 못했다는 사실이다. 이 책의 앞부분에서 설명했듯이, 역사 속 거대한 경제 혁명들은 결국 인프라 혁명이며 거대한 인프라 혁명이 변혁적인 힘을 발휘하는 것은 바로 새로운 커뮤니케이션 매개체, 새로운 에너지 체제와 융합될 때이다. 역사적으로 모든 에너지 혁명에는 그에 걸맞은 고유한 커뮤니케이션 혁명이 동반되었다. 에너지 혁명은 사회의 시공간적 범위를 변화시키고 보다 복잡한 생활 방식을 가능케 하는데, 이를 위해서는 새로운 기회들을 관리하고 조정할 새로운 커뮤니케이션 매개체가 필요하다. 한번 상상해 보라. 증기 동력을 토대로 한 도시 산업혁명의 복잡한 생산과 유통을 조직하는 데에 값싸고 빠른 증기 인쇄와 전신이 없었다면 어땠을까? 또는 석유와 자동차 산업, 교외 경제와 대량 소비문화에 수반되는 복잡한 프로세스를 관리하는 데에 중앙집권식 전기 시스템과 특히 전화, 라디오, 텔레비전이 없었다면 어땠을까?

또는 현재 시점으로 돌아와 이 점을 생각해 보자. 벵클러와 전문가들은 새로운 인터넷 커뮤니케이션이 네트워크화 공유사회 형태의 관리 시스템을 촉진한다고 주장한다. 인터넷이라는 매개체의 속성이 분산적이고 협력적이며, 피어투피어 생산과 경제활동의 수평적 규모 확대를 가능하게 해 주기 때문이라면서 말이다. 하지만 미국이 운영과 관리에 계속 많은 자본을 투입해야 하는, 고도로 중앙집권화된 수직 통합형 화석 연료 에너지 체제에 묶여 있을 거라고 가정해 보자. 글로벌 경제의 모든 부분이 화석연료 에너지를 기반으로 돌아가는 한, 자재 조달과 동력 생산, 운송 및 물류 등을 화석연료에 의존하는 모든 경제 주체들은 그 나름의 규모의 경제를 달성하고 생존하기 위해 수직적으로 통합된 비즈니스 모델과 중앙집권식 관리 시스템을 계속 사용할 수밖에 없을 것이다.

네트워크화 인프라 공유사회의 지지자들은, 분산적이고 협력적이며 피어투피어 방식을 기반으로 하고 수평적으로 규모를 확대하는 커뮤니케이션 혁명이 엄청난 자본이 투입되는 중앙집권식 화석연료 에너지 체제에서 일어나는 것을 과연 상상할 수 있을까? 바꿔 말하면 엄청난 자본이 들어가는 중앙집권식 화석연료 에너지 체제가 커뮤니케이션 혁명을 반길 수 있을까? 그 커뮤니케이션 혁명이 재생에너지와 3D 프린팅을 비롯하여 한계비용을 제로 수준으로 낮추고 자본주의 체제를 약화하는 여러 요소들의 오픈소스에 기초한 피어투피어 관리를 실현시켜 주는 것인데 말이다.

분산적이고 협력적이며 피어투피어 방식을 기반으로 하고 수평적으로 규모를 확대하는 커뮤니케이션 매개체는 재생에너지를 관리하는 데에 적합하다. 즉 자연에 널리 퍼져 있고 협력적 방식으로 조직할 때 가장 효율적이며 피어투피어 생산에 적합하고 사회 전반에 수평적으로 규모를 확대할 수 있는 재생에너지 말이다. 아울러 인터넷 커뮤니케이션과 재생에너지, 이 둘은 공유사회 관리 방식에 잘 들어맞는 기본 인프라를 확립하기 위한 불가분의 조합이다. 1장에서 설명했듯 이와 같은 지능형 인프라는 긴밀하게 관련된 세 가지 인터넷으로 구성된다. 커뮤니케이션 인터넷, 에너지 인터넷, 운송 인터넷이 그것이다. 이들 세 가지가 하나의 상호작용 시스템으로 연결되어 사물인터넷이 형성되면 사회를 유지하는 온갖 요소와 프로세스에 관한 방대한 빅데이터가 제공될 것이며, 개방형 글로벌 공유사회에서 세계 모든 사람들이 그러한 빅데이터를 협력적 방식으로 공유하면서 '극단적 생산성'과 한계비용 제로 사회의 방향으로 나아갈 수 있을 것이다.

현재 각국 정부와 자본가, 기업, 그리고 막 싹터 오르는 공유사회 기반의 사회적 경제를 지지하는 많은 이들이 사물인터넷을 구성하는 세 가지 인터넷의 거버넌스를 확립하기 위해 적극적으로 노력하고 있다.

커뮤니케이션 공유사회

새로운 공유사회 인프라 중 커뮤니케이션 인터넷부터 살펴보자. 인터넷은 정부, 민간 부문, 시민사회, 이렇게 세 가지 주요 이해관계 주체로 구성된 하이브리드 인프라이다. 지금까지 인터넷은 글로벌 공유사회로 관리되어 왔으며 이들 세 이해관계 주체가 인터넷 거버넌스를 위해 협력적 역할을 수행해 왔다.

표준 및 관리 규약을 확립하는 것과 더불어 인터넷의 기술적 거버넌스를 담당해 온 것은 IETF, 월드와이드웹 컨소시엄, 국제인터넷주소관리기구(ICANN) 등 비영리 기구들이다. ICANN은 처음에 미국 정부 주도로 만들어졌으며 명목상 미국 정부의 관할하에 있었지만, 2009년 미국은 이 기구에 대한 관리 감독에서 손을 뗐다. 현재 ICANN은 학계, 비즈니스계, 시민사회 이익 단체들로 구성된 국제 위원회가 관리하고 있다.[4] 적어도 이론상으로는 누구나 위의 기구들에 참여할 수 있지만, 높은 수준의 기술 이해도가 필요하기 때문에 대개 전문가들이 참여하여 합의를 바탕으로 운영 및 관리와 관련된 결정을 내린다.

그럼에도 인터넷 거버넌스에는 명확한 해법을 도출하기 힘든, 의외로 까다로운 측면이 있다. 2003년 세 주요 이해관계 주체 집단의 대표

들이 인터넷 거버넌스를 논의하기 위해 스위스 제네바에 모여 정보사
회세계정상회의(WSIS)를 열었고, 이후 2005년 6월에는 튀니지의 튀니
스에서 2차 회의를 열었다. 그리고 UN사무총장의 주도로 인터넷 거버
넌스에 대한 실무 팀이 구성되었다. 이 실무 팀의 역할은 "인터넷 거버
넌스를 위해 필요한 조사를 수행하고 적절한 실천 방안을 제안"하는 것
이었다.[5]

실무 팀은 인터넷 거버넌스와 관련해 합의된 틀을 마련했으며 이후
174개 회원국들이 이 틀을 채택했다. 여기에서는 다음과 같이 명시하고
있다.

> 인터넷 거버넌스는 정부와 민간 부문, 시민사회가 각자 역할에 충실한
> 가운데 인터넷의 발전을 위해 공유해야 할 원칙과 규범, 규칙, 의사 결정 과
> 정, 프로그램 등을 개발하고 적용하는 것을 의미한다.[6]

이처럼 세 이해관계 주체 집단이 동참하는 모델은 대단히 중요하다.
과거에는 글로벌 거버넌스 이슈들을 논하는 테이블에 제한적으로 정부
와 민간 부문만 참가했기 때문이다. 시민사회는 기껏해야 참관인 역할
에 머물거나 비공식적 대표로 참여했을 뿐이다. 그러나 인터넷이라는
이슈와 관련해서는, 이 새로운 매개체에서 피어투피어 생산에 참여하는
다수의 사람들이 제3부문에 속해 있으므로 시민사회를 배제해서는 안
된다는 공감대가 형성되었다.

삼자 참여 방식에 대한 합의가 이루어진 후, 거버넌스 관련 정책들
을 논의하기 위한 인터넷거버넌스포럼(IGF)이 UN 산하에 설립되었다.
IGF는 정기적으로 포럼을 개최하여 분산적이고 협력적이며 수평적으로
규모를 확대하는 인터넷의 특성을 고려한 정책들이 수립되도록 노력한

다. 전 세계 각국에 IGF의 지역별, 국가별 기구들도 설립되었으며, 이들은 급속도로 영향력을 넓히고 있는 인터넷이라는 새로운 커뮤니케이션 매개체에 대해, 하향식이 아닌 네트워크식으로 접근하여 공동의 자주적 관리를 시도한다.[7]

그러나 UN은(결국 UN은 세계 각국 정부들을 대표하는 기구다.) 튀니스에서 열린 WSIS에서 채택된 공식 합의문에, UN사무총장에게 "협력 강화" 프로세스를 개시할 수 있는 권한을 부여하는 조항을 추가했다. 이 조항은 아래와 같은 내용을 명시했다.

> 협력 강화를 통해 각국 정부들은 동등한 기반을 토대로, 인터넷과 관련한 (국제적 공공 정책 이슈들에 영향을 미치지 않는) 일상적인 기술상, 운영상 문제들이 아니라 국제적 공공 정책 이슈들에 대해 자국 나름의 역할과 책무를 수행할 수 있다.[8]

자국의 일반 복지와 통치적 이해관계에 영향을 미치는 인터넷 관련 정책 이슈들(온라인상의 상업 활동에 대한 과세, 지적재산권 보호, 사이버 공격에 대한 보안 시스템 유지, 정치적 반대 세력 억압 등과 관련한 이슈들)이 빈발하는 것을 우려한 여러 정부들이 자국만의 법규를 제정하고 있으며 그중 일부는 인터넷이라는 매체의 본질적 특성을, 즉 개방적이고 보편적이며 투명한 특성을 위협하고 있다. 어느 정도 예상할 수 있겠지만, 인터넷에 대한 새로운 형태의 정부 통제를 추진하는 국가는 러시아, 이란, 중국, 남아프리카공화국, 사우디아라비아, 인도, 브라질 등이다.

2011년 러시아와 중국, 우즈베키스탄, 타지키스탄은 정보사회를 위한 국제적 행동 규칙의 제정을 촉구하는 제안서를 UN총회에 제출했다. 이 제안서에는 다중 이해관계 주체 접근법을 표방하는 조항은 포함되지 않았으며 인터넷에 대한 정부의 통제력을 강화하자는 내용이 담겨 있었다.[9] 제안서 서두에서는 "인터넷 관련 공공 이슈에 대한 정책적 권한은 국가의 주요 권한에 속한다."라고 명백하게 밝혔다.[10]

민간 부문의 경우 가격 차별 전략을 통해 더 높은 이윤을 추구하면서 역시 삼자 이해관계 주체 연합 접근법으로부터 조금씩 멀어지는 움직임이 나타나고 있다. 이러한 추세는 인터넷의 중요한 원칙 가운데 하나인 네트워크 중립성을 손상할 위험이 있다. 네트워크 중립성은 모든 참여자들이 동등한 접근과 참여를 누리는, 비차별적이고 개방적이며 보편적인 커뮤니케이션 공유사회를 뒷받침하는 원칙이다.

네트워크 중립성은 인터넷의 엔트투엔드(end-to-end)* 설계 구조에서 나온 개념으로, 네트워크 제공자가 아니라 네트워크 사용자를 더 우선시하는 것을 말한다. 사용자들은 인터넷을 연결하기 위해 비용을 지불하고 또 그들이 내는 돈은 인터넷 서비스 업체가 제공하는 속도나 질에 따라 달라질 수 있지만, 일단 인터넷에 연결되고 나면 네트워크 제공업체는 모든 사용자들의 데이터 패킷을 동등하게 다룬다.

네트워크 제공자(주요 통신 및 케이블 업체들)는 이제 게임의 규칙을 바꿔 인터넷에서 교환되는 정보를 상업적 목적을 위해 통제하려 할 것이다. 이러한 통제를 통해 특정 정보에 대한 접근에 차별적인 가격을 부과하거나, 긴급성을 요하는 데이터 패킷에 더 높은 비용을 부과하는 식으로 데이터전송에 우선순위를 매기거나, 신청 수수료를 부과하거나, 역시 차별적 비용 부과를 바탕으로 특정 앱만 사용을 허락하고 다른 앱은 차단한다는 이야기다.

네트워크 중립성을 지지하는 사람들은 네트워크 자체는 '우둔한' 상

---

* 중간 단계 배제 방식임.

태를 유지해야 한다고 주장한다. 그래야 수많은 최종 사용자들이 자신만의 앱을 개발하면서 서로 협력하고 혁신한다는 것이다. 인터넷이 독특한 커뮤니케이션 매개체가 될 수 있는 것은 바로 이러한 '분산된 지능' 덕분이다. 만일 네트워크 제공자들이 콘텐츠 접근 및 제공 방식과 관련해 중앙집권적인 통제력을 쥐려고 하면, 최종 사용자들에게서 힘을 빼앗을 뿐만 아니라 분산형 협력과 수평적 규모 확대형 지능이 만들어 내는 창의력을 훼손하는 결과를 낳을 것이다.

물론 네트워크 제공업체들의 생각은 다르다. 미국의 경우 AT&T와 버라이즌, 여러 케이블 텔레비전 업체들은 자신들이 새로운 이윤 창출 전략을 추구하는 과정에서 부당하게 제한받고 있다고 주장한다. AT&T의 전 CEO 에드 휘태커는 《비즈니스위크》 인터뷰에서 이렇게 불만을 표출했다.

이제 사람들은 우리 회사의 통신 라인을 무료로 쓰고 싶어 한다. 하지만 나는 그렇게 놔두지 않을 것이다. 우리는 엄청난 자본을 투입했고 마땅히 수익을 뽑아야 하니까.[11]

사실 AT&T는 그들의 고객이나 그들의 통신 라인을 사용하는 인터넷 업체에게서 정보 전송에 대한 비용을 받고 있다. 그런데도 AT&T를 비롯한 네트워크 제공업체들은 이윤을 최대한 더 늘리기 위해 다양한 가격 차별 전략을 도입하고 싶어 한다.

2013년 5월, 독일 내 인터넷 연결 서비스의 60퍼센트를 점유하고 있는 거대 통신 회사인 도이치텔레콤이 가정용 인터넷 서비스를 이용하는 모든 고객에 대해 다운로드 용량을 제한하겠다고 발표하여 엄청난 논란을 불러일으켰다. 데이터 트래픽이 과도하게 늘어나 2016년경이면 네

배로 증가하리라고 예상되기 때문에 이런 제한을 두겠다는 입장이다. 그런데 더욱 큰 논란의 대상이 된 것은, 제한 용량을 늘리고자 하는 고객에게 업그레이드 서비스를 판매한다는 계획이었다. 게다가 도이치텔레콤은 자사의 인터넷 TV 서비스에서 발생하는 트래픽은 수용하되 구글, 유튜브, 애플 등 경쟁사의 트래픽은 수용하지 않겠다고 발표했다.[12]

네트워크 중립성을 명백하게 위반하는 이러한 시도는 독일 당국의 즉각적인 반응을 불러일으켰다. 독일의 통신 규제 기관인 연방네트워크기구(BNetzA)는 도이치텔레콤의 제안서를 면밀히 검토하겠다고 밝혔다. 서비스 제공자가 고객들을 등급별로 차별하여 다른 요금을 부과하는 것을 금지하는 네트워크 중립성 규약을 위반하는 내용인지를 알아보기 위해서였다.[13]

네트워크 중립성을 놓고 벌이는 싸움의 핵심은 패러다임 투쟁이다. 2차 산업혁명의 거대 통신 회사들은 새로운 커뮤니케이션 매개체를 장악해 중앙집권식으로 지휘하고 통제하고자 애쓰고 있다. 그렇게 해야 '통신망'을 소유한 이점을 활용해 콘텐츠와 트래픽을 사유화하고 이윤을 끌어올려 독점 권한을 확보할 수 있기 때문이다. 반면에 최종 사용자들은 똑같이 단호한 태도로 인터넷을 개방형 공유사회로 유지하려는 한편, 네트워크 협력을 증진할 새로운 앱과 제로에 가까운 한계비용과 무료에 가까운 서비스를 추진할 방안을 찾으려 하고 있다.

정부는 그 중간에 끼어 자본주의 모델에 헌신하는 한 주인과 공유사회 모델에 헌신하는 다른 주인, 이렇게 두 주인을 모시려고 하는 것 같다. FCC는 전에는 네트워크 중립성을 옹호했다. 하지만 2010년 자유로운 개방형 인터넷을 보장하기 위한 것이라며 발표한, 세 가지 기본 규칙의 오픈 인터넷 정책(open Internet order)은 오히려 오랫동안 굳게 지켜져 온 약속을 저버리는 듯이 보였다. 첫 번째와 두 번째 규칙은 관리 관행의 투명성을 요구했고 응용프로그램과 서비스의 차단을 금했다. 하지만 세 번째 규칙은 서비스 제공업체에게 주도권을 다시 잡고 인터넷을 그들의 울타리 안으로 끌어들일 수 있을지도 모른다는 희망의 빛을 선사했다. 그 규칙은 이렇다. "기존의 광대역 공급자들이 적법한 네트워크 트래픽을 전송함에 있어 불합리한 차별을 가할 수 없다."[14]

세 번째 원칙에 많은 사람들이 못마땅해했다. 이 규칙을 두고 어떤 이는 "이제야 말이 된다."라고 하는 반면 어떤 사람들은 "조건부 항복"이라고 보았다. "무엇이 합리하고 불합리한지는 두고 볼 일"이라고 한 프리슈먼의 촌평이 모두가 추측하던 FCC의 숨은 의도를 제대로 포착한 것으로 보였다.[15]

바깥에서 비집고 들어오는 거대 통신 회사나 통신망 회사만이 인터넷을 사유화하려고 하는 게 아니다. 내부에서도 그런 움직임이 일고 있다. 웹상에서 가장 잘 알려진 소셜 미디어 사이트 가운데 일부도 새로운 커뮤니케이션 매개체를 사유화하고 상업화하며 독점화할 수 있는 새로운 방법을 찾기 위해 속도를 높이고 있다. 이들이 지닌 잠재력은 통신망을 관리하는 회사들보다 훨씬 더 크다.

2010년 11월 웹 탄생 이십 주년을 기념하는 날 월드와이드웹의 개발자 팀 버너스리가 《사이언티픽 아메리칸》 기고를 통해 비판적인 서한을 발표했다. 편지는 인터넷에서 일어나고 있는 일에 대한 우려를 담았다.

버너스리의 개발품은 의도는 단순했지만 영향은 중대했다. 웹은 누구나, 언제든, 어디에서든, 누구하고든 허가를 받거나 수수료를 지불할 필요 없이 정보를 공유할 수 있게 한다. 웹은 열려 있고 보편적으로 접근할 수 있으며 권한을 분산하게 설계되었다.

불행히도 구글, 페이스북, 트위터 같은 웹상에서 가장 큰 사이트 중 몇 몇이 그들에게 그토록 큰 성공을 안겨 준 바로 그 참여 규칙을 이용해 돈을 벌고 있다. 그들에게 전송되는 다량의 빅데이터를 상업적인 입찰자나 기업에 팔아 타깃 광고나 마케팅 캠페인, 연구 활동, 새로운 재화와 서비스 개발 등 다수의 상업적 목적에 이용하게 하고 있다. 사실상 그들은 상업적 목적을 위해 공유사회를 착취하고 있는 것이다. 기고문에서 버너스리는 이렇게 경고한다. "대형 소셜 네트워킹 사이트들이 사용자가 게시하는 정보 주위에 담을 쌓고 차단해 나머지 웹과 분리하며 사유화된 상업적 공간을 창출하고 있다."[16]

인터넷이 공유사회인 반면 웹상의 사이트들 사이에는, 일반적으로 공유사회에 의해 운영되는 비영리 조직과 시장으로 눈을 돌리는 영리기업이 뒤섞여 있다. 위키피디아와 리눅스가 전자에, 구글과 페이스북이 후자에 해당한다. 인터넷의 웹앱 사용자들은 아마존 같은 사이트가 순전히 상업적이라는 것을 알지만 구글이나 페이스북 같은 사이트에 대해서는 별반 그렇게 느끼지 않는다. 그런 사이트가 세계의 주요 검색엔진부터 지구상 가장 큰 가족 앨범에 이르기까지 다양한 무료 서비스에 접속할 수 있는 기회를 제공하기 때문이다. 스크린 가장자리에 뜨는 작은 광고는 연결을 위해 참아야 하는 약간의 불편일 따름이다. 하지만 구글, 페이스북, 트위터, 그리고 수십여 여타 소셜 네트워킹 사이트들은 자신들의 시스템으로 들어오는 빅데이터를 은밀하게 격려하여 자사 사이트에서 부가가치 서비스를 제공하는 데 이용하거나 제삼자에게 판매하고 있다.

버너스리는 소셜 네트워킹 사이트들이 사용자의 데이터를 독점적으로 사용하기 위해 포착하는 열쇠는 사용자가 사이트에 들어왔을 때 사용자의 URL(정보 자원 위치 지정자)에 어떤 일이 생기는지 파악하는 것이라고 설명한다. 각각의 사용자 URL은 사용자를 웹상의 어디로든 연결하며, 상호 연결된 공유사회 정보공간에서 흐름의 일부가 되게 한다. 하지만 상업적으로 움직이는 소셜 미디어 사이트는 누군가가 접속할 때

그도 모르는 사이에(적어도 최근까지는 그랬다.) 필수적인 정보를 즉시 포착하고, 분리해 에워싸며, 상품화한다.[17]

버너스리는 사용자의 데이터가 어떻게 에워싸이는지 설명한다.

페이스북, 링크드인, 프렌즈터(Friendster) 등의 사이트는 전형적으로 당신이 사이트에 들어가면 정보를 포착해서 가치를 제공한다. 당신의 생일, 이메일 주소, 좋아하는 것, 그리고 누가 누구와 친구인지 혹은 누가 어느 사진 속에 있는지 등을 보여 주는 링크 같은 정보 말이다. 사이트는 이러한 단편적인 정보를 탁월한 데이터베이스에 모은 다음, 부가가치 서비스를 제공하는 데 이 정보를 재사용한다. 다만 오직 자신의 사이트 안에서만 재사용한다. 일단 이런 서비스 중 하나에 당신의 정보를 입력하면, 다른 사이트에서는 그것을 쉽게 사용할 수 없다. 각 사이트가 서로 담을 쌓고 격리된 저장고와 같기 때문이다. 그렇다. 당신의 사이트 페이지는 웹상에 존재하지만 당신의 데이터는 그렇지 않다. 한 사이트에서 당신이 작성해 놓은 연락처나 지인 등의 리스트를 다른 사이트로 보낼 수 없는 것만 봐도 알 수 있지 않은가. 이러한 격리는 각각의 정보에 URL이 없기 때문에 일어난다. 데이터 사이의 연결은 오로지 사이트 안에서만 가능하다. 따라서 더 많은 데이터를 입력할수록, 더 가두는 꼴이 된다. 결국 당신의 소셜 네트워킹 사이트는 중심 플랫폼이 된다. 그 안에 들어 있는 당신의 정보에 대한 완전한 통제권을 당신에게 제공하지 않는, 폐쇄된 콘텐츠 저장고가 된다는 이야기다.[18]

소셜 미디어 사이트는 우리에 대해 아는 모든 것을 제3의 상업적 이익집단과 공유한다. 우리가 이에 대해 우려해야 할까? 물론이다. 타깃 광고에 시달리고 싶은 사람은 별로 없을 테니까 말이다. 하지만 더 사악한 것은 건강보험 회사가 당신이 특정 질병에 대해 구글 검색을 해 봤는지 알게 되거나, 잠재적 고용주가 당신의 기벽이나 특이한 성격, 또는 반사회적 행동 가능성 등을 파악하기 위해 당신의 데이터 검색 흔적을 분석해 사적인 사회적 이력을 캐낼 수도 있다는 점이다.

물론 모든 소셜 미디어 사이트가 상업적인 것은 아니다. 위키피디아를 위시하여 많은 사이트가 비영리로 운영되며 순수한 공유사회 거버넌스에 충실히 임하고 있다. 그렇지만 영리기업이 운영하는 소셜 미디어 사이트의 경우에는 버너스리가 묘사한 비즈니스 모델이 표준운영절차(SOP)이다. 버너스리는 말한다. "이런 종류의 구조가 더 널리 퍼질수록, 웹은 더 분열되고 우리는 전 세계적인 단일의 정보공간을 점점 더 누릴 수 없게 된다."[19]

버너스리는 더욱 음산한 힘이 작용하고 있음을 암시한다. 혹시 인터넷 자체의 운용상 특징이 소중한 개인 데이터의 보고를 제공하는 것은 아닐까? 분산적이고 협력적이며 (피어투피어를 통해) 수평적으로 규모를 확대하는 바로 그 구조가 영리 조직이 상업적인 목적을 위해 캐내고 가공해 판매할 수 있는 매장물을 제공하고 있다고 볼 수도 있지 않겠는가. 더 나쁜 것은 이 가장 새로운 형태의 상업적 개발 탓에 가상공간에서 독점기업이 출현하고 있는지도 모른다는 점이다. 그들이 권좌에서 끌어내렸던 2차 산업혁명 기업들처럼 모든 면에서 중앙집권적인 독점 조직이 인터넷을 중심으로 형성되고 있는 게 아니냐는 말이다.

2012년 무렵 구글은 "매일 180개국이 넘는 나라의 사용자들로부터 날아오는 30억 건의 질의"를 처리하고 있었다.[20] 2010년 기준으로 구글은 미국 검색엔진 중에서는 시장점유율이 65.8퍼센트였고, 독일에서는 97.09퍼센트, 영국에서는 92.77퍼센트, 프랑스에서는 95.59퍼센트, 오스트레일리아에서는 95.55퍼센트를 기록했다.[21] 2012년 구글의 연 매출은 500억 달러에 달했다.[22]

페이스북은 전 세계 소셜 네트워크 시장의 72.4퍼센트를 먹어 치웠고, 2013년 3월에는 11억 명이라는 활성 사용자(active user)* 수를 자랑했다. 지구상에 사는 사람 일곱 명 중 한 명이 사용한 셈이다.[23] 인기가 많은 소셜 미디어 사이트에서 방문자들이 매달 소비한 시간을 측정해 봐도 페이스북이 단연 선두를 달린다. 페이스북 방문자들은 매달 평균 사백오 분을 거기서 보냈는데, 이는 다음으로 인기 있는 여섯 개 사이트를 방문한 시간을 모두 합친 양을 훨씬 웃돈다. 텀블러 89분, 핀터레스트 89분, 트위터 21분, 링크드인 21분, 마이스페이스 8분, 구글플러스 3분.[24] 페이스북의 2012년 매출은 50억 달러였다.[25]

2012년 트위터는 등록된 사용자 수가 5억 명에 달했고, 그중 2억 명이 활성 사용자였다.[26] 나머지는 트윗을 올리기보다 읽는 것을 선호한다는 의미다. 트위터의 2014년 매출은 10억 달러를 넘어설 것으로 기대한다.[27]

협력적 공유사회의 특징을 포함하는 아마존과 이베이 같은 공공연한 영리 사이트도 빠르게 온라인 독점기업으로 변모하고 있다. 포레스터 리서치의 조사에 따르면 온라인 사용자 세 명 중 한 명이 아마존에서 제품 검색을 시작한다. 이는 "전통적인 검색엔진에서 시작하는 13퍼센트와 비교된다."[28] 아마존은 "1억 5200만이 넘는 활성 고객 계정과 200만이 넘는 활성 판매자 계정", 178개국에서 움직이는 세계적인 물류 네트워크를 자랑한다.[29] 2008년까지 이베이는 미국 온라인 경매시장의 99퍼센트를 점유했고 다른 대부분의 선진국에서도 비슷한 실적을 올렸다.[30] 2012년 이베이의 매출은 141억 달러였다.[31]

이 새로운 소셜 미디어 사이트들의 지배적인 영향력은 현재 우리의 일상 구석구석에 스며들어 사용자들은 자신이 얼마나 빈번하게 그 사

---

* 해당 콘텐츠를 일정 기간 동안 실제로 이용한 사용자들의 총합을 뜻함.

이트를 참조하는지조차 거의 의식하지 못한다. 좋은 사례가 있다. 프랑스 정부는 최근 방송 진행자들에게 페이스북이나 트위터와 직접적으로 관련된 이야기가 아닌 이상 그 두 명사를 언급하지 말 것을 명령하는 결정문을 전달했다. 이런 결정 자체가 미디어 전문가들에게 몇 건의 트윗을 날릴 영감을 주었고, 관료적 개입에 대한 예상된 조롱을 야기했다. 그래도 정부는 뉴스와 연예 보도에서 계속적으로 페이스북과 트위터를 언급하면 방송국에서 무료 광고를 제공하는 셈이 되며 뒤처진 경쟁자들을 무시하고 시장 주도 기업만을 돕게 된다고 주장했다. 타당한 지적이다.[32]

컬럼비아 대학교 법대 교수이자 미국 연방거래위원회(FTC) 수석 고문인 팀 우는 넓은 가상공간을 식민지로 만들고 있는 새로운 거대 기업들과 관련해 흥미로운 질문을 제기한다. "구글을 사용하지 않고 일주일을 버티는 게 얼마나 힘들까? 아니면, 강도를 더 높여 페이스북, 아마존, 스카이프, 트위터, 애플, 이베이, 그리고 구글 모두를 사용하지 않고 일주일을 버틴다면?"[33] 우는 심상치 않은 새로운 현실을 제대로 지적하고 있다. 개방성과 투명성, 깊은 사회적 협력 등을 약속하며 젊은 세대를 끌어들이는 새로운 커뮤니케이션 매개체들이 네트워크화 공유사회가 진보하는 과정에서 이윤을 뽑는 데 더 관심 있는 또 다른 페르소나를 숨기고 있는 현실 말이다.

오늘날 인터넷의 주요 부문 대부분은 독점이나 과점이 지배한다. 구글은 검색을, 페이스북은 소셜 네트워크를 '소유'하고, 이베이는 경매를, 애플은 온라인 콘텐츠 배급을, 아마존은 소매를 지배하는 식이다.

우는 왜 인터넷이 "점점 더 모노폴리 보드게임 판을 닮아 가는지"를 묻는다.[34]

이 새로운 기업들의 의도를 여전히 잘 알 수 없다면 최근의 특허권 매입 양상을 살펴볼 필요가 있다고 몇몇 비평가는 주장한다. 2011년과 2012년 단 두 해 동안의 특허권 매입 규모는 가장 노련한 지적재산권 변호사도 숨 막히게 할 정도다. 2011년 애플과 마이크로소프트, 그리고 몇몇 회사는 입찰을 통해 캐나다 통신업체 노텔이 보유하고 있던 45억 달러 가치의 특허권 6000건을 인수했다. 구글은 모토로라를 125억 달러에 매입하며 특허권 1만 7000건을 취득했고, 마이크로소프트는 AOL을 11억 달러에 매입하며 특허권 925건을 취득했으며, 페이스북은 마이크로소프트에 5억 5000만 달러를 주고 650건의 특허권을 인수했다.[35]

갈수록 많은 통신업계 분석가, 독점 금지 변호사, 자유 문화 운동 지지자가 가상공간의 이 새로운 실세들이 20세기의 전력 및 공익사업 회사들이나 AT&T처럼 실제로 "자연독점"이 되는 것인지 묻고 있다. 독점 금지 조치의 타당한 후보로 삼아야 할지 아니면 공익사업체로 규제할 대상인지 묻는 것이다. 그들은 이 두 조치 중 하나라도 엄밀히 적용되지 않는다면 네트워크화 글로벌 공유사회를 향한 인터넷의 장래성은 되돌릴 수 없이 무너질 것이며 그와 더불어 피어투피어 협력자 정신을 중시하는 세대의 희망과 열망도 길을 잃을 것이라고 주장한다.

공유사회 지지자들은 구글과 같은 검색엔진이 말 그대로 '필수 기능'이 된다면, 그에 견줄 만한 대안적 검색엔진이 없고 모두가 거기서 보편적 서비스를 제공받는다면, 정말 막다른 골목에 이를 것이라고 주장한다. 그런 상황이 되면 구글은 자연독점처럼 보이고 또 그렇게 느껴지기 시작할 것이다. 여기저기서 '검색 중립성'을 요구하는 목소리가 나오기 시작한 이유가 여기에 있다. 그들은 네트워크 중립성을 보장하기 위해 정부가 도입했던 것과 다르지 않은 규제를 거세게 요구하고 있다. 그들은 민간 부문의 지배적인 검색엔진은 영리적인 이유에서든 정치적인 이유에서든 검색 결과를 조작하고 싶은 유혹을 느낄 것이라고 경고한다.

　다른 이들은 트위터 같은 소셜 미디어 사이트가 '순위'를 조작하도록 유혹받을 수 있다고 우려한다. 각종 순위는 회원들을 끌어들이는 데 이용되는 인기 기능 중 하나이다. 예를 들어 트위터는 관심의 대상으로 떠오르는 주제와 이슈를 파악하는 트위터 트렌드(Twitter Trends)라는 기능을 관리한다. 트렌드를 파악해 순위를 매기는 데 사용되는 이 알고리즘이 의식적으로든 아니든 그것을 감독하는 관리자의 편향을 반영해서 프로그래밍 될지도 모른다는 의문이 제기됐다. 줄리언 어산지의 지지자들은 트위터가 위키리크스 스캔들 당시 고의적으로 트렌드를 속인다고 의심했다.[36] 업계 연구자들도 우리가 어떻게 '알고리즘 중립성'을 유지할 수 있을지 묻기 시작했다.

　코넬 대학교 커뮤니케이션학 교수 탈턴 길레스피는 알고리즘 조작이 전적으로 불가능한 게 아니라고 말한다. 금전적인 이유나 이념적인 이유로 데이터에 손을 댈 수도 있는 영리회사가 알고리즘을 만들었을 때는 특히 그렇다.

　　트위터 트렌드 등과 같은 도구에 관한 논쟁은 앞으로 더욱더 빈번해질 거라고 믿는다. 우리의 온라인 대중 담론이 선별된 일련의 민영 콘텐츠 플랫폼과 커뮤니케이션 네트워크에서 점점 더 많이 이뤄짐에 따라 서비스 제공업체들은 이 방대한 데이터 더미를 관리하고 분류하고 조직하기 위해 복잡한 알고리즘에 의지할 수밖에 없다. … 우리는 이 알고리즘이 중립적이지 않다는 것과 정치적 편향을 부호화한다는 것, 그리고 정보를 특정한 방식으로 틀에 담는다는 것을 인식해야만 한다.[37]

　길레스피는 정보를 분류하고 정렬하고 우선순위를 매기는 알고리즘에 대한 대중의 의존도가 높아질 것이므로 투명성과 객관성을 확보할 수 있는 규약과 규제를 확보할 방법을 찾아야 한다고 말한다. 주로 영리 기업이 데이터와 알고리즘 모두를 통제하는 상황이라 특히 그러하다는 이야기다.[38] 그저 기업의 선의가 과정의 진실성을 충분히 지켜 주리라 믿는 것은 좋게 봐야 순진한 것이고 비판적으로 보면 무모한 것이다.

딜레마는 이것이다. 구글, 페이스북, 트위터 같은 기업이 계속해서 성장하고 그들의 네트워크 사용자 수가 증가할수록 네트워크를 사용하는 모든 사람에게 득이 된다. 하지만 그 네트워크가 영리사업체이기 때문에 그들의 관심은 사용자의 정보를 제삼자에게 팔아 이윤을 극대화하는 데 있을 수밖에 없다. 반면 사용자들의 관심은 사회적인 연관성을 최적화하는 데 있다. 다시 말해 문제는 기업이 소셜 공유사회를 영리사업으로 운영하고 있다는 점이다. 노스캐롤라이나 대학교 사회학 교수 제네브 투페키는 이런 실태를 "소셜 공유사회의 기업화"라고 부른다.[39]

몇 안 되는 기업의 인터넷 독점을 모두가 우려하는 것은 아니다. 일부 법학자들은 소셜 미디어 사이트를 운영하는 기업을, 물리적 인프라에 투여되는 거대한 초기 자본 때문에 자연독점을 보장해 줄 수밖에 없는 통신 회사나 전력 및 공익사업 회사와 비교하는 것은 무리라고 주장한다. 그들의 논리는 이렇다. 공익사업에 새로 뛰어드는 기업은 이미 성숙한 물리적 인프라를 갖춘 데다 안정적인 사용자층까지 확보하고 있는 기존 기업과의 경쟁이 (불가능하지는 않더라도) 어렵다는 것을 잘 안다. 반면 소셜 미디어 사업을 새로 시작하는 기업의 경우 훨씬 더 적은 초기 투자비로도 경쟁에 뛰어들 수 있다. 극히 적은 비용으로 코드를 작성하고 새로운 앱을 만들어 내며 유틸리티*를 구축할 수 있기 때문에, 새로운 주

---

* 컴퓨터 이용에 도움이 되는 각종 소프트웨어를 말함.

자가 들어와 신속하게 지배권을 확보하거나 최소한 경쟁 우위를 점할 수 있다. 이들은 그 증거로 소셜 미디어 시장의 선두주자였던 마이스페이스와 프렌즈터를 언급한다. 몇 년 전만 해도 아무도 꺾을 수 없을 것 같은 기세를 자랑하던 그들이 페이스북이나 트위터 같은 신흥 벤처로 말미암아 거의 흔적도 없이 사라지지 않았느냐는 것이다.

자유 시장 옹호자들은 또한 구글, 페이스북, 트위터와 같은 회사를 "사회적 공익사업체"라 부르며 자연독점 회사처럼 규제하는 행위 자체가 그들을 실제로 그런 존재로 만든다고(그리고 잠재적인 경쟁으로부터 영구히 그들을 보호하게 된다고) 경고한다. 1차 세계대전이 끝날 무렵 AT&T를 둘러싸고 정확히 똑같은 일이 일어났다. 3장에서 언급했듯이 연방 정부는 그 거대 전화 회사에 연방법에 따라 규제받는 자연독점 지위를 부여했고, 그럼으로써 사실상 20세기의 대부분을 텔레커뮤니케이션 시장에서 도전을 불허하는 지배권을 누리도록 보장해 주었다.

마지막으로 거대 소셜 미디어 기업을 소셜 공익사업체로 규정하고 규제하는 데 반대하는 사람들은 그러한 규제 아래 놓이는 공익사업 회사들은 치열한 경쟁을 피할 수 있기 때문에 위험을 회피하며 혁신을 피하는 경향이 생긴다고 주장한다. 일리 있는 주장이다. 고정 가격과 수익률을 보장받는 마당에 신기술과 새로운 사업 모델의 도입에 매달릴 의욕과 열의가 생기겠느냐는 말이다.

이러한 반론들은 각계에서 반향을 불러일으키고 있다. 하지만 구글, 페이스북, 트위터, 이베이, 아마존 같은 거대 기업들이 각각 수십억 달러를 투자해 글로벌 시장을 확보해 나가고 있는 것 또한 사실이다. 우리가 비교 평가의 대상으로 삼으려던 그 어떤 것보다 몇 배나 더 큰 사용자 기반을 갖춘 글로벌 시장을 확보해 나가고 있다는 이야기다. 인류 역사가 축적되어 있는 집단지성의 대부분이 구글 검색엔진에 통제된다면 그것은 과연 무엇을 의미하는가? 또는 페이스북이 10억 인구의 사회적 삶을 연결하는 가상 공공 광장의 유일한 감독관이 된다면? 또는 트위터가 인류의 독점적 가십난이 된다면? 또는 이베이가 글로벌 경매시장의 유일한 사회자가 된다면? 또는 아마존이 온라인으로 물건을 구매하려는 거의 모든 사람들을 위한 가상의 시장이 된다면? 오프라인 상업의 세계 역사상 이런 독점과 견줄 만한 것은 없었다.

현실은 이렇다. 인터넷 초창기부터 가담한 이 기업들은 기발한 아이디어를 지렛대 삼아 적은 자본 투자로 시장 주도 기업을 쓰러뜨릴 수 있었지만 오늘날에는 누구라도 그렇게 하기가 훨씬 더 어려워졌다. 구글, 페이스북, 트위터, 이베이, 아마존 등은 수십억 달러를 투자하며 사용자 기반을 확장하고 있고, 동시에 지적재산권으로 겹겹이 보호받는 난공불락의 사유화를 창출하고 있다. 이 모든 행동의 의도는 그들 역시 탄생에 기여했던 글로벌 소셜 공유사회에서 이윤을 얻기 위한 것이다.

방대한 사회적 권역을 점유한 이들 기업들이 독점 금지 조치를 통해서든 글로벌 소셜 공익사업체로 취급되었을 때 받는 적절한 규제 감독을 통해서든 자신들에게 가해지는 모종의 규제 제한을 모면할 가능성은 희박해 보인다. 감독의 성격과 규모는 여전히 불투명하지만 말이다.

커뮤니케이션 매개체의 상업적 사유화 문제를 다뤄야 한다는 필요성만큼은 의문의 여지가 없다. 모든 인류가 사회생활의 모든 부문에서 제로 수준의 한계비용으로 협력하고 가치를 창조할 수 있는 보편적인 공유사회를 제공한다는 전제에 커뮤니케이션 매개체의 존재가 입각해야 하기 때문이다.

에너지 공유사회

인터넷을 개방형 글로벌 공유체로 남겨서 수평적으로 규모를 확대하는 구조로 인해 발생하는 막대한 사회적, 경제적 혜택을 최적화하는 일은 결코 만만치 않은 도전이다. 수평적으로 규모를 확대하는 재생에너지 관리에 새로운 커뮤니케이션 매개체를 활용하고 에너지 인터넷 또한 개방형 글로벌 공유체로 남도록 보장하는 일 역시 그에 못지않게 힘겨운 도전이다. 지방과 지역, 나라, 대륙 전반에 걸쳐 이미 에너지 인터넷 공유사회의 창출은 견고하게 자리 잡은 기존의 상업적 이익 단체들과 충돌을 일으키고 있다. 커뮤니케이션 인터넷이 맞서 싸우고 있는 텔레커뮤니케이션 기업들이나 케이블 회사들만큼이나 모든 면에서 가공할 만한 영향력을 행사하는 세력들이다.

글로벌 에너지 기업들과 전력 및 공익사업 회사들은 몇몇 사례에서는 아예 에너지 인터넷의 창출을 막아서고 있다. 또 어떤 사례에서는 새로운 에너지의 상업적 사유화를 이루기 위해 스마트 그리드에 중앙집권적 구조를 강요하려 애쓰고 있다.

세계에서 가장 큰 경제체인 EU는 전통적인 전력 및 공익사업 회사에 발전과 송전을 분산하도록 요구함으로써 에너지 인터넷을 개방형 구조로 유지하는 데 필요한 조치를 취하고 있다. 이런 분산 규제는 소규모 재생에너지 생산자 수백만 명의 불만이 높아지면서 생겨났다. 그들이 지역 미니 발전소에서 주요 송전 그리드에 연결하는 것을 거대 전력 및 공익사업 회사들이 훼방하고 있었던 것이다. 이 회사들은 또한 제휴 협력 업체에서 발전한 녹색 전기는 신속하게 연결하면서, 다른 곳에서 오는 녹색 전기에 대해서는 요식 절차를 강제해 지체시키거나 심지어 받아들이기를 거부하는 차별 관행으로 비난받았다.

전기 공익사업체들도 제2전선에서 공격을 감행하고 있다. 중앙집권적이고 독점적인 폐쇄형 스마트 그리드를 설계하기 위해, 또 모든 송전 데이터를 프로슈머로부터 본부로, 오직 한 방향으로만 흐르게 하기 위해 막후에서 책략을 펼치고 있는 것이다. 그들의 목적은 시시각각 변하는 전기 요금에 관한 필수 정보를 차단함으로써, 새로운 프로슈머 수백만 명이 하루의 다양한 시간대 중 최고 가격을 받을 수 있는 때를 골라 전기를 그리드에 업로드 하는 식으로 이용하지 못하게 하려는 것이다.

송전 회사들의 이러한 노력은 전 세계 국가들이 녹색 발전 차액 지원 제도를 도입해 최종 사용자 수백만 명이 스스로 녹색 전기를 생산하고 에너지 인터넷을 통해 공유하도록 장려하면서 시들해지는 양상이다. 점점 더 많은 송전 회사가 에너지 프로슈머들과 관련된 새로운 현실을 이해하며 새로운 에너지 인터넷을 수용하는 방향으로 사업 모델을 바꾸고 있다. 미래에 그들의 수입은 고객의 에너지 사용을 관리하고, 고객의 에너지 니즈를 줄이며, 고객의 에너지 효율성과 생산성을 증진하고, 증가한 생산성과 절약한 금액을 공유하는 일에서 발생할 것이다. 에너지를 보다 효율적으로 사용하도록 관리하는 한편 전기 판매량을 늘리기보다는 줄이면서 수익을 올릴 것이라는 의미다.

에너지 인터넷의 초기 단계인 현재, 분산형 발전을 관리하는 최상의 접근 방식에 대한 의문이 제기되고 있다. 새로운 공유사회 모델은 이제 막 형태를 잡아 가고 있는데, 흥미롭게도 그것은 1930년대 미국 시골 지역에 전기를 도입할 때 생겼던 옛 공유사회 전기 관리 모델이 발전된 모양새를 띠고 있다.

뉴딜의 대성공

여기서는 1937년 국가의 송전 그리드를 운용하는 비용을 정부가 지불해야 한다고 제안한 해럴드 호텔링의 연설을 되짚어 보는 것으로 시작한다. 그는 전력 그리드는 모두가 필요로 하는 공공재이므로 민영 공익사업체에 맡기기보다는 연방 정부에서 책임을 맡아야 공공복지가 최적화된다고 주장했다. 그래야 소비자가 민간 공익사업체에 전기에 대한 '임차료'를 지불하지 않을 것이고, 전기료 역시 한계비용을 초과하지 않을 것이며, 일단 송전 그리드가 구축되면 그 한계비용이 제로를 향할 것이었다.

9장에서 내가 이야기하지 않았던 게 있는데, 호텔링이 자신의 아이디어의 우월성을 실증하기 위해 당시 한창 시행 중이던 정부 프로그램을 예로 들었던 부분이다. 그 프로젝트는 테네시 계곡 개발 공사(TVA)라는 대형 공공 토목 사업으로 당시까지 구상된 사업 중 규모가 가장 컸다. 1933년 5월 18일 프랭클린 루스벨트 대통령이 TVA 법안에 서명했다. 1933년부터 1944년까지 2만 8000명을 고용해 테네시 계곡에 열두 개의 댐과 한 개의 화력발전소를 건설하는 사업 계획으로, 가장 빈곤한 일곱 주(테네시, 켄터키, 버지니아, 노스캐롤라이나, 조지아, 앨라배마, 미시시피) 모두의 일부 지역이 관련되었다. 건설은 엠파이어 스테이트 빌딩 스무 개를 건립하는 것에 맞먹는 어마어마한 규모였다.[40]

연방 정부는 장기적인 경제성장을 자극한다는 희망 속에 수력발전으로 값싼 전기를 생산해 가장 가난한 공동체에 공급하려 했다. 호텔링은 테네시 계곡에 값싼 수력발전이 도입되면 "지역 경제생활의 전체 수준이 높아지고 문화와 지식의 수준도 높아질 것이며 지역 주민이 누리는 혜택은 이자까지 감안하면 개발에 들어간 비용의 금전적인 가치를 크게 초월할 것이다."라고 설명했다.[41] "하지만 만약 정부가 투자 금액을 회수하기 위해 이자까지 포함해 전기 가격을 충분히 높게 책정한다면 그 혜택은 크게 줄어들 것이고, 정부가 그렇게 얻는 수입의 폭을 훨씬 넘어서는 정도로 감소할 것"이라고 경고했다.[42] 그러므로 "정부에서 투자해 생성한 전기에너지는 한계비용 수준으로, 극히 낮은 요금으로 파는 것이 훌륭한 공공 정책으로 보인다."라고 결론을 맺었다.[43]

호텔링은 TVA 프로젝트의 비용을 국가의 나머지 납세자들이 지불해야 한다고는 인정했지만, 테네시 계곡 인근의 경제 상황이 개선되면 지역의 농산물 출하 비용이 감소해 간접적으로 국가의 다른 부분에 혜택을 안겨 줄 것이라고 했다.[44] 수입이 증가하고 지역 생활수준이 향상된다는 것은 또한 국가의 다른 지역에서 만들어지는 생산품에 대한 소비도 증가한다는 것을 의미했다. 마지막으로 그는 TVA 프로젝트의 성공은 여타 지역에서도 유사한 공공사업 프로그램을 촉발할 거라고 시사했다.

그런 사업에 기꺼이 착수하는 정부는, 같은 이유에서, 넓게 산재된 다른 지역에서 또 다른 댐을 짓고 다양한 공공사업을 추진할 준비가 되어 있는 셈이다. 이런 공사는 모든 계층에게 고루 돌아가는 혜택을 수반한다. 혜택의 임의적 분산도 그 양이 충분하기만 하면 무방하다. 국내 모든 지역 대부분의 인구가 이 프로그램 덕분에 전체적으로 더 나은 삶을 누릴 수 있을 정도로 분산되기만 하면 되는 것이다.[45]

로널드 코스는 호텔링의 주장을 받아들이지 않았다. 기억하는가? 자유 시장 옹호자였던 코스는 정부가 소비자의 요구를 제대로 예측하지 못한다고 생각했다. 문제의 공공 재화나 서비스를 명백히 모든 사람이 필요로 하는 경우에조차 그렇다고 말이다. "나는 어떤 정부든 모든 가격이 한계비용에 기초하는 체제에서 개별 수요를 정확하게 추정할 수 있으리라 믿지 않는다."[46]

코스의 첫 번째 주장은, 보다 면밀히 살펴보면 겉으로만 그럴싸할 뿐이다. 과연 어떤 소비자가 우물물을 마시겠다며 한계비용으로 제공되는 깨끗한 공공재 수돗물을 거부할 것이고, 비포장도로를 사용하기 위해 공공 고속도로에 등을 돌릴 것이며, 더 나아가 손전등이 낫다며 공공 가로등을 거부하겠는가. 그런 편리함을 한계비용이 반영된 가격에 즐길 수 있는데 말이다.

연쇄 파급효과와 관련해서도 코스는 TVA와 같은 성공적인 공공사업이 다른 지역에서 모방 프로젝트를 부추긴다는 주장을 묵살했다. 그 프로젝트가 성공적이었음을 증명한다 할지라도, 다른 지역에도 대체적으로 배경 정황이 비슷하다고 가정할 방도가 없고 따라서 그 비슷한 결과가 나올 것이라 확증할 수 없다고 주장하면서 말이다.

코스는 1946년에 글을 통해 호텔링에게 응수했다. 전장에서 돌아온 군인과 그 가족이 전쟁 동안 잃어버린 시간을 만회하려는 열망 속에서 그동안 없이 지냈던 모든 것을 사기 위해 묻어 둔 예금을 찾던 시절이었다. 시장은 소비사회에 연료를 공급하는 동력원이 되었다. 지극히 당연하게도, 십오 년 동안 경기 침체와 세계대전을 겪고, 정부가 배급하는 재화를 경험한 수백만의 소비자들은 이제 시장을 받아들이고 자신이 번 돈의 소비 방식을 스스로 결정할 준비가 되어 있었다.

코스는 시대의 대의를 포착했다. 다른 경제학자들 대부분도 그 뒤를 따랐다. 이후 나라의 경제생활에서 승자와 패자를 고르는 결정권자로는 정부보다 시장이 더 낫다는 경제적 통념이 자리 잡았다. 하지만 그럼에도 미국 대중은 주간 고속도로의 공공 재원, 재향군인의 학자금 융자, 연방주택관리국(FHA) 모기지에 대한 정부 보조 등과 관련해서는 본질적인 예외를 기꺼이 바랐다는 사실에 주목해야 한다.

어쨌든 그동안 호텔링의 주장과 최선의 예가 올바른 것으로 판명 났는지 그 시대의 역사를 관심 있게 들여다본 학자가 거의 없었다. 그렇게 했더라면 호텔링의 가설과 그 방증의 예로 든 TVA를 성급히 무시한 코스의 응수가 세월의 시험에서 완전히 낙제점을 받았음을 알 수 있었으리라.

그런 역사 속에 묻힌 것이 공유사회 전기를 관리하기 위한 참신한 메커니즘의 출현이었다. 이 메커니즘은 20세기 미국의 경제 발전 과정을 근본적으로 바꿔 놓았을 뿐 아니라 21세기 에너지 인터넷을 조직하는 데 긴요한 공유사회 사업 모델을 제공한다.

처음에는 연방 정부가 전기 생산 사업에 뛰어들었다. 민간 공익사업 회사들이 송전선을 시골 지역까지 연장하는 데 관심이 없었기 때문이다. 가구 수가 거의 없고 너무 흩어져 있는 데다가 전기 서비스를 이용할 만한 구매력도 없다는 게 그들의 주장이었다.

1930년대 무렵 도시 거주자는 90퍼센트가 전기를 사용하고 있었지만 시골 거주자는 단지 10퍼센트만이 전기의 혜택을 입고 있었다.[47] 이런 환경은 미국 국민의 상당수를 비참한 빈곤 상태에 머물게 했다. 그들은 더 나은 삶을 기대하기 힘들어 보일 정도였다. 대공황은 그 격차를 더욱 넓혀 놓았다.

TVA는 낙후된 시골 지방을 20세기로 불러오는 동시에 그것을 본보기로 삼아 국가 전반의 여타 시골 지역으로 그 프로그램을 확장할 의도에서 시작되었다. 전력 및 공익사업 회사들은 반발했다. 그들은 시골 시장에 관심이 없었으면서도 연방 정부가 전력 시장에 무모하게 뛰어들고 있고 TVA가 저렴한 전기 가격으로 농민과 시골 공동체에 '특혜'를 제공할 권한을 부여받았다며 격분했다. 이런 반대에도 불구하고 1941년경 TVA는 미국에서 전기에너지를 가장 많이 생산하는 단일체가 되었다.

전기를 재생 가능 자원인 수력으로 생산한다는 사실도 중요했다.[48]

민간 공익사업 업계는 보수적인 비즈니스 이익 단체의 지원을 받아 TVA가 미국을 사회주의사회로 만들려는 정부의 대대적인 활동을 위한 구실일 뿐이라고 비난했다. 《시카고트리뷴》은 사설에서 TVA가 "테네시 계곡에 작은 적색 러시아"를 세우고 있다고 비난했다.[49] 공익사업 회사들은 헌법이 연방 정부가 동력을 생산할 권한을 빼앗도록 허락하지 않을 것이라고 주장하며 소송을 대법원까지 끌고 갔다. 하지만 해당 법은 합헌 결정이 내려졌고, 그들은 전투에서 패배하고 말았다.

전력 생산에 더해 TVA는 시골 지역에 원활하게 전기를 공급하기 위해 지역공동체에 송전선을 구축할 권한도 부여받았다. 그래서 1935년 루스벨트는 모든 시골 가구에 전선을 가설하는 임무를 수행할 지방전기사업국(REA)을 설립하는 대통령령에 서명했다. "1936년과 1937년, 이 새로운 기관은 11만 킬로미터가 넘는 전기선을 가설해 30여만 농가를 연결했다."[50]

REA의 성취는 인상적이었다. 하지만 그 기관이 내부의 전문 기술과 노동력만을 동원해서 시골 전역에 자체적으로 송전선을 설치할 수 없다는 사실은 분명했다. 민간 전력 공익사업 회사들은 협조를 완강하게 거부했다. 결국 REA는 지역공동체의 농부들이 함께 뭉쳐 전기 협동조합을 이루도록 장려하는 비정통적인, 그리고 당시로서는 급진적인 아이디어를 취하지 않을 수 없었다. (TVA 지역에 포함되는, 펜실베이니아와 태평양 연안 북서부 일부 지방에서 이미 몇몇 시골 전기 협동조합이 결성되어 성공적으로 운영되고 있었다.)

이 새로운 계획 아래 농촌 지역공동체에 송전선을 설치하기 위해 REA는 저금리의 연방 대출은 물론이고 기술적, 법적 조언까지 제공해 주었다. 여기에는 전기 가설에 대한 분권화 접근 방식을 육성한다는 미래상이 담겼다. 시골 전기 협동조합들이 자체의 전선을 설치하고 연결하여 지역별 송전 그리드를 창출하도록 돕는 것을 말한다. 이들 협동조합은 구성원 가운데 민주적으로 선출된 임원들로 이사회를 구성하며 비영리 자율 관리 공유사회로 기능했다.

REA가 전선을 가설하는 데 드는 비용은 평균 1마일(1.6킬로미터)에 750달러로 민간 전기 공익사업체의 견적보다 40퍼센트나 낮았다.[51] 지역 농부들이 협동조합에 빚진 돈을 전선을 가설하는 노동력으로 갚을 수 있었기에 비용 부담을 덜었다. 1942년까지 미국 전체 농가의 40퍼센트에, 1946년까지는 미국 농가의 절반에 전기가 들어갔다.[52] 사 년 뒤 시골 가구의 나머지 절반에도 전기가 들어갔다. 이 중대한 위업은 대부분 전기 협동조합을 관리하고 가설 작업에 쓰이는 필수 기술을 익힌 농부들의 손으로 이루어졌다.

테네시 계곡부터 캘리포니아에 이르는 시골 공동체가 새로 누리게 된 경제적인 혜택은 헤아릴 수 없을 정도였다. 전기는 하루 중 생산할 수 있는 노동시간을 연장해 주었고, 농사에 드는 힘든 노역을 덜어 주었으며, 농장의 생산성을 극적으로 증진했고, 수백만 시골 농가의 건강과 안녕을 향상했다. REA 프로그램 시행 첫 오 년간 1만 2000개가 넘는 시골 학교에 전기가 깔렸다.[53] 전기와 전등 덕분에 학생들은 하루의 농사일을 도운 뒤 주로 저녁에 하던 숙제와 공부를 전보다 더 오래 할 수 있게 되었다.

시골의 전기 도입은 가전제품의 제조와 소매에 중요한 영향을 미쳤다. REA는 GE와 웨스팅하우스일렉트릭(Westinghouse Electric Company)에 기존 가격의 절반에 판매할 수 있는 값싼 가전제품을 제조하도록 설득했다. 수백만 시골 가정에 최신의 전기 편의 시설을 갖추도록 장려하기 위해서였다.[54] 시골 가정에서 새로운 가전제품을 구입한 덕분에, 대공황의 여파에 시달리던 최악의 기간 동안에 20퍼센트라는 놀라운 가전제품 매출 신장률이 기록되었고 축 늘어진 경제를 지탱하는 데 도움이 되었다.[55]

시골의 전기 도입은 또한 그 지역들의 부동산 가치도 상승시켰으며, 1950년대부터 1980년대까지 도시에서 시골 지역으로 옮겨간 대규모 이주민에게 송전 인프라를 제공했다. 주간 고속도로 시스템이 확대되면서 고속도로 출입구 주변에 건설된 새로운 교외 주택과 사무실, 쇼핑몰을 따라 이주한 그 수백만 명에게 말이다. 미국의 교외화는 또한 시골 지역에 새로운 상업적 기회를 안겨 주었고, 그와 함께 수백만 개의 새로운 일자리를 창출하며 미국 역사상 경제적으로 가장 번성한 시기의 문을 열었다.[56]

호텔링이 자신의 논문에서 연방 정부의 TVA 자금 지원을 지지하며 펼친 모든 주장은 놀랍게도 정확하게 들어맞았다. 유일하게 맞추지 못한 부분이 있다면, 그조차 긍정적인 것이지만, 미국 시골에 전기를 가설하는 데 엄청난 세금이 투입될 필요가 없었다는 사실이다. 전기 인프라를 구축하는 자금의 대부분이 정부가 저금리로 시골 전기 협동조합에 대출해 준 돈으로 조달되었고 대출금 전부가 사실상 회수되었다.[57] 호텔링이 놓친 것은 정부가 전적으로 부담을 질 필요 없이 그 과정을 촉진하고 보증하기만 하면 된다는 점이었다.

마지막으로 시골의 전기 협동조합이 계속해서 연방 정부의 보조금을 받았지만, 중요한 것은 모든 전력 공익사업체 중에서 "전기 협동조합이 소비자당 가장 적은 연방 정부 보조금을 받았다."라는 사실이다. 납세자들이 들으면 놀랄 만한 사실이다.[58]

코스가 자본주의 시장의 우월함에 집착했고 호텔링이 정부 관리의 우월함에 집착했다면, 실제로는 전반적 복지의 최적화에 기여하는 제3의 접근 방식이 전개되었다. 정부는 전기를 공급해 시골을 변모하게 하기 위해 분산적이고 협력적이며 수평적으로 규모를 확대하는 경제 단체, 바로 협동조합을 최상의 수단으로 삼아 지원했다. 이 공유사회 형태의 자율 관리 단체는 단 십삼 년 만에 민간 기업이든 정부든 그 정도 낮은 비용으로 는 그 두 배에 해당하는 시간으로도 해낼 수 없는 일을 이루어 냈다.

오늘날에는 900개 비영리 시골 전기 협동조합이 마흔일곱 개 주에서 400만 킬로미터가 넘는 전선을 통해 4200만 명의 고객에게 전기를 공급 하고 있다. 시골 전기 협동조합은 미국 내 송전선의 42퍼센트를 관리한 다. 이 송전선은 미국 대륙의 75퍼센트에 걸쳐 있으며 미국에서 팔리는 전체 전력량의 11퍼센트를 송전한다. 시골 전기 협동조합 전체의 자산 을 합하면 1400억 달러가 넘는다.[59]

무엇보다 중요한 것은 미국 내 시골 전기 협동조합의 7만 고용인이 고객에게 "원가로" 전기 서비스를 제공한다는 점이다. 협동조합은 이윤 을 추구하도록 구조화되어 있지 않기 때문이다.[60]

협동조합 르네상스

협동조합에 대해 이해해야 할 첫 번째 요소는 공유사회로 운영할 수 있도록 설계된다는 점이다. 반면 민간 기업은 영리사업체로 운영되도록 구조화된다. 협동조합은 민간 기업과는 아주 다른 일련의 목적을 이루 도록 구조화된다.

세계의 모든 협동조합을 대변하는 국제협동조합연맹(ICA)은 협동조 합을 다음과 같이 정의한다.

공유되고 민주적으로 통제되는 사업체를 통해 공동의 경제적, 사회적, 문화적 요구와 열망을 충족하기 위해 개인들이 자발적으로 연합한 자주적 조직이다.[61]

협동조합은 경쟁보다는 협동, 협소한 경제적 사리사욕보다는 광대한 사회적 책무에 따라 움직인다. 협동조합의 운용 무대는 시장이 아니라 공유사회이다. ICA는 다음과 같이 설명한다.

협동조합은 자립, 자기책임, 민주주의, 평등, 공정, 연대 등의 가치에 기반을 둔다. ⋯ 협동조합 구성원은 정직과 개방성, 사회적 책임, 타인에 대한 보살핌의 윤리적 가치를 믿는다.[62]

협동조합 사업 방식의 역사는 먼 과거로 거슬러 올라가지만, 근대 협동조합 사업 구조는 1844년 영국에서 섬유 산업 노동자 스물여덟 명이 로치데일 협동조합을 결성하면서 시작되었다. 직공들은 자금을 공동 출자해 생활이나 사업에 필요한 양질의 공급품을 원가에 거래하는 체계를 구축했다. 그들의 첫 협동조합 상점에서는 밀가루와 설탕을 포함하는 식품을 조합원에게 사고팔았다.

로치데일 협동조합은 공유사회를 관리하기 위한 일곱 가지 규칙을 확립했는데, 이것은 훗날 협동조합들의 표준 규약이 되었다. 몇 차례 개정을 거쳐 ICA로부터 협동조합 거버넌스 모델로 공식 비준된 이 규칙은 공유사회 관리의 비전과 관행의 전형을 보여 준다.

첫째, 어떤 개인이든 인종과 종교, 민족성, 성별, 사회적 또는 정치적 소속과 관계없이 협동조합 조합원으로 환영한다.

둘째, 협동조합은 민주적으로 운영되는 조직이며 각 조합원은 한 표를 행사한다. 조합원 중에서 선출된 대표들은 조합 관리를 책임지는 한편 그에 대해 조합원에게 설명할 책임을 진다.

셋째, 조합원은 공정하게, 그리고 민주적으로 협동조합의 자본 형성에 기여한다. 자본의 일부는 협동조합의 공유재산이 된다. 조합원은 협동조합의 발전과 일상적 운영을 위해 기금이 어떻게 사용되어야 하는지 공동으로 결정한다.

넷째, 협동조합은 자주적이고 자조적인 조직이다. 다른 조직과 다양한 사업 협약을 맺을 수 있지만, 협동조합과 그 자주성에 대한 민주적인 통제를 보장하는 방식으로 그렇게 한다.

다섯째, 협동조합은 조합원과 관리자, 고용인에게 조합의 프로그램과 프로젝트, 실행 계획에 전면적으로 참여할 것을 독려하기 위해 교육과 지속적인 훈련을 제공한다.

여섯째, 협동조합은 지역과 세계 전반에 걸친 협력과 협동을 위한, 계속 확대되고 통합되는 공간을 제공함으로써 네트워크화 공유사회를 넓혀 나가는 것을 지향한다.

일곱째, 협동조합은 조합원들이 참여하는 정책과 프로그램을 통해 공동체에 봉사하는 동시에 공동체의 지속 가능한 발전을 촉진할 임무가 있다.[63]

(인간 행동을 경쟁적이고 이기적으로 보는) 자본주의 시장과 그에 따르는 유용성에 지배당하는 세상에서는 인간이 협력과 공정성, 지속가능성에 기반을 둔 협동주의적 사업 모델에 끌릴 수 있다는 아이디어 자체가 대단히 비현실적으로 느껴진다. 하지만 전 세계의 많은 인구가 이미 공유체로 운영되는 협동조합에서 최소한 부분적인 경제생활이라도 조직하고 있다. 단지 우리가 그에 대해 듣지 못했을 뿐이다. 2012년은 UN이 공식 지정한 세계 협동조합의 해였지만 구글 검색으로는 일 년 동안 계속된 그 축전에 대해 아주 적은 뉴스만을 간신히 찾아볼 수 있었다. 이는 어쩌면 글로벌 미디어가 뉴스거리를 결정하는 소수의 거대 영리 매체의 손에 집중되어 있기 때문인지도 모른다.

사실 현재 10억이 넘는 사람들이 협동조합의 조합원이다.(지구 인구 일곱 명 중 한 명꼴인 셈이다.) 또한 1억이 넘는 사람들이 협동조합에 고용되어 있다. 이는 다국적기업에 고용된 인원보다 20퍼센트가 더 많은 수치다. 300대 협동조합의 조합원 수를 모두 합치면 세계에서 열 번째로 인구가 많은 나라와 같아진다. 미국과 독일에서는 네 명 중 한 명이 협동조합원이다. 캐나다에서는 열 명 중 네 명이 협동조합원이다. 인도와 중국에서는 4억 명이 협동조합에 속해 있다. 일본에서는 세 가구 중 한 가구가 협동조합원이고 프랑스에서는 3200만 명이 협동조합에 참여하고 있다.[64] 2011년 6월 미국 협동조합사업협회(NCBA)의 회장 폴 헤이즌은 다음과 같이 언급했다.

미국에는 도합 조합원 1억 2000만 명으로 구성된 협동조합 2만 9000개가 전국에 걸쳐 사업체 7만 3000개를 운영하고 있다. 미국 협동조합의 총자산은 3조 달러가 넘고 연간 매출은 5000억 달러 이상이며, 일자리 200만 개에 임금과 수당으로 250억 달러를 지출한다.[65]

미국의 협동조합은 농산물 및 식품 생산, 소매, 의료 서비스, 보험, 신용금고, 에너지, 발전 및 송전, 텔레커뮤니케이션 등을 포함하는 사실상 모든 경제 부문에서 가동하고 있다. 다음에 에이스하드웨어(Ace Hardware) 상점에 들르면 당신이 협동조합과 거래하는 것임을 잊지 마라. "미국인이 보유한 협동조합원 신분증을 모두 합치면 3억 5000만 개가 넘는다."*[66]

전 세계 수억 명이 협동조합에서 먹을거리를 사고, 협동조합 주택에

---

* 두 개 이상의 협동조합에 속한 인원도 그만큼 많다는 뜻임.

서 살고, 협동조합 금융기관에서 은행 업무를 본다. 대부분의 미국인은 "미국에서 농산물의 약 30퍼센트가 농부들이 소유한 협동조합 3000곳을 통해 출시되고 있다."라는 사실을 알지 못한다.[67] 랜드오레이크스(Land O'Lakes) 버터와 웰치스 포도 주스는 농업 협동조합이 출시하는 제품들 중 식료품점 선반에서 바로 브랜드명을 알아볼 수 있는 몇 안 되는 상품에 속한다.[68]

EU 전체 가구의 12퍼센트가 거주하는 주택 1000만 채가 협동조합 주택이다.[69] 이집트에서는 인구의 거의 3분의 1이 주택 협동조합에 속해 있다.[70] 가장 높은 개인 주택 보유율을 뽐내는 미국에서도 120만 채 이상이 협동조합 주택이다.[71] 파키스탄에서는 주거의 12퍼센트가 협동조합 주택에서 이루어진다.[72]

은행 협동조합도 금융계의 주요 주자이다. 유럽 여섯 개국(독일, 프랑스, 이탈리아, 네덜란드, 오스트리아, 핀란드)에서는 협동조합이 모든 예금의 약 32퍼센트와 모든 내국채의 거의 28퍼센트를 관리하고 있다.[73] 아시아에서는 4530만 명이 조합원 소유의 금융 협동조합인 신용조합에 가입해 있다.[74] 프랑스에서는 소액 은행 업무 가운데 60퍼센트가 협동조합을 통해 이루어진다.[75]

미국에서는 (세계 어느 나라보다도 많은) 9000만 명 이상의 조합원을 둔 신용조합이 2008년 금융시장이 붕괴된 이후로 르네상스를 맞고 있다.[76] 미국 내 가장 큰 은행들의 예치금이 31퍼센트 늘어난 반면 신용조합의 예치금은 43퍼센트 증가했다.[77] 미국의 신용조합은 이제 거의 1조 달러에 달하는 자산을 보유하고 있다.[78]

협동조합은 이러한 놀라운 실적에도 불구하고 1차 및 2차 산업혁명 동안에는 영리사업체에 밀리는 2군 주자로 남아 있었다. 중앙집권적인 커뮤니케이션·에너지 모체는 상당한 자본을 필요로 했고, 주식 및 채권 시장에 충분한 양을 쌓아 둘 수 있었던 민간 기업에 유리한 쪽으로 게임을 끌고 갈 수밖에 없었다. 제조 및 서비스의 수직적 통합과 규모 확대는 자본주의 시장에서 운영되는 민간 기업이 이전의 두 산업화 시대를 지배하는 데 유리하게 작용했다.

협동조합은 중소 규모의 사업체가 재원을 출자해 위로는 공급업자로부터 상당한 할인을 받으면서 원자재와 물품을 구매하고, 또 아래로는 마케팅과 물류, 유통 경로를 공유해 경비를 절감하며 생존하는 방식이었다. 시장 밖의 공유사회에서 비영리사업체로 운영함으로써 그들은 재화와 서비스를 조합원들에게 낮은 수준의 한계비용으로 제공할 수 있었다. 비영리 비즈니스 모델을 채택하고 있었기 때문이다.

이제 형세가 갑자기 역전되고 있다. 이전 장들에서 언급했듯이 사물인터넷이 수십만의 소규모 사업체에 유리하게 작용하고 있기 때문이다. 하지만 이것은 그들이 생산자 협동조합에 가입해 분산적이고 협력적인 새로운 커뮤니케이션·에너지 환경이 생성하는 수평적인 힘을 이용할 수 있을 때에만 가능하다.

한계비용을 제로 수준으로 감소할 수 있는 새로운 경제 인프라와 패러다임으로 전망해 볼 때, 충분한 이윤에 그 존재 근거가 달려 있는 민간 기업은 살아남을 가능성이 희박하다. 협동조합만이 한계비용 제로 수준 사회에서 작용할 유일한 사업 모델인 셈이다.

수천 개의 녹색 에너지 및 전기 협동조합이 전 세계 공동체에서 속속 출현해, 지역별 및 대륙별 송전 그리드 전반에 걸쳐 피어투피어 전기 공유를 위한 하의상달식 공유사회의 토대를 확립하고 있다.

주식시장보다 협동조합에 더 많은 사람이 투자하는 (이는 주목할 만한 사실이다.) EU에서는 협동조합 은행이 녹색 전기 협동조합의 자금 조달을 선도하고 있다. 벨기에 협동조합 에코파워(Ecopower)의 설립 이사 더크

반신첸은 대부분의 경우 풍력과 태양열 프로젝트에는 협동조합 은행이 가장 먼저 뛰어들어 자금을 댄다고 말한다.

일곱 가지 협동조합 운영 원칙 중 하나인 "가능한 한 서로 협동한다는 원칙"에 입각해 협동조합 은행은 조합원의 기금으로 에코파워 같은 녹색 전기 협동조합에 점점 더 많은 자금을 대고 있다. 1990년 조합원 서른 명으로 시작한 에코파워는 2013년 기준으로 조합원 4만 3000명을 보유했으며, 이미 플랑드르 가구 가운데 1.2퍼센트에 풍력 및 수력 재생에너지 설비에서 생산하는 녹색 전기를 공급하고 있다.[79]

독일에서는 녹색 전기 협동조합이 전국 곳곳에서 우후죽순으로 생겨나고 있다. 2011년 한 해에만 167개의 새로운 에너지 협동조합이 설립되었다.[80] 독일 슈투트가르트에 있는 호브에큐메니컬(Horb Ecumenical) 에너지 협동조합은 지역공동체의 에너지 생산 및 사용 양상에 협동조합이 미칠 수 있는 변혁의 영향력을 보여 주는 전형적인 예이다. 이 협동조합은 이미 몇 개의 태양발전소를 지역에 설치했고, 현재 몇 곳을 추가로 지을 계획을 세워 둔 상태이다. 앞서 소개했듯이 독일은 현재 전기의 23퍼센트 이상을 재생에너지로 발전하고 있는데 그 대부분을 지방 협동조합에서 생산한다.[81] 슈투트가르트 재생에너지 협동조합의 견인차 역할을 한 베른하르트 보크는 "우리가 협동조합의 나라"임을 고려해 볼 때 이것은 그리 놀라운 일이 아니라고 말한다.[82]

덴마크 역시 사물인터넷 인프라를 설치하며 사회를 변모시키는 선두에 선 나라로서, 지속 가능한 경제 패러다임을 확립하기 위해 하의상달식 협동조합 모델에 크게 의존하고 있다. 나는 코펜하겐에 갈 때마다 비행기가 착륙을 위해 하강하는 순간에 언제나 항구를 내려다보면서 스무 개 정도 되는 풍력발전용 터빈을 감탄하듯 바라본다. 그 절반은 협동조합 소유이다.[83]

덴마크인들은 새로운 인프라를 효과적으로 구현하는 비결이 지역공동체에 매입권을 주는 한편, 협동조합이 최상의 수단을 제공해 새로운 에너지 인프라를 위한 공공 재단을 설립하고 지역민의 지지를 얻어 내는 데 있다는 것을 알게 되었다. 그들은 특히 4000명가량의 거주민이 공동체를 이루어 사는 작은 섬 삼쇠(Samsø)에서 진행한 등대 프로젝트를 자랑스럽게 여긴다. 이 프로젝트를 통해 삼쇠 섬의 가정들과 사업체들은 주로 석탄 동력 발전소에서 생산한 수입 전기에 거의 100퍼센트 의존하던 상황을 단 십 년 만에 100퍼센트 현지 조달 재생에너지 체제로 변모시켰다.[84]

주요 개발 기업의 풍력발전 단지 건설 계획이 지역공동체의 반대에 부딪혔을 때, 삼쇠 섬은 시민들에게 새로운 에너지에 대한 소유권을 부여하는 방식으로 반발에 대응했다. 섬은 풍력발전 설비 용량의 80퍼센트를 협동조합이나 개인이 소유하게 하는, 덴마크 여타 지역의 선례를 따랐다.[85]

어떻게 그런 성공을 이룰 수 있었는지 알고 싶어 하는 방문객들에게 지역 주민들은 핵심은 결국 민주적인 참여와 공동체의 소유권이라고 설명한다. 녹색 에너지 협동조합은 모든 주민이 참여할 수 있는 공유체에 섬과 연안에 설치되는 풍력발전용 터빈의 관리 및 개선 방안에 대해 동등한 투표권을 행사할 수 있게 했다. 주민들은 또한 공동소유주가 되어 새로운 녹색 전기를 더 싼 가격으로 이용할 수 있는 혜택을 누렸다.

협동조합은 또한 섬 주민들에게 더 큰 역할을 할 수 있는 기회를 제공했다. 주민이 녹색 에너지 협동조합의 의사 결정과 관리에 적극적으로 참여함으로써 사회적 자본과 신뢰, 선의를 쌓는 것이다.

미국에서는 시골 전기 협동조합이 녹색 전기를 향한 운동의 선두에 서고 있다. 전미시골전기협동조합협회(NRECA)는 2025년까지 조합원이 사용하는 전기의 25퍼센트를 재생 가능 자원으로 생산한다는 목표를 세웠다.[86] 2009년 노스다코타의 시골 전기 협동조합 베이신일렉트릭(Basin Electric)은 총비용이 2억 4000달러에 달하는 미국에서 가장 큰 규모의 115메가와트 풍력발전 단지 프로젝트를 출범시켰다.[87] 프로젝트는 네 달이라는 기록적인 기간 내에 완수되었고, 세계에서 가장 큰 재생에너지 프로젝트에도 비할 만했다. 서부 아홉 개 주의 시골 소비자 280만 명에게 전기를 공급하는 이 협동조합은 화석연료에서 재생 가능 원료로 에너지 발전의 동력을 바꾸는 본격적인 행보를 개시한 셈이다. 2005년 협동조합 전기의 94퍼센트가 석탄 동력으로 생산되었고 풍력으로 얻는 전기는 1퍼센트에도 미치지 못했다. 현재는 20퍼센트가 넘는 전기가 풍력발전 단지에서 생산되는 녹색 전기이다.[88]

시골 전기 협동조합은 새로운 에너지 인터넷의 확장에서도 민간이나 시에서 운영하는 공익사업체를 능가하는 성과를 내고 있다. 전체 전기 협동조합의 40퍼센트 이상이 산업 및 상업 현장과 가정에 더 나은 계량기를 설치해 주고 있다.[89]

녹색 전기 협동조합은 세계 많은 곳에서 시골 지역은 물론이고 도시와 교외 지역까지도 장악하고 있다. 도시 전기 협동조합의 미래 역할에 관한 독일의 한 연구에 따르면 이전의 추정과는 달리 녹색 전기 협동조합이 앞으로는 도시 지역에서나 시골 지역에서나 비슷하게 발전할 것으로 보인다. 도시 녹색 협동조합이 시골 협동조합만큼이나 빠르게(더 빠르지는 않더라도) 발전하고 있다는 이야기다. 이 연구에 따르면 독일에서 가장 큰 녹색 에너지 협동조합 중 한 곳은 조합원의 80퍼센트가 소도시나 대도시에 살고 있다. 녹색 전기 공유사회 구성원이 된 이유를 물으면 대부분 "정치적인 동기"를 언급했다. 이는 자신이나 자신이 속한 공동체의 에너지 미래를 계획하는 데 적극적으로 참여하고자 하는 열망의 표현인

셈이다.[90]

인터넷과 함께 성장한, 분산적이고 협력적인 피어투피어 네트워크에서 가치를 창조할 권리를 당연한 것으로 여기는 세대는 스스로 녹색 에너지를 생성하고 에너지 인터넷으로 공유하는 것을 주저하지 않는다. 그들은 심화되는 글로벌 경제 위기와 그보다 더 끔찍한 기후변화를 겪으며 살아가고 있다는 사실을 지각하고 있다. 그것이 화석연료 에너지에 의지하고 중앙집권적인 상의하달식 명령 및 통제 시스템으로 관리되는 경제체제에서 비롯되었다는 것 역시 알고 있다. 만약 그들이 개방된 정보 공유사회에서 동료들과 자유롭게 협력할 권리를 텔레커뮤니케이션, 미디어, 엔터테인먼트 관련 거대 기업들이 차단하고 있다고 비난한다면, 에너지와 전력 및 공익사업 관련 거대 기업들에 대해서도 마찬가지로 비판적일 것이다. 높은 에너지 가격과 경기 침체, 다가오는 환경 위기의 책임이 부분적으로 그들에게 있다는 것을 잘 알기 때문이다.

그 수가 점점 증가하는 그 세대의 젊은이들에게 전통적인 에너지 및 공익사업 회사들은 중앙집권적인 권력의 전형이며 그것이 세상에 강제하는 모든 해악을 대표한다. 개방적이고 협력적이며 민주적으로 관리되는 협동조합에 함께 참여해 깨끗한 녹색 전기를 생산하고 공유함으로써 그러한 해악을 일소할 수 있다는 전망은 우리에게 힘을 북돋운다. 그 전망이 한 세대가 지속가능성의 기치 아래 결집하도록 고무하는 것이다. 커뮤니케이션에 대한 자유로운 접근을 요구하는 목소리가 이제 무료 녹색 에너지를 요구하는 목소리와 하나가 되고 있다.

물류 공유사회

공유사회 인프라를 창출하기 위한 모체를 완성하는 데 필요한 마지막 영역이 남았다. 수평적으로 확대되는 녹색 전기를 관리하기 시작한 인터넷 커뮤니케이션이 이제 전 세계의 물류 네트워크를 자동화할 운송 인터넷을 창출하는 데 사용되고 있다. 커뮤니케이션 인터넷, 에너지 인터넷, 운송 인터넷이 공유사회 기반의 사물인터넷으로 통합되면 진정한 협력 시대로 가는 길을 닦을 수 있다.

전 세계적으로 도로는 대체로 공공재로 취급되지만, 도로 위를 이동하고 자재와 재화를 운송하는 데 사용하는 수송 방식들에는 공익사업체와 민간 기업이 모두 관여한다. 날마다 수억 명이 대중교통을 이용해 직장을 오가고 사회적 활동에 필요한 이동을 한다.[91] 세금의 보조를 받는 통근 열차, 경전철, 버스 서비스는 원가에 가까운 요금으로 제공된다. 또 다른 수억 명은 개인소유 차량을 이용해 경제적, 사회적 이동을 한다. 그런가 하면 대중교통과 자가용, 자전거, 도보를 함께 활용하는 사람도 있다.

도로를 따라 이루어지는 상업적 재화의 수송은 대부분 민간 운송업체에 의해 이루어진다. 수직적으로 통합된 2차 산업혁명의 거대 기업들은 각종 자재와 부품, 공급물, 완제품을 가치 사슬을 따라 저장하고 이동시키기 위해 자체적인 내부 차량 및 트럭을 이용하거나 해당 수송을 다른 민간 운송업체에 위탁한다. 하지만 이런 독자적인 운영 방식에는 결점이 있다. 사기업들이 물류와 운송을 내부적인 상의하달식의 중앙집권적 지휘 체계로 유지하면 생산, 저장, 유통 경로에 대한 강한 통제력을 얻을 수 있지만, 여기에는 효율성과 생산성이 손실되고 이산화탄소 배출이 증가하는 등 높은 대가가 따른다.

최근의 한 연구는 민간이 관리하는 물류가 효율성 및 생산성 손실과 이산화탄소 배출 증가에 기여하는 여러 양상을 이렇게 밝혔다. 첫째, 미국의 경우만 해도 트레일러트럭들이 적재 용량의 평균 60퍼센트만 싣고 도로를 운행한다. 국제 운송은 이보다 훨씬 못해 적재 효율성이 10퍼센트 미만인 것으로 추산된다.[92] 트럭들은 흔히 화물을 싣고 출발하지만 도중에 짐을 내려놓아 점점 적재량이 줄어들고 종종 빈 차로 돌아온다. 2002년 미국에서 화물 트럭들은 평균적으로 총 운행 거리의 20퍼센트를 화물 없이 운행했고 그보다 더 많은 거리를 거의 빈 차로 운행했다.[93] 둘째, 제조업체와 도매업체, 유통업체, 소매업체 들이 높은 비용을 들여 창고에 제품을 오랫동안 보관한다.(이런 창고는 최종 운송 목적지와 멀리 떨어진 경우가 많다.) 2013년 3월 기준으로 미국 기업들의 재고 규모는 1조 6000억 달러 정도였다.[94] 이러한 재고는 곧 창고에 쌓인 채 막대한 간접비를 잡아먹는 제품들을 의미한다. 또한 생산 라인의 계절적인 특성 때문에 창고들이 연중 특정 시기에는 비효율적으로 공간이 비고, 또 다른 시기에는 과도하게 가득 찬다. 셋째, 식품이나 의류처럼 속도에 민감한 많은 제품이 비효율적인 물류 시스템 때문에 적시에 배송되지 못해 팔리지 못하고 있다. 속도에 민감한 상품들과 관련된 이러한 손실은 운송 및 물류 인프라가 빈약하고 안정적이지 못하며 고장이 잦은 개발도상국에서 더 크게 나타나고 있다. 넷째, 제품이 가장 빠른 길이 아니라 빙 돌아가는 길을 따라 운송되는 경우가 많다. 가장 큰 이유는 넓은 지역을 관할하는 중앙집권식 거대 창고와 유통센터에 의지하기 때문이다. 다섯째, 민간 운송업체 수십만 곳이 지배하는 글로벌 물류 시스템에서는 공통적인 표준 시스템과 규약이 마련되어 있지 않다. 업체들이 최신 IT와 인터넷 기술 앱을 사용해 협력하고 효율성과 생산성을 증진하며 운영비는 낮추게끔, 물류 자원을 공유할 수 있는 표준 시스템과 규약 말이다.[95]

자유 시장을 옹호하는 경제학자들은, 시장에서 이루어지는 재화 및 서비스의 사적 교환을 토대로 하고 이윤 동기에 따라 움직이는 자본주의 시스템이 생산적인 목적을 위해 희소한 자원을 할당하는 가장 효율적인 수단이라고 주장할 것이다. 그러나 (그런 재화와 서비스를 보관하고 고객에게 배송하는 수단인) 물류와 관련해서는 그 전체적인 과정이 너무도 비효율적이고 생산성이 낮다는 점을 경제학자들도 진지하게 재고해 봐야 한다. 자재와 제품을 보관하고 운송하는 방식을 재고하는 일은 지금 특히 중요해졌다. 에너지 비용이 갈수록 정점을 향해 높아지면서 이미 비효율적인 물류 시스템에 점점 더 무거운 짐을 지우고 있기 때문이다. 이런 비효율성 탓에 어마어마한 이산화탄소 청구서가 쌓인다. 2006년 미국에서 화물 트럭은 4232억 킬로미터를 운행하면서 수십억 갤런의 연료를 소비했고 기록적인 양의 이산화탄소를 대기 중에 배출했다.[96]

만약 물류가 경제에서 작은 부분을 차지한다면 그리 문제 되지 않을 것이다. 하지만 물류는 전체 시스템을 돌아가게 만드는 중요한 동력이다. 가치 사슬의 모든 단계에서 공급자와 구매자를 연결하고 그들이 비즈니스를 수행하게 만들어 주는 과정인 것이다. 2009년에 운송은 "미국 GDP의 10퍼센트, 즉 약 1조 4000억 달러"에 상당하는 규모를 차지했다. 화물 수송 비용은 5000억 달러에 이르렀고, 포장비는 1250억 달러, 창고 비용은 330억 달러를 기록했다.[97]

이제 새로운 세대의 학자들과 물류 전문가들은 분산되고 협력적이며 수평적으로 규모가 확대되는 인터넷 커뮤니케이션 시스템에 주목하고 있다. 개방형 구조와 공유사회 스타일의 관리를 특징으로 하는 인터넷 커뮤니케이션 시스템을, 급진적으로 변모하는 21세기 글로벌 물류를 위한 모델로 바라보는 것이다. 업계 리더들은 인터넷에서 찾은 교훈과 메타포를 물류에 적용하는 것의 역설을 인식하고 있다. 즉 그들은 정보기술과 통신업계가 인터넷 커뮤니케이션 혁명을 위한 초기 시도들을 구상할 때 물류에서 메타포를 차용했음을 떠올리는 것이다. 월드와이드 웹의 등장 직후 미국 부통령 앨 고어는 "초고속 정보 통신망(information superhighway)" 창출의 필요성을 언급하면서 다음을 강조했다. 한 세대 전에 주간 고속도로 시스템 건설로 미국 전역의 도로가 연결되면서 교외 개발, 제조업과 소매업의 지리적 확산, 관광업 성장 등 파급효과를 낳았고 이 모든 것이 미국 이백 년 역사상 경제적으로 가장 번영한 시기를 가져다주었다는 사실 말이다.[98] 상호 연결된 주간 고속도로 시스템의 개방형 구조(자동차가 단 한 개의 신호등도 거치지 않고 동부 해안에서 서부 해안까지 달릴 수 있는 구조)는 기술 전문가들이 상호 연결된 커뮤니케이션 매개체를, 즉 분산된 시스템의 다양한 네트워크를 따라 정보 패킷이 수월하게 이동할 수 있는 커뮤니케이션 매개체를 구상하는 데 영감을 주었다.

오늘날 물류 산업은 인터넷 메타포를 활용하여 자신의 부문을 재고하고 있다. 캐나다 몬트리올에 있는 기업 네트워크, 물류, 운송에 관한 대학 리서치 센터(CIRRELT)의 브누아 몽트뢰유는 디지털 세계가 고속도로 메타포를 택한 것처럼, 이제 물류 산업이 글로벌 물류를 리모델링 하기 위해 분산된 인터넷 커뮤니케이션의 개방형 구조 메타포를 택해야 한다고 말한다.[99]

몽트뢰유는 운송/물류 인터넷의 필수적 특징을 설명하면서, 물류 인터넷의 많은 구성 요소가 이미 작동하고 있지만 아직 투명한 개방형 단일 시스템으로 연결되어 있지는 않다는 점을 언급한다. 인터넷을 통해 전송되는 정보 패킷은 정보의 정체성과 목적지까지의 여정을 담고 있다. 데이터 패킷은 장비와는 독립적으로 구조화되어 있어 다양한 시스템 및 네트워크(구리 선, 광섬유, 라우터, 근거리통신망, 광역 통신망 등)를 통해 처리될 수 있다. 이와 유사하게, 운송/물류 인터넷에서도 모든 물리적 제품은 모든 물류 네트워크를 통해 수송할 수 있는 표준화된 모듈식 컨테이너에 적재되어야 할 것이다. 컨테이너는 식별과 분류를 위해 스마트 태그와 센서를 갖춰야 한다. 창고 보관에서 최종 사용자로의 운송까지 전체 시스템은 동일한 표준 기술 규약에 따라 운영되어야 할 것이다. 한쪽 끝에서 다른 쪽 끝으로의 원활한 전달을 보장하기 위해서 말이다.

운송/물류 인터넷에서는 전통적인 지점 간 직접 운송(point-to-point)이나 허브앤드스포크(hub-and-spoke)* 방식이 점차 사라지고, 분산되고 다중 분할된 복합 수송 방식이 자리를 잡을 것이다. 운전자 한 명이 화물을 생산 센터에서 전달 장소까지 옮기고 다시 가장 가까운 장소로 가서 돌아가는 길에 배송할 물품을 싣는 방식 대신에, 배송이 분산적으로 이루어질 것이다. 가령 이런 식이다. 첫 번째 운전자가 가까이 있는 허브에 물품을 배송하고 나서 다른 트레일러에 물품을 싣고 본부로 돌아온다. 두 번째 운전자가 그 물품을 프로세스상의 다음 허브로 배송한다. 그곳이 트럭 적하장이든 조차장이든 공항이든 말이다. 전체 수송품이 최종 목적지에 도착할 때까지 이런 과정이 계속된다.

몽트뢰유는 현재 시스템에서는 운전자 한 명이 캐나다 퀘벡에서 미국 로스앤젤레스까지 갔다가 다시 돌아오려면 1만 킬로미터 왕복 이동에 최소 이백사십 시간이 걸린다고 설명한다. 컨테이너가 백이십 시간 후에야 로스앤젤레스에 도착하는 것이다. 하지만 분산 시스템에서는 운전자 열일곱 명이 각각의 전달 장소(즉 각각의 허브)까지 평균 약 세 시간을 운전하고 같은 날 본부로 돌아온다. 이러한 넘겨주기 시스템에서는 컨테이너가 로스앤젤레스에 도착하는 데 약 육십 시간이 걸린다. 기존 지점 간 직접 운송보다 소요 시간이 절반으로 줄어드는 것이다. 인터넷을 통한 컨테이너 추적으로 각 유통 지점에서는 신속한 전달을 보장받아 운송품

---

* 수레바퀴처럼 중심 거점에서 밖으로 뻗어 나가는 방식임.

을 인계하는 시간 손실을 줄인다.[100]

현재의 물류 시스템에서 대부분의 민간 회사에는 창고나 유통센터가 한 곳 또는 몇 곳 정도만 있으며 스무 곳이 넘게 있는 경우가 드물다. 대부분의 독립된 창고나 유통센터는 보통 하나의 회사와 독점적으로 계약하지 열 개가 넘는 회사의 물류를 처리하는 경우는 거의 없다. 곧 민간 회사가 이용할 수 있는 창고나 유통센터는 겨우 몇 개밖에 안 되며 따라서 여러 대륙에 걸쳐 제품을 보관하고 운송하는 데 제한을 받는다는 뜻이다.

하지만 만약 어떤 기업이라도 지금 미국 전역에서 사용 중인 53만 5000 곳의 창고와 유통센터를 모두 사용할 수 있다면 어떨까?[101] 만약 이 센터들이 정교한 분석과 알고리즘에 의해 관리되는 개방형 공급망 안에서 연결된다면, 기업들은 이 시스템을 이용해 언제든 가장 효율적인 방법으로 물품을 보관하고 발송할 수 있을 것이다. 이 네트워크를 사용하는 모든 기업은 에너지 효율성과 생산성을 극적으로 향상하고 연료도 절약하며 이산화탄소 배출량도 감소할 수 있을 것이다.[102]

몽트뢰유는 개방형 공급망을 활용하는 기업은 리드 타임을 제로 수준에 가깝게 줄일 수 있다고 말한다. 수백 군데의 유통센터 중 최종 구매자 시장과 근접한 곳들에 재고가 분산되어 있다면 가능한 일이다. 거기에 더해 3D 프린팅이 진보하면 기업은 제품 코드를 지역 3D 프린팅 업체에 전송하고 그 업체에서 그대로 제품을 제작한 후 인근 유통센터에 보관했다가 지역 도매업자나 소매업자에게 배달할 수도 있다.

이와 같은 기술은 이미 이용 가능하다. 지금 필요한 것은 보편적인 기준과 규약, 그리고 지역, 대륙, 글로벌 차원의 물류 시스템을 관리할 비즈니스 모델을 채택하는 일이다.

물류 협동조합이나 여타 형태의 공유사회 관리 모델에 동참하는 것만이 모든 민간 기업이 더 큰 네트워크의 일부가 됨으로써 얻는 비용 편익을 거둘 수 있는 길이다. 통합 운송 서비스 제공업체들은 이미 존재하며, 고객들을 협동조합 형태로 결속하는 데에 더욱 크게 일조할 것이다. 그러면 수평적 규모의 경제를 촉진하는 운송/물류 인터넷의 잠재력이 실현된다. 개방형 물류 인프라는 통합 운송 서비스 제공업체들에 보편적인 경기장을 제공할 것이다. 단일한 협동조합 네트워크에 연결된 수천 군데의 창고 및 유통센터로 이루어진 경기장, 그리고 물류와 관련된 각 고객의 필요 사항을 최적으로 충족하기 위해 활용할 수 있는 경기장 말이다.

세 가지 인터넷 공유사회의 시간적 자원 관리

사물인터넷을 구성하는 세 가지 핵심 인프라는 관리 측면에서 유사한 과업을 공유한다. 대부분의 전통적인 공유사회에서는 자율 규제의 주된 관심사가 비축물의 고갈을 방지하기 위해 공동의 물리적 자원을 관리하는 것이었다. 이런 전통적인 공유사회와 달리, 협력 시대의 세 가지 인프라 공유사회에서는 혼잡 및 정체를 막기 위해 시간적 자원을 관리하는 것이 필요하다. 커뮤니케이션 인터넷은 무선주파수대에서 이루어지는 정보 전송의 데이터 혼잡 및 정체를 방지하기 위한 자율 규제가 필요하다. 에너지 인터넷은 최대 전력과 기저부하 관리에서 혼잡 및 정체를 방지하고, 에너지 저장량과 송전량 사이에 적절한 균형을 유지해 전류 급증 현상, 전압 저하, 정전 등이 일어나지 않게 해야 한다. 운송 인터넷은 물류 흐름을 조정하고 물리적인 자재 및 상품의 보관과 운송 사이에 균형을 유지해, 운송 혼잡 및 정체를 막고 도로, 철도, 수로, 항공로에서의 배송 스케줄을 최적화해야 한다. 이 세 가지 영역 모두에서, 네트워크화한 공유사회에 참여하는 이들이 더 많아질수록 각 구성원에게 더 많은 혜택이 돌아가지만 그와 동시에 혼잡 및 정체를 막기 위한 감시도 더 철저해져야 한다.

사적 소유권 중심인 자본주의 모델에서는 각 기업이 독자적인 섬과 같으며 한지붕 아래 경제활동을 수직적으로 모아 규모의 경제를 이루고자 한다. 바로 이런 운영상의 특징 때문에, 자본주의 모델은 수평적으로 확대되는 운영 기반 속에서 수많은 참가자가 적극적으로 협력하는 활동들을 관리하기에 부적합하다. 이런 모델에서는 모든 기업이 (공유사회 관리 방식을 택하는 대신) 타인들을 희생시켜 자신의 시간 자원의 흐름을 최적화하려 하고, 이는 네트워크상의 더 커다란 혼잡 및 정체와 운영 효율성 손실로 이어지며 결국 시스템 안의 모든 기업에 영향을 미치고 비관리 공유사회와 동반되는 비극을 초래한다.

커뮤니케이션 인터넷, 에너지 인터넷, 운송 인터넷이 가져다주는 비용 편익은 각 기업이 독자적으로 행동하는 순수한 시장경제에서는 그야말로 실현 불가능하다. 기업이 야심 찬 포부를 품고 아무리 많은 인수 합병을 추진한다 해도, 수평적으로 확대되는 네트워크화 공유사회의 일부가 됨으로써 얻을 수 있는 효율성과 생산성을 달성할 수는 없다.

1장에서 잠깐 설명했듯이 모든 사회가 제대로 기능하려면 커뮤니케이션 수단과 에너지 원천, 그리고 특정한 형태의 기동성이 필요하다. 커뮤니케이션 인터넷과 에너지 인터넷, 물류 인터넷이 결합한 사물인터넷은 상호 연결된 글로벌 공유사회 안에서 모든 인류를 통합할 수 있는 신경 시스템과 물리적 수단을 제공해 준다. 이것이 바로 우리가 말하는 스마트 도시, 스마트 지역, 스마트 대륙, 그리고 스마트 지구이다.

모든 인간 활동을 지능형 글로벌 네트워크 안에서 연결하면 전혀 새로운 경제적 존재가 탄생한다. 1차 및 2차 산업혁명의 낡은 존재는 거대 자본을 필요로 하는 커뮤니케이션·에너지·운송 인프라에 의존했으며, 따라서 규모의 경제를 이루기 위해 중앙집권식 지휘 및 통제 아래 수직적으로 통합된 시스템으로 조직되어야만 했다. 자본주의 시스템과 시장 메커니즘은 그 패러다임을 진행시키기 위한 최적의 제도적 도구였다.

그러나 3차 산업혁명이라는 새로운 존재는 본질적으로 매우 다르다. 그것은 금융자본보다는 사회적 자본을 더 필요로 하며, 수직적이 아니라 수평적으로 규모를 확대하고, 엄격한 자본주의 시장 메커니즘이 아니라 공유사회 관리 방식이 보다 적합하다. 이는 자본주의 시장의 지속적인 생존 여부가 새로운 세상에서 자기 나름의 가치를 찾는 능력에 달려 있다는 뜻이기도 하다. 점점 더 네트워크로 연결되고 분산되고 개방되고 협력하도록 설계되고 있는 사회가 새로운 효율성과 생산성을 안겨주는 세상에서 말이다.

낡은 시스템이 자본주의 시장에서의 독자적인 사익 추구와 어울린다면, 떠오르는 새로운 시스템은 네트워크화 공유사회의 깊은 협력과 어울린다. 앞으로 도래하는 시대에는 사회의 경제생활을 조직하던 정부와 민간 부문의 오랜 동반자 관계가, 공유사회가 추가된 삼자 관계로 대체될 것이다. 공유사회의 역할이 갈수록 커져 가는 가운데 정부와 시장의 힘이 보완적 역할을 수행하는 식으로 말이다.

4부

사회적 자본과
공유경제

13

소유권에서 접근권으로의 전환

사유재산이 자본주의 시스템을 정의하는 특징이라면 자가용은 그 전형과도 같은 아이템이다. 세계 여러 지역에서 주택 보유자보다 자가용 소유자가 훨씬 더 많은 실정이다. 자동차는 종종 개인에게 가장 귀중한 사유재산으로 받아들여졌고, 자동차를 소유한다는 것은 오래전부터 재산 관계의 세계로 진입하는 통과의례로 여겨져 왔다.

'자동차'라는 용어 자체가 자신의 영역을 지배하고자 하는 인간 본성이 자율성과 이동성을 추구하려는 동기를 부여받는다는 고전파 경제 사상을 연상시킨다. 미국인들은 오래전부터 자유사상을 자율성과 이동성에 연관시켜 왔다. 생생한 기계의 힘으로 자신의 육체적인 힘을 확장할 수 있는 밀폐된 차량의 운전석에 앉을 때 최고조로 자율성을 감각하게 된다. 자율적이 된다는 것은 자신의 운명의 지배자가 된다는 뜻이고, 자급자족할 수 있다는 뜻이며, 의존적이 되지 않는다는 뜻이자, 타인에게 얽매이지 않는다는 뜻이다. 한마디로, 자유로워진다는 것이다. 자동차는 궁극적인 인클로저를 상징한다. 자가용은 자신의 섬이 되고자 하는, 개인적이고자 하는, 방해받지 않고자 하는 욕망을 반영한다. 우리는 또한 자유를 걸림돌 없는 이동성과 동일시한다. 제한 없이 어디로든 여행할 수 있는 능력은 신체적 자유의 느낌과 밀접하게 연결되어 왔다. 나와 동년배들은 모두 젊은 시절 처음으로 자기 자동차의 운전대를 잡고 트인 도로를 질주하면서 이런 종류의 환희를 경험했다. 자본주의 시대에 자유란 타인을 배제할 수 있는 권리라는 부정적인 용어로 정의되었다. 자동차는 전통적인 자유 개념의 상징이었다.

그러나 인터넷 세대는 자유를 타인을 배제할 권리라는 부정적인 개념이 아닌 무리에 포함되어 타인과 어울릴 권리라는 긍정적인 개념으로 받아들인다. 그들에게 자유란 자신의 생활을 최적화하는 능력을 의미하는데, 그 최적화된 생활은 경험을 다양화하고 평생 교류할 수 있는 여러 공동체로 자신의 관계를 분산함으로써 실현된다. 그리고 자유의 수준은 시장에서 재산을 얼마나 소유하느냐보다는 네트워크에서 타인에게 얼마나 많이 접근하느냐로 측정된다. 관계 속에 더욱 깊이, 더욱 많이 포함될수록 스스로 향유하는 자유가 커진다. 페이스북이나 트위터 등의 사회적 공간에서 타인에게 지속적으로 접근하는 것이 자신의 생활을 의미 있게 만든다. 인터넷 세대에게 자유란 피어투피어 세계에서 타인과 제한 없이 협력하는 능력이다.

자유의 성격에 관한 세대적 사고의 전환(소유하고 배제할 권리에서 접속하고 교류할 권리로의 전환)에 의문을 품는 사람들은 다음의 놀라운 통계에 주목할 필요가 있다. 18세에서 24세의 운전자를 대상으로 한 최근 설문조사에서 46퍼센트가 (둘 중 하나를 선택해야 하는 경우) 차량 소유보다 인터넷 접속을 택했다. 또한 19세 이하의 청소년 중 면허증을 취득한 비율이

1998년 64.4퍼센트에서 2008년에는 43.6퍼센트로 감소했다. 1981년에서 2000년 사이에 태어난 신세대 소비자 3000명은 기업 브랜드 서른한 개 중 가장 선호하는 브랜드를 묻는 질문에 주로 구글 등 인터넷 기업을 상위권으로 꼽았다. 최상위 열 개 브랜드 중 자동차 회사는 단 하나도 이름을 올리지 못했다.[1]

자동차에 대한 인식 변화

새로운 세대의 젊은이들은 소유권보다 접근권을 선호하면서 자동차와의 관계를 바꾸고 있다. 차량 공유가 전 세계의 밀레니엄 세대에게 큰 인기를 얻고 있다. 더 많은 젊은이들이 약간의 회비만 내면 언제라도 차량에 접근할 수 있는 차량 공유 클럽에 가입하고 있다. 회원권에는 도시에 산재한 여러 주차장에서 차량에 접근할 수 있는 스마트카드 기능이 탑재되어 있다. 회원은 웹이나 스마트폰 앱을 통해 차량을 예약할 수 있다. 집카(Zipcar) 또는 시카고의 I-Go처럼 개인회사가 운영하기도 하지만 샌프란시스코의 필리카셰어(Philly Car Share), 시티카셰어(City CarShare), 미니애폴리스의 아워카(HourCar)처럼 비영리단체가 운영하는 경우가 더 많다.

2012년 현재 미국에서는 80만 명이 차량 공유 서비스에 가입했으며, 세계적으로는 스물일곱 개국에서 170만 명이 차량을 공유하고 있다. 리서치 전문 회사 프로스트앤드설리번에서 실시한 최근 연구조사에 따르면 2020년경 EU에서 200개가 넘는 차량 공유 단체가 활동하며 총 공유 차량 대수는 2만 1000대에서 24만 대로 증가할 거라고 예측된다.[2] 차량 공유 회원은 향후 칠 년 내에 70만 명에서 1500만 명으로 증가할 것이며 매출액은 26억 유로에 이를 것이다. 차량 공유 매출은 북미에서 더욱 빠르게 성장하여 2016년에는 30억 달러를 넘어설 것으로 기대된다.[3]

차량 공유 네트워크가 증가하면서 그 회원들이 소유하는 차량 수는 감소하고 있다. 주요 차량 공유 회사 열한 곳에서 회원을 대상으로 실시한 조사에 따르면 조사 대상의 80퍼센트가 차량 공유 네트워크에 가입하면서 이전에 소유했던 자동차를 팔았다고 응답했다. 가족 중 일원이 여전히 자동차를 소유하는 경우에도 차량 공유 회원으로 가입한 후 소유 차량 대수가 가구당 0.47대에서 0.24대로 감소했다.[4]

차량 공유는 도로 위의 자동차 수를 줄일 뿐만 아니라 이산화탄소 배출량도 줄인다. 2009년에 공유 차량 한 대는 자동차 열다섯 대를 도로 위에서 사라지게 하는 효과를 냈다. 더욱이 차량 공유 회원은 자동차를 소유했을 때보다 31퍼센트 적게 운전한다. 이러한 운행 습관 변화를 통해 미국에서는 이산화탄소 배출량이 48만 2170톤 감소되었다.[5]

차량 공유 습관은 상당한 파급효과를 일으키고 있다. 2011년 조사에 따르면 차량 공유를 시작한 사람들은 다른 이동 수단도 바꾸는 경향이 있다. 즉 자전거, 도보, 대중교통의 활용을 높이는 것이다.[6] 특히 기술 발달(스마트카드, 로그인과 대여 절차를 간소화해 주는 터치스크린, 자전거 이용자에게 차량 공유 시스템과 대중교통 환승을 통합해 주는 GPS 추적 시스템) 덕분에 지난 오 년 동안 자전거 공유가 큰 폭으로 증가했다. 혁신 제품인 태양에너지 전기 자전거는 젊은 세대로부터 열광적인 지지를 받고 있다. 2012년 현재 북미에는 열아홉 개의 자전거 공유 프로그램이 있고 이용자 수는 21만 5000명이다.[7] 세계적으로는 100개 이상의 자전거 공유 단체가 13만 9300대의 자전거로 서비스 중이다.[8]

미국과 캐나다에서는 새로운 IT 기반의 공공 자전거 공유 프로그램의 58퍼센트를 비영리단체가 운영하고 21퍼센트를 개인회사가 운영하며 16퍼센트를 공공 기관 및 위탁 업체가 운영하고 있다. 비영리단체는 회원의 82퍼센트, 자전거의 66퍼센트를 점유하는 강자이다.[9]

자전거 공유 회원은 연간, 월간, 일간으로 가입할 수 있으며, 일회성 이용도 가능하다. 회원 카드나 신용카드를 읽기만 하면 간단하게 자전 거를 이용할 수 있고 스마트폰으로도 체크인 할 수 있다.

자전거 공유는 러시아워에 교통 정체가 극심한 복잡한 대도시에서 인기가 상승하고 있다. 프랑스 파리의 자전거 공유 업체 벨리브(Vélib')와 미국 워싱턴 D. C.의 자전거 공유 업체 캐피털바이크셰어(Capital Bikeshare)의 조사에 따르면 자전거 공유자 중 압도적 다수가 자전거로 이 동하는 것이 훨씬 빠르고 편리하다고 응답했다. 자전거 공유는 차량 유 지에 들어가는 비용도 절약해 준다.[10]

차량 공유는 가정의 지출도 줄여 준다. 미국에서는 자동차 한 대를 유 지하는 데 월평균 수백 달러가 드는데 이는 가구 수입의 20퍼센트를 차 지하며 주거비 다음으로 큰 부담이다. 기름값의 가파른 상승은 차량 소 유 부담을 가중한다. 차량 공유 이용자는 자동차 소유 비용뿐 아니라 수 리비, 보험료, 면허세, 기타 세금 등 고정비 부담을 없애거나 대폭 덜 수 있다.

미국에서 자동차가 차고에서 잠자는 시간의 비율이 평균적으로 92퍼 센트에 달한다는 조사 결과도 있다.(즉 도로 위를 달리는 운행 시간은 자동차 수 명의 8퍼센트에 불과하다.) 자동차가 극도로 비효율적인 고정자산이라는 의 미다.[11] 이런 이유 때문에 젊은이들은 자동차를 소유하는 것보다 시간 단 위로 이동 비용을 지불하는 것을 훨씬 편하게 느낀다.[12]

차량 공유 서비스는 전기 자동차로의 전환도 촉진하고 있다. 2013년 파리 시는 주변 마흔여섯 개 도시와 차량 공유 협정을 맺고 전기 자동차 1750대와 전기 충전소 750곳을 파리 시와 외곽 지역 전역에 걸쳐 제공하기로 했다.[13] 오토리브(Autolib')는 이산화탄소를 배출하지 않는 실용적인 전기 자동차를 회원에게 제공하면서 빠르게 성장 중인 차량 공유 단체이다. 프로스트앤드설리번은 2016년에는 신규 공유 차량 다섯 대 중한 대는 전기 자동차가 될 거라고 예측한다. 이렇게 되면 전체 공유 차량의 10퍼센트가 전기 자동차가 되는 셈이다.[14]

피어투피어 방식의 차량 공유 과정은 다음과 같다. 개인 차량 소유자는 자신의 자동차를 릴레이라이즈(RelayRides) 같은 온라인 네트워크에 무료로 등록하고 다른 사용자와 공유한다. 차량 대여자는 대여 가능 시간, 시간당 가격, 대여 조건 등을 결정할 수 있다. 릴레이라이즈는 차량 임차인의 사고 경력 등을 조사하고 보험을 책임진다. 차량 임차인은 유류비와 차량 파손 시 수리비를 부담한다. 차량 소유자가 대여료의 60퍼센트, 릴레이라이즈가 40퍼센트를 얻는다. 차량 소유자는 자동차의 유지 보수를 책임지지만 모든 새 차와 대부분의 중고차에 대한 기본 정비료가 무료이기 때문에 실제 부담하는 부분은 노후 부품 교체 비용 정도이다. 차량 소유자는 시간당 5~12달러의 대여료로 연평균 2300~7400달러의 수입을 올릴 수 있다. 보유한 차량에 대해서 월평균 715달러 정도의 유지비를 지출해야 하기 때문에 피어투피어 공유를 활용하면 상당한 비용 절감 효과를 얻을 수 있다.[15]

차량 공유 클럽은 통합교통수단제공서비스(ITPS)와의 협력을 강화하고 있다. 회원들이 필요에 따라 다른 교통수단으로 갈아타며 목적지에 도착할 수 있도록 돕기 위해서다. 이를 통해 회원은 공유 차량을 전철역에 주차한 후 열차로 갈아탈 수 있다. 다른 역에 도착하면 자전거 공유대에서 자전거로 갈아타고 최종 목적지 인근의 자전거 공유 거치대까지 갈 수도 있다. 스마트폰의 ITPS 앱을 통해 이러한 환승 정보를 쉽게 얻을 수 있다. 만약 이동 중에 다른 용무가 생겨 경로를 바꾸고 싶으면 경유지 및 목적지를 재입력해 몇 초 내에 앱에서 실시간 교통 흐름과 혼잡도까지 고려한 최적의 경로를 다시 얻을 수 있다.

거대 자동차 회사 몇몇도 차량 공유라는 새로운 유행에 합류하기 시작했다. GM은 릴레이라이즈와 협력하여 GM벤처스를 설립했다. GM벤처스는 피어투피어 차량 공유 네트워크에 자금을 지원하는 한편 자사의 온스타(Onstar) 시스템을 제공하여 사용자가 휴대전화로 GM 차량에 손쉽게 접근하도록 돕는다. GM 부회장 스티븐 거스키는 차량 공유에 적극적으로 개입하는 이유를 이렇게 설명한다. "우리의 목표는 고객에게 선택의 폭을 넓혀 주고 미국 내 대도시의 교통량을 감소해 도시 이동성에 관한 문제를 해결하는 데 기여하는 것이다."[16]

GM을 비롯한 여러 자동차 회사들은 여타 경제 영역의 자본주의 기업들과 마찬가지로 자신들이 처한 불편한 상황을 깨닫고 있다. 네트워크화 공유사회의 출현으로 이동성의 비용이 감소하고 있는 것이다. 일단 단기적으로 볼 때 그 어떤 자동차 회사도 방관자 입장을 취할 수 없다. 그들이 들어설 자리에 경쟁자가 뛰어들어 차량 공유사회 활동의 일부를 선점할 거라는 두려움 때문이다. (실제로 이미 그런 일이 벌어지고 있다.) 하지만 자동차 회사들이 차량 공유에 참여해서 어떤 이익을 얻을지라도 그것은 점점 줄어드는 자동차 판매량과 비교해서 검토되어야 한다. 차량 공유 클럽 회원의 80퍼센트가 공유 네트워크에 가입한 후 예전에 소유했던 자동차를 팔았다는 사실과 공유 차량 한 대가 자가용 열다섯 대를 도로 위에서 사라지게 했다는 사실을 되새겨 보라. 자동차 제조사들은 이미 수익성이 면도날처럼 얇아진 데다가 게임을 좌지우지할 재량권조차 거의 없기 때문에, 그 게임의 규칙 자체가 자동차 판매량을 감소하고 낮아진 수익성을 더욱 악화시킬지라도 차량 공유 사업에 관여하지 않을 수 없는 입장이다.

2009년까지 GM의 연구개발 및 기획 부사장을 역임하고 현재는 미시
간 대학교 공학 교수로 재직 중인 로런스 번스는 자동차업계가 직면한
모순적 상황의 핵심을 정확히 짚어 낸다. 그가 자료를 토대로 계산해 본
결론은 이렇다.

미시간 주의 앤아버 등에 사는 도시민에게는 차량 공유 서비스를 이용하
는 편이 자동차를 소유하는 것에 비해 70퍼센트 이상 저렴하다. 차량 소유
에 필요한 비용의 5분의 1 이하만 투자하면 될 테니 말이다.[17]

놀랍게도 번스는 "자가용이 모두 공유, 합승 차량으로 활용된다면 전
체 자동차 수가 80퍼센트 이상 감소되더라도 동일한 수준의 이동성을
더 적은 비용으로 제공할 수 있을 것"이라고 시인한다.[18] 그는 효율성의
관점에서 볼 때 소유 비용의 20퍼센트로 동등한 이동성을 제공하는 공
유 차량이 공공복지를 최적화할 것이며, 그저 흘려보내기에는 매우 훌
륭한 기회라는 사실을 인식하고 있다. 이 전직 GM 중역은 도로 위 자동
차 수가 대폭 감소하리라는 사실을 알면서도 시장에서의 차량 소유가
협력적 공유사회에서의 차량 공유로 전환되기를 열정적으로 기원한다.
　사회의 공공복지를 최적화하기에 보다 적합한 협력적 공유사회의 부
상 속에서 2차 산업혁명 동안 자본주의 시장의 꽃이었던 자가용은 분산
적이고 수평적으로 규모를 확대하는 차량 공유라는 기회의 희생물로 전
락하고 있다. 공유경제가 자본주의를 잠식하는 것이 아니라 이익의 기
회를 제공하는 시장으로 기능한다고 여전히 믿는 이들이 미처 파악하지
못한 것은, 시장이 공유사회를 길들이기보다는 공유사회가 시장을 길들
이고 있는 현실이다.
　개인적 이동 수단의 전환, 즉 소유에서 접근으로, 시장에서 공유사회

로 향하는 전환은 앞으로 무인 자동차의 도입과 더불어 더욱 가속화할 것이다. 2012년 미국 캘리포니아 주지사 제리 브라운은 주 내의 도로에서 무인 자동차의 운행을 합법화하는 법률안에 서명했다. 이어서 네바다 주와 플로리다 주도 그들의 도로 위에서 무인 자동차가 달리는 것을 허가했다. 법안에 서명하면서 브라운 주지사는 이렇게 선언했다. "오늘 우리는 공상과학소설이 내일의 현실이 되는 것을 목도하고 있습니다."[19]

이 법안을 가결시키기 위해 강력한 로비 활동을 펼쳤던 구글은 이미 무인 자동차의 50만 킬로미터 시험 주행을 완료했다.[20] GM과 메르세데스벤츠, 아우디, 폭스바겐도 무인 자동차를 시험하고 있다. 구글 자동차는 토요타 프리우스를 개조한 모델로 카메라, 레이더 센서, 레이저 거리 측정기, GPS 내비게이션 시스템에 연결된 정밀한 구글 지도를 이용하여 운전사 없이 자동으로 주행한다.[21]

일부 자동차 애호가들은 무인 자동차의 안전성에 의문을 제기한다. 그러나 자동차공학자들은 자동차 사고의 90퍼센트가 사람의 실수 탓이라고 지적한다.[22] 사람이 운전하는 것과 달리 무인 자동차는 한눈을 팔지 않으며 술이나 마약에 취하거나 졸린 상태로 운전하지 않기 때문에 미국에서만도 연간 몇 만 명에 달하는 교통사고 사망자를 줄일 가능성을 열어 준다.[23] J.D.파워의 설문조사 결과에 따르면 18세에서 37세 운전자의 30퍼센트가 확실히 무인 자동차를 구매하거나 그럴 가능성이 높다고 말했다.[24] 이 비율은 무인 자동차가 가져올 도로 운송의 혁명적 변화의 엄청난 잠재력을 대변한다.

전통주의자들은 운전자 대다수가 직접 운전하는 데서 오는 (제어감은 물론이고) 짜릿함을 좋아하기 때문에 무인 자동차에 관심을 보이지 않을 거라고 주장한다. 구세대는 그럴 수도 있겠지만, 인터넷 세대는 아닐 것이다. 밀레니엄 세대들은 이미 운전 중에도 스마트폰으로 딴짓을 하기 일쑤이지 않은가. 그런 그들이 운전대를 잡지 않아도 되는 기회(그 대신 스마트폰으로 다른 일을 할 수 있는 기회)를 마다하고 직접 운전하는 것에 더 흥미를 느낄지 의문이다. 협력의 시대에는 시간이 소중한 자산이고 집중은 가치 있는 작업이다. 따라서 사람들은 운전하는 데 소모하는 하루의 몇 시간을 가상공간에서 좀 더 흥미로운 활동에 쓸 여유 시간으로 돌리려 할 것이다.

구글의 공동 창업자 세르게이 브린은 차량 공유자 수백만 명이 전자적으로 차량을 호출할 날이 멀지 않았다고 예상한다. 목적지에 탑승자를 내려 준 무인 자동차는 자동으로 다음 고객을 태우러 출발하거나 가까운 차량 공유 기지로 귀환하여 전기 배터리를 재충전하고 다음 고객의 호출을 기다릴 것이다.

2013년 5월 메르세데스벤츠는 부분적인 무인운전 기능과 자동 주차 기능을 갖춘 새로운 S-클래스 승용차를 소개했다. 가격이 10만 달러 수준인 이 차량은 자동으로 차선을 준수하며 앞차와의 차간거리를 유지한다. 다임러의 CEO 디터 체체는 메르세데스벤츠의 새로운 자동차가 "자동 주행의 신기원"을 열었다고 말한다.[25]

시장분석가들은 팔 년 정도 후에 무인 자동차의 상업적 이용이 가능해질 것이라고 추정한다. 브린은 더욱 낙관적이어서 완벽한 무인 자동차를 볼 날이 오 년도 채 남지 않았다고 말한다.[26]

휴대전화로 간단하게 차량 공유 서비스를 이용해서 무인 자동차에 '접근'할 수 있고 그 차량이 이용 시간을 정확히 산정해서 저렴한 요금을 부과하며 목적지까지 GPS 안내를 따라 편안하게 모셔 준다면, 누가 굳이 자동차를 '소유'하고 싶어 할까?

시장에서의 재화 교환으로 상징되는 자본주의 시대가 저물고 협력적 공유사회의 접근 서비스가 주도권을 넘겨받고 있다는 증거가 필요하다면, 바로 이 자동차에 대한 인식 변화야말로 가까이 다가온 대규모 변혁의 '일단 채택된'(즉 반증이 없는 한 그것으로 충분한) 증거라 할 수 있다.

소유의 종말

2000년에 나는 『소유의 종말』이라는 책을 썼다. 이 책은 닷컴 버블이 터지기 직전에 출간되었다. 월드와이드웹이 출현하고 나서 십 년 후 인터넷은 성년이 되었다. 수억 명이 오백 년 전 신대륙 발견이 안겨 준 것에 비견될 정도로 기회가 넘쳐 나는 새로운 가상공간에서 접속과 탐색을 향유했다. 가상공간의 새로운 영토에 대한 지도를 그리고 국경 없고 제한 없는 처녀지를 개척하기 위한 광적인 질주가 이어졌다. 매일 새로운 소셜 미디어 공간이 온라인으로 연결되었으며, 모든 세대가 타인과 삶을 공유하고 협력하는 완전히 새로운 방식을 창조할 수 있다는 가능성에 매혹된 것처럼 보였다.

가상공간의 식민지화에 동조하는 모든 표면적 과장의 이면에서, 학자들과 활동가들은 이 새로운 가상의 광장(역사상 최초로 모든 인류 구성원이 참여할 수 있는 광장)이 과연 사회 구성 방식의 근본을 어떻게 바꿀지 질문하기 시작했다. 예전에는 상상조차 할 수 없었던, 만인이 만인과 전지구적 규모로 서로 접속하고 협력하며 새로운 방식으로 상호작용하는 사회적 공간에서 과연 어떤 결과가 나올 것인가 말이다.

나는 1998년부터 『소유의 종말』의 집필을 고려하기 시작했다. 그 당시 나는 펜실베이니아 대학교 와튼 스쿨의 최고경영자과정(AMP)에서 강의하고 있었다. 전 세계 CEO들이 인터넷 주변을 어슬렁거리기 시작했고 이것이 그들의 사업에 위협인지 기회인지, 혹은 둘 다인지 파악하려고 애썼다. 내가 몇 가지 질문을 고민하기 시작한 것이 그 무렵이었다. 만약 무수히 많은 인터넷 사용자들이 기존 시장의 상업적 경로를 우회하기 시작한다면 어떤 일이 일어날 것인가? 만약 그들이 자기 나름대로 가상적 교류 공간을 만들고 인터넷의 분산적, 협력적 특성을 활용하여 수평적 규모의 경제를 창출하며 공유사회를 토대로 아이디어와 정보, 심지어 재화를 서로 공유하기 시작한다면? 그리하여 기존의 자본주의 가치 사슬에 존재하는 모든 중개인과 가격 인상, 이윤을 배제해 버리고 추가 단위 생산에 들어가는 한계비용을 거의 제로로 만들어 버린다면? 이미 그 삼사 년 전부터 아마존과 이베이는 판매자와 구매자 사이에 끼어들어 있던 몇몇 중개인들의 가치 흐름을 따라 돌아가던 이윤을 무너뜨리고, 거기서 생기는 상업적 이득의 잠재력을 보여 주지 않았던가.

더욱이 1999년에 발표된 냅스터는 그런 가능성을 한 단계 높이고 있었다. 냅스터는 인터넷상에서 파일을 공유하는 피어투피어 네트워크로, 수백만 명이 공유사회를 토대로 음악을 공짜로 공유하게 해 줬다. 갑자기 새로운 경제 모델이 생긴 것이다. 이후 이삼 년도 채 지나지 않아 여타의 인터넷 파일 공유 네트워크가 잇따르면서 음악 산업을 뒤흔들어 놓았다.

냅스터는 경제 게임의 규칙을 바꾸었다. 판매자와 구매자는 사라졌고 제공자와 사용자로 대체되었다. CD 소유는 온라인 뮤직 라이브러리 접근으로 대체되었다. 시장은 네트워크화 공유사회에 굴복했다. 소수의 거대 음반 회사가 지배하던 수직 통합형 산업은 피어투피어 협력자로 변모한 수백만 구매자의 집합적 무게를 견디지 못하고 무너져 버렸다.

이 현상은 과연 전염될 수 있을까? AMP에서 내 강의를 듣는 임원들이 관계된 모든 회사와 산업에 영향을 미칠 수 있을까? 내 질문에 기업 경영인들은 "잘 모르겠다."라는 답을 내놨다.

『소유의 종말』에 나는 다음과 같이 썼다.

  오백여 년 전 인클로저 운동으로 토지의 사유화와 노동의 재화화가 이
루어졌을 당시 다수의 사람들이 그랬던 것처럼, 오늘날의 많은 사람들 역
시 시장을 소외하고 재화를 공유한다는 개념 자체를 상상조차 할 수 없다
고 여긴다. 하지만 이십오 년 후에는 갈수록 많은 기업과 소비자에게 소유
권이라는 개념 자체가 제한적인 것으로, 심지어는 구시대적인 것으로 여
겨질 것이다.[27]

  이 책이 출간된 이후 십 년 동안 나는 동일한 질문을 와튼 스쿨 강의실
에 앉은 기업 경영인들에게 계속 던졌다. 상업 문화의 모든 부문에서 소
유권이 아닌 접근권에 대한 갈망이 증가하는 추세를 보이면서 "잘 모르
겠다."라는 대답은 점차 줄어들었다. 글로벌 기업들은 물건 판매를 덜 강
조하기 시작했으며, 고객의 가치 사슬의 모든 측면을 관리하는 쪽으로
사업 관행을 재조정함으로써(그들의 용어로는 "솔루션 제공자"가 됨으로써) 소
유권에서 접근권으로 이동하는 시대 변화에 적응하기 시작했다. 그들은
이윤이 급속도로 사라지는, 급변하는 경제 환경 속에서 존재론적 적합
성을 찾으려고 애쓰고 있다. 오늘날 젊은 세대가 협력적 근육을 꿈틀거
리며 한계비용 제로 사회를 추구함에 따라 소유권에서 접근권으로, 그
리고 시장에서 네트워크화 공유사회로 이동하는 변화에 영향을 받지 않
는 산업 분야는 거의 없다.
  수백만 명이 네트워크화 공유사회에서 자동차와 자전거뿐 아니라 주
택과 의류, 공구, 장난감, 기술 등도 공유하고 있다. 공유경제가 부상하
는 데는 여러 원인이 결합되어 작용한다. 2008년 여름 2차 산업혁명 경
제의 국제적 붕괴는 생각의 환기를 촉구하는 신호였다. 미국과 다른 여

러 나라에서 수억의 가정이 빚을 져서 들여놓고는 거의 사용하지도 않는 '물건'들이 집 안에 가득함을 깨달았다. 이어서 유가가 국제시장에서 배럴당 147달러로 치솟고 구매력이 곤두박질치며 경제가 정체되고 수백만 노동자들이 해고 통지서와 함께 집으로 되돌려 보내지는 냉혹한 현실이 펼쳐졌다. 더불어 또 다른 대공황에 대한 우려가 팽배해졌다.(우리는 그것을 "대침체"라 부르기로 합의했다.) 봉급은 사라졌고 다시 봉급을 받을 가망도 거의 없는 상태에서 수백만 가정이 예금통장을 뒤적이고는 잔고가 바닥났다는 사실만 확인했다. 또 하나 확인한 게 있었는데, 바로 거의 이십 년에 걸쳐 방탕한 소비를 탐닉하며 역사상 최대의 구매 잔치를 벌인 결과로 남은 재앙적인 빚더미였다. 한번 생각해 보라. 2008년 기준 미국인 가구의 부채 총액은 13조 9000억 달러에 달했다.[28] 여기서 빠져나오려면 몇 십 년이 걸릴 것이다. 설사 그런다 해도 현재의 젊은 세대들은 그들의 부모나 조부모 세대가 누렸던 생활수준에는 결코 이르지 못할 거라고 경제학자들은 경고한다.

사상 최초로 수백만 가정이 불필요한 데다가 아직 값도 다 치르지 못한 물건들을 돌아보며 이렇게 묻기 시작했다. "왜 내게 이런 일이 일어났지?", "왜 세상이 이렇게 되어 버렸느냐고?" 그것은 집단적인 존재론적 질문이자 현대적 삶의 본질에 대한 자기탐구적 재평가였다. "내가 대체 무슨 생각을 했던 거지?"라는 질문은 이른바 "소비자 사회"에서 차마 발설하지 못하는 장탄식이 되었다. 그런 가운데 일부는 자신의 행복과 안녕에 거의 아무런 보탬이 되지 못하는 재화를 축적하는 일의 가치에 대해 의문을 품기 시작했다.

그와 동시에 부모들은 재앙적인 기후변화의 무시무시한 경고에 시달렸다. 지구의 환경 자원을 희생시키며 말로 다할 수 없는 번영(상위 중산층의 평균적 부가 불과 사백 년 전 왕이나 황제의 부를 능가했다.)을 창출한 이백 년에 걸친 산업화의 결과였다. 그렇게 쌓은 부로 자식들과 손자들에게 훨씬 더 부담스러운 데다가 갚을 수 없을지도 모르는 환경적 부채를 부과했단 말인가?

평범한 가정의 구성원들은 자신들이 속았다는 것을 깨닫기 시작했다. 기업들이 몇 십억 달러를 들여 쏟아부은 광고의 홍수 탓에 심신 쇠약성 중독에 빠져들었고 결국 파멸과 절망의 문턱에 서게 됐다는 사실을 인식하기에 이른 것이다. 그것은 "아뿔싸!"를 수반한 집단적 깨달음의 순간이었고, 많은 사람들이 불현듯 멈추고는 되돌아가기 시작한 순간이었다. 탈출구는 전체 경제생활 방식을 거꾸로 바꿔 놓는 것이었다. 덜 사고 더 저축하고 소유물을 공유하는 것 말이다. 그렇게 고삐 풀린 소비는 공유경제로 대체되기 시작했다.

강력하고 새로운 경제 운동이 하룻밤 사이에 부상했다. 그 주된 이유는 젊은 세대에게 스스로 자유롭게 다룰 수 있는 도구, 즉 빠르고 효과적으로 규모를 확대하며 개개인의 남는 물건을 글로벌 공유사회에서 나누게 해 주는 도구가 생겼기 때문이다. 인터넷의 분산적, 협력적 성격은 수백만 명이 자신은 넉넉하게 가지고 있으면서 타인에게 유용한 모든 것을 공유할 적합한 상대를 찾게 도와주었다. 공유경제의 탄생이었다. 이는 시장 자본보다 사회적 자본에 훨씬 더 의존하는 새로운 종류의 경제이다. 그리고 익명의 시장 권력보다는 사회적 신뢰를 토대로 살아 숨 쉬는 경제이다.

옥스퍼드와 하버드를 졸업하고 GE 및 IBM 담당 컨설턴트로 일했던 레이철 보츠먼은 새로운 공유경제에 합류하기 위해 삶의 경로를 바꾸고 협력적 소비로 가는 길을 연구하고 있다. 그녀는 소셜 웹이 세 단계를 거쳤다고 지적한다. 첫 번째는 프로그래머들이 코드를 자유롭게 공유하는 단계였다. 두 번째는 페이스북과 트위터에서처럼 사람들이 삶을 공유하는 단계였다. 세 번째는 유튜브와 플리커에서처럼 사람들이 창조적 콘텐츠를 공유하는 단계였다. "이제 우리는 네 번째 단계에 진입하고 있다. 이 단계에서 사람들은 같은 기술을 적용해서 현실 세계의 온갖 오프라인 자산까지 공유하게 됐다고 말할 수 있다."[29]

나는 여기에 모종의 증폭기를 추가하고 싶다. 커뮤니케이션 인터넷만으로 위의 세 단계가 가능해지긴 했지만, 네 번째 단계에서는 지원군을 만나 보다 큰 영향력을 행사하게 될 것이다. 커뮤니케이션 인터넷이 향후 몇 년에 걸쳐 에너지 인터넷 및 운송 인터넷과 통합되어 한계비용 제로 수준으로 운영되는 통합 공유형 사물인터넷을 확립하면 여타의 공유 가능 영역(대여 및 재분배, 문화 교류, 전문 지식 및 기술 교류 영역)의 잠재력까지 극적으로 신장할 것이다. 그렇게 되면 틈새 영역에 있던 협력적 생산과 교환이 지배적인 패러다임으로 규모를 확대할 것이며 자본주의는 공유 사회에 끌려다닐 것이다.(그 반대가 아니라 말이다.)

보츠먼은 우리 안에서 성장하는 새로운 경제 패러다임의 생리를 제대로 포착했다.

사람들은 이미 일상적으로 협력적 소비를 활용하고 있다. 물물교환과 빌려 주기, 맞바꾸기, 임대, 증정, 바꿔 쓰고 돌려주기 등과 같은, 기술 공동체 및 또래 공동체를 통해 재정의된 전통적 공유가 그것이다. 협력적 소비는 제품과 서비스에 대한 접근권의 (소유권을 능가하는) 막대한 혜택을 일깨우는 동시에 돈, 공간, 시간을 절약하게 해 준다. 또한 새로운 친구를 만나게 해 주며 다시 한 번 적극적인 시민이 되도록 돕는다. … 이런 시스템은 사용 효율성을 증진하고, 폐기물을 감소하며, 보다 나은 제품을 개발하려는 동기를 부여하고, 과잉생산 및 과잉소비에 따른 잉여물을 추방하는 등 의미심장한 환경적 혜택을 제공한다.[30]

모든 것의 공유

우리가 소유한 재화의 상당수는 일정 시간 사용되지 않은 채 방치되는 경우가 허다하다. 여분의 방이나 심지어 소파를 숙박 시설로 공유하는 것이 여행을 좋아하는 활동적인 젊은이들 사이에서 인기를 끌고 있다. 에어비앤비(Airbnb)와 홈어웨이(HomeAway)는 여분의 방을 객실로 임대하고자 하는 수백만의 주택 보유자들과 민박 희망자들을 연결해 주는 대표적인 스타트업이다. 2008년 온라인에 등장한 에어비앤비 사이트에는 삼 년 만에 11만 개의 이용 가능한 객실이 등록되었으며, 놀랍게도 현재 매일 새로운 방이 1000개씩 추가로 등록되고 있다.[31] 지금까지 300만 명의 에어비앤비 회원이 192개국 3300개 도시에서 천만 일에 달하는 숙박을 예약했다.[32] 2012년에는 국제적인 호텔 체인의 부러움(혹은 두려움)을 살 만한 지수 곡선을 그리며 연간 500퍼센트라는 예약 성장률을 자랑했다.[33] 2014년 현재 에어비앤비는 오랜 전통을 자랑하는 세계 최대 규모의 힐튼 호텔 체인과 인터컨티넨탈 호텔 체인의 전 세계에 걸친 하루치 객실 가동 수(數)를 연내에 능가할 것으로 기대되고 있다.[34]

여타의 공유 중개업체와 마찬가지로 에어비앤비 역시 민박 임대인과 임차인을 연결해 주는 대가로 매우 적은 수수료를 받는데, 그것만으로도 충분히 운영이 가능하다. 고정비용이 매우 적게 들어가고 민박 중개를 한 단위 추가하는 데 드는 한계비용이 거의 제로에 가깝기 때문이다. 새로운 모든 공유 사이트들처럼 에어비앤비 같은 스타트업은 인터넷의 수평적으로 규모를 확대하는 매우 극적인 잠재력을 누리며 기존의 호텔 체인을 몇 년 내에 따라잡고 추월할 것이다.

에어비앤비는 인터넷 공유사회에서 활동하는 일종의 사기업이다. 하지만 에어비앤비의 주요 경쟁자인 카우치서핑(Couchsurfing)은 성격이 다르다. 카우치서핑은 비영리 조직으로 출범해 2011년까지 그 상태를 유지했다. 그 기간 동안 207개국 9만 7000개 도시에서 550만 명의 회원을 모았다.[35] 2012년에 명목상 영리 사업체로 전환했지만 여전히 무료 서비스를 제공하고 있으며 사용자는 자발적으로 25달러의 평생 회비를 납부할 수 있다.[36] 회원은 무료 숙소를 상호 제공한다.

카우치서핑은 본질적으로 사회적 책임에서 사명을 찾기 때문에 좀 더 상업적인 에어비앤비와 차별화된다. 회원들은 숙박하는 동안 서로 어울리고 우정의 끈을 발전시키도록, 그리하여 방문 후에도 계속 관계를 유지하도록 권장된다. 목표는 "카우치서핑 회원들이 만남을 통해 삶을 공유하고 문화적 교류와 상호 존중을 촉진하도록" 돕는 것이다.[37] 99퍼센트 이상의 회원이 카우치서핑을 통해 긍정적인 경험을 한 적이 있다고 답했다.[38] 회원들이 방문을 통해 우정을 맺었다고 보고한 사례가 1910만 건에 달한다. 또한 뜻이 맞는 공유 경험자들끼리 결성한 회원 모임이 4만 개가 넘는다.[39]

장난감도 공유 아이템으로 대여하는 데 성공했다. 베이비플레이즈 (Baby Plays), 렌트댓토이!(Rent That Toy!), 스파크박스토이즈(Spark Box Toys)가 대표적이다. 25달러에서 60달러 수준의 월 회비만 내면 매달 네 개에서 열 개까지의 장난감을 회원의 가정으로 배달해 준다. 장난감은 위생 기준에 맞춰 매번 살균 처리된다. 부모들은 아이들이 장난감에 금방 싫증 낸다는 것을 잘 안다. 장난감 상자나 옷장 혹은 다락방의 박스 속에 때로는 몇 년씩 먼지를 뒤집어쓰고 방치되기 일쑤이지 않은가. 장난감 공유를 통해 어린아이들도 장난감이 소유물이 아니라 단기간의 놀이 도구임을 일찍 배우고 사용하는 물건들에 대한 인식도 바꿀 수 있다.

가장 개인적인 물건이라 할 수 있는 의류조차도 소유물에서 대여물로 변신하고 있다. 그중에서 넥타이 대여가 가장 활발하다. 워싱턴 D. C.의

스타트업 타이소사이어티(Tie Society)는 유명 디자이너 300여 명의 넥타이를 보유하고 있다. 이것을 사려면 상당한 출혈을 감수해야 한다. 월 회비 11달러만 내면 회원은 살균 처리된 넥타이를 한 박스 가득 받을 수 있고 매달 다른 디자인을 고를 수 있다.[40]

여성 의류의 경우에는 렌트더런어웨이(Rent The Runway), 아이엘라(I-Ella), 메이크업앨리(MakeupAlley), 아벨레(Avelle) 등의 사이트가 소매 패션업계의 제공자와 사용자를 연결해 준다. 디자이너 의류, 핸드백, 보석 등을 구매해 소유한 여성은 사는 것보다 훨씬 저렴한 비용으로 의류와 액세서리를 빌리려는 사용자와 연결된다.

물건 임대차가 인기를 끌면서 재분배 네트워크도 함께 주목받고 있다. 플라스틱, 유리, 종이를 재활용하며 자라난 젊은 세대가 자기 소유의 아이템을 재활용하려는 것은 놀랍지 않다. 일부만 사용되는 물건의 생산 필요성을 낮춰 아이템 생명주기를 최적화한다는 개념은 지속성이 새로운 근검절약이라고 여기는 젊은이들에게 제2의 천성이 되고 있다.

공유 가능 재활용품을 다루는 프리사이클네트워크(TFN)는 초창기 공유사회의 선도적 조직이었다. 85개국에서 900만 회원을 보유한 이 비영리 조직은 5000개의 지역 그룹으로 조직되어 있고, 회원들은 사용하지 않는 물건을 지역공동체 내 다른 회원이 무료로 이용하도록 게시한다. TFN의 설립자들은 그들의 재활용 공유사회 모델이 "한 번에 하나의 선물로 세상을 바꿔 나가고 있다."라고 자부한다.[41]

스레드업(ThredUP)은 또 다른 유명한 재분배 조직이다. 회원이 40만 명인 이 온라인 위탁 업체는 유아복, 아동복 재활용에서 시작해 최근 여성 의류까지 대상을 넓혔다.[42] 스레드업은 한 아이가 열일곱 살이 될 때까지 안 맞는 옷이 1360벌이 넘게 생긴다고 지적한다.[43] 아이가 옷이 안 맞을 정도로 크면 부모들은 입을 수 없는 옷을 스레드업 가방에 넣어 현관에 내놓는다. 스레드업은 운송비를 자부담하며 옷들을 수거해 간다. 그렇게 수거해 간 옷이 새 주인을 만나면 스레드업은 그 옷을 제공한 사람에게 상응하는 포인트를 준다. 그 포인트는 스레드 상점에서 성장한 자녀가 입을 '새로운' 구제 옷을 구입하는 데 사용할 수 있다. 이런 공유 가능 위탁 의상실은 75퍼센트까지 할인한 가격으로 구제 옷을 판매하며 (물려준다기보다는) 돌려 입게 만들어 옷에 다중의 생을 부여한다. 스레드업의 성공은 수평적으로 규모를 확대한 분산형 네트워크로 수많은 제공자와 사용자를 연결해 주는 웹의 능력 덕분이다. 회원들은 스레드업 웹사이트의 '진열대'에서 수천 가지 아이템을 탐색하여 자기 아이에게 꼭 맞는 옷을 찾을 수 있다. 스레드업 웹사이트는 월간 약 38만 5000회에 달하는 방문 횟수를 기록하고 있으며, 2012년에는 35만 개가 넘는 아이템을 판매했고, 주문량은 매달 무려 51퍼센트씩 늘고 있다.[44]

누가 과연 협력적 소비와 공유경제의 개념에 반대할 수 있을까? 이 새로운 경제 모델은 아주 친절하다. 공유한다는 것은 인간 본성의 가장 선한 부분을 대변한다. 중독적 소비를 줄이고 근검절약을 최적화하며 더욱 지속 가능한 삶의 방식을 촉진하는 것은 칭송받아 마땅한 일일 뿐만 아니라 우리의 생존을 보장하는 필수적인 일이기도 하다.

하지만 이곳에서도 승리자와 패배자가 존재한다. 여전히 지배적인 자본주의 시스템은 공유 문화가 새로운 수익 창출의 흐름으로 향하도록 영향력을 행사함으로써 협력적 경제에서 자신의 가치를 발견할 수 있다고 믿는다. 하지만 증가하는 네트워크화 공유사회에서 자본주의 시스템이 짜낼 수 있는 약간의 수익은 그것이 잃는 기반에 비하면 미약한 수준일 것이다.

호텔들에는 비록 예약이 계속 들어오고 있지만, 젊은이들이 에어비앤비나 카우치서핑으로 이동함에 따라 호텔업의 시장 규모가 축소되는 것을 이미 목도하고 있다. 높은 고정비용에 짓눌리는 거대 호텔 체인들이 저렴한 데다가 한계비용이 제로 수준인 몇 백만의 개인소유 공간들과 어떻게 경쟁할 수 있을까?

이미 이윤 감소 추세에 영향을 받고 있는 모든 종류의 소매상들 역시 의류에서 가전제품, 장난감, 공구 등에 이르는 수천 가지 아이템이 대여 및 재활용 네트워크에서 이용되는 공유경제로 말미암아 마찬가지로 불리한 입장에 처할 것이다. 사용자 간의 재활용으로 물건의 생명주기가 늘어나면 이들의 판매량은 심각하게 감소할 것이다.

2012년 온라인에 등장한 새로운 공유 사이트 옐들(Yerdle)을 발견했을 때 내 머릿속에는 소매업체의 딜레마가 떠올랐다. 옐들의 설립자들은 재계와 밀접하게 연결된 지속가능성 활동 전문가들이다. 애덤 워바크는 시에라 클럽(Sierra Club)*의 총재 출신이고 앤디 루벤은 월마트의 최고지속가능성책임자(CSO) 출신이다. 옐들은 사용하지 않는 물건의 증여나 임대, 판매를 원하는 페이스북 '친구'들을 연결해 준다. 옐들의 회원들은 의류를 비롯하여 어떤 것이든 교환할 수 있다. 휴대전화, 컴퓨터, 스포츠 용품, 주방 용품, 애완동물 용품 등 그야말로 모든 것을 말이다.

현재 옐들 내 커뮤니티는 지역을 기반으로 한다. 지역 주민들끼리 물건을 공유하도록 지원하는 것이다. 페이스북 '친구'들은 오십 개 이상의 공유 아이템을 보유하는 경우 옐들에 모여 공유 커뮤니티를 조성할 수 있다. 옐들 내의 몇몇 커뮤니티는 수천 가지 아이템을 보유하며 '친구'가 공유하고자 하는 물건들을 "한곳에서 다 구할 수 있는" 쇼핑 경험을 제공한다. 옐들은 각각의 공유 거래에 대해 수수료를 부과하지 않지만, '친구'들은 일반적으로 배송비를 부담해야 한다. 옐들이 성장하고 지역 네

---

* 1892년 미국에서 설립된 세계적 민간 환경 운동 단체임.

트워크가 지리적으로 확장되면 등록된 아이템은 '친구'뿐 아니라 잘 모르는 사람들에게 판매될 수도 있을 것이다. 옐들은 향후 운영비를 충당하기 위해 소액의 거래 수수료를 받을 계획이다.

다른 공유 사이트들처럼 옐들은 모든 재화를 생명주기가 다하기 전까지 폐기하지 말고 재활용하고 재사용하자는 순환 경제 사상의 확산에 기여하고 있다. 설립 목표로 내세우는 지속가능성 비즈니스 개념도 매우 합리적이다. 하지만 설립자들이 소매업체의 지원에 타당성을 부여하며 소매업체와의 연대를 시도한다면 상황은 혼란스러워질 것이다. 워바크는 이렇게 말한다. "만약 사람들이 주변에서 줄 톱을 빌릴 수 있다면 소매업체의 활동 분야는 단지 새로운 줄 톱을 판매하는 것뿐 아니라 사람들이 시도하는 일(줄 톱 대여)을 돕는 것으로 확장될 수도 있다."[45] 그럴지도 모르지만… 과연 정말 그럴까?

워바크와 루벤은 "공유가 쇼핑보다 즐겁다."라는 아이디어를 강조한다. 이 생각에 많은 사람들이 동의할 것이다. 하지만 과연 월마트도 동의할까? 결코 그럴 것 같지 않다! 그럼에도 대형 소매 체인들을 끌어들일 수도 있는 (최소한 틈새시장 성격의) 상업적 기회를 찾아 주기 위해 워바크와 루벤은 몇몇 시나리오를 제안한다. 대형 소매 체인들이 쇼핑이 아닌 공유 촉진 운동에서 이득을 얻을 수도 있는 시나리오다. 예를 들면 캠핑 경험이 없는 옐들 회원이 처음으로 캠핑을 가고자 했을 때 (다음에도 계속 캠핑을 가고 싶은 마음이 생길지 어떨지도 모르는 상태에서) 비싼 캠핑 장비에 500달러씩이나 투자하고 싶지 않다면 처음에는 옐들에서 입수한 캠핑 장비로 시작할 것이다. 그런데 만약 대형 소매 체인 같은 상업적 소매점이 옐들의 후원자나 '친구'로 참여한 상태라면, 캠핑에 맛을 들이기 시작한 초보자가 돈을 더 들여 최신 캠핑 장비로 갈아타며 상거래의 안락한 품으로 파고들 수도 있지 않겠는가. 다시 말하지만 이것이 자본주의 시장과 공유사회 사이에서 줄타기를 하고 있는 다수의 젊은 사회적 기업가들의 희망 사항이다. 핵심 질문은 이것이다. 어느 쪽에 충실을 기하고 있는가? 크리스 앤더슨을 위시한 여럿의 관점처럼, 한계비용 제로 수준의 공유사회를 자본주의 시장이 개척해야 할 중요한 상업적 기회로 바라보는가? 아니면 그것을 독자적인 목적 그 자체, 즉 넘쳐 나는 응용 가능성으로 일부 시장의 참여를 유도할 수도 있는 새로운 경제 패러다임으로 보는가? 나는 대부분의 사회적 기업가들이 두 번째 범주에 속한다는 것을 의심하지 않는다. 하지만 그들이 새롭게 형성되고 있는 네트워크화 공유사회에 기존의 자본주의 시스템을 참여시킬 적절한 방식을 발견하기를 갈망하는 것 또한 사실이다.

협력적 소비경제의 현재와 미래를 다루는 비영리 온라인 잡지 《셰어러블(Shareable)》의 공동 창업자이자 편집장인 닐 고렌플로는 2011년 미국 소매 매출이 4조 7000억 달러였던 반면 협력적 소비는 1000억 달러 상당에 근접한 수준이었다고 말한다. 그러면서 고렌플로는 대형 소매업체가 자신의 강력한 상업적 지위를 활용해 신속하게 협력적 소비경제의 주류를 차지할 것이라고 주장한다.[46] "그러기 위해 그들은 무엇을 할 수 있는가?" 고렌플로의 물음이다.

고렌플로는 소매업체에서 판매 상품 각각에 대한 (공유경제 전반에 걸친) 사용자 간 재활용 과정에 개입하여 소득 흐름의 일부를 점유할 수 있게 해 주는 제품 추적 시스템의 개요를 다음과 같이 보여 준다. 소매점에서의 구매 시점이 곧 "해당 제품이 수요자와 제공자 역할을 겸하는 다중 사용자들을 거치며 생명주기를 마칠 때까지 그것을 관리해 주는 협력적 시장"의 관문이 된다.[47] 각 아이템에는 모든 제품 정보와 거래 데이터를 자동적으로 인코딩 하며 재활용에 참여한 사용자별 내력을 제공하는 고유한 식별자(identifier)가 부착된다. 대형 소매 체인은 구매자들이 재활용 가능한 제품을 원활하게 대여하거나 교환하도록 돕는 대규모 온라인 장터를 개설할 수도 있다. 고렌플로는 이 계획이 (구매자를 감시하는 것이 아니라) 구매자에게 자신의 물건을 관리하는 통제권을 부여하며 자신의 물건을 공유할 세계 최대의 시장을 열어 주는 시스템이라고 말한다. "나는 이런 서비스라면 각각의 거래마다 소액의 수수료를 기꺼이 지불할 것이다."[48] 이 시나리오에서는 모두가 승자가 된다고 고렌플로는 말한다.[49]

계속 그의 논리를 따라가 보자. 소매업체는 제품의 전체 생명주기에 걸쳐 지속적으로 수익을 거두며, 나아가 일부 제품을 아예 처음부터 판매가 아닌 공유 수수료 기반의 서비스로 시장에 출시하기도 한다. 그러는 가운데 소매업체는 재공유경제의 핵심에 자리 잡는다. 제품의 전체 생명주기에 걸쳐서 값을 요구하는 일은 제품의 품질과 내구성을 향상하도록 소매업체를 독려하는 요인으로 작용한다. 사용자는 장기적 소유권에 비해 훨씬 저렴한 비용으로 단기적 접근권을 보장받는 이득을 누리며, 덜 낭비적이고 더 지속 가능한, 보다 큰 공유경제에 소속감을 느낀다.

흥미로운 발상이다. 분명히 공유사회는 소매업체에 참여의 기회를 제공할 것이다. 그러나 소매업체에 황금빛 기회를 펼쳐 준다기보다는 그들을 돕는 시늉만 할 공산이 크다. 소매업체들은 처음에 판매한 제품의 나머지 생명주기 동안 내내 어느 정도의 수익을 거둘 수 있겠지만, 수백만 명이 덜 구매하고 더 공유함으로써 그들이 받을 손해에 비하면 별 의미가 없는 정도일 것이다. 다시 말하지만 자본주의 시장이 공유사회를 토대로 유용성을 발견할 수 없다는 의미가 아니다. 다만 사회적 경제가 시장경제를 잠식해 나갈수록 자본주의 시장은 계속 줄어들어 훨씬 더 제한적인 틈새 공간으로 들어갈 것이라는 이야기다.

뒤뜰의 텃밭도 공유되고 있다. 셰어드어스(SharedEarth)는 인터넷 기업가 애덤 델이 개설한 사이트다. 델은 텍사스 오스틴에 있는 자기 집 뒤뜰에 채소밭을 가꾸길 원했다. 하지만 직접 그렇게 할 시간과 경작 기술이 없었다. 그래서 그는 2010년에 크레이그스리스트(Craigslist)에 다음 광고를 올렸다. "제가 토지, 씨앗, 물을 제공하겠습니다. 당신은 노동력과 노하우를 제공해 주세요. 우리는 수확물을 50 대 50으로 나눌 수 있을 겁니다." 얼마 후 텃밭 가꾸길 좋아하지만 아파트에 살아서 그럴 수 없었던 한 여성이 연락해 왔고, 그렇게 거래가 성사됐다.[50]

인터넷에 밝은 대부분의 전문가들과 마찬가지로 델은 자신의 경험 역시 웹에 올림으로써 수평적으로 규모를 확대할 수 있다는 사실을 간파하고는 셰어드어스를 구상했다. 개설 초기 7만 4000제곱미터였던 셰어드어스 등록 공유지는 네 달 만에 230만 제곱미터로 늘어났다. 델은 앞으로 수백만 제곱킬로미터의 방치된 뒤뜰이 공유 경작지로 탈바꿈되는 모습을 마음속에 그린다.

나는 셰어드어스가 의미 있는 영향을 미칠 수 있는 무엇이라고 생각하고, 또 그렇게 되길 희망한다. 4000억 제곱미터의 텃밭이 생긴다고 상상해 보라. 그것은 많은 산소를 뿜어내고 다량의 이산화탄소를 감소할 것이며 적잖은 식품을 안겨 줄 것이다.[51]

셰어드어스는 아직은 기존의 농업 영역에 심각한 위협이 아니다. 하지만 델은 많은 경작 희망자들이 방치된 뒤뜰에 연결되면 고품질 유기농 제품의 생산이 늘어날 거라고 예상한다. 그는 그러한 노력이 원거리 배송용 작물을 대량 생산하는, 수직적으로 규모를 확대하는 중앙집권식 농업에서 벗어나, 지역 소비용 현지 농업을 지향하는 새로운 유행을 독려하고 나아가 생산 효율성을 증진하는 데 기여하길 바란다.

델은 "셰어드어스는 무료 서비스이다. 우리는 비즈니스 모델이 없다."라고 덧붙인다. 하지만 나는 그의 말을 이렇게 고쳐 주고 싶다. "셰어 드어스에는 훌륭한 비즈니스 모델이 있다. 우리는 그것을 공유사회라고 부른다."[52]

한편에서는 젊은 세대의 농부들이 규모 있는 농경으로 농작물을 수확해 도시 소비자들과 공유하기 시작했다. 1960년대에 유럽과 일본에서 시작된 공동체지원농업(CSA)이 그것인데, 1990년대 인터넷의 부상과 함께 미국과 여타 국가에 빠르게 확산되었다. 도시 소비자들은 경작 시기에 앞서 지역 농민들에게 영농 자금과 농산물 대금으로 일정 금액을 지불한다. 소비자가 사실상 주주가 되는 방식이다. 그 대가로 소비자는 재배 기간 내내 농산물을 자기 집으로 또는 인근 유통 센터로 배송받을 수 있다. 그해 농사가 풍작이면 소비자는 주주로서 계약된 양보다 많은 농산물을 받는 혜택을 누린다. 반면에 기상이변 등으로 흉작인 경우에는 생산물을 예정된 양보다 적게 받음으로써 농부와 고통을 분담한다.

소비자와 농부 사이의 리스크 공유는 상호 신뢰라는 유대감을 창출하며 사회적 자본을 조성한다. 게다가 종래의 수직 통합형 기업식 농업 분야에 존재하던 중간상인을 제거할 수 있기 때문에 최종 소비자가 농산물에 지출하는 비용이 크게 감소한다.

대부분의 CSA 사업은 화학비료와 살충제를 쓰지 않는 친환경 유기 농법을 사용하여 비용을 줄이는 한편 환경 피해를 제거한다. 또한 플라스틱 포장을 없애고 (지역 소비자와의 연계를 통해) 농산물의 장거리 운송을 불필요하게 만들어 환경 비용 및 에너지 비용을 크게 줄인다.

인터넷은 피어투피어 네트워크에서 농부와 소비자가 보다 쉽게 연결되도록 도움으로써 CSA 사업의 촉매제 역할을 해 왔다. 지역별 CSA 웹 사이트는 또한 농부와 소비자가 작물 재배와 배송 일정에 관한 최신 정보를 공유하면서 지속적으로 소통하도록 돕는다. CSA는 전통적 농산물

시장의 판매자와 구매자 개념을 소셜 공유사회의 제공자와 소비자라는 새로운 개념으로 대체하고 있다. 어떤 의미에서는 자신이 소비할 최종 농산물을 생산하는 자금을 대는 식으로 참여함으로써 소비자가 프로슈머가 되는 셈이다. 전 세계적으로 수천 개의 CSA 사업체가 활동하고 있으며, 젊은 세대가 자신의 상업적 선택의 보다 많은 부분을 공유사회의 사회적 경제에서 행사한다는 개념에 갈수록 친숙해짐에 따라 그 숫자는 더욱 증가할 것이다.

환자 주도형 의료 서비스

의류, 음식, 소파의 공유도 일상생활의 개인적 측면을 다루기는 하지만, 공유사회에서 업로드 되는 것 중 가장 사적이고 은밀한 영역에 속하는 것은 의료 데이터이다. 수백만 명이 증상, 진단, 처방 정보를 공유하면서 자신의 의료 기록과 현재 상태의 세부 사항을 오픈소스화하고 있다. 그들은 치료법을 발견하기 위해 협력하고, 서로를 위로하고 격려하는 지원 그룹에 가입하며, 의료 보건 정책을 재고하도록 정부와 보험회사, 의료업계를 압박하는 압력단체의 선봉에 선다. 의료 서비스 비용이 무려 GDP의 17.9퍼센트를 차지하는 미국에서 환자들은 시장경제와 병행해 의학 이론과 치료법에 새로운 방향을 제시하는 의료 공유사회의 일원으로서 점점 자기 자신의 보호자로 변모하고 있는 것이다.[53]

전통적으로 의사와 환자 간의 사적인 관계(의사는 처방하고 환자는 수동적으로 지시를 따르기만 했다.) 중심이었던 의료 분야가 개방형 네트워크화 공유사회에서 환자 치료와 공중 보건을 개선하기 위해 환자와 의사, 연구자, 그리고 여타 의료 서비스 제공자가 협력하는 분산적이고 수평 확대적인 피어투피어 관계로 급격히 바뀌고 있다.

환자 주도형 의료 서비스는 갈수록 많은 사람들이 자신의 의학적 상태를 정확히 파악하기 위해 인터넷에서 유사한 증상의 경험담을 찾기 시작하면서 자연 발생적으로 시작되었다. 이 과정에서 그들은 증상이 비슷한 다른 사람과 웹상에서 만나고 의료 기록을 공유했다. 이미 진단을 받은 사람들도 병력이 유사한 사람들로부터 조언을 구하기 위해 다양한 의료 관련 웹사이트에서 자신의 사적인 병력을 공유하기 시작했다. 의사의 처방에 만족하지 못한 다른 이들은 대안적 치료법을 배우고자 하는 희망으로 유사한 입장에 처한, 마음이 통하는 개인들을 찾기 시작했다. 사람들은 또한 특정 약물을 복용하면서 (특히 다른 약물과 함께 복용했을 때) 겪은 부작용을 비교하기 시작했다. 치료법이 아예 없거나 기존의 치료로는 부적합한 만성질환이나 치명적 질병에 걸린 사람들은 잠재적 치료법을 찾기 위해 연대하기 시작했다. 더욱 활동적인 사람들은 서로에게 정서적, 실질적 도움을 줄 수 있는 그룹을 조직했고, 자신들의 질병에 대중의 관심을 모으고 치료법 개발에 더 많은 공적 자금을 투자받기 위해 압력단체를 출범시켰다.

현재 수백만 명이 질병 치료와 공중 건강을 위해 교류하고 지원하며 조력하는 수많은 소셜 미디어 웹사이트가 존재한다. 페이션츠라이크미(PatientsLikeMe), 온라인암자료협회(ACOR), 림프관평활근종증재단(LAM Foundation), 큐어투게더(Cure Together), 라이프래프트그룹(Life Raft Group), 자폐증연구기구(Organization for Autism Research), 척색종재단(Chordoma Foundation), 자궁근종절제직접연구조사재단(LMSarcoma Direct Research) 등이 유명한 사이트이다.

환자 주도형 의료 사이트 중 상당수는 주목받지 못하고 치료법 연구도 거의 없는 희귀 질환을 앓는 사적인 이야기에서 성장한 것들이다. LAM은 세포 성장을 규율하는 세포 경로에 결함이 생겨 발생하는 희귀하고 치명적인 질병이다. 이 결함은 젊은 여성의 폐를 파괴하며, 피부암과 유방암을 포함하는 다수의 악성종양과도 관련되어 있다고 알려져 있다.

2005년, 당시 학생이었고 현재는 하버드 대학교 메디컬 스쿨 교수인 에이미 파버는 LAM 진단을 받았고, 임신을 하면 병이 악화될 것이라는 경고를 받았다. 치료법을 찾기 위해 애쓰던 파버는 기존의 연구 기관에 문의한 결과 이 질병에 대한 연구가 거의 진행되고 있지 않으며 그나마 있는 미미한 연구조차 기관 간의 협력 없이 고립되어 진행되고 있음을 알게 되었다. 실망한 그녀는 하버드 메디컬 스쿨의 교수이자 암 연구자인 조지 드미트리 박사에게 연락을 취했다. 당시 드미트리 박사는 희귀 암에 대한 경험과 통찰력을 얻기 위해 인터넷을 활용해 전 세계의 환자들을 연결하는 방안을 모색 중이었다. 드미트리는 그렇게 얻은 데이터로 LAM의 속성과 진행 과정에 관한 모종의 '집단 지혜'를 발견하고 그것을 토대로 치료법과 치료약을 찾기를 희망했다. 이후 MIT 미디어랩 학과장인 프랭크 모스가 드미트리와 파버의 노력에 동참하면서 환자가 자신의 상태에 관한 기록을 올릴 수 있는 웹사이트 LAM재단(thelamfoundation.org)이 탄생했다. 환자들이 이 사이트에 올린 데이터는 축적되고 분석되어 연구원들이 새로운 연구 시나리오를 체계적으로 구상하도록 돕는다. 이런 식의 크라우드소싱 연구 방식은 막대한 시간과 비용을 소모해 가며 환자를 그저 수동적 피험자로 취급하는 기존의 (상의하달식의) 일방적이며 폐쇄적인 연구 방식과 근본적으로 다르다. 의료 보건 공유사회의 여타 연구 커뮤니티처럼 LAM재단 사이트도 환자들의 집단적 지혜를 연구 계획서 입안의 토대로 삼는다. "우리는 실제로 환자를 연구원으로 변모시키며 의료진과 연구원, 환자 간 힘의 균형을 바꿔 놓고 있다." 모스의 설명이다.[54]

길레스 프리드먼이 설립한 ACOR은 환자 주도형 의료 서비스 개념을 한 단계 더 발전시켜 더욱 포괄적인 의료 보건 공유사회를 창출하고 있다. 여기에는 163개의 온라인 커뮤니티를 중심으로 60만 명 이상의 환자와 보호자가 활발하게 참여한다. LAM재단의 치료 집단이 자신의 상태를 보고하는 환자들과 연구 계획서를 입안하는 연구원들에 의존하는 것과 달리 ACOR의 환자들과 보호자들은 과학적인 정보를 공유하며 "그들의 질병에 관한 연구를 안내한다는 궁극적인 목표 아래 데이터 수집 및 축적의 새로운 방법론을 체계화하고 발전시키는 일"에 공동으로 참여한다.[55] 그들은 또한 과학적 연구를 위한 기금도 모금한다. 이 온라인 환자들은 프리드먼이 말하는 "참여 방식의 의학 모델"을 발전시키고 있다. 이것은 환자, 연구원, 의사, 비용 지불인, 의료 기구 회사, 보호자, 약품 회사, 의료 전문가 등 모든 다양한 관계자를 공유사회에 참여시켜 환자 치료의 최적화에 협력하게 하는 모델이다.

환자 주도형 연구는 이제 과학 분야의 내부 성소(聖所)에까지 침투하기 시작했다. 일부 온라인 환자 커뮤니티는 피부 조직과 표본 은행을 설립했다. 또 일부는 시험용 세포계(cell line)*를 창출했으며, 또 다른 일부는 환자 기록부를 만들고 임상 실험 네트워크를 구성했다.[56]

페이션츠라이크미는 20만 명이 넘는 환자들이 약 1800개 질병을 추적하는 환자 주도형 의료 서비스 네트워크이다. 그들은 탄산 리튬 약물이 퇴행성 질환인 루게릭병(ALS, 근위축성측삭경화증)의 진행을 늦출 수 있다는 기존 연구의 결론을 반박하는 최초의 환자 발의형 관찰 연구 결과를 발표했다.[57] 이 단체는 "리튬을 복용한다고 보고한 환자들과, 유사한 경과를 보이는 다수의 다른 ALS 환자들을 연결하도록 고안된 새로운 알

---

* 초대 배양세포로부터 대를 이어 얻은 세포군의 계통을 뜻함.

고리즘을 (자체) 개발했다."라고 밝혔다.[58] 페이션츠라이크미는 (미국 식품의약국(FDA)의 승인을 받지 못한) 비인가 리튬을 사용한 ALS 환자 348명을 추적해서 "리튬이 이들 환자의 질병 진행에 뚜렷한 영향을 미치지 않는다."라는 사실을 발견했다.[59]

비록 환자 주도형 실험을 이중 맹검(double-blind)* 방식의 통제된 임상 연구와 비교할 순 없겠지만, 그 속도와 저렴한 비용은 그것을 의학 연구라는 경기장의 새로운 강자로 만든다. 위장관기질종양(GIST)을 다루는 의료 서비스 공유체 라이프래프트그룹의 노먼 슈어저는 많은 환자들이 의학 연구와 관련해 새로운 공유사회 접근식으로 옮겨 가는 이유를 이렇게 설명한다.

환자 주도형 연구의 커다란 장점은 속도이다. 우리는 시간 소모적 단계를 거치는 전문 연구원들보다 훨씬 더 빠르게 한시가 급한 사람들에게 생명 구조 정보를 제공할 수 있다. … 이것은 몇 년이 걸릴 수도 있다. 그래서 전문 연구에는 치명적인 시간 지연이 태생적으로 내재할 수밖에 없다. 일부 사람들이 중요한 의학적 돌파구를 알게 되는 시간과 모든 사람이 알게 되는 시간 사이의 지연 말이다.[60]

이중 맹검 방식의 통제된 임상 연구는 엄청나게 많은 비용이 들지만 빅데이터와 알고리즘을 이용해 건강 관련 양상과 영향을 발견하는 환자 발의형 관찰 연구는 제로 수준 한계비용으로 수행될 수 있다.

아직 발달 초기 단계이긴 하지만, 이런 식의 오픈소스 접근 방식의 연

---

* 실험이나 검사에 주관성이 개입할 가능성을 배제하기 위해 실험 진행자와 참여자 모두에게 실험에 관한 정보를 제공하지 않는 것을 뜻함.

구는 종종 (종래의 임의 통제형 실험에 수반되던) 느리고 시간 소모적인 전문 검증이 부족하다는 문제를 겪는다. 옹호자들도 이런 단점을 잘 알지만, 위키피디아가 자체적으로 '걸러 내기' 과정을 마련해 웹사이트에 올라오는 항목을 검증하고 확인하는 것처럼 환자 주도형 연구 역시 점차 적절한 검증 체계를 구축할 수 있다고 확신한다. 현재 위키피디아는 1900만 명의 기고자를 보유하고 있다. 사용자 수천 명이 사실 여부를 검증하고 항목을 정제하기 때문에 이 오픈소스 웹사이트의 정확도는 결코 다른 백과사전들에 뒤지지 않는다. 위키피디아는 현재 세계에서 여덟 번째로 방문자 수가 많은 웹사이트이며, 무수히 많은 사용자를 세계 지식의 백과사전으로 끌어들이고 있다.[61]

환자 주도형 보건 공유사회의 옹호자들은 우리에게 위키피디아가 처음 온라인에 등장했을 때를 상기시킨다. 당시 학계에서는 학자의 연구 조사에 대한 그런 식의 민주화는 백과사전 편찬에 적용되는 고도의 학문적 표준을 심각하게 손상할 우려가 있다고 주장했다. 그들의 우려는 적절하지 않은 것으로 드러났다. 환자 주도형 오픈소스 공유 보건 연구의 옹호자들은 엄격한 과학적 계획을 마련하고 행하는 크라우드소싱 방식의 연구가 종래의 연구보다 못할 이유가 어디에 있는지 묻는다.

모두가 의사가 되는 세상

젊은 세대의 의사들이 새로운 환자 주도형 보건 공유사회 운동과 보조를 맞추기 시작하는 신호도 감지된다. 매사추세츠 종합병원에서 뇌전증(간질)을 전문으로 하는 신경과 전문의 댄 호치는 새로운 온라인 환자 공유사회 운동에 합류한 것과 관련해 통찰력 있는 이유를 밝혔다. 그는 의료업계에 환자들을 모이게 만들면 안 된다는 "무언의 금기"가 늘 존재했음을 인정했다. 의사의 권위를 떨어뜨리는 일이 생길지도 모른다는 두려움에서 비롯한 금기였다. 그는 이렇게 썼다. "처음에는 환자들 사이의 상호작용을 증진하고 의사의 중심적 역할을 덜 강조함으로써 의료계에 깊이 뿌리박힌 모종의 터부를 위반하고 있는지도 모른다는 불편한 감정을 느꼈다."[62]

호치는 곧 그런 감정을 과감히 떨쳐 내고 브레인토크커뮤니티즈라는 온라인 간질 지원 그룹에 대해 알아보기로 결심했다. 브레인토크는 병원 동료 존 레스터가 개설한 비영리 웹사이트 커뮤니티였다. 당시 브레인토크에서는 알츠하이머병, 다발경화증, 파킨슨병, 헌팅턴병, 간질 등 다양한 신경계 질환과 관련된 무료 온라인 그룹이 300개 이상 활동하고 있었다. 전 세계 20만 명이 넘는 개인들이 정기적으로 브레인토크 웹사이트를 방문했다.

의심하던 바와는 달리, 호치는 포스팅의 30퍼센트만이 정서적 지원과 관련되고 나머지 70퍼센트는 그룹 회원들이 해당 질병과 치료 방안, 관리 계획, 부수 효과, 일상적 대응법 등을 서로 가르쳐 주는 내용이라는 사실을 발견하고서 적잖게 놀랐다. 특히 흥미로웠던 것은 회원들이 근거 없거나 의심스러운 정보에 대해 지속적으로 사실을 확인하며 자기교정 과정을 거친다는 사실이었다. 호치는 "브레인토크커뮤니티즈 간질 그룹 같은 온라인 그룹이 그 어떤 환자 한 명보다 더 똑똑하며, 많은 의사들 혹은 심지어 전문의들보다도 더 영리하고 이해력이 높다."라는 사실을 깨달았을 때 가장 놀랐다고 말한다.[63]

호치는 놀랍게도 이렇게 시인하며 결론을 내렸다.

나는 오직 의사만이 환자에게 "권능을 부여한다."라고 믿도록 교육받았다. … 이제 갈수록 더 많은 환자들이 의사의 도움이 있든 없든 자신에게 완벽하게 권능을 부여할 수 있게 될 것이 분명해 보인다.[64]

현재 수백 개의 오픈소스 온라인 보건 공유사회가 존재한다. 이 숫자는 세계의 여러 나라들이 의료 서비스를 능률화하기 위해 전자 건강 기록을 이용하기 시작함에 따라 향후 몇 년 사이에 극적으로 증가할 것이다. 2009년 미국 정부는 의료 서비스 제공자들의 전자 건강 기록 시스템을 갖추기 위해 보조금 12억 달러를 지급했다.[65] 앞으로 미국과 여타 국가에서 이용할 빅데이터는, 적절한 사생활 보호 정책 아래 오픈소스 환자 주도형 보건 공유사회에서 사용된다면, 의료 서비스 분야를 혁신할 수도 있는 일단의 정보를 제공할 것이다.

빅데이터를 이용해 건강 문제를 다루는 일의 잠재력은 심각한 유행성 독감이 전 세계를 강타한 2013년 겨울에 뚜렷이 드러났다. 구글은 독감이 발발한 위치와 전염성의 강도를 정확히 짚어 냈을 뿐 아니라 독감 관련 주제에 대한 사람들의 구글 검색 데이터를 분석해서 실시간으로 확산 경로를 추적할 수 있었다. 사후 분석에서는 (부분적으로는 더욱 많은 사람들을 독감 관련 검색으로 끌어들인 매스컴의 광범위한 보도, 특히 소셜 미디어의 활약 때문에) 구글이 전염성의 강도를 과대평가했다는 사실이 드러나기도 했지만, 구글의 추적은 조기 경보 메커니즘으로 충분히 의존할 만했기에 미국 질병통제예방센터(CDC)는 구글을 질병 감시 프로그램의 공식 파트너로 삼았다.[66]

전염병의 경우 실시간으로 확산 상황을 추적하는 일은 해당 질병을 통제하는 데 극히 중요한 부분이다. 그에 따라 지역 보건 서비스를 동원해 필요한 대상에 신속히 예방 접종을 하거나 관리 체제를 갖출 수 있으며 국민에게 경계령을 내려 전염률을 크게 감소시킬 수 있다. 종래의 감시 시스템에서는 전국의 의사들로부터 내원 환자에 관한 데이터를 수집하는 데 통상 한두 주가 걸린다. 그때쯤이면 독감 바이러스가 이미 절정에 달했거나 한창 기승을 부리고 있을지도 모른다. 구글은 사람들이 의사를 찾기 하루이틀 전 자신의 증상이 전염병과 일치하는지 알아보려고 웹을 검색하는 그 최초 반응을 추적한다.

트위터도 추적 수단으로 이용될 수 있다. 트위터 사용자들은 하루에 500만 개 이상의 트윗을 올린다. 몸이 좋지 않다고 느끼는 사용자들은 독감 증상이 확연히 드러나기 몇 시간 전부터 친구에게 자신의 몸 상태를 트윗 하기 마련이다. 이 역시 바이러스 확산 경로에 관한 최신 상황을 제공하는 셈이다.

현재 전염병학자들은 이런 조기 경보 추적 도구가 유효성이 증명된 감시 모델을 보조하고 보완한다고 단언한다. 하지만 데이터의 잡음(noise)을 제거하고 더욱 정확한 판독 능력을 갖추도록 알고리즘을 정교하게 다듬는 것이 구글과 트위터의 감시자 역할을 강화하고 전염병의 모니터링 및 통제와 관련해 더욱 중요한 역할을 수행하게 할 것이라는 공감대가 커지고 있다.[67] 빅데이터를 활용해 전 지구적 전염병을 추적하고 둔화시키는 일은 감시 및 보고 시스템이 한계비용 제로 수준에 가까워짐에 따라 의료 서비스 비용 수십억 달러를 절약해 줄 것이다.

게놈 의학이라는 새로운 분야에서 유전적 비정상과 환경적 요인 간의 연관성이 더욱 많이 밝혀짐에 따라, 연구원들은 질병이 폭넓게 범주화되지만(예컨대 유방암, 백혈병, 폐 질환 등) 각 개인의 질병은 (설령 일반적으로 정의된 질병의 일부로 진단이 나오더라도) 각각 고유성을 지닌다는 인식을 넓히고 있다. 유전자 의학은 각 개인의 통증을 '고유한' 질병으로 다루는, 질병에 대한 새로운 맞춤형 접근 방식을 선도하고 있다.

DNA 염기서열 결정 비용의 감소는 개인이 자신과 유사한 DNA 프로필을 지닌 타인과 연결하기 위해 빅데이터를 이용할 수 있는 길을 열어 주고 있다. 앞으로는 DNA 데이터베이스가 확장되고 인간 DNA의 완전한 염기서열이 실험용으로 이용 가능해지면서 수백만 명이 맞춤화된 환자 주도형 보건 네트워크에서 공통 유전형질을 공유하는 타인과 연결되고 질병에 관한 의료 기록을 서로 비교하며 치료법을 찾는 데 협력할 수 있을 것이다. 이렇게 더욱 맞춤화한 환자 주도형 보건 공유사회는 또한 자신들의 질병 집단에 대중의 관심을 모으고 정부와 학계, 기업에 관련 연구를 늘리도록 촉구하기에 충분한 수평적 규모를 창출할 수 있을 것이다. 아울러 그러한 규모 확대를 통해 그들 스스로 연구와 임상 실험, 치료법 개발을 수행하는 데 필요한 기금도 모을 수 있을 것이다.

생물학적으로 부합하는 DNA 보유 집단은 또한 빅데이터를 활용해 서로의 생활 방식(식습관, 음주 및 흡연, 운동 및 식이요법, 업무 환경 등과 관련된 생활 방식)을 교차 참조할 수 있을 것이며, 이는 나아가 유전적 성향과 다양한 환경적 요인 사이의 상호 연관성을 밝히는 데 도움이 될 것이다. 이들 집단은 태아에서 성년을 거쳐 사망에 이르는 인생 역사의 연대학을 수반할 것이기 때문에, 틀림없이 인생의 다양한 단계에서의 발병 위험성과 효과적인 치료법을 정확히 짚어 내는 알고리즘이 개발될 것이다.

나는 금세기 중반 무렵이나 혹은 이전에라도 어떤 개인이든 제로 수준의 한계비용으로 글로벌 보건 공유사회 검색엔진에 접근해 자신의 유전자 구조를 등록하고 부합하는 게놈 집단을 찾아 평생에 걸친 발병 위험성과 가장 효과적으로 맞춤화한 치료법에 대한 상세한 설명을 듣고 그것을 토대로 질병을 치료하거나 건강을 유지할 수 있지 않을까 생각한다.

장기이식은 가장 값비싼 수술에 속한다. 이 분야에서조차도 새로운 의학적 돌파구 덕에 그 비용이 크게 낮아질 가능성이 대두하고 있다. 머지않은 장래에 이식에 필요한 인체 조직이나 장기를 3D 프린터로 찍어내는 날이 올 것이다. 제로에 가까운 한계비용으로 말이다. 인체 일부의 3D 프린팅은 이미 상당히 진척을 보이고 있다. 미국 노스캐롤라이나 소재 웨이크포레스트 대학교 재생의학연구소(WFIRM)는 최근에 살아 있는 세포를 이용하여 인간 신장의 실험용 견본을 3D 프린팅으로 제작했다.[68] 샌디에이고 기반의 생명공학 회사인 오르가노보(Organovo)는 3D 바이오프린팅을 이용해 인간 간장 조직의 특정 기능 부분을 프린트했다.[69] 오스트레일리아 울런공 대학교의 전자재료과학부 ARC센터는 3D 프로세스를 이용해 근육 및 신경 세포를 살아 있는 조직으로 프린트하는 실험을 진행 중이다. ARC센터 연구원 캐머런 페리스는 바이오프린팅의 작용 방식을 이렇게 설명한다. "우리는 잉크젯프린터와 동일한 기술을 이용한다. 다만 잉크 대신에 세포 타입을 사용하는 것이다."[70] 기증자의 조직을 이식하는 대신 환자 자신의 세포를 이용해 조직을 재생하면 당연히 이식 거부반응을 피할 수 있다.

심장 첩포, 신경 이식편, 혈관 단편, 퇴행성 관절용 연골 등을 포함하는 보충 조직에 대한 3D 바이오프린팅은 향후 십 년 이내에 광범위하게 이용될 것으로 기대된다. 완전한 장기의 3D 바이오프린팅은 그 이후에 가능할 것이다.

켄터키 주 루이빌 소재 심혈관혁신연구소의 과학자 스튜어트 윌리엄은 지방 흡입술 과정에서 추출된 파생 지방세포에 접착제를 섞어서 심장을 프린트하는 실험을 진행하고 있다. 윌리엄은 3D 프린팅으로 만든 '생물학적 인공(bioficial)'* 심장이 십 년 내에 나올 수 있을 거라고 믿는다.[71] ARC센터의 고든 월리스는 "2025년경이면 환자 개인에게 맞춤

---

* 'biology'와 'artificial'의 합성 조어임.

화한 완벽하게 기능하는 장기를 만드는 일이 가능해질 것"이라고 말한다.[72] 3D 바이오프린팅으로 인체의 '스페어 부품'을 만드는 용감한 신세계는 향후 몇 십 년 내에 현실이 될 가능성이 높다. 여타 형태의 3D 프린팅과 마찬가지로 생물학적 스페어 부품을 복제하는 비용은 신기술의 규모가 확대되면서 급락할 것이다.

오늘날의 고비용 의료 서비스(상당 부분이 원시적이고 완전히 파악되지 않았으며 비싸다.)는 빅데이터 문화와 한계비용 제로 사회의 도래와 더불어 과거의 유물이 될 것이다.

인터넷에서의 정보 민주화, 에너지 인터넷에서의 전기 민주화, 오픈소스 3D 프린팅에 의한 제조 민주화, 개방형 온라인 강좌에 의한 고등교육 민주화, 공유경제에서의 교환 민주화와 마찬가지로, 웹에서의 잠재적인 보건 민주화는 사회적 경제에 한 층을 추가하며 협력적 공유사회를 사회의 각종 사안을 좌우하는 훨씬 더 중요한 세력으로 만들 것이다.

광고의 종말

공유사회의 공유경제는 이미 전통적 시장교환경제의 주요 요소 중 하나인 광고를 근본적으로 재구성하도록 압박하고 있다. 광고는 시초부터 자본주의 시스템의 추진력 가운데 하나였다. 경제활동이 상승 곡선이라기보다는 평평한 선으로 보였던 자본주의 이전 시대에 인간은 하루하루의 생존을 위해 필요한 시간만큼만 일하도록 길들여져 있었다. 저축은 사실상 존재하지 않았다. 산업혁명의 시작은 재화의 생산량에 극적인 증가를 가져왔고 이에 따라 임금도 상승했다. 그런 임금을 빠르게 회전시키고 노동자들이 생산한 제품을 소비하도록 유도하는 것이 광고의 임무였다. 시장에 보이지 않는 손이 있다면, 증가하는 공급에 보조를 맞추어 수요를 유지시키는 것은 분명히 광고의 능력이다. 결코 쉬운 일은 아니다.

20세기 초까지도 '소비(consumption)'는 부정적인 의미였다. 그것은 폐결핵(tuberculosis)을 가리키는 일반용어였고,* 그 당시 '소비'의 사전적 정의는 "낭비하는 행위, 약탈하는 행위, 써 버리는 행위"였다. 그런 소비가 1920년대에 접어들어 현대적 광고의 출현과 함께 재앙에서 사회적 열망으로 바뀌면서 새로운 면모를 갖추었다. 광고 산업은 케케묵은 근검절약의 전통을 떨쳐 내고 구두쇠 대신 펑펑 쓰는 사람을 칭송하는 새로운 풍조를 자극하면서 대중의 생각을 바꿔 놓았다. 소비자가 된다는 것은 성공의 상징이자 완전한 현대인이라는 의미의 전형이 되었다. 20세기 후반에 이르자 소비자 사회는 사람들이 충성을 바치고 사회적 정체성을 구축하는 주요 커뮤니티로서 시민사회를 대체하기 시작했다. 세계무역센터와 펜타곤이 공격당한 9·11 사태 직후 조지 부시 대통령이 발표한 대국민 성명에 "미국 경제의 비즈니스 활동은 정상적으로 전개될 것입니다."라는 문구가 들어간 것은 결코 실수가 아니었다. 대통령은 공포에 질린 국민들에게 디즈니랜드를 방문하도록 권장했다.[73]

2012년 미국 광고 산업은 1530억 달러의 매출을 기록했다. 같은 해 전 세계 광고 매출액이 4799억 달러였던 것과 비교해 보라.[74] 이처럼 광고 산업이 날로 번성하는 듯 보이지만, 내부 관계자들은 사실 불안에 떨고 있다. 수백만 명이 뉴스와 지식, 오락, 에너지(그리고 머지않아 3D 프린팅)의 수동적 소비자에서 피어투피어 프로슈머로 탈바꿈하는 모습을 목도하고 있기 때문이다. 그들은 구매한 물건을 타인과 공유함으로써 시장의

---

* 체력을 고갈시키는 소모성 질환인 까닭에 일반인들 사이에서 consumption으로 불렸음.

신규 매출을 감소시켰으며, 소유권이 아닌 접근권을 선택하며 자동차에서 스포츠 장비에 이르기까지 모든 것을 '필요한 시간'만큼만 이용하고 있다. 그리고 사실상 이 모든 활동이 정보교환의 한계비용이 거의 제로인 개방형 인터넷 공유사회에서 협의되고 있다. 젊은 세대는 조용히 전통적인 자본주의 시장에서 이탈하고 있다. 아직 걷잡을 수 없는 단계는 아니지만, 이미 지수 곡선을 그리기 시작했으며 앞으로 돌이킬 수 없을 듯하다.

이것은 광고인들이 착취하던 소비자 시장이 감소하고 있음을 의미한다. 공유사회를 토대로 진화하는 사회적 경제는 분산과 협력, 피어투피어가 특징이기 때문에 경제적 결정을 내리는 데 기업의 광고보다는 페이스북, 트위터, 유튜브 등 온라인 소셜 미디어의 '친구'나 또래의 추천이나 리뷰, 입소문, 선호도에 더 큰 영향을 받는다.

최근 여론조사들은 소비자들이 구매 결정을 내릴 때 친구나 가족의 추천뿐 아니라 다른 소비자가 작성한 온라인 리뷰에도 상당한 신뢰를 주고 있다는 사실을 보여 준다. 한 전국적 여론조사에서는 66.3퍼센트의 소비자가 구매 결정을 내릴 때 기존 사용자들이 작성한 사용 후기와 추천에 '대단히' 의존하고 있다고 답했다.[75] 2012년 지역별 소비자 리뷰 설문조사는 "소비자의 72퍼센트가 지인의 추천뿐만 아니라 온라인 리뷰도 신뢰한다."라고 발표했다.[76] 또 다른 조사 결과는 소비자의 87퍼센트가 호의적인 온라인 소비자 리뷰가 제품 구매 결정을 확정 짓게 했다는 사실을 보여 준다.[77] 더욱이 "소비자의 65퍼센트는 광고 내용보다 인터넷의 입소문을 더 신뢰한다."라고 답했다.[78] 소비자 리뷰는 지역의 어느 오프라인 매장에서 제품을 구매할지 결정할 때에도 중요한 잠재적 영향을 미친다. 응답자의 52퍼센트가 긍정적인 온라인 리뷰가 자신의 결정에 영향을 주었다고 답한 데서 알 수 있다.[79]

인터넷에는 다양한 리뷰 웹사이트가 존재한다. 옐프(Yelp), 앤지스리스트(Angie's List), 시티서치(Citysearch), 트립어드바이저(TripAdvisor), 트래블로시티(Travelocity), 주디스북(Judy's Book), 로컬(Local) 등이 대표적인 리뷰 사이트로, 이곳에서 소비자들은 제품과 서비스에 관한 기존 구매자들의 긍정적, 부정적 경험담을 접할 수 있다. 스마트폰 덕분에 소비자들은 오프라인 상점에서 제품을 살펴보면서 온라인 리뷰를 검토할 수도 있다. 컨슈머리뷰즈(Consumer Reviews)는 특정 제품과 리뷰를 직접 연결해 주는 스마트폰 앱이다. 휴대전화로 간단히 제품에 부착된 바코드를 스캔 하면 즉시 그 제품의 리뷰에 접속할 수 있다. 몇몇 최신 앱은 소비자 자신의 윤리적 가치관까지 고려해 구매하도록 돕는다. 굿가이드(GoodGuide)는 소비자가 바코드를 스캔 하면 타인들이 안전과 건강, 윤리적 고려, 보편적 지속가능성을 기준으로 제품을 평가한 리뷰를 보여 주는 스마트폰 앱이다.[80] 모바일 앱의 사용이 증가함에 따라 자신이 방금 이용한 제품이나 서비스에 대한 리뷰를 온라인에 실시간으로 올려서 순식간에 타인에게 전파하는 소비자도 늘어날 것이다.

서베이몽키(SurveyMonkey)가 진행한 조사에서 "왜 상업광고보다 소비자 리뷰를 더 신뢰하는가?"라는 설문에 응답자들은 특정한 의도나 편견이 내재되어 있지 않기 때문이라고 답했다. 한 응답자 역시 전형적으로 "대부분의 생산자들은 판매를 증진하려는 마음으로 제품을 설명하기 마련이지만 소비자들은 그런 의도를 품지 않고 제품을 설명하기 때문에" 광고보다 소비자 작성 리뷰를 더 신뢰한다고 말했다.[81]

회사가 익명으로 자사의 제품이나 서비스에 대해 긍정적 리뷰를 올리거나 혹은 경쟁 제품을 음해하는 악성 리뷰를 올려서 잘못된 선택을 유도하는 경우도 예외적으로 있기는 하다. 이런 상황을 방지하고 소비자의 신뢰를 유지하기 위해 리뷰 사이트들은 감시와 모니터링을 강화하는

한편, 허위 경험담을 걸러 내는 알고리즘을 더욱 정교하게 발전시키고 있다.[82]

전통적 광고 시장은 총체적 난국에 빠져 있다. 광고의 중심 중 하나인 신문과 잡지의 안내광고를 생각해 보자. 크레이그스리스트를 설립한 크레이그 뉴마크는 1995년에 온라인에서 대부분 무료로 이용하게 할 목적으로 지역별 안내광고와 토론 포럼을 개설했다. 크레이그스리스트는 여전히 닷컴(.com)이 아닌 닷오알지(.org) 도메인을 쓴다. 이는 그 조직이 표방하는 바가 "상대적으로 비상업적인 성격과 공공서비스적인 임무, 비기업적 문화"라는 사실을 반영한다. 현재 미국인 약 6000만 명과 그에 더해 세계 70개국의 수백만 명이 일자리나 주택, 연애 등 온갖 종류의 제품과 서비스를 찾기 위해 매달 크레이그스리스트를 이용한다. 크레이그스리스트의 사용자들은 매달 100만 건의 안내광고를 게재하고 있고, 이곳의 토론 포럼은 매달 200만 명을 끌어들이고 있다. 전체 운영비는 스물여덟 개 영역의 구인 구직 광고에 부과하는 약간의 수수료와 뉴욕 시아파트에 대한 중개 수수료를 통해 조달된다.[83]

크레이그스리스트 단독으로 연간 100억 달러에 달하는 인쇄 매체의 안내광고 매출을 없애 버리고 1억 달러 상당의 온라인 광고 매출로 대체한 것으로 추산된다. 서비스 운영비는 오랜 세월 안내광고에 의존하며 사업을 유지해 온 신문 및 잡지에서 발생하는 비용의 극히 일부에 불과하다.[84] 크레이그스리스트의 글로벌 온라인 게시판은 샌프란시스코 사무실에서 단 서른 명의 직원이 관리한다.[85]

2012년 「우리가 알고 있는 광고의 종말」이라는 도발적인 제목으로 IBM글로벌비즈니스서비스가 수행한 연구는 인터넷의 소셜 공유사회가 "기존의 전통적인 콘텐츠 취합 배포자의 수익 기반을 위기에 몰아넣고 있다."라고 인정한다.[86] 광고주들의 문제는 그들의 사업 모델이 신문,

잡지, 텔레비전, 라디오 콘텐츠의 제작 및 배포에 자금을 대는 것에 기반을 두고 있다는 점이다. 콘텐츠는 전문 기고가, 텔레비전 프로듀서, 작가, 공연가, 예술가 등이 생성한다. 과거의 수동적 소비자들은 콘텐츠를 제공받는 대가로 그것의 제작 및 배포에 돈을 댄 광고를 기꺼이 참아 줬다. 하지만 인터넷에서는 사용자들이 갈수록 많은 양의 콘텐츠를 제작하고, 그것들은 유튜브, 플리커, 페이스북 등의 사이트에서 수백만의 타인들에게 무료로 공유된다. 소비자가 프로슈머가 되어 공유경제에서 무료로 콘텐츠를 공유할 때 기업 광고는 어떠한 부가가치를 제시할 것인가? 광고주들은 전문적인 콘텐츠를 온라인에서 배포하는 것을 선택할 수도 있겠지만, 수백만 명이 인터넷으로 모이는 까닭은 인터넷의 참여적 성격 때문이기에 그들의 시도는 실패로 돌아갈 공산이 크다. 상호작용적 피어투피어 참여로 움직이는 사회적 경제에서 큰 부분을 담당하는 것은 공유사회이다.

텔레비전의 수동적 시청자들은 프로그램의 (예정된 시간에 나오는) 중간 광고에 과도하게 자극받지 않지만 인터넷의 능동적 참여자들은 스크린에 갑자기 튀어나와서 활동을 방해하는 광고를 참지 못한다. 그들은 이런 식의 광고를 무례하고 거슬리는 것으로 받아들인다. 또한 인터넷 사용자들은 특정 리소스나 서비스의 검색 화면 상단에 기업 스폰서들을 붙이는 방식으로 광고주들에게 검색 순위 우선권을 판매하는 검색엔진에 대해 갈수록 불신을 키워 가고 있다.

피어투피어 매체상의 기업 광고는 이상하게도 부적절해 보여 단순히 방해가 되는 것이나 귀찮은 것 정도를 넘어 침입자처럼 취급된다. 와튼 스쿨의 운영 및 정보 관리학 교수 에릭 클레먼스는 바로 이러한 인터넷의 사회적 성격이 상업적 착취를 몰아낸다고 말한다. "인터넷은 모닥불 앞에 둘러앉아 이야기를 나누거나 르네상스 축제에 참석하는 것과 같은 참여적 성격을 지닌다. 그것은 영화나 전통적 텔레비전 네트워크처럼 붙잡힌 청취자에게 오로지 한 방향으로 콘텐츠를 밀어붙이는 것을 의미하지 않는다."[87]

그래서 인터넷 사용자의 대다수가 광고 메시지를 신뢰하지 않고 그 대신에 다른 사용자의 리뷰를 토대로 구매 결정을 내린다는 조건과, 인터넷상의 많은 콘텐츠가 광고주가 아니라 사용자에 의해 생산된다는 단서를 붙일 때, 광고 산업은 매우 축소된 역할을 맡게 될 수밖에 없다고 보는 것이다. 과연 광고 산업이 피어투피어 커뮤니케이션 매개체로의 전환을 견뎌 낼 수 있겠는가? 클레먼스는 위에서 언급된 모든 이유 때문에 유료 광고는 "대부분의 인터넷 사이트에서 주요 수입원이 될 수 없을 것"으로 믿는다. 그의 결론은 "인터넷이 광고를 대체하고 있는 게 아니라 산산조각 내고 있다."라는 것이다.[88] 《이코노미스트》도 마지못해 이에 동의한다. 「공짜 점심의 종말」에 관한 진지한 사설에서 그들은 소셜 미디어 사이트가 무료 콘텐츠를 제공해서 수백만 사용자를 모으면 광고주들이 "긴 꼬리(long tail)"의 일부라도 붙잡을 수 있다는 기대 속에 해당 매체에 열정적으로 타깃 광고를 올릴 것이라는 추정은 잘못됐다며 분개한다. 사용자들이 듣지도 않고 보지도 않으며 다른 온라인 사용자의 의견만 찾는다면 무슨 소용이 있겠느냐는 의미다. 《이코노미스트》는 이렇게 결론을 내린다. "인터넷 광고 수입으로 서비스를 지속할 수 있는 온라인 업체의 수가 많은 사람들이 생각하는 것보다 훨씬 더 적은 것으로 드러나고 있으며, 실리콘밸리는 또 다른 '핵겨울'로 진입하는 것으로 보인다."[89]

광고 매출에는 비관론이 반영되기 시작했다. 앞서 언급했듯이 2012년 미국 광고 매출 총액은 1530억 달러였고 그중 인터넷 광고는 366억 달러로 점유율이 24퍼센트 수준이었다.[90] 하지만 인터넷 광고 지출의 성장

세는 둔화되는 경향을 보이는데, 이것은 이윤 추구형 소셜 미디어 사이트가 무료로 콘텐츠를 제공할 수 있도록 비용을 부담하는 기업 광고에 대한 낙관론이 초기에 비해 약화되었음을 보여 준다. 인터넷 광고의 성장률은 2010~2011년의 23퍼센트에서, 2011~2012년에는 고작 14퍼센트 수준으로 감소했다.[91] 2012년 "소비자들의 차량 구매에 별 영향을 주지 못했다."라고 말하며 페이스북에서 광고를 빼 버린 GM의 결정은 인터넷 광고의 실질 가치와 관련해 일부 기업들 사이에서 커져 가는 부정적 분위기를 반영한다.

컴퓨터보다 모바일 기기를 사용하는 사람들이 늘어나면서 인터넷 광고 매출의 성장률은 계속 하락세를 띨 가능성이 높다. 인터넷 광고 매출의 리더인 구글은 이런 전환 과정에서 광고 매출이 줄어들고 있음을 깨닫기 시작했다. 2013년 3분기 동안 데스크톱과 노트북 컴퓨터를 사용한 구글 접속률은 정체된 반면 모바일 폰에서의 접속률은 두 배, 태블릿에서의 접속률은 63퍼센트 증가했다.[92] 문제는 모바일 광고는 그 비용이 데스크톱 광고의 2분의 1에서 3분의 2 수준이고 나아가 모바일 광고가 제품이나 서비스의 구매를 이끌어 내는 비율이 데스크톱의 4분의 1에서 3분의 1 수준밖에 안 되며 이런 추세가 크게 변할 것이라는 신호가 없다는 점이다. 현실은 구글의 주요 매출원이 약화되고 있다는 것이다. 《뉴욕 타임스》는 이렇게 보도했다.

사용자가 광고를 클릭할 때마다 광고주가 구글에 지불하는 가격이 여덟 분기 연속 감소해 지난해 대비 8퍼센트 하락했다. 가장 큰 이유는 모바일 광고비가 데스크톱 광고비에 비해 싸기 때문이다.[93]

인터넷 사용자가 빠르게 모바일 기기로 이동하면서 광고 매출의 성장률은 계속 둔화될 것으로 보인다. 주요 이윤 추구형 소셜 미디어 사업체의 경영진이 던지는 큰 질문은 그로 인해 자신들의 미래 성장 잠재력이 어떤 영향을 받게 되는가이다.

자본주의 시장의 다른 부분들처럼 광고도 협력적 공유사회의 부상과 더불어 모두 사라져 버리지는 않을 것이다. 그것은 적응할 것이고 궁극적으로는 성숙해 가는 사회적 경제 내의 틈새에 정착할 것이다. 사회적 경제의 요구에 부응하기 위한 자본주의 시장의 재조정은 새로운 현상이며, 사회적 경제가 그토록 오랫동안 시장 권력의 보좌 역에 불과했던 세계에서는 받아들이기 힘든 일이기도 하다. 몇몇 경우에는 시장과 공유사회가 잠재적 시너지를 발견하고 양자 모두 진보하는 공생 관계를 향유하기도 할 것이다. 하지만 광고처럼, 그 취지가 소셜 공유사회의 협력적 피어투피어 성격과 그토록 맞지 않는 경우에는, 부응책을 찾으려는 노력 자체가 물과 기름을 섞으려는 시도와 매한가지가 될 것이다.

앞서 소개한 다양한 온라인 사업체들은 성격상 협력적이고 설계상 공유적인 수평 분산형 사물인터넷 아키텍처를 활용한다. 일부 업체는 카우치서핑처럼 혜택을 준다는 점에서 공유적이다. 다른 업체는 혜택을 제공하지만 대가를 요구한다는 점에서 혼합적이다. 또 다른 업체는 이베이처럼 순전히 이윤 추구형 기업이다. 혜택을 제공하는 업체뿐만 아니라 대가 요구 여부에 관계없이 재분배, 재활용 업체까지 협력적 경제에 포함한다면 모두가 망라된다.

최근의 설문조사 결과는 협력적 공유사회의 광범위한 경제적 잠재력을 보여 준다. 2012년 미니애폴리스 소재 광고대행사 캠벨미튼(Campbell Mithun)이 카본뷰리서치(Carbonview Research)와 파트너십을 맺고 수행한 연구에 따르면 엑스세대와 밀레니엄 세대의 62퍼센트는 상품 및 서비스 공유의 개념과 협력적 공유사회의 경험에 매력을 느낀다. 이 두 세대는 소유권보다 접근권을 선호한다는 면에서 베이비 붐 세대나 2차 세계대전 세대와 상당히 다르다. 공유경제의 합리적 혜택에 순위를 매겨 달라는 요구에 응답자들은 비용 절약을 최상위에 놓았고 그다음으로 환경에 미치는 영향, 생활 방식의 유연성, 공유의 실용성, 재화 및 서비스에 대한 접근 용이성 등을 차례대로 꼽았다. 정서적 혜택으로는 너그러움을 첫째로 꼽았고 그다음으로 공동체의 소중한 일원이 된다는 느낌, 현명해진다는 느낌, 보다 큰 책임 의식을 실감한다는 느낌, 운동의 일원이 된다는 느낌 등을 골랐다.[94]

이 여론조사는 경제활동의 성격에 대한 젊은 세대의 생각이 크게 변하고 있음을 보여 준다. 내가 2000년에 『소유의 종말』에서 처음 확인했던 소유권에서 접근권으로의 전환은 이제 확연한 기색을 드러내며 성장하고 있다. 협력적 피어투피어 경제활동은 이미 활발하게 이루어지고 있으며 사물인터넷의 단계적 도입과 더불어 계속 확연해질 것이다.

그렇다면 협력적 경제가 종래의 사업 모델을 파괴할 가능성은 어느 정도인가? 2010년에 래티튜드리서치(Latitude Research)가 수행한 여론조사에 따르면 "응답자의 75퍼센트는 향후 오 년 내에 물건 및 공간의 공유가 증가할 것으로 예측했고 … 참여자의 78퍼센트는 타인과의 온라인 상호작용이 낯선 사람과의 공유 개념에 대해 자신을 개방적으로 만들었다고 느꼈다." 그리고 참여자의 85퍼센트는 웹과 모바일 기술이 장래에 대규모 공유 공동체를 구축하는 데 핵심 역할을 할 것이라고 믿었다.[95] 많은 업계 분석가들은 이런 낙관적 예측에 동의한다. 2011년 《타임》은 협력적 소비가 "세상을 바꿀 열 가지 아이디어" 중 하나라고 선언했다.[96]

협력적 공유사회는 "10퍼센트의 효과" 때문에 많은 경제학자들의 예상보다 빠르게 종래의 자본주의 시장을 크게 잠식할 잠재력을 지닌다.

『새로운 자본주의 선언』의 저자이자 《하버드 비즈니스 리뷰》의 기고가인 우메어 하크는 협력적 경제는 경제의 많은 영역에 걸쳐 이미 위험할 정도로 낮아진 이윤마저 더욱 낮추는 경향이 있으며, 그 결과 일반적인 예상보다 훨씬 더 낮은 문턱을 넘으며 "치명적으로 파괴적인" 영향력을 지니게 된다고 보았다.

이른바 소비자라는 사람들이 10퍼센트 적게 소비하고 10퍼센트 많이 공유하기 시작하면 전통적 기업의 이윤에 미치는 영향은 비정상적으로 커질 것이다. … 이것은 특정 산업이 스스로를 재편해야 한다는 것, 그러지 않으면 과거의 모래 더미에 빨려 들어갈 각오를 해야 한다는 것을 의미한다.[97]

낮은 문턱 효과는 이미 음악 산업과 신문업계, 출판업계, 전통적 서점 사업 등을 고사시키고 있다. 미국 출판업계의 경우 2012년 현재 전자책이 도서 시장의 22.6퍼센트를 점유하고 있다.[98] 전자책 생산 및 배송의 한계비용 감소는 소매가격을 크게 떨어뜨리며 소형 출판사와 소매 서점을 시장에서 퇴출시켰다. 무료 또는 거의 무료로 배포되는 카피레프트 출판 때문에 저렴한 전자책조차도 더욱 험난한 경쟁에 직면하고 있다.

우리는 5장에서 독일의 재생에너지 산업이 미치고 있는 파괴적인 영향을 살펴보며 이와 유사한 낮은 문턱 효과를 확인한 바 있다. 독일의 녹색 에너지 생산 비율이 단지 23퍼센트인데도, 벌써부터 전력 및 공익사업 회사들로 하여금 '예비용' 가스 및 석탄 연료 화력발전소에 투자하는 일을 엄두도 못 내게 만들고 있다. 수백만의 프로슈머가 그리드로 보내는 태양열 및 풍력 발전 전기가 종종 급증하기 때문에 화력발전소의 가동률이 그만큼 떨어지고, 그에 따라 초기 투자비를 회수하는 데 너무 오랜 시간이 걸리고 투자 수익을 보장할 수 없게 되기 때문이다.[99]

명백한 사실은 (이미 이윤 급락에 직면한) 상업 영역 전반에 걸쳐 점점 더 많은 거대 자본주의 기업들이 재화와 서비스의 생산 및 유통 부문에서 일고 있는 제로 수준 한계비용의 밀물에 맞서서 장기간 생존할 수 없게 된다는 점이다. 현재 전 세계 상거래의 상당 부분을 점유하고 있는 고도의 수직 통합형 거대 기업들이 겉으로는 무적처럼 보이지만, 실제로는 이미 그들의 불안정하고 낮은 이윤마저도 빠르게 잠식하고 있는 협력적 경제에 매우 취약한 상태이다.

협력적 공유사회가 그 어떤 영역에서든 경제활동의 10~30퍼센트만 점유하게 되면 2차 산업혁명의 수직 통합형 글로벌 기업들은 급격히 소멸할 것으로 봐도 무리가 아니다. 적어도 앞으로 제로 수준 한계비용이 경제활동의 보다 많은 부분을 협력적 공유사회로 옮겨 놓음에 따라 기존의 자본주의 시장은 글로벌 상거래 및 교역에 대한 지배적 지위를 점점 더 상실할 것이라 말할 수 있다.

14

사회적 자본의 크라우드펀딩,
통화의 민주화, 기업가 정신의 인본화,
근로에 대한 재고

2008년 글로벌 금융 시스템이 붕괴 직전에 이르자 수많은 사람들이 공포에 휩싸였다. 대출은 얼어붙었고 미국 정부는 '대마불사'의 관점에서(즉 "너무 거대해서 망하게 놔둘 수 없다."라는 이유로) 공적 자금을 투입해 자국의 대형 금융기관들을 구제할 수밖에 없었다. 미국 국민들은 무모한 금융 행태에 대한 보상으로 세금 7000억 달러를 은행들의 손에 넘겨준 것에 대해 분노했다. 그러는 사이 한편에서는 수많은 미국인이 모기지 대출금을 갚지 못해 집을 잃고 있었다. 다시 말해, 그들은 "중요하게 여기기엔 너무 작은" 존재였다.[1]

피어투피어 사회적 대출

금융 붕괴의 여파 속에서 새로운 형태의 대출이 인터넷상에 등장했다. 이른바 피어투피어 대출 또는 사회적 대출이다. 조파(Zopa), 렌딩클럽(Lending Club), 프로스퍼(Prosper) 등은 개인들끼리 또는 프로젝트들끼리 직접 돈을 빌려 주거나 갚을 수 있는 온라인 금융 플랫폼을 제공한다. 대형 금융기관의 높은 고정비(높은 이자율 형태로 대출자에게 전가되는)가 발생하지 않기 때문에, 이러한 온라인 금융 메커니즘은 전통적인 은행을 대체하는 대안적 대출 수단으로 인기를 얻고 있다.

웹을 통한 금융거래가 확대되자 대출에 수반되는 한계비용이 제로에 가까워지며 이자율과 수수료가 낮아졌다. 피어투피어 금융의 시초인 영국 업체 조파를 통해 지금까지 이루어진 대출 규모는 4억 1400만 파운드가 넘는다.[2] 피어투피어 금융 중개업체들은 2012년 말까지 18억 달러 규모의 대출을 중개했고 이는 거대 금융기관들을 긴장시켰다.[3]

피어투피어 사회적 대출의 또 다른 형태로 보다 최근에 각광받는 것은 크라우드펀딩이다. 대표적인 크라우드펀딩 업체 킥스타터는 2009년 4월에 출범했다. 운영 방식은 이렇다. 킥스타터는 전통적인 투자 시스템과 달리 인터넷을 통해 일반 대중으로부터 자금을 모집한다. 어떤 프로젝트의 기획자가 자신의 계획을 사이트에 올리고 필요한 자금이 모여야 할 기한을 정한다. 만일 기한까지 목표 금액이 달성되지 못하면 프로젝트는 무효화되고 기획자에 대한 결제도 이루어지지 않는다. 이는 해당 프로젝트가 성공하는 데 필요한 최소한의 자금을 확보하도록 돕기 위함이다. 후원금은 아마존닷컴 결제 시스템을 통해 지불된다. 킥스타터는 모금된 금액의 5퍼센트를, 아마존은 평균 3퍼센트 내지 5퍼센트를 수수료로 취한다.[4] 전통적인 대출 제공자들과 달리 킥스타터는 해당 프로젝트에 대한 지분이나 소유권을 갖지 않는다. 단순히 투자 촉진자 역할만 할 뿐이다.

2013년 11월까지 킥스타터는 프로젝트 5만 1000개를 성공시켰고, 펀딩 성공률은 44퍼센트였다. 이들 프로젝트에서 모금된 금액만 해도 8억 7100만 달러가 넘었다. 킥스타터는 프로젝트 펀딩을 열세 개 범주(미술, 무용, 디자인, 패션, 영화, 동영상, 식품, 게임, 음악, 사진, 출판, 기술, 공연)로 제한하고 있다.[5]

현재 다양한 크라우드펀딩 플랫폼들이 다양한 형태의 보상을 제안하고 있다. 후원자는 순수한 기부 형태로 자금을 지원하거나, 프로젝트가 성공적으로 진행되면 지원 금액에 상응하는 가치를 지닌 제품이나 서비스를 대신 받기도 한다. 또는 이자가 붙는 대출 형태로 자금을 제공하거나, 프로젝트에 투자하는 대가로 동등한 지분을 얻기도 한다.

크라우드소싱 자금 제공자들이 금융 부문에서 차지하는 역할은 아직 작지만 이들은 사물인터넷 인프라를 발전시키는 많은 스타트업이 설립되는 데 중요한 역할을 하고 있다. 앞서 언급했던 모자이크는 열 개 남짓의 태양열 프로젝트를 추진하기 위해 크라우드펀딩을 이용하여 110만 달러를 모았다. 모자이크는 최소 25달러 이상을 후원하는 투자자들에게 4.5퍼센트 수익을 제안하는 첫 번째 태양열 투자 프로젝트를 웹사이트에 게시했다. 이 회사의 공동 창립자인 빌리 패리시는 상황이 순조롭게 풀리면 한 달 안에 초기 금액 31만 3000달러를 모을 수 있으리라고 예상했다. 그런데 결과를 보고 놀라지 않을 수 없었다. 네티즌 435명이 참여해 하루도 채 안 되어 목표 금액 모금에 성공했던 것이다. 모자이크는 2013년 포트폴리오 기준으로 태양열 프로젝트에 자금을 후원할 투자자 1만 명을 보유했다.[6]

모자이크의 태양열 시스템 중 하나(부분적으로는 크라우드펀딩으로 자금을 조달했고 정부 자금과 민간 투자도 투입되었다.)는 미국 캘리포니아 주 오클랜드에 있는 2400제곱미터 넓이의 건물에 설치되었다. 비영리단체인 청년고용파트너십(YEP)이 만든 건물이었다. 이 태양열 시스템의 설치 비용은 26만 5000달러였는데, 모자이크는 이 시스템을 YEP 측에 임대 형식으로 제공했다. 태양열 이용으로 공과금이 85퍼센트 줄어들어 상당한 비용 절약 효과가 나타났으며, YEP는 그렇게 절약한 비용을 다른 핵심 프로그램들에 사용할 수 있었다. 이 거래가 더욱 매력적인 이유는, YEP가 원하는 경우 십 년 후에 모자이크로부터 태양열 시스템을 구매해 완전히 소유할 수도 있으며 그 후에는 거의 공짜로 에너지를 얻을 수 있기 때문이다.[7]

태양열 기술에 대한 수요는 향후 십 년간 급증할 것으로 예상된다. 블룸버그뉴에너지파이낸스(BNEF)는 앞으로 620억 달러가 넘는 자금이 필요할 것이라고 추산한다. 그 자금을 충당하는 데에 사회적 대출, 특히 크라우드펀딩이 일정 역할을 해 줄 것으로 기대된다. 수많은 개인이 서로의 미니 발전설비에 자금을 후원할 수 있는 길을 열어 주기 때문이다. 이는 피어투피어 협력의 수평적 힘을 보여 주는 또 다른 사례이다.[8]

수평적으로 확대되는 협력을 통한 에너지 혁명이 단계적으로 일어나는 데에 수많은 작은 개인들이 기여할 가능성을 의심하는 이들이 있다면, 앞에서 언급했던 다음 내용을 다시 환기해 주고 싶다. 재생에너지 개발의 선두 국가인 독일에서는 재생에너지 설비의 51퍼센트를 중소기업과 개인이 소유하고 있으며 거대한 국영 공익사업체들은 녹색 에너지 생산 시설의 불과 7퍼센트만을 소유하고 있다.[9]

인디고고(Indiegogo), 얼리셰어스(Early Shares), 크라우드펀더(Crowdfunder), 펀더블(Fundable), 크라우드큐브(Crowdcube) 등의 크라우드펀딩 플랫폼들이 인터넷에 속속 생겨날 수 있었던 것은 부분적으로 2012년 신생기업

지원법(Jumpstart Our Business Startups Act, 일명 잡스법)이 통과된 덕분이다. 이 법안에 따르면 소규모 기업들은 크라우드펀딩을 통해 일반 대중으로부터 연간 최대 100만 달러의 자금을 모을 수 있다.[10]

크라우드펀딩 지지자들은 단순히 돈만 중요한 것이 아니라고 강조한다. 그들은 타인들이 꿈을 이루는 과정에 긴밀하게 동참하는 데에서 즐거움을 느끼며, 자신의 작은 기여가 결국 커다란 변화를 만들어 낸다는 점에서 보람을 느낀다. 결국 개개인의 작은 기여가 프로젝트를 전진시키는 추동력이 되기 때문이다. 가트너그룹은 2013년 말쯤이면 피어투피어 대출 규모가 50억 달러에 이를 것이라고 예상했다.[11]

다양한 형태로 모습을 드러내는 공유경제는 결국 시장경제와 사회적 경제가 혼합된 창조물이다. 시장경제가 자본주의 시스템의 근간을 이루는 법칙과 내재적 규칙에 따라 조절된다면, 공유사회로서의 사회적 경제는 그와는 다른 조절 방식을 따른다. 사회적 경제에서도 일부 감독과 규제는 정부에 의해 이뤄지지만, 대부분의 감독 및 규제가 수많은 개인들이 공유사회에 참여하는 조건으로 자발적으로 동의한 자치적 규율에 의존한다.

평판 시스템, 그리고 공유사회의 통화

사회적 경제를 이끌어 가는 룰은 "구매자 스스로 조심하라."가 아니라 사회적 신뢰이다. 보다 전통적인 공유사회와 마찬가지로, 새로 등장한 협력적 공유사회에서도 협력 정신을 구축하여 사회적 자본을 확보하며 높은 수준의 사회적 신뢰를 유지하기 위해, 다양한 규칙을 시도해 왔다. 예컨대 무임승차자와 방해자 들을 벌하거나 퇴출하는 제재도 여기에 포함된다. 거의 모든 주요 협력적, 사회적 네트워크에서는 구성원의 신뢰도를 평가하는 평판 시스템을 도입하고 있다. 시장경제에서 개인의 금융 신뢰도를 평가하는 전통적인 신용 등급 시스템과 달리, 평판 시스템은 공유사회에서 개인의 사회적 자본을 평가하기 위해 만들어졌다.

의류 교환 및 거래 사이트 스레드업은 일명 "스레드업 황금률"에 따라 운영된다. 즉 회원들에게 자신이 다른 회원으로부터 받길 원하는 품질의 의류만 상대방에게 보내도록 요청하는 것이다. 스레드업에서는 모든 회원이 내놓는 아이템의 '품질'에 대해 별 네 개의 척도로 등급을 매긴다. 예컨대 두 번째 평가 항목인 '스타일 점수'에서는 제품의 '스타일 수준'에 따라 0~10점으로 점수를 매긴다. 마지막 평가 항목은 '배송 시간의 엄수 정도'이다.

이 온라인 위탁판매 상점은 닳아 해어졌거나 찢어진 옷을 보내는 회원들을 절대 용납하지 않는다. 처음 위반했을 때는 경고 수준에 그치지만 두 번 위반한 사람은 이 공유사회에서 퇴출된다.[12] 지속적으로 높은 평가를 받은 회원들끼리 연결되도록 되어 있어, 모든 회원이 교환이나 거래의 장에 질 높은 아이템을 내놓도록 자극한다.

시장경제의 신용 등급 서비스와 유사한 인터넷 공유사회의 신뢰도 점수 서비스는 규제 활동을 위한 중요한 메커니즘이 되고 있다. 그러한 신뢰도 점수 서비스는 합의된 규범의 준수를 보장하고 사회적 신뢰를 구축하는 데에 기여한다. 트러스트클라우드(TrustCloud)는 대표적인 신뢰도 점수 서비스이다. 트러스트클라우드는 "개인이 온라인에서 보여 준 신뢰도 높은 행동 및 거래를 측정해 그것을 공유경제 내의 어디서나 사용할 수 있는 신뢰 점수(TrustScore)로 환산"한다. 각 회원의 신뢰도는 1점에서 1000점까지 매겨진다.(점수가 높을수록 좋다.)[13] 점수를 매길 때는 온라인 활동 이력을 토대로 해당 개인의 언행일치 정도, 관대함, 투명성 등을 고려한다. 트러스트클라우드의 알고리즘은 신뢰도 프로파일을 작성하기 위해 반응성 및 지속성과 관련한 행동 방식을 검색한다. 회원들은 평가 결과에 걸맞은 트러스트클라우드 배지를 무료로 받는다.

여행자와 현지 주민을 이어 주는 카우치서핑 서비스도 역시 자체적인 평가 시스템을 갖추고 있다. 낯선 사람에게 자기 집을 개방해 무료로 숙박을 제공하는 일에는 아무래도 불안감이 따른다. 게다가 집주인과 손님 모두 사회성을 발휘해 서로 상대방의 문화를 공유해야 한다. 카우치서핑에서는 집주인과 손님 모두 숙박이 끝난 후에 서로를 평가하고 상대방에 대한 추천 글을 써 준다. 카우치서핑의 중요한 원칙은 바로 '보증(vouch)'이다. 카우치서핑 경험자 최소 세 명 이상이 과거에 실제로 만난 경험을 토대로 보증한 적이 있는 회원이라면, 그 회원은 다른 회원의 보증인이 될 자격을 얻는다.[14]

이미 1000억 달러 이상의 가치를 지닌 것으로 추산되는 대여 공유사회가 급속도로 성장 중이고 사회적 경제가 사람들의 일상생활에서 갈수록 중요한 부분을 담당하고 있음을 감안하건대, 자본주의 시장의 소비자들에게 신용 평가 등급이 중요했던 것만큼 앞으로는 사회적 자본에 대한 평가가 협력적 공유사회의 수많은 참여자에게 중요해질 것이다.[15]

오늘날 협력적 경제는 점차 강력한 면모를 드러내고 있다. 오늘 글을 쓰려고 책상 앞에 앉기 직전에 나는 이번 주 《이코노미스트》에 실린 공유경제에 관한 표지 기사를 읽었다. 편집자와 기고자 들은 공유경제의 미덕을 극찬하면서 그것이 전통적인 시장경제에 미칠 잠재적 영향을 논했다. 많은 관측자들은 견고하게 확립된 자본주의 체제와 이제 막 태동한 협력적 공유사회가 어떻게 서로에게 적응할지 궁금해하고 있다. 우리는 그 궁금증을 약간이나마 해소해 줄 실마리를, 공유사회에서 비즈니스를 수행하는 방식과 시장에서 비즈니스를 수행하는 방식을 차별화하기 위해 만들어지는 새로운 종류의 화폐에서 찾을 수 있을지도 모른다.

　사회 구성원들이 재화 및 서비스를 거래하기 위해 사용하는 통화는 해당 사회가 지지하는 기본 가치를 보여 주는 중요한 지표이다. 19세기 사회학자 게오르크 지멜은 역작 『돈의 철학』에서 역사적으로 인간의 사회적 상호작용을 확장하고 강화하는 데에 돈이 핵심적인 역할을 수행했다는 사실을 우리에게 상기시킨다. 지멜은 화폐가 타인들 사이에 형성된 무언의 집단적 신뢰로 지탱되는 일종의 약속어음이라고 말한다. 이 집단적 신뢰는, 과거의 교환에서 건네받은 상징물을 미래의 어느 시점에 또 다른 교환에서 제삼자가 인정할 수 있음을 보장한다.

　역사 속에서 다양한 종류의 가치 있는 금속이 통화를 뒷받침했지만(가장 선호된 것은 금과 은이었다.), 인류학자들은 그러한 자산들의 이면에 보다 중요한 자산(사회적 자본)이 존재하며 이 자산이 없다면 통화는 교환 수단으로서 무의미해진다고 말한다. 예를 들어 파푸아뉴기니의 트로브리안드 군도 주민들은 상호 신뢰를 강화하기 위해 종종 먼 거리를 카누로 이동해 토속적인 조개껍데기를 교환했다. 이러한 사회적 통화의 교환은 왕성한 거래를 가능하게 하는 사회적 자본을 만들어 냈다.

　2008년 글로벌 경제가 붕괴하여 고장 나고 심지어 부도덕하기까지 한 글로벌 금융 시스템의 공허한 내부가 세상에 드러나기 전까지만 해도, 많은 사람들은 세계의 통화 시스템이 가끔 변덕스럽기는 하지만 그래도 믿을 만하다고 여겼다. 또 우리는 설령 통화 시스템에 문제가 생겨 은행이 무너진다 해도 정부가 우리의 은행 예금액을 보장해 줄 거라고 생각했다.(미국의 경우 최고 25만 달러까지 보장한다.) 은행들 뒤에는 달러를 구조해 줄 미국 연방준비제도(FRS)도 있었다.[16] 통화 시스템이 바닥으로 추락한다 해도 미국 재무부가 언제든 더 많은 달러를 찍어 내 유통함으로써 국민을 심연에서 구조해 줄 거라는 경제학자들의 설명에, 수많은 사람들은 오히려 겁을 집어먹었다. 우리는 모든 규칙과 규제와 방화벽의 뒤편에 텅 빈 깊은 수렁이 존재한다는 것을 깨닫기 시작했다.

글로벌 금융 위기는 상업적 교환이 가장 중요한 제도라는 오랜 통념의 실체를 우리 앞에 드러냈다. 역사적으로 사람들이 문화를 창조하기에 앞서 상업적 시장과 교환을 만들어 낸 사례는 없다. 우리는 상업이 문화보다 먼저 발전하며 또 문화를 가능하게 한다고 잘못 믿어 왔다. 사실은 그 반대인데 말이다. 1장에서 설명했듯이, 문화는 우리가 스스로를 사회화하는 공간적 배경이다. 우리는 문화 안에서 공감 능력을 확장하고 보다 커다란 가상의 가족 안에서 결집하게 해 줄 사회적 내러티브를 만들어 낸다. 우리가 공유하는 정체성은 사회적 신뢰의 구축을 유도하고, 이는 통합된 전체로서 충분히 기능할 수 있는 사회적 자본을 축적할 수 있게 해 준다. 공유된 정체성이 있기에 우리는 약속어음 역할을 하는 다양한 상징물을 만들 수 있는 것이다. 서로가 과거의 상업적 약속과 미래의 거래를 인정하리라고 믿게 해 주는 상징물 말이다.

우리는 상거래 활동이 언제나 문화의 연장물로 존재해 왔다는 사실을 너무나 자주 망각한다. 상업은 사회에 축적된 사회적 자본을 자양분 삼아 성장하는 것이다. 역사 속에서 상업 제도, 특히 금융 제도가 사회적 신뢰를 손상하고 사회적 자본을 고갈시키는 일이 발생했을 때(2008년 금융 위기 때처럼) 사람들이 기존의 통화 메커니즘에 불안감을 느끼고 다른 대안을 찾기 시작한 것은 놀라운 일이 아니다.

2008년 금융 위기 이후 수많은 사람들이 예측 불가능한 시대에 재정적 안정을 어느 정도라도 확보할 수 있길 희망하면서 금으로 눈을 돌렸다.(국제시장에서 금값이 기록적으로 치솟았다.) 한편 어떤 사람들은 금덩어리에 매달리는 것이 과연 가치가 있는지 의문을 제기했다. 그것이 사회적 자본과 신뢰, 그리고 기존 통화에 대한 사람들의 믿음을 빠르게 고갈시킨 금융기관들이 초래한 망상과 두려움의 가치를 보여 주는 또 다른 상 징물에 불과하다면서 말이다.

이후 기존과는 다른 종류의 통화를 모색하는 사람들이 점점 늘어나 기 시작했다. 깊은 협력을 토대로 구축되고 새로운 층위의 사회적 자본 으로 지탱되는 통화 말이다. 공동체 화폐, 지역 통화 거래 시스템(LETS) 또는 마이크로 통화라고 불리는 대안 화폐가 2008년 금융 붕괴 이후 세 계 여러 지역에서 자리를 잡기 시작했다. 이러한 대안 화폐는 과거에도 산발적으로 존재했지만(특히 대공황 시기에) 그 영향력은 미미한 편이었다. 그러나 최근에 등장한 대안 화폐는 사회에 훨씬 더 커다란 영향을 미칠 가능성이 높다. 오늘날은 사회적 경제가 새로이 부흥하면서 세계의 수 많은 사람들이 협력적 공유사회에서 점점 더 많은 시간을 협력적 활동 (사회적 활동이든 경제적 활동이든)에 쏟아붓고 있기 때문이다.

이러한 대안 화폐는 재화 및 서비스의 협력적 교환이 공유사회에서 번성하게 해 주는 진정한 사회적 통화이다. 협력적 경제의 다른 영역들 에서와 마찬가지로 사람들이 중개자, 대형 금융기관의 고정비용, 이윤 폭, 신용카드 회사가 부과하는 높은 이자율 등을 우회하여 자신의 노동 시간을 타인과 직접 교환하는 경우가 늘고 있다. 그런데 이것이 과거의 일대일 서비스 교환과 다른 점은, 개인들에게 사회적 경제와 시장경제 모두에서 다양한 재화 및 서비스와 교환할 수 있는 포인트(상응하는 노동시 간을 나타낸다.)를 저장하고 사용할 수 있는 메커니즘을 웹 기반의 앱이 제 공한다는 사실이다.

현재 전 세계에서 사용되는 마이크로 통화는 4000종류가 넘는다.[17] 이것들 중 상당수가 제품을 만들거나 물건을 수리하거나 서비스를 공급 하면서 개인이 다른 개인에게 제공하는 노동시간을 기반으로 한다. 노 동시간은 마치 현금처럼 시간 은행(time bank)에 저장되며 다른 재화나 서비스에 대한 시간과 교환될 수 있다. 컬럼비아 특별구 대학교(UDC) 법학과 교수 에드거 칸이 시간 은행이라는 개념을 개발했다. 그는 혈액 은행에 혈액을 제공하는 사람들에게서 아이디어를 얻었다고 한다. 이 개념은 사회적 경제를 떠받치는 핵심 원리인 호혜주의에 기초하고 있다. 내가 옆집을 도우면 동네의 누군가도 나에게 친절을 베풀 것이라고 기대하는 것이다.

칸이 말하는 시간 은행은 종류가 다른 노동에 차별을 두지 않는다. 자동차 정비공이 일한 한 시간은 의사가 일한 한 시간과 가치가 동일하다. 모든 사람의 시간은 동등한 가치를 지니며 직업이나 기술의 종류에 따라 차별하지 않는다는 개념이다. 어떤 시간 은행에서는 축적된 시간을 기술별로 다르게 계산하기도 한다. 가령 회계사의 전문적 기여에 자동차 세차원의 기여보다 더 많은 가치를 부여하는 식이다. 현재 시간 은행은 전 세계 곳곳에서 운영되고 있다.[18]

예를 들어 미국 메인 주에 있는 아워익스체인지포틀랜드(Hour Exchange Portland)는 사람들이 의료비를 지불하는 방식을 돕는다. 비영리 진료소인 트루노스(TrueNorth)는 아워익스체인지포틀랜드와 계약을 체결하여 의사가 환자에게서 받는 치료비를 돈이 아닌 타임 달러(time dollar)로 받기로 했다. 이 타임 달러는 환자가 지역사회에서 타인에게 서비스를 제공하고 모은 것이다.[19] 의사 역시 치료 대가로 받은 타임 달러를 이용해 시간 은행에 소속된 다른 사람들에게 도움을 받을 수 있다.

LETS에서 거래되는 지역 화폐 중에는 재화의 교환을 촉진하기 위해 만들어진 것도 있다. 스위스의 WIR 화폐는 신용카드 형태로 발급된다. 물건 판매자는 판매한 물건에 대해 크레디트를 받으며, 다른 WIR 회원에게 물건을 구매할 때 그 크레디트를 사용할 수 있다.[20]

또한 지역 화폐는 지역사회에서 부가 빠져나가는 것을 막는 역할도

한다. 미국 매사추세츠 주의 버크셔에서 통용되는 버크셰어(BerkShares)
는 지역사회 소비를 촉진하기 위해 만들어진 사회적 통화이다. 회원들
은 지역 내 은행 여섯 곳 중 어느 곳에서나 버크셰어를 구입할 수 있다.
이때 달러와 동일한 환율이 적용되지만 약간의 이득이 있다. 은행에 가
서 95달러를 내면 100버크셰어를 받기 때문에 5퍼센트의 이익이 생기
는 셈이다.[21] 이렇게 교환한 버크셰어를 이용해 지역 상점에서 제품이나
서비스를 구입하므로 결국 돈이 지역 내에서 순환되어 지역 경제 활성
화에 기여한다. 주민들은 환전할 때 비영리 은행을 이용하므로 일반 신
용카드나 상업은행의 수표를 사용할 때 발생하는 추가적인 비용 부담을
덜 수 있다.[22] 버크셰어는 2006년 도입되었으며 이후 오 년간 300만 버크
셰어가 넘게 통용되었다. 지역 경제 규모로는 상당한 액수다.[23]

대안 화폐는 경제 대침체의 직격탄을 맞은 유럽 여러 지역에서 급속
히 성장하고 있다. 그리스와 스페인에서는 지역 화폐 네트워크가 빠르
게 확산되고 있다.[24] 실업률이 높은 지역에서는 비영리단체가 기술을 보
유한 개인과 그 기술을 필요로 하는 개인을 연결해 주는 온라인 사이트
를 만들고 있다. 점점 더 치유가 불가능해지는 중앙집권식 시장경제 안
에 분산적이고 협력적이며 수평적으로 확대되는 초소형 사회적 경제
(microsocial economy)가 조성되고 있는 것이다. 마이크로 통화는 일부 노동
자들에게 다시 일자리를 제공하는 데 기여하면서 교환의 새로운 메커니
즘이 되고 있다.

지역사회와 접목된 사회적 통화가 확산되는 동안, 한편에서는 국경
을 초월하는 글로벌 대안 통화가 인터넷에서 성장하고 있다. 비트코인
(Bitcoin)은 피어투피어 통화 네트워크로, 현재 수백만 비트코인이 통용
되고 있다. 비트코인은 기존 통화들과 교환이 가능하며 2013년 11월 기
준으로 1비트코인이 약 400달러에 거래되었다.[25] 비트코인의 창안자인

아미르 타키와 도널드 노먼은, 네덜란드 암스테르담에 머무르다가 영국에 사는 친구 한 명이 급하게 돈을 보내 달라고 부탁했을 때 비트코인 현상에 관심을 가지게 되었다고 말한다. 당시 그들이 택할 수 있는 방법은 웨스턴유니언이나 머니그램(MoneyGram)을 통하는 것뿐이었는데, 두 곳 모두 무려 20~25퍼센트나 되는 송금 수수료를 내야 했다. 그래서 그들은 터무니없는 수수료를 피할 수 있는 인터넷 통화 비트코인의 가치를 깨닫게 되었다.[26]

거래 표준에 대해 세계 유수의 은행들에 조언을 해 주고 있는 미래학자 헤더 슐레겔은 인터넷 기반의 글로벌 통화가 기존의 전통적 통화들을 대체할 것이라고 보지는 않지만 이렇게 덧붙인다. "많은 커뮤니티가 돈으로 자신들을 표현할 수 있는 가능성을 깨닫기 시작했으므로, 앞으로 수많은 제2의 비트코인이나 그와 유사한 통화가, 또는 아직 누구도 생각하지 못한 방식의 통화가 등장할 것이다."[27]

훨씬 더 낙관적 전망을 내놓는 이들도 있다. AOL프랑스의 공동 창업자 장프랑수아 누벨은, 분산적이고 협력적이며 수평적으로 확대되는 인터넷의 파괴적 힘, 즉 이베이, 페이스북, 아마존, 엣시를 비롯해 수많은 벤처기업을 태동시킨 바로 그 힘이 금융 분야에도 침투해 새로운 혁명을 일으키지 않을 것이라고 생각하는 것은 근시안적 견해라고 믿는다. 그러면서 앞으로 "수많은 종류의 무료 화폐가 인터넷과 스마트폰을 통해 사용되는 장면"을 목격하더라도 놀랍지 않을 것이라고 말한다.[28]

사회적 기업가 정신

매우 다른 두 가지 경제의 필요조건에 부응하기 위해 새로운 펀딩 방식 및 사회적 통화와 더불어 새로운 비즈니스 모델도 부상하고 있다. 두 가지 경제란 시장 중심으로 돌아가는 자본주의경제와 공유사회를 기반으로 하는 사회적 경제이다. 최근 들어 새로 등장한 비즈니스 모델들은 이 두 경제가 공생 관계를 누리는 공간에서 가치를 발견하려는 시도이다. 둘의 협동에 대해서는 이미 앞에서 논한 바 있다. 구조적 설계와 운용 규약의 관점에서 볼 때 새 비즈니스 모델은 두 경제의 틈을 연결하고 잠재적 시너지가 발생하는 지점에서 가치를 발견할 수 있는 최상의 위치에 있다고 할 수 있다.

미국에서는 '베네피트 기업(benefit corporation)'*이라는 흥미로운 비즈니스 모델이 새롭게 떠오르고 있다. 이러한 비즈니스 모델은 기존의 자본주의적 기업을 변화시켜 시장과 공유사회가 혼합된 세계에서 좀 더 민첩하고 효과적으로 움직일 수 있게 만든 것이다. 캘리포니아 소재 연 매출이 5억 4000만 달러의 글로벌 스포츠 의류업체 파타고니아는 베네피트 기업으로 변신한 가장 대표적인 회사이다.[29]

현재 미국 열여덟 개 주에서 법적 실체로 인정되고 있는 베네피트 기업은, 투자금을 제공하는 대가로 사회적 또는 환경적 책임을 포기하라고 요구할 수도 있는 외부 투자자들을 막아 내는 법적 보호 장치를 기업가들에게 제공한다.[30] 물론 베네피트 기업은 자본주의 기업으로 운영되고 주주들의 이익을 책임져야 하지만, 법적으로 보장되는 지위 덕분에 주주 가치 극대화에만 관심이 있는 투자자들의 분노를 사지 않고도 사회적, 환경적 임무에 우선순위를 둘 수 있다.

베네피트 기업은 세계 곳곳의 경영 대학원 출신 젊은이들의 상상력을 사로잡은 사회적 기업가 정신이라는 기치 아래 일고 있는 보다 커다란

---

* 이윤을 추구하는 동시에 사회적 책임도 적극적으로 수행하는 기업을 뜻함.

물결의 일부이다. 사회적 기업가 정신은 공유사회의 주축인 비영리 조직들부터 시장의 중심 주자인 전통적인 주식회사들까지 포괄하는 넓은 영역에 걸쳐 있다. 이 두 모델(비영리 조직과 이윤 추구 기업)은 사회적 경제와 시장경제가 만나는 지점에서 상호작용하고 있을 뿐만 아니라, 서로의 특성 일부를 받아들임으로써 비영리 조직과 이윤 추구 기업을 구분하는 차이를 흐릿하게 만들고 있다. 사회적 기업가 정신이라는 하나의 거대한 천막 아래에서, 영리 추구 세계와 비영리 세계는 시장경제와 협력적 공유사회로 구성된 이중적 상업 공간에 어울리는 다양한 종류의 새로운 비즈니스 제도와 규칙을 만들어 내고 있다.

사회적 기업가 정신은 비영리 조직에 그 뿌리를 두고 있다. 1980년대와 1990년대에 걸쳐 미국, 영국을 비롯한 여러 나라에서 복지국가 시스템이 축소되었고 이는 비영리 부문에 위기와 기회를 동시에 제공했다. 취약 계층을 지원하는 정부 프로그램이 축소되자 빈곤한 지역사회들은 위기에 내몰렸다. 민간 자선단체들이 비영리 부문 프로그램을 재정적으로 지원함으로써 공백을 채우려고 했지만, 이들 지역사회가 확보한 예산은 정부가 발을 빼면서 삭감된 예산에 비하면 너무 빈약했다. 증가하는 사회적 부담과 줄어드는 필수 복지 예산에 발목이 붙잡힌 비영리 조직들은 새로운 비즈니스 모델을 찾기 시작했다. 자신들의 주요 사명에도 부합하고 조직의 존속과 서비스 확장에 필요한 예산의 부족분을 채울 원천도 제공하는 비즈니스 모델 말이다. 수많은 비영리 조직이 서비스별로 수수료를 부과하는 방식을 도입했다. 또한 기업가 정신에 정통한 동시에 지역사회의 사회적 복지 증진을 위해서도 노력하는 새로운 유형의 리더를 영입하기 시작했다.(이러한 비영리 조직의 경영자들은 예술, 오락, 식품, 건강 등 다양한 분야의 프로그램을 추진할 때 필요한 정부 보조금과 자선 기부금을 확보하는 쪽에 전문성을 갖춘 경우가 많았다.)

정부가 발을 뺀 이후, 영리 추구형 스타트업들 또한 사회적 부문에 존재하는 유망한 비즈니스 기회들에 눈을 돌리기 시작하면서 시장 진영에서 한 걸음 밖으로 나와 공백을 메우는 데에 동참했다. 경영 구루인 피터 드러커도 사회적 선을 행하면서 수익을 내는 접근법을 높이 평가했다. 그는 만성적 빈곤, 질 낮은 교육, 환경 파괴를 비롯해 커다란 사회적 해로움을 야기하는 문제들을 해결하는 가장 효과적인 길은 기업가 정신의 창의적 에너지를 마음껏 발산할 수 있는 사회적 여건을 만드는 것이라고 주장했다. 학교, 어린이집, 저소득층 주택 단지 등 전통적으로 정부의 영역에 속했던 많은 활동과 서비스가 상업적 주체들이 뛰어들어 공정한 게임을 벌일 수 있는 영역이 되었다.

한편 7장에서 설명했듯이 1990년대에 미국에서는 새로운 세대(고등학교와 대학교에서 봉사 학습을 경험한 첫 세대)가 경제활동 무대에 진입하기 시작했다. 지금까지 많은 이들이 새로운 사회적 기업가 정신을 함양하는 데 봉사 학습이 중심 역할을 차지한다는 사실을 제대로 인식하지 못했다. 어릴 때부터 비영리단체의 프로젝트나 빈곤 지역 프로그램에 참여하고 봉사하며 성장한 젊은이들은, 시장경제가 제공하는 상업적 기회를 뛰어넘은 곳에서 의미를 발견하고 자아 존중감을 경험하는 새로운 방식을 맛보았다. 그리고 적어도 그들 가운데 일부는 가슴속 열정을 새로운 직업 경로를 개척하는 데에 쏟아부었다. 사회적 기업가 정신이 탄생하는 순간이었다.

사회적 기업가 정신을 정의하기란 어려운 일일 수도 있다. 영리 추구형 기업들은 3대 핵심 사항으로 "사람, 지구, 수익성"(1994년 존 엘킹턴이 만든 문구다.)을 강조하는 반면, 비영리 조직들은 "수익성 이전에 사람과 지구"라는 표현을 선호한다.[31] 영리 부문과 비영리 부문에 속하는 사회적 기업가 여든 명을 대상으로 실시한 심층 설문조사는 동일한 일단의 상황에 대한 접근법에서 미묘한 차이를 드러낸다. 첫째, 영리 부문의 사회적 기업가는 상업적 기회의 가능성에서 동기를 부여받는 반면, 비영리 부문의 사회적 기업가는 충족되지 않은 사회적 니즈의 해결에 더 집중한다. 둘째, 두 부문의 사회적 기업가 모두 리스크를 감수하지만 그 종류는 다르다. 영리 부문의 사회적 기업가는 투자수익률 관점에서 리스크를 경계한다. 비영리 부문의 사회적 기업가는 자신의 자금을 걸고 리스크를 감수하는 일이 드물다. 그들에게 리스크란 공동체 내에서의 사회적 '평판'과 밀접히 연관되어 있다. 셋째, 두 부문의 사회적 기업가들 모두 자신의 역할이 지닌 중요성을 인식하지만, 연구 결과에 따르면 "비영리 부문 사회적 기업가들은 성공의 공을 자원봉사자 및 서비스 수혜자 전체와 함께 나누려는 태도가 더 분명했다."[32]

어떤 차이점이 존재하든 간에, 영리 부문과 비영리 부문의 사회적 기업가들이 조금씩 가까워지는 다양한 양상을 목격하는 일은 흥미롭다. 특히 영리와 비영리, 각 영역에만 속한다고 오랫동안 여겨져 온 특성들을 아울러 새로운 비즈니스 모델에서 조금씩 통합해 가는 밀레니엄 세대의 움직임이 주목할 만하다. 《이코노미스트》에 실린 「양심적인 자본 시장」이라는 사설에서는 사회적 기업가 정신의 진화를 이렇게 기술했다.

사회적 자본 시장이라는 개념은 모순적으로 느껴질 수도 있다. 너무나 다양한 그룹의 사람들과 기관들을 포괄하기 때문이다. 그러나 한쪽 끝의 순수한 자선적 자본과 다른 쪽 끝의 영리 추구 자본을 연결하는 연속체가 존재하며 동시에 리스크와 수익, 사회적 영향력 사이의 다양한 트레이드오프도 존재한다. 앞으로는 이 연속체에 대한 논의가, 그리고 특정한 사회적 목표를 위해 어떤 종류의 사회적 자본이(또는 다양한 종류의 사회적 자본의 혼합체가) 가장 성공할 가능성이 높은지 탐구하기 위한 논의가 활발하게 이루어질 것이다.[33]

예를 들어 베네피트 기업은 자본가 기업의 이윤 추구 지향성에 수정을 가함으로써 공유사회의 비영리 조직이 추구하는 사회적, 환경적 우선순위들에 좀 더 가까이 접근하려는 시도의 결과물이다. 한편 비영리 조직들은 그들 나름대로 수정을 거쳐 자본가 기업의 이윤 추구 접근법에 조금씩 더 가까워지고 있다. 미국 아홉 개 주(일리노이, 메인, 로드아일랜드, 미시간, 루이지애나, 와이오밍, 노스캐롤라이나, 버몬트, 유타)에서는 이른바 L3C를 의거하는 법안을 제정했다. 이것은 유한책임 회사 관련 법안을 변형한 것으로, 비영리 조직의 핵심 목표가 사회적인 성격을 유지한다면 해당 조직이 '저이윤(low profit)'을 추구하도록 허용하는 내용을 담고 있다. L3C 법안 덕분에 비영리 조직이 자본에 접근할 수 있게 되었다. 많은 비영리 조직이 자선적 단체라는 위치를 유지하면서 동시에 사회적 기업가형 벤처를 더욱더 지향하고 있음을 감안할 때, 이러한 법적 제도의 변화가 지니는 중요성은 더욱 크다.[34]

사회적 기업가 정신은 세계의 많은 대학에서 뜨거운 주제가 되었다. 하버드 대학교 교과과정에는 「사회적 기업 경영」, 「사회적 기업가 정신 개론」 같은 강좌들이 마련돼 있다.[35] 사회학과에는 기업가 정신을 위한 '협력적 연구 그룹'이 마련되어 학생들이 새로운 사회적 경제의 다양한 사회학적 측면을 탐구한다. 이 대학의 또 다른 프로그램인 프레지던츠 챌린지(President's Challenge)에서는 "교육, 건강, 환경 등 다양한 분야의 글로벌 문제에 대한 해결책"을 찾기 위해 학문 연구 및 현장 연구에 참여한 학생 팀들에게 총 15만 달러를 지원한다.[36]

아쇼카(Ashoka), 스콜 재단(Skoll Foundation), 어큐먼펀드(Acumen Fund), 듀크 대학교의 사회적기업가정신진흥센터(CASE)와 같은 국제적 네트워크들은 전 세계에 사회적 기업가 정신을 촉진하기 위한 싱크탱크이자 동업조합, 자금 모금 에이전트 역할을 하고 있다. 사회적 기업가 운동의 선두적 인물인 빌 드레이턴은 아쇼카의 창립자이다. 아쇼카는 전 세계 각지의 사회적 기업가들이 참여하는 대회를 개최하여 그들이 인신매매에서 분쟁 해결에 이르는 다양한 이슈에 대해 협력하는 장을 마련한다. 사회적 기업가들이 아쇼카의 체인지메이커스(Changemakers) 웹사이트에 자신의 프로젝트를 게시하면 다른 사람들이 접속하여 그 프로젝트를 개선하기 위해 협력한다. 아쇼카는 현재 70개국 이상에서 3000명이 넘는 사회적 기업가 펠로(fellow)들의 활동을 지원하고 있다.[37]

사회적 기업가 정신 분야의 또 다른 핵심 주자이며 1999년에 설립된 스콜 재단은 지금까지 사회적 기업가 정신 함양에 기여한 오대주의 사회적 기업가 아흔일곱 명과 여든 개 조직에 3억 5800만 달러 이상의 지원금을 제공했다.[38]

사회적 기업가 정신의 성공을 판단하는 척도는 투자에 대한 수익률이 아니라 관련 지역사회의 복지 향상 정도이다. 사회적 자본이 핵심 자산이며, 이는 사회적 기업과 지역사회의 협력적 파트너십이 만들어 내는 결속과 신뢰를 반영한다. 이런 관점에서 보면 일반적으로 비영리 부문 사회적 기업가들이 영리 부문 사회적 기업가들에 비해 이점을 누린다.(물론 항상 그런 것은 아니지만 말이다.) 전자의 주요 동기가 "수익을 내는 것"보다는 "사회적 선(善)을 행하는 것"에 있기 때문이다.

미국에서는 수십만 개의 사회적 기업이 운영되고 있다. 이들이 고용하는 인력은 1000만 명이 넘으며 연간 수익은 5000억 달러에 이른다. 이 기업들은 2012년 미국 GDP에서 약 3.5퍼센트를 차지했다. 사회적 기업의 약 35퍼센트는 비영리 조직이고 31퍼센트는 법인 또는 유한책임 회사이다. 사회적 기업들은 엄청난 성장곡선을 그려 왔다. 미국 내 사회적 기업들의 60퍼센트는 2006년 이후에 설립되었는데 그중 29퍼센트가 2011년과 2012년에 만들어졌다.[39]

영국에는 2010년 기준으로 6만 2000개의 사회적 기업이 있었고 이들이 고용한 인력은 80만 명에, 영국 경제에 기여한 규모는 240억 파운드였다. 영국 사회적기업연합(SEC)의 CEO 피터 홀브룩은 2020년이면 사회적 기업들이 영국 GDP에 기여하는 규모가 세 배 증가할 것이라고 내다본다. SEC는 사회적 기업 부문이 자원봉사 및 민간 부문과 완전히 다른 별도의 실체로 공식적으로 인정받고 아울러 세금 혜택과 여타의 지원을 받을 수 있게 하기 위한 로비 활동도 펼친다.[40]

오스트레일리아의 경우 2010년 기준으로 약 2만 개의 사회적 기업이 운영되고 있었다. 비영리 부문에서 사회적 기업들의 29퍼센트가 비즈니스 벤처를 설립했고 58퍼센트가 서비스별 수수료 부과 방식을 택했다.[41]

오늘날 사회적 기업가 정신은 영리 부문과 비영리 부문 사이에서 비교적 균형을 유지하고 있지만 앞으로는 점차 후자 쪽으로 치중될 가능성이 높다. 협력적 공유사회에 자리 잡은 사회적 경제가 자본주의 시장에서 계속 기반을 굳혀 갈 것이기 때문이다.

새로운 종류의 고용

사회적 기업가들만 자본주의 시장경제에서 협력적 공유사회로 옮겨 가기 시작하고 있는 것은 아니다. 인력시장의 수많은 다른 사람들도 이미 이 물결에 올라탔다. 8장에서 기술한 바와 같이, IT 기술과 빅데이터, 고급 분석, 인공지능, 로봇공학 등이 제조업과 서비스업 그리고 지식 및 엔터테인먼트 부문 전반에 걸쳐 수많은 인간 노동력을 대체함에 따라 자본주의 시장에서 노동의 한계비용이 점차 제로에 가까워지고 있다.

사실 사물인터넷은 일자리를 없애는 주범인 동시에 고용을 창출하는 원천이기도 하다. 장기적으로 보면 지능형 사물인터넷 인프라(커뮤니케이션 인터넷, 에너지 인터넷, 운송 인터넷)가 약간의 감독 인력 및 전문적 인력이 동참하는 가운데 인간 문명에 수반되는 경제활동의 상당 부분을 수행할 것이다.

하지만 단기 및 중기적으로는 세계 곳곳에 사물인터넷 인프라를 대규모로 구축하는 과정에서 임금노동자들의 수요가 마지막으로 급증하는 현상이 일어날 것이다.(이러한 급증 현상은 약 사십 년간 지속되리라고 예상된다.) 글로벌 에너지 체제를 화석연료와 원자력발전에서 재생에너지 중심으로 변화시키는 것은 대단히 노동집약적인 과정이기 때문에 수많은 노동자가 필요해질 것이고 수많은 새로운 사업체가 생길 것이다. 수억 개의 기존 건물들을 녹색 미니 발전소로 전환하고 수백만 개의 새로운 친환경 미니 발전 건물을 짓는 과정 역시 수천만 명의 노동자를 필요로 할 뿐만 아니라, 에너지절약전문기업(ESCO), 지능형 건축 회사, 친환경 전기제품 제조업체들에 새로운 사업 기회를 열어 줄 것이다. 녹색 전력의 흐름을 관리하기 위해 경제 인프라 전반에 수소 저장 및 여타 저장 기술을 도입하는 과정에서도 상당한 고용과 새로운 비즈니스가 창출될 것이다. 세계의 전력 그리드를 에너지 인터넷으로 바꾸는 과정에서 설치 관련 일자리가 수백만 개 창출되고 아울러 웹 기반의 친환경 앱 제작 스타트업이 수없이 많이 등장할 것이 분명하다. 내연기관에서 전기 및 연료전지 차량 중심으로 운송 부문을 변화시키기 위해서는 국가의 도로 시스템과 연료 공급 인프라를 재단장할 필요가 있다. 도로 곳곳과 모든 주차 공간에 수많은 플러그인 전기 연료 공급 장치를 설치하는 것 역시 상당한 인력이 필요한 노동집약적인 작업이다.

중장기적으로 점점 더 많은 고용이 시장 부문에서 공유사회로 옮겨갈 것으로 전망된다. 시장경제에서 재화 및 서비스 생산에 필요한 인력이 줄어드는 한편, 공유사회에서는 기계가 인간을 대체하는 비중이 더 낮아질 것이다. 깊은 사회적 참여와 사회적 자본을 축적하려면 본질적으로 인간이 주체가 될 수밖에 없기 때문이다. 열렬한 신기술 지지자들조차도 언젠가는 기계가 사회적 자본을 창조해 낼 수 있을지 모른다는 생각에 동의하지 않는다.

세계의 많은 선진 산업 경제국에서 비영리 영역은 이미 가장 빠르게 성장하는 고용 부문에 해당한다. 무보수로 자신의 시간을 제공하는 수백만의 자원봉사자들 외에도 많은 이들이 이 부문에서 활발하게 일하고 있다. 존스 홉킨스 대학교 시민사회연구소에서 42개국을 조사한 결과에 따르면 현재 5600만 명의 정규직 근로자들이 비영리 부문에서 일하고 있다. 몇몇 국가에서는 비영리 부문의 고용이 전체 노동력의 10퍼센트 이상을 차지한다. 네덜란드의 경우 비영리 부문이 유급 고용의 15.9퍼센트를 차지한다. 벨기에에서는 노동인구의 13.1퍼센트가 비영리 부문에서 일한다. 이 비율이 영국의 경우는 11퍼센트, 아일랜드의 경우 10.9퍼센트이다. 미국은 9.2퍼센트, 캐나다는 12.3퍼센트이다. 고도로 자동화된 시장경제에서 고도로 노동집약적인 사회적 경제로 고용이 옮겨 가면서 이 비율은 향후 수십 년간 꾸준히 상승할 가능성이 높다.[42]

공유사회에서 고용의 극적인 성장곡선이 창출되는데도 많은 경제학자들은 이와 같은 추세를 미심쩍은 눈으로 바라본다. 비영리 부문은 독립적인 경제 세력이 아니라 정부조달 계약과 민간 자선사업체에 크게 의존하고 있다고 지적하면서 말이다. 하지만 누구라도 민간 부문에 주어지는 막대한 정부조달과 보조금 및 장려금에 대해서 똑같이 말할 수 있다. 어쨌든 이와 별도로, 42개국을 조사한 존스 홉킨스 대학교의 연구는 많은 경제학자들의 견해와 달리, 공유사회를 기반으로 운영되는 비영리 부문의 총수익 가운데 약 50퍼센트가 이미 서비스별 수수료에서 나오고 있음을 보여 준다. 반면 정부 지원은 총수익 가운데 불과 36퍼센트를 차지하며 민간 자선사업체의 기부는 14퍼센트만을 차지한다.[43]

당장은 아니더라도 금세기 중반쯤이면 전 세계의 고용 인력 대다수가 협력적 공유사회의 비영리 부문에서 일하고 있을 거라고 전망한다. 이들은 사회적 경제의 발전을 위해 바쁘게 움직이면서 적어도 일부 재화와 서비스는 기존의 시장에서 구매할 것이다. 전통적인 자본주의경제는 소수의 전문 인력 및 기술 인력이 관리하는 지능형 기술이 운영해 나갈 것이다.

1장에서 소개했듯이, 지금으로부터 팔십 년도 더 전에 케인스는 미래를 전망하는 소론을 발표했다. 이 글에서 그는 기계가 인간을 시장의 고된 노역에서 해방해 공유사회의 보다 의미 깊은 문화적 활동에 몰두하며 고귀하고 초월적인 목표를 추구할 수 있게 해 주는 미래 세계를 조망했다. 어쩌면 이것은 케인스의 가장 정확한 경제 예측이 될지도 모른다.

조만간 우리가 해결해야 할 과제는 기존 노동력을 재교육하고 신규로 노동시장에 진입할 젊은이들에게 적절한 기술을 가르치는 것이다. 세계적으로 사물인터넷 인프라가 대규모로 건설되면서 등장할 새로운 직업 카테고리들과 비즈니스 기회들로 그들이 보다 순조롭게 옮아갈 수 있도록 하려면 말이다. 아울러 협력적 공유사회에 등장하는 직업 기회들에 필요한 새로운 전문 기술을 학생들에게 교육하는 일도 필요하다. 여기에는 물론 엄청난 노력이 필요하겠지만, 인류는 그와 유사한 수준의 노력을 충분히 감당할 수 있음을 이미 과거에도 스스로 확인했다. 특히 1890년에서 1940년 사이에 농경 사회에서 산업사회로 빠르게 이동했던 시기에 말이다.

정부 보조 제도에는 말할 것도 없고 대중의 머릿속에 시장의 긴요성과 자본주의 신화가 매우 견고하게 자리 잡고 있는 사회에서, 협력적 공유사회로 밀려드는 수많은 새로운 경제적 계획들과 제도적 장치들이 여전히 주요 경제 조류에 대한 단순한 부속물 정도로 여겨지는 것은 이해할 만하다. 하지만 미디어와 엔터테인먼트, 출판 산업, 재생에너지, 제조 상품의 3D 프린팅, 오픈소스 기반의 온라인 교육 등에 영향을 주기 시작하는, 제로 한계비용으로 빠르게 접근하는 추세가 기존 경제 패러다임에 편안하게 포용될 수 있는 변형일 뿐이라고 주장하는 이들도 별로 없다. 글로벌 노동력이 인공지능 및 자동화 기술로 대체되는 것, 소유권에서 접근권으로의 변화, 시장에서 네트워크로의 이행, 공유경제의 출현 등이 기존 시스템 자체에 대한 근본적인 공격을 의미한다고 생각하는 이들은 더 극소수이다. 자본의 크라우드펀딩, 통화의 민주화, 사회적 기업가 정신의 급속한 확산에 직면하고도 그런 추세들이 자본주의에 심각한 위협이 된다고 걱정하는 사람은 거의 없다. 그럼에도 이러한 새로운 모델들이 인류가 과거 이백 년간 경제생활을 조직해 온 표준 방식으로부터 근본적으로 일탈해 있다는 점에 대해서는 경외감을 느낄 수밖에 없으리라.

이런 새로운 접근법들은 그 근간이 되는 내러티브와 운용 논리적 가정 모두에서 기존의 경제 패러다임과 근본적으로 다르기 때문에, 기존 체제에 어떤 식으로 흡수될 것인지 상상하기가 쉽지 않다. 아마도 이런 다양한 일탈적 시도가 서로 맞물리고 서로를 자양분 삼아 성장하기 시작하면서 자본주의적 맥락으로부터 벗어나 어느 시점에 이르러 기존 패러다임을 파열시키고, 이로써 시장 자본주의와는 전혀 다른(시장 자본주의가 중세의 봉건적 시스템과 전혀 달랐던 것과 같은 맥락으로 다른) 생명력을 지닌 새로운 경제 질서가 태동하는 것, 이것이 지금 그려 볼 수 있는 시나리오가 아닐까 싶다.

5부

풍요의 경제

15

지속 가능한 풍요

고전파 경제 이론과 신고전파 경제 이론은 한 사회의 생산적 경제활동이 제로 한계비용에 가까워지면 할 말을 잃게 된다. 한계비용이 제로에 가까운 수준으로 줄어들면 이윤은 고갈되고 만다. 재화와 서비스가 시장가격으로부터 자유로워지기 때문이다. 재화와 서비스는 본질적으로 공짜가 된다. 대부분의 사물이 거의 공짜가 되면, 재화와 서비스를 생산하고 유통하는 구성 메커니즘으로서의 자본주의는 그 작동 근거를 잃는다. 자본주의의 동력은 희소성에 기인하기 때문이다. 자원, 재화, 서비스가 부족한 경우에는 교환가치가 생기고 재화나 서비스를 시장에 내놓는 데 들어가는 비용보다 높은 가격을 매길 수 있다. 그러나 재화와 서비스를 생산하는 데 드는 한계비용이 제로에 가까워지고 가격이 거의 무료가 되면, 자본주의 시스템은 희소성과 더불어 사람들의 의존성에서 이익을 얻는 능력을 상실하게 된다. 여기서 말하는 영어의 'free'는 두 가지 의미인데, 가격이 무료라는 것과 희소성으로부터 자유로워진다는 것이다. 재화나 서비스를 한 단위 더 생산하는 데 드는 한계비용이 제로에 가까워진다는 것은 희소성이 풍요로 대체된다는 뜻이다. 모든 사람들이 돈을 내지 않고도 자신에게 필요한 것을 많이 얻을 수 있다면 교환가치가 무슨 쓸모가 있겠는가. 상품과 서비스는 사용가치와 공유가치를 지니지만 더 이상 교환가치는 갖지 못한다.

희소성과 교환가치가 아니라 풍요와 사용가치 및 공유가치를 중심으로 경제생활을 조직한다는 생각은 경제 이론이나 경제 관행에 대한 일반적인 관념과 너무 동떨어져 있기 때문에 그런 상황을 상상조차 하기 힘들다. 하지만 신기술의 발달로 한계비용이 사라지면서, 다시 말해서 초기 투자비와 간접비를 없애 줄 정도로 효율성과 생산성이 높아지면서 경제의 폭넓은 분야에서 그런 일이 발생하기 시작했다.

풍요의 정의

풍요라는 말은 한마디로 정의 내리기 어렵다. 전통적으로 이 말은 번창하는 삶을 보장해 줄 정도로 자원 접근권이 만족스럽다는 의미였다. 생물학자들은 보통 인간이 신체적인 건강을 유지하는 데 하루에 2000~2500칼로리가 필요하다고 말한다.[1] 오늘날 20억이 넘는 사람들이 그보다 적은 칼로리로 살아가고, 그들 중 10억 명은 영양 결핍 상태로 분류된다.[2] UN식량농업기구(FAO)는 2050년까지 세계 인구가 35퍼센트, 즉 25억 명이 증가한다고 가정할 때, 모든 사람들의 건강을 '적절히' 보장하는 데 필요한 영양분을 제공하려면 식량 생산 자체만 70퍼센트가 증가해야 한다고 지적한다.[3]

이와는 대조적으로 보통 미국인은 하루에 3747칼로리를 소비한다.[4] 70억 명에 달하는 모든 지구인이 평균적인 미국인처럼 상당량의 자원을 소비하면서 삶을 '유지한다면', 네다섯 개의 지구가 더 필요할 것이다. 가난하든 부유하든 인류는 현재 1.5개의 지구에 해당하는 자원을 먹어 치우고 있다. 다시 말하면, 일 년에 지구인들이 소비하는 자원을 재생산하려면 약 일 년 반이 걸린다는 이야기다. UN은 현재의 인구 증가와 소비 추세가 지속될 경우 세계 빈곤층의 생활수준에 눈에 띄는 변화가 없더라도 2030년경 인류의 자원 사용 수준을 유지하는 데 지구 두 개에 해당하는 자원이 필요할 것으로 예상한다.[5]

풍요는 보는 사람의 생각에 달려 있다. 하지만 지구의 지속가능성은 그렇지 않다. 풍요와 지속가능성의 접점을 찾는 데 있어서 6장에서 언급한 "지구는 모든 사람의 필요를 충족할 만큼 충분히 주지만, 모든 사람의 탐욕을 충족할 만큼 충분히 주진 않는다."라는 간디의 말은 여전히 황금률로 작용한다.[6]

간디는 지속가능성을 본능적으로 이해했지만, 오늘날은 지속가능성을 세련된 지표로 적극적으로 측정할 수 있다. 이 지표는 생태발자국(ecological footprint) 지수라 불린다. 지속가능성은 인간의 삶을 유지하는 데 드는 자원이 폐기물을 재활용하고 자원을 보충하는 자연의 능력을 초과하지 않는 비교적 안정된 상태로 정의된다. 생태발자국 지수는 생물권에 대한 인간 활동의 수요를 직접 측정한 것이다. 보다 정확히 설명하면, 이 지표는 개인이나 집단이 소비하는 모든 자원을 생산하고 그들이 배출하는 폐기물을 흡수하는 데 필요한, 생물학적으로 생산적인 토지 및 수자원의 양을 측정한 다음, 자원을 재생산하고 폐기물을 흡수하는 데 이용 가능한 면적의 양을 의미하는 생태용량(biocapacity)과 비교한 결과이다.[7]

지난 반세기 동안 인간의 생태발자국은 엄청날 정도로 늘어났다. 1961년 인간의 생태발자국은 지구의 생태용량의 절반 정도였다. 생태회계학 용어로 말하자면, 이는 생태계의 이자를 빼내 쓰고는 있지만 아직 원금을 축내는 수준은 아니라는 의미였다. 하지만 2008년, 당시 생존하던 67억 명의 생태발자국은 182억 글로벌 헥타르(1헥타르는 2.47에이커와 같다.)에 달했다. 이는 1인당 이용 가능한 면적이 1.8헥타르인 지구에, 즉 전체로 보면 120억 글로벌 헥타르에 불과한 지구에 1인당 평균 생태발자국이 2.7헥타르인 인간이 살고 있다는 의미이다. 우리는 지구가 재활용되고 충전될 수 있는 속도보다 더 빠르게 지구의 생태용량을 소비하고 있었다. 세계 인구의 4퍼센트만을 차지하는 미국 한 나라가 지구의 이용 가능한 생태용량의 21퍼센트를 쓰고 있었고, 평균 미국인의 생태발자국은 10헥타르라는 엄청난 수치를 기록했다.[8]

생태발자국에 관한 통계자료는 세계의 고소득 집단과 저소득 집단을 비교하면 더욱 두드러진다. 1인당 국민총소득(GNI)이 1만 2196달러 이상인 10억 명은 3.06헥타르에 해당하는 생태용량을 쓰는 데 반해, 1인당 GNI가 995달러 이하인 13억 명은 1인당 1.08헥타르의 생태용량을 쓰고 있다.[9]

풍요가 지속가능성과 관련을 맺고 지구 생태용량의 원금이 아니라 이자로만 사느냐로 평가된다면, 문제는 각 개인과 인류 전체의 건강과 행복을 유지하는 데 필요한 생태계 자원을 지속적으로 보충할 수 있는 생물권의 능력을 파괴하지 않으면서 과연 얼마나 많은 사람들이 편안하게 살 수 있느냐가 된다.

인간이 지구의 자원에 미치는 영향을 추적하는 월드워치연구소(World Watch Institute)의 설립자 레스터 브라운은 우리가 무엇을 먹느냐에 그 답이 달려 있다고 지적한다. 미국의 식단을 기준점으로 삼는다면, 평균 한 사람이 음식 형태로 일 년에 800킬로그램의 곡물을 섭취한다. 만약 세상 사람들 모두가 똑같은 식단을 선택한다면, 20억 미터톤에 달하는 연간 세계 곡물 수확량은 25억 명만을 먹여 살릴 수 있다. 하지만 1인당 일 년 곡물 섭취량이 400킬로그램인 이탈리아/지중해식 식단을 기준점으로 삼으면, 일 년 세계 곡물 수확량으로 50억 명이 살 수 있다. 마지막으로 200킬로그램의 곡물을 섭취하는 인도식 식단을 기준점으로 잡으면, 지구는 최대 100억 명까지 먹여 살릴 수 있다.

브라운은 먹이사슬에서 너무 높은 곳에 있거나 낮은 곳에 있는 인구 집단은 먹이사슬의 중간쯤에서 먹고사는 사람들만큼 오래 살지 못한다고 강조한다. 먹이사슬의 맨 꼭대기에 있는 사람들은 당뇨, 암, 심장병, 뇌졸중 같은 풍요의 질병에 시달린다. 반면 먹이사슬의 맨 아래에 있는 사람들은 영양실조로 고생하고 구루병, 괴혈병, 각기병, 니코틴산 결핍증, 빈혈증, 안구건조증 등을 포함하는 빈곤의 질병으로 사망한다. 수많은 연구에 따르면 고기, 생선, 치즈, 채소로 이루어진 지중해식 식단을 따르는 사람들이 더 오래, 더 건강하게 산다고 한다.[10]

인간이 지구의 생태용량에 맞춰 살고 우리 사회가 희소성에서 지속 가능한 풍요로 옮아가려면, 세계 인구를 줄이는 동시에 부자들과 가난한 사람들의 생태발자국이 크게 차이가 나는 문제를 해결해야 할 것이다.

인간은 무엇으로 행복해지는가?

생태발자국이라는 개념이 생물권의 수용력에 미치는 인류의 영향을 줄이는 데 강력한 측정 기준을 제공해 주지만, 인간의 행복을 결정하는 요인에 관한 다수의 연구와 설문조사 결과 역시 생태발자국과 동일한 정도의 강력한 사회적, 심리적 근거를 제공한다.

사실상 행복에 관한 모든 과학적 연구는 행복이 전형적인 종형 곡선을 따라 커졌다가 줄어든다고 결론짓는다. 하루에 2달러도 안 되는 돈으로 극심한 빈곤 속에서 살아가며 근근이 한 주 한 주를 버티고 있는 인류의 40퍼센트 이상은 당연히 불행할 것이다.[11] 생활에 필수 불가결한 물품이 부족하고, 아이들에게 기본적인 의식주조차 제공할 수 없는 그들은 실의에 빠져 살아간다. 그들의 삶에는 활력이나 희망이 없다. 가난한 사람들이 빈곤에서 벗어나면, 그들은 행복을 경험하기 시작한다. 수입이나 재산이 늘고 조금씩 안정될 때마다 그들은 더 행복해진다. 하지만 바로 이 부분에서 이야기가 놀라워진다. 생활의 기본적인 편의 시설과 안전성을 갖출 수 있을 정도의 소득수준에 도달하면, 사람들의 행복 수준은 정체하기 시작한다. 재산이 더 늘고 그에 따라 소비가 늘어나면서 전체적인 행복의 한계수익은 줄어들고, 결국엔 행복감을 덜 느끼는 지점에 도달한다. 많은 연구 결과에 따르면, 늘어난 재산은 걱정거리가 되고, 방탕한 소비에서 얻는 심리적 보상은 점점 적어지고 오래가지 못하게 되면서 소비 중독으로 변모한다. 소유물은 결국 그 주인을 지배하게 된다.

편안한 수준을 넘을 정도로 재산이 늘면서 여러 문제를 겪고 절망을 느끼는 이유를 자세히 검토해 보면, 다른 사람들과의 관계가 갈수록 지위에 영향을 받으며 질투와 시기에 휘둘리기 때문이라는 것을 알 수 있다. 사람들은 자신을 둘러싼 관계가 피상적으로 전락하고 엄밀하게 물질적인 의미에서 무엇을 잃고 얻는가에 따라서만 평가된다고 말한다.

그러나 물질주의적 인간은 점점 더 커지는 불행 앞에서 스스로 돈에 집착하는 게 문제가 아니라 충분히 갖지 못해서 불행하다고 굳게 믿으며 물질적 이익의 추구에 박차를 가할 가능성이 훨씬 더 높다. 그들은 자신의 높아진 지위를 통해 조금만 더 물질적으로 성공한다면 좀 더 소비적인 행동에 탐닉함으로써 자신이 바라는 즐거움과 다른 사람들의 지속적인 존경을 얻을 수 있다고 생각한다. 심리학자들은 이러한 현상을 "쾌락의 쳇바퀴"라고 부른다. 하지만 이 쾌락의 환상에 빠질 때마다 사람들은 점점 불행해지며 탈출구가 없는 중독의 악순환에 빠져든다. 결국 그 쳇바퀴에서 내려와 행복으로 향하는 다른 길을 추구할 때까지 말이다.

전 세계에서 수행한 여러 연구의 결과들은 물질적인 가치와 우울증, 약물 남용의 밀접한 상관관계를 보여 준다. 물질주의자들은 다른 사람들보다 높은 소유욕을 가지며 남을 믿지 못하고 관대하지 않을 가능성이 더 높다. 또한 충동을 잘 억제하지 못하고 타인에게 더욱 공격적이다.

심리학 교수이자 『물질주의의 높은 대가(The High Price of Materialism)』의 저자인 팀 캐서는 물질주의적 행동에 관한 수년간의 연구에서 축적된 압도적인 증거를 요약했다. 그는 사실상 모든 연구 결과는 다음과 같다고 말한다.

부를 추구하는 목표를 아주 중요하게 생각하는 사람들은 그러한 목표에 관심이 덜한 사람들보다 낮은 수준의 심리적 웰빙을 보여 준다. … 물질주의적 가치가 삶의 중심에 자리 잡을수록, 삶의 질은 더욱더 떨어진다.[12]

몇 년 전 나는 영국의 경제학자 리처드 레이어드를 만날 기회를 얻었다. 그의 저서 『행복의 함정』은 경제학자들 사이에서 약간의 충격을 일으킨 바 있었다. 레이어드는 런던정치경제대학(LSE) 교수로 내 강연회를 주최한 교수진 중 한 명이었다. 나를 자신의 사무실로 데려간 레이어드는 사회의 늘어나는 부와 사람들이 느끼는 행복에 관해 수집한 흥미로운 데이터를 보여 주었다. 특히 내 관심을 끈 것은 미국에 대한 데이터였다. 드러난 바에 따르면, 현대의 미국인들은 1957년의 미국인들보다 두

배의 소득을 누리지만, "매우 행복하다."라고 응답한 비율은 35퍼센트에서 30퍼센트로 떨어졌다.[13]

이는 미국만의 예외적 상황이 아니다. 다른 선진국에서 이루어진 연구 결과들 역시 아주 똑같은 이야기를 전해 준다. 레이어드의 연구에 따르면, 개인의 행복은 연평균 소득이 최저 안락 수준인 2만 달러 정도가 될 때까지는 커지다가, 그 수준을 지나면 소득이 늘어도 행복 수준의 한계효용은 줄어든다.[14]

또한 한 사회의 행복 수준은 그 집단의 소득 불균형과 밀접한 관련이 있다는 연구 결과도 있다. 1960년에 세계에서 가장 탄탄한 중산층을 자랑하던 미국은 이후 오십 년 동안 내리막길을 걸었다. 상위 1퍼센트는 더욱더 부유해진 반면, 중산층은 줄어들고 빈곤층은 늘어났다. 2012년 현재 미국은 수치스럽게도 부유층과 빈곤층의 격차를 의미하는 소득 불균형 부문에서 OECD 30개국 중 28위를 차지했다. 미국보다 더 나쁜 국가는 멕시코와 터키뿐이었다.[15]

소득 불균형이 점점 심해지면서 사회의 전체적인 행복 수준이 떨어졌다는 사실은 놀랍지 않다. 행복에 관한 연구 결과를 보면, 부유층과 빈곤층의 격차가 가장 적은 국가들이 집단적인 행복과 웰빙 측면에서 더 높은 점수를 기록한 것을 알 수 있다. 부분적으로 그 이유는 심해지는 빈곤이 불행을 야기한다는 사실에서 찾을 수 있다. 하지만 이와 똑같이 중요한 사실은 가진 자와 못 가진 자의 격차가 불신의 온상이라는 점이다. 그래서 상위층은 빈곤한 대중의 보복을 점점 더 두려워하게 되고, 자신의 재산과 소유물을 더욱더 지키려 드는 정신적인 주둔군을 창출한다.

거의 이십 년 전 아내와 멕시코시티를 방문해서 경험했던 순간이 떠오른다. 나는 유명한 비즈니스 지도자들 앞에서 강연한 뒤 아내와 함께 멕시코 최고 갑부의 집에서 열리는 디너파티에 참석하기 위해 무장한 차량의 뒷좌석에 앉아 이동 중이었다. 나를 초대한 인물은 멕시코 빈곤 층의 삶을 개선하는 데 많은 시간을 바친 사회 개혁가로, 무장한 운전사 옆자리에 앉아 있었다. 경찰들이 모든 길모퉁이를 지키는 상태에서 멕 시코시티 최악의 슬럼가를 빠져나와 경호원들의 보호를 받는 요새 같은 호화로운 주택가에 들어서자 그는 비로소 그 아이러니한 상황을 토로했 다. 그는 멕시코가 서로의 의도를 두려워하고 불신하는 부자와 빈자가 따로 감금된 채 살아가는 공동체들이 갈수록 늘어 가는 상황이라고 지 적했다. 미국도 점점 더 멕시코를 닮아 감에 따라, 불신 또한 커지고 있 다. 1960년대에는 미국인 중 56퍼센트가 대부분의 사람들을 믿을 수 있 다고 말했다. 오늘날 그렇게 말하는 사람은 3분의 1도 안 된다.[16]

물질주의가 그토록 유해한 이유는, 인간 종에 생기를 불어넣는 기본 적인 욕구인 공감 본성을 앗아 가기 때문이다. 우리는 진화생물학자들 과 신경과학자들 덕분에 인간의 본성이 지난 수백 년 동안 들어 온 것과 는 다르다는 사실을 깨닫고 있다. 근대가 막 시작되던 시기에 계몽 철학 자들은 인간 본성이 합리적이고 이기적이며 물질주의적이고 공리적이 며 자율성에 대한 욕구에 따라 움직인다고 설명했다. 이 모든 특징 때문 에 인간은 더 많은 재산을 모으고 독자적인 섬이 되려는 성향을 띠게 된 다는 것이었다. 하지만 새로운 과학 연구는 다른 이야기를 들려준다. 인 간은 생명이 있는 존재들 중에서 가장 사회적이다. 그 사회성의 많은 부 분은 인간의 신경회로에 부드럽게 내재되어 있고, 문화 습득 과정에 따 라 커지거나 없어진다.

1990년대에 과학자들은 공감 신경으로 널리 알려진 거울 신경(mirror neuron)을 인간에게서 우연히 발견했다. 인간과 가까운 일부 영장류와 코 끼리는 공감 신경을 갖고 있지만, 다른 종에 대해서는 확실히 알 수 없 다. 거울 신경을 비롯한 일부 신경조직 때문에 인간은 단순히 지적으로

만이 아니라 생리적, 감정적으로 다른 사람의 느낌을 자신의 것처럼 경험할 수 있다. 예컨대 다른 사람의 팔 위를 기어 다니는 거미를 목격할 경우 그 거미가 내 팔 위를 기어 다니는 것과 같은 느낌을 받는 것이다. 사람들은 이러한 일상적 느낌을 당연하게 받아들이지만, 인간이 지금처럼 사회적 동물이 된 이유가 바로 이렇게 다른 사람이 느끼는 기쁨과 수치심, 혐오감, 고통, 두려움을 똑같이 느낄 수 있는 생리적인 능력 때문임을 이해하기 시작한 지는 얼마 되지 않았다. 인간은 바로 이러한 공감적 감성 덕분에 통합된 사회에 단단히 자리 잡은 확대된 자아로서 서로에게 반응할 수 있다. 모든 공감 감각이 부족하여 다른 사람에 대한 관심이 전혀 없거나 배려 없이 행동하는 사람들 이야기를 들으면, 우리는 그들이 비인간적이라고 생각한다. 소시오패스는 궁극적으로 사회에서 버림받은 존재다.

최근의 연구들은 물질주의적 행동 방식과 공감 욕구의 억제 및 소멸 간의 밀접한 상관관계를 반복적으로 보여 준다. 냉정하고 독단적이고 가학적이고 무신경한 부모 밑에서 자라며 감정적인 학대와 신체적 체벌을 경험한 아이들은 어른이 되어 공격적이고 타인을 착취하는 모습을 보이거나 세상을 등진 외톨이가 되는 경우가 흔하다. 그들의 짓눌린 공감 욕구는 두려움이나 불신, 버림받은 느낌으로 대체된다. 이와는 반대로, 다정하게 관심을 보이며 보살피고 자아의 발전을 북돋우는 안전한 환경을 제공해 주는 부모는 공감이 커지는 데 꼭 필요한 사회적 신뢰를 이끌어 낸다.

크면서 공감을 경험하지 못한 아이들은 어른이 됐을 때 다른 사람들에게 공감을 표현하지 못할 가능성이 크다. 가장 기본적인 차원에서 다른 사람들과 관계를 맺지 못하는 그런 사람들은 사실상 외톨이가 된다. 그들의 물질주의는 상실감의 미약한 대체물이며, 사물에 대한 애착은 사람에 대한 잃어버린 애착을 대체한다. 물질적 성공과 명성, 인정에 대한 집착 역시 사회적으로 받아들여지기 위한 수단이다.

그들의 삶을 규정하는 물질주의는 다른 사람들과의 관계 또한 형성한다. 물질적 성공이 주가 되는 세상에서는 모든 관계가 그 목적을 달성하기 위한 수단이 된다. 그들은 다른 사람들을 편의에 따라 대하고 더 많은 부를 축적하기 위한 도구로 삼는다. 물질주의자의 세계가 내 것과 네 것이라는 두 영역으로 나뉨에 따라 인간적인 따스함과 애정이라는 최고의 상은 점점 더 받기 힘들어진다. 찰스 디킨스의 『크리스마스 캐럴』에 등장하는 구두쇠 스크루지는 경멸과 동정의 대상이자 사회에서 추방당한 사람으로 취급되었다.

물질주의자에게 광고는 중독을 키우는 강력한 마약이다. 광고는 사람들이 부족하고 외롭다고 느끼길 바란다. 그리고 상품과 서비스가 인격과 정체성을 향상해 주고 다른 사람들에게 보다 매력적이고 인정받을 수 있는 사람으로 만들어 줄 거라고 약속한다. 독일의 철학자 헤겔은 자본주의 정신의 여명기에 성인이 된 새로운 물질주의적 인간을 규정한 바 있다. 그는 재산이 자본주의 정신의 실용적이고 물질적인 가치를 넘어 한 개인의 페르소나를 표현한다고 주장했다. 헤겔에 따르면 인간은 자신의 의지를 물체에 강요함으로써 자신의 독특한 페르소나를 세상에 투영하고 사람들 사이에서 존재감을 형성한다. 그리하여 인간의 인격은, 자신의 것이라고 주장하는 모든 사물에 존재하게 되며, 인간의 재산은 인격과 구분되지 않는다. 내 모든 것은 내 독특한 존재감과 영향권을 확대하고 다른 사람들이 나를 인정하는 수단이 된다.

철학자 윌리엄 제임스는 극도로 물질주의적인 문화에서 살아가는 대부분의 사람들이 거북하지만 쉽게 이해할 수 있는 표현으로 소비자 개성(consumer personality)을 설명했다.

사람들이 나라고 부르는 것과 단순히 내 것이라 부르는 것을 구분하기는 분명 어렵다. 우리는 내 것인 특정한 사물에 대해서도 우리 자신에 대해 느끼고 행동하는 대로 똑같이 느끼고 행동한다. 내 명성, 내 아이, 내 손으로 한 일은 내 몸만큼이나 소중하고, 만약 공격을 받으면 (내 몸이 공격받는 경우와) 똑같은 느낌과 보복 행위가 야기된다. … 하지만 가장 넓은 의미에서 한 인간의 자아는 그 사람의 신체나 정신력뿐 아니라 그 사람의 옷과 집, 아내와 아이들, 조상들과 친구들, 평판과 직업, 땅과 말, 요트와 은행 계좌 등 그가 자기 것이라고 부를 수 있는 모든 것의 총합이다. 이 모든 것들은 그 사람에게 동일한 감정을 부여한다. 그것들이 많아지고 번창하면, 그는 승리감을 느낀다. 반대로 그것들이 줄거나 사라지면, 의기소침해진다. … 내 소유물에 대한 이런 식의 감정은 우리가 자신의 물건에 더욱 가까워진 상태로 살고, 그래서 그것들을 더욱 철저하고 심오하게 느낀다는 사실에 기인한다.[17]

광고는 재산이 인간을 평가하는 기준이라는 생각을 알리고 세상에서 개인의 정체성을 형성하는 데 상품과 서비스가 필수적인 것이라고 강조한다. 20세기의 많은 기간 동안 광고는 재산이 한 사람의 개성을 확대한 것이라는 생각을 널리 알렸고, 세대가 바뀔 때마다 물질주의적 문화에 순응하도록 깊은 영향을 미쳤다. 보스턴 대학교의 사회학자 줄리엣 쇼어는 이렇게 지적한다. "1990년대의 아이들은 친구들을 만나는 시간만큼, 책을 읽거나 교회에 가는 시간의 두 배만큼, 밖에서 노는 시간의 다섯 배만큼 쇼핑을 했다."[18] 청소년들이 "다른 일을 하느니 쇼핑하는 데 시간을 쓰겠다."라고 말하고 그들 중 절반 이상이 "성인이 됐을 때 돈이 많을수록 더 행복할 것"이라고 믿는다는 사실은 더욱 충격적이었다.[19]

이 설문조사는 십오 년 전에 이루어졌다. 그사이에 밀레니엄 세대는 성년이 되었고, 젊은이들이 공감에서 물질주의에 이르는 스펙트럼의 어디에 어떻게 위치하고 있는지의 문제에 대해 이전과는 반대되는 증거가 등장했다. 심리학자, 사회학자, 정치학자, 인류학자 들은 서로 크게 어긋나는 보고서와 연구 결과 들을 내놓고 있다.

1979~2009년에 미시간 대학교 사회연구소가 대학생 1만 4000명을 상대로 실시한 광범위한 연구는 "오늘날의 대학생들에게 성격 특성의 기본 테스트를 실시한 결과, 이십 년 내지 삼십 년 전의 대학생들보다 공감 능력이 40퍼센트 정도 떨어진다."라는 결론을 내렸다.[20] 삼십 년 동안 미국 대학생들을 상대로 한 72건의 연구 결과를 결합하여 메타분석 연구를 실시한 미시간 대학교 연구원 사라 콘래스는 오늘날의 대학생들이 "가끔 친구들의 관점에서는 상황이 어떨지 상상함으로써 친구들을 더 잘 이해하려고 노력했다."나 "종종 나는 나보다 불행한 사람들을 걱정한다." 같은 문항에 동의할 가능성이 낮다고 말한다.[21]

하지만 밀레니엄 세대에 대한 다른 연구들은 정반대의 경향을 보여준다. 밀레니엄 세대는 엑스세대와 달리 "자신과 같은 집단에 속한 다른 사람들에게 공감하고 서로의 관점을 이해하려고 노력할" 가능성이 훨씬 더 높다는 것이다.[22] 또한 밀레니엄 세대는 또래 집단 내 사람들의 의견을 똑같이 중요하게 생각하고 협력적으로 일하는 것을 선호하며 집단의 의견 일치를 추구할(이 모든 행위에는 공감하는 마음이 필요하다.) 가능성이 더 높다는 연구 결과도 있다.

공감 능력을 기르는 데 정말로 중요한, 남을 믿는 문제에서, 밀레니엄 세대는 정부나 비즈니스 집단, 모든 유형의 전문가를 상대적으로 훨씬 더 불신하는 반면, 인터넷에서 만난 협력자를 훨씬 더 믿고, 앞서 언급한 것처럼 동료들의 의견이나 비평, 순위표, 대중의 결합된 지혜를 기꺼이 신뢰하려 한다.

또한 많은 연구 결과들은 역사상 어떤 세대보다도 밀레니엄 세대가 가장 편견이 없고 여성이나 유색인종, 동성애자, 장애인 등 소외되어 왔던 집단의 법률적, 사회적 권리를 옹호하는 문제에 가장 많이 공감한다는 사실을 보여 준다. 미국 대학생 중 23퍼센트 정도가 해외에서 공부한 적이 있고, 밀레니엄 세대 중 73퍼센트가 진보적인 이민정책을 지지하는 데 비해, 성인 인구 중 그러한 이민정책을 지지하는 비율은 39~57퍼센트에 불과하다.[23]

내 생각에 밀레니엄 세대는 거대한 단일체가 아니라 여러 가지 모순이 뒤섞여 있는 집단이다. 밀레니엄 세대는 자기애(自己愛)가 강하고 물질주의에 빠져 있다는 증거도 존재하지만, 그들이 공감을 느끼고 참여하는 경향이 커지고 있다는 증거 또한 존재한다. 나는 그들의 자기애와 물질주의적 성향이 대침체의 영향 때문이라는 주장도 의심스럽게 생각한다. 새로운 연구 결과들이 속속 등장하고 있기 때문이다. 2013년 12월 《뉴욕 타임스》는 「선데이 리뷰」 머리기사로, 대침체와 정체된 글로벌 경제에 심하게 영향을 받은 밀레니엄 세대가 물질적인 성공에서 의미 있는 삶으로 정신적인 우선순위를 옮기기 시작했다는 새로운 연구 결과를 보도했다. 직업자문위원회(Career Advisory Board)의 의뢰로 작성된 보고서에 따르면, 21세부터 31세까지의 밀레니엄 세대들은 많은 돈을 버는 것보다 의미 있는 직업을 갖는 게 더 중요하다고 생각했다. 스탠퍼드 경영대학원의 마케팅학과 제니퍼 L. 에이커 교수와 동료 학자들은 코호트 연구조사를 통해 한 달 동안 수백 명의 미국인들을 지켜보면서 피험자들에게 "의미 있다."라는 말이 무엇을 의미하는지 평가하는 작업을 수행했다. 이 학자들은 의미 있게 산다고 말한 젊은 밀레니엄 세대들이 "스스로를 타인 지향적인 사람으로 생각"한다는 사실을 알아냈다. 보다 명확히 말하자면 "기부자"로 생각한다는 것이다. 다른 사람들을 위해 일하는 게 중요하다고 말한 사람들은 "자신의 삶에서 더 많은 의미를 느낀다."

라고 답했다.[24]

보다 강력한 연구 결과는 2013년에 전미고교장학생협회(NSHSS)가 9000명의 성적 우수 고등학생을 상대로 실시한 설문조사 결과이다. 학생들에게 200개가 넘는 기업 중에서 자신이 일하고 싶은 곳을 선택하게 했다. 결과를 보면, 의료 서비스 업체, 병원, 정부 기관 등이 학생들이 선택한 상위 스물다섯 곳 중에서 열네 곳을 차지했다. 미국에서 가장 훌륭하고 똑똑한 고등학생들이 선택한 최고의 직장은 세인트주드 아동연구병원(St. Jude Children's Research Hospital)이었다. NSHSS CEO인 제임스 W. 루이스는 "밀레니엄 세대는 다른 사람들을 돕는 일에 반응하고 있다."라는 말로 설문조사 결과를 요약했다.[25]

앞서 언급한 대로, 공감 능력이 떨어지는 사람은 물질주의적 성향을 보이기 쉽다. 밀레니엄 세대가 이전 세대들보다 더 잘 공감한다면, 지난 십 년 사이에 일어난 물질주의에 대한 그들의 생각 변화에서 새로운 추세를 알아채야 한다. 이제 그 추세가 모습을 드러내기 시작했다. 2013년 여름, 학술지《사회심리학과 인성과학(Social Psychological and Personality Science)》에 발표된 연구에서 연구자들은 사십 년 간 고등학교 3학년 학생 수십만 명의 태도를 추적한 설문조사 결과를 검토했다. 그들은 2008년에 대침체가 시작되면서 가치관이 뒤바뀌는 놀라운 결과를 발견했다. 해를 거듭하며 타인에 대한 공감이 줄어들고 물질주의가 점점 더 만연하던 추세는 2008년 이후 젊은 밀레니엄 세대 사이에서 갑자기 뒤집혔다. 이들의 "타인에 대한 관심은 더 늘었고 물질적 이익에 대한 관심은 줄었다."[26] 이 새로운 조사 결과는 물질주의적 유행의 추종과, 생활 방식이 되어 버린 강박적 소비주의에 대한 밀레니엄 세대의 관심이 줄었음을 보여 준다.

이러한 연구 결과들은 협력적 소비와 공유경제의 급작스러운 등장과 딱 맞아떨어진다. 전 세계적으로 젊은 세대는 자전거, 자동차, 집, 옷 등 수없이 많은 물품을 공유하고 있고, 소유하기보다는 접근하는 쪽을 선택하고 있다. 디자이너 브랜드를 피하고 저네릭 브랜드(generic brand)*나 이념 지향적 브랜드를 선호하는 밀레니엄 세대도 점점 더 늘고 있다. 그들은 물건의 교환가치나 지위보다는 사용가치에 훨씬 더 많은 관심을 보인다. 협력적 프로슈머들의 공유경제는 더욱더 공감적이고 덜 물질주의적인 속성을 나타낸다.

물질주의 풍조의 쇠퇴는 지속가능성과 환경에 대한 책무에 점점 더 전념하는 성향에서도 드러난다. 물질주의자들이 다른 사람들만이 아니라 다른 동물이나 자연환경에도 공감하지 않는다는 사실은 놀랍지 않다. 그들은 자연을 보존해야 할 공동체라기보다는 이용해야 할 자원으로 생각한다. 환경 역시 다른 사람들과의 관계와 마찬가지로 오로지 그것이 지닌 유용성과 시장가치 때문에 중요할 뿐, 그 내재적인 가치에 대해서는 전혀 중요하게 생각하지 않는다.

미국 로체스터 대학교 연구원들은 여든 명의 학생들을 대상으로 물질적인 가치관이 천연자원을 사용하는 방식에 어떠한 영향을 주는지 알아내기 위한 실험을 실시했다. 학생들은 고도의 물질주의적 가치관을 지닌 학생과 비물질주의적 가치관을 지닌 학생으로 분류되었다. 그런 다음, 그들은 목재 회사 사장이 되어 200헥타르의 국유림을 벌목하는 사업에 입찰 경쟁을 벌이는 게임을 했다. 각각의 학생은 남은 나무들이 일 년에 10퍼센트씩 불어난다는 것을 이해한 상태에서 일 년에 최대 10헥타르까지 벌목하는 입찰에 응할 수 있었다. 그들이 일부 면적만 벌목하는 데 입찰하면, 수익은 적을 것이다. 하지만 많은 면적을 벌목하는 데 입찰

---

* 포장을 간소화하거나 메이커의 유휴설비를 활용하는 식으로 철저한 저가격을 실현한 상품으로 "노 브랜드"라고도 함.

하면 수익은 높겠지만 국유림은 빠른 속도로 고갈될 것이다.

놀랄 것도 없이 물질주의자들이 비물질주의자들보다 더 넓은 면적의 국유림을 벌목하는 데 입찰했다. 그로 인해 손쉽게 이익은 얻겠지만 국유림은 빠르게 고갈될 터였다. 그들은 장기적인 보호 관행보다는 단기적인 재정 이익에 지속적으로 집중했다. 하지만 비물질주의자들은 국유림을 더 오래 존속시키는 선택을 했고, 그 덕분에 장기적으로 더 큰 수익을 누릴 수 있었다.[27]

이 실험에서 입증된 유형의 가치 지향성은 현실 세계에서도 나타나고 있다. 밀레니엄 세대는 과거 세대보다 덜 물질주의적일 뿐 아니라 환경에 대한 책무를 더 많이 지지한다. 워싱턴 D. C.에 본부를 둔 싱크탱크 미국진보센터(CAP)가 2009년에 실시한 설문조사 결과에 따르면, 밀레니엄 세대의 75퍼센트가 화석연료에서 재생에너지로의 전환을 찬성한다. 이는 다른 모든 성인 세대를 능가하는 비율이다.[28] 몇 년 전에 실시된 갤럽 조사는 훨씬 더 극적이다. 18세부터 29세의 젊은이들 가운데 58퍼센트가 "경제성장이 억제될 리스크를 감수하더라도" 환경보호를 미국에서 최우선적인 국가 문제로 삼아야 한다고 답했다.[29]

그렇다면 이 모든 실험과 연구, 설문조사 결과는 우리에게 무엇을 보여 주는가? 먼저, 돈으로 행복을 살 수 없다는 점이다. 빈곤이 절망을 야기하지만, 약간의 편안함이 달성되고 나면 재산이 늘어나도 똑같이 절망이 커진다. 둘째, 만연하는 물질주의는 사람들을 더욱더 행복하게 하기는커녕 소외감과 두려움, 외로움을 느끼게 하고 타인을 믿지 못하게 만든다는 사실이다.

셋째, 인간의 기본적인 욕구는 경제학자들이 주장했던 바와 같이 만족을 모르는 물질적 갈망이 아니라 사회성에 대한 추구에 있다는 점이다. 물질적인 편안함에 대한 최소한의 요구가 충족되고 나면 애정과 동료애가 인간을 행복하게 만든다. 인간은 소유하고 걸신들린 듯 먹고 싶어 하는 게 아니라 어딘가에 소속되고 싶어 한다. 결국 이 모든 결과를 보면, 경제학의 지배적인 가정, 즉 우리가 살면서 가장 많이 원하는 것들은 부족하다는 가정과 인간의 욕구는 무한하다는 가정을 의심할 수밖에 없다. 현실에서 사람들이 가장 많이 원하는 것들, 즉 사랑과 용인, 인류에 대한 인정은 부족한 게 아니라 한없이 풍부하다. 광고업계는 경제학자들과 달리 이를 이해하고 있다. 그들은 보다 심오한 이 욕구에 호소하기 위해 해마다 광고비로 수천억 달러를 투입하고 있다. 그러면서 왜곡된 방식으로, 더욱 물질주의적인 것들을 사서 모으고 소비하는 방법으로 그 욕구를 가장 잘 충족할 수 있다고 암시하고 있다. 그런 식의 조작된 니즈는 인간을 공동체에 대한 추구에서 더 멀어지게 할 뿐이라는 사실을 잘 알면서 말이다. 광고업계가 갑자기 인간의 일상생활에서 사라진다면, 인간의 행동 방식이 얼마나 빠르게 달라질지 상상해 보라. 물질주의에 대한 집착은 빠르게 사라질 것이고, 우리 인간은 물건이 아니라 다른 사람에 대한 간절한 마음을 되찾을 여유를 얻을 것이다.

하지만 모든 사람들이 자신이 원할 때마다 갖고 싶은 것을 거의 공짜로 가질 수 있는 한계비용 제로 사회에서는, 인간이 지구의 남아 있는 자원을 보다 급속히 써 버리고 지구를 망가뜨릴 가능성이 높다는 주장은 어떠한가? 그럴 가능성은 없다. 과소비를 야기하는 것은 풍요가 아니라 희소성이다. 모든 사람들의 물질적인 욕구가 충족되는 세상에서는 없이 사는 것에 대한 두려움이 사라진다. 끌어모으고 탐닉하려는, 만족을 모르는 욕구는 상당 부분 사라진다는 의미다. 그리고 다른 사람들에게서 얻을 수 있는 것은 무엇이든 낚아채려는 욕구 역시 사라진다. 게다가 모든 사람들의 욕구가 어느 정도 충족되는 세상에서는 물질적 지위에 근거한 사회적 차별도 약화될 것이다. 사회는 더 이상 "내 것 대 네 것"을 근거로 나뉘지 않는다. 모든 사람들의 가치도 그가 가진 것에 따라 결정되지 않는다.

그렇다고 풍요의 시대가 인류를 유토피아로 데려간다고 주장하려는 것은 아니다. 어느 누구도 인간 본성의 어두운 면이 우리의 문화적 DNA에서 갑자기 사라질 거라고 믿을 만큼 순진하지는 않다. 풍요가 희소성을 대체하면, 인간이 내일 무슨 일이 생길지 두려운 마음에 더욱더 많은 것을 소유하고 싶어 하는 끈질긴 욕구에 사로잡힐 가능성이 훨씬 줄어든다는 이야기일 뿐이다. 언뜻 보기에 풍요의 경제로 희소성의 경제를 대체한다는 생각이 지구의 남아 있는 자원을 걷잡을 수 없이 써 버리는 상황을 떠올리게 할 수 있지만, 실제로는 위에서 이야기한 모든 이유 때문에 이 개념이야말로 인간 종에게 지속 가능한 미래를 확보해 주는 효과적인 유일한 방법일 가능성이 높다.

분산적이고 협력적인 피어투피어 네트워크로 조정되는 새로운 세계에서 성장하는 젊은 세대 중에서 적어도 일부는 자본주의 경제생활의 많은 부분을 특징 지어 온 물질주의 증후군에서 벗어나기 시작했다. 그들은 덜 물질주의적이고 더 지속 가능하며 덜 편의주의적이고 더 공감적인 공유경제를 만드는 중이다. 그들은 자본주의 시장보다는 글로벌 공유사회에서 살아갈 날이 더 많다. 공유라는 새로운 풍조는 선진 산업화 경제를 살아가는 젊은 세대의 생태발자국에 주목할 만한 영향을 미치기 시작하고 있다.

물질주의에서 지속 가능한 양질의 삶으로의 변화는 지구에서 가장 잘 사는 사람들의 생태발자국을 극적으로 줄일 수 있다는 전망을 열어 준다. 그러면 세계에서 가장 가난한 사람들이 지구의 풍요로움을 더 많이 이용하여 가난에서 벗어나고 생활수준을 높이며 기본적인 필요와 편안함이 충족될 때 생기는 행복을 누릴 수 있게 된다. 인류 전체가 지구의 생태학적 자본보다는 그 이자로 살아 나가면서 지속 가능한 삶의 질을 유지하는 편안함의 관문에서 그 두 세력이 서로 만나 힘을 합칠 수 있을지는 두고 볼 문제이다.

이 시점에서 나는 많은 독자들이 "그것으로 충분할까?"라는 의문을 던지고 있을 거라고 확신한다. 세계에서 가장 부유한 40퍼센트가 자신의 생태발자국을 줄인다고 해도 가장 가난한 40퍼센트가 계속 식구를 늘리고 생태발자국을 넓힌다면 별로 위안이 될 게 없지 않은가. 나도 이 점에 대해서는 동의한다. 풍요로운 지구가 제공할 수 있는 열매를 모두가 즐길 수 있으려면, 부자들의 생태발자국을 줄여야 할 뿐 아니라 끊임없이 늘어나는 가난한 사람들의 수도 줄여야 한다.

콘돔을 나눠 주고 산아제한에 대해 조언해 본들 그들이 가난에서 헤어 나오지 못하는 한 소용없는 일이다. 세계 극빈국들에서는 대가족이 사실상의 보험증서라는 사실을 다들 인식하고 있다. 형제자매 중 일부가 일찍 죽더라도 추가로 일을 맡길 수 있게 보장해 주기 때문이다. 개발도상국 빈민 공동체의 여성들과 아이들은 짐을 나르는 짐승이다. 특히 그들은 가족의 생존을 보장하기 위해 부족한 자원을 실어 나르는, 노새 같은 역할을 한다. 그렇다면 가족 수를 줄이라고 권장할 수 있는 방법은 무엇일까?

우리는 인구 안정화의 열쇠가 전기 접근권이라는 사실을 깨닫기 시작했다. 바로 그러한 이유 때문에 반기문 UN사무총장이 보편적인 전기 접근권을 UN의 가장 중요한 경제 발전 의제로 삼은 것이다.

20세기에 유럽 및 아메리카 대륙의 국가들과 그 외의 일부 국가들에서 여성을 해방해 준 것이 바로 전기였다. 전기는 도제 하인처럼 여성을 가정에 묶어 두게 만든 허드렛일로부터 여성들을 해방해 주었다. 어린 남자아이들뿐 아니라 여자아이들도 전기 덕분에 교육을 받거나 삶을 나아지게 만들 충분한 시간을 얻을 수 있었다. 여성이 가장만큼 독립적인 존재가 되면서, 여성의 생활은 더욱 안전해졌고 출산 횟수도 급격하게 줄어들었다. 오늘날 거의 예외 없이 선진국의 출산율은 자녀가 부모를 대체하는 비율과 같은 여성 1인당 2.1명으로 떨어졌다. 세계에서 가장 부유한 국가들의 인구가 급격하게 줄어들고 있는 것이다.[30]

하지만 인류의 20퍼센트 이상은 아직도 전기 없이 산다. 그리고 또 다른 20퍼센트는 아주 미미하고 불확실한 수준의 전기 접근권을 확보했을 뿐이다. 이곳이 바로 인구가 가장 빠르게 증가하고 있는 국가들이다. UN산업개발기구(UNIDO)는 15억 명의 가난한 사람들에게 녹색 전기를 공급하는 3차 산업혁명 인프라를 설치할 수 있도록 지역민들의 능력을 기르는 데 전념하고 있다. 2011년에 나는 개발도상국의 3차 산업혁명 전개를 지원하기 위한 UNIDO 글로벌 콘퍼런스에 합류하여 UNIDO 사무총장이자 UN에너지 의장인 칸데 융켈라 박사를 만났다. 그 콘퍼런스에서 융켈라는 "지금 3차 산업혁명이 시작되고 있다고 믿으며, UNIDO의 모든 회원국들이 이 메시지를 듣고 '이 혁명에 어떻게 참여할 수 있을까.'라는 핵심 질문을 던지길 바란다."라고 언명했다.[31] 목표는 2030년까지 누구나 전기를 사용할 수 있게 만드는 것이다. 지구상의 모든 집단이 전기를 사용할 수 있게 만드는 작업은 세계의 빈곤층이 가난에서 벗어나게 하는 동시에 모든 인간에게 준수한 생활수준을 유지시켜 주는 안전지대로 나아가도록 우리를 자극할 것이다.

전기 덕분에 사람들이 극도의 빈곤에서 벗어날 수 있었던 국가들처럼, 누구나 전기를 사용할 수 있게 만들자는 운동이 전개됨에 따라 극빈국들의 인구 급증 추세가 수그러들 가능성이 매우 높다. 21세기 중반이 되면, 현재 하락세를 보이는 출산율은 전 세계적으로 가족당 2.1명에 근접할 것이다. 이는 세계 인구가 더디게나마 줄어들기 시작하는 시점일 것이며, 결국 세계 인구는 50억 명 수준으로 내려갈 것이다. 50억 명이라는 수치는 자연의 생태학적 이자로만 살아가면서 풍요의 경제를 즐길 수 있도록 보장해 줄 것이다.

대재앙을 불러올 수도 있는 두 장의 와일드카드

부자들의 생태발자국을 줄이고 인류의 40퍼센트를 빈곤에서 벗어나게 하며 인간 종이 지구 생물권의 원금이 아니라 이자로 살아갈 수 있도록 인구를 안정화하고 줄이는 일은 대단히 어렵지만, 불가능한 일은 아니다. 하지만 지구를 다시 채우고 희소성을 풍요로 대체하려는 인간의 최선의 노력에 해를 미칠 수 있는 두 가지 예측 불가능한 요인 때문에 이 작업에 문제가 생길 수도 있다.

산업화로 인한 기후변화는 인간의 생태계를 위태롭게 하며 다른 생물들뿐 아니라 인간 종의 생존까지도 위험에 빠뜨리고 있다. 이 문제로 부족하다면 하나 더 있다. 서서히 구축되고 있는 사물인터넷 인프라에 큰 혼란을 안기려는 사이버 테러리스트들이 풍요의 공유경제에서 인류를 연결하는 IT 및 인터넷 기술을 점점 더 많이 이용하고 있다는 문제다. 이 문제는 수억 명의 사망과 현대 문명의 붕괴를 야기하는 파국적인 영향을 미칠 수도 있다.

더워지는 지구

기후 과학자들은 지난 육십오만 년 동안 180~300피피엠이었던 전 세계 대기 중 탄소 농도가 산업 시대 시작 직전에는 280피피엠이었다가 2013년에 400피피엠으로 급상승했다고 말한다.[32] 탄소와 함께 지구온난화의 주범인 메탄과 아산화질소의 대기 중 농도도 탄소와 비슷하게 급격한 상승 곡선을 보여 주고 있다.[33]

2009년 12월에 열린 코펜하겐 기후변화회의에서 EU는 세계 각국의 이산화탄소 방출량을 2050년까지 450피피엠으로 제한해야 한다고 제안했다. 그렇게 할 수만 있다면 지구의 온도 상승을 화씨 3.5도(섭씨 2도)까지 제한할 수 있다는 희망에서였다. 하지만 화씨 3.5도만 올라도 지구는 지금으로부터 수백만 년 전인 신생대 제3기의 선신세(Pliocene epoch)로 돌아가게 되고, 생태계와 인간의 삶은 엄청나게 파괴적인 영향을 받는다.[34]

EU의 제안은 무시당했다. 그로부터 사 년이 지난 지금, 탄소 연료 사용이 급격하게 증가하면서 대기 중 이산화탄소 수치는 과거 모델이 예상했던 수준보다 훨씬 더 빠른 속도로 올라갔고, 그 결과 지구 온도는 화씨 3.5도 목표치를 빠르게 초과해 2100년경에는 수백만 년 동안 지구에서 겪어 보지 못한 화씨 8.1도(섭씨 4.5도) 이상 높아진 수준이 될 수도 있다.[35] (해부학적으로 가장 나이가 어린 종인 현대 인간이 지구에 거주한 시간은 십칠만 오천 년 정도에 불과하다는 점을 기억하라.)

지구 온도가 급격하게 상승하는 현상이 대단히 무서운 이유는 열이 증가하면 지구의 물순환(hydrological cycle)이 급격하게 달라지기 때문이다. 지구는 물이 있는 행성이다. 지구의 다양한 생태계는 지질시대 동안 강수 유형과 직접적인 관계를 맺으며 진화해 왔다. 온도가 섭씨 1도씩 증가할 때마다 대기의 보수력(保水力)은 7퍼센트씩 늘어난다.[36] 이로 인해 물이 분배되는 방식에 급격한 변화가 생기는데, 강수로 인한 기상 현상의 강도는 더욱 세지지만 그 기간과 빈도는 줄어드는 것이다. 이미 그 영향은 전 세계 생태계에서 감지되고 있다. 겨울 눈보라는 더욱더 격렬해지고, 봄 폭풍과 홍수는 더욱더 극적인 형태를 띠고 있다. 또한 여름 가뭄은 더 길어지고 들불이 더 자주 발생하며 더욱 극심한 허리케인(3, 4, 5등급)이 일어나고 있으며, 세계 산맥의 빙원이 녹아내리면서 해수면이 상승하고 있다.

이윽고 그렇게 짧은 시간 동안 이루어진 물순환의 급격한 변화에 지구 생태계가 다시 적응하지 못해, 점점 더 커지는 압박 속에서 일부 생태계는 붕괴 직전에 이를 것이다. 전 세계 생태계 역학이 불안정해지면서 생물권은 사십오억 년의 지구 역사 속에서 여섯 번째에 해당하는 멸종 사건을 예고하게 되었다. 앞서 다섯 차례에 걸쳐 멸종 사건이 발생할 때마다 지구 기후는 중대한 티핑 포인트에 도달했고, 그 결과로 생태계가 포지티브 피드백 루프에 빠지면서 생물의 다양성이 빠르게 사라지고 말았다. 사라진 생물의 다양성이 회복되기까지는 평균 천만 년 이상이 걸렸다. 생물학자들은 21세기가 끝날 무렵에는 지구에 사는 종 가운데 절반이 멸종되고 그 상태가 수백 년 동안 지속되는 척박한 새 시대가 다가올 수도 있다고 말한다.[37]

NASA의 고다드우주연구소(GISS) 소장을 지냈고 미국 정부의 대표 기후학자로 활동하는 제임스 핸슨은 지금부터 세기가 바뀔 때까지 지구 온도가 섭씨 6도 상승할 것이며, 그로 인해 우리가 지금까지 알고 있는 인류 문명은 종언을 고할 것으로 예측한다. 핸슨에 따르면 유일한 희망은 현재의 대기 중 탄소 농도를 385피피엠에서 350피피엠 이하로 끌어내리는 것인데, 현재 어떤 정부도, 심지어는 EU조차도 그렇게 제안하지 않고 있다.[38]

여기서 와일드카드, 즉 예측 불가능한 요인은 기후변화와 물순환의 변화가 농업 생산과 인프라에 미칠 수도 있는 영향이다. 급격하게 늘고 있는 홍수와 가뭄은 전 세계 많은 농지에 대대적인 피해를 입히고 있다.

지금까지 기록된 폭풍우 중 가장 강력한 것으로 손꼽히는 태풍 하이엔은 모내기 철이 막 시작된 2013년 11월에 필리핀의 농지를 황폐하게 만들었다. 몇 십만 헥타르의 농지가 파괴되면서 필리핀의 쌀 생산은 극심한 피해를 입었다. 그보다 한 달 전에는 사이클론 파일린이 태풍 하이엔과 거의 비슷한 파괴력으로 인도 동부 지역을 쓸어 버렸다. 오리사 지역과 비하르 지역에서 손실된 작물만 450억 달러 상당으로 추정되었다.[39] 2013년 6월에는 중부 유럽을 휩쓴 집중호우로 강물이 제방을 흘러넘쳤고, 농경지가 침수되었다. 다뉴브 강, 인(Inn) 강, 일츠(Ilz) 강이 합류하는 독일 파사우에서는 홍수로 불어난 물이 12미터 이상 차오르면서 이전까지 이 지역에서 최악의 홍수였던 1501년의 기록을 갈아 치웠다.[40] 나는 프랑크푸르트 공항에서 역사적인 도시인 바이마르로 이동하는 중에 그 황폐한 모습을 직접 목격했다. 길을 따라 조성된 농경지는 모두 물에 잠겨 있었다. 농업 생산 피해액이 165억 달러를 넘을 것으로 예상되었다.[41]

독일 키엘에 소재한 헬름홀츠해양연구소(GEOMAR)의 기후학자인 모이프 라티프는 기후변화로 지구 온도가 상승해 강수 재해가 격렬해짐에 따라 2002년과 2013년에 유럽에서 발생한 홍수와 같이 전보다 더 극심해진 폭풍우와 홍수가 새로운 기준이 될 거라고 경고했다. 라티프는 "우리가 지금 목격하는 것 같은 강력한 폭풍우와 홍수가 백 년 전보다 두 배 정도 더 자주 발생하고 있다."라고 지적했다.[42]

세계 모든 곳에서 가뭄도 빠르게 확산되면서 농업 생산량이 더욱 줄어들고 있다. 미국 서부에서는 반복되는 가뭄으로 농업 생산량이 급격히 감소했다. 미국의 순 영농 소득 가운데 40퍼센트를 열일곱 개 주가 차지하는 현 상황에서, 세계 최대의 농토가 기후변화 탓에 앞으로 몇 십 년 후에는 사막으로 변할지도 모른다는 우려가 고조되고 있다. 2012년에는 미국 내 자치주의 절반에 해당하는 1만 5000개 이상의 자치주가 너무도 극심한 가뭄 탓에 국가 재난 지역으로 선포되었다. 이 농업 지역의 온도는 몇 년간의 장기 평균보다 10~20도가 높았다. 2013년의 온도는 대부분 온대 작물의 한계점보다 10도 정도가 높은 화씨 105도(섭씨 40도 정도)에 달했다. 미국 서부는 빠른 속도로 지표수와 지하수를 잃고 있으며, 미국의 다른 지역에서 물을 퍼 와야 하는 실정에 처하면서 이미 높아질 대로 높아진 에너지 비용이 더 상승하고 있다.[43] 미국국립대기연구소(NCAS)의 2011년 연구 결과에 따르면, 기후변화는 1930년대 미국에서 황진(dust bowl) 때문에 발생했던 가뭄보다 더 극심한 가뭄을 초래할 가능성이 있다.[44]

기후변화가 야기한 가뭄이 미국 외의 다른 지역까지 확산되면서 농업 생산량이 감소하고 있다. 최근의 한 연구는 전 세계적으로 21세기 중반까지 가뭄이 두 배 더 자주 발생하고, 21세기 말에는 세 배 더 자주 발생할 것으로 예측했다.[45]

기후변화가 개발도상국 농업에 미치는 영향을 다룬 2009년의 국제식량정책연구소(IFPRI) 보고서는 정신을 번쩍 들게 만든다. 이 연구소의 예측은 온도가 불과 3도 상승한다는 과거의 예측치를 기초로 이루어졌기 때문에 더욱 심각하게 다가온다. 2050년까지 남아시아가 가장 심한 타격을 입을 가능성이 있다. 기후변화의 영향으로 2000년 수준에서 밀 생산량은 50퍼센트, 쌀 생산량은 17퍼센트, 옥수수 생산량은 6퍼센트 줄어들 것으로 예상되기 때문이다. 2050년까지 동아시아와 태평양 지역의 쌀 생산량은 20퍼센트 감소하고, 대두 생산량은 13퍼센트, 밀 생산량은 16퍼센트, 옥수수 생산량은 4퍼센트 감소할 것이다. 평균 칼로리 가용성은 2050년까지 24퍼센트가 떨어질 것으로 예상되며, 영양실조에 걸리는 아동 수는 남아시아의 경우 5900만 명, 동아시아와 태평양 지역의 경우엔 1400만 명으로 늘어날 것으로 예상된다.[46]

이미 세계에서 가장 가난한 지역이 된 사하라사막 이남 아프리카 지역 역시, 강수량에 의존해 농사를 짓기 때문에 식량 생산이 급격히 감소할 거라고 예상된다. 2050년까지 쌀 생산량은 14퍼센트 줄고, 밀은 22퍼센트, 옥수수는 5퍼센트 줄어들 것이다. 이미 영양실조에 시달리고 있는 인도 아대륙의 경우도 기후변화 탓에 2050년까지 1인당 하루 칼로리가 500칼로리나 줄어들 것으로 예상된다. 칼로리가 이렇게 감소하면 1인당 식품 소비량이 21퍼센트 감소하는 셈이다. 앞으로 삼십팔 년 사이에 영양실조에 걸리는 아동 수가 3300만 명에서 4200만 명으로 늘어날 것으로 예상된다. 여기에 기후변화가 요인으로 작용할 경우 이 수치는 5200만 명으로 늘어난다.[47]

앞으로 사십 년 동안 서아시아와 북아프리카의 농업이 기후변화로 받을 영향 역시 걱정스럽다. 쌀 생산량은 30퍼센트가 줄어들 것이고, 옥수수는 47퍼센트, 밀은 20퍼센트가 줄어들 것이다. 사하라사막 이남 지역과 마찬가지로 하루 식품 섭취량이 500칼로리가 줄어들 것이며, 그 결과로 2050년에는 200만 명이 넘는 아이들이 영양실조에 시달릴 것이다.[48]

라틴아메리카와 카리브 해 지역은 다소 사정이 나아서 쌀 생산량은 6.4퍼센트, 옥수수는 3퍼센트, 대두는 3퍼센트, 밀은 6퍼센트가 감소할 것이다. 평균적인 식품 소비량은 1인당 하루 300칼로리, 즉 12퍼센트가 줄어들 것으로 예상되며, 2050년까지 이 지역의 영양실조 아동은 640만 명에 달할 것이다.[49]

북반구의 산업화 국가들의 농업 생산량 또한 기후변화로 부정적인 영향을 받을 것이다. 21세기가 끝날 때 미국의 옥수수와 대두 생산량은 이산화탄소 배출량이 적을 경우의 시나리오에서는 30~46퍼센트가 줄어들 것이고, 이산화탄소 배출량이 많은 경우의 시나리오에서는 63~82퍼센트가 감소할 것으로 예상된다. 배출량이 많은 시나리오는 그 가능성을 지지하는 새로운 과학적 데이터 때문에 더 의미가 크다. 옥수수와 대두가 80퍼센트 이상 감소한다는 예상치는 미국이 대표적인 곡물 수출국이라는 사실을 고려해 보면 특히나 큰 재앙이 아닐 수 없다.[50]

핸슨을 비롯한 여러 기후학자들의 지적대로 기후변화 속도를 늦추는데 필요한 수준까지 온실가스 배출량을 극적으로 줄일 수 없다면, 앞으로 백 년 뒤, 그리고 천 년까지는 아니더라도 수백 년 뒤에, 특히 식량에 관한 한 풍요의 경제를 창조할 수 있다는 희망은 우리를 비껴갈 가능성이 농후하다.

기후변화는 21세기에도 인간의 인프라에 극적인 영향을 미칠 것이다. 3, 4, 5등급의 허리케인과 갑작스러운 홍수를 일으키는 기습 폭우가 급속도로 늘어나고 있으며, 인프라에 파괴적인 영향을 미치고 있다. 2005년에 미국 뉴올리언스와 멕시코 연안 지역을 강타한 3등급 허리케인 카트리나는 그 지역의 인프라와 경제에 1480억 달러의 피해를 안기고 1833명의 목숨을 앗아 갔다. 또한 12만 6000채가 넘는 주택을 무너뜨렸고 120만 채의 주택에 피해를 입혔다. 여덟 개 주 300만 명이 정전을 경험했는데, 일부는 몇 주 동안 전기 없이 지내야 했고, 집을 잃은 60만 명 중 일부는 여러 달 동안 집 없이 지내기도 했다.[51]

카트리나와 마찬가지로 3등급이었던 허리케인 샌디는 2012년 동부해안을 휩쓸며 뉴저지와 뉴욕에서부터 뉴잉글랜드 지역에 걸쳐 중요한 인프라를 파괴했다. 카트리나보다는 덜했지만, 수리하는 데 여러 해가 걸릴 수 있는 피해를 안겼다. 약 851만 명이 전기 없이 지냈고, 30만 5000채의 가옥이 피해를 입거나 파괴되었으며, 뉴욕 시의 대중교통은 거의 멈춰 서다시피 했다. 뉴욕과 뉴저지에서만 추정 피해액이 710억 달러를 넘었다.[52]

고삐 풀린 물순환의 광분을 견뎌 내도록 설계되지 않은 전력 그리드,

교통망, 텔레커뮤니케이션, 상하수도 시스템은 전 세계 여러 지역에서 심각한 피해를 입고 있다. 특히 에너지 인프라가 취약한 상황이다. 하천이나 해안선에 가까운 발전소들은 종종 폭풍해일에 무방비 상태가 된다. 2011년 일본 동부 해안을 강타한 지진해일이 후쿠시마 원자력발전소를 덮치면서 여섯 개의 원자로 중 네 개의 노심이 녹아내리는 사고가 발생했다. 그로 인해 후쿠시마 섬 전체로 방사선이 누출되었다. 발전소 주변 반경 62제곱마일은 몇 십 년 동안, 어쩌면 몇 백 년까지도 사람이 살 수 없는 지경에 이르렀다.[53] 또한 범람으로 인해 연안의 석유 굴착 장치가 망가지면서 운전이 정지되거나 기름이 유출되는 사고로 이어지고 있다. 내륙의 송유관도 날씨와 관련된 기상이변에 부정적인 영향을 받고 있다.[54]

가뭄 때문에 발전소로 공급되는 냉각수가 위태로워지는 일도 점점 늘고 있다. 프랑스에서는 매년 소비되는 모든 담수의 43퍼센트가 원자로를 식히는 데 사용된다. 뜨거운 물이 돌아오면, 이미 가뭄에 시달린 생태계가 더욱 메말라 농업 생산량이 영향을 받는다. 또한 기후변화로 인한 지독한 열기 때문에 물이 너무 뜨거워지면 더 이상 원자로를 식히는 데 사용할 수 없고, 결국 원자력발전소의 가동 속도가 느려지거나 정지될 수밖에 없다. 2009년 여름 프랑스에서는 장기간의 혹서로 냉각수가 부족해졌고, 그 결과 프랑스 원자력발전소의 3분의 1이 정지되었다.[55] EU에서는 전기의 28퍼센트가 원자력발전으로 공급되는 상황에서 기후변화로 인해 높아지는 온도는 앞으로 유럽 대륙의 전력 공급에 심각한 혼란을 안겨 줄 거라 예상한다.[56]

초대형 태풍도 전기와 송전선에 피해를 주고 있다. 그로 인해 자주 전기 서비스가 끊기고, 부분 정전과 전면적인 정전 사태가 기록적인 수준으로 발생하고 있다. 통신, 정수 처리장, 펌프장, 정보통신기술 장비, 연료 주입기 등을 유지하는 데 필요한 전기가 끊기면 다른 인프라도 연쇄적으로 영향을 받는다.

물과 관련된 기상이변들은 경제에 심각한 영향을 미칠 뿐 아니라 도로에도 영향을 미쳐서 화물 운송과 출퇴근 교통까지 정지시키는 피해를 입힌다. 철로가 유실되는 사고로 철도 교통도 영향을 받는다. 허리케인 샌디가 뉴욕 로어맨해튼 전역을 물바다로 만든 경우처럼 지하철도 홍수에 취약하다. 일부 지하철 서비스는 여러 날, 그리고 여러 주 동안 재개되지 않았다.[57]

극심한 바람과 폭풍우로 공항이 폐쇄되어 연결 지역 간의 항공교통을 마비시키는 일도 점점 늘어나고 있다. 항구도시와 내륙수로도 홍수와 가뭄, 짙은 안개 등이 증가하는 추세 탓에 가동이 중단되는 사태를 겪고 있다.

물과 관련된 인프라는 물순환의 변화에 상당히 취약하다. 강수 유형의 변화는 저수지의 저수량을 감소시키는 가뭄을 비롯하여 여러 영향을 일으킨다. 강수 변화는 또한 배수장치에도 압박을 가하여 정체 현상과 범람을 유발한다. 평균 수온 상승 또한 생물학적인 처리 과정과 식수의 질에 부정적인 영향을 미칠 수 있다.[58]

미국의 경우 인프라에 들어가는 공공 지출이 일 년에 3000억 달러를 초과한다.[59] 기상이변 탓에 인프라 피해가 점점 더 늘어나면서 앞으로 몇십 년 사이에 이 비용은 급격히 늘어날 거라고 예상된다. 심지어 일부 경제학자들은 인류 문명을 유지하는 데 드는 비용이 엄두도 못 낼 정도로 높아져서 상상도 못 할 새로운 세계로 인류가 내던져질 수 있다고 주장하기 시작했다.

화석연료에 적합한 기존의 인프라를 강화하여 더욱더 가혹해지는 날씨를 견뎌 내는 방식은 산업사회가 지속적으로 대기에 막대한 양의 이산화탄소를 방출하는 한 쓸데없는 짓이 될 수도 있다. 기존의 탄소 기반 체제를 손보는 정도로 점점 더 격렬해지는 기상이변의 공격을 효과적으로 저지할 수 있다고 믿는 것은 어리석기 짝이 없다.

그 대신 우리는 탄소 기반 체제에서 벗어나는 일에 일차적으로 집중해야 한다. 사물인터넷 인프라는 화석연료 에너지를 재생에너지로 빠르게 대체하고 기후변화 속도를 늦출 수 있다는 현실적인 희망을 제시한다. 문제는, 기후변화가 지구의 물순환 체계를 뒤흔들어 놓아 변화를 일으키기에 이미 늦어 버리기 전에 이산화탄소를 비롯한 온실가스 배출량을 크게 줄일 수 있을 정도로 빠른 속도로 새로운 인프라를 전 세계에 설치할 수 있는가이다.

사이버 테러리스트들이 등장하다

지속 가능한 풍요의 경제로 옮겨 가려는 노력에 피해를 입힐 수 있는 예측 불가능한 두 번째 요인은 사이버 테러리즘이다. 전 세계 정부와 기업체는 인프라를 겨냥한 사이버 테러 공격이 늘어 가는 현실에 불안해하고 있으며, 그러한 테러 공격으로 사회를 운영하는 데 필수적인 서비스가 지장을 받거나 정지되면서 아마겟돈이 도래하고 문명이 몰락할 수 있다는 우려를 표명하고 있다.

2009년 북한의 해커들은 미 재무부, 국토안전부 비밀수사국(USSS), FTC의 웹사이트를 일시 정지시키는 데 성공했다. 같은 해에는 이 해커들이 선택한 추후의 날짜에 시스템을 뒤흔들 수 있는 섬세한 소프트웨어가 미국 전력 그리드에 삽입되었다는 사실도 밝혀졌다.[60]

더 많은 피해와 혼란을 안겨 줄 수 있는, 정부나 기업체, 인프라를 겨냥한 여타의 사이버 공격도 계속 늘어나고 있다. 해킹이 장난 수준을 벗어나 테러 활동으로 발전하면서 20세기 후반에 핵무기 확산에 대해 사람들이 느꼈던 공포와 별반 다르지 않은 새로운 집단적 두려움이 조성되고 있다.

사이버 테러리스트들은 가상공간과 실제 공간 양쪽에 피해를 줄 수 있는 소프트웨어 프로그램을 이용한다. 미국 국제전략문제연구소(CSIS)는 사이버 테러를 "컴퓨터 네트워크 도구를 이용하여 국가의 중대한 인프라를 정지시키거나 정부나 민간인에게 불안감을 안기거나 겁을 주는 행위"라고 정의한다.[61]

2013년 3월, 온라인 계좌에 접속하려던 아메리칸익스프레스 카드 회원들은 텅 빈 화면만을 보게 되었다. 아메리칸익스프레스 사이버 공격은 치밀한 계획 아래 이미 반년 전부터 시작된 일련의 공격들 중 하나에 불과했다. 이 공격으로 인해 뱅크오브아메리카(BOA), JP모건체이스, 웰스파고 같은 세계 유수의 금융기관들이 일시적이나마 피해를 입었다. 자칭 이즈 아드딘 알하삼 사이버 전사단(Izz ad-Din al-Qassam Cyber Fighters)이라는 집단은 이 사이버 공격이 유튜브에 오른 반(反)이슬람 영상에 대한 보복으로 자신들이 저지른 소행이라고 주장했다. 이 집단은 이란 정부를 위해 일하는 단체로 의심받았다. 같은 맥락에서 미국과 이스라엘은 온라인 해킹을 이용하여 이란의 핵농축 시설 상당 부분을 무력화하는 데 성공했다. 이에 이란은 사이버 군단(Cyber Corps)이라 불리는 국가 주도의 공격 계획을 세워 보복에 나설 것이라고 선언했다.[62]

사이버 공격에 대한 우려가 고조되면서 거대한 사이버 보안 산업이 탄생했다. 모건스탠리의 연구조사에 따르면, 2012년에 이미 611억 달러 규모에 다다른 전 세계 사이버 보안 시장이 2030년에는 1000억 달러를 넘어설 것으로 예상된다.[63]

각국 정부들은 전력 그리드를 겨냥한 공격을 가장 우려한다. 한 미국 정부 위원회 보고서는 다음과 같이 지적했다.

전력은 식수와 식량, 연료 공급 및 분배, 커뮤니케이션, 교통, 금융거래, 응급 서비스, 정부 서비스와 같은 중요한 인프라는 물론이고 국가 경제와 복지를 뒷받침하는 여타의 모든 인프라를 지원하는 데 필수적이다.[64]

사이버 공격이 전력 그리드의 핵심 요소를 무력화하는 것을 목표로 삼는다면, 미국은 몇 달, 아니 심하면 일 년이 넘도록 전기 없이 지내야 할 수도 있다. 전기가 없으면 상수도, 가스 파이프라인, 하수도, 교통, 난방, 조명 등 현대사회의 사실상 모든 것이 멈춰 버린다. 다수의 연구 결과에 따르면, 대대적인 정전이 발생하고 단 몇 주 후면 사회는 혼란에 빠진다. 수백만 명이 식량과 식수 및 여타의 기본적인 서비스를 받지 못해 목숨을 잃을 것이고, 정부는 더 이상 기능하지 못하게 된다. 사태에 개입하여 질서를 회복해야 할 군대도 속수무책이 될 것이다. 살아남은 사람들은 시골로 도망간 뒤 최저한의 생계만을 이어 가려고 할 것이다. 결국 인류는 산업화 이전 시대로 되돌아갈 것이다.

위원회 보고서는 "전력 인프라의 상당 부분이 꽤 긴 기간 동안 복구되지 못하면, 그 결과는 엄청나게 충격적일 것이며, 많은 사람들이 고밀도 도심 지역과 교외에서 생활을 유지하는 데 필요한 기본적인 요소들을 공급받지 못하는 바람에 결국 사망하고 말 것이다."라고 결론 내렸다.[65]

국가의 전력 그리드는 얼마나 취약한가?

사이버 공격이 미국 내 2000개가 넘는 주문 제작형 변압기를 망가뜨린다면, 그 변압기 대부분이 해외에서 만들어지는 까닭에 엄청난 피해가 발생할 것이다. 변압기는 대규모 전송을 위해 고압전기의 전압을 높였다가 최종 사용자에게 분배하기 위해 전압을 낮추는 역할을 한다.[66]

2000개의 변압기를 다시 주문해 미국에 들여온 뒤 설치하려면 일 년도 넘게 걸릴 수 있다. 이 시나리오는 사이버 공격이 유럽이나 다른 지역의 변압기가 아니라 미국의 변압기만 목표로 삼았을 경우를 상정한 것이다. 미국 사회 전체가 일 년 넘게 전기나 기본적인 정부 서비스, 상업 서비스 없이 지내는 상황을 상상해 보라. 그때가 되면 우리가 아는 미국은 이미 존립을 멈췄을 것이다.

2012년 6월, 전 미국 국토안전부 장관 마이클 처토프와 국가안전보장국(NSA) 국장을 지낸 마이클 헤이든 장군 같은 미국의 대표적인 보안 전문가들은 자국의 취약한 인프라를 보호하기 위해 사이버 보안법을 통과시켜 달라고 상원에 요청했다. 그들은 기존의 기밀 정보를 더 잘 이용했더라면 9·11 사태를 막을 수 있었다고 지적하면서 "'사이버 9·11' 공격을 받았을 때 미국이 그전과 똑같은 상황에 처해서는 안 되지 않겠느냐."라고 강조했다. 그들은 "이는 그런 사태가 일어날지 '여부'의 문제가 아니라 '언제' 일어나느냐의 문제"라는 경고로 자신들의 주장을 마무리했다.[67]

미국국립과학학술원(NAS)은 2012년에 발표한 상세한 보고서에서 변압기의 취약성을 집중적으로 다루면서 미국의 전력 그리드가 사이버 공격을 받을 수 있다고 알렸다. 2012년 3월, 기술자들은 미국 내 변압기에 대한 사이버 공격에 신속하게 대응하는 능력을 평가하기 위해 변압기세 개를 세인트루이스에서 휴스턴으로 옮겼다가 설치하는 비상 대응 훈련을 실시했다.[68] 리처드 J. 조던 EPRI 소장은 우리가 얼마나 많은 변압기를 비축해야 하는지, 그리고 국가 전력 그리드에 대한 사이버 공격으로 위태로워진 지역에 어떻게 가장 훌륭하게 변압기를 수송하여 설치할 수 있는지 알아야 할 때가 됐다고 말했다.[69]

의회, EPRI, NAS, 정부 위원회, 민간 부문 모두 사이버 공격의 위협 수준에 대한 관심을 유발했다는 점에서는 칭찬받을 만하지만, 그들의 대응은 부족해 보인다. 그들의 여러 가상 시나리오가 전기를 만들어 낸 다음 중앙의 발전소에서 수백만 명의 최종 사용자에게 송전선을 따라 전기를 분배할 때 화석연료와 원자력에 의존하는 일반적인 전력 그리드를 지속적으로 상정하기 때문이다. 중앙집권형 스마트 그리드를 인터넷으로 옮겨 놓는다면, 이는 사이버 공격에 대한 전력 그리드의 취약성을 가중하는 결과를 낳을 뿐이다.

불행히도 미국은 중앙집권형 스마트 그리드를 고수함으로써 사이버 테러리스트들의 손쉬운 먹잇감이 될 수 있다. 이와 대조적으로 EU를 비롯한 다른 국가 정부들은 분산형 스마트 그리드인 에너지 인터넷을 이용하고 있다. 이는 대규모 사이버 공격으로 입을 수 있는 잠재적인 위협과 피해를 줄여 준다. 제대로 기능하는 에너지 인터넷이 한 국가 내의 모든 지역에서 가동 중이라면, 변압기가 갑자기 멈추더라도 각 지역공동체는 그리드 이탈 상태로 들어가며 자체적으로 재생 전기를 생산해 마이크로그리드로 이웃이나 기업체와 전기를 공유함으로써 적어도 사회가 제 기능을 찾을 수 있을 때까지는 전기를 이용할 수 있다.

미국 통신망의 취약성에 대한 이와 유사한 걱정이 부분적이긴 하지만 인터넷의 탄생에 기여했다는 사실은 흥미롭다. 1960년대에 랜드연구소 (Rand Corporation)에 근무하던 폴 바란을 비롯한 몇몇 연구자들은 핵 공격을 받았을 때 미국의 통신망을 지속적으로 확실하게 가동할 수 있는 방법에 대해 깊이 생각하기 시작했다. 바란과 그의 동료 학자들은 핵 공격으로 미국 내 통신체계 일부가 망가지더라도 중앙의 교환대 없이 계속 작동할 수 있는, 대용량 컴퓨터들로 이루어진 분산된 네트워크를 구상하기 시작했다. 그들은 어떤 한 부분이 다른 부분의 작동 여부와는 관계없이 작동할 수 있도록 데이터가 여러 개의 다른 경로를 통해 각자의 목적지에 도달할 수 있는 통신 시스템을 만들려고 했다. 국방부 고등연구계획국(ARPA)의 지원을 받은 이 실험적 네트워크는 아르파넷(ARPAnet)이라 불렸다. 주요 대학의 일부 컴퓨터를 연결한 그 아르파넷이 궁극적으로 인터넷으로 탈바꿈하게 되었다.[70]

에너지 인터넷의 분산된 구조에는 사이버 공격을 견뎌 낼 수 있는 유사한 능력이 있다. 문제는 미국뿐 아니라 EU 등지에서 태양열이나 풍력설비 형태로 설치된 미니 발전 시스템이 메인 그리드에 묶여 있어 각 지역에서 생산된 전력을 보다 더 큰 시스템으로 보내야만 한다는 점이다. 메인 시스템이 정지되면, 미니 발전 시스템 역시 멈춰 서기 때문에 현장에선 쓸모가 없어진다. 그런데도 이렇게 해 놓는 이유는 전력 및 공익사업 회사들이 그리드를 따라 전력이 분산되는 방식을 통제하기 위해서다. 미니 발전 시스템이 설치된 모든 곳에서 역동적인 가격 모니터링 계량기를 통해 소유주가 시시각각 전기 가격의 변화를 알 수 있기 때문에 가격이 높을 때는 메인 그리드에 전기를 팔기만 하고 가격이 낮을 때에는 그리드에서 이탈해 자신이 생산한 전기를 사용하는 식으로 자신의 시스템을 프로그래밍 할까 봐 우려하는 것이다.

이런 체계의 단점은 허리케인 샌디로 인해 롱아일랜드와 뉴저지 해안 마을에서 전기가 나갔을 때 분명하게 드러났다. 지붕에 태양열 패널을 설치한 여러 주택과 사무실은 허리케인이 지나간 후에도 이 패널을 이용할 수 없었다. 롱아일랜드 퀸즈에 집을 보유한 에드 안토니오는 마흔 두 개의 태양열 패널로 전력을 얻는 7만 달러짜리 시스템을 집에 설치했다. 하지만 그 지역에 설치된 유사한 미니 발전 시스템과 마찬가지로 그의 시스템도 무용지물이 되었다. 안토니오의 집과 유사한 주택들은 "인버터를 통해 지붕 패널에서 얻은 전기를 주택의 전기 패널에 넣은 다음, 남는 전기를 좀 더 큰 전력 그리드에 보낸다."[71] 하지만 전기가 나가면, 공익사업 회사 직원들이 전선을 수리하는 동안 그리드에 전기가 흘러 들어가지 않도록 인버터를 정지시킨다.

하지만 이제는 송전선이 망가진 뒤에도 미니 발전소의 계속적인 작동을 보장해 주는 새로운 체계를 이용할 수 있다. 전류를 해당 주택으로만 흐르게 해 주는 독립된 전기 패널과 보다 섬세해진 인버터 덕분에 필수적인 가전제품이나 전등, 난방을 가동할 수 있고 심지어는 전기 자동차에 전력을 공급할 수도 있다.

미군은 마이크로그리드 기술 연구와 개발, 활용을 주도해 나가고 있다. 대규모 정전 사태가 군대의 정상적인 운용을 불가능하게 만들 수 있다고 우려한 국방부와 에너지부(DOE)는 스파이더스(SPIDERS)라는 3000만 달러 규모의 프로젝트를 출범시켰다. 하와이 H. M. 스미스 캠프, 콜로라도의 카슨 기지, 하와이 히컴 공군기지 등 세 곳의 군사시설에 녹색 마이크로그리드 전력 인프라가 설치되는 중이다. 이들 군사기지는 사이버 공격을 받아 메인 그리드가 정지되더라도 해당 지역에서 생산되는 녹색 전기에 의존함으로써 모든 중요한 업무를 수행할 수 있을 것이다.[72]

지구온난화가 농업과 인프라에 영향을 미치는 가운데 생태계에 파국적인 피해를 입힐 수도 있는 지구의 급변하는 기온과, 티핑 포인트에 도달하기 전에 인류 사회를 탄소로부터 벗어나게 만들 수 있는 협력적 사물인터넷 인프라 간에 경쟁이 벌어지고 있는 것처럼, 갈수록 정교해지는 사이버 테러리스트들과 분산형 전력 생산을 주창하는 사람들 간에도 비슷한 경쟁이 벌어지고 있다. 문제는 필요할 때 수십만 곳의 미니 발전소가 메인 그리드 없이 작동할 수 있도록 에너지 인터넷을 충분히 빨리 갖출 수 있느냐이다. 경제를 흔들림 없이 운용하고 국가 송전 시스템을 겨냥한 사이버 공격에 대응하려면 반드시 그래야 한다.

인류 앞에는 기후변화와 사이버 테러라는 두 가지의 예측 불가능한 요인들이 야기하는 만만찮은 위협뿐 아니라 보다 지속 가능하고 공정한 탄소 후 시대로 옮겨 갈 수 있는 기회 또한 가까이 다가와 있다. 위협을 기회로 바꾸려면 운용 가능한 경제계획 이상의 것이 필요하다. 우리는 그 계획을 실행할 기술적인 노하우뿐 아니라 그 체계 또한 갖추고 있다. 하지만 인간의 의식이 근본적으로 달라지지 않는다면 모두 무의미해질 것이다. 우리는 과거의 편협과 파벌주의를 뒤로하고 공유 생물권에서 살아가는 하나의 대가족처럼 생각하고 행동하기 시작해야 한다. 지금 시급히 요구되는 것이 바로 지구에서 살아가는 새로운 생활 방식이다. 인간 종이 살아남아 번창하려면 반드시 새로운 생활 방식을 도입해야 한다.

16

생물권 생활 방식

생산성이 극한에 달하면서 경제가 한계비용 제로 수준에 빠르게 가까워지고 협력적 공유사회의 신속한 등장이 촉진되고 있는데도, 대부분의 전통 경제학자들은 새로 등장하는 사물인터넷이 촉발하는 극단적 생산성이 결국에는 자본주의 시스템에 흡수될 거라고 생각하고 있다. 하지만 그 반대의 결과가 발생할 가능성이 훨씬 더 크다. 다시 말하면, 협력적 공유사회는 21세기 중반까지 점점 더 지배적인 위치를 차지하고 자본주의경제는 다소 보완적인 역할을 맡으며 두 경제는 하이브리드 파트너 관계에 가깝게 기능하는 데 익숙해질 것이다.

나는 새로운 경제 패러다임으로의 전환이 값비싼 실수나 차질 없이 약간의 행운만 따라 주면 확고한 신념 위에서 성공할 수 있다고 생각한다. 이렇게 말하는 것은 단순히 직감이나 희망적 관측이 아니라 역사적인 비교와 현재의 진행 과정에 근거한다. 미국과 유럽에서 발생한 1차 및 2차 산업혁명의 초기 인프라는 삼십 년 동안 구축된 뒤, 다시 이십 년에 걸쳐 성숙한 상태에 도달했다.

3차 산업혁명은 훨씬 더 빠르게 진행되는 시간표를 따라가고 있다. 월드와이드웹은 1990년에 온라인에 접속했고, 2014년에 제로에 가까운 한계비용으로 작동하는 커뮤니케이션 매개체를 통해 인류의 상당수를 연결하며 성숙해졌다. 이십오 년도 안 되는 시간 안에 커뮤니케이션 인터넷의 성장을 가능케 한 바로 그 지수 곡선과 비슷한 속도로 에너지 인터넷도 전진하고 있다. 덕분에 이십오 년 뒤에는 많은 국가에서 거의 누구나 녹색 전기를 생산하는 상황에 이를 수도 있다. 비록 초기이긴 하지만 운송 인터넷 또한 빠른 속도로 퍼져 나갈 가능성이 크다. 3D 프린팅에 대해 말하자면, 그에 상응하는 발전 단계를 놓고 비교할 때 이미 이 기술은 커뮤니케이션 인터넷보다 더 빠른 성장 궤도를 경험하고 있다.

또한 우리는 프로슈머가 빠르게 늘어나고 또래 생산이 사물인터넷을 통해 기하급수적으로 가속화하면서 재화와 서비스의 생산과 마케팅, 배달 비용을 줄일 때 공유사회의 사회적 경제가 얼마나 더 극적으로 진화하는 속도를 올리는지 확인했다. 이미 프로슈머들과 사회적 기업들이 경제활동의 상당 부분을 차지하고 있다. 그로 인해 기존의 2차 산업혁명 기업들의 (이미 적어질 대로 적어진) 이윤 폭은 더 줄어들고 있으며, 그들 중 다수가 곧 문을 닫을 수밖에 없는 상황에 이르고 있다.

나는 한계비용 제로 사회가 21세기 전반기에 인류를 희소성의 경제에서 지속 가능한 풍요의 경제로 데려가 줄 수 있기를 조심스럽게 희망한다. 이렇게 희망을 품는 것은 단지 기술 때문만이 아니라 인류의 역사 때문이기도 하다. 그 이유는 다음과 같다.

호모 엠파티쿠스

인류 역사에서 거대한 경제 패러다임의 전환은 커뮤니케이션 혁명과 에너지 체제를 새롭고 강력한 환경에 결집하여 사회의 경제생활만 변화시키지는 않는다. 각각의 새로운 커뮤니케이션·에너지·운송 모체는 보다 더 광범위한 시공간적 영역으로 공감적 욕구를 확대하고 모든 인간을 보다 더 큰 은유적 가족과 보다 더 상호 의존적인 사회에 불러 모음으로써 인간의 의식 또한 바꾸어 놓는다.

초기의 수렵 채집 사회에서 에너지원은 인간의 신체 그 자체였다. 아직은 동물을 에너지 보유체로 길들이지 못했고, 바람이나 조수를 이용하여 수확하지도 못했다. 모든 수렵 채집 사회는 일종의 일상언어를 만들어 채집과 사냥을 조정하고 사회생활을 유지했다. 그리고 오늘날까지 남아 있는 경우는 거의 없지만, 모든 수렵 채집 사회는 '신화 의식'을 보유했다. 수렵 채집 사회의 공감적 욕구는 혈족 관계와 부족 관계까지만 확대되었다. 이들 사회에 대한 연구 결과를 보면, 응집력 있는 집단을 유지할 수 있는 최대 사회 단위가 500명을 넘어서는 경우가 거의 없었다. 어느 정도의 친숙함을 느끼며 사회적 관계를 정기적으로 유지하고 사회적 신뢰를 쌓을 수 있는, 혈연관계인 확대가족의 최대 구성원 수가 그 정도였다.[1] 가끔 한 집단이 이동하는 지역에 침범한 다른 부족은 인간이 아닌 존재로, 혹은 악마로까지 간주되었다.

기원전 3500년경의 중동 지역과 기원전 3950년경의 중국 양쯔 강 유역, 기원전 2500년경의 남아시아 인더스 계곡에 출현한 대규모 수리(水利) 문명은 새로운 커뮤니케이션·에너지·운송 모체를 안겨 주었다. 운하로 물을 공급하는 중앙집권형 농업 체계를 세우고 유지하려면 많은 노동력과 기술이 필요했다.[2] 저장된 곡물 중심의 새로운 에너지 체제는 도시 생활을 탄생시켰고, 곡물 저장소, 도로 체계, 화폐, 시장, 장거리 무역을 발생시켰다. 또한 곡물을 생산하고 저장하고 분배하는 일을 관리하기 위해 통치 관료 체제가 수립되었다. 널리 퍼져 있던 수리 시설을 중앙에서 관리할 수 있었던 것은 문자라 불리는 새로운 커뮤니케이션 형태가 발명되었기 때문이다.

문자와 수리 농업 생산이 결합하면서 인간의 정신은 신화에서 '신학적 의식'으로 옮겨 갔다. 축의 시대(기원전 800년에서 기원후 100년까지)라 불리는 시기 동안 몇 개의 거대한 세계종교가 탄생했는데, 중동에서는 유대교와 기독교, 인도에서는 불교, 중국에서는 유교(정신적 탐구)가 형성되었다.

신화 의식에서 신학적 의식으로의 전환과 함께, 혈연관계에서 종교적 동질성을 기반으로 한 새로운 가상의 가족으로 공감적 욕구가 대폭 확대되었다. 유대인들은 혈연관계가 아닌데도 다른 유대인들을 가상의 가족으로 생각하기 시작했다. 불교 신자들도 마찬가지였다. 1세기 로마에서는 일찍이 기독교로 개종한 사람들이 서로의 뺨에 키스하고 서로를 형제자매로 대했다. 가족을 항상 혈연관계로 제한하던 과거 세대는 전혀 이해할 수 없는 개념이었다.

축의 시대의 모든 위대한 종교들은 "다른 사람이 당신에게 해 주기를 바라는 대로 당신도 타인에게 해 주라."라는 황금률을 탄생시켰다. 이렇게 같은 종교를 믿는다는 사실에 기초한 가상의 확대가족으로 공감 대상이 확장되면서, 많은 사람들이 문자와 수리 농업 생산의 결합으로 탄생한 새로운 문명의 확대된 시공간적 영역에서 사회적 유대를 형성할 수 있었다.

19세기에는 석탄을 동력으로 삼는 증기 인쇄술과 새로운 공장, 철도 수송 체계가 한곳으로 수렴하면서 '이념적 의식'이 탄생했다. 새로운 커뮤니케이션·에너지·운송 모체 덕분에 상업과 무역이 지역 시장에서 전국 시장으로 확대될 수 있었고, 새로운 경제 패러다임을 관리하는 통치 방식으로 민족국가가 공고해졌다. 사람들은 자신을 시민으로 생각하고 다른 시민들을 확대된 가족으로 간주하기 시작했다. 각 국가는 자체적으로 역사 서술에 나섰다. 상당 부분이 허구였지만, 중요한 사건이나 역사적 싸움, 집단적 기념, 국가적 기념행사 등에 대한 서술을 완벽히 갖춘 각국의 역사는 공감적 감성을 혈연이나 종교적 유대 관계를 넘어 민족적 유대 관계로 확대하기 위한 목적을 지녔다. 프랑스인들은 서로를 형제자매로 생각하기 시작했고 새로운 시공간적 영역, 즉 프랑스 산업사회의 커뮤니케이션·에너지·운송 모체를 구성하는 국가 시장과 정치적 국경선 안에 분포된 확대가족으로서 서로에게 공감했다. 독일인, 이탈리아인, 영국인, 미국인 등도 각자의 국경선까지 공감적 욕구를 확대했다.

20세기에는 중앙집권화된 전기, 석유, 자동차 교통이 결합되고 대중 소비자 사회가 등장하면서 이념적 의식에서 '심리적 의식'으로 다시 한 번 인지상의 변화가 일어났다. 오늘날 우리들은 내면과 치유를 생각하는 데 익숙해지고, 자신이 상호작용하는 방식과 생활을 유지하는 방식을 끊임없이 조정하는 내면세계와 외부 세계 양쪽에서 살아가는 데 익숙해진 나머지, 우리 증조부모들을 비롯한 옛 조상들이 심리적으로 생각할 수 없었다는 사실을 잊어버린다. 다시 말해서 역사상 조상들이 심리적으로 생각할 수 있었던 경우는 몇몇 두드러지는 예외에 속한다는 이야기다. 내 조부모는 이념적으로, 신학적으로, 심지어 신화적으로 생각할 수는 있었지만, 심리적으로는 생각할 수 없었다.

심리적 의식은 정치적 경계선을 넘어서는 곳까지 공감적 욕구를 확대하여 결사(結社)적 유대 관계를 포함했다. 사람들은 사회적 신뢰감의 경계선을 국가에 한정하지 않으며, 점점 더 세계화하는 세상에서 커뮤니케이션·에너지·운송 모체와 시장이 서로 마음 맞는 사람들과의 관계로까지 확장해 주는 여러 특징들과 함께, 직업단체나 기술단체, 문화적 선호도 등을 근거로 보다 큰 가상의 가족과 공감하기 시작했다.

새로운 커뮤니케이션·에너지·운송 모체들과 그에 수반되는 경제 패러다임들은 이전 시기의 의식과 공감 범위를 무시하지 않는다. 그 의식과 공감 범위는 그대로 남긴 채, 더 큰 공감 범위 속에 들어간다는 의미다. 신화적 의식, 신학적 의식, 이념적 의식, 심리적 의식은 모두 개개인의 정신에 내재된 상태로 여전히 존재하고 공존하고 있으며, 모든 문화에서 다양한 비율과 정도로 존재하고 공존하고 있다. 세상에는 수렵 채집자들이 신화적 의식을 지닌 채 살아가는 곳이 여전히 존재한다. 신화적 의식에 전적으로 얽매여 사는 사회도 존재한다. 하지만 이념적 의식으로 옮겨 갔다가 다시 심리적 의식까지 옮겨 간 사회도 존재한다.

의식의 이동이 기계적으로, 단선적으로 진행된 것도 아니었다. 하나의 의식 형태가 완전히 무시받고 잊혔다가 나중에 재발견되는 암흑과 퇴보의 시기도 있었다. 이탈리아 르네상스와 북유럽 르네상스는 과거의 의식 형태가 재발견된 좋은 예이다.

그럼에도 점점 더 상호 의존성이 커지고 복잡해지는 커뮤니케이션·에너지·운송 모체와 경제 패러다임에 모여 있는 더 넓은 가상 가족으로 인간의 공감 욕구가 확대되는 현상과 불규칙하지만 명명백백한 인간 의식의 변화에서는 인간의 진화를 감지할 수 있는 패턴이 존재한다.

만약 이 과정에 대한 이야기가 뜻밖의 새로운 사실로 느껴진다면, 그것은 오로지 대부분의 역사가들이 주로 인류의 무용담을 돋보이게 만드는 병적인 사건들, 즉 사회 대변동과 전쟁, 대량 학살, 천재지변, 권력 투쟁, 사회 불만 제거 등을 역사에 기록했기 때문이다. 역사가들이 인류의 여정 중에서 어두운 면에 몰두하는 성향은 이해할 수 있다. 그러한 예외적이고 이례적인 사건들이 사람들의 주목을 끌기 때문이다. 그런 사건들은 우리의 일상을 동요시킨다는 이유, 그리고 정말로 이례적이라는 단순한 이유로 인간의 집단 기억에 지울 수 없는 자국을 남긴다.

하지만 인류 역사의 많은 부분이 기본적으로 병적인 사건들과 파괴적인 사건들로 이루어졌고 하나의 종으로서 인간 본성이 약탈적이고 폭력적이고 공격적이고 불안정하고 심지어는 소름 끼칠 정도였다면, 인간이라는 종은 이미 오래전에 사라졌을 것이다.

삼십 년도 더 전에 헤겔이 인류 역사의 특징에 관해 쓴 글을 읽었던 기억이 난다. 그의 글은 내게 깊은 인상을 남겼고, 『공감의 시대』를 쓸 때 모종의 영감을 주기도 했다. 헤겔은 "행복의 시대는 화합의 시기이기 때문에 역사에 백지로 남는다."라고 말했다.[3]

인간의 실제 역사에는 또 다른 면이 존재한다. 인간 의식이 진화한다는 점과 더욱더 광범위하고 포괄적인 영역으로 공감적 욕구가 확대된다는 점이다. 인간의 역사에서 기록되지 않은 부분에는 행복의 시기와 함께, 지속적으로 자기 자신을 초월하고 점점 더 진화하는 사회적 틀 속에서 정체성을 찾기 위한 인간의 충동이 일으킨 화합이 포함되어 있다. 이러한 틀들은 사회적 자본을 만들고 인류 여정의 의미를 탐구하며 상황의 원대한 계획에서 자신의 자리를 찾을 때 이용할 수 있는 도구가 된다. 공감은 문명이고, 문명은 공감이다. 이 둘은 실제로 분리할 수 없다.

인류 여정의 역사는 물질주의가 아니라 공감적 참여에서 행복을 찾을 수 있다고 암시한다. 자신의 삶이 끝나 갈 때 지나온 역사를 되돌아보면, 물질적인 이득이나 명성, 행운에 관한 경험이 기억 속에서 두드러지는 경우는 드물다. 나라는 존재의 핵심을 건드리는 순간들은 공감적 조우이다. 번성하기 위해 유감없이 분투하는 다른 사람의 모습을 보고 마치 자신의 것인 양 체험하면서 깨달을 수 있는 초경험적 느낌 말이다.

종종 사람들이 공감적 의식을 공상적 이상주의로 오해하는 경우가 있다. 실제로는 전혀 그렇지 않은데 말이다. 당신과 내가 다른 사람이든 다른 생물이든, 여하튼 다른 존재들에 공감하는 경우, 거기에는 그들이 궁극적으로 맞이할 죽음에 대한 암묵적 인지와 현재의 삶에 대한 축복의 느낌이 가미된다. 그들의 기쁨과 슬픔, 희망과 두려움을 경험하는 과정에서 우리는 개개인의 삶이 갖는 위태로운 특징을 끊임없이 떠올린다. 다른 사람에게 공감한다는 것은 내가 내 삶을 인정하는 것처럼 그들의 유일한 삶도 인정한다는 것이다. 그들이 맞이하는 매 순간이 나의 매 순간처럼 뒤집을 수 없고 되풀이할 수 없다는 것임을 이해하고, 인생이 깨지기 쉽고 불완전하고 힘들다는 것을 이해하는 것이다. 그것이 문명을 살아가는 인간의 여정이든 숲 속을 헤매고 다니는 사슴의 여정이든 관계없다. 공감을 하게 되면, 우리는 상대의 존재가 덧없고 일시적임을 느낀다. 공감한다는 것은 상대가 번성하도록, 그의 짧은 삶이 지닌 잠재력을 완전히 경험하도록 응원하는 것이다. 연민은 서로의 존재를 축하하고 이 지구를 함께 돌아다니는 동반자로서 공동의 유대를 인정하는 우리의 방식이다.

하늘나라에서는 공감이 필요 없다. 유토피아에서는 공감이 존재할 자리도 없다. 그 내세의 영역에서는 고통도, 아픔도, 나약함도, 결점도 없기 때문이다. 오직 완벽과 불멸만이 존재하기 때문이다. 공감의 문명 속에서 다른 사람들과 함께 살아간다는 것은 연민으로 서로를 돕고 불완전한 세상에서 번창하기 위해 벌이는 서로의 분투를 계속 축하함으로써 우리가 일시적으로 존재할 수밖에 없는 현실을 인정하는 것이다. 가장 행복한 순간은 언제나 공감을 가장 많이 느끼는 순간임을 잠시라도 의심하는 사람이 있을까?

생물권 의식

이 모든 이야기는 우리로 하여금 개인과 인간 종의 집단 행복을 증진하는 문제로 다시 돌아가게 만든다. 인류의 미래와 하나의 종으로서 존립할 수 있는 인류의 능력에 대해 희망을 버린 사람들에게 다음과 같은 질문을 던져 보자. 왜 우리가 여기서 멈춰야 하는가? 공감적 참여와 집단적 관리라는 훨씬 더 포괄적인 영역까지 도달했는데 왜 여기서 여정을 중단해야 하는가? 인간의 의식이 신화적 의식에서 신학적 의식, 그리고 이념적 의식에서 심리적 의식으로 옮겨 왔고, 인간의 공감적 욕구가 혈연관계에서 종교단체, 그리고 국가적 정체성과 결사적 집단으로 확대되어 왔다면, 인간 여정의 다음번 도약을 상상하는 게 가능하지 않겠는가? 생물권 의식으로의 전환은 물론, 같은 종류의 생물들을 진화상 확대된 가족으로 포함하고 인류 전체를 가족으로 포함하는 공감의 확장이 가능하지 않겠느냐는 말이다.

상호작용하는 커뮤니케이션 인터넷, 에너지 인터넷, 운송 인터넷으로 구성된 새로운 스마트 인프라가 마치 와이파이처럼 대륙을 건너고 거대한 글로벌 신경망의 사회를 연결해 주며 지역에서 지역으로 노드에서 노드로 퍼져 나가기 시작하고 있다. 모든 것, 모든 존재를 연결해 주는 사물인터넷의 등장은 인류 역사의 변혁적인 사건으로, 사람들이 역사상 처음으로 단일한 확대가족으로서 공감하고 사회화할 수 있도록 돕는다. 젊은 세대는 스카이프로 글로벌 강의실에서 공부하고 있다. 그들은 페이스북에서 전 세계의 또래들과 사귀고, 트위터에서 수억 명의 또래들과 수다를 떤다. 그리고 커뮤니케이션 인터넷에서 집과 옷, 그 밖의 거의 모든 것을 공유하고, 에너지 인터넷에서 전 대륙에 걸쳐 녹색 전기를 공유하며, 서서히 발전하고 있는 운송 인터넷에서 자동차와 자전거, 공공 차량을 공유하고 있다. 아울러 이 과정에서 인류의 여정은 억제되지 않는 무제한의 물질적 성장에 대한 확고부동한 충성에서 지속 가능한 경제 발전에 대한 헌신으로 옮겨 가고 있다. 이 변화에는 인간 정신의 변화가 동반하는데, 생물권 의식과 협력 시대로의 도약이 바로 그것이다.

협력적 감성은 개개인의 삶이 밀접하게 연결되어 있고 개인의 행복이 궁극적으로는 자신이 살아가는 더 큰 집단의 행복에 좌우된다는 사실을 인정하는 것이다. 그러한 협력 정신이 이제는 생물권으로 확대되기 시작했다. 전 세계 어린이들이 자신의 '생태발자국'에 대해 학습하고 있다. 아이들은 우리 인간이 하는 모든 일이 생태발자국을 남긴다는 사실은 물론, 그 발자국이 다른 인간이나 지구 생물권의 여타 영역에 사는 생명체의 행복에 영향을 미친다는 사실을 이해하고 있다. 아이들은 점들을 연결하며 그림을 완성하고 있다. 모든 생물이 생물권 전역에 존재하는 여러 생태계의 무수한 공생 관계와 협동 관계에 내포된다는 사실과 전체 시스템의 적절한 기능이 각 부분의 지속 가능한 관계에 좌우된다는 사실을 인식하면서 말이다. 젊은 세대는 생물권이 지구의 공동체이고, 이 공동체의 건강과 행복이 우리 자신의 건강과 행복을 결정한다는 사실을 배우고 있다.

가상공간과 실제 공간 전역에서 서로 연결되는 오늘날의 젊은이들은 사유재산 관계와 시장교환가치, 국경선이 조정하는 자본주의 시스템 아래에서 오래전부터 '내 것'과 '네 것'을 구분 지어 온 이념적, 문화적, 상업적 경계선을 빠르게 제거하고 있다. '오픈소스'는 부모나 조부모와는 근본적으로 다른 방식으로 권력관계를 인지하는 세대의 진언(眞言)이 되고 있다. 지정학적 세계에서 좌우 진영을 오가는 대화는 자본주의를 지지하는 편과 사회주의를 지지하는 편으로 나뉘어 이루어지며, 누가 생산수단을 소유하고 통제해야 하는지의 문제로 귀결된다. 밀레니엄 세대는 좌익 대 우익, 자본주의 대 사회주의에 대해 말하지 않는다. 밀레니엄 세대는 정치적 행동 방식을 판단할 때 마음속에 아주 다른 정치적 스펙트럼을 담는다. 그들은 정부든 정당이든 기업체든 교육체계든 해당 기관의 행동 방식이 중앙집권적이고 상의하달식이고 가부장적이고 폐쇄적이고 독점적인지, 아니면 분산되어 있고 협력적이고 개방되어 있고 투명하고 피어투피어식의 수평적 권력을 표출하는지를 묻는다. 젊은이들은 자본주의 시장을 계속 이용하면서도 그 시장을 초월하고 있다. 그들은 네트워크로 연결된 새로운 협력적 공유사회에서 많은 부분의 경제생활을 영위하고, 시장경제만큼이나 사회적 경제에서도 서로 수월하게 관계를 맺는다.

최근 들어 급격히 두드러지는 젊은이들의 개방성은 오래전부터 성별과 계층, 인종, 민족성, 성적 기호로 사람을 구분해 오던 장벽을 무너뜨리고 있다. 공감적 감성은 글로벌 네트워크가 모든 사람들을 연결하고 있는 속도만큼 빠르게 수평적으로 확산되고 있다. 공감이 진정한 민주사회를 시험하는 최종 척도가 되면서 수억 명이 '자기 자신'으로서 '타인'을 경험하기 시작했다.(사실 나는 그런 사람들이 벌써 수십억 명에 이르지 않았을까 생각한다.) 또한 수백만 명의 사람들, 특히 젊은이들이 (확연하게 드러나지는 않지만) 자신의 공감적 욕구를 확대하여 극지방에서 표류하는 펭귄이나 북극곰부터 얼마 남지 않은 자연 그대로의 생태계에 거주하는 멸종 위기 종들에도 공감하기 시작했다. 그들은 생물권 공동체 내부에 공감의 문명을 구축할 기회가 있음을 이제 막 알아차리기 시작했다. 이 단계에서 품게 되는 예상의 대부분은 기대보다는 희망에 가깝다. 하지만 가능성이 있다는 느낌이 감도는 것만큼은 분명하다.

후기

    자본주의 시대가 끝나 가는 것을 보니 복잡한 감정이 든다. 나는 희망을 품고 협력적 공유사회가 도래하길 기대하며, 그 사회가 지구를 살려 내고 지속 가능한 풍요의 경제를 앞당길 가장 적절한 수단을 제공한다고 확신한다. 물론 자본주의 시스템에는 내가 아주 싫어하는 면도 있고 깊이 칭송할 만한 면도 있다. (많은 사람들도 마찬가지일 것이다. 자본주의 시스템이라는 배의 키를 잡고 움직이면서 그 창의적인 역동성과 파괴적인 무절제를 모두 경험한 사람들은 분명 그러하리라.)

    나는 기업가 집안에서 자랐다. 아버지 밀턴 리프킨은 평생을 기업가로 살았다. 1920년대 말 할리우드에서 배우로 짧게 활동하다가 실패한 아버지는 기업가로 변신했다. 그리고 나머지 인생을 사업에 쏟았다. 아주 놀라운 일은 아니다. 여러모로 볼 때 기업가는 시장의 예술가다. 청중을 사로잡고 설득력 있는 이야기를 전달하며 자신이 창조한 세계에 사람들을 끌어들이고자 창의적인 사업 이야기를 끊임없이 찾아다니는 사람이라는 의미다. 스티브 잡스를 떠올려 보면 알 수 있으리라. 토머스 에디슨, 세르게이 브린, 래리 페이지 등 많은 기업가들은 사람들의 일상생활을 바꾸어 놓은 혁신적인 발명으로 대중을 황홀하게 만들었다.

아버지는 초기 플라스틱 비닐 혁명의 선구자였다. 다들 웃을지 모르겠지만, 영화 「졸업」에서 맥과이어 씨가 젊은 벤저민에게 "플라스틱이야."라는 한마디를 속삭이던 그 순간, 우리 아버지가 내게 곧잘 하던 말이라는 생각에 한편으로는 재미있고 다른 한편으로는 당황스러워서 극장 의자에서 몸을 움츠리고 말았다. 아버지는 기적의 소재인 플라스틱 비닐이 넘치는 사회에서 인류를 기다리는 밝은 미래에 대해 한참 이야기하며 당신의 플라스틱 사업에 나를 끌어들이려 애쓰곤 했다.

내가 알기로 아버지는 1950년대 초에 최초로 폴리에틸렌을 비닐봉지로 만든 제조업자들 중 한 명이었다. 요즘 젊은이들이야 비닐 없는 세상을 상상도 못 하겠지만 그 시절에 비닐은 그야말로 신기한 물건이었다. 당시에는 포장을 할 때 주로 종이 봉지나 마분지, 부대 자루, 아니면 금속이나 유리, 목재 용기를 썼기 때문이다.

매일 저녁 식구들을 작은 부엌 탁자 앞에 앉혀 놓고 비닐봉지의 활용법에 대한 새로운 아이디어들로 우리 귀를 즐겁게 해 주시던 아버지의 모습이 지금도 생생하다. 슈퍼마켓과 백화점에서 산 물건이나 세탁소에서 찾아 들고 나온 옷을 비닐봉지에 담지 못할 이유가 어디 있겠는가. 우리는 아마도 최초로 집 안의 모든 가구를 비닐로 둘러싼 가족이었을 것이다. 아직도 나는 더운 여름날 반바지를 입고 소파에 털썩 주저앉을 때 느껴지던 비닐 커버의 끈적끈적한 느낌을 잊을 수 없다.

아버지의 열정은 전염성이 컸다. 천생 배우였던 아버지는 잠재적 구매자들을 자신의 머릿속에 있는 이야기로 끌어들였고, 결국 세상을 비닐로 꾸미는 일에 뛰어들게 했다.

아버지가 플라스틱 비닐 산업의 기업가로 스물다섯 해 정도를 보내는 내내, 나는 사업으로 벌어들인 금전적 보상에 대해서는 한 번도 듣지 못했다. 물론 아버지의 마음속 깊은 곳에 재정 문제가 항상 자리 잡고 있었을 게 분명하지만, 아버지는 사업이라는 게임 자체에 훨씬 더 많은 관심을 두었다. 아버지는 자신의 일을 산업이라기보다는 예술로 생각했다. 사람들의 생활을 조금 더 나아지게 만들 수 있는 무언가를 나눠 줌으로써 그들의 삶을 바꾸고 싶어 했다. 아버지의 노력은 자본주의경제를 탄생시킨 위대한 기업가들에 비하면 그리 대단하지 않지만, 다른 발명가나 혁신가의 일대기에도 아버지에게서 목격한 것과 똑같은 노력과 열정이 담겨 있는 것만은 분명하다.

물론 그들의 사업에서 금전적 이해관계가 작동하지 않는다는 것은 아니지만, 내가 여러 해 동안 만나 본 많은 기업가들은 무소불위의 돈보다는 창의적인 행위에서 훨씬 큰 동기를 부여받았다. 대개 돈에 대한 집착은 나중에, 그러니까 사업이 충분히 성숙하여 주식이 시장에서 거래되고 투자 수익에 매달리는 주주들을 책임져야 하는 상황이 되면 생겨난다. 창의적인 업체를 "재정적인 책임감을 갖춘" 냉철한 사업체로 변모시키기 위해 영입된 전문 경영진에 의해 자기 회사에서 쫓겨난 기업가의 사례는 수없이 많다. "재정적인 책임감을 갖춘다."라는 것은 손익계산에 집중한다는 말의 완곡한 표현이다.

물론 아버지는 자신이 파는 엄청난 양의 비닐봉지가 결국 쓰레기 매립지에 묻히고 환경을 오염시킬 거라는 사실은 상상도 못 했을 것이다. 또한 폴리에틸렌을 압출성형 하는 데 사용되는 석유화학제품이 이산화탄소를 배출하여 지구 기후변화에 결정적인 역할을 하리라는 사실도 예견하지 못했을 것이다.

아버지의 생애를 생각해 보건대, 애덤 스미스가 237년 전에 『국부론』에서 언급한 "보이지 않는 손"이 실제로는 보이지 않는 게 아님이 분명하다. 아버지를 비롯한 수많은 기업가들이 혁신하고 한계비용을 줄여 더 싼 제품과 서비스를 시장에 내놓고 경제성장에 박차를 가하게 만든 것은 바로 기업가 정신이다. 그 기업가 정신이 이제는 우리에게 제로에 가까운 한계비용을 안겨 주고, 공짜에 가까운 많은 재화와 서비스를 협력적 공유사회에서 공유할 수 있는 새로운 경제 시대로 안내하고 있다.

수요와 공급 원리에 따라 보이지 않는 손이 작동한다는 가정을 오래전부터 의심해 온 사람들이 있다면, 한계비용 제로 사회(최적의 효율 상태)가 가까워지고 있다는 사실이 곧 스미스가 처음 설명한 그 체계가 부분적으로는 실제로 작동했음을 보여 주는 '뚜렷한(즉 눈에 보이는)' 증거라는 점을 말해 주고 싶다. 다만, 나는 네 가지 단서 조항을 덧붙이고 싶다. 첫째, 사실상 모든 상업 부문에서 혁신을 지속적으로 방해하는 독점력에 불가피하게 집중한 탓에 오랜 기간 동안 보이지 않는 손의 움직임이 느려지거나 완전히 봉쇄되는 경우가 자주 있었다. 둘째, 보이지 않는 손은 높아진 생산성과 이윤이 풍요 창출에 기여한 노동자들과 공유되도록 보장하지 못했다. 노동자들은 자신의 노동에 대한 정당한 대가를 보장받기 위해 스스로 노조와 정치적 압력단체를 조직하여 모든 단계에서 경영진과 싸워야 했다. 셋째, 자본주의 체제는 그 체제 내 모든 사람들의 삶을 극적으로 개선해 주었지만, 누에고치처럼 단단하게 체제 내부에 자리 잡고 있는 사람들에게 이익을 안겨 주기 위해 그 주변에서 종종 무자비하게 인적 자원을 착취한 사례는 어떠한 합리적인 기준으로 보더라도 끔찍한 수준이었다. 넷째로, 수요와 공급이라는 보이지 않는 손의 작동 논리는 시장 메커니즘이라는 경계선 밖으로 확대된 적이 결코 없기 때문에 원료를 얻고 폐기물을 내다 버린, 보다 더 큰 환경에 자본주의 체제가 입힌 피해를 결코 책임질 수 없었다.

그럼에도 스미스의 보이지 않는 손은 어마어마한 사회적 힘이라는 것이 입증되었는데, 그가 제시한 철학적인 이유 때문은 아니었다. 스미스의 이론은 시장경제에서 활동하는 개개인이 재산을 취득하고 교환하는 과정에서 공공의 이익을 증진하겠다는 의도 없이 각자 사적인 이익을 추구함으로써 사회 전체의 이익을 "부지불식중에" 높인다는 개념을 중심으로 전개된다.

> 필연적으로 모든 개인은 사회의 연간 수익을 최대치로 만들어 내기 위해 애쓴다. 대개 그 사람은 공공 이익을 증진하려는 의도도 없고, 자신이 그 이익을 얼마나 증진하고 있는지도 모른다. … 그는 자신의 이익만을 키우려 하는데, 다른 여러 경우와 마찬가지로 이때도 보이지 않는 손에 이끌려 자신이 전혀 의도하지 않은 목적을 증진하게 된다. 그것이 그의 의도가 전혀 아니었다는 이유로 사회에 나쁘다고 볼 수는 없다. 각 개인은 자신의 이익을 추구함으로써 실제로 사회의 이익을 높이려고 마음먹었을 때보다 더 효과적으로 사회의 이익을 증진한다. 나는 공공의 이익을 위해 거래하는 척하는 사람들이 그만큼 사회에 이익이 되는 경우를 한 번도 보지 못했다.[1]

각 개인이 타인들의 이익을 염두에 두지 않는다고 말했다는 점에서 볼 때, 스미스는 고전파 경제 이론의 핵심 원리에 담긴 중요한 원동력을 제대로 이해하는 데 실패한 듯하다. 그는 판매자가 생산성을 향상하기 위해 새로운 혁신을 부단히 찾는다는 사실을 놓친 것이다. 바로 그 성향 때문에 판매자는 (미래의 구매자를 끌어들이기 위해) 생산성 향상을 통해 운영 비용과 제품 및 서비스 가격을 낮출 수 있고 이윤 폭과 시장점유율을 높일 수 있다. 왜 그랬는지 모르지만, 스미스는 판매자와 구매자를 호혜적인 관계로 묶어 주는 동시에 보이지 않는 손을 작동하게 만드는 결정적 요소를 완벽하게 놓치고 말았다. 그것은 바로 더 낮은 가격에 더 좋은 제품 및 서비스를 지속적으로 제공함으로써 구매자의 개인적 이익과 안녕에 이바지하는 판매자의 역할이다. 자본주의 기업가들은 구매자들의 니즈와 욕구를 지속적으로 신경 쓰고 그것을 채워 줄 때에야 성공을 누릴 수 있다. 잠재 고객의 행복과 이익을 보살피지 않는 기업가나 기업은 오랫동안 시장에 살아남을 수 없다.

달리 말해, 기업가가 성공을 원한다면 다른 사람들의 행복과 이익을 헤아릴 줄 알아야 한다. 헨리 포드는 이 점을 제대로 이해했기에 수많은 노동자들에게 편안한 삶을 안겨 줄 값싸고 튼튼한 자동차를 일생의 사명을 걸고 만들었다. 스티브 잡스 역시 이 점을 제대로 파악했다. 그는 전 세계에 걸쳐 연결되어 있는 활동적인 사람들의 니즈와 열망을 최첨단 커뮤니케이션 기술로 충족시키는 일에 모든 열정을 쏟았다. 우리 사회가 한계비용이 제로로 근접하는 사회에 더욱 가까워진 것은, 시장에서 타인들의 행복을 증진함으로써 자기 자신의 사업적 이익을 추구하는 기업가의 이중적 역할 덕분이다.

제로 수준 한계비용과 거의 공짜에 가까운 재화 및 서비스로 이행하는 현실은 보이지 않는 손의 작동 원리의 정당성을 부분적으로 입증했을 뿐만 아니라, 흥미롭게도 데이비드 흄과 제러미 벤담을 비롯한 시장 자본주의 옹호자들이 제시한 공리주의 주장의 타당성에도 힘을 보태 주었다. 흄과 벤담이 시장에서 교환되는 사유재산이 자연법에 근거를 두지 않은 순수한 인간의 관습이고 그런 사유재산이 "공공의 행복을 증진"하기 위한 최선의 메커니즘이기 때문에 정당화된다고 주장했던 것을 떠올려 보라. 그들의 주장은 옳았을까?

(공공의 행복을 증진하기에 가장 효율적인 상태로 간주할 수 있는) 제로 수준 한

계비용과 거의 공짜인 재화 및 서비스의 실현에 가까워지는 데에 시장 메커니즘이 도움을 주었으므로, 시장에서 교환되는 사유재산이 공공의 행복을 증진하는 최선의 수단이라고 했던 흄과 벤담의 주장은 그 나름의 공리주의적 가치를 입증해 보인 셈이다. 그런데 아이러니한 것은, 한계비용이 제로에 가까워지면 재화와 서비스가 거의 공짜가 되고 마진이 사라져 시장에서 교환되는 사유재산이 그 존재 이유를 상실한다는 점이다. 풍요의 경제를 중심으로 조직된, 재화와 서비스가 거의 공짜인 세상에서는 시장 메커니즘이 점차 불필요해지고 자본주의는 틈새 경제 영역으로 후퇴한다.

따라서 자본주의 시장에서의 사유재산 교환 및 축적과 결합된 흄과 벤담의 공리주의는 영원한 진리가 아니라, 19세기와 20세기에 1차 및 2차 산업혁명을 거치며 작동하게 되는 특정한 경제적 힘들을 구체적으로 기술한 것에 불과하다. 분명 19세기 공리주의 경제학자들과 그들의 20세기 후계자들이라면, 그들 자신이 옹호한 이론이 (궁극적으로는 자연스럽게 그 힘을 다하겠지만 그전에) 이 사회를 새로운 경제 질서(거대한 네트워크로 연결된 공유사회에서 협력을 추구하며 공공의 행복을 최적화하는 경제 질서)가 시작되는 경계선으로 데려다 놓을 것이라는 전망 앞에서 경악할 것이다.

희소성과 이윤을 중심으로 조직된 경제 시스템이 공짜에 가까운 재화 및 서비스와 풍요를 특징으로 하는 경제 시스템으로 이행할 수 있다는 생각은 확실히 직관에 어긋나기 때문에 쉽게 받아들이기가 어렵다. 그렇지만 지금 바로 그런 일이 벌어지고 있다.

지배력을 거의 잃은 자본주의 시스템에 판결을 내리는 일은 쉽지 않다. 자본주의 시장은 그 열렬한 지지자들이 주장한 것과 같은 구세주가 아니었다. 하지만 자본주의를 강경하게 비판하는 사람들이 주장하듯 악의 화신도 아니었다. 정확히 말하면, 자본주의는 그 태동과 발전의 시기에 하나의 경제를 조직하는 가장 기민하고 효율적인 메커니즘이었다. 당시 경제의 에너지·커뮤니케이션 모체와 거기에 수반되는 산업들은 수직 통합된 기업들과 규모의 경제를 지원하기 위한 거대하고 집중된 금융자본을 필요로 했다.

따라서 나는 조건부로 아버지를 비롯한 다수의 기업가들을 움직인 기업가 정신을 찬양하지만, 자본주의의 소멸을 슬퍼하지는 않는다. 공유사회의 협력적 네트워크에 자리 잡은 세대에 활력을 불어넣는 새로운 사회적 기업가 정신은, 시장에 뿌리내린 상업적 기업가 정신 못지않게 열렬하게 환영받지만, 이전과는 분명 다른 종류의 정신이다. 이 새로운 정신은 덜 독단적이고 더 상호적이다. 그리고 금전적 이익 추구에 대한 관심이 덜하고 삶의 질을 증진하는 데에 더욱 전념한다. 또 시장 자본의 축적보다 사회적 자본의 축적에 더욱 열심이다. 소유에 몰두하지 않고 접근과 공유를 지향한다. 자연을 덜 착취하고 지구 생태계의 지속가능성과 그에 대한 책무에 더 전념한다. 새로운 사회적 기업가들은 보이지 않는 손보다는 도와주는 손에 의해 움직인다. 그들은 훨씬 덜 공리주의적이고 훨씬 더 공감에 따라 참여한다.

보이지 않는 손과 시장 메커니즘의 본질적인 논리 덕에 우리가 한계비용 제로 사회에 다가가고 희소성의 경제에서 지속 가능한 풍요의 경제로 옮겨 가는 중대한 기로에 설 수 있게 되었다. 하지만 그 일을 기업가들이 홀로 해낸 것은 아니라는 점을 짚고 넘어가야 한다. 정확히 말해서 그들은 공유사회의 사회적 경제라는 개념에 몰두한 선지자들과 그 공을 함께 나눠야 한다. 정보를 생산하고 전달하는 데 수반되는 한계비용을 제로에 가깝게 만들도록 도와준 컴퓨팅 능력은 주로 글로벌 기업들 덕분에 기하급수적인 발전 곡선을 그릴 수 있었다. 한편 인터넷은 정부 과학자들과 대학교 학자들에 의해 발명되었다는 사실과 월드와이드웹은 공유사회 촉진에 관심이 있던 컴퓨터 과학자의 작품이라는 사실도 기억해야 한다. GPS, 터치스크린 디스플레이, 음성인식 작동 기술(예컨대 시리(Siri)) 등은 정부가 자금을 지원한 연구의 성과였다.(시리는 아이폰을 진정 '스마트'하게 만든 핵심 기술이다.) 리눅스, 위키피디아, 개방형 온라인 강좌는 대체로 사회적 경제에서 발생한 영감의 결과인 반면, 페이스북과 트위터는 사회적 공유사회 구축이 사업의 성공 여부를 좌우했지만 어쨌든 금전적 이익을 기대했던 영리적 벤처 사업이다. 재생에너지를 위한 혁신 아이디어는 시장에서 활동하는 민간 기업들뿐만 아니라 정부와 대학 연구소들도 제시했다. 비슷하게, 3D 프린팅 혁명을 위해서는 비영리 팹랩과 상업적 개발자들이 함께 박차를 가하고 있다.

여기서 중요한 점은 시장의 기업가 정신이 제로 수준 한계비용과 공짜에 가까운 재화 및 서비스로 경제를 몰고 가는 데 도움을 주지만, 이 정신은 세 부문(정부, 시장, 공유사회의 사회적 경제)의 창조적인 콘텐츠로 가능해진 인프라 기반 위에서 그렇게 한다는 사실이다. 21세기 중반쯤엔 협력적 공유사회가 사회의 경제생활에서 많은 부분을 규정할 가능성이 높지만, 현재 이 세 부문의 참여자들이 모두 기여하고 있다는 사실은 향후 확립될 새로운 경제 패러다임이 계속적으로 정부, 시장, 공유사회가 혼합된 형태를 보일 것임을 암시한다.

자본주의 시스템의 중심에 안락하게 자리 잡은 사람들, 그래서 다가오는 한계비용 제로 사회가 자신들을 파멸로 몰고 갈까 봐 두려워하는 사람들에게 마지막으로 이런 말을 건네고 싶다. 경제는 절대로 정지 상태에 머물지 않는다. 경제는 끊임없이 진화하고, 가끔은 완전히 새로운 형태로 변화한다. 마찬가지로, 기업체도 경제가 변화함에 따라 부침을 겪는다. MIT 슬론 경영 대학원의 피터 센게는《포천》500대 기업의 평균수명이 삼십 년 정도에 불과하다고 지적한다. 실제로 1955년에 처음 작성된 《포천》 500대 기업 명단에 오른 기업들 중에 2012년에도 그 명맥을 유지한 기업은 일흔한 곳에 불과했다.[2]

어느 날 아침에 일어나 보니 과거의 경제 질서가 갑자기 무너져 있고 새로운 체제가 들어서 있는 것은 아니다. 2차 산업혁명이 1890년대에 모습을 드러냈을 때, 1차 산업혁명은 전속력으로 진행 중이었다. 이후 반세기 동안 두 혁명은 나란히 함께 달리다가 마침내 2차 산업혁명이 주요한 경제 세력으로 자리를 잡았다. 그 긴 전환기 동안 다수의 1차 산업혁명 산업들과 기업들은 힘을 잃고 사라졌지만, 전부 사라진 건 아니었다. 살아남은 1차 산업혁명 산업들과 기업들은 그 과정에서 스스로를 재창출했다. 그리고 신중하게 과거의 모델을 버리고 새로운 모델에 익숙해지면서 적절한 균형점을 찾아 두 산업 시대에 동시에 걸쳐 있었다. 다수의 신생 기업들은 2차 산업혁명이 가져다준 새로운 기회를 붙잡으면서 남은 경기장을 재빠르게 채워 나갔다.

마찬가지로 오늘날 많은 2차 산업혁명 기업들도 그와 유사한 기회와 선택에 직면해 있다. 일부 기업들은 새로운 비즈니스 모델과 서비스를 기존 포트폴리오에 통합하고, 협력적 공유사회와 전통적 자본주의 시장으로 이루어진 혼합형 경제로의 패러다임 전환에 보조 맞추기 위해 과도기적 전략을 수립하면서, 이미 3차 산업혁명으로 도약하는 중이다.

다가오는 한계비용 제로 사회가 촉발할 강력한 사회적 힘들은 파괴를 수반하는 동시에 자유를 부여한다. 그 힘들은 축소하거나 되돌릴 수 없다. 세계의 모든 지역에 걸쳐 자본주의 시대에서 협력 시대로의 전환에 가속도가 붙고 있다. 이러한 전환을 통해, 21세기 전반기에 지구에 사는 모든 인류를 위해 생물권이 되살아나고 보다 공정하고 인간적이고 지속 가능한 글로벌 경제가 탄생했으면 하는 바람이다.

감사의 말

먼저 이 책을 쓰고 편집하는 과정 전반에 걸쳐 놀라운 능력으로 도움을 준 리사 맨코스키와 션 무어헤드에게 감사를 전하고 싶다. 사실 모든 책에는 협력적인 노력이 따른다. 또한 저자의 결과물은 원고를 준비하는 과정에서 함께하며 독려하는 몇몇 개인의 역량에 크게 좌우된다. 무어헤드와 맨코스키는 한마디로 '드림 팀'이다. 무어헤드는 책 전반에 걸쳐 주제를 통합하고 각 개념을 명료하게 밝히는 데 특히 애를 썼으며, 맨코스키는 이 책이 하나의 이야기로 자연스럽게 전개되도록 구성하는 데 초점을 맞췄다. 프로젝트에 대한 두 사람의 헌신과 예리한 편집자적 조언, 그리고 현명한 관점은 원고의 완성도를 높이는 데 큰 도움이 되었다. 둘의 공헌은 책 곳곳에서 찾아볼 수 있다.

또한 크리스천 폴러드에게도 깊이 감사한다. 그는 편집 과정에서만 도움을 준 게 아니라, 출간 과정에서도 멋진 홍보와 마케팅을 마련해 주었다.

이 년에 걸친 집필 기간 동안 우리는 매우 재능 있는 몇몇 인턴과 함께 일하는 행운을 누렸다. 그들의 기여로 책의 가치가 훨씬 더 높아졌다. 그들에게 고마움을 표하며 이름을 적는다. 댄 미첼, 알렉산드라 마틴, 재러드 매튼, 엘리자베스 오르테가, 제임스 파틀로, 수양 '체리' 유, 제임스 나자리언, 대니얼 맥고원, 개넌 맥헨리, 케빈 가드너, 저스틴 그린, 스탠 코즐로스키.

팰그레이브 맥밀런 출판사의 담당 편집자 에밀리 칼턴도 빼놓을 수 없다. 이 책에 대한 그녀의 열정과 번뜩이는 의견들에 깊이 감사한다. 편집 과정에서 그녀가 제시한 여러 제안은 원고를 다듬는 데 진정 많은 도움이 되었다. 과정 전반에 걸쳐 전폭적인 지원을 아끼지 않은 발행인 캐런 월니에게도 감사를 표한다.

끝으로, 늘 그렇듯이 아내 캐럴 그룬월드에게 고마움을 전하고 싶다. 아내는 원고를 준비하는 기간 내내 내가 생각을 가다듬고 논리를 정립하는 데 도움이 되는 조언을 해 주었으며, 초고를 읽고 미진한 부분을 보완해 주었다. 정말 솔직히 말해서 아내는 내가 아는 최고의 편집자이자 문장가이다.

이 책의 집필 과정은 실로 순전한 즐거움과 '사랑의 수고(자발적 헌신)'로 점철되었다. 내가 책을 쓰면서 즐겼던 그대로 독자 여러분이 책을 읽으며 향유하길 바란다.

주(註)

1 패러다임 대전환, 시장 자본주의에서 협력적 공유사회로

1   Jean-Baptiste Say, *A Treatise on Political Economy* (Philadelphia: Grigg & Elliot, 1843), 134–35.

2   Dale Dougherty, "How Many People Will Own 3-D Printers?," *Make* [Blog], April 5, 2013, http://makezine.com/2013/04/05/how-many-people-will-own-3d-printers/ (accessed July 1, 2013).

3   Chris Anderson, "Free! Why $0.00 Is the Future of Business," *Wired*, February 25, 2008, http://www.wired.com/techbiz/it/magazine/16-03/ff_free?currentPage=all (accessed March 7, 2013).

4   Oskar Lange, "On the Economic Theory of Socialism: Part Two," *Review of Economic Studies* 4(2) (1937): 129.

5   Ibid., 129–30.

6   Ibid., 130.

7   John Maynard Keynes, *Essays in Persuasion* (Project Gutenberg eBook, 2011), 358–74, http://gutenberg.ca/ebooks/keynes-essaysinpersuasion/keynes-

essaysinpersuasion-00-h.html (accessed January 23, 2013).

8   Ibid.

9   J. Bradford Delong and Lawrence H. Summers, "The 'New Economy': Background, Historical Perspective, Questions and Speculations," *Economic Policy for the Informational Economy* (2001): 16.

10   Ibid., 35.

11   Ibid.

12   Ibid., 16.

13   Ibid.

14   Ibid.

15   Ibid.

16   Ibid., 16, 38.

17   Thomas S. Kuhn, *The Structure of Scientific Revolutions* (Chicago: University of Chicago Press, 1962).

18   Isaac Asimov, "In the Game of Energy and Thermodynamics You Can't Even Break Even," *Smithsonian,* August 1970, 9.

19   Viktor Mayer-Schonberger and Kenneth Cukier, *Big Data: A Revolution That Will Transform How We Live, Work, and Think* (Boston: Houghton Mifflin Harcourt, 2013) 59.

20   Ibid., 89.

21   Steve Lohr, "The Internet Gets Physical," *The New York Times,* December 17, 2011, http://www.nytimes.com/2011/12/18/sunday-review/the-internet-gets-physical.html?pagewanted=all&_r=0 (accessed November 19, 2013).

22   Ibid.

23   Ibid.

24   Ibid.

25   Lester Salamon, "Putting the Civil Society Sector on the Economic Map of the World," *Annals of Public and Cooperative Economics* 81(2) (2010): 198, http://ccss.jhu.edu/wp-content/uploads/downloads/2011/10/Annals-June-2010.pdf (accessed August 8, 2013); "A Global Assembly on Measuring Civil Society and Volunteering," Johns Hopkins Center for Civil Society Studies, September 26, 2007, 6, http://ccss.jhu.edu/wp-content/uploads/downloads/2011/10/UNHB_GlobalAssemblyMeeting_2007.pdf (accessed July 8, 2013).

26   Salamon, "Putting the Civil Society Sector," 198.

27 "Collaborative [1800–2000], English,"Google Books NGram Viewer, http://
books.google.com/ngrams/ (accessed June 12, 2013); "Google Books Ngram
Viewer," University at Buffalo, http://libweb.lib.buffalo.edu/pdp/index.
asp?ID=497 (accessed December 16, 2013).

28 "The World's Top 50 Economies: 44 Countries, Six Firms," Democratic
Leadership Council, July 14, 2010, http://www.dlc.org/ndol_cie5ae.
html?kaid=10 (accessed May 19, 2013); "Fortune Magazine Releases Its Annual
Fortune Global 500 List of Companies Winning Top Rankings by Making
Money and Marketing Well," *PRWeb,* July 10, 2012, http://www.prweb.com/
releases/fortune-global-500/money-and-marketing/prweb9684625.htm (accessed
May 18, 2013); "2011 Economic Statistics and Indicators," Economy Watch,
http://www.economywatch.com/economic-statistics/year/2011/ (accessed May
21, 2013).

2 유럽의 인클로저 운동과 시장경제의 탄생

1 T. W. Schultz, "New Evidence on Farmer Responses to Economic
Opportunities from the Early Agrarian History of Western Europe," *Subsistence
Agriculture and Economic Development,* ed. Clifton R Wharton, Jr. (New
Brunswick, NJ: Transaction Publishers, 1969), 108.

2 Richard Schlatter, *Private Property: The History of an Idea* (New York: Russell &
Russell, 1973), 64.

3 Gilbert Slater, *The English Peasantry and the Enclosure of the Commons* (New York:
A. M. Kelley, 1968), 1.

4 Karl Polanyi, *The Great Transformation: The Political and Economic Origins of Our
Time* (Boston: Beacon Press, 1944), 35; Richard L. Rubenstein, *The Age of
Triage: Fear and Hope in an Overcrowded World* (Boston: Beacon Press, 1983), 10.

5 Rubenstein, *The Age of Triage,* 43; Slater, *The English Peasantry,* 6.

6 Thomas More, *Utopia* (Rockville, MD: Arc Manor, 2008), 20.

7 Rubenstein, *The Age of Triage,* 46.

8 Lynn White, *Medieval Technology and Social Change* (London: Oxford University
Press, 1962), 129.

9 Karl Marx, *The Poverty of Philosophy* (Chicago: Charles H. Kerr, 1920), 119.

10 Karl Marx, "Division of Labour and Mechanical Workshop: Tool and Machinery," in *Marx and Engels, Collected Works* (New York: International Publishers, 1991), 33: 387–477, http://www.marxists.org/archive/marx/works/1861/economic/ch35.htm (accessed August 8, 2013).

11 Jean-Claude Debeir, Jean-Paul Deleage, and Daniel Hemery, *In the Servitude of Power: Energy and Civilization through the Ages* (London: Zed Books, 1992), 75.

12 Ibid., 76.

13 White, *Medieval Technology and Social Change,* 87.

14 Debeir, Deleage, and Hemery, *In the Servitude of Power,* 79.

15 Jean Gimpel, *The Medieval Machine: The Industrial Revolution of the Middle Ages* (London: Penguin, 1977), 16.

16 E. M. Carus-Wilson, "An Industrial Revolution of the Thirteenth Century," *Economic History Review* 11 (1941): 39.

17 E. M. Carus-Wilson, "The Woollen Industry," in *The Cambridge Economic History,* vol. 2: *Trade and Industry in the Middle Ages,* ed. M. Postan and E. E. Rich (Cambridge: Cambridge University Press, 1952), 409.

18 Debeir, Deleage, and Hemery, *In the Servitude of Power,* 90.

19 White, *Medieval Technology,* 128–29.

20 Michael Clapham, "Printing," in *A History of Technology,* vol. 3: *From the Renaissance to the Industrial Revolution,* ed. Charles Singer, E. G. Holmyard, A. R. Hall, and Trevor Williams (Oxford: Oxford University Press, 1957), 37.

21 Robert L. Heilbroner, *The Making of Economic Society* (Englewood Cliffs, NJ: Prentice-Hall, 1962), 36–38, 50.

22 S. R. Epstein and Maarten Prak, *Guilds, Innovation, and the European Economy, 1400–1800* (Cambridge: Cambridge University Press, 2008) 31.

23 Ibid., 44.

3 자본주의와 수직적 통합

1 Yujiro Hayami and Yoshihisa Godo, *Development Economics: From the Poverty to the Wealth of Nations* (New York: Oxford University Press, 2005), 341.

2 Maurice Dobb, *Studies in the Development of Capitalism* (New York: International Publishers, 1947), 143.

3 Adam Smith, *An Inquiry into the Nature and Causes of the Wealth of Nations* (Edinburgh: Thomas Nelson, 1843), 20.

4 Ibid.

5 Ibid., 21.

6 Ibid., 22.

7 Carl Lira, "Biography of James Watt," May 21, 2013, http://www.egr.msu.edu/~lira/supp/steam/wattbio.html (accessed January 7, 2014).

8 Jean-Claude Debeir, Jean-Paul Deleage, and Daniel Hemery, *In the Servitude of Power: Energy and Civilization through the Ages* (London: Zed Books, 1992), 101–104.

9 Eric J. Hobsbawm, *The Age of Capital, 1848–1875* (New York: Charles Scribner's Sons, 1975), 40.

10 Eric J. Hobsbawm, *The Age of Revolution, 1789–1848* (New York: Vintage Books, 1996), 298.

11 Alfred D. Chandler Jr., *The Visible Hand: The Managerial Revolution in American Business* (Cambridge, MA: Belknap Press of Harvard University Press, 1977), 83.

12 Ibid., 86.

13 Ibid., 90.

14 Ibid., 88.

15 A. Hyma, *The Dutch in the Far East* (Ann Arbor, MI: George Wahr, 1953).

16 Chandler, *The Visible Hand*, 153; "Our History," Canadian Pacific, http://www.cpr.ca/en/about-cp/our-past-present-and-future/Pages/our-history.aspx (accessed June 13, 2013).

17 Chandler, *The Visible Hand*, 120.

18 Randall Collins, "Weber's Last Theory of Capitalism: A Systematization," *American Sociological Review* 45(6) (1980): 932.

19 Angela E. Davis, *Art and Work: A Social History of Labour in the Canadian Graphic Arts Industry in the 1940s* (Montreal: McGill–Queen's University Press, 1995), 21.

20 "Printing Yesterday and Today," Harry Ransom Center, University of Texas at Austin, http://www.hrc.utexas.edu/educator/modules/gutenberg/books/printing/ (accessed on October 16, 2013).

21 Aileen Fyfe, *Steam-Powered Knowledge: William Chambers and the Business of Publishing, 1820–1860* (Chicago: University of Chicago Press, 2012), 64.

22 Yochai Benkler, *The Wealth of Networks: How Social Production Transforms Markets*

and Freedom (New Haven: Yale University Press, 2006), 188.

23   Paul F. Gehl, "Printing," *Encyclopedia of Chicago,* http://www.encyclopedia.
chicagohistory.org/pages/1010.html (accessed June 12, 2013).

24   "R. R. Donnelley & Sons Company," *International Directory of Company Histories,*
2001, Encyclopedia.com http://www.encyclopedia.com/doc/1G2-2844200093.
html (accessed June 12, 2013).

25   Chandler, *The Visible Hand,* 230.

26   Ibid., 232.

27   Ibid., 245.

28   Paul Lewis, "Ambitious Plans for Iraqi Oil," *New York Times,* July 30, 1994,
http://www.nytimes.com/1994/07/30/business/ambitious-plans-for-iraqi-oil.
html (accessed June 30, 2013).

29   "Energizing America: Facts for Addressing Energy Policy," API (June 2012):
17, http://www.api.org/~/media/files/statistics/energizing_america_facts.ashx
(accessed April 19, 2013).

30   Robert Anderson, *Fundamentals of the Petroleum Industry* (Norman: University of
Oklahoma Press, 1984), 279, 286, 289.

31   Ibid., 19, 20, 22.

32   Venu Gadde, "U.S. Oil & Gas Exploration & Production (E&P)," Henry Fund
Research, February 8, 2012, 3, https://tippie.uiowa.edu/henry/reports12/oil_gas.
pdf (accessed January 13, 2013).

33   Narayan Mandayam and Richard Frenkiel, "AT&T History," Rutgers
University, http://www.winlab.rutgers.edu/~narayan/Course/Wireless_
Revolution/LL1-%20Lecture%201%20reading-%20ATT%20History.doc
(accessed on October 16, 2013).

34   Adam Thierer, "Unnatural Monopoly: Critical Moments in the Development
of the Bell System Monopoly," *Cato Journal* 14(2) (1994): 270.

35   Ibid., 272.

36   "Milestones in AT&T History," AT&T, http://www.corp.att.com/history/
milestones.html.

37   Thierer, "Unnatural Monopoly," 274.

38   Richard H. K. Vietor, *Contrived Competition: Regulation and Deregulation in
America* (Cambridge, MA: Harvard University Press, 1994), 171–72.

39   Noobar Retheos Danielian, *AT&T: The Story of Industrial Conquest* (New York:

Vanguard Press, 1939), 252.

40   Gerald W. Brock, *The Telecommunications Industry: The Dynamics of Market Structure* (Cambridge, MA: Harvard University Press, 1981), 161.

41   "Wireline Local Market Concentration," The Columbia Institute for Tele-Information, http://www4.gsb.columbia.edu/filemgr?file_id=739241 (accessed June 19, 2013).

42   Carolyn Marvin, *When Old Technologies Were New: Thinking about Electric Communication in the Late Nineteenth Century* (New York: Oxford University Press, 1988), 164.

43   David E. Nye, *Electrifying America: Social Meanings of a New Technology, 1880–1940* (Cambridge, MA: MIT Press, 1991), 239.

44   Ibid., 186.

45   Henry Ford and Samuel Crowther, *Edison as I Know Him* (New York: Cosmopolitan Books, 1930), 30.

46   Nye, *Electrifying America,* 186.

47   Daniel Yergen, *The Prize* (New York: Simon and Schuster, 1992), 208.

48   Q. A. Mowbray, *Road to Ruin* (Philadelphia: Lippincott, 1969), 15.

49   Kenneth R. Schneider, *Autokind vs. Mankind* (Lincoln, NE: Authors Choice Press, 2005), 123.

50   "The Dramatic Story of Oil's Influence on the World," *Oregon Focus* (January 1993): 10–11.

51   New Housing Units: Completed, United States Census Bureau, 2012, http://www.census.gov/construction/nrc/historical_data/ (accessed October 30, 2013); Shopping Centers: Numbers and Gross Leasable Area, United States Census Bureau, http://www.census.gov/compendia/statab/2012/tables/12s1061.pdf (accessed October 30, 2013).

52   "Electric Generation Ownership, Market Concentration, and Auction Size" (Washington, DC: U.S. Environmental Protection Agency, Office of Air and Radiation), July 2010, 4, http://www.epa.gov/airtransport/pdfs/TSD_Ownership_and_Market_Concentration_7-6-10.pdf (accessed April 7, 2013).

53   "What's Moving: U.S. Auto Sales," *Wall Street Journal,* May 1, 2013, http://online.wsj.com/mdc/public/page/2_3022-autosales.html.

54   Erick Schonfeld, "What Media Company Gained the Most Market Share in 2007? (Hint: It Starts with a G)," *TechCrunch,* March 14, 2008, http://

techcrunch.com/2008/03/14/what-media-company-gained-the-most-market-share-in-2007-hint-it-starts-with-a-g/ (accessed June 8, 2013).

55 Andrea Alegria, Agata Kaczanowska, and Lauren Setar, "Highly Concentrated: Companies That Dominate Their Industries," *IBIS World,* February 2012, 1–2, 4, http://www.ibisworld.com/Common/MediaCenter/Highly%20 Concentrated%20Industries.pdf (accessed February 22, 2013).

56 "Global IB Revenue Ranking—01 Jan-10 Jun 2013," Dealogic, http:// fn.dealogic.com/fn/IBRank.htm (accessed June 14, 2013).

57 "The World's Top 50 Economies: 44 Countries, Six Firms," Democratic Leadership Council, http://www.dlc.org/ndol_cie5ae.html?kaid=10 (accessed 14 July 2010).

4 자본주의의 렌즈로 들여다본 인간 본성

1 Robert S. Hoyt, *Europe in the Middle Ages,* 2nd ed. (New York: Harcourt, Brace & World, 1966), 300.

2 Max Weber, *The Protestant Ethic and the Spirit of Capitalism* (1930; reprint, London: Routledge, 2005).

3 John Locke, *Two Treatises of Government* (London: Printed for Whitmore and Fenn, Charing Cross; and C. Brown, Duke Street, Lincoln's-Inn-Fields, 1821), §27.

4 Ibid.

5 Ibid., §37.

6 Adam Smith, *An Inquiry into the Nature and Causes of the Wealth of Nations,* ed. Edwin Cannan (London: Methuen, 1961), 1:475.

7 R. H. Tawney, *The Acquisitive Society* (New York: Harcourt, Brace, 1920), 13, 18.

8 Max Weber, *From Max Weber: Essays in Sociology,* eds. and trans. H. H. Gerth and C. Wright Mills (New York: Oxford University Press, 1946), 51.

9 Richard Schlatter, *Private Property: The History of an Idea* (New Brunswick, NJ: Rutgers University Press, 1951), 185.

10 David Hume, *An Enquiry Concerning the Principles of Morals* (London: Printed for A. Millar, 1751).

11 Schlatter, *Private Property,* 242.

12 Jeremy Bentham, "Pannomial Fragments," in *The Works of Jeremy Bentham, Now First Collected; Under the Superintendence of His Executor, John Bowring—Part IX,* ed. John Bowring (Edinburgh: William Tait, 1839), 221; Jeremy Bentham, "Principles of the Civil Code," in *The Works of Jeremy Bentham, Now First Collected; Under the Superintendence of His Executor, John Bowring—Part II,* ed. John Bowring (Edinburgh: William Tait, 1839), 309.

13 Charles Darwin, *The Descent of Man: And Selection in Relation to Sex,* Project Gutenberg, 1999, http://www.gutenberg.org/cache/epub/2300/pg2300.html (accessed June 20, 2013).

14 Ibid.

15 Herbert Spencer, *The Principles of Biology* (London: Williams and Norgate, 1864), 1:444–45.

16 Charles Darwin, *The Variation of Animals and Plants under Domestication* (London: John Murray, 1899), 1:6.

17 Stephen Jay Gould, "Darwin's Untimely Burial," in *Philosophy of Biology,* ed. Michael Ruse (New York: Prometheus Books, 1998), 93–98.

18 Janet Browne, *Charles Darwin: The Power of Place* (Princeton, NJ: Princeton University Press, 2002), 2:186.

19 Thomas Paine, "Rights of Man: Being an Answer to Mr. Burke's Attack on the French Revolution," in *The Political Works of Thomas Paine* (New York: C. Blanchard, 1860).

5 극단적 생산성과 사물인터넷, 그리고 무료 에너지

1 "Solar 101: Solar Economics," States Advancing Solar, http://www.statesadvancingsolar.org/solar-101/solar-economics (accessed January 31, 2014); "Wind Energy Payback Period Workbook," National Renewable Energy Laboratory, April 1, 2001, www.nrel.gov/wind/docs/spread_sheet_Final.xls (accessed October 22, 2013).

2 "Productivity," Merriam-Webster, http://www.merriam-webster.com/dictionary/productivity.

3 Moses Abramovitz, *Thinking about Growth: And Other Essays on Economic Growth and Welfare* (Cambridge: Cambridge University Press, 1989), 133.

4   Robert U. Ayres and Edward H. Ayres, *Crossing the Energy Divide: Moving from Fossil Fuel Dependence to a Clean-Energy Future* (Upper Saddle River, NJ: Wharton School Publishing, 2010), 14.

5   Rachael Larimore, "Why 'You Didn't Build That' Isn't Going Away," *Slate,* August 30, 2012, http://www.slate.com/articles/news_and_politics/politics/2012/08/_you_didn_t_build_that_it_doesn_t_matter_what_obama_meant_to_say_but_what_people_heard_.html (accessed July 13, 2013).

6   Robert U. Ayres and Benjamin Warr, *The Economic Growth Engine: How Energy and Work Drive Material Prosperity* (Northampton, MA: Edward Elgar Publishing, 2009), 334–37.

7   John A. "Skip" Laitner, Steven Nadel, R. Neal Elliott, Harvey Sachs, and A Siddiq Khan, "The Long-Term Energy Efficiency Potential: What the Evidence Suggests," American Council for an Energy-Efficient Economy, January 2012, http://www.garrisoninstitute.org/downloads/ecology/cmb/Laitner_Long-Term_E_E_Potential.pdf, 2 (accessed September 21, 2013).

8   Ibid., 66.

9   "How Many Smart Meters are Installed in the US and Who Has Them?," *US Energy Information Administration,* last modified January 10, 2013, http://www.eia.gov/tools/faqs/faq.cfm?id=108&t=3 (accessed October 12, 2013).

10   Brian Merchant, "With a Trillion Sensors, the Internet of Things Would Be the 'Biggest Business in the History of Electronics,'" Motherboard, November 2013, http://motherboard.vice.com/blog/the-internet-of-things-could-be-the-biggest-business-in-the-history-of-electronics (accessed November 14, 2013).

11   "Data, Data Everywhere," *Economist,* February 25, 2012, http://www.economist.com/node/15557443 (accessed September 18, 2013); Joe Hellerstein, "Parallel Programming in the Age of Big Data," *GigaOM,* November 9, 2008, http://gigaom.com/2008/11/09/mapreduce-leads-the-way-for-parallel-programming/ (accessed September 18, 2013).

12   S. Mitchell, N. Villa, M.S. Weeks, and A. Lange, "The Internet of Everything for Cities," Cisco, 2013, http://www.cisco.com/web/about/ac79/docs/ps/motm/IoE-Smart-City_PoV.pdf (accessed on October 31, 2013).

13   Peter C. Evans and Marco Annunziata, "Industrial Internet: Pushing the Boundaries of Minds and Machines," General Electric, November 26, 2012, http://www.ge.com/sites/default/files/Industrial_Internet.pdf, 4 (accessed January

5, 2013).

14 Ibid., 24.

15 "The Internet of Things Business Index: A Quiet Revolution Gathers Pace," *The Economist Intelligence Unit* (2013), 10, http://www.arm.com/files/pdf/EIU_Internet_Business_Index_WEB.PDF (accessed October 29, 2013).

16 Ibid.

17 "The Difference Engine: Chattering Objects," *Economist* (August 13, 2010), http://www.economist.com/blogs/babbage/2010/08/internet_things (accessed September 5, 2013).

18 Ibid.

19 Ibid.

20 Ibid.

21 "Conclusions of the Internet of Things Public Consultation," Digital Agenda for Europe, A Europe 2020 Initiative, February 28, 2013, http://ec.europa.eu/digital-agenda/en/news/conclusions-internet-things-public-consultation (accessed March 21, 2013).

22 "Internet of Things Factsheet Privacy and Security: IoT Privacy, Data Protection, Information Security," Digital Agenda for Europe, A Europe 2020 Initiative (February 28, 2013): 1, http://ec.europa.eu/digital-agenda/en/news/conclusions-internet-things-public-consultation (accessed March 21. 2013).

23 Ibid., 5.

24 Ibid., 7.

25 "The Internet of Things Business Index," 11.

26 Ibid.

27 Ibid., 14, 16.

28 Gordon E. Moore, "Cramming More Components onto Integrated Circuits," *Electronics* 38(8) (April 19, 1965): 115.

29 Michio Kaku, "Tweaking Moore's Law: Computers of the Post-Silicon Era," *Big Think,* March 7, 2012, http://bigthink.com/videos/tweaking-moores-law-computers-of-the-post-silicon-era-2 (October 1, 2013).

30 Gail Robinson, "Speeding Net Traffic with Tiny Mirrors," *EE Times,* September 26, 2000, http://www.eetimes.com/document.asp?doc_id=1142186 (accessed November 6, 2013).

31 "Early Computers 1960's," *Pimall,* 2006, http://www.pimall.com/nais/pivintage/

burroughscomputer.html (accessed November 7, 2013); "Study: Number of Smartphone Users Tops 1 Billion," *CBS News,* October 17, 2012, http://www.cbsnews.com/8301-205_162-57534583/ (accessed November 7, 2013).

32 Robert D. Atkinson et al., "The Internet Economy 25 Years After.Com," *The Information Technology & Innovation Foundation,* March 2010, 9, http://www.itif.org/files/2010-25-years.pdf (accessed August 13, 2013).

33 Fred Kaplan, *1959: The Year Everything Changed* (Hoboken, NJ: John Wiley, 2009), 82; Mark W. Greenia, *History of Computing: An Encyclopedia of the People and Machines that Made Computer History,* Lexikon Services, January 1, 1998; "Reference/FAQ/Products and Services," IBM, http://www-03.ibm.com/ibm/history/reference/faq_0000000011.html (accessed November 7, 2013).

34 "The Raspberry Pi in Scientific Research," *Raspberry Pi,* April 25, 2013, http://www.raspberrypi.org/archives/tag/research (accessed September 19, 2013).

35 "Cray 1-A: 1977–1989," Computer and Information Systems Laboratory, 2009, http://www.cisl.ucar.edu/computers/gallery/cray/cray1.jsp (accessed March 7, 2013).

36 Ramez Naam, "Smaller, Cheaper, Faster: Does Moore's Law Apply to Solar Cells?," *Scientific American* (blog), March 16, 2011, http://blogs.scientificamerican.com/guest-blog/2011/03/16/smaller-cheaper-faster-does-moores-law-apply-to-solar-cells (accessed June 19, 2013).

37 "Sunshot Vision Study—February 2012," U.S. Department of Energy, February 2012, www1.eere.energy.gov/solar/pdfs/47927.pdf, 74 (accessed April 8, 2013); Eric Wesoff, "First Solar Surprised with Big 2013 Guidance, 40 Cents per Watt," *GreenTechMedia,* April 9, 2013, http://www.greentechmedia.com/articles/read/First-Solar-Surprises-With-Big-2013-Guidance-40-Cents-Per-Watt-Cost-by-201 (May 6, 2013).

38 Hariklia Deligianni, Shafaat Ahmed, and Lubomyr Romankiw, "The Next Frontier: Electrodeposition for Solar Cell Fabrication," Electrochemical Society (summer 2011): 47.

39 Naam, "Smaller, Cheaper, Faster."

40 Peter Hockenos, "Germany's Grid and the Market: 100 Percent Renewable by 2050?," *Renewable Energy World,* November 21, 2012, http://www.renewableenergyworld.com/rea/blog/post/2012/11/ppriorities-germanys-grid-and-the-market (November 1, 2013); Jeevan Vasagar, "German Farmers Reap

Benefits of Harvesting Renewable Energy," *Financial Times,* December 2, 2013, http://www.ft.com/intl/cms/s/0/f2bc3958-58f4-11e3-9798-00144feabdc0. html#axzz2nMj6ILk2 (accessed December 13, 2013).

41 Josiah Neeley, "Texas Windpower: Will Negative Pricing Blow Out the Lights? (PTC vs. Reliable New Capacity)," *MasterResource,* November 27, 2012, http://www.masterresource.org/2012/11/texas-negative-pricing-ptc/ (accessed August 2, 2013).

42 Rachel Morison, "Renewables Make German Power Market Design Defunct, Utility Says," *Bloomberg,* June 26, 2012, http://www.bloomberg.com/ news/2012-06-26/renewables-make-german-power-market-design-defunct-utility-says.html (accessed April 29, 2013).

43 Nic Brisbourne, "Solar Power—A Case Study in Exponential Growth," *The Equity Kicker,* September 25, 2012, http://www.theequitykicker. com/2012/09/25/solar-powera-case-study-in-exponential-growth/ (accessed May 27, 2013).

44 Max Miller, "Ray Kurzweil: Solar Will Power the World in 16 Years," *Big Think,* March 17, 2011, http://bigthink.com/think-tank/ray-kurzweil-solar-will-power-the-world-in-16-years (accessed June 1, 2013).

45 Eric Wesoff, "Mainstream Media Discovers Solar Power and Moore's Law," *Greentech Media,* November 8, 2011, http://www.greentechmedia.com/articles /read/Mainstream-Media-Discovers-Solar-Power-and-Moores-Law (accessed October 9, 2013).

46 Cristina L. Archer and Mark Z. Jacobson, "Evaluation of Global Wind Power," *Journal of Geophysical Research* 110, June 30, 2005, http://www.stanford.edu/ group/efmh/winds/2004jd005462.pdf (accessed March 3, 2013).

47 Rudolf Rechsteiner, "Wind Power in Context—A Clean Revolution in the Energy Sector," EnergyWatchGroup, December 2008, http://www. energywatchgroup.org/fileadmin/global/pdf/2009-01_Wind_Power_Report.pdf (accessed November 4, 2013).

48 "Wind Power Experiencing Exponential Growth Globally," *Renewable Energy Worldwide,* January 30, 2009, http://www.renewableenergyworld.com/rea/news/ article/2009/01/wind-power-experiencing-exponential-growth-globally-54631 (accessed January 9, 2013).

49 Miller, "Ray Kurzweil."

50   Greg Price, "How Much Does the Internet Cost to Run?," *Forbes,* March, 14, 2012, http://www.forbes.com/sites/quora/2012/03/14/how-much-does-the-internet-cost-to-run/ (accessed July 18, 2013).

51   "UN Projects 40% of World Will Be Online By Year End, 4.4 Billion Will Remain Unconnected," UN News Centre, October 7, 2013, http://www.un.org/apps/news/story.asp?NewsID=46207&Cr=internet&Cr1# (accessed November 7, 2013).

52   "The Hidden Expense of Energy—Print Is Costly, Online Isn't Free," *Scholarly Kitchen,* January 19, 2012, http://scholarlykitchen.sspnet.org/2012/01/19/the-hidden-expense-of-energy-costs-print-is-costly-online-isnt-free/ (accessed August 21, 2013).

53   Jonathan Koomey, "Growth in Data Center Electricity Use 2005 to 2010," *Analytics Press* (2011): iii; Gerad Hoyt, "The Power Hungry Internet," *Energy Manager Today,* last modified November 21, 2012, http://www.energymanagertoday.com/the-power-hungry-internet-087256/ (accessed October 4, 2013).

54   "The Hidden Expense of Energy."

55   "Report to Congress on Server and Data Center Energy Efficiency," U.S. Environmental Protection Agency ENERGY STAR Program, August 2, 2007, 5, http://www.energystar.gov/ia/partners/prod_development/downloads/EPA_Datacenter_Report_Congress_Final1.pdf (accessed October 16, 2013).

56   James Glanz, "Power, Pollution and the Internet," *New York Times,* September 22, 2012, http://www.nytimes.com/2012/09/23/technology/data-centers-waste-vast-amounts-of-energy-belying-industry-image.html?pagewanted=all (accessed November 3, 2013).

57   Rich Miller, "How Many Data Centers? Emerson Says 500,000," *Data Center Knowledge,* December 14, 2011, http://www.datacenterknowledge.com/archives/2011/12/14/how-many-data-centers-emerson-says-500000/ (accessed November 3, 2013).

58   "Report to Congress on Server and Data Center Energy Efficiency," 7.

59   Glanz, "Power, Pollution and the Internet."

60   Krishna Kant, "Challenges in Distributed Energy Adaptive Computing," *ACM SIGMETRICS Performance Evaluation Review* 37(3) (January 2010): 3–7.

61   "Apple Facilities: Environment Footprint Report," Apple, 2012, 8, http://

images.apple.com/environment/reports/docs/Apple_Facilitates_Report_2013. pdf (accessed November 10, 2013).

62　"McGraw-Hill and NJR Clean Energy Ventures Announce Largest Solar Energy Site of Its Kind in the Western Hemisphere," *McGraw-Hill Financial,* June 13, 2011, http://investor.mcgraw-hill.com/phoenix.zhtml?c=96562&p=Rs sLanding&cat=news&id=1573196 (accessed October 25, 2013).

63　"Apple Facilities Environment Footprint Report," 7.

64　Nick Goldman, Paul Bertone, Siyuan Chen, Christophe Dessimoz, Emily M. LeProust, Botond Sipos, and Ewan Birney, "Towards Practical, High-Capacity, Low-Maintenance Information Storage in Synthesized DNA," *Nature* 494 (February 7, 2013): 77–80.

65　Malcolm Ritter, "Study: Digital Information can be Stored in DNA," *Huffington Post,* January 23, 2013, http://www.huffingtonpost.com/huff-wires/20130123/ us-sci-dna-data/# (accessed November 6, 2013).

66　Derik Andreoli, "The Bakken Boom—A Modern-Day Gold Rush," Oil Drum, December 12, 2011, http://www.theoildrum.com/node/8697 (October 30, 2013); A. E. Berman, "After the Gold Rush: A Perspective on Future U.S. Natural Gas Supply and Price," Oil Drum, February 8, 2012, http://www. theoildrum.com/node/8914 (accessed October 30, 2013).

67　Ajay Makan and Javier Blas, "Oil Guru Says US Shale Revolution is 'Temporary,'" *Financial Times,* May 29, 2013, www.ft.com/cms/s/0/281b118e-c870-11e2-acc6- 00144feab7de.html#axzz2UbJC9Zz1 (accessed October 17, 2013).

68　Matthew L. Wald, "Shale's Effect on Oil Supply Is Forecast to Be Brief," *The New York Times,* November 12, 2013, http://www.nytimes.com/2013/11/13/ business/energy-environment/shales-effect-on-oil-supply-is-not-expected-to-last. html?_r=0, (accessed November 13, 2013).

6　3D 프린팅 — 대량생산에서 대중 생산으로

1　Mark Richardson and Bradley Haylock, "Designer/Maker: The Rise of Additive Manufacturing, Domestic-Scale: Production and the Possible Implications for the Automotive Industry," *Computer Aided Design and Applications* (2012): 35.

2　Ashlee Vance, "3-D Printers: Make Whatever You Want," *Bloomberg*

Businessweek, April 26, 2012, http://www.businessweek.com/articles/2012-04-26/3d-printers-make-whatever-you-want (accessed August 23, 2013).

3   "Wohlers Associates Publishes 2012 Report on Additive Manufacturing and 3-D Printing: Industry Study Shows Annual Growth of Nearly 30%," Wohlers Associates, May 15, 2012, http://wohlersassociates.com/press56.htm (accessed August 16, 2013).

4   Richardson and Haylock, "Designer/Maker."

5   Irene Chapple, "Dickerson: Etsy Is Disrupting Global Supply Chains," CNN, June 5, 2013, http://edition.cnn.com/2013/06/05/business/etsy-leweb-craft-disrupting (accessed June 28, 2013).

6   "A Brief History of 3D Printing," T. Rowe Price, December 2011, http://individual.troweprice.com/staticFiles/Retail/Shared/PDFs/3-D_Printing_Infographic_FINAL.pdf (accessed November 2, 2013).

7   "Definition: Hacker," Search Security, October 2006, http://searchsecurity.techtarget.com/definition/hacker (accessed October 15, 2013).

8   Chris Anderson, "In the Next Industrial Revolution, Atoms Are the New Bits," *Wired,* January 25, 2010, http://www.wired.com/magazine/2010/01/ff_newrevolution/ (accessed August 8, 2013).

9   J. M. Pearce, C. Morris Blair, K. J. Laciak, R. Andrews, A. Nosrat, and I. Zelenika-Zovko, "3-D Printing of Open Source Appropriate Technologies for Self-Directed Sustainable Development," *Journal of Sustainable Development* 3(4) (2010): 18.

10   "Fab Lab FAQ," MIT Center for Bits and Atoms, http://fablab.cba.mit.edu/about/faq/ (accessed June 27, 2013).

11   "MIT Fab Lab: The New Technology Revolution," Cardiff School of Art and Design, August 27, 2013, http://cardiff-school-of-art-and-design.org/magazine/mit-fab-lab-the-new-technology-revolution/ (accessed November 14, 2013); Alison DeNisco, "Fab Lab Beginnings," District Administration (December 2012), http://www.districtadministration.com/article/fab-lab-beginnings (accessed November 14, 2013); "FabLab," Fab Education Bremen, http://www.fabeducation.net/en/fablab-2.html (accessed November 14, 2013).

12   Katherine Ling, "'Fab Labs' Out Front in U.S. Push to Make Manufacturing Cool," Environment & Energy Publishing, September 18, 2013, http://www.eenews.net/stories/1059987450 (accessed November 14, 2013).

13 Andy Greenberg, "The Fab Life," *Forbes,* August 13, 2008, http://www. forbes.com/2008/08/13/diy-innovation-gershenfeld-tech-egang08-cx_ ag_0813gershenfeld.html (accessed April 1, 2013).

14 Cory Doctorow, story in *Over Clocked: Stories of the Future Present* (New York: Thunder's Mouth Press, 2007), 4.

15 Chris Waldo, "Will We 3-D Print Renewable Energy?," *3d Printer,* June 5, 2012, http://www.3dprinter.net/3d-printing-renewable-energy (accessed July 30, 2013).

16 "Print Me the Head of Alfredo Garcia," *Economist,* August 10, 2013, http:// www.economist.com/news/science-and-technology/21583238-new-low-cost-way-making-things-print-me-head-alfredo-garcia (accessed August 18, 2013).

17 Markus Kayser, "Solar Sinter," MarkusKayser, 2011, http://www.markuskayser. com/work/solarsinter/ (accessed January 11, 2013).

18 "Plastic, Fantastic! 3-D Printers Could Recycle Old Bottles," *Tech News Daily,* January 18, 2012, http://www.technewsdaily.com/5446-filabot-3d-printing-material-recycled-plastic.html (accessed February 2, 2013); "Filabot Wee Kit Order Form," Filabot: the Personal Filament Maker, http://www.filabot.com/ collections/filabot-systems/products/filabot-wee-kit-welded (accessed February 2, 2013).

19 David J. Hill, "3-D Printing Robot Produces Chairs and Tables from Recycled Waste," *Singularity Hub,* April 23, 2012, http://singularityhub. com/2012/04/23/3d-printing-robot-produces-chairs-and-tables-from-recycled-waste/ (accessed April 4, 2013).

20 Jason Dorrier, "3-D Printed Homes? Here's the Scoop," Singularity Hub, August 22, 2012, http://singularityhub.com/2012/08/22/3d-printers-may-someday-construct-homes-in-less-than-a-day/ (accessed April 30, 2013).

21 Jordan Cook, "The World's First 3-D-Printed Building Will Arrive in 2014 (and It Looks Awesome)," *TechCrunch,* January 20, 2013, http://techcrunch. com/2013/01/20/the-worlds-first-3d-printed-building-will-arrive-in-2014-and-it-looks-awesome/ (accessed January 26, 2013).

22 "Dutch Architect to Build 'Endless' House With 3-D Printer," *3ders,* January 15, 2013, http://www.3ders.org/articles/20130115-dutch-architect-to-build-endless-house-with-3d-printer.html (accessed January 26, 2013).

23 "Foster + Partners Works with European Space Agency to 3-D Print Structures

on the Moon," Foster and Partners press release, January 31, 2013, http://www.fosterandpartners.com/news/foster-+-partners-works-with-european-space-agency-to-3d-print-structures-on-the-moon/ (accessed February 18, 2013).

24 Ibid.; "Building a Lunar Base with 3-D Printing," European Space Agency, January 31, 2013, http://www.esa.int/Our_Activities/Technology/Building_a_lunar_base_with_3-D_printing (accessed February 18, 2013).

25 Edwin Kee, "Urbee 2 to Cross Country on Just 10 Gallons of Ethanol," *Ubergizmo,* March 1 2013, http://www.ubergizmo.com/2013/03/urbee-2-to-cross-country-on-just-10-gallons-of-ethanol/ (accessed September 4, 2013).

26 "Automotive Case Studies: Prototyping Is the Driving Force behind Great Cars," *Stratasys,* http://www.stratasys.com/resources/case-studies/automotive/urbee (accessed June 27, 2013).

27 Henry Ford and Samuel Crowther, *My Life and Work* (Garden City, NY: Garden City Publishing, 1922), 72.

28 Alexander George, "3-D Printed Car Is as Strong as Steel, Half the Weight, and Nearing Production," *Wired,* February 27, 2013, http://www.wired.com/autopia/2013/02/3d-printed-car/ (accessed June 2, 2013).

29 Mary Beth Griggs, "3-D Printers Spit Out Fancy Food, Green Cars, and Replacement Bones," *Discover Magazine,* March 26, 2012, http://discovermagazine.com/2012/mar/31-3-d-printers-spit-out-fancy-food-and-green-cars#.UnvIBPmkoSU (accessed November 7, 2013).

30 "Manitoba's Kor Ecologic Debuts Hybrid Urbee," *Canadian Manufacturing,* November 2, 2012, http://www.canadianmanufacturing.com/designengineering/news/manitobas-kor-ecologic-debuts-hybrid-urbee-11992 (accessed November 1, 2013).

31 Stewart Brand and Matt Herron, "Keep Designing—How the Information Economy Is Being Created and Shaped by the Hacker Ethic," *Whole Earth Review* (May, 1985): 44.

32 Deborah Desrochers-Jacques, "Green Energy Use Jumps in Germany," *Der Spiegel,* August 30, 2011, http://www.spiegel.de/international/crossing-the-20-percent-mark-green-energy-use-jumps-in-germany-a-783314.html (accessed August 7, 2013); Berlin and Niebull, "Germany's Energy Transformation: Eneriewende," *Economist,* July 28, 2012, http://www.economist.com/node/21559667 (accessed October 1, 2013).

33 "The Strategic Cooperation between Daimler and the Renault-Nissan Alliance Forms Agreement with Ford," Daimler, January 28, 2013, http://www.daimler. com/dccom/0-5-7153-1-1569733-1-0-0-0-0-0-16694-0-0-0-0-0-0-0-0.html (accessed March 31, 2013).

34 Marcel Rosenbach and Thomas Schulz, "3-D Printing: Technology May Bring New Industrial Revolution," *Der Spiegel,* January 4, 2013, http://www.spiegel. de/international/business/3d-printing-technology-poised-for-new-industrial-revolution-a-874833.html (accessed August 5, 2013).

35 Goli Mohammadi, "Open Source Ecology: Interview with Founder Marcin Jakubowski," *Makezine,* February 11, 2011, http://blog.makezine. com/2011/02/11/open-source-ecology-interview-with-founder-marcin-jakubowski/ (accessed June 17, 2013).

36 Rohan Pearce, "Open Source Ecology: Can Open Source Save the Planet?," *Computerworld Techworld,* December 15, 2011, http://www.techworld.com.au/ article/410193/open_source_ecology_can_open_source_save_planet_/ (accessed September 9, 2013).

37 "Marcin Jakubowski: Open-Sourced Blueprints For Civilization," *Huffington Post,* December 19, 2011, http://www.huffingtonpost.com/2011/12/19/wiki-diy-civilization_n_1157895.html?view=print&comm_ref=false (accessed September 12, 2013).

38 Helen Pidd, "Indian Blackout Held No Fear for Small Hamlet Where the Power Stayed On," *Guardian,* September 10, 2012, http://www.guardian.co.uk/ world/2012/sep/10/india-hamlet-where-power-stayed-on (accessed September 29, 2013).

39 Ibid.

40 Peerzada Abrar, "Gram Power: Yashraj Khaitan's 'Smart Microgrid' Produces, Stores Renewable Energy on Location," *Economic Times,* July 6, 2012, http:// articles.economictimes.indiatimes.com/2012-07-06/news/32566187_1_ renewable-energy-innovation-pilferage (accessed September 29, 2013).

41 Pidd, "Indian Blackout Held No Fear."

42 "From Micro-Grids to Smart Grids," *Kidela,* November 20, 2012, http://www. kidela.com/resources/blackout-from-micro-grids-to-smart-grids/ (accessed September 30, 2013).

43 Ibid.

44 "Mahatma Gandhi on Mass Production," interview, May 16, 1936, http:// www.tinytechindia.com/gandhiji2.html (accessed April 21, 2013).

45 Surur Hoda, *Gandhi and the Contemporary World* (Indo-British Historical Society, 1997).

46 "Mahatma Gandhi on Mass Production."

47 Ibid.

48 Ibid.

49 Hoda, *Gandhi and the Contemporary World.*

50 "Mahatma Gandhi on Mass Production."

51 Hoda, *Gandhi and the Contemporary World.*

52 *The Collected Works of Mahatma Gandhi,* vol. 83, June 7, 1942–January 26, 1944 (New Delhi: Publications Division of the Government of India, 1999), 113, http:// www.gandhiserve.org/cwmg/VOL083.PDF (accessed November 14, 2013).

53 Mahatma Gandhi, *The Mind of Mahatma Gandhi: Encyclopedia of Ghandi's Thoughts,* ed. R. K. Prabhu and U. R. Rao (Ahmedabad, India: Jitendra T Desai Navajivan Mudranalaya, 1966), 243–44.

54 Adam Smith, *An Inquiry into the Nature and Causes of the Wealth of Nations,* ed. Edwin Cannan (London: Methuen, 1961), 1: 475.

55 "Mahatma Gandhi's Views," TinyTech Plants, http://www.tinytechindia.com/ gandhi4.htm (accessed June 14, 2013).

56 Prarelal, *Mahatma Gandhi: Poornahuti,* vol. 10: *The Last Phase,* part 2 (Ahmedabad, India: Navajivan Trust, 1956), 522.

7 개방형 온라인 강좌와 한계비용 제로 교육

1 "Skype in the Classroom," Skype, 2013, https://education.skype.com/ (accessed November 6, 2013); Sarah Kessler, "Skype CEO: Our Goal Is to Connect 1 Million Classrooms," Mashable, September 21, 2011, http://mashable. com/2011/09/21/skype-in-the-classroom-tony-bates/ (accessed November 12, 2013).

2 "Curriki at a Glance," Curriki homepage, April 2012, http://www.curriki.org/ welcome/wp-content/uploads/2012/06/Curriki-At-a-Glance-04.04.12-update. pdf (accessed April 23, 2013).

3   "Einstein Middle School, 8th Grade," *Facing the Future,* http://www. facingthefuture.org/TakeAction/StudentsTakingAction/EinsteinMiddleSchool/ tabid/165/Default.aspx#.Ubj2AaIkLE1 (accessed April 18, 2013).

4   Jennifer Rebecca Kelly and Troy D. Abel, "Fostering Ecological Citizenship: The Case of Environmental Service-Learning in Costa Rica," *International Journal for the Scholarship of Teaching and Learning* 6(2) (2012), http://digitalcommons. georgiasouthern.edu/cgi/viewcontent.cgi?article=1330&context=int_jtl (accessed November 8, 2013).

5   "Study Finds Environmental Education Programs Leads to Cleaner Air," Air Quality Partnership, April 13, 2009, http://www.airqualityaction.org/news. php?newsid=84 (April 11, 2013).

6   Kelly and Abel, "Fostering Ecological Citizenship."

7   "Campus Compact Annual Membership Survey Results," Campus Compact, 2011, http://www.compact.org/wp-content/uploads/2008/11/2010-Annual-Survey-Exec-Summary-4-8.pdf (accessed May 5, 2013).

8   William Morgan, "Standardized Test Scores Improve with Service-Learning," National Service-Learning Clearinghouse, 2000, http://www.servicelearning. org/library/resource/4752 (accessed May 1, 2013).

9   Andrew Martin and Andrew W. Lehren, "A Generation Hobbled by the Soaring Cost of College," *New York Times,* May 12, 2012, http://www.nytimes. com/2012/05/13/business/student-loans-weighing-down-a-generation-with-heavy-debt.html?pagewanted=all&_r=0 (accessed May 19, 2013).

10 Carole Cadwalladr, "Do Online Courses Spell the End for the Traditional University?," *Guardian,* November 10, 2012, http://www.theguardian.com/ education/2012/nov/11/online-free-learning-end-of-university (accessed November 1, 2013).

11 Tamar Lewin, "College of Future Could Be Come One, Come All," *New York Times,* November 19, 2012, http://www.nytimes.com/2012/11/20/education/ colleges-turn-to-crowd-sourcing-courses.html?pagewanted=all (accessed November 1, 2013).

12 Richard Perez-Pena, "Harvard Asks Graduates to Donate Time to Free Online Humanities Class," *New York Times,* March 25, 2013, http://www.nytimes. com/2013/03/26/education/harvard-asks-alumni-to-donate-time-to-free-online-course.html?_r=0 (accessed November 1, 2013).

13 Kathryn Ware, "Coursera Co-founder Reports on First 10 Months of Educational Revolution," *UVA Today,* February 21, 2013, http://curry.virginia.edu/articles/coursera-co-founder-reports-on-first-10-months-of-educational-revolution (accessed November 8, 2013); "Courses," Coursera, 2013, https://www.coursera.org/courses, (accessed November 12, 2013).

14 Cindy Atoji Keene, "A Classroom for the Whole World," *Boston Globe,* May 19, 2013, http://www.bostonglobe.com/business/specials/globe-100/2013/05/18/edx-president-anant-agarwal-aims-reach-billion-students-around-world/Kv5DZOiB0ABh84F4oM8luN/story.html (accessed October 30, 2013); Thomas L. Friedman, "Revolution Hits the Universities," *New York Times,* January 26, 2013, http://www.nytimes.com/2013/01/27/opinion/sunday/friedman-revolution-hits-the-universities.html?_r=0 (accessed October 31, 2013).

15 Cadwalladr, "Do Online Courses Spell the End."

16 Ibid.

17 Josh Catone, "In the Future, The Cost of Education Will Be Zero," *Mashable,* July 24, 2013, http://mashable.com/2009/07/24/education-social-media/ (accessed August 6, 2013).

18 Tamar Lewin, "Universities Team with Online Course Provider," *New York Times,* May 30, 2013, http://www.nytimes.com/2013/05/30/education/universities-team-with-online-course-provider.html (accessed November 1, 2013).

19 "Costs for University of Maryland College Park," CollegeCalc, http://www.collegecalc.org/colleges/maryland/university-of-maryland-college-park/ (accessed June 28, 2013).

20 Geoffrey A. Fowler, "An Early Report Card on Massive Open Online Courses," *Wall Street Journal,* October 8, 2013, http://online.wsj.com/news/articles/SB10001424052702303759604579093400834738972 (accessed November 25, 2013).

21 Tamar Lewin, "Universities Reshaping Education on the Web," *New York Times,* July 17, 2012, http://www.nytimes.com/2012/07/17/education/consortium-of-colleges-takes-online-education-to-new-level.html?pagewanted=all (accessed October 28, 2013).

22 Kevin Carey, "Into the Future with MOOC's," *Chronicle of Higher Education,* September 3, 2012, http://chronicle.com/article/Into-the-Future-With-MOOCs/134080/ (accessed October 28, 2013).

8 사라져 가는 노동자

1   Jeremy Rifkin, *The End of Work* (New York: G. P. Putnam's Sons, 1995), xv.

2   Jacob Goldstein and Lam Thuy Vo, "22 Million Americans Are Unemployed Or Underemployed," NPR, April 4, 2013, httpwww.npr. orgblogsmoney2013040417569781323-million-americans-are-unemployed-or-underemployed (accessed November 12, 2013).

3   Jenny Marlar, "Global Unemployment at 8% in 2011," Gallup World, April 17, 2012, http://www.gallup.com/poll/153884/global-unemployment-2011.aspx (accessed October 15, 2013).

4   "Global Employment Trends 2013," International Labor Organization, 2013, 10, http://www.ilo.org/wcmsp5/groups/public/—dgreports/—dcomm/—publ/documents/publication/wcms_202326.pdf (accessed July 7, 2013).

5   "Difference Engine: Luddite Legacy," *Economist,* November 4, 2011, http://www.economist.com/blogs/babbage/2011/11/artificial-intelligence (accessed July 9, 2013).

6   Ibid.

7   Michaela D. Platzer and Glennon J. Harrison, "The U.S. Automotive Industry: National and State Trends in Manufacturing Employment," Cornell University ILR School, August 2009, 8, http://digitalcommons.ilr.cornell.edu/cgi/viewcontent.cgi?article=1671&context=key_workplace (accessed July 7, 2013).

8   James Sherk,"Technology Explains Drop in Manufacturing Jobs," Heritage Foundation, October 12, 2010, http://www.heritage.org/research/reports/2010/10/technology-explains-drop-in-manufacturing-jobs (accessed August 10, 2013).

9   Mark J. Perry, "The US Economy Is Now Producing 2.2% More Output than before the Recession, but with 3.84 Million Fewer Workers," American Enterprise Institute, November 6, 2012, http://www.aei-ideas.org/2012/11/the-us-economy-is-now-producing-2-2-more-output-than-before-the-recession-but-with-3-84-million-fewer-workers/ (accessed September 3, 2013).

10   Boerje Langefors, "Automated Design," in Robert Colborn, *Modern Science and Technology* (Princeton, NJ: Princeton University Press, 1965), 699.

11   *Management Report on Numerically Controlled Machine Tools* (Chicago: Cox and Cox Consulting, 1958).

12　Alan A. Smith to J. O. McDonough, September 18, 1952, N/C Project Files, MIT Archives.

13　Peter Joseph, Roxanne Meadows, and Jacque Fresco, "The Zeitgeist Movement: Observations and Responses," *Zeitgeist Movement,* February 2009 http://www.bibliotecapleyades.net/sociopolitica/zeitgeist08.htm (accessed June 13, 2013).

14　Caroline Baum, "So Who's Stealing China's Manufacturing Jobs?," *Bloomberg,* October 14, 2003, http://www.bloomberg.com/apps/news?pid=newsarchive&sid=aRI4bAft7Xw4 (accessed July 1, 2013).

15　John Markoff, "Skilled Work, without the Worker," *New York Times,* August 18, 2012, http://www.nytimes.com/2012/08/19/business/new-wave-of-adept-robots-is-changing-global-industry.html?pagewanted=all&_r=0 (accessed July 1, 2013).

16　Ibid.

17　"World Robotics 2012 Industrial Robots," International Federation of Robotics, http://www.ifr.org/industrial-robots/statistics/ (accessed May 26, 2013).

18　Russell Roberts, "Obama vs. ATMs: Why Technology Doesn't Destroy Jobs," *Wall Street Journal* June 22, 2011, http://online.wsj.com/article/SB10001424052702304070104576399704275939640.html (accessed May 26, 2013).

19　Katie Drummond, "Clothes Will Sew Themselves in Darpa's Sweat-Free Sweatshops," *Wired,* June 8, 2012, http://www.wired.com/dangerroom/2012/06/darpa-sweatshop/ (accessed June 1, 2013).

20　Bernard Condon, "Millions of Middle-Class Jobs Killed by Machines in Great Recession's Wake," *Huffington Post,* January 23, 2013, http://www.huffingtonpost.com/2013/01/23/middle-class-jobs-machines_n_2532639.html?view=print&comm_ref=false (accessed July 21, 2013).

21　Joseph G. Carson, "US Economic and Investment Perspectives—Manufacturing Payrolls Declining Globally: The Untold Story (Part 2)," *AllianceBernstein* (October 2003).

22　"Postal Service Flexes Its Workforce Flexibility," USPS Office of Inspector General, June 10, 2013, http://www.uspsoig.gov/blog/postal-service-flexes-its-workforce-flexibility/, (accessed June 13, 2013).

23　"Occupational Employment and Wages News Release," U.S. Bureau of Labor Statistics, March 29, 2013, http://www.bls.gov/news.release/ocwage.htm

(accessed August 3, 2013).

24 Condon, "Millions of Middle-Class Jobs Killed by Machines in Great Recession's Wake."

25 Alana Semuels, "Retail Jobs Are Disappearing as Shoppers Adjust to Self-Service," *Los Angeles Times,* March 4, 2011, http://articles.latimes.com/print/2011/mar/04/business/la-fi-robot-retail-20110304 (accessed July 13, 2013).

26 Bill Siwicki, "Wal-Mart expands Self-Checkout in Stores via Its iPhone App," *Internet Retailer,* February 20, 2013, http://www.internetretailer.com/2013/02/20/wal-mart-expands-self-checkout-stores-its-iphone-app (accessed November 3, 2013).

27 Ricardo Sanchez, "Brick and Mortar vs. Online Retailers, A Decade Later . . . ," *On Techies,* January 31, 2012, http://ontechies.com/2012/01/31/brick-and-mortar-vs-online-retailers-a-decade-later/ (accessed June 17, 2013).

28 Ibid.

29 Sun Joo Kim, "How Will Brick and Mortar Stores Survive?," *Smart Planet,* October 19, 2012, http://www.smartplanet.com/blog/bulletin/how-will-brick-and-mortar-stores-survive/3122 (accessed June 19, 2013).

30 Barney Jopson, "Shoes Stores Sock It to Online Buyers," *Financial Times,* May 5, 2013, http://www.ft.com/cms/s/0/42893492-b385-11e2-b5a5-00144feabdc0.html#axzz2W1rGveQo (accessed November 7, 2013).

31 Campbell Phillips, "'Fit-lifters' Give Showrooming Shoe Browsers a Bad Name," *Power Retail,* May 6, 2013, http://www.powerretail.com.au/multichannel/fit-lifters-give-showrooming-a-bad-name/ (accessed July 6, 2013).

32 Jason Perlow, "In the Battle of Clicks versus Bricks, Retail Must Transform or Die," *ZDNet,* December 8, 2011, http://www.zdnet.com/blog/perlow/in-the-battle-of-clicks-versus-bricks-retail-must-transform-or-die/19418 (accessed August 3, 2013).

33 "Occupational Employment and Wages News Release," U.S. Bureau of Labor Statistics, March 29, 2013, http://www.bls.gov/news.release/ocwage.htm (accessed June 8, 2013).

34 John Markoff, "Armies of Expensive Lawyers, Replaced by Cheaper Software," *New York Times,* March 4, 2011, http://www.nytimes.com/2011/03/05/science/05legal.html?pagewanted=all (accessed October 20, 2013).

35 Ibid.

36 Christopher Steiner, "Automatons Get Creative," *New York Times,* August 17, 2012, http://online.wsj.com/news/articles/SB10000872396390444375104577591304277229534#printprin (accessed June 30, 2013).

37 Ibid.

38 "IBM Watson: Ushering in a New Era of Computing," IBM, http://www-03.ibm.com/innovation/us/watson/ (accessed October 22, 2013).

39 Brian T. Horowitz, "IBM, Nuance to Tune Watson Supercomputer for Use in Health Care," *EWeek,* February 17, 2011, http://www.eweek.com/c/a/Health-Care-IT/IBM-Nuance-to-Tune-Watson-Supercomputer-for-Use-in-Health-Care-493127/ (accessed October 22, 2013).

40 Associated Press, "Watson's Medical Expertise Offered Commercially," *Telegram,* February 8, 2013, http://www.telegram.com/article/20130208/NEWS/102089640/0 (accessed October 22, 2013).

41 "Lionbridge Language Solution Provider Expands Opportunities with Translation Technology," Microsoft Case Studies, July 9, 2013, http://www.microsoft.com/casestudies/Bing/Lionbridge/Language-Solution-Provider-Expands-Opportunities-with-Translation-Technology/710000001102 (accessed September 4, 2013).

42 Niko Papula, "Are Translators Losing Their Jobs Because of Machine Translation?," Multilizer Translation Blog, April 13, 2011, http://translation-blog.multilizer.com/are-translators-losing-their-jobs-because-of-machine-translation/ (accessed September 6, 2013).

9 프로슈머의 부상과 스마트 경제의 확대

1 Harold Hotelling, "The General Welfare in Relation to Problems of Taxation and of Railway and Utility Rates," *Econometrica* 6(3) (July, 1938): 242.

2 Ibid., 258.

3 Ibid., 260–61.

4 Ibid., 242.

5 Ronald H. Coase, "The Marginal Cost Controversy," *Economica* 13(51) (August, 1946): 180.

6 Ibid., 173

7   John F. Duffy, "The Marginal Cost Controversy in Intellectual Property," *University of Chicago Law Review* 71(1) (2004): 38.

8   Robert S. McIntyre, Matthew Gardner, Rebecca J. Wilkins, and Richard Phillips, "Corporate Taxpayers & Corporate Tax Dodgers 2008–10," Citizens for Tax Justice and the Institute on Taxation and Economic Policy, November, 2011, http://www.ctj.org/corporatetaxdodgers/CorporateTaxDodgersReport.pdf (accessed October 7, 2013).

9   "ICT Facts and Figures: The World in 2013," ICT Data and Statistics Division of the International Telecommunication Union, February 2013, 2, http://www.itu.int/en/ITU-D/Statistics/Documents/facts/ICTFactsFigures2013.pdf (accessed October 2, 2013).

10 United Nations Environment Programme, "Feed in Tariffs as a Policy Instrument for Promoting Renewable Energies and Green Economies in Developing Countries," ed. Wilson Rickerson, Chad Laurent, David Jacobs, Christina Dietrich and Christina Hanley, 2012, 4, http://www.unep.org/pdf/UNEP_FIT_Report_2012F.pdf (accessed October 21, 2013).

11 Ibid.

12 Geert De Clercq, "Renewables Turn Utilities into Dinosaurs of the Energy World," Reuters, March 8, 2013, http://www.reuters.com/article/2013/03/08/us-utilities-threat-idUSBRE92709E20130308 (accessed August 30, 2013).

13 Dave Toke, "Community Wind Power in Europe and in UK," *Wind Engineering* 29(3) (2005).

14 De Clercq, "Renewables Turn Utilities into Dinosaurs."

15 Ibid.

16 Ibid.

17 "Smart Grid Investment Grant Program: Progress Report," U.S. Department of Energy, July, 2012, ii, http://www.smartgrid.gov/sites/default/files/doc/files/sgig-progress-report-final-submitted-07-16-12.pdf (accessed February 3, 2014).

18 Litos Strategic Communication, "The Smart Grid: An Introduction," U.S. Department of Energy, 2008, 5, http://energy.gov/sites/prod/files/oeprod/DocumentsandMedia/DOE_SG_Book_Single_Pages.pdf (accessed September 3, 2013).

19 "Technology," Transphorm, Inc., http://www.transphormusa.com/technology (accessed June 6, 2013).

20 "Estimating the Costs and Benefits of the Smart Grid: A Preliminary Estimate of the InvestmentRequirements and the Resultant Benefits of a Fully Functioning Smart Grid," Electric Power ResearchInstitute, March 2011, 4, http://ipu.msu.edu/programs/MIGrid2011/presentations/pdfs/Reference Material - Estimating the Costs and Benefits of the Smart Grid.pdf (accessed February 3, 2014).

21 Michael Bame, "USS Gerald Ford Aircraft Carrier," About.com, 2013, http://defense.about.com/od/Navy/a/Uss-Gerald-Ford-Aircraft-Carrier.htm (accessed June 17, 2013); "Building an Energy Future: Annual Report," Royal Dutch Shell, December 31, 2012: 10, http://reports.shell.com/annual-review/2012/servicepages/downloads/files/entire_shell_review_12.pdf (accessed February 3, 2014).

22 Vaclav Smil, "Moore's Curse and the Great Energy Delusion," *American,* November 19, 2008, http://www.american.com/archive/2008/november-december-magazine/moore2019s-curse-and-the-great-energy-delusion (accessed June 6, 2013).

23 Scott DiSavino, "U.S. Smart Grid to Cost Billions, Save Trillions," Reuters, May 24, 2011, http://www.reuters.com/article/2011/05/24/us-utilities-smartgrid-epri-idUSTRE74N7O420110524 (accessed June 7, 2013); "Estimating the Costs and Benefits of the Smart Grid: A Preliminary Estimate." Electric Power Research Institute, March 2011, 21.

24 "Growing International Co-Operation Driving the Spread of Smart Grids," *GlobalData* (June, 2012): 1–7.

25 Katie Fehrenbacher, "For the Smart Grid, the Wireless Debates Are Over," *Gigaom,* January 23, 2012, http://gigaom.com/2012/01/23/for-the-smart-grid-the-wireless-debates-are-over/ (accessed July 5, 2013).

26 Dave Karpinski, "Making the 'Smart Grid' Smarter with Broadband Wireless Networks and the Internet," *Crain's Cleveland Business,* September 11, 2012, http://www.crainscleveland.com/article/20120911/BLOGS05/309119999 (accessed July 7, 2013).

27 Ibid.

28 Sunil Paul and Nick Allen, "Inventing the Cleanweb," *MIT Technology Review,* April 2, 2012, http://www.technologyreview.com/news/427382/inventing-the-cleanweb/ (accessed August 17, 2013).

29 Paul Boutin, "The Law of Online Sharing," *MIT Technology Review,* January/February 2012.

30 Yuliya Chernova, "New York's Cleanweb Hackathon Sparks Green Ideas Where Cleantech and IT Intersect," *Wall Street Journal,* October 2, 2012, http://blogs.wsj.com/venturecapital/2012/10/02/new-yorks-cleanweb-hackathon-sparks-green-ideas-where-clean-tech-and-it-intersect/ (accessed September 3, 2013); Martin LaMonica, "Cleanweb Hackers Get Busy with Energy Data," *CNET,* January 23, 2012, http://news.cnet.com/8301-11128_3-57363873-54/cleanweb-hackers-get-busy-with-energy-data/ (accessed September 3, 2013).

31 Paul and Allen, "Inventing the Cleanweb."

32 "Green Button Data: More Power to You," U.S. Department of Energy, May 18, 2012, http://energy.gov/articles/green-button-data-more-power-you (accessed September 10, 2013).

33 "Statements of Support for Green Button Initiative," White Houe Office of Science and Technology Policy, last modified March 22, 2012, http://www.whitehouse.gov/administration/eop/ostp/pressroom/03222012-support (accessed August 22, 2013).

34 "Check Out the Social Energy App by Facebook, NRDC, Opower," *Alliance to Save Energy,* last modified March 20, 2012, http://www.ase.org/efficiencynews/preview-social-energy-app-facebook-nrdc-opower (accessed July 19, 2013).

35 Dominic Basulto, "The Cleanweb: Green Energy Meets Moore's Law," *Big Think,* May 15, 2012, http://bigthink.com/endless-innovation/the-cleanweb-green-energy-meets-moores-law (accessed July 19, 2013).

36 Cecilia Kang, "Tech, Telecom Giants Take Sides as FCC Proposes Public Wi-Fi Networks," *Cullman Times,* February 4, 2013, http://www.cullmantimes.com/local/x1303538507/Tech-Telecom-Giants-Take-Sides-as-FCC-Proposes-Public-Wi-Fi-Networks (accessed November 3, 2013).

37 Ibid.

38 Ibid.

39 Ibid.

40 Ibid.

41 Ibid.

42 "Radio Act of 1927," United States Early Radio History, February 23, 1927, http://earlyradiohistory.us/sec023.htm#part090 (accessed October 22, 2013).

43 "The Communications Act of 1934," U.S. Department of Justice, June 19, 1934, http://it.ojp.gov/default.aspx?area=privacy&page=1288#contentTop

(accessed October 22, 2013).

44 "Unlicensed Spectrum Subcommittee Report," U.S. Department of Commerce, National Telecommunications and Information Administration, January 6, 2010, 4.

45 Ibid.

46 Ibid.

47 Carmela Aquino and Sarah Radwanick, "2012 Mobile Future in Focus," ComScore, February 2012, http://www.comscore.com/Insights/Presentations_and_Whitepapers/2012/2012_Mobile_Future_in_Focus (accessed October 23, 2013).

48 "Cisco Visual Networking Index: Global Mobile Data Traffic Forecast Update, 2010–2015," Cisco, February 1, 2011, 10, http://newsroom.cisco.com/ekits/Cisco_VNI_Global_Mobile_Data_Traffic_Forecast_2010_2015.pdf (accessed February 3, 2014).

49 "Cisco Visual Networking Index: Global Mobile Data Traffic Forecast Update, 2012–2017," Cisco, February 6, 2013, 11, http://www.cisco.com/en/US/solutions/collateral/ns341/ns525/ns537/ns705/ns827/white_paper_c11-520862.html (accessed February 3, 2014).

50 Yochai Benkler, "Open Wireless vs. Licensed Spectrum: Evidence from Market Adoption," *Harvard Journal of Law and Technology* 26(1) (2012), http://cyber.law.harvard.edu/publications/2012/unlicensed_wireless_v_licensed_spectrum (accessed October 23, 2013).

51 "Auctions," U.S. Federal Communications Commission, http://www.fcc.gov/topic/auctions (accessed June 4, 2013).

10 공유의 희극

1 Garrett Hardin, "The Tragedy of the Commons," *Science* 162(3859) (December 13, 1968): 1244.

2 Ibid., 1243–48.

3 Garrett Hardin, "Political Requirements for Preserving Our Common Heritage," in *Wildlife and America*, ed. Howard P. Brokaw (Washington, DC: Council on Environmental Quality, 1978), 310–17.

4 Carol Rose, "The Comedy of the Commons," *University of Chicago Law Review*

53(3) (1986): 720.

5   Crawford B. Macpherson, *Democratic Theory* (Oxford: Clarendon Press, 1973), 123–24.

6   Rose, "The Comedy of the Commons," 767.

7   Ibid., 768.

8   Ibid., 774.

9   Ibid.

10 Elinor Ostrom, *Governing the Commons,* (Cambridge University Press, 1990), 58.

11 Hardin, "The Tragedy of the Commons," 1244.

12 Ostrom, *Governing the Commons,* 59.

13 Ibid.

14 Ibid., 61–62.

15 Ibid., 62.

16 Robert McC. Netting, "What Alpine Peasants Have in Common: Observations on the Communal Tenure in a Swiss Village," *Human Ecology* 4(2) (1976): 135–46.

17 Ostrom, *Governing the Commons,* 62.

18 Ibid., 62–63.

19 Netting, "What Alpine Peasants Have in Common."

20 Ostrom, *Governing the Commons,* 64.

21 Ibid., 91–102.

22 Elinor Ostrom, "Beyond Markets and States: Polycentric Governance of Complex Economic Systems," Nobel Prize lecture, Workshop in Political Theory and Policy Analysis from Indiana University, Bloomington, IN, December 8, 2009, 424, 425, http://www.nobelprize.org/nobel_prizes/economic-sciences/laureates/2009/ostrom_lecture.pdf (accessed November 3, 2013).

23 Ibid.

24 Douglas Robinson and Nina Medlock, "*Diamond v. Chakrabarty*: A Retrospective on 25 Years of Biotech Patents," *Intellectual Property and Technology Law Journal* 17(10) (2005): 12.

25 Leonard S. Rubenstein, "Brief on Behalf of the Peoples Business Commission, Amicus Curiae," regarding *Diamond v. Chakrabarty,* no. 79-136, December 13, 1979, http://www.justice.gov/atr/public/workshops/ag2010/015/AGW-14399-a.doc (accessed November 1, 2013).

26 Ibid.

27 "New Forms of Life Can be Patented U.S. Court Rules," *Montreal Gazette* (Associated Press), June 17 1980, http://news.google.com/newspapers?nid =1946&dat=19800617&id=OokxAAAAIBAJ&sjid=dKQFAAAAIBAJ&p g=3169,3065019 (accessed July 20, 2013).

28 "A History of Firsts," Genentech, 2012, http://www.gene.com/media/company-information/chronology (accessed June 19, 2013).

29 Keith Schneider, "Harvard Gets Mouse Patent, A World First," *New York Times,* April 13, 1988, http://www.nytimes.com/1988/04/13/us/harvard-gets-mouse-patent-a-world-first.html?pagewanted=print&src=pm (accessed June 25, 2013).

30 Marcy Darnovsky and Jesse Reynolds, "The Battle to Patent Your Genes," *American Interest,* September/October 2009, http://www.the-american-interest. com/article-bd.cfm?piece=653 (accessed July 20, 2013).

31 "Porto Alegre Treaty to Share the Genetic Commons," UK Food Group, February 1, 2002, http://www.ukabc.org/genetic_commons_treaty.htm (accessed July 21, 2013).

32 John Roach, "'Doomsday' Vault Will End Crop Extinction, Expert Says," *National Geographic,* December 27, 2007, http://news.nationalgeographic.com/ news/2007/12/071227-seed-vault.html (accessed April 28, 2013).

33 Aaron Saenz, "Costs of DNA Sequencing Falling Fast—Look at these Graphs!," Singularity University, March 5, 2001, http://singularityhub.com/2011/03/05/ costs-of-dna-sequencing-falling-fast-look-at-these-graphs/ (accessed June 19, 2013).

34 David Altshuler, John Bell, Todd Golub, et al, "Creating a Global Alliance to Enable Responsible Sharing of Genomic and Clinical Data," *Broad Institute,* June 3 2013, http://www.broadinstitute.org/files/news/pdfs/GAWhitePaperJune3.pdf (accessed November 8, 2013).

35 Ariana Eunjung Cha, "Glowing Plants Illuminate Regulatory Debate," *Washington Post*, October, 4, 2013, http://www.washingtonpost.com/national/ health-science/glowing-plant-project-on-kickstarter-sparks-debate-about-regulation-of-dna-modification/2013/10/03/e01db276-1c78-11e3-82ef-a059e54c49d0_story.html (accessed November 8, 2013).

36 Ibid.

37 Jeremy Rifkin, *The Biotech Century* (New York: Jeremy P. Tarcher/Putnam

Books, 1998), 9.

38 Kendall Haven, *One Hundred Greatest Science Discoveries of All Time* (Westport, CT: Libraries Unlimited, 2007), 221.

39 Lydia Nenow, "To Patent or Not to Patent: The European Union's New Biotech Directive," *Houston Journal of International Law* 23(3) (2001): 25, http://www.thefreelibrary.com/To+patent+or+not+to+patent%3A+the+European+Union's+new+biotech . . . -a075908314 (accessed November 7, 2013).

11 협력주의자들, 투쟁을 준비하다

1   William Henry Gates III, "An Open Letter to Hobbyists,"February 3, 1976, http://www.blinkenlights.com/classiccmp/gateswhine.html (accessed February 3, 2014).

2   "What Is Free Software?," GNU Project–Free Software Foundation, June 18, 2013, http://www.gnu.org/philosophy/free-sw.html (accessed June 26, 2013).

3   Ibid.

4   C. Arvind Kumar, *Welcome to the 'Free' World: A Free Software Initiative* (Hyderabad: Indian Universities Press, 2011), 28.

5   Lawrence Lessig, "Code Is Law: On Liberty in Cyberspace," *Harvard Magazine,* January-February 2000, http://harvardmagazine.com/2000/01/code-is-law-html (accessed June 13, 2013).

6   Eben Moglen, "Anarchism Triumphant: Free Software and the Death of Copyright," *First Monday* 4(8) (August 2, 1999), http://pear.accc.uic.edu/ojs/index.php/fm/article/view/684/594 (June, 10, 2013).

7   Steven J. Vaughan-Nichols, "Fast, Faster, Fastest: Linux Rules Supercomputing," *ZD Net,* June 19, 2012, http://www.zdnet.com/blog/open-source/fast-faster-fastest-linux-rules-supercomputing/11263 (accessed June 13, 2013); Roger Parloff, "How Linux Conquered the Fortune 500," CNN Money, May 6, 2013, http://money.cnn.com/2013/05/06/technology/linux-500.pr.fortune/ (accessed November 13, 2013).

8   Moglen, "Anarchism Triumphant."

9   Ibid.

10 "History of the OSI," Open Source Initiative, September 2012, http://

opensource.org/history (accessed June 13, 2013).

11 Richard Stallman, "Why 'Open Source' Misses the Point of Free Software," *Communications of the ACM* 52(6) (2009): 31.

12 Ibid.

13 Ibid., 33.

14 Eric Steven Raymond, "The Cathedral and the Bazaar," UnderStone.net, August 22, 2001 http://www.unterstein.net/su/docs/CathBaz.pdf (accessed June 13, 2013).

15 Jeremy Rifkin, *The Empathic Civilization* (New York: Penguin Books, 2009), 266.

16 Elizabeth L. Eisenstein, *The Printing Revolution in Early Modern Europe* (Cambridge: Cambridge University Press, 1983), 95.

17 Lawrence Lessig, "Culture Wars: Getting to Peace," in *Copyright Future Copyright Freedom: Marking the 40th Anniversary of the Commencement of Australia's Copyright Act of 1968,* ed. Brian Fitzgerald and Benedict Atkinson (Sydney: Sydney University Press, 2011), 116.

18 "ICT Facts and Figures: The World in 2013,"ICT Data and Statistics Division of the International Telecommunication Union, February 2013, http://www.itu.int/en/ITU-D/Statistics/Documents/facts/ICTFactsFigures2013.pdf (accessed June 20, 2013).

19 Lawrence Lessig, "Getting Our Values around Copyright Rights," *Educause Review* 45(2) (March/April 2010): 36.

20 Ibid.

21 "History," Creative Commons, June 2013, http://creativecommons.org/about/history, (accessed June 13, 2013).

22 "200 Million Creative Commons Photos and Counting!," Flickr, October 5, 2011, http://blog.flickr.net/en/2011/10/05/200-million-creative-commons-photos-and-counting (accessed June 26, 2013).

23 Dara Kerr, "YouTube breaks records with 4M Creative Commons Videos," CNET, July 25, 2012, http://news.cnet.com/8301-1023_3-57480300-93/youtube-breaks-records-with-4m-creative-commons-videos/ (accessed June 23, 2013).

24 "History," Creative Commons.

25 "Personal Genome Project—Homepage," Personal Genome Project, 2013, http://www.personalgenomes.org/ (accessed June 23, 2013).

26 Ibid.; David Ewing Duncan, "On a Mission to Sequence the Genomes

of 100,000 People," *New York Times,* June 7, 2010, http://www.nytimes.com/2010/06/08/science/08church.html (accessed November 13, 2013).

27   "Sharing Policies," Personal Genome Project, 2013, http://www.personalgenomes.org/sharing (accessed June 23, 2013).

28   Lessig, "Getting Our Values around Copyright Rights," 42.

29   James Boyle, "The Second Enclosure Movement and the Construction of the Public Domain," *Law and Contemporary Problems* 66(33) (2003): 37.

30   Ibid., 40

31   Ibid., 48.

32   Nicholas Polunin and Jacques Grinevald, "Vernadsky and Biosphere Ecology," *Environmental Conservation* 15(2) (Summer 1988): 117–122.

33   Ibid.

34   James E. Lovelock and Lynn Margulis, "Atmospheric Homeostasis By and For the Biosphere: The Gaia Hypothesis," *Tellus* 26 (1–2) (1974): 2–10.

35   Geoffrey Lean, "Focus: Trade Wars–The Hidden Tentacles of the World's Most Secret Body," *Independent,* July 18, 1999, http://www.independent.co.uk/life-style/focus-trade-wars—the-hidden-tentacles-of-the-worlds-most-secret—body-1107215.html (accessed July 1, 2013).

36   Kim Murphy and Lynn Marshall, "WTO Protesters Return to Seattle without the Violence of Last Year," *Los Angeles Times,* December 1, 2000, http://articles.latimes.com/2000/dec/01/news/mn-59763 (accessed October 22, 2013).

37   Sonny Bono Copyright Term Extension Act, PL 105–298, 105th Congress, 2nd Session, October 27, 1998, http://www.gpo.gov/fdsys/pkg/PLAW-105publ298/pdf/PLAW-105publ298.pdf (accessed June 13, 2013).

38   Digital Millennium Copyright Act, PL 105–304, 105th Congress, 2nd Session, October 28, 1998, http://www.gpo.gov/fdsys/pkg/PLAW-105publ304/pdf/PLAW-105publ304.pdf (accessed June 13, 2013).

39   Jay Walljasper, "From Middle East to Wall Street, Justice Depends on Public Spaces," *Commons Magazine,* June 25, 2012, http://onthecommons.org/magazine/middle-east-wall-street-justice-depends-public-spaces (accessed November 7, 2013).

40   Ibid.

41   Jonathan Rowe, "The Hidden Commons," *Yes! Magazine,* June 30, 2001, http://www.yesmagazine.org/issues/reclaiming-the-commons/the-hidden-

commons (accessed June 16, 2013).

42 Mike Bergan, "The American Commons," 10,000 Birds, August 6, 2007, http://10000birds.com/the-american-commons.htm (accessed July 2, 2013).

43 Yochai Benkler, "Coase's Penguin, or, Linux and *The Nature of the Firm,*" *Yale Law Journal* 112(369) v.04.3 (August 2002): 1–2, http://www.benkler.org/ CoasesPenguin.PDF (accessed June 26, 2013).

44 Peter Barnes, *Capitalism 3.0: A Guide to Reclaiming the Commons* (San Francisco: Berrett-Koehler Publishers, 2006), xiv.

12 지능형 인프라의 정의 및 통제를 둘러싼 전쟁

1 Yochai Benkler, *The Wealth of Networks: How Social Production Transforms Markets and Freedom* (New Haven, CT: Yale University Press, 2006), 470.

2 Brett M. Frischmann, "Cultural Environmentalism and *The Wealth of Networks,*" *University of Chicago Law Review* 74(1083) (2001): 1132.

3 Ibid., 1133.

4 "Internet Corporations for Assigned Names and Numbers: Board of Directors," ICANN, 2013, http://www.icann.org/en/groups/board (accessed June 13, 2013).

5 "Who Governs the Internet," Global Partners and Associates, 3, http://www. global-partners.co.uk/wp-content/uploads/who-governs-internet_web2.pdf (accessed June 13, 2013).

6 Ibid.

7 Chengetai Masango, "About the Internet Governance Forum," Internet Governance Forum, October 17, 2011, http://www.intgovforum.org/cms/ aboutigf (accessed June 13, 2013).

8 "Who Governs the Internet," 4.

9 Ibid., 7.

10 Ibid., 8.

11 Patricia O'Connell, ed. "Online Extra: At SBC, It's All about Scale and Scope," *Bloomberg Businessweek,* November 6, 2005, http://www.businessweek.com/ stories/2005-11-06/online-extra-at-sbc-its-all-about-scale-and-scope.

12 Kevin O'Brien, "Limiting Data Use in Germany," *New York Times,* May 12, 2013, http://www.nytimes.com/2013/05/13/technology/deutsche-telekom-data-

use-and-net-neutrality.html.

13   Ibid.

14   "Open Internet," Federal Communications Commission, http://www.fcc.gov/openinternet#rules.

15   Brett Frischmann, *Infrastructure: The Social Value of Shared Resources* (New York: Oxford University Press, 2013), 349.

16   Tim Berners-Lee, "Long Live the Web: A Call for Continued Open Standards and Neutrality," *Scientific American,* November 22, 2010, http://www.scientificamerican.com/article.cfm?id=long-live-the-web&print=true.

17   Ibid.

18   Ibid.

19   Ibid.

20   Matt Beswick, "Google Search Queries by the Numbers," *STAT,* July 27, 2012, http://getstat.com/blog/google-search-queries-the-numbers/.

21   "Internet and Search Engine Usage by Country," Globalization Partners International, 2011, http://ptgmedia.pearsoncmg.com/images/9780789747884/supplements/9780789747884_appC.pdf (accessed June 13, 2013).

22   Glenn Chapman, "Google 2012 Revenue Hits $50 Billion, Profits Up," *Dawn,* January 23, 2013, http://beta.dawn.com/news/780915/google-2012-revenue-hits-50-billion-profits-up.

23   "Social Media Market Share," KarmaSnack, 2013, http://www.karmasnack.com/about/social-media-market-share/ (accessed June 14, 2013); "Number of Active Users at Facebook Over the Years," *Yahoo! News* (Associated Press), May 1, 2013, http://news.yahoo.com/number-active-users-facebook-over-230449748.html.

24   Alexis C. Madrigal, "The Case for Facebook," *Atlantic,* May 29, 2012, http://www.theatlantic.com/technology/archive/2012/05/the-case-for-facebook/257767/.

25   Robert Hof, "Poof! $1 Billion Slashed from 2012 Facebook Revenue Forecast," *Forbes,* August 30, 2012, http://www.forbes.com/sites/roberthof/2012/08/30/poof-1-billion-slashed-from-2012-facebook-revenue-forecast/.

26   Lisa O'Carroll, "Twitter Active Users Pass 200 Million," *Guardian,* December 18, 2012, http://www.guardian.co.uk/technology/2012/dec/18/twitter-users-pass-200-million.

27   Jonathan Erlichman and Brian Womack, "Twitter Said to Expect $1 Billion in Ad Revenue in 2014," *Bloomberg,* June 2, 2012, http://www.bloomberg.com/news/2012-06-01/twitter-said-to-expect-1-billion-in-sales-in-2014-on-ad-growth.html.

28   Hal Singer, "Who Competes with Google Search? Just Amazon, Apple, and Facebook," *Forbes,* September 18, 2012, http://www.forbes.com/sites/halsinger/2012/09/18/who-competes-with-google-in-search-just-amazon-apple-and-facebook/.

29   "Inside Amazon," Amazon.com, http://india.amazon.com/InsideAmazon.html (accessed June 28, 2013).

30   Justus Haucap and Ulrich Heimeshoff, "Google, Facebook, Amazon, eBay: Is the Internet Driving Competition or Market Monopolization?," Dusseldorf Institute for Competition Economics, no. 83, January 2013.

31   Alex Wilhelm, "eBay Beats Expectations with Q4 Revenues of $3.99 Billion, EPS of $0.70 on Back of Strong PayPal Performance," *TNW,* January 16, 2013, http://thenextweb.com/insider/2013/01/16/ebays-hitsmisses-with-q4-revenue-of-earnings-per-share-of/.

32   Paul Sawers, "Facebook Twitter, iTunes, and Google: The Rise of Digital Monopolies," *TNW,* October 2, 2011, http://thenextweb.com/insider/2011/10/02/facebook-twitter-itunes-and-google-the-rise-of-digital-monopolies/.

33   Tim Wu, "In the Grip of the New Monopolists," *Wall Street Journal,* November 13, 2010, http://online.wsj.com/article/SB10001424052748704635704575604993311538482.html.

34   Ibid.

35   Lam Thuy Vo, "Another Ridiculous Number from the Patent Wars," *NPR Planet Money,* April 27, 2012, http://www.npr.org/blogs/money/2012/04/27/151357127/another-ridiculous-number-from-the-patent-wars.

36   Angus Johnston, "Still More Questions about Why Wikileaks Hasn't Trended on Twitter," *Student Activism,* December 5, 2010, http://studentactivism.net/2010/12/05/wikileaks-twitter-3/.

37   Tarleton Gillespie, "Can an Algorithm Be Wrong? Twitter Trends, the Specter of Censorship, and Our Faith in the Algorithms around Us," *Social Media Collective,* October 19, 2011, http://socialmediacollective.org/2011/10/19/can-

an-algorithm-be-wrong/.

38   Ibid.

39   Zeynep Tufekci, "Google Buzz: The Corporatization of Social Commons," *Technosociology,* February 17, 2010, http://technosociology.org/?p=102.

40   "From the New Deal to a New Century," Tennessee Valley Authority, http://www.tva.com/abouttva/history.htm (accessed June 14, 2013); Phillip F. Schewe, *The Grid* (Washington, DC: Joseph Henry Press, 2007), 101.

41   Harold Hotelling, "The General Welfare in Relation to Problems of Taxation and of Railway and Utility Rates," *Econometrica* 6(3) (July, 1938): 258.

42   Ibid.

43   Ibid.

44   Ibid.

45   Ibid., 258–59.

46   R. H. Coase, "The Marginal Cost Controversey," *Economica,* 13(51) (August 1946): 176.

47   "Rural Electrification Administration," Next New Deal, February 25, 2011, http://www.nextnewdeal.net/rural-electrification-administration.

48   "Tennessee Valley Authority," United States History, http://www.u-s-history.com/pages/h1653.html.

49   "Vote for Republican Congressmen," *Chicago Tribune,* November 4, 1934, 46.

50   David E. Nye, *Electrifying America: Social Meanings of a New Technology, 1880–1940* (Cambridge, MA: MIT Press, 1991), 317.

51   Ibid., 318.

52   Ibid., 320.

53   Ibid., 322.

54   Ronald C. Tobey, *Technology as Freedom: The New Deal and the Electrical Modernization of the American Home* (Berkeley: University of California Press, 1996), 6.

55   Nye, *Electrifying America,* 321.

56   "Path to Prosperity," SEIU, January 2009, 9–10, http://www.seiu.org/images/pdfs/Path_to_Prosperity.pdf.

57   "Rural Energy Savings Program: Frequently Asked Questions," *Assistant Democratic Leader,* http://assistantdemocraticleader.house.gov/index.cfm?a=Files.Serve&File_id=c77509d5-0838-4371-bc47-d7e20f509375 (accessed October

28, 2013).

58 "Rural Electric," University of Wisconsin Center for Cooperatives, Research on the Economic Impact of Cooperatives, http://reic.uwcc.wisc.edu/electric/.

59 "Co-op Facts & Figures," National Rural Electric Cooperative Association, 2013, http://www.nreca.coop/members/Co-opFacts/Pages/default.aspx.

60 Ibid.

61 "Cooperative Principles and Values," International Cooperative Alliance, 2011, http://www.cdi.coop/icaprinciples.html.

62 Ibid.

63 "The Rochdale Principles," Rochdale Pioneers Museum, http://www. rochdalepioneersmuseum.coop/about-us/the-rochdale-principles.

64 "Cooperative Facts and Figures," International Cooperative Alliance, http://ica. coop/en/whats-co-op/co-operative-facts-figures (accessed September 4, 2013); "Cooperatives Around the World," 2012 International Year of Cooperatives, 2012, http://usa2012.coop/about-co-ops/cooperatives-around-world (accessed November 12, 2013).

65 Paul Hazen, "Remarks of Paul Hazen—White House Meeting, June 2, 2011," National Cooperative Business Association, June 2, 2011, http://www.ncba. coop/component/content/article/6-what-we-do/1087-remarks-of-paul-hazen-white-house-meeting-june-2-2011.

66 Joan Sanstadt, "Cooperatives Have Important Worldwide Role," Agri-View, October 11, 2012, http://www.agriview.com/news/regional/cooperatives-have-important-worldwide-role/article_09b0b020-13f1-11e2-ae03-001a4bcf887a. html.

67 Ibid.

68 "Welcome to Land O'Lakes, Inc.," Land O'Lakes Inc., 2011, http:// www.landolakesinc.com/company/default.aspx (accessed June 19, 2013); "National Grape Cooperative," Welch's International, 2012, http://www. welchsinternational.com/resources/coop.shtml (accessed June 19, 2013).

69 "Profiles of a Movement: Co-operative Housing around the World," CECODHAS Housing Europe, April 2012, http://www.housingeurope.eu/ issue/2577.

70 David Rodgers, "Housing Co-Operative: Some Comparative Statistics," Northern Ireland Co-operative Forum, May 9, 2012, nicoop-forum.co.uk/wp-

content/ . . . /David-Rodgers-9th-May-20121.ppt.

71 "Profiles of a Movement."

72 Ibid.

73 Hans Groeneveld and August Sjauw-Koen-Fa, "Co-Operative Banks in the New Financial System," Rabobank Group, October 2009, http://www.globalcube.net/clients/eacb/content/medias/publications/external_studies/cb_financial_system_Rabobank_2009.pdf.

74 Giselle Weybrecht, "2012 International Year of Cooperatives and Management Education–Introduction (part 1)," *Prime Time,* November 27, 2012, http://primetime.unprme.org/2012/11/27/2012-international-year-of-cooperatives-and-management-education-introduction-part-1/.

75 "International Co-operatives," *Year Book Australia,* 2012, http://www.abs.gov.au/ausstats/abs@.nsf/Lookup/by%20Subject/1301.0~2012~Main%20Features~International%20co-operatives~291.

76 "Statement for the Record of the House Financial Services Committee Hearing on Financial Literacy and Education: The Effectiveness of Governmental and Private Sector Initiatives," Credit Union National Association, April 15, 2008, http://ow.ly/mdE4I.

77 Catherine New, "Credit Union Deposits Outpaced Banks since WaMu Failure, Study," *Huffington Post,* August 2, 2012, http://www.huffingtonpost.com/2012/08/02/credit-union-deposits_n_1733448.html.

78 Credit Union Industry Assets Top $1 Trillion, National Credit Union Administration, March 2012, httpwww.ncua.govNewsPagesNW20120601AssetsTrillion.aspx (accessed November 13, 2013).

79 Clare Taylor, "Renewable Energy Cooperatives: Power to the People," *The Energy Collective,* February 15, 2013, http://theenergycollective.com/claretaylor/186416/power-people-growth-renewable-energy-cooperatives.

80 Bernward Janzing, "Energy Cooperatives Are Booming in Germany," *DW,* July 6, 2012, http://www.dw.de/energy-cooperatives-are-booming-in-germany/a-16076317.

81 Jeevan Vasagar, "German Farmers Reap Benefits of Harvesting Renewable Energy," *Financial Times,* December 2, 2013, http://www.ft.com/intl/cms/s/0/f2bc3958-58f4-11e3-9798-00144feabdc0.html#axzz2nMj6ILk2 (accessed December 13, 2013).

82 Janzing, "Energy Cooperatives Are Booming in Germany."

83 "About Middelgrunden Wind Cooperative," Middelgrundens Vindmollelaug Windfarm, 2003, http://www.middelgrunden.dk/middelgrunden/?q=en/ node/35.

84 Peter Jacob Jøørgensen, "Samsøø: A Renewable Energy Island," *PlanEnergi* (2007): 7, 50, http://sallan.org/pdf-docs/Samso.pdf.

85 Tildy Bayar, "Community Wind Arrives Stateside," *Renewable Energy World,* July 5, 2012, http://www.renewableenergyworld.com/rea/news/article/2012/07/ community-wind-arrives-stateside.

86 Megan McKoy, "Tackling Climate Change: Renewing Innovation," *Rural Missouri,* May 2009, http://www.ruralmissouri.org/NRECAClimateChange/ ClimateChange11.html.

87 Susan Kraemer, "Rural Electric Cooperative Completes $240 Million Wind Farm in 4 Months," *Clean Technica,* January 1, 2010, http://cleantechnica. com/2010/01/01/rural-electric-cooperative-completes-240-million-wind-farm-in-4-months/.

88 Ibid.

89 "Electric Cooperatives and Renewable Energy: Our Commitment to America," National Rural Electric Cooperative Association, March 2012, http://www. touchstoneenergy.com/about/Documents/RenewableEnergyBrochure.pdf.

90 Jakob Miller and Jens Rommel, "Is There a Future Role for Urban Electricity Cooperatives? A Case of Greenpeace Energy," University of Berlin, http:// academia.edu/603390/IS_THERE_A_FUTURE_ROLE_FOR_URBAN_ ELECTRICITY_COOPERATIVES_THE_CASE_OF_GREENPEACE_ ENERGY.

91 "Facts at a Glance," Public Transportation Takes Us There, http://www. publictransportation.org/news/facts/Pages/default.aspx; "Statistics," International Association of Public Transport, http://www.uitp.org/knowledge/Statistics.cfm.

92 Benoit Montreuil, "Towards a Physical Internet: Meeting the Global Logistics Sustainability Grand Challenge," CIRRELT, January 2011, 2, https://www. cirrelt.ca/DocumentsTravail/CIRRELT-2011-03.pdf.

93 "Potential for Energy Efficiency Improvement beyond the Light-Duty-Vehicle Sector," Office of Energy Efficiency and Renewable Energy, February 2013, http://www.nrel.gov/docs/fy13osti/55637.pdf, 12, 13.

94 "Manufacturing and Trade Inventories and Sales—April 2013," *U.S. Census Bureau News,* June 13, 2013, http://www.census.gov/mtis/www/data/pdf/mtis_current.pdf.

95 Montreuil, "Towards a Physical Internet," 5.

96 Ibid., 2.

97 Ibid., 2.

98 "Path to Prosperity," SEIU, 4, http://www.seiu.org/images/pdfs/Path_to_Prosperity.pdf.

99 Montreuil, "Towards a Physical Internet," 2–5.

100 Ibid.

101 Ibid., 15.

102 Josie Garthwaite, "Smarter Trucking Saves Fuel over the Long Haul," *National Geographic,* September 23, 2011, http://news.nationalgeographic.com/news/energy/2011/09/110923-fuel-economy-for-trucks/.

13 소유권에서 접근권으로의 전환

1 Amy Chozick, "As Young Lose Interest in Cars, G.M. Turns to MTV for Help," *New York Times,* March 22, 2012, http://www.nytimes.com/2012/03/23/business/media/to-draw-reluctant-young-buyers-gm-turns-to-mtv.html?pagewanted=all (accessed May 29, 2013).

2 Stephanie Steinberg and Bill Vlasic, "Car-Sharing Services Grow, and Expand Options," *New York Times,* January 25, 2013, http://www.nytimes.com/2013/01/26/business/car-sharing-services-grow-and-expand-options.html?_r=0 (accessed May 29, 2013).

3 "Growing Awareness of Peer-to-Peer Car Sharing Will Boost Car Sharing Rentals in Less Populated Areas in Europe, Says Frost & Sullivan," Frost & Sullivan, August 22, 2012, http://www.frost.com/ (accessed May 29, 2013); "Car Sharing—Driving the Way to a Greener Future, Says Frost & Sullivan," Frost & Sullivan, February 18, 2010, http://www.frost.com/prod/servlet/press-release.pag?Src=RSS&docid=193331843 (accessed May 29, 2013); Danielle Sacks, "The Sharing Economy," *Fast Company,* May 2011, http://www.fastcompany.com/1747551/sharing-economy (accessed March 19, 2013).

4   Elliot Martin and Susan Shaheen, "The Impact of Carsharing on Household Vehicle Ownership," *ACCESS* 38 (Spring 2011): 24.

5   David Zhao, "Carsharing: A Sustainable and Innovative Personal Transport Solution with Great Potential and Huge Opportunities," Frost & Sullivan, January 28, 2010, https://www.frost.com/sublib/display-market-insight.do?id=190795176 (accessed May 29, 2013).

6   Elliot Martin and Susan Shaheen, "The Impact of Carsharing on Public Transit and Non-Motorized Travel: An Exploration of North American Carsharing Survey Data," *Energies* 4 (2011): 2094–2114.

7   Susan A. Shaheen et al., "Public Bikesharing in North America: Early Operator and User Understanding," Mineta Transportation Institute, June 2012, 1.

8   Susan A. Shaheen et al., "Bikesharing in Europe, the Americas, and Asia: Past, Present, and Future," *Transportation Research Record: Journal of the Transportation Research Board* 2143 (October 2010): 159–167.

9   Susan A. Shaheen et al., "Public Bikesharing in North America," 27.

10 Ibid., 16.

11 Anita Hamilton, "Will Car-Sharing Networks Change the Way We Travel?," *Time,* February 7, 2012, http://www.time.com/time/specials/packages/article/0,28804,2094921_2094923_2106141,00.html (accessed May 29, 2013).

12 Adam Cohen, Susan Shaheen, and Ryan McKenzie, "Carsharing: A Guide for Local Planners," *PAS Memo* (2008), http://pubs.its.ucdavis.edu/download_pdf.php?id=1240 (accessed February 3, 2014).

13 "Autolib' Brings Intelligent Car-Sharing to the Streets of Paris and Suburbs," Microsoft News Center, February 12, 2013, http://www.microsoft.com/en-us/news/Features/2013/Feb13/02-12autolib.aspx (accessed May 29, 2013).

14 Dave Zhao, "Carsharing: A Sustainable and Innovative Personal Transport Solution with Great Potential and Huge Opportunities," Frost and Sullivan, January 28, 2010, http://www.frost.com/prod/servlet/market-insight-print.pag?docid=190795176 (accessed November 12, 2013).

15 Jeff Cobb, "GM Partners on Ground Floor Opportunity with RelayRides Carsharing," GM-Volt.com, October 10, 2011, http://gm-volt.com/2011/10/10/gm-partners-on-ground-floor-opportunity-with-relayrides-carsharing/ (accessed May 29, 2013).

16 "GM Enters Carsharing Business; Teams Up with RelayRides," GM News,

October 5, 2011, http://media.gm.com/media/us/en/gm/news.detail.html / content /Pages/news/us/en/2011/Oct/1005_relay.html (accessed May 29, 2013).

17 Lawrence Burns, "A Vision of Our Transport Future," *Nature* 497 (May 9, 2013): 181–82.

18 Ibid.

19 Joann Muller, "With Driverless Cars, Once Again It Is California Leading the Way," *Forbes,* September 26, 2012, http://www.forbes.com/sites/joannmuller/2012/09/26/with-driverless-cars-once-again-it-is-california-leading-the-way/ (accessed June 2, 2013).

20 Chris Urmson, "The Self-Driving Car Logs More Miles on New Wheels," *Google Blog,* August 7, 2012, http://googleblog.blogspot.com/2012/08/the-self-driving-car-logs-more-miles-on.html (accessed June 2, 2013).

21 Mary Slosson, "Google Gets First Self-Driven Car License in Nevada," Reuters, May 8, 2012, http://www.reuters.com/article/2012/05/08/uk-usa-nevada-google-idUSLNE84701320120508 (accessed June 3, 2013).

22 Alex Hudson, "Will Driverless Cars Mean Computer Crashes?," BBC News, October 1, 2012, http://news.bbc.co.uk/2/hi/programmes/9755210.stm (accessed June 2, 2013).

23 John Markoff, "Google Cars Drive Themselves, in Traffic," *New York Times,* October 9, 2010, http://www.nytimes.com/2010/10/10/science/10google.html?pagewanted=all&_r=0 (accessed June 2, 2013).

24 "2012 U.S. Automotive Emerging Technologies Study," J.D. Power and Associates, April 26, 2012, http://autos.jdpower.com/content/press-release/gGOwCnW/2012-u-s-automotive-emerging-technologies-study.htm (accessed June 3, 2013).

25 Jack Ewing, "A Benz with a Virtual Chauffeur," *New York Times,* May 16, 2013, http://www.nytimes.com/2013/05/19/automobiles/a-benz-with-a-virtual-chauffeur.html?pagewanted=all&_r=0 (accessed May 28, 2013).

26 Emi Kolawole, "A Win For Google's Driverless Car: Calif. Governor Signs a Bill Regulating Autonomous Vehicles," *Washington Post,* September 25, 2012, http://www.washingtonpost.com (accessed June 2, 2013).

27 Jeremy Rifkin, *The Age of Access: The New Culture of Hypercapitalism Where All of Life Is a Paid-For Experience* (New York: Tracher/Penguin, 2000), 6, 14.

28 Matthew Ruben, "Forgive Us Our Trespasses? The Rise of Consumer

Debt in Modern America," *ProQuest,* February 2009, http://www.csa.com/discoveryguides/debt/review.php (accessed February 3, 2014).

29 Danielle Sacks, "The Sharing Economy," Fast Company, May 2011, http://www.fastcompany.com/1747551/sharing-economy (accessed November 12, 2013).

30 Rachel Botsman and Roo Rogers, *What's Mine Is Yours: The Rise of Collaborative Consumption* (New York: HarperCollins, 2010), xv–xvi.

31 Bruce Upbin, "Airbnb Could Have More Rooms than Hilton by 2012," *Forbes,* June 29, 2011, http://www.forbes.com/sites/bruceupbin/2011/06/29/airbnb-could-have-more-rooms-than-hilton-by-2012/ (accessed June 18, 2013).

32 "Airbnb at a Glance," https://www.airbnb.com/about (accessed June 18, 2013).

33 "Airbnb Global Growth," https://www.airbnb.com/global-growth (accessed June 18, 2013).

34 Andrew Cave, "Airbnb Plans to Be World's Largest Hotelier," *Telegraph,* November 16, 2013, http://www.telegraph.co.uk/finance/newsbysector/retailandconsumer/leisure/10454879/Airbnb-plans-to-be-worlds-larget-hotelier.html (accessed November 26, 2013).

35 "Couchsurfing: Statistics," Couchsurfing, 2013, https://www.couchsurfing.org/statistics (accessed June 19, 2013).

36 Cody Kittle, "Adventures in Couch Surfing: One Sojourner's Truth," *Time,* February 15, 2011, http://www.time.com/time/printout/0,8816,2045092,00.html# (accessed June 19, 2013).

37 "Couchsurfing: Sharing Your Life," Couchsurfing, 2013, https://www.couchsurfing.org/n/about (accessed June 19, 2013).

38 Cody Kittle, "Adventures in Couch Surfing."

39 "Couchsurfing: Statistics."

40 Katherine Boyle, "Why Buy that Dress, Movie, Car or Bike When You Can Rent?" *Washington Post,* March 4, 2012, http://articles.washingtonpost.com/2012-03-04/lifestyle/35449189_1_zipcar-rent-ties (accessed June 15, 2013).

41 "History and Background," The Freecycle Network, http://www.freecycle.org/about/background (accessed June 27, 2013).

42 Sarah Perez, "Kids' Clothing Consignment Service ThredUP Prepares to Take on Threadflip, Poshmark & More with Move into Women's Apparel," TechCrunch, February 20, 2013, http://techcrunch.com/2013/02/20/kids-clothing-consignment-service-thredup-prepares-to-take-on-threadflip-

poshmark-more-with-move-into-womens-apparel/ (accessed June 18, 2013).

43 "ThredUP Jobs with Part-Time, Telecommuting, or Flexible Working," FlexJobs, http://www.flexjobs.com/jobs/telecommuting-jobs-at-thredup (accessed June 18, 2013).

44 Sarah Perez, "Kids' Clothing Consignment Service thredUP."

45 Benny Evangelista, "S.F.'s Yerdle: Sharing Not Shopping," *San Francisco Chronicle,* November 24, 2012, http://www.sfgate.com/technology/article/S-F-s-yerdle-sharing-not-shopping-4063638.php (accessed June 18, 2013).

46 Neal Gorenflo, "How Big Retail Could Mainstream Collaborative Consumption Overnight," *Shareable,* June 6, 2012, http://www.shareable.net/blog/how-big-retail-could-mainstream-collaborative-consumption-overnight (accessed June 19, 2013).

47 Ibid.

48 Ibid.

49 Ibid.

50 Alex Pasternack, "SharedEarth.com: A Landshare Grapevine Linking Gardeners with Gardens," TreeHugger, April 29, 2010, http://www.treehugger.com/green-food/sharedearthcom-a-landshare-grapevine-linking-gardeners-with-gardens.html (accessed June 21, 2013).

51 Ibid.

52 Ibid.

53 Charlotte Howard, "The Temporary Calm," *Economist,* January 9, 2013, http://www.economist.com/blogs/democracyinamerica/2013/01/health-care-spending (accessed June 18, 2013).

54 Sarah Arnquist, "Research Trove: Patients' Online Data," *New York Times,* August 24, 2009, http://www.nytimes.com/2009/08/25/health/25web.html?pagewanted=all&_r=0 (accessed June 18, 2013).

55 Gilles J. Frydman, "Patient-Driven Research: Rich Opportunities and Real Risks," *Journal of Participatory Medicine* 1 (October 2009), http://www.medscape.com/viewarticle/713872 (accessed June 19, 2013).

56 Ibid.

57 Bruce Upton, "PatientsLikeMe is Building a Self-Learning Healthcare System," *Forbes,* March 1, 2013, http://www.forbes.com/sites/bruceupbin/2013/03/01/building-a-self-learning-healthcare-system-paul-wicks-of-patientslikeme/

(accessed June 19, 2013); Frydman, "Patient-Driven Research."

58 "PatientsLikeMe Social Network Refutes Published Clinical Trial," PatientsLikeMe, April 25, 2011, http://news.patientslikeme.com/press-release/patientslikeme-social-network-refutes-published-clinical-trial (accessed June 20, 2013).

59 Ibid.

60 Frydman, "Patient-Driven Research."

61 "Wikipedians," Wikipedia, https://en.wikipedia.org/wiki/Wikipedia:Wikipedians (accessed June 18, 2013).

62 Dan Hoch and Tom Ferguson, "What I've Learned from E-Patients," *PLOS Medicine* 2(8) (2005), http://www.plosmedicine.org/article/info:doi/10.1371/journal.pmed.0020206 (accessed June 19, 2013).

63 Ibid.

64 Ibid.

65 "Vice President Biden Announces Availability of Nearly $1.2 Billion in Grants to Help Hospitals and Doctors Use Electronic Health Records," White House Statements and Releases, August 20, 2009, http://www.whitehouse.gov/the-press-office/vice-president-biden-announces-availability-nearly-12-billion-grants-help-hospitals (accessed June 20, 2013).

66 Tim Carmody, "Google and CDC Show US Flu Epidemic among Worst in a Decade," *Verge,* January 10, 2013, http://www.theverge.com/2013/1/10/3861538/google-cdc-show-us-flu-epidemic-among-worst-in-decade (accessed June 19, 2013).

67 Brooke Jarvis, "Twitter Becomes a Tool for Tracking Flu Epidemics and Other Public Health Issues," *Washington Post,* March 4, 2013, http://articles.washingtonpost.com/2013-03-04/national/37429814_1_twitter-data-tweets-mark-dredze (accessed June 19, 2013).

68 Claire Barrett, "One Day It Will be Possible to 3-D-Print Human Heart," *Dezeen,* May 19, 2013, http://www.dezeen.com/2013/05/19/3d-printing-organs-medicine-print-shift/ (accessed July 12, 2013).

69 Scott Smith, "Coming Soon to a 3-D Printer near You: Human Tissue and Organs," *Quartz,* April 30, 2013, http://qz.com/78877/how-soon-will-we-be-able-to-3-d-print-entire-human-organs-sooner-than-you-think/ (accessed July 11, 2013).

70 Stuart Gray, "3-D Printing Creates Synthetic 'Tissue,'" ABC Science, April 5, 2013, http://www.abc.net.au/science/articles/2013/04/05/3729985.htm (July 12, 2013).

71 Laura Ungar, "Researchers Closing in on Printing 3-D Hearts," USA Today, May 29, 2013, http://www.usatoday.com/story/tech/2013/05/29/health-3d-printing-organ-transplant/2370079/ (accessed July 11, 2013).

72 Mikayla Callen, "Scientists Advance 3-D Printing toward Fabrication of Living Tissues and Functional Organs," Objective Standard, May 9, 2013, http://www.theobjectivestandard.com/blog/index.php/2013/05/scientists-advance-3d-printing-toward-fabrication-of-living-tissues-and-functional-organs/ (accessed July 11, 2013).

73 "The Text of President Bush's Address Tuesday Night, after Terrorist Attacks on New York and Washington," CNN, September 11, 2001, http://archives.cnn.com/2001/US/09/11/bush.speech.text.

74 "Magna Global Advertising Forecast 2013," Magna Global, http://news.magnaglobal.com/magna-global/press-releases/advertising-growth-2013.print.

75 Katherine A. MacKinnon, "User Generated Content vs. Advertising: Do Consumers Trust the Word of Others over Advertisers?" Elon Journal of Undergraduate Research in Communications 3 (Spring 2012): 14.

76 Myles Anderson, "Study: 72% of Consumers Trust Online Reviews as Much as Personal Recommendations," Search Engine Land, March 12, 2012, http://searchengineland.com/study-72-of-consumers-trust-online-reviews-as-much-as-personal-recommendations-114152.

77 Kate Brown, "Review Websites: Is It a Genuine Review or Advertising in Disguise?," Choice: The People's Watchdog, January 23, 2013, http://www.choice.com.au/reviews-and-tests/money/shopping-and legal/shopping/review%20sites.aspx.

78 MacKinnon, "User Generated Content vs. Advertising."

79 Anderson, "Study: 72% of Consumers Trust Online Reviews."

80 "About," Consumr: The People's Product Guide, http://www.consumr.com/about (accessed November 4, 2013); "GoodGuide Delivered to Your Phone," GoodGuide, 2011, http://www.goodguide.com/about/mobile (accessed June 19, 2013).

81 MacKinnon, "User Generated Content vs. Advertising," 18.

82 Michael Learmonth, "As Fake Reviews Rise, Yelp, Others Crack Down on Fraudsters," *Advertising Age,* October 30, 2012, http://adage.com/article/digital/fake-reviews-rise-yelp-crack-fraudsters/237486/.

83 "Craigslist Factsheet," Craigslist, updated March 27, 2013, http://www.craigslist.org/about/factsheet.

84 Jeff Jarvis, "When Innovation Yields Efficiency," *BuzzMachine,* June 12, 2009, http://buzzmachine.com/2009/06/12/when-innovation-yields-efficiency/.

85 "Craigslist Factsheet."

86 Saul J. Berman, Bill Battino, Louisa Shipnuck, and Andreas Neus, "The End of Advertising as We Know It," IBM Global Business Services, 2007, 8, http://www-05.ibm.com/de/media/downloads/end-of-advertising.pdf.

87 Eric Clemons, "Why Advertising Is Failing on the Internet," *Tech Crunch,* March 22, 2009, http://techcrunch.com/2009/03/22/why-advertising-is-failing-on-the-internet/.

88 Ibid.

89 "The End of the Free Lunch—Again," *Economist,* March 19, 2009, http://www.economist.com/node/13326158.

90 "Magna Global Advertising Forecast 2013" "IAB Internet Advertising Revenue Report—2012 Full Year Results," PricewaterhouseCoopers, April 2013, http://www.iab.net/media/file/IAB_PWC_Internet_Advertising_Revenue_Report_FY_2012_Apr_16_2013.pdf

91 Ki Mae Heussner, "Internet Advertising Still a Growth Business, but Pace Slows," *Gigaom,* October 11, 2012, http://gigaom.com/2012/10/11/internet-advertising-still-a-growth-business-but-pace-slows/.

92 Claire Cain Miller, "Google Grapples with Mobile," *International New York Times,* October 19–20, 2013, 14.

93 Ibid.

94 "National Study Quantifies the 'Sharing Economy' Movement," *PRNewswire,* February 8, 2012, http://www.prnewswire.com/news-releases/national-study-quantifies-the-sharing-economy-movement-138949069.html (accessed March 19, 2013).

95 Neal Gorenflo, "The New Sharing Economy," *Shareable,* December 24, 2010, http://www.shareable.net/blog/the-new-sharing-economy (accessed March 19, 2013).

96 Bryan Walsh, "10 Ideas that Will Change the World: Today's Smart Choice: Don't Own. Share," *Time,* March 17, 2011, http://www.time.com/time/specials/packages/article/0,28804,2059521_2059717,00.html (accessed March 19, 2013).

97 Danielle Sacks, "The Sharing Economy," *Fast Company,* April 18, 2011, http://www.fastcompany.com/1747551/sharing-economy (accessed March 19, 2013).

98 Bob Van Voris, "Apple Battles E-Books Pricing Claims in Antitrust Trial," *Bloomberg,* June 3, 2012, http://www.bloomberg.com/news/2013-06-03/apple-to-fight-e-books-pricing-claims-in-antitrust-trial.html (accessed June 4, 2013).

99 Geert De Clercq, "Renewables Turn Utilities into Dinosaurs of the Energy World," Reuters, March 8, 2013, http://www.reuters.com/article/2013/03/08/us-utilities-threat-idUSBRE92709E20130308 (accessed August 30, 2013).

14 사회적 자본의 크라우드펀딩, 통화의 민주화, 기업가 정신의 인본화, 근로에 대한 재고

1 Matthew Ericson, Elaine He, and Amy Schoenfeld, "Tracking the $700 Billion Bailout," *New York Times,* June 19, 2009, http://www.nytimes.com/packages/html/national/200904_CREDITCRISIS/recipients.html (accessed March 29, 2013).

2 "Peer-to-Peer Lending: How Zopa Works," Zopa, http://uk.zopa.com/about-zopa/peer-to-peer-lending (accessed June 11, 2013).

3 David Bornstein, "Crowdfunding Clean Energy," *New York Times,* March 6, 2013, http://opinionator.blogs.nytimes.com/2013/03/06/crowd-funding-clean-energy/ (accessed March 6, 2013).

4 "Amazon Payment Fees," Amazon, http://www.kickstarter.com/help/amazon (accessed June 11, 2013); "What Is Kickstarter?" Kickstarter, http://www.kickstarter.com/hello?ref=nav (accessed June 11, 2013).

5 "What Is Kickstarter?"

6 "Re-imagining US Solar Financing," Bloomberg New Energy Finance (June 4, 2012) from David Bornstein, "Crowdfunding Clean Energy," *New York Times* Opinion Pages, March 6, 2013, http://opinionator.blogs.nytimes.com/2013/03/06/crowd-funding-clean-energy/?_r=0 (accessed November 8, 2013).

7   Ibid.

8   Ibid.

9   Geert De Clercq, "Analysis: Renewables Turn Utilities into Dinosaurs of the Energy World," Reuters, March 8, 2013, http://www.reuters.com/article/2013/03/08/us-utilities-threat-idUSBRE92709E20130308 (accessed March 8, 2013).

10 Deborah L. Jacobs, "The Trouble with Crowdfunding," *Forbes,* April 17, 2013, http://www.forbes.com/sites/deborahljacobs/2013/04/17/the-trouble-with-crowdfunding/ (accessed April 18, 2013).

11 "Manipulating Peer2Peer Marketplaces: Controlling What You Aren't Supposed to Control," TaskUs, November 1, 2012, https://www.taskus.com/white_paper/manipulating-peer2peer-marketplaces-controlling-arent-supposed-control/ (accessed July 8, 2013).

12 Jenna Wortham, "Trading in Your Old Web Threads in the Web," *New York Times,* October 9 2009, http://bits.blogs.nytimes.com/2009/10/09/tradin-in-your-old-threads-on-the-web/ (accessed May 28, 2013).

13 "FAQ," TrustCloud, https://trustcloud.com/faq (accessed June 11, 2013).

14 Rachel Botsman and Roo Rogers, *What's Mine Is Yours: The Rise of Collaborative Consumption* (New York: HarperCollins, 2010), 179.

15 Cait Poynor Lamberton and Randall L. Rose, "When Is Ours Better than Mine? A Framework for Understanding and Altering Participation in Commercial Sharing Systems," *Journal of Marketing* 76(4) (July 1, 2012): 109–25.

16 "Who is the FDIC?," Federal Deposit Insurance Corporation, January 18, 2013, http://fdic.gov/about/learn/symbol/ (accessed June 27, 2013).

17 Ben Block, "Local Currencies Grow During Economic Recession," Worldwide Institute, January 8, 2009, http://www.worldwatch.org/node/5978 (accessed June 4, 2013).

18 Edgar Cahn, "Time Banking: An Idea Whose Time Has Come?," *Yes Magazine*, November 17, 2011, http://www.yesmagazine.org/new-economy/time-banking-an-idea-whose-time-has-come (accessed November 13, 2013).

19 Eric Garland, "The Next Money: As the Big Economies Falter, Micro-currencies Rise," *Atlantic,* May 16, 2012, http://www.theatlantic.com/international/archive/2012/05/the-next-money-as-the-big-economies-falter-micro-currencies-rise/257216/ (accessed June 4, 2013).

20 Anthony Migchels, "The Swiss WIR, or: How to Defeat the Money Power," Real Currencies, April 19, 2012, http://realcurrencies.wordpress. com/2012/04/19/the-swiss-wir-or-how-to-defeat-the-money-power/ (accessed November 13, 2013).

21 "US Community Uses Local Currency to Weather Financial Storms," Voice of America, November 6, 2011, http://www.voanews.com/ content/us-community-uses-local-currency-to-weather-financial- storms-133374073/163272.html (accessed June 4, 2013).

22 Douglas Rushkoff, "Life Dollars: Finding Currency in Community," *Futurist,* September–October 2010, http://www.wfs.org/content/life-dollars-finding- currency-community (accessed June 5, 2013).

23 "US Community Uses Local Currency to Weather Financial Storms," VOAvideo, 2:31, November 7, 2011, http://www.youtube.com/ watch?v=KRID85f-dmQ (accessed June 4, 2013).

24 Helena Smith, "Euros Discarded as Impoverished Greeks Resort to Bartering," *Guardian,* January 2, 2013, http://www.guardian.co.uk/world/2013/jan/02/euro- greece-barter-poverty-crisis (accessed January 3, 2013); Ariana Eunjung Cha, "Spain's Crisis Spawns Alternative Economy that Doesn't Rely on the Euro," *Guardian,* September 4, 2012, http://www.guardian.co.uk/world/2012/sep/04/ spain-euro-free-economy (accessed June 4, 2013).

25 Saabira Chaudhuri, "Bitcoin Price Hits New Record High," *Wall Street Journal,* November 13, 2013, http://online.wsj.com/news/articles/SB1000142405270230 3789604579195773841529160 (accessed November 13, 2013).

26 Garland, "The Next Money."

27 Ibid.

28 Judith D. Schwartz, "Alternative Currencies Grow in Popularity," *Time,* December 14, 2008, http://www.time.com/time/business/ article/0,8599,1865467,00.html (accessed June 5, 2013).

29 Hugo Martin, "Outdoor Retailer Patagonia Puts Environment Ahead of Sales Growth," *Los Angeles Times,* May 24, 2012, http://articles.latimes.com/2012/ may/24/business/la-fi-patagonia-20120525 (accessed February 27, 2013).

30 "What are B Corps?—Legislation," B Corporation, April 18, 2013, http:// www.bcorporation.net/what-are-b-corps/legislation (accessed April 18, 2013).

31 John Elkington, "From the Triple Bottom Line to Zero," JohnElkington.com,

http://www.johnelkington.com/activities/ideas.asp (accessed March 4, 2013).

32　Eleanor Shaw and Sara Carter, "Social Entrepreneurship: Theoretical Antecedents and Empirical Analysis of Entrepreneurial Processes and Outcomes," *Journal of Small Business and Enterprise Development* 14(3) (2007): 418–34, http://www.emeraldinsight.com/journals.htm?articleid=1621426&show=abstract (accessed May 3, 2013).

33　"Capital Markets with a Conscious," *Economist,* September 1, 2009, http://www.economist.com/node/14347606 (accessed May 3, 2013).

34　"L3Cs—A Hybrid Low Profit Business Entity," Nolo, s.v., http://www.nolo.com/legal-encyclopedia/l3cs-a-hybrid-low-profit-business-entity.html (accessed May 3, 2013).

35　"Elective Curriculum: Course Descriptions," Harvard Business School, http://www.hbs.edu/coursecatalog/; "Introduction to Social Entrepreneurship," Harvard Law School, http://www.law.harvard.edu/academics/curriculum/catalog/index.html?o=64904 (accessed November 14, 2013).

36　Kate Koch, "The Business of Changing the World," *Harvard Gazette,* February 27, 2012, http://news.harvard.edu/gazette/story/2012/02/the-business-of-world-changing/ (accessed May 3, 2013).

37　"Ashoka: Frequently Asked Questions," Ashoka, https://www.ashoka.org/facts (accessed May 3, 2013); "Ashoka: About Us," Ashoka, https://www.ashoka.org/about (accessed November 13, 2013).

38　"Skoll Foundation: About," Skoll Foundation, www.skollfoundation.org/about/ (accessed May 3, 2013).

39　Ben Thornley, "Facts on U.S. Social Enterprise," *Huffington Post,* November 8, 2012, http://www.huffingtonpost.com/ben-thornley/social-enterprise_b_2090144.html (accessed May 4, 2013).

40　Mark Gould, "Taking Social Enterprise to New Heights," *Guardian,* January 26, 2010, http://www.guardian.co.uk/society/2010/jan/27/peter-holbrook-social-enterprise-coalition (accessed May 4, 2013).

41　Jo Barraket, Nick Collyer, Matt O'Connor and Heather Anderson, "Finding Australia's Social Enterprise Sector: Final Report," FASES, June 2010, http://www.socialtraders.com.au/finding-australias-social-enterprise-sector-fases-final-report (accessed May 4, 2013).

42　Lester Salamon, "Putting the Civil Society Sector on the Economic Map of the

World," *Annals of Public and Cooperative Economics* 81(2) (June 2010): 187–88, http://ccss.jhu.edu/wp-content/uploads/downloads/2011/10/Annals-June-2010. pdf (accessed May 3, 2013).

43   Ibid.

15 지속 가능한 풍요

1   Catherine Brahic, "Americans Must Diet to Save Their Economy," *ABC News,* July 25, 2008, http://abcnews.go.com/Technology/story?id=5443470&page=1#. Ua3tYkDqkb0 (accessed June 3, 2013).

2   "Preventing Micronutrient Malnutrition: A Guide to Food-based Approaches," FAO, 1997, http://www.fao.org/docrep/x0245e/x0245e01.htm (accessed November 13, 2013).

3   "How to Feed the World in 2050," UN Food and Agriculture Organization, June 2009, 2, ftp://ftp.fao.org/docrep/fao/012/ak542e/ak542e00.pdf (accessed June 14, 2013).

4   Brahic, "Americans Must Diet to Save Their Economy."

5   Paul R. Ehrlich and Anne H. Ehrlich, "Can a Collapse of Global Civilization Be Avoided?" *Proceedings of the Royal Society B: Biological Sciences* 280 (2013): 2, http://rspb.royalsocietypublishing.org/content/280/1754/20122845.full. pdf+html (accessed February 8, 2013); Monique Gruten, et al., "Living Planet Report 2012: Biodiversity, Biocapacity, and Better Choices," World Wildlife Fund, 2012, 6, http://awsassets.panda.org/downloads/1_lpr_2012_online_full_ size_single_pages_final_120516.pdf (accessed January 17, 2013).

6   Pyarelal, *Mahatma Gandhi,* vol. 10: *The Last Phase,* part 2 (Ahmedabad, India: Navajivan, 1956), 552.

7   "Ecological Footprint Accounting and Methodology," Global Footprint Network, http://www.footprintnetwork.org/images/uploads/Part_III_ Technical_Document.pdf (accessed June 10, 2013).

8   Michael Borucke et al., "National Footprints Accounts, 2011 Edition," Global Footprint Network, 2011, 5, http://www.footprintnetwork.org/images/uploads/ NFA_2011_Edition.pdf (accessed June 10, 2013); Tim Radford, "How Many People Can the Earth Support?," *Guardian,* November 11, 2004, http://www.

guardian.co.uk/science/2004/nov/11/thisweeksssciencequestions1 (accessed June 4, 2013).

9   Brad Ewing, David Moore, Steven Goldfinger, Anna Oursler, Anders Reed, and Mathis Wackernagel, "Ecological Footprint Atlas 2010," Global Footprint Network, October 13, 2010, http://www.footprintnetwork.org/en/index.php/ GFN/page/ecological_footprint_atlas_2010 (accessed June 10, 2013).

10 Lester R. Brown, "Improving Food Security by Strategically Reducing Grain Demand," Earth Policy Institute, November 9, 2010, http://www.earth-policy. org/book_bytes/2010/pb4ch09_ss6 (accessed June 19, 2013); Mary Vanderkooi, M.D., *Village Medical Manual: A Layman's Guide to Healthcare in Developing Countries,* vol. 1 (Pasadena, CA: William Carey Library, 2000), 39.

11 Anup Shah, "Poverty Facts and Stats," *Global Issues,* January 7, 2013, http:// www.globalissues.org/article/26/poverty-facts-and-stats (accessed January 23, 2013).

12 Tim Kasser, *The High Price of Materialism* (Chester, NJ: Bradford Book, 2002), 5, 14.

13 Alison Grant, "Money = Happiness? That's Rich," *Sun Herald,* January 8, 2005, http://www.unlimitedloveinstitute.org/news/pdf/money_and_happiness.pdf (accessed March 21, 2013).

14 Richard Layard, *Happiness: Lessons from a New Science* (New York: Penguin Press, 2006), 29–30.

15 Peter A. Corning, "The Fair Society: It's Time to Re-Write the Social Contract," *Seattle Journal for Social Justice* 11(1) (July 2012): 205, http:// digitalcommons.law.seattleu.edu/sjsj/vol11/iss1/17/ (accessed May 4, 2013).

16 Robert D. Putnam, *Bowling Alone: The Collapse and Revival of American Community* (New York: Simon and Schuster, 2001), 140.

17 William James, *The Principles of Psychology,* vol. 1 (New York: Henry Holt, 1890), 291, 327.

18 Juliet B. Schor, *Born to Buy: The Commercialized Child and the New Consumer Culture* (New York: Scribner, 2004), 31.

19 Ibid., 37.

20 Diane Swanbrow, "Empathy: College Students Don't Have as Much as They Used To," University of Michigan News Service, May 27, 2010, http:// ns.umich.edu/new/releases/7724 (accessed April 2, 2013).

21 Swanbrow, "Empathy" Sara H. Konrath, Edward H. O'Brien, and Courtney

Hsing, "Changes in Dispositional Empathy in American College Students over Time: A Meta-Analysis," *Personality and Social Psychology Review* 5(2) (2011): 180–81, http://www.sitemaker.umich.edu/eob/files/konrathetal2011.pdf (accessed April 2, 2013).

22   Morley Winograd and Michael D. Hais, *Millenial Makeover: MySpace, YouTube, and the Future of American Politics* (Piscataway, NJ: Rutgers University Press, 2008), 5.

23   Kelsey Sheehy, "10 Colleges Where the Most Students Study Abroad," *U.S. News and World Report,* February, 26, 2013, http://www.usnews.com/education/best-colleges/the-short-list-college/articles/2013/02/26/10-colleges-where-the-most-students-study-abroad (accessed February 26, 2013); Judi Lerman et al., "Millennials' Attitudes toward Immigrants and Immigration Policies," *TheOpportunity Agenda,* 2011, 13-14, http://opportunityagenda.org/millennials_attitudes_immigrants (accessed March 14, 2013).

24   Emily Esfahani Smith and Jennifer L. Aaker, "Millenial Searchers," *New York Times,* December 1, 2013.

25   Ibid.

26   Ibid.

27   Kennon M. Sheldon and Holly A. McGregor, "Extrinsic Value Orientation and the Tragedy of the Commons," *Journal of Personality* 68(2) (2000): 383–411, http://web.missouri.edu/~sheldonk/pdfarticles/JP00trag.pdf (accessed June 16, 2013).

28   David Madland and Ruy Teixeira, "New Progressive America: The Millennial Generation," Center for American Progress, May 13, 2009, http://www.americanprogress.org/issues/progressive-movement/report/2009/05/13/6133/new-progressive-america-the-millennial-generation/ (accessed March 14, 2013).

29   Ibid.

30   Ronald Lee, "The Demographic Transition: Three Centuries of Fundamental Change," *Journal of Economic Perspectives* 17(4) (Fall 2003): 167–90.

31   "Kandeh K. Yumkella and Jeremy Rifkin Speaking about the Third Industrial Revolution," UNIDO video, 3:27, November 29, 2011, http://www.youtube.com/watch?v=wJYuMTKG8bc (accessed June 6, 2013).

32   Geoffrey Mohan, "Carbon Dioxide Levels in Atmosphere Pass 400 Milestone, Again," *Los Angeles Times,* May 20, 2013, http://www.latimes.com/news/

science/sciencenow/la-sci-sn-carbon-dioxide-400-20130520,0,7130588. story (accessed May 21, 2013); "Why Are Humans Responsible for Global Warming?," Environmental Defense Fund, 2013, http://www.edf.org/climate/ human-activity-causes-warming (accessed May 21, 2013).

33 "Climate Change Indicators in the United States: Atmospheric Concentrations of Greenhouse Gases," U.S. Environmental Protection Agency, June 13, 2013, http://www.epa.gov/climatechange/science/indicators/ghg/ghg-concentrations. html (accessed June 27, 2013).

34 Susan Joy Hassol, "Emissions Reductions Needed to Stabilize Climate," *Climate Communication* (2011): 1, 4, http://www.climatecommunication.org/wp-content/uploads/2011/08/presidentialaction.pdf (accessed June 28, 2013).

35 Ibid., 2.

36 Kevin E. Trenberth, "Changes in Precipitation with Climate Change," *Climate Research* 47 (March 2011): 123, http://nldr.library.ucar.edu/repository/assets/ osgc/OSGC-000-000-000-596.pdf (accessed June 27, 2013).

37 Julia Whitty, "Gone: Mass Extinction and the Hazards of Earth's Vanishing Biodiversity," *Mother Jones,* May/June 2007, http://www.motherjones.com/ environment/2007/05/gone (accessed May 3, 2013).

38 James Hansen et al., "Target Atmospheric CO2: Where Should Humanity Aim?," *Open Atmospheric Science Journal* 2 (2008): 217, http://pubs.giss.nasa.gov/ docs/2008/2008_Hansen_etal.pdf (accessed June 25, 2013).

39 Bruce Campbell, "Serious About Climate Change? Talk About Agriculture," CNN, November 21, 2013, http://globalpublicsquare.blogs.cnn. com/2013/11/21/serious-about-climate-change-talk-about-agriculture/ (accessed November 25, 2013).

40 Erica Rex, "Catastrophic European Floods Raise Climate Concerns," *Environment & Energy Publishing,* June 10, 2013, http://www.eenews.net/ stories/1059982544/ (accessed June 11, 2013).

41 Laura Stevens, "Flooded Europe Towns Brace for New Recovery," *Wall Street Journal,* June 9, 2013, http://online.wsj.com/article/SB100014241278873249040 04578535492504355754.html (accessed June 11, 2013).

42 Erica Rex, "Catastrophic European Floods Raise Climate Concerns," Environment & Energy Publishing, June 10, 2013, http://www.eenews.net/ stories/1059982544/ (accessed June 11, 2013).

43 Gary Paul Nabham, "Our Coming Food Crisis," *New York Times*, July 21, 2013, http://www.nytimes.com/2013/07/22/opinion/our-coming-food-crisis.html?_r=0 (accessed November 25, 2013).

44 Brad Plumer, "What We Know About Climate Change and Drought," *Washington Post*, July 24, 2012, http://www.washingtonpost.com/blogs/wonkblog/wp/2012/07/24/what-we-know-about-climate-change-and-drought/ (accessed November 25, 2013).

45 Justin Sheffield, Julio E. Herrera-Estrada, Kelly Caylor, and Eric F. Wood, "Drought, Climate Change and Potential Agricultural Productivity," NASA, http://www.nasa.gov/pdf/607932main_sheffield_et_al_drought_press_conf.pdf (accessed November 25, 2013).

46 "Impact of Climate Change on Agriculture—Fact Sheet on Asia," International Food Policy Research Institute, 2009, http://www.ifpri.org/publication/impact-climate-change-agriculture-factsheet-asia (accessed February 27, 2013); Lenny Bernstein, Peter Bosch, Osvaldo Canziani, et al., "Climate Change 2007: Synthesis Report,"Intergovernmental Panel on Climate Change, November 12, 2007, 20–21, http://www.ipcc.ch/pdf/assessment-report/ar4/syr/ar4_syr_spm.pdf (accessed March 3, 2013).

47 "Impact of Climate Change on Agriculture—Fact Sheet on Sub-Saharan Africa," International Food Policy Research Institute, 2009, http://www.ifpri.org/publication/impact-climate-change-agriculture-factsheet-sub-saharan-africa (accessed February 27, 2013).

48 "Impact of Climate Change on Agriculture—Fact Sheet on Middle East and North Africa," International Food Policy Research Institute, 2009, http://www.ifpri.org/publication/impact-climate-change-agriculture-factsheet-middle-east-and-north-africa (accessed February 27, 2013).

49 "Impact of Climate Change on Agriculture—Fact Sheet on Latin America and the Caribbean," International Food Policy Research Institute, 2009, http://www.ifpri.org/publication/impact-climate-change-agriculture-factsheet-latin-america-and-caribbean (accessed February 27, 2013).

50 Wolfram Schlenker and Michael J. Roberts, "Nonlinear Temperature Effects Indicate Severe Damages to U.S. Crop Yields Under Climate Change," *Proceedings of the National Academy of Sciences of the United States of America* 106(37) (September 15, 2009), http://www.ncbi.nlm.nih.gov/pmc/articles/

PMC2747166/ (accessed July 22, 2013).

51 Andy Newman, "Hurricane Sandy vs. Hurricane Katrina," *New York Times*, November 27, 2012, http://cityroom.blogs.nytimes.com/2012/11/27/hurricane-sandy-vs-hurricane-katrina/ (accessed June 11, 2013).

52 Ibid.

53 "Status of the Nuclear Reactors at the Fukushima Daiichi Power Plant," *New York Times*, April 29, 2011, http://www.nytimes.com/interactive/2011/03/16/world/asia/reactors-status.html (accessed June 22, 2013); Mitsuru Obe, "Japan Finds Radiation Spread over a Wide Area," *Wall Street Journal*, August 31, 2011, http://online.wsj.com/article/SB10001424053111904332804576540131142824 362.html (accessed June 22, 2013).

54 "Transport, Infrastructure, and Building Russia: Vulnerabilities—Pipelines," Centre for Climate Adaption, http://www.climateadaptation.eu/russia/transport-infrastructure-and-building/ (accessed May 23, 2013).

55 Dirk Rubbelke and Stefan Vogele, "Impacts of Climate Change on European Critical Infrastructures: The Case of the Power Sector," *Environmental Science and Policy* 14(1) (2011); Anita Elash, "Heat Spells Trouble for France's Nuclear Reactors," NPR, August 21, 2007, http://www.npr.org/templates/story/story.php?storyId=13818689 (accessed February 2, 2013).

56 "Six Sources of Energy—One Energy System," Vattenfall, 2013, http://www.vattenfall.com/en/file/Nuclear_power-ENG.pdf_16469558.pdf (accessed November 14, 2013).

57 "New York Subway Repairs Border 'on the Edge of Magic,'" *New York Times*, November 8, 2012, http://www.nytimes.com/2012/11/09/nyregion/new-york-subways-find-magic-in-speedy-hurricane-recovery.html?pagewanted=all (accessed June 11, 2013).

58 "Infrastructure, Engineering and Climate Change Adaptation—ensuring services in an uncertain future," Engineering the Future (London: Royal Academy of Engineering, 2011), 21, https://www.gov.uk/government/publications/infrastructure-engineering-and-climate-change-adaptation-ensuring-services-in-an-uncertain-future (accessed June 27, 2013).

59 James Neumann, "Adaptation to Climate Change: Revisiting Infrastructure Norms," Resources for the Future Issue Brief 09-15 (December 2009): 4, http://www.rff.org/RFF/Documents/RFF-IB-09-15.pdf (accessed November 14, 2013).

60 Choe Sang-Hun, "Computer Networks in South Korea Are Paralyzed in Cyberattacks," *New York Times,* March 20, 2013, http://www.nytimes. com/2013/03/21/world/asia/south-koreacomputer-network-crashes.html (accessed March 21, 2013); Siobhan Gorman, "Electricity Grid in U.S. Penetrated by Spies," *Wall Street Journal,* April 8, 2009, http://online.wsj.com/ article/SB123914805204099085.html (accessed March 21, 2013).

61 James A. Lewis, "Assessing the Risks of Cyber Terrorism, Cyber War, and Other Cyber Threats," Center for Strategic and International Studies, 2002, 1, http://csis. org/files/media/csis/pubs/021101_risks_of_cyberterror.pdf (June 15, 2013).

62 Nicole Perlroth and David E. Sanger, "Cyberattacks Seem Meant to Destroy, Not Just Disrupt," *New York Times,* March 28, 2013, http://www.nytimes. com/2013/03/29/technology/corporate-cyberattackers-possibly-state-backed-now-seek-to-destroy-data.html?pagewanted=all&_r=0 (accessed March 29, 2013).

63 Jamie Miyazaki, "Power Up on Smart Grid Cyber Security," *Wall Street Journal,* February 25, 2010, http://blogs.wsj.com/source/2010/02/25/power-up-on-smart-grid-cyber-security/ (accessed July 16, 2013); "Global Cybersecurity Market to Reach $61 Billion This Year," *Infosecurity,* January 30, 2012, http:// www.infosecurity-magazine.com/view/23548/ (accessed July 16, 2013).

64 "Report of the Commission to Assess the Threat to the United States from Electromagnetic Pulse (EMP) Attack," EMP Commission, April 2008, vii, http://www.empcommission.org/docs/A2473-EMP_Commission-7MB.pdf (accessed February 3, 2014).

65 Ibid.

66 Stew Magnuson, "Feds Fear Coordinated Physical, Cyber-Attacks on Electrical Grids," *National Defense,* September 2012, http://www.nationaldefensemagazine. org/archive/2012/september/Pages/FedsFearCoordinatedPhysical,Cyber-AttacksonElectricalGrids.aspx (accessed July 16, 2013).

67 "Cybersecurity," *Congressional Record* 158, no. 103 (July 11, 2012): 7, http://www. fas.org/irp/congress/2012_cr/whitehouse-cyber2.html (accessed July 16, 2013).

68 Matthew L. Wald, "A Drill to Replace Crucial Transformers (Not the Hollywood Kind)," *New York Times,* March 14, 2012, http://www.nytimes. com/2012/03/15/business/energy-environment/electric-industry-runs-transformer-replacement-test.html (accessed July 16, 2013).

69 Matthew L. Wald, "Terrorist Attack on Power Grid Could Cause Broad

Hardship, Report Says," *New York Times,* November 14, 2012, http://www.
nytimes.com/2012/11/15/science/earth/electric-industry-is-urged-to-gird-
against-terrorist-attacks.html?_r=0 (accessed July 16, 2013).

70 April Mara Major, "Norm Origin and Development in Cyberspace: Models of
Cybernorm Evolution," *Washington University Law Review* 78(1) (2000):78–79;
"Paul Baran and the Origins of the Internet," RAND Corporation, 2013,
http://www.rand.org/about/history/baran.html (accessed November 14, 2013).

71 Diane Cardwell, "Solar Companies Seek Ways to Build an Oasis of Electricity,"
New York Times, November 19, 2012, http://www.nytimes.com/2012/11/20/
business/energy-environment/solar-power-as-solution-for-storm-darkened-
homes.html (accessed February 2, 2013).

72 "SPIDERS Microgrid Project Secures Military Installations," Sandia National
Laboratories, February 22, 2012, https://share.sandia.gov/news/resources/news_
releases/spiders/ (accessed May 29, 2013).

16 생물권 생활 방식

1 Robin Dunbar, *Grooming, Gossip, and the Evolution of Language* (Cambridge,
MA: Harvard University Press, 1998), 70.

2 Roger B. Beck et al., *World History: Patterns of Interaction* (Boston: McDougal
Littell, 2006), 27, http://www.ltisdschools.org/cms/lib/TX21000349/Centricity/
Domain/287/Chapter2.pdf (accessed November 6, 2013).

3 Georg Wilhelm Friedrich Hegel, *Lectures on the Philosophy of World History*
(Cambridge: Cambridge University Press, 1975), 79.

후기

1 Adam Smith, *An Inquiry Into the Nature and Causes of the Wealth of Nations*
(London: W. Strahan and T. Cadell, 1776).

2 Toby Elwin, "The Cost of Culture, a 50% Turnover of the Fortune 500,"
Toby Elwin, February 4, 2010, http://www.tobyelwin.com/the-cost-of-culture-
a-50-turnover-of-the-fortune-500/ (accessed November 6, 2013).

참고 문헌

Adams, Richard Newbold. *Energy and Structure: A Theory of Social Power.* Austin: University of Texas Press, 1924.

Anderson, Benedict. *Imagined Communities: Reflections on the Origin and Spread of Nationalism.* London: Verso, 1983.

Anderson, Benedict. *Imagined Communities: Reflections on the Origin and Spread of Nationalism.* London: Verso, 1983.

Anderson, Chris. *Free: How Today's Smartest Businesses Profit By Giving Something For Nothing.* New York: Hyperion, 2009.

————. *Makers.* London: Random House, 2012.

Anderson, Robert. *Fundamentals of the Petroleum Industry.* Norman: University of Oklahoma Press, 1984.

Anielski, Mark. *The Economics of Happiness.* Gabriola Island BC,CA: New Society Publishers, 2007.

Appleby, Joyce. *The Relentless Revolution.* New York: W.W. Norton, 2010.

Aries, Philippe. *The Hour of Our Death.* New York: Oxford University Press, 1981.

Axelrod, Robert. *The Evolution of Cooperation.* New York: Basic Books, 1984.

Ayres, Robert and Edward Ayres. *Crossing The Energy Divide.* Upper Saddle River, NJ: Wharton School Publishing, 2010.

Ayres, Robert and Benjamin Warr. *The Economic Growth Engine: How Energy and Work Drive Material Prosperity.* Laxenburg: The International Institute for Applied Systems Analysis,. Oct 31, 2010.

Bakan, Joel. *The Corporation: The Pathological Pursuit of Profit and Power.* New York: Free Press, 2004.

Banks, James A. and Cherry A. McGee Banks, eds. *Multicultural Education: Issues and Perspectives.* 6th ed. Hoboken, NJ: John Wiley & Sons, 2007.

Barlow, Maude and Clarke Tony. *Blue Gold.* New York: The New Press, 2002.

Barnes, Peter. *Who Owns The Sky?* Washington, DC: Island Press, 2001.

Belgin, Stephen and Bernard Lietaer. *New Money for a New World.* Boulder, CO: Qiterra Press, 2005.

Beniger, James R. *The Control Revolution: Technological and Economic Origins of the Information Society.* Cambridge, MA: Harvard University Press, 1986.

Benkler, Yochai. *The Wealth of Networks: How Social Production Transforms Markets and Freedom.* New Haven, CT: Yale University Press, 2006.

Bentham, Jeremy and Etienne Dumont. *Theory of Legislation.* London: K. Paul, Trench, Trubner & Company Limited, 1908.

Berle, Adolf A. and Gardiner C. Means. *The Modern Corporation & Private Property.* New Brunswick: Transaction Publishers, 2010.

Blanning, Tim. *The Romantic Revolution.* New York: Modern Library, 2011.

Bok, Derek. *The Politics of Happiness.* Princeton, NJ: Princeton University Press, 2010.

Bollier, David. *Silent Theft: The Private Plunder of Our Common Wealth.* New York: Rutledge, 2003.

———. *Viral Spiral.* New York: The New Press, 2008.

Bonpasse, Morrison. *The Single Global Currency.* Newcastle, ME: Single Global Currency Association, 2006.

Borbely, Anne-Marie and Jan F. Kreider. *Distributed Generation: The Power Paradigm for the New Millennium.* Washington DC: CRC Press, 2001.

Botsman, Rachel and Roo Rogers. *What's Mine Is Yours: The Rise of Collaborative Consumption.* New York: HarperCollins, 2010.

Boyle, James. *Cultural Environmentalism and Beyond.* San Francisco: Creative Commons, 2007.

Brewer, Richard. *Conservancy: The Land Trust Movement in America.* Hanover, NH: Dartmouth College Press, 2003.

Brock, Gerald W. *The Telecommunications Industry: The Dynamics of Market Structure.* Cambridge, MA: Harvard University Press, 1981.

Bryant, John. *Thermodynamics: A Thermodynamic Approach to Economics.* 2nd ed. Herts, UK: VOCAT International Ltd, 2011.

Brynjolfsson, Erik and Andrew MaAfee. *Race Against the Machine: How the Digital Revolution Is Accelerating Innovation, Driving Productivity, and Irreversibly Transforming Employment and the Economy.* Lexington, MA: Digital Frontier Press, 2011.

Burger, Christoph and Jens Weinmann. *The Decentralized Energy Revolution.* New York: Palgrave Macmillan, 2013.

Carr, Nicholas. *The Big Switch.* New York: W.W. Norton, 2009.

Chambers, Ann. *Distributed Generation.* Tulsa: PennWell Corporation, 2001.

Chandler Jr., Alfred D. *The Visible Hand: The Managerial Revolution in American Business.* Cambridge: The Belknap Press of Harvard University Press, 1977.

Chesbrough, Henry. *Open Innovation.* Boston: Harvard Business School Press, 2006.

Christman, John. *The Myth of Property: Toward an Egalitarian Theory of Ownership.* New York: Oxford University Press, 1994.

Daly, Herman. *Beyond Growth.* Boston: Beacon Press, 1996.

Daly, Hermen E. and John Cobb Jr. *For The Common Good.* Boston: Beacon Press, 1999.

Danielian, Noobar Retheos. *AT&T: The Story of Industrial Conquest.* New York: Vanguard Press, 1939.

Darwin, Charles. *The Variation of Animals and Plants Under Domestication.* Vol. 1. London: John Murray, 1899.

De Forest Sackett, Ross. *Time, Energy, and the Indolent Savage: A Quantitative Cross-Cultural Test of the Primitive Affluence Hypothesis.* Los Angeles: University of California, 1996.

De Grazia, Sebastian. *Of Time, Work, and Liesure.* Garden City, NJ: Anchor Books, 1964.

De Soto, Hernando. *The Mystery of Capital.* New York: Basic Books, 2011.

Dobb, Maurice. *Studies in the Development of Capitalism.* New York: International Publishers, 1947.

Doctorow, Cory. *Over Clocked: Stories of the Future Present.* New York: Thunder's Mouth Press, 2007.

Dugger, William and James Peach. *Economic Abundance: An Introduction.* New York:

M.E. Sharpe, 2009.

Dunbar, Robin. *Grooming, Gossip, and the Evolution of Language.* Cambridge, MA: Harvard University Press, 1998.

Eisenstein, Charles. *Sacred Economics: Money, Gift and Society in the Age of Translation.* Berkeley, CA: Evolver Editions, 2011.

Eisenstein, Elizabeth L. *The Printing Revolution in Early Modern Europe.* Cambridge: Cambridge University Press, 1983.

Elkington, John. *The Zeronauts: Breaking the Sustainability Barriers.* Washington, DC: EarthScan, 2012.

Epstein, S. R. and Maarten Prak. *Guilds, Innovation and the European Economy, 1400– 1800.* Cambridge: Cambridge University Press, 2008.

Faraone, Chris. *99 Nights With the 99 Percent.* United States: Write To Power, 2012.

Ford, Martin. *The Lights in the Future.* United States: Acculant Publishing, 2009.

Frey, Bruno S. *Happiness: A Revolution in Economics.* Cambridge, MA: MIT Press, 2010.

Frieden, Jeffry A. *Global Capitalism.* New York: W.W. Norton, 2006.

Frischmann, Brett M. *Infrastructure: The Social Value of Shared Resources.* USA: Oxford University Press, 2013.

Fyfe, Aileen. *Steam-Powered Knowledge: William Chambers and The Business of Publishing, 1820–1860.* Chicago: University of Chicago Press, 2012.

Ganksky, Lisa. *The Mesh.* New York: Penguin Portfolio, 2010.

Gershenfeld, Neil. *Fab.* New York: Basic Books, 2005.

Ghosh, Rishab. *Code.* Cambridge, MA: MIT Press, 2005.

Gimpel, Jean. *The Medieval Machine: The Industrial Revolution of the Middle Ages.* London: Penguin, 1977.

Graham, Carol. *The Pursuit of Happiness: An Economy of Well-Being.* Washington, DC: Brookings Institution, 2011.

Grazia, Sebastian de. *Of Time, Work, and Leisure.* New York: Anchor Books, 1964.

Greco Jr., Thomas H. *Money: Understanding and Creating Alternatives to Legal Tender.* White River Junction, VT: Chelsea Green, 2001.

Gupta, Shanti. *The Economic Philosophy of Mahatma Gandhi.* New Delhi: Concept Publishing Company, 1994.

Haber, Samuel. *Efficiency and Uplift: Scientific Management in the Progressive Era 1890– 1920.* Chicago: University of Chicago Press, 1964.

Habermas, Jurgen. *The Structural Transformation of the Public Sphere.* Cambridge, MA:

MIT Press, 1991.

Haidt, Jonathan. *The Happiness Hypothesis.* New York: Basic Books, 2006.

Hannesson, Rognvaldur. *The Privatization of the Oceans.* Cambridge, MA: MIT Press, 2004.

Hart, Sura and Victoria Kindle Hodson. *The Compassionate Classroom: Relationship Based Teaching and Learning.* Encinitas, CA: Puddle Dancer Press, 2004.

Havelock, Eric A. *Preface to Plato.* Cambridge, MA: Belknap Press, 1963.

Hawken, Paul, Amory Lovens, and L. Hunter Lovins. *Natural Capitalism.* New York: Little, Brown, 1999.

Hegel, Georg Wilhelm Friedrich. *Lectures on the Philosophy of World History.* Cambridge: Cambridge University Press, 1975.

Henderson, Hazel. *Ethical Markets.* White River Junction, VT: Chelsea Green, 2006.

Hess, Charlotte and Elinor Ostrom, eds. *Understanding Knowledge as a Commons: From Theory to Practice.* Cambridge, MA: MIT Press, 2007.

Hippel, Eric Von. *Democratizing Innovation.* Cambridge, MA: MIT Press, 2005.

Hobsbawm, E. J. *The Age of Capital 1848–1875.* London: Penguin, 1980.

Hobsbawm, E. J. *The Age of Empire 1875–1914.* New York: Vintage Books, 1987.

Hobsbawm, E. J. *The Age of Revolution 1789–1848.* New York: Mentor, 1962.

Hoeschele, Wolfgang. *The Economics of Abundance: A Political Economy of Freedom, Equity, and Sustainability.* Surrey, UK: Gower, 2010.

Hoyt, Robert S. *Europe in the Middle Ages.* 2nd ed. New York: Harcourt, Brace & World, 1966.

Hume, David. *An Enquiry Concerning the Principles of Morals.* London: Printed for A. Millar, 1751.

Jackson, Tim. *Prosperity Without Growth: Economics for a Finite Planet.* Washington, DC: Earthscan, 2009.

Jean-Claude Debeir, Jean-Paul Deleage, and Daniel Hemery, *In the Servitude of Power: Energy and Civilization Through the Ages.* London: Zed Books, 1992.

Kanigel, Robert. *The One Best Way: Frederick Winslow Taylor and the Enigma of Efficiency.* New York: Penguin, 1997.

Keen, Andrew. *The Cult of the Amateur.* New York: Doubleday, 2007.

Kellmereit, Daniel, and Daniel Obodovski. *The Silent Intelligence: The Internet of Things.* San Francisco: DND Ventures LLC, 2013.

Keynes, John Maynard. *The General Theory Of Employment, Interest, and Money.* San Diego: Harcourt Brace, 1964.

Kleindorfer, Paul R. and Wind Yorman with Robert E. Gunther. *The Network Challenge*. Upper Saddle River, NJ: Wharton School Publishing, 2009.

Klinenberg, Eric. *Going Solo*. New York: Penguin Press, 2012.

Kramer, Matthew H. *John Locke and the Origins of Private Property*. Cambridge: Cambridge University Press, 1997.

Kropotkin, Petr. *Mutual Aid: A Factor of Evolution*. Boston: Extending Horizons Books, 1914.

Kumar, C. Arvind. *Welcome to the 'Free' World: A Free Software Initiative*. Andhra Pradesh: Indian Universities Press, 2011.

Kurzweil, Ray. *The Singularity is Near*. New York: Viking, 2005.

Lane, Robert E. *The Loss of Happiness in Market Democracies*. New Haven, CT: Yale University Press, 2000.

Lanier, Jaron. *You Are not a Gadget*. New York: Vintage Books, 2011.

Layard, Richard. *Happiness: Lessons From a New Science*. New York: Penguin Press, 2005.

Le Goff, Jacques. *Time, Work, & Culture in the Middle Ages*. Chicago: University of Chicago Press, 1980.

Lefebvre, Georges, et al. *The Transition from Feudalism to Capitalism*. London: Versa, 1976.

Lessig, Lawrence. *The Future of Ideas*. New York: Random House, 2001.

Linebaugh, Peter. *The Magna Carta Manifesto*. Berkeley: University of California Press, 2008.

Locke, John. *Two Treatises of Government*. London: Printed for Whitmore and Fenn, Charing Cross; and C. Brown, Duke Street, Lincoln's-Inn-Fields, 1821.

Louv, Richard. *The Nature of Money*. Chapel Hill, NC: Algonquin Paperbacks, 2011.

Lovelock, James. *Gaia: A New Look at Life on Earth*. Oxford: Oxford University Press, 1995.

———. *The Ages of Gaia: A Biography of Our Living Earth*. Oxford: Oxford University Press, 1988.

Lovins, Amory and The Rocky Mountain Institute. *Reinventing Fire*. White River Junction, VT: Chelsea Green, 2011.

Lukacs, John. *Historical Consciousness: The Remembered Past*. New Brunswick, NJ: Transaction, 1994.

MacKinnon, Rebecca. *Consent of the Networked*. New York: Basic Books, 2012.

Macpherson, Crawford B. *Democratic Theory*. Oxford University Press, 1973.

Margulis, Lynn. *Symbiotic Planet*. New York: Basic Books, 1998.

Marsh, Peter. *The New Industrial Revolution.* London: Yale University Press, 2012.

Marvin, Carolyn. *When Old Technologies Were New: Thinking About Electric Communication in the Late Nineteenth Century.* New York: Oxford University Press, 1988.

Marx, Karl. *Capital.* Oxford, UK: Oxford University Press, 1995.

Mason, Paul. *Why It's Kicking Off Everywhere.* London: Verso, 2012.

May, Christopher. *A Global Political Economy of Intellectual Property Rights.* New York: Routledge, 2000.

McMahon, Darren M. *Happiness: A History.* New York: Grove Press, 2006.

More, Thomas. *Utopia.* Rockville, MD: Arc Manor, 2008.

Noble, David F. *Forces of Production: A Social History of Industrial Automation.* Oxford: Oxford University Press, 1984.

Nye, David E. *Electrifying America: Social Meanings of a New Technology, 1880–1940.* Cambridge, MA: MIT Press, 1991.

Ollman, Bertell. *Alienation: Marx's Conception of Man in Capitalist Society.* London: Cambridge University Press, 1971.

Ong, Walter J. *Orality and Literacy.* New York: Methuen, 2002.

Ostrom, Elinor, et al., eds. *The Drama of the Commons.* United States: National Academy of Sciences, 2002.

Ostrom, Elinor. *Governing the Commons: The Evolution of Institutions for Collective Action.* Cambridge: Cambridge University Press, 1990.

Packard, Vance. *The Hidden Persuaders.* Brooklyn: Pocket Books, 1980.

Petrini, Carlo. *Terra Madre.* White River Junction, VT: Chelsea Green, 2009.

Polanyi, Karl. *The Great Transformation: The Political and Economic Origins of Our Time.* Boston: Beacon Press, 1944.

Randall, John Herman Jr. *The Making of the Modern Mind: A Survey of the Intellectual Background of the Present Age.* Cambridge, MA: Riverside Press, 1940.

Raymond, Eric. *The Cathedral and the Bazaar: Musing on Linux and Open Source by an Accidental Revolutionary.* Sebastopol, CA: O'Reilly Media, 2001.

Rifkin, Jeremy. *Biosphere Politics.* New York: Crown, 1991.

Rifkin, Jeremy. *The Age of Access.* New York: Tarcher/Putnam, 2000.

Rifkin, Jeremy. *The Biotech Century.* New York: Tarcher/Putnam, 1998.

Rifkin, Jeremy. *The Empathic Civilization.* New York: Penguin, 2009.

Rifkin, Jeremy. *The End of Work.* New York: Penguin, 1995.

Rifkin, Jeremy. *The Third Industrial Revolution.* New York: Palgrave Macmillan, 2011.

Rowe, Jonathon. *Our Common Wealth.* San Francisco: Berret-Koehler, 2013.

Sahlins, Marshall. *Stone Age Economics.* New York: Aldine De Gruyter, 1972.

Sandel, Michael. *What Money Can't Buy.* New York: Farrar, Straus and Giroux, 2012.

Schewe, Phillip F. *The Grid.* Washington, DC: Joseph Henry Press, 2007.

Schlatter, Richard. *Private Property: The History of an Idea.* New Brunswick, NJ: Rutgers University Press, 1951.

Schor, Juliet B. *Born to Buy: The Commercialized Child and the New Consumer Culture.* New York: Scribner, 2004.

————. *Plenitude: The New Economics of True Wealth.* New York: Penguin Press, 2010.

Schuler, Douglas and Peter Day. *Shaping the Network Society.* Cambridge, MA: MIT Press, 2004.

Sedlacek, Thomas. *Economics of Good and Evil: The Quest for Economic Meaning from Gilgamesh to Wall Street.* Oxford: Oxford University Press, 2011.

Shiva, Vandana. *Water Wars: Privatization, Pollution, and Profit.* Cambridge, MA: South End Press, 2002.

Simmel, Georg. *The Philosophy of Money.* London: Routledge, 2004.

Slater, Gilbert. *The English Peasantry and the Enclosure of the Commons.* New York: A.M. Kelley, 1968.

Smith, Adam. *An Inquiry into the Nature and Causes of the Wealth of Nations.* Edinburgh: Thomas Nelson, 1843.

Sobel, Robert. *Panic on Wall Street: A History of America's Financial Disasters.* Washington, DC: Beard Books, 1999.

Solomon, Elinor Harris. *Virtual Money.* New York: Oxford University Press, 1997.

Spence, Michael. *The Next Convergence.* New York: Farrar, Straus and Giroux, 2011.

Spencer, Herbert. *The Principles of Biology.* Vol. 1. London: Williams and Norgate, 1864.

Sperber, Jonathan. *The European Revolutions, 1848–1851.* Cambridge: Cambridge University Press, 1994.

Stein, Janice Gross. *The Cult of Efficiency.* Toronto: Anansi, 2001.

Steinberg, Theodore. *Slide Mountain.* Berkeley: University of California Press, 1995.

Steiner, Christopher. *Automate This: How Algorithms Came to Rule Our World.* New York: Penguin Group, 2012.

Stover, John F. *American Railroads.* Chicago: University of Chicago Press, 1961.

Suarez-Orozco, Marcelo, ed. *Learning in the Global Era: International Perspectives on*

Globalization and Education. Berkeley: University of California Press, 2007.

Surowiecki, James. *The Wisdom of Crowds.* New York: Doubleday, 2004.

Tapscott, Don and Anthony Williams. *MacroWikinomics: Rebooting Business and the World.* New York: Portfolio Penguin, 2010.

Tawney, R. H. *Religion and the Rise of Capitalism.* New Brunswick, NJ: Transaction, 2011.

———. *The Acquisitive Society.* New York: Harcourt, Brace & Co., 1920.

The Dalai Lama and Howard Cutler. *The Art of Happiness.* London: Hodder and Stoughton, 2009.

Thirsk, Joan. *Tudor Enclosures.* London: Historical Association, 1958.

Thompson, E. P. *The Making of the English Working Class.* New York: Vintage Books, 1966.

Tobey, Ronald C. *Technology as Freedom: The New Deal and the Electrical Modernization of the American Home.* Berkeley: University of California Press, 1996.

Turkle, Sherry. *Alone Together.* New York: Perseus Books, 2011.

Turner, Frederick Jackson. *The Frontier in American History.* Tucson: University of Arizona Press, 1994.

Useem, Micheal. *Investor Capitalism.* New York: Basic Books, 1996.

Vietor, Richard H. K. *Contrived Competition: Regulation and Deregulation in America.* Cambridge, MA: Harvard University Press, 1994.

Walljasper, Jay. *All That We Share.* New York: New Press, 2010.

Wann, David. *Simple Prosperity.* New York: St. Martin's Press, 2007.

Weber, Max. *Economy and Society: An Outline of Interpretive Sociology.* Berkeley: University of California Press, 1978.

———. *The Protestant Ethic and the Spirit of Capitalism.* New York: Charles Scribner's Sons, 1958.

Weber, Steven. *The Success of Open Source.* Cambridge, MA: Harvard University Press, 2004.

White, Leslie A. *Modern Capitalism Culture.* Walnut Creek, CA: Left Coast Press, 2008.

White, Lynn Jr. *Medieval Technology and Social Change.* London: Oxford University Press, 1962.

William, James. *The Principles of Psychology.* Vol. 1. New York: Henry Holt, 1890.

Wilson, Edward O. *The Social Conquest of Earth.* New York: Liveright, 2012.

Wu, Tim. *The Master Switch.* New York: Vintage Books, 2009.

Yergen, Daniel. *The Prize.* New York: Simon and Schuster, 1992.

찾아보기

한계비용 제로 사회

사물인터넷과
공유경제의 부상

1판 1쇄 펴냄 2014년 9월 29일
1판 17쇄 펴냄 2024년 7월 11일

지은이 제러미 리프킨
옮긴이 안진환
발행인 박근섭·박상준
펴낸곳 (주)민음사

출판등록 1966. 5. 19. 제16-490호
주소 서울특별시 강남구 도산대로1길 62(신사동)
　　　강남출판문화센터 5층 (우편번호 06027)
대표전화 02-515-2000 | 팩시밀리 02-515-2007
홈페이지 www.minumsa.com

ISBN 978-89-374-8951-8 (03320)

* 잘못 만들어진 책은 구입처에서 교환해 드립니다.